Die ärztliche Leichenschau in Deutschland

Europäische Hochschulschriften Recht

European University Studies in Law

Publications Universitaires Européennes de Droit

Band/Volume **6791**

Patrick Benjamin Raute

Die ärztliche Leichenschau in Deutschland

Ein ärztliches und ein juristisches Dilemma?

PETER LANG

Berlin - Bruxelles - Chennai - Lausanne - New York - Oxford

Bibliografische Information der Deutschen Nationalbibliothek
Die Deutsche Nationalbibliothek verzeichnet diese Publikation in der Deutschen Nationalbibliografie; detaillierte bibliografische Daten sind im Internet über http://dnb.d-nb.de abrufbar.

Zugl.: Würzburg, Univ., Diss., 2023

D 20
ISSN 0531-7312
ISBN 978-3-631-90423-7 (Print)
E-ISBN 978-3-631-91970-5 (E-PDF)
E-ISBN 978-3-631-91971-2 (EPUB)
DOI 10.3726/b21884

Verlegt durch:
Peter Lang GmbH, Berlin, Deutschland

info@peterlang.com http:www.peterlang.com

Diese Publikation wurde begutachtet.

Die Arbeit ist meinen verstorbenen Eltern gewidmet.

Als Mediziner gaben sie den Anstoß und verfolgten die Entstehung mit besonderem Interesse.

Vorwort

Die vorliegende Arbeit wurde von der Juristischen Fakultät der Bayerischen Julius-Maximilians-Universität Würzburg 2018 als Dissertation angenommen. Die Literatur wurde bis Dezember 2023 aktualisiert.

Danken möchte ich meinem Doktorvater und Erstgutachter Herrn *Prof. Dr. Dr. Eric Hilgendorf*, insbesondere auch für sein Interesse an der außergewöhnlichen Themenstellung. Zudem danke ich Herrn *Prof. Dr. Tobias Reinbacher* für die Erstellung des Zweitgutachtens dieser Arbeit.

Mein besonderer Dank gilt meiner Frau *Barbara*, die mich während der gesamten Promotion – auch in schwierigen Phasen – geduldig unterstützt, motiviert und mir den Rücken freigehalten hat.

Dankbar bin ich nicht zuletzt zahlreichen anderen Menschen, die mich unterstützt und mir ihre Zeit zur Verfügung gestellt haben und ohne die diese Arbeit so nicht hätte entstehen können.

Bielefeld, im Dezember 2023 *Patrick Benjamin Raute*

Inhaltsübersicht

Inhaltsverzeichnis

Abkürzungsverzeichnis

a.A.	anderer Ansicht
Abs.	Absatz
AcP	Archiv für die civilistische Praxis
a.F.	alte Fassung
AfP	Zeitschrift für Medien- und Kommunikationsrecht
AG	Amtsgericht
Alt.	Alternative
Amtsbl.	Amtsblatt
AOLG	Arbeitsgemeinschaft der Obersten Landesgesundheitsbehörden
AöR	Archiv des öffentlichen Rechts
ÄP	Ärztliche Praxis
ArchKrim	Archiv für Kriminologie
Art.	Artikel
Aufl.	Auflage
Az.	Aktenzeichen
BAG	Bundesarbeitsgericht
BAGE	Entscheidungen des Bundesarbeitsgerichts
BÄO	Bundesärzteordnung
BayKRG	Krebsregistergesetz Bayern
BbesG	Bundesbesoldungsgesetz
BbgBestG	Gesetz über das Leichen-, Bestattungs- und Friedhofswesen im Land Brandenburg
Bd.	Band
BeamtVG	Gesetz über die Versorgung der Beamten und Richter des Bundes
BevStatG	Gesetz über die Statistik der Bevölkerungsbewegung und die Fortschreibung des Bevölkerungsstandes
BestG	Bestattungsgesetz
BestattG	Bestattungsgesetz
BestattGDV	Landesverordnung zur Durchführung des Bestattungsgesetzes
BestV	Bestattungsverordnung
BestattVO	Bestattungsverordnung
BevStatG	Gesetz über die Statistik der Bevölkerungsbewegung und die Fortschreibung des Bevölkerungsstandes
BGB	Bürgerliches Gesetzbuch

BGBl. I, II	Bundesgesetzblatt
BGH	Bundesgerichtshof
BGHSt	Entscheidungen des Bundesgerichtshofs in Strafsachen
BGHZ	Entscheidungen des Bundesgerichtshofs in Zivilsachen
BOÄ	Berufsordnung für Ärzte
Brem. GBl.	Gesetzblatt der Freien Hansestadt Bremen
BT-Drs.	Bundestagsdrucksache
BVerfG	Bundesverfassungsgericht
BVerfGE	Bundesverfassungsgerichtsentscheid
BVerfGG	Bundesverwaltungsgerichtsgesetz
BVerfGK	Kammerentscheidungen des Bundesverfassungsgerichts
BVerwG	Bundesverwaltungsgericht
BVerwGE	Bundesverwaltungsgerichtsentscheid
BW	Baden-Württemberg
bzgl.	bezüglich
bzw.	beziehungsweise
ca.	circa
ChemG	Chemikaliengesetz
ders.	derselbe
DÄB	Deutsches Ärzteblatt
DÄB PP	Deutsches Ärzteblatt für Psychologische Psychotherapeuten und Kinder – und Jugendlichenpsychotherapeuten
d.h.	das heißt
dies.	dieselben
Diss.	Dissertation
DÖV	Die Öffentliche Verwaltung
DSchG	Denkmalschutzgesetz
DVBl	Deutsches Verwaltungsblatt
Einl.	Einleitung
EGGVG	Einführungsgesetz zum Gerichtsverfassungsgesetz
EKG	Elektrokardiogramm
EKR-NRW	Gesetz zur Einrichtung eines flächendeckenden bevölkerungsbezogenen Krebsregisters in Nordrhein-Westfalen
etc.	et cetera
et al.	et aliter
e.V.	eingetragener Verein
f.	folgende Seite
FAS	Frankfurter Allgemeine Sonntagszeitung
FAZ	Frankfurter Allgemeine Zeitung

Fn.	Fußnote
FGB	Friedhofs- und Bestattungsgesetz
GBl.	Gesetzblatt
GDG BLN	Gesundheitsdienstgesetz Berlin
GDG LSA	Gesundheitsdienstgesetz Sachsen-Anhalt
GG	Grundgesetz
ggf.	gegebenenfalls
GKrRStVG	Gesetz zum Staatsvertrag über das Gemeinsame Krebsregister der Länder Berlin, Brandenburg, Mecklenburg Vorpommern, Sachsen-Anhalt und der Freistaaten Sachsen und Thüringen
GKV	Gesetzliche Krankenversicherung
GmbH	Gesellschaft mit beschränkter Haftung
GMK	Gesundheitsministerkonferenz
GOÄ	Gebührenordnung für Ärzte
GV.	Gesetz- und Verordnungsblatt
GVBl.	Gesetz- und Verordnungsblatt
GVG	Gerichtsverfassungsgesetz
GVOBl.	Gesetz- und Verordnungsblatt
Habil.	Habilitation
HeilBerG NRW	Heilberufsgesetz Nordrhein-Westfalen
HFR	Humboldt Forum Recht
HKaG Bayern	Heilberufe-Kammergesetz Bayern
h.M.	herrschende Meinung
HmbGVBl.	Hamburgisches Gesetz- und Verordnungsblatt
Hrsg.	Herausgeber
HS	Halbsatz
http	Hyper Text Transfer Protocol
IfSG	Infektionsschutzgesetz
i.E.	im Ergebnis
i.e.S.	im engeren Sinn
i.S.d.	im Sinne des
i.V.m.	in Verbindung mit
i.w.S.	im weiteren Sinn
JA	Juristische Arbeitsblätter
Jura	Juristische Ausbildung
jur.	juristisch
JUS	Juristische Schulung
JZ	Juristen Zeitung

KG	Kommanditgesellschaft
KV	Kassenärztliche Vereinigung
LeichenG	Leichengesetz
LG	Landgericht
LSA	Land Sachsen-Anhalt
MBO-Ä	(Muster-) Berufsordnung für die in Deutschland tätigen Ärztinnen und Ärzte
med.	medizinisch
MedR	Medizinrecht
MMW	Münchner Medizinische Wochenschrift
MPBetreibV	Verordnung über das Errichten, Betreiben und Anwenden von Medizinprodukten – Medizinprodukte-Betreiberverordnung
MPSV	Verordnung über die Erfassung, Bewertung und Abwehr von Risiken bei Medizinprodukten – Medizinprodukte-Sicherheitsplanverordnung
M-V	Mecklenburg-Vorpommern
m.w.N.	mit weiteren Nachweisen
Nds.	Niedersachsen
n.F.	neue Fassung
NJW	Neue Juristische Wochenschrift
Nr.	Nummer
NRW	Nordrhein-Westfalen
NStZ	Neue Zeitschrift für Strafrecht
NStZ-RR	Neue Zeitschrift für Strafrecht – Rechtsprechungsreport
NWVBl.	Nordrhein-Westfälische Verwaltungsblätter
OBG NRW	Gesetz über Aufbau und Befugnisse der Ordnungsbehörden – Ordnungsbehördengesetz Nordrhein-Westfalen
ÖGDG M-V	Gesetz über den Öffentlichen Gesundheitsdienst im Land Mecklenburg-Vorpommern
OLG	Oberlandesgericht
o.V.	ohne Verfasser
OVG	Oberverwaltungsgericht
OWiG	Ordnungswidrigkeitengesetz
PStG	Personenstandsgesetz
PStV	Verordnung zur Ausführung des Personenstandsgesetzes
RdErl.	Runderlass
RdjB	Recht der Jugend und des Bildungswesens
RGBl.	Reichsgesetzblatt
RiStBV	Richtlinien für das Strafverfahren und das Bußgeldverfahren

Rn.	Randnummer
SächsBestG	Sächsisches Gesetz über das Friedhofs-, Leichen- und Bestattungswesen
S.	Satz/Seite
SächsGVBl.	Sächsisches Gesetz- und Verordnungsblatt
SGB	Sozialbesetzbuch
ST	Sachsen-Anhalt
StAZ	Das Standesamt
StGB	Strafgesetzbuch
StPO	Strafprozessordnung
SZ	Süddeutsche Zeitung
TbVO NS	Verordnung über die Todesbescheinigung Niedersachsen
ThürBestG	Thüringer Bestattungsgesetz
TOP	Tagesordnungspunkt
TPG	Transplantationsgesetz
u.a.	und andere
v.a.	vor allem
VerschG	Verschollenheitsgesetz
VersR	Versicherungsrecht
VGH	Verwaltungsgerichtshof
vgl.	vergleiche
VWGO	Verwaltungsgerichtsordnung
www	world wide web
z.B.	zum Beispiel
ZfmE	Zeitschrift für medizinische Ethik
ZfS	Zeitschrift für das Recht der sozialen Sicherheit
ZG	Zeitschrift für Gesetzgebung
zit.	Zitiert
ZRP	Zeitschrift für Rechtspolitik
zugl.	zugleich

„Der Mensch ist das einzige Lebewesen, das weiß, dass es sterben wird. Die Verdrängung dieses Wissens ist das einzige Drama des Menschen."

(Friedrich Dürrenmatt)

Einleitung

Die ärztliche Leichenschau in Deutschland steht schon seit langer Zeit und von vielen Seiten in der Kritik.[1] Dabei werden vor allem die Qualität und die Folgen für die Todesursachenstatistik,[2] speziell die hohe Fehlerquote bei der Erkennung nicht natürlicher Todesursachen sowie die mangelhafte Bearbeitung der Todesbescheinigung genannt.[3] Über die Jahre sind einige Studien entstanden, welche diese mangelnde Qualität und insbesondere die Häufigkeit des Verkennens nicht natürlicher Todesfälle eindrucksvoll belegen.[4] Das

---

1 Eine Auswahl aus verschiedenen Jahrzehnten: *Madea*, in: ders., Die ärztliche Leichenschau, S. V; *Ciper/Feiertag/Kiwitt* (Hrsg.), Medizinrecht, S. 656, 660; *Heier*, FAS – Frankfurter Allgemeine Sonntagszeitung vom 04.03.2012, S. 55; *Schenk*, Deutsche Medizinische Wochenschrift 2012, S. 1234; *Zimmermann*, in: Bernsmann/Fischer, Festschrift für Ruth Rissing-van Saan zum 65. Geburtstag am 25. Januar 2011, S. 811; *Püschel*, Rechtsmedizin: Organ der Deutschen Gesellschaft für Rechtsmedizin 2009, S. 389; *Gerg/Baier*, Kriminalistik 2009, S. 475; *Madea*, Rechtsmedizin: Organ der Deutschen Gesellschaft für Rechtsmedizin 2009, S. 399; *Nehm*, in: Brinkmann, Leichenschau, S. 9; *Dettmeyer*, in: Brinkmann, Leichenschau, S. 21; *Birkholz*, Kriminalistik 2006, S. 222 f.; *Pollak*, in: Villinger/Riescher/Rüland, Politik & Verantwortung, S. 392 f.; *Klinge*, Todesbegriff, Totenschutz und Verfassung; *Brinkmann* et al., ArchKrim – Archiv für Kriminologie 1997, S. 70 f. m.w.N.; *Geerds*, ArchKrim – Archiv für Kriminologie 1997, S. 41; *Brinkmann/Püschel*, MedR – Medizinrecht 1991, S. 233 m.w.N. Aber auch schon *Kühn*, Zur medizinischen und rechtlichen Problematik im Umgang mit Todesbescheinigungen in Schleswig-Holstein, S. 64; *Oehmichen/Saternus*, Kriminalistik 1985, S. 2 m.w.N.; *Patscheider*, in: Barz et al., Fortschritte der Rechtsmedizin, S. 102 m.w.N.; *Hansen*, Zeitschrift für ärztliche Fortbildung 1958, S. 788. Aus Sicht der Polizei etwa *Westphal*, in: Brinkmann, Leichenschau, S. 129 f.

2 Nach *Birkholz*, Notfall-Medizin in der täglichen Praxis 2003, S. 208, ist die Todesursachenstatistik in der Folge derart fehlerhaft, dass sie wissenschaftlich schlicht nicht auswertbar sei.

3 Vgl. anstatt vieler *Eisenberg*, Beweisrecht der StPO, S. 855, Rn. 1945; *Dettmeyer/Madea*, Kritische Vierteljahresschrift für Gesetzgebung und Rechtswissenschaft 2004, S. 356; *Pollak*, in: Schlüchter, Kriminalistik und Strafrecht mit einigen Beispielen.

4 Die wohl bekannteste und bis heute umfangreichste Studie ist unter dem Namen „Fehlleistungen bei der Leichenschau“, *Brinkmann* et al., ArchKrim – Archiv für Kriminologie 1997, S. 1–12 sowie *Brinkmann* et al., ArchKrim – Archiv für Kriminologie 1997, S. 65–74 bekannt. Siehe insbesondere auch die Darstellung der Studien unten Teil 2, Kapitel 1, I., S. 103–124.

Leichenschauwesen ist nicht bundeseinheitlich, sondern durch zum Teil sehr unterschiedliche Landesgesetze geregelt,[5] sodass auch eine strukturelle Ursache für die Probleme besteht.[6] „Und obwohl man glauben sollte, daß Experten in der Lage sind, bundeseinheitlich gleichlautende Vorschriften zu formulieren, die das Vorgehen bei der Leichenschau praktikabel gestalten und gleichzeitig so regeln, daß den Interessen des Staates und der Gesellschaft Rechnung getragen wird, gerät dieses Unterfangen seit Jahren zur ‚unendlichen Geschichte'."[7] Bezogen auf die Dokumentation von Todesursachen hat die World Health Organization[8] einige internationale Mindeststandards entwickelt;[9] darüber hinaus existiert ein internationaler Rahmenlehrplan für das Ausfüllen der Todesursachenbescheinigung.[10] Der generelle Eindruck von der Medienberichterstattung über Vorfälle im Rahmen der ärztlichen Leichenschau spiegelt sich in der Beobachtung von *Birkholz* wieder, denn tatsächlich „schlagen in regelmäßigen Abständen öffentliche Darstellungen von übersehenen Tötungsdelikten … hohe Wellen, um genauso schnell wieder in Vergessenheit zu geraten."[11] Führt

5 Siehe etwa *Bahner*, Recht im Bereitschaftsdienst, S. 194; *Brauer*, in: Gerke – StPO, § 87, Rn. 3; *Wirth* (Hrsg.), Kriminalistik-Lexikon, S. 371; aus ärztlicher Sicht *Pschyrembel*, Pschyrembel Klinisches Wörterbuch, S. 1035, „Leichenschau"; *Brinkmann/Pfeiffer*, in: Brinkmann, Leichenschau, S. 40; *Dettmeyer/Madea*, Kritische Vierteljahresschrift für Gesetzgebung und Rechtswissenschaft 2004, S. 349; siehe zur Gesetzgebung unten Teil 1, Kapitel 4, S. 55–65.

6 *Madea/Dettmeyer*, Deutsches Ärzteblatt 2003, S. A 3161.

7 *Eisenmenger/Betz*, MMW – Organ für amtliche und praktische Ärzte 1994, S. 77; *Prof. Dr. Wolfgang Eisenmenger* war von 1989–2009 Leiter des Instituts für Rechtsmedizin der Ludwig-Maximilians-Universität München.

8 WHO, die in der vollen Bezeichnung verwendete Schreibweise ist der offiziellen Webseite der WHO entnommen.

9 Siehe dazu unten, Teil 1, Kapitel 1, IX., S. 21 f. sowie Kapitel 2, I., 4., S. 36 f.

10 Entwickelt durch das Education Committee des WHO-Family of International Classification Network, in Zusammenarbeit mit der IFHRO (International Federation of Health Record Organizations).

11 *Birkholz*, Notfall-Medizin in der täglichen Praxis 2003, S. 208; Beispiele für Medienberichte aus verschiedenen Jahren sind etwa: *o.V.*, FAZ – Frankfurter Allgemeine Zeitung vom 26.03.2015, S. 7; *o.V.*, Süddeutsche Zeitung vom 10.06.2014, S. 10; *Tempel*, Süddeutsche Zeitung vom 07.11.2014, S. R7 (Erding); *Fisser*, Neue Osnabrücker Zeitung vom 03.08.2013, S. 1; *o.V.*, FAZ – Frankfurter Allgemeine Zeitung vom 28.10.2008, S. 53; *Carstens*, FAZ – Frankfurter Allgemeine Zeitung vom 30.06.2007, S. 8; *Zoske*, FAZ – Frankfurter Allgemeine Zeitung vom 11.05.2004, S. 44; *o.V.*, FAZ – Frankfurter Allgemeine Zeitung vom 24.09.2004, S. 10; *Siegmund-Schultze*, Süddeutsche Zeitung vom 22.05.1997, S. 25; jüngst beispielsweise

man sich vor Augen, dass „die gewissenhafte Durchführung der Leichenschau von fundamentaler Bedeutung für das Gesundheitswesen einerseits und für das Rechtssystem andererseits“ ist,[12] dann offenbart sich eine Besorgnis erregende Situation.

Dennoch hat es diese Problematik auch in der jüngeren Vergangenheit nie weiter als bis auf die Tagesordnung der Justizministerkonferenz gebracht.[13] Und weder die Anregungen der Justizministerkonferenz der Länder 1986 und 1988 an die Gesundheitsminister zur Verbesserung der Leichenschau,[14] noch die Resolution zur Verbesserung der Leichenschau der 59. Konferenz der Gesundheitsminister 1989, die Appellcharakter gegenüber den Justizministern hatte,[15] entfalteten spürbare Wirkung. Das Ansinnen, dass die ärztliche Leichenschau grundsätzlich durch einen neutralen und erfahrenen Arzt erfolgen sollte, wurde stets abgelehnt.[16] Auch der „Entwurf einer Gesetzgebung zur ärztlichen Leichenschau- und Todesbescheinigung“ der Bundesärztekammer führte zu keinerlei gesetzlichen Konsequenzen.[17] Hinzu kommt, dass gerade im Umgang mit den Toten unterschiedliches Werteempfinden großen Einfluss auf die Entscheidungen der Landesgesetzgeber hat, was einen Grund für die unterschiedlichen Regelungen in Deutschland darstellt.[18] Dementsprechend

---

auch im Internet, *Winter*, Wenn die Leichenschau schiefläuft, abrufbar unter http://www.sz-online.de/nachrichten/wenn-die-leichenschau-schieflaeuft-3512653.html (geprüft am 28.01.2018). Zuvor auch *Fröhlich*, Ärztin übersah tödliche Stichverletzungen, abrufbar unter http://www.tagesspiegel.de/berlin/panne-an-tatort-in-prenzlau-aerztin-uebersah-toedliche-stichverletzungen/9599714.html (geprüft am 28.01.2018). Unregelmäßig erscheinen auch längere Artikel mit Hintergrundinformationen in den Printmedien, so etwa *Kaulen*, FAZ – Frankfurter Allgemeine Zeitung vom 15.10.2014, S. 11; *Heier*, FAS – Frankfurter Allgemeine Sonntagszeitung vom 04.03.2012, S. 55.

12 So *Raem*, in: Brinkmann, Leichenschau, S. 19.

13 Etwa TOP II.3 der 78. Konferenz am 28. Juni 2007 in Berlin, TOP II.6 der 79. Konferenz am 11. und 12. Juni 2008 in Celle sowie der 80. Herbstkonferenz am 5. November 2009 in Berlin.

14 *Eisenmenger/Betz*, MMW – Organ für amtliche und praktische Ärzte 1994, S. 77; *Birkholz*, Kriminalistik 2006, S. 222.

15 Siehe dazu unten Teil 2, Kapitel 3, II., S. 205–207.

16 So berichten *Dettmeyer/Madea*, Kritische Vierteljahresschrift für Gesetzgebung und Rechtswissenschaft 2004, S. 353.

17 *Bundesärztekammer* (Hrsg.), Entwurf einer Gesetzgebung zur ärztlichen Leichenschau- und Todesbescheinigung.

18 Vgl. *Horn*, Niedersächsisches Bestattungsgesetz, S. VI, Vorwort zur ersten Auflage.

stellt sich das Bestattungsrecht für *Horn* „als eine Materie erlebbaren Föderalismus dar."[19] Wegen der abnehmenden Zahl der Leichenöffnungen, wodurch der wichtigste Faktor zur Absicherung der Leichenschauergebnisse zusehends entfällt und die Qualität der Medizin ebenso leidet wie die Rechtssicherheit,[20] besteht dringender Handlungsbedarf.

Wagner fasst bereits 1990 treffend zusammen:

> „Von der im Sachsenspiegel im Jahre 1230 gesetzlich verankerten forensischen Leichenschau, über die Einführung der allgemeinen ärztlichen Leichenschau im preußischen Staatsgebiet im Jahre 1933, bis hin zu den jüngsten Bemühungen im Rahmen der Konferenz der Gesundheitsminister der Länder in der Bundesrepublik Deutschland im Jahre 1990 reicht der lange und problembeladene Weg der Leichenschau."[21]

Ist also die ärztliche Leichenschau ein ärztliches und ein juristisches Dilemma?

---

19 *Horn*, Niedersächsisches Bestattungsgesetz, S. VI, Vorwort zur ersten Auflage.

20 Vgl. zu diesem Gedankengang *Hoppe*, in: Brinkmann, Leichenschau, S. 11. Die Obduktionsquote ist seit vielen Jahren rückläufig, *Duttge*, in: Groß et al., Tod und toter Körper, S. 117 m.w.N. Dies war immer wieder Anlass zu Diskussionen und Besorgnis, vgl. nur *Behrends*, Ärztliche Praxis 1976, S. 1412; *Doerr*, in: Brugger/Kühn, Sektion der menschlichen Leiche, S. VII–VIII; *Jansen*, Deutsche Medizinische Wochenschrift 1986, S. 1507–1510; *Pollak*, in: Villinger/Riescher/Rüland, Politik & Verantwortung, S. 393–396; *Brinkmann/Du Chesne/Vennemann*, Deutsche Medizinische Wochenschrift 2002, S. 791–795; *Bundesärztekammer* (Hrsg.), Stellungnahme zur „Autopsie". *Fisser*, Neue Osnabrücker Zeitung vom 03.08.2013, S. 5. Zur ursprünglichen Entwicklung des Obduktionswesens umfassend *Brugger/Kühn* (Hrsg.), Sektion der menschlichen Leiche.

21 *Wagner*, Deutsches Ärzteblatt 1990, S. A 3428.

Teil 1: Thematische Einführung und rechtliche Einordnung der Leichenschau

Kapitel 1: Themenbezogene Definitionen und Erläuterungen

I. Leichnam

„Unter *Leichnam* [Hervorhebung nicht im Original] versteht man den Körper eines Verstorbenen, solange der gewebliche Zusammenhang in Folge Fäulnis noch nicht aufgehoben ist."[22] Ebenso fallen darunter einzelne Teile eines toten Körpers, sofern über 50 % zusammengehörender Teile gefunden werden.[23] Außerdem Lebendgeburten, bei denen mindestens eines von drei Lebenszeichen[24] vorgelegen hat, wobei das Gewicht keine Rolle spielt,[25] und Totgeburten (Geburten ohne Lebenszeichen), die mehr als 500 g wiegen. In Abgrenzung dazu werden als *Fehlgeburten* alle Totgeburten bezeichnet, deren Gewicht weniger als 500 g beträgt.[26] Nicht mehr unter den Leichenbegriff fallen Skelette und deren Teile sowie tote Körper, die schon Gegenstand des Rechtsverkehrs geworden sind.[27]

Darüber hinaus gibt es noch in einigen Landesgesetzen eine Definition des synonym verwendeten Begriffs *Leiche*, wenngleich auch diese nicht einheitlich ausfällt. Das Leichenwesengesetz des Landes Bremen beispielsweise bestimmt: „Menschliche Leiche im Sinne dieses Gesetzes ist der Körper einer verstorbenen Person, bei der der körperliche Zusammenhang noch nicht durch Verwesungsprozess völlig aufgehoben ist. Als menschliche Leiche gilt auch ein

---

22 *Madea* et al., in: Madea, Rechtsmedizin, S. 40.

23 *Schneider/Lang*, Wörterbuch der Kriminalwissenschaften, S. 154; *Hunger/Dürwald/Tröger* (Hrsg.), Lexikon der Rechtsmedizin, S. 170.

24 Diese sind: Herzschlag, pulsierende Nabelschnur, Atmung.

25 *Madea* et al., in: Madea, Rechtsmedizin, S. 40.

26 *Madea* et al., in: Madea, Rechtsmedizin, S. 40; vgl. auch Art. 6 Abs. 1 S. 1, 2 BestG Bayern; *Husvogt*, Bestattungsgesetz Schleswig-Holstein, S. 63. Vor der Änderung des Personenstandsgesetzes am 01.04.1994 hinsichtlich der Beurkundungspflicht und in der Folge Bestattungspflicht lag die Grenze noch bei 1.000 g, vgl. *Schneider/Lang*, Wörterbuch der Kriminalwissenschaften, S. 154. Auch *Spranger*, Bestattungsgesetz Schleswig-Holstein, § 2, S. 40 hält die aktuelle Grenze für verfehlt und eine Abkoppelung der personenstandsrechtlichen Eintragungspflicht von der Gewichtsgrenze für sinnvoll.

27 *Wirth* (Hrsg.), Kriminalistik-Lexikon, S. 367; als Beispiel für die Verwendung im Rechtsverkehr ist dort der Anatomiekurs im Medizinstudium genannt.

Körperteil, ohne den ein Weiterleben nicht möglich ist."[28] Erheblich detaillierter, heißt es in Bestattungsgesetz des Landes Sachsen-Anhalt: „Eine Leiche im Sinne dieses Gesetzes ist der Körper eines Menschen, bei dem sichere Todeszeichen bestehen oder bei dem der Tod auf andere Weise zuverlässig festgestellt wurde und bei dem der Körper noch nicht vollständig verwest ist. Kopf oder Rumpf als abgetrennte Teile des Körpers, die nicht zusammengeführt werden können, gelten als Leiche. Als Leiche gelten auch das Skelett eines Menschen und die Körperteile im Sinne des Satzes 2 in skelettierter Form mit Ausnahme von Kulturdenkmalen gemäß § 2 Abs. 2 des Denkmalschutzgesetzes des Landes Sachsen-Anhalt. Eine Leiche ist auch das Totgeborene im Sinne der Nummer 4."[29]

Die Frage nach dem korrekten Umgang mit Leichen wird in Deutschland vom Gesetz nur vereinzelt beantwortet[30] und schon die rechtliche Einordnung des Leichnams ist umstritten.[31] Zivilrechtlich stellt sich die Frage, ob es sich

---

28 § 1 LeichenG Bremen; in § 2 Nr. 1 S. 2 BestattG Schleswig-Holstein ist dies auf Kopf und Rumpf als abgetrennte Teile begrenzt.

29 Der Verweis auf das Denkmalschutzgesetz des Landes Sachsen-Anhalt bezieht sich auf dessen § 2 Abs. 2 Nr. 5, Alt. 16: „Skelettreste von Menschen und Tieren". Zur Totgeburt als Leiche, § 2 Nr. 4 BestattG LSA.; dort heißt es: „Ein Totgeborenes ist eine menschliche Leibesfrucht mit einem Gewicht von mindestens 500 g, bei der nach vollständigem Verlassen des Mutterleibes kein Lebenszeichen (Herzschlag, Lungenatmung oder pulsierende Nabelschnur) feststellbar ist."

30 *Thier/Tag*, in: Groß/Glahn/Tag, Die Leiche als Memento mori, S. 103 m.w.N.; *Tag*, in: Groß et al., Tod und toter Körper, S. 113; beide Beiträge bieten zugleich einen Überblick zu den rechtlichen Vorgaben zum Umgang mit dem Leichnam. Zuvor bereits *Klinge*, Todesbegriff, Totenschutz und Verfassung, S. 59 m.w.N.

31 *Weidlich*, in: Palandt – BGB, § 1922, Rn. 37; schon das Reichsgericht zur Zeit der Weimarer Republik tat sich schwer mit der Einordnung des Leichnams und forderte aufgrund der „Besonderheit eine eigenartige rechtliche Lösung", zitiert nach *Ciper/Feiertag/Kiwitt* (Hrsg.), Medizinrecht, S. 654; einen kompakten Überblick zu verschiedenen Ansichten findet sich etwa bei *Dettmeyer*, Die verfassungsrechtlichen Grenzen für die gesetzliche Einführung einer Verwaltungssektion bei medizinisch unklaren Todesfällen, S. 85 f.; zur Einordnung des Leichnams in das Recht der Personen oder Sachen auch *Schenk*, Die Totensorge – ein Persönlichkeitsrecht, S. 48–63; *Weck*, Vom Mensch zur Sache?, S. 192–200; *Müller*, Postmortaler Rechtsschutz, S. 102–119. Zum Status der Leiche aus interdisziplinärer Sicht *Wellmer/Bockenheimer-Lucius* (Hrsg.), Zum Umgang mit der Leiche in der Medizin.

bei einem Leichnam um eine Sache i.S.d. § 90 BGB handelt.[32] Auch die Folgen dessen, was die strafrechtliche Einordnung betrifft, sind im Fall der menschlichen Leiche umstritten,[33] wobei nach *Schmitz* inzwischen eine herrschende Meinung die strafrechtliche Sachqualität grundsätzlich annimmt.[34] Einigkeit besteht dagegen bei der Auffassung, dass der menschliche Leichnam nicht Tatobjekt eines Diebstahls sein kann. Denn die Sache (so man eine Leiche als solche ansieht) muss fremd i.S.d. § 242 StGB sein. Fremd – und dabei erfolgt die Bestimmung ausschließlich im Sinne des Zivilrechts – ist eine Sache jedoch nur, wenn sie im Eigentum mindestens eines anderen als dem Täter steht, verkehrsfähig und nicht herrenlos und nicht eigentumsunfähig ist.[35] Argumentiert wird, dass an einer menschlichen Leiche oder deren Teilen grundsätzlich kein Eigentum begründet werden kann;[36] auch mit Sachqualität bleiben Leichnam und entsprechende Teile desselben zunächst herrenlos.[37] Anders ist dies bei menschlichen Leichen, die nicht mehr zur Bestattung bestimmt sind, wie z.B. Mumien in Museen, Moorleichen oder Leichen in anatomischen Instituten.[38] Bezogen darauf besteht in einem bestimmten Rahmen die Möglichkeit, durch eine Vereinbarung zu Lebzeiten Dritten die Aneignung des eigenen Leichnams oder dessen Teilen zu gestatten.[39] Dies kann auch durch die Totenfürsorgeberechtigten „als Sachwalter der Vollziehung des Willens der Verstorbenen" erfolgen.[40] Unabhängig davon können einzelne Teile der Leiche,

---

32 *Lilie/Radke*, Lexikon Medizin und Recht, S. 100; *Weidlich*, in: Palandt – BGB, § 1922, Rn. 37, sieht es als herrschende Meinung an, dass der Leichnam als Sache anzusehen sei, aber in niemandes Eigentum stünde.

33 Eine ausführlichere Darstellung findet sich bei *Lukaschewski*, Kompendium der Kriminalistik, S. 194.

34 *Schmitz*, in: Münchener Kommentar – StGB, § 242, Rn. 30; *Vogel/Brodowski*, in: Leipziger Kommentar – StGB Bd. 13, § 242, Rn. 14; diese Meinung vertritt etwa auch *Kindhäuser*, in: ders. – StGB Bd. 3, § 242, Rn. 26; umfassend dazu und in gleichem Sinne *Tag*, Der blaue Reiter 2008, S. 38–42.

35 *Kindhäuser*, in: ders. – StGB Bd. 3, § 242, Rn. 15; *Thier/Tag*, in: Groß/Glahn/Tag, Die Leiche als Memento mori, S. 115.

36 *Fischer*, Strafgesetzbuch, § 242, Rn. 8; kritisch *Brunner*, NJW – Neue Juristische Wochenschrift 1953, S. 1173 f.

37 *Eser/Bosch*, in: Schönke/Schröder – StGB, § 242, Rn. 21; *Kindhäuser*, in: ders. – StGB Bd. 3, § 242, Rn. 26.

38 Siehe *Schmitz*, in: Münchener Kommentar – StGB, § 242, Rn. 30; *Ciper/Feiertag/Kiwitt* (Hrsg.), Medizinrecht, S. 655; *Vogel/Brodowski*, in: Leipziger Kommentar – StGB Bd. 13, § 242, Rn. 14.

39 *Kindhäuser*, in: ders. – StGB Bd. 3, § 242, Rn. 26.

40 *Thier/Tag*, in: Groß/Glahn/Tag, Die Leiche als Memento mori, S. 115.

die keinen Zusammenhang bilden, Sachen i.S.d. § 242 StGB sein.[41] Zutreffend summiert *Klinge*, „daß [sic!] der Leichnam als Körper des Verstorbenen ... eine einmalige – quasi zwischen Person- und Sacheigenschaft stehende – Ausnahmeerscheinung innerhalb der Rechtsordnung darstellt."[42]

Als mögliche Straftat bleibt in diesem Zusammenhang daher nur die Störung der Totenruhe gem. § 168 StGB, der auch die Wegnahme von Leichen und Leichenteilen unter Strafe stellt.[43] Nach *Thier/Tag* besteht zwischen den beiden Strafnormen ein Exklusivverhältnis.[44] Im Prinzip sind der Körper und seine Teile, die in den Schutzbereich des § 168 StGB fallen, nicht verkehrs- und somit prinzipiell nicht eigentumsfähig, sodass hier § 242 StGB nicht greift. Ist ein Körperteil allerdings von der Bestattung ausgenommen, so verbleibt es einerseits im Schutzbereich des § 168 StGB, andererseits greift in diesem Fall auch der Schutz des § 242 StGB. Ungeachtet dessen gilt der Leichnam im Strafverfahren als Beweismittel und ist entsprechend § 94 StPO beschlagnahmefähig.[45]

II. Leichenschau

1. Äußere Leichenschau

a) Ärztliche Leichenschau

Die *ärztliche Leichenschau*,[46] die aus der allgemeinen Leichenschau hervorgegangen ist,[47] dient – im Gegensatz zur gerichtlichen Leichenschau[48] – in erster

---

41 *Fischer*, Strafgesetzbuch, § 242, Rn. 8 m.w.N.; Die Eigentumsfähigkeit i.S.d. BGB geht damit nicht automatisch einher, sondern hängt bei all diesen Fällen davon ab, ob die (Leichen-) Teile Gegenstand des Rechtsverkehrs geworden sind.

42 *Klinge*, Todesbegriff, Totenschutz und Verfassung, S. 60 m.w.N.

43 Siehe § 168 Abs. 1 Alt. 1 StGB; *Schmitz*, in: Münchener Kommentar – StGB, § 242, Rn. 42; *Kindhäuser*, in: ders. – StGB Bd. 3, § 242, Rn. 26; ausführlicher dazu *Thier/Tag*, in: Groß/Glahn/Tag, Die Leiche als Memento mori, S. 111–114; zum strafrechtlichen Schutz nach dem Tod auch *Klinge*, Todesbegriff, Totenschutz und Verfassung, S. 36 f.

44 *Thier/Tag*, in: Groß/Glahn/Tag, Die Leiche als Memento mori, S. 115, mit der wiedergegebenen Erläuterung.

45 *Wirth* (Hrsg.), Kriminalistik-Lexikon, S. 367.

46 *Madea*, in: ders., Die ärztliche Leichenschau, S. 2. Diese Bezeichnung wird im Folgenden verwendet.

47 *Madea*, in: ders., Die ärztliche Leichenschau, S. 3, die allgemeine Leichenschau war in ihrer Entstehungszeit auch als behördliche Leichenschau bekannt.

48 Vgl. dazu die Definition unten Teil 1, Kapitel 1, II., 1., b), S. 7 f.

Linie der sicheren Feststellung des Todes.[49] Außerdem sollen Todesursache und gegebenenfalls das Grundleiden des Patienten ermittelt werden.[50] Im Bestattungsgesetz des Landes Nordrhein-Westfalen findet sich die folgende Formulierung: „Ärztinnen und Ärzte sind verpflichtet, unverzüglich nach Erhalt der Todesanzeige die unbekleidete Leiche oder die Totgeburt persönlich zu besichtigen und sorgfältig zu untersuchen (Leichenschau)".[51] Kürzer dazu im Vergleich das Bayerische Bestattungsgesetz: „Jede Leiche muß [sic!] vor der Bestattung zur Feststellung des Todes, der Todesart (natürlicher oder nicht natürlicher Tod) und der Todesursache von einem Arzt untersucht werden (Leichenschau)."[52]

Ist von der *obligatorischen Leichenschau*[53] die Rede, so meint der Autor in der Regel eine (bisher nicht existente) *allgemeine Pflichtleichenschau* i.S.d. ärztlichen Leichenschau, die durch ein Bundesgesetz zu regeln wäre.

b) Gerichtliche Leichenschau

Die *gerichtliche*[54] Leichenschau oder förmliche[55] Leichenschau wird in zwei Formen unterteilt. Die *staatsanwaltliche Leichenschau* und die *richterliche Leichenschau.*[56] Im Gegensatz zur ärztlichen ist die gerichtliche Leichenschau durch ein Bundesgesetz geregelt, in den §§ 87, 159–161 StPO. Die Rechtsgrundlage für die Anordnung der gerichtlichen Leichenschau ergibt sich aus der grundsätzlichen Ermächtigung der Strafverfolgungsorgane zur Erforschung und Aufklärung möglicher Straftaten gem. §§ 160, 161 Abs. 1 StPO.[57] Demnach wird

---

49 *Madea* et al., in: Madea, Rechtsmedizin, S. 36; siehe auch die amtliche Begründung zu § 4 Abs. 1 BbgBestG, entnommen aus *Scheiper/Untze* (Hrsg.), Brandenburgisches Bestattungsgesetz, S. 39.

50 *Madea* et al., in: Madea, Rechtsmedizin, S. 36.

51 § 9 Abs. 3 S. 1 BestG NRW.

52 Art. 2 Abs. 1 BestG Bayern; ganz ähnlich auch die Legaldefinition in § 3 Abs. 1 BestattG Schleswig-Holstein: „Jede Leiche ist zur Feststellung des Todes, des Todeszeitpunktes, der Todesart und der Todesursache ärztlich zu untersuchen (Leichenschau)." Dazu auch *Husvogt*, Bestattungsgesetz Schleswig-Holstein, S. 62 f.

53 *Madea*, in: ders., Die ärztliche Leichenschau, S. 4.

54 Siehe *Patschek*, Die Entwicklung der Leichenschau in Deutschland, S. 5. Diese Bezeichnung wird im Folgenden verwendet.

55 So *Artkämper*, Kriminalistik 2012, S. 31.

56 Siehe zur Unterscheidung *Krause*, in: Löwe-Rosenberg – StPO, § 87, Rn. 8; *Hadamitzky*, in: Karlsruher Kommentar – StPO, § 87, Rn. 1, 3.

57 Siehe *Brauer*, in: Gerke – StPO, § 87, Rn. 2.

in entsprechenden Fällen in der Regel die Staatsanwaltschaft tätig, der Richter grundsätzlich auf deren Antrag hin; ohne Antrag nur bei Gefahr im Verzug (§ 165 StPO).

Synonym zum Oberbegriff werden auch die Begriffe *gerichtsärztliche Leichenschau*[58] oder *forensische Leichenschau*[59] verwendet. Die staatsanwaltliche Leichenschau wird zum Teil auch als polizeiliche Leichenschau bezeichnet,[60] da oft entsprechende Polizeibeamte von der Staatsanwaltschaft damit beauftragt werden.[61] Sie dient der Erkennung des Kausalzusammenhangs zwischen äußerer Gewalteinwirkung und dem Todeseintritt.[62] Definiert werden kann diese Form der äußeren Leichenschau als die „Besichtigung der äußeren Beschaffenheit einer Leiche", die erforderlich wird, „wenn eine Straftat als Todesursache nicht von vornherein [durch die ärztliche Leichenschau] ausgeschlossen werden kann".[63] Kürzer fasst es *Brauer*: „Leichenschau ist die Besichtigung der Körperoberfläche einer regelmäßig entkleideten Leiche ohne deren Öffnung."[64]

Zwischen ärztlicher und gerichtlicher Leichenschau besteht insofern ein wichtiger Zusammenhang, als die gerichtliche Leichenschau „mit größter Beschleunigung" durchzuführen ist, „weil die ärztlichen Feststellungen über die Todesursache auch durch geringe Verzögerungen an Zuverlässigkeit verlieren können".[65] Demnach hängt der Zustand des Leichnams im Moment der möglichen gerichtlichen Leichenschau auch vom Zeitpunkt der ärztlichen Leichenschau, deren Ergebnis und dem weiteren Vorgehen des befassten Arztes ab. Dies hat folglich auch Einfluss darauf, wie aufschlussreich die Ergebnisse dieser gerichtlichen Untersuchung sein können.

58 *Madea*, in: ders., Die ärztliche Leichenschau, S. 3.

59 *Zimmermann*, in: Bernsmann/Fischer, Festschrift für Ruth Rissing-van Saan zum 65. Geburtstag am 25. Januar 2011, S. 808.

60 *Brauer*, in: Gerke – StPO, § 87, Rn. 7.

61 Zu den rechtlichen Grundlagen siehe auch unten Teil 1, Kapitel 4, I., 1., S. 58 f.

62 *Madea*, in: ders., Die ärztliche Leichenschau, S. 3.

63 RiStBV Nr. 33 Abs. 1 S. 2; *Lukaschewski*, Kompendium der Kriminalistik, S. 197; *Lilie/Radke*, Lexikon Medizin und Recht, S. 101.

64 *Brauer*, in: Gerke – StPO, § 87, Rn. 3 m.w.N.

65 *Maiwald*, NJW – Neue Juristische Wochenschrift 1978, S. 561–566; RiStBV Nr. 36 Abs. 1.

c) *Feuerbestattungsleichenschau*

Die *Feuerbestattungsleichenschau*[66] oder *Krematoriumsleichenschau*[67] wird auch als *Leichennachschau,*[68] *amtliche* oder *amtsärztliche*[69] *zweite Leichenschau* vor einer Feuerbestattung bezeichnet.

Sie wird überwiegend als unbedingt notwendig angesehen.[70] Denn mit der Einäscherung werden sämtliche noch am Leichnam vorhandenen und möglicherweise für die Strafverfolgung relevanten Indizien und Beweise endgültig vernichtet und eine nachträgliche Identifizierung unmöglich gemacht.[71] Anders als bei der ärztlichen Leichenschau mit anschließender Erdbestattung ist im Falle nachträglicher Zweifel am natürlichen Tod keine Exhumierung mehr möglich.[72] Insofern dient etwa § 15 Abs. 1 BestG NRW, in dem die Notwendigkeit einer weiteren ärztlichen Leichenschau postuliert ist, in erster Linie der Rechtspflege.[73]

Heute ist die Feuerbestattung und damit die zweite Leichenschau Landesrecht und fast ausschließlich von den jeweiligen Landesgesetzen zur Bestattung und Leichenschau mit erfasst.[74] Allein in Bayern ist diese zweite ärztliche Leichenschau nicht vorgeschrieben;[75] dort genügen gem. § 17 Abs. 1 BestV Bayern die Voraussetzungen der Erdbestattung in Verbindung mit einer Bestätigung der für den Sterbeort zuständigen Polizeibehörde, dass keine Verdachtsmomente für einen nicht natürlichen Tod vorliegen. Beispielhaft für die Regelungen in den übrigen Bundesländern steht § 15 BestG NRW. Hier heißt es etwa: „Die Feuerbestattung einer Leiche oder einer Totgeburt darf erst vorgenommen werden, wenn eine … weitere ärztliche Leichenschau vorgenommen

66 *Madea*, in: ders., Die ärztliche Leichenschau, S. 3.

67 *Madea* et al., in: Madea, Rechtsmedizin, S. 110.

68 *Hunger/Dürwald/Tröger* (Hrsg.), Lexikon der Rechtsmedizin, S. 173 f.

69 *Patschek*, Die Entwicklung der Leichenschau in Deutschland, S. 5.

70 Vgl. *Peter/Tilch*, Bestattungsgesetz Thüringen, S. 3, 7.

71 Siehe *Menzel/Hamacher*, Gesetz über das Friedhofs- und Bestattungswesen (Bestattungsgesetz BestG NRW), § 15, S. 147; *Spranger*, Bestattungsgesetz Nordrhein-Westfalen, § 15, S. 190.

72 Vgl. *Horn*, Niedersächsisches Bestattungsgesetz, § 12, S. 149.

73 Vgl. *Spranger*, Bestattungsgesetz Nordrhein-Westfalen, § 15, S. 190.

74 Zur Entwicklung der rechtlichen Regelung und dem heutigen Stand siehe unten Teil 1, Kapitel 4, I., 3., S. 60.

75 *Artkämper* et al., Praxiswissen Strafverfahren bei Tötungsdelikten, S. 26; *Dettmeyer/Verhoff*, Rechtsmedizin, S. 23; *Zimmermann*, in: Bernsmann/Fischer, Festschrift für Ruth Rissing-van Saan zum 65. Geburtstag am 25. Januar 2011, S. 808.

und … bestätigt worden ist, dass kein Verdacht auf nicht natürlichen Tod besteht."[76] Folglich wird im Anschluss an diese Untersuchung die Leiche entweder zur Feuerbestattung freigegeben oder die örtliche Ordnungsbehörde eingeschaltet.[77] Dem Sinn etwa der Regelung in § 15 BestG NRW entsprechend sollte diese zweite Leichenschau von einem anderen Arzt als die erste vorgenommen werden.[78]

2. Innere Leichenschau oder Leichenöffnung[79]

Die *Leichenöffnung*, auch bekannt als *Obduktion*, *Sektion*, *Autopsie* oder *Nekropsie*,[80] bezeichnet die Eröffnung einer Leiche zur Feststellung der Todesursache.[81]

a) Klinische Obduktion

Die *klinisch-wissenschaftliche* Obduktion erfolgt grundsätzlich in Pathologischen Instituten, die zu Universitätskliniken oder großen Krankenhäusern gehören.[82] Sie dient der Erkennung der Todesursache und des Krankheitszusammenhangs, der Qualitätssicherung medizinischer Behandlungspfade bzw. Prüfung der ärztlichen Behandlung und in einigen Fällen der Klärung des Zusammenhangs von Unfall und Tod sowie Forschungszwecken.[83] Zumeist wird das Einverständnis des Verstorbenen geprüft oder das einer von diesem bevollmächtigten Person oder der totensorgeberechtigten Angehörigen eingeholt. Mittlerweile ist dies als Voraussetzung in einem Teil der

---

76 § 15 Abs. 1 S. 1 BestG NRW.

77 Etwa § 9 Abs. 1 S. 2 BestattGDV Rheinland-Pfalz. Lässt sich die Todesart bei der Leichenschau nicht eindeutig bestimmen, so darf – etwa in Nordrhein-Westfalen – die untere Gesundheitsbehörde eine Obduktion vornehmen, § 15 Abs. 1 S. 3 BestG NRW.

78 Siehe *Menzel/Hamacher*, Gesetz über das Friedhofs- und Bestattungswesen (Bestattungsgesetz BestG NRW), § 15, S. 147.

79 Aktuell und kompakt behandelt auch bei *Bahner*, Recht im Bereitschaftsdienst, S. 193 f. m.w.N.

80 Diese Begriffe werden in der Medizin und der Jurisprudenz synonym verwendet, vgl. *Dettmeyer*, Die verfassungsrechtlichen Grenzen für die gesetzliche Einführung einer Verwaltungssektion bei medizinisch unklaren Todesfällen, S. 44.

81 *Wirth* (Hrsg.), Kriminalistik-Lexikon, S. 370 f.; *Bogensberger* et al., Lexikon Medizin, S. 1221.

82 *Madea* et al., in: Madea, Rechtsmedizin, S. 115.

83 *Pschyrembel*, Pschyrembel Klinisches Wörterbuch, S. 1648, „Sektion".

Landesgesetze im Rahmen der Regelung dieser Form der inneren Leichenschau festgeschrieben.[84] Insgesamt ist die Rechtslage jedoch uneinheitlich; generell gelten überwiegend die Widerspruchslösung, die Informationslösung oder die Zustimmungslösung.[85]

b) Gerichtliche Obduktion

Als *gerichtliche Obduktion* oder *forensische Sektion* bezeichnet man die *gerichtliche Leichenöffnung*, die in § 87 Abs. 2–4 StPO geregelt ist.

Sie wird dann erforderlich, wenn Fremdverschulden bei einem Todesfall[86] nicht ausgeschlossen werden kann und es der Feststellung der genauen Todesursache oder der genauen Todeszeit bedarf.[87] Sie muss durch die Staatsanwaltschaft angeordnet werden. Im Unterschied zu den anderen Obduktions- bzw. Sektionsarten zeichnet sie sich auch dadurch aus, dass stets alle drei Körperhöhlen, d.h. Kopf, Brust und Bauchhöhle, eröffnet werden.[88] In dem darüber zu erstellenden vorläufigen Gutachten werden die wesentlichen pathologisch-anatomischen Diagnosen zusammengefasst. Neben der Stellungnahme zu Todesursache und Todesart erfolgen gegebenenfalls feingewebliche, toxikologische, molekularbiologische und bakteriologische Analysen.[89] Der Ablauf der Untersuchungen hängt von der Fragestellung ab: Bleibt die Todesursache auch nach der Obduktion unklar, folgt eine histologische Untersuchung und bei anhaltenden Zweifeln eine toxikologische Untersuchung. Besteht jedoch etwa von vorn herein ein Vergiftungsverdacht, wird die toxikologische Untersuchung entsprechend vorgezogen.[90]

---

84 Beispielsweise in § 10 BestG NRW und § 10 BbgBestG.

85 Vgl. dazu etwa *Schliephorst*, in: Wienke et al., Rechtsfragen der Obduktion und postmortalen Gewebespende; zur unsicheren Rechtslage auch *Dettmeyer/Madea*, Deutsches Ärzteblatt 2002, S. A 2311–A 2317 (Stand 2002).

86 Auch bezeichnet als Tötungsdelikt oder Homizid, *Schneider/Lang*, Wörterbuch der Kriminalwissenschaften, S. 129; *Hunger/Dürwald/Tröger* (Hrsg.), Lexikon der Rechtsmedizin, S. 139.

87 *Meyer-Goßner/Schmitt*, Strafprozessordnung, § 87, Rn. 8 f.

88 *Schneider/Lang*, Wörterbuch der Kriminalwissenschaften, S. 155; kürzer *Pschyrembel*, Pschyrembel Klinisches Wörterbuch, S. 1648 f., „Sektion, forensische".

89 So die Darstellung bei *Pschyrembel*, Pschyrembel Klinisches Wörterbuch, S. 1648, „Sektion, forensische".

90 So die Erläuterungen von *Schmeling*, in: *Raute*, Die Problematik der ärztlichen Leichenschau – Interview mit Prof. Dr. med. Andreas Schmeling, stellvertretender Direktor des Instituts für Rechtsmedizin der Universität Münster – Mitglied im Vorstand der Deutschen Gesellschaft für Rechtsmedizin.

c) *Anatomische Sektion*

Die anatomische Sektion kann man auch als eine Art „Ausbildungs-Sektion" betrachten. Sie erfolgt im Verlauf des Medizinstudiums zur Ausbildung der Ärzte in den Anatomischen Instituten der Universitäten und dient der Lehre und der Wissenschaft von der Beschaffenheit des menschlichen Körpers.[91]

d) *Verwaltungssektion*

Zum Begriff der *Verwaltungssektion* gibt es keine gesetzliche Definition.[92] Gemeint sind oft alle jene Sektionen, die von einer Verwaltungsbehörde angeordnet werden; teilweise wird hier genauer unterschieden.[93] *Seuchensektionen* werden auf der Grundlage des Infektionsschutzgesetzes[94] angeordnet, *Versicherungssektionen* nach Sozialversicherungsrecht.[95] Manche Autoren zählen auch solche Feuerbestattungssektionen[96] dazu, die erfolgen, wenn die einfache zweite Leichenschau vor einer Feuerbestattung kein eindeutiges Ergebnis hinsichtlich der Todesart bringt.[97]

---

91 Vgl. *Madea* et al., in: Madea, Rechtsmedizin, S. 114.

92 Ausführlich dazu *Dettmeyer*, Die verfassungsrechtlichen Grenzen für die gesetzliche Einführung einer Verwaltungssektion bei medizinisch unklaren Todesfällen, S. 46, der dort den Begriff der Verwaltungssektion im engeren Sinn für solche Leichenöffnungen verwendet, die aufgrund behördlicher Anordnung immer bei unklaren Todesfällen erfolgen sollen. Er plädiert im Weiteren für die bundesweite Einführung einer solchen, auch heute noch nicht existierenden Regelung.

93 *Beyerle*, Rechtsfragen medizinischer Qualitätskontrolle, S. 136.

94 Siehe §§ 26 Abs. 3 S. 2, 25 IfSG.

95 *Madea* et al., in: Madea, Die ärztliche Leichenschau, S. 183 f.; etwa zur Klärung der Leistungspflicht in Fällen, wo der Zusammenhang zwischen einem Unfall oder einer Berufskrankheit und dem Tod unklar ist, *Beyerle*, Rechtsfragen medizinischer Qualitätskontrolle, S. 136. Die Obduktion darf vom Sozialversicherungsträger in bestimmten Fällen gefordert werden. Dies ergibt sich im Umkehrschluss aus § 63 Abs. 2 S. 2 des Sozialgesetzbuchs Siebtes Buch (SGB VII) vom 07.08.1996.

96 *Beyerle*, Rechtsfragen medizinischer Qualitätskontrolle, S. 136.

97 Siehe beispielhaft § 17 Abs. 4 S. 2, Abs. 5 S. 2 BestV Bayern.

3. Graphische Übersicht

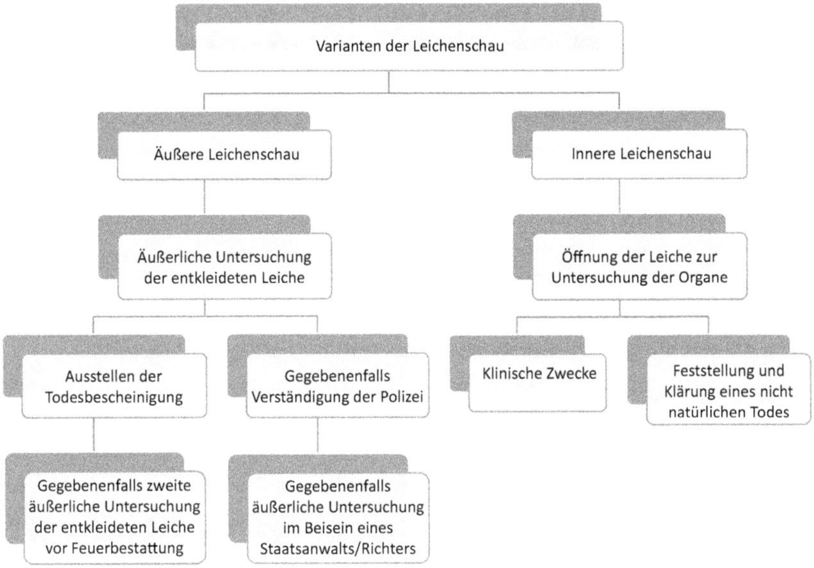

Darst. 1: Graphische Übersicht zu den Varianten der Leichenschau[98]

III. Leichenschauer

Leichenschauer ist der Oberbegriff für die bei den verschiedenen Arten der Leichenschau jeweils tätig werdende Person. Heute kommen als Leichenschauer de facto nur noch *Ärzte*[99] und *Kriminalbeamte* in Frage.[100]

Der *behandelnde Arzt* ist nach den derzeitigen gesetzlichen Regelungen theoretisch die geeignetste Person für die bei der ärztlichen Leichenschau

98 Die Übersicht ist an die Darstellung bei *Bahner*, Recht im Bereitschaftsdienst, S. 194 angelehnt.

99 Zum leichenschauenden Arzt im Besonderen siehe auch *Wirth* (Hrsg.), Kriminalistik-Lexikon, S. 371.

100 Der nach § 87 Abs. 1 StPO für die gerichtliche Leichenschau grundsätzlich zuständige Staatsanwalt überlässt dies in den allermeisten Fällen den erfahreneren Kriminalbeamten; siehe zu den Details Teil 2, Kapitel 4, I., 1., S. 58 f.

anfallenden Aufgaben.[101] Ausnahmen bilden nur Todesfäll für die vorangegangene ärztliche Maßnahmen möglicherweise ursächlich waren, oder der Ausschluss möglicher Einflussnahme von Angehörigen.[102] Der *Rettungsarzt* ist aufgrund seiner Tätigkeit häufig automatisch der erste Arzt am Todesort. Einige Landesregelungen sehen vor, dass *Amtsärzte* die Untersuchung übernehmen, wenn sonst kein Arzt zur Verfügung steht.[103] Aufgrund der ständigen Erreichbarkeit der Not- bzw. Notdienstärzte und Rettungsärzte[104] ist dies heute jedoch kaum noch der Fall. *Gerichtsarzt* ist der im Rahmen der gerichtlichen Leichenschau gem. § 87 Abs. 1 StPO hinzuzuziehende Arzt. Grundsätzlich kommen der Amtsarzt, sein Stellvertreter, ein sonstiger haupt- oder nebenberuflich für das Gesundheitsamt tätiger Arzt oder ein Arzt in Frage, der über Fachkenntnisse verfügt und mit der Gerichtsarzttätigkeit beauftragt ist; in der Praxis wird es sich dabei heute in der Regel um einen Facharzt für Rechtsmedizin oder um einen an einem rechtsmedizinischen Institut tätigen Arzt handeln.[105]

Im Rahmen der staatsanwaltlichen oder polizeilichen Leichenschau[106] überlässt der gem. § 87 Abs. 1 StPO grundsätzlich zuständige Staatsanwalt diese Aufgabe überwiegend erfahreneren Kriminalbeamten,[107] da den meisten Staatsanwälten sowohl die entsprechenden forensischen Kenntnisse als auch ein gewisses – aus der Erfahrung dieser Ermittler resultierendes – medizinisches Basiswissen in diesem Bereich fehlen.[108]

IV. Leichenerscheinungen

Als *Leichenerscheinungen* bezeichnet man beispielsweise: Totenflecke, Totenstarre, Vertrocknungen, supravitale Reaktionen,[109] Fäulnis und

---

101 Tatsächlich stellt sich in der Praxis eine Vielzahl von Problemen, die jedoch ohne Änderung der gesetzlichen Regelungen kaum effektiv zu beheben sind; dies zeigt der weitere Gang dieser Arbeit.

102 Anstatt vieler hier die Meinung von *Madea*, in: ders., Die ärztliche Leichenschau, S. 60.

103 § 9 Abs. 3 S. 2 BestG NRW; § 5 Abs. 1 BestV Bayern.

104 Siehe zur Klärung der Begriffe unten Teil 1, Kapitel 5, I., 2., S. 75.

105 *Madea*, in: ders., Die ärztliche Leichenschau, S. 61.

106 Siehe zur polizeilichen Leichenschau oben Teil 1, Kapitel 1, II., 1., b), S. 7 f.

107 Näheres dazu auch unten Teil 1, Kapitel 4, I., 1., S. 58 f.

108 *Brauer*, in: Gerke – StPO, § 87, Rn. 4.

109 Bei *Bogensberger* et al., Lexikon Medizin, S. 1620, definiert als: „nach dem Individualtod (Hirntod) noch feststellbare Reaktionen der überlebenden Zellen einiger Gewebe"; *Pschyrembel*, Pschyrembel Klinisches Wörterbuch, S. 1752 erläutert das „supravital" mit „überlebend, über den Tod hinaus."

Leichenfauna.[110] Von „äußeren (Lageort, Luftfeuchte, Bedeckung, Temperatur, Wind) und inneren (Alter, Körperbeschaffenheit, Todesursache) Faktoren abhängige, in einem unterschiedlichen [sic!] langen Zeitraum verlaufende physikalische und überwiegend chemische Prozesse" bestimmen deren Ausprägung und Dauer.[111]

V. Todeszeichen (signum mortis)

1. Sichere Todeszeichen

Die *sicheren Todeszeichen* sind eine bestimmte Gruppe von Leichenerscheinungen, die ausnahmslos immer nur dann entstehen, wenn der Tod tatsächlich eingetreten ist, und zwar frühestens nach 20–30 Minuten[112] (daher auch der Begriff *sichere Leichenerscheinungen*).[113] Gelegentlich wird der Terminus *Individualtod* verwendet, um den so bezeichneten irreversiblen Tod vom sog. *klinischen Tod* zu unterscheiden, bei dem Reanimationsmaßnahmen unter Umständen noch zur Rettung des Betroffenen führen können.[114]

Als sichere Todeszeichen gelten: Totenflecke,[115] Totenstarre,[116] Autolyse,[117] Fäulnis, Verwesung, Tierfraß, Mumifikation und Fettwachsbildung[118]

---

110 So die Aufzählung in der „Checkliste zur Leichenschau" bei *Madea* (Hrsg.), Die ärztliche Leichenschau, S. XVIII. Die Leichenerscheinungen stellen jedoch *nicht alle* zugleich auch sichere Todeszeichen dar, vgl. zu diesen unten Teil 1, Kapitel 1, V., 1., S. 14 f.

111 *Lukaschewski*, Kompendium der Kriminalistik, S. 196; ähnlich *Wirth* (Hrsg.), Kriminalistik-Lexikon, S. 369 f.; *Schneider/Lang*, Wörterbuch der Kriminalwissenschaften, S. 154; Im Falle der Körperhartsubstanzen, also Knochen und Zähnen, dauert dieser Vorgang erheblich länger, als bei den übrigen Bestandteilen, vgl. dazu auch noch *Hunger/Dürwald/Tröger* (Hrsg.), Lexikon der Rechtsmedizin, S. 171.

112 Vgl. *Wirth* (Hrsg.), Kriminalistik-Lexikon, S. 576.

113 Vgl. etwa *Madea* et al., in: Madea, Die ärztliche Leichenschau, S. 71.

114 Vgl. *Ellinger/Osswald/Stange* (Hrsg.), Fachkundenachweis Rettungsdienst, S. 38 f.; ausführlich zur Unterscheidung und dem Zusammenhang zwischen Scheintod und klinischem Tod, *Madea* et al., in: Madea, Die ärztliche Leichenschau, S. 71–77.

115 Eine tabellarische Übersicht der zeitbedingten Veränderungen bieten etwa *Peschel/Penning*, in: Madler et al., Das NAW-Buch, S. 382.

116 Lateinisch rigor mortis.

117 Selbstverdauung, bzw. Selbstauflösung durch abakteriell und anaerob ablaufenden Abbau von Organprotein und Zerlegung der Körperzellen durch freigewordene zelleigene Enzyme, *Hunger/Dürwald/Tröger* (Hrsg.), Lexikon der Rechtsmedizin, S. 46; *Pschyrembel*, Pschyrembel Klinisches Wörterbuch, S. 193 f. „Autolyse".

118 Siehe *Lukaschewski*, Kompendium der Kriminalistik, S. 311.

oder ein Grad an Zerstörung des betroffenen Körpers, der ein Weiterleben unmöglich macht.[119]

Die heutige gängigste Definition des Todes ist der so genannte Hirntod.[120] Dieser ist gleichbedeutend mit einem irreversiblen Funktionsverlust des gesamten Gehirns (Großhirn, Kleinhirn, Hirnstamm) bei künstlich aufrechterhaltener Kreislauffunktion im übrigen Körper.[121] Der Hirntod spielt vor allem in der Transplantationsmedizin eine Rolle, wo es darauf ankommt, den Tod so schnell wie möglich nach dessen Eintritt festzustellen, ohne auf die sicheren Todeszeichen warten zu müssen.[122] Da die Feststellung eines Hirntods sehr komplex ist und spezieller medizinischer Geräte bedarf, die grundsätzlich nur im Krankenhaus zur Verfügung stehen, ist der leichenschauende Arzt außerhalb des Krankenhauses auf die herkömmliche Methode der Todesfeststellung angewiesen.[123]

2. Unsichere Todeszeichen

Die als *unsichere Todeszeichen* bekannten Erscheinungen, die auf einen nahen Tod hindeuten können, diesen aber nicht vollends bestätigen, sind lichtstarre weite Pupillen, Areflexie,[124] fehlende Herztätigkeit, fehlende Atmung

---

119 *Freislederer/Stenzel/Weirich*, Todesermittlungen, S. 16–20; *Dettmeyer/Verhoff*, Rechtsmedizin, S. 282, jeweils mit ausführlichen Erläuterungen; ähnlich *Hunger/Dürwald/Tröger* (Hrsg.), Lexikon der Rechtsmedizin, S. 171. Klassisches Beispiel ist in diesem Zusammenhang die „kopflose Leiche".

120 Zu der auch heute noch nicht beendeten Diskussion der Todesdefinitionen beispielsweise *Schenk*, Die Totensorge – ein Persönlichkeitsrecht, S. 19–48; sehr umfassend *Klinge*, Todesbegriff, Totenschutz und Verfassung, S. 87–105 u. 125–181; eine eingehende Auseinandersetzung mit der Thematik aus den achtziger Jahren bietet etwa *König*, Todesbegriff, Todesdiagnostik und Strafrecht.

121 Siehe anstatt vieler *Neumann*, in: Kindhäuser – StGB Bd. 2, vor § 211, Rn. 25; siehe auch den Wortlaut des § 3 Abs. 2 Nr. 2 TPG.

122 Zum Hirntod im medizinischen Bereich und in der rechtswissenschaftlichen Diskussion vgl. *Koch*, Persönlichkeitsrechtsschutz bei der postmortalen Organentnahme zu Transplantationszwecken in Deutschland und Frankreich, S. 124. Im Rahmen der Thematik „Tod um Recht", dem Hirntodkonzept und der Bedeutung für die Transplantation sehr ausführlich *Weck*, Vom Mensch zur Sache?, S. 100–189.

123 Auf diese beiden Möglichkeiten der Todesfeststellung wird unten ausführlich eingegangen, Teil 1, Kapitel 5, I., 3., S. 80–82.

124 Das Ausbleiben von (Eigen-) Reflexen, *Pschyrembel*, Pschyrembel Klinisches Wörterbuch, S. 132, „Areflexie"; *Bogensberger* et al., Lexikon Medizin, S. 101.

und Absinken der Körpertemperatur;[125] sie sind auch in der Kombination *nicht* geeignet, den Tod sicher festzustellen.[126]

VI. Scheintod

Als *Scheintod* wird die Phase – Wissenschaftler sprechen hier von einer *Vita minima* oder *Vita reducta* –[127] bezeichnet, in der einerseits die Lebensäußerungen, wie Atmung und Puls, so reduziert sein können, dass eine oberflächliche Untersuchung auf einen bereits erfolgten Todeseintritt hindeutet. Andererseits liegen in dieser Phase jedoch noch keine sicheren Todeszeichen vor, da diese erst nach endgültigem Herz-Kreislauf-Stillstand auftreten. Gemeinhin wird mit Scheintod ein Zustand bezeichnet, in dem der Mensch bewusstlos ist und leblos wirkt, so dass Zweifel bestehen, ob er tot oder lebendig ist.[128] *Thürnau* definiert diesen als Zustand eines Menschen, „der nach allen äußerlich faßbaren [sic!] Anzeichen einem eben Verstorbenen ähnelt, insbesondere hinsichtlich des Fehlens der Spontanatmung oder Herz-Kreislauftätigkeit, der dem Grunde nach aber reversibel ist, entweder spontan oder durch geeignete ärztliche Maßnahmen."[129]

Ursachen für den Zustand einer vita minima sind nach der AEIOU-Regel:[130]

- Alkohol/Anämie[131]/Anoxämie[132]
- Elektrizität

125 *Madea* et al., in: Madea, Rechtsmedizin, S. 46 f.

126 *Lukaschewski*, Kompendium der Kriminalistik, S. 311; *Wirth* (Hrsg.), Kriminalistik-Lexikon, S. 576.

127 Vgl. hierzu und zu der folgenden Darstellung *Madea* et al., in: Madea, Rechtsmedizin, S. 46 f.; *Pschyrembel*, Pschyrembel Klinisches Wörterbuch, S. 1603, „Scheintod"; *Wirth* (Hrsg.), Kriminalistik-Lexikon, S. 479, bezeichnet den Begriff „Scheintod" als unwissenschaftlich.

128 Vgl. *Freislederer/Stenzel/Weirich*, Todesermittlungen, S. 15.

129 *Thürnau*, „Der Scheintod", S. 41.

130 Im Jahr 1976 vom Berliner Gerichtsmediziner *Otto Prokop* (1921–2009) aufgestellte Regel für die Ursachen einer vita minima, *Freislederer/Stenzel/Weirich*, Todesermittlungen, S. 16; *Hunger/Dürwald/Tröger* (Hrsg.), Lexikon der Rechtsmedizin, S. 17.

131 Blutarmut, bzw. die Herabsenkung des roten Blutfarbstoffs oder der Menge der roten Blutkörperchen, *Bogensberger* et al., Lexikon Medizin, S. 59; *Pschyrembel*, Pschyrembel Klinisches Wörterbuch, S. 74, „Anämie".

132 Oder *Anoxie*, Zustand einer absolut unzureichenden Sauerstoffsättigung des Blutes, *Bogensberger* et al., Lexikon Medizin, S. 75; *Pschyrembel*, Pschyrembel Klinisches Wörterbuch, S. 100, „Anoxie".

- Injury (Schädel-Hirn-Trauma)
- Opium/Betäubungsmittel/zentral wirksame Pharmaka
- Yrämie[133]/Unterkühlung

VII. Todesart und Todesursache

Die Todes*art* ist das zum Tode führende Geschehen[134] und kennzeichnet die Unterscheidung zwischen einem natürlichen und einem nicht natürlichen Tod.[135]

Die Todes*ursache* ist der von der jeweiligen Todesart unabhängige, unmittelbare Grund des Sterbens: Krankheit, Verletzung oder Vergiftung[136] bzw. „die Umstände des Unfalls oder der Gewalteinwirkung".[137] Davon zu unterscheiden ist gegebenenfalls das Grundleiden.[138] Nach *Penners* beschreibt die Todesursache das „pathologisch-anatomische Substrat des Todesgeschehens" und gibt an, „welcher – streng somatisch bezogene – Kausalverlauf zum Tode führte."[139]

VIII. Nicht natürlicher Tod

Nicht natürlich, oder unnatürlich,[140] ist der Tod durch eigene Hand, durch fremde Hand oder durch Unfall.[141] Durch eigene Hand umgekommen ist ein Mensch in Fällen von Selbsttötung (Suizid) sowie „vorsätzliche[r] Selbstschädigung mit tödlichem Ausgang".[142] Ein Tötungsdelikt, also ein Tod durch fremde Hand, „ist jede zurechenbare Verursachung des Todes eines Menschen, also jede auch nur geringfügige Lebensverkürzung"[143] durch einen Dritten. Der

---

133 Niereninsuffizienz im Endstadium bzw. Harnvergiftung, *Bogensberger* et al., Lexikon Medizin, S. 1719; *Pschyrembel*, Pschyrembel Klinisches Wörterbuch, S. 1867 f., „Urämie".

134 *Wirth* (Hrsg.), Kriminalistik-Lexikon, S. 575.

135 *Schneider/Lang*, Wörterbuch der Kriminalwissenschaften, S. 235; *Hunger/Dürwald/Tröger* (Hrsg.), Lexikon der Rechtsmedizin, S. 271.

136 *Schneider/Lang*, Wörterbuch der Kriminalwissenschaften, S. 233; *Hunger/Dürwald/Tröger* (Hrsg.), Lexikon der Rechtsmedizin, S. 273.

137 *Bogensberger* et al., Lexikon Medizin, S. 1666.

138 *Hunger/Dürwald/Tröger* (Hrsg.), Lexikon der Rechtsmedizin, S. 273.

139 *Penners*, Zur Feststellung der Todesart auf dem ärztlichen Leichenschauschein, S. 2.

140 *Schneider/Lang*, Wörterbuch der Kriminalwissenschaften, S. 170.

141 Vgl. *Lukaschewski*, Kompendium der Kriminalistik, S. 311.

142 *Lukaschewski*, Kompendium der Kriminalistik, S. 311.

143 *Alpmann-Pieper* et al. (Hrsg.), Alpmann Brockhaus, S. 1166.

Unfall ist juristisch gesehen in diesem Zusammenhang ein plötzlich von außen wirkendes Ereignis, welches zu einer Schädigung der Gesundheit oder zum Tode führt.[144] Eine einheitliche Legaldefinition zu diesem Begriff gibt es nicht,[145] obwohl auch dies seit längerer Zeit bemängelt wird.[146] Nach der von *Heberer* als herrschend bezeichneten Meinung liegt „immer dann kein natürlicher Tod vor, wenn er durch Selbstmord, Unfall, durch die Verwirklichung eines Straftatbestandes oder sonst durch äußere Einwirkung hervorgerufen wurde."[147] Zum Teil wird der strafrechtlich-juristischen Sichtweise des nicht natürlichen Todes eine medizinisch-naturwissenschaftliche Begriffserklärung zur Seite gestellt. Um einen nicht natürlichen Tod im naturwissenschaftlichen Sinne handele es sich, „wenn dieser durch eine medizinisch nicht-natürliche Ursache ausgelöst, beeinflußt [sic!] oder herbeigeführt wurde."[148] Erfasst ist von dieser Definition jede Bedingung, ohne die der Tod nicht exakt so eingetreten wäre, und somit etwa auch die mors in tabula[149] trotz kunstgerecht ausgeführter Operation, der Unfalltod oder der Suizid; wobei es rein auf die kausale Verknüpfung ankommt und nicht auf ein Werturteil.[150] Neben dem naturwissenschaftlichen Ansatz finden sich auch hier mit der conditio sine qua non Anklänge an juristische Eingrenzungen.

---

144 Siehe *Lukaschewski*, Kompendium der Kriminalistik, S. 311; in komprimierter Form bieten es *Meyer-Goßner/Schmitt*, Strafprozessordnung, & 159, Rn. 2: „Nicht natürlich ist der durch Suizid, Unfall, durch eine rechtswidrige Tat (d.h. eine solche, die den Tatbestand eines Strafgesetzes verwirklicht, § 11 Abs. 1 Nr. 5 StGB) oder sonst durch Einwirkung von außen herbeigeführte Tod."

145 So *Peschel/Grupp/Graw*, MMW Fortschritte der Medizin 2012, S. 64; *Dettmeyer/Madea*, Kritische Vierteljahresschrift für Gesetzgebung und Rechtswissenschaft 2004, S. 354; *Madea*, Fortschritte der Medizin 1995, S. 227; auch *Schwerd*, in: Opderbecke/Weißauer, Forensische Probleme in der Anästhesiologie, S. 123, findet keine „hieb- und stichfeste Definition", und bietet im Anschluss auf diese Feststellung einen guten Überblick der bis dato existierenden Vorschläge.

146 *Peschel/Fieseler/Zinka*, Der Notarzt 2009, S. 217.

147 *Heberer*, in: ders., Arzt und Recht, S. 423.

148 *Brinkmann/Püschel*, MedR – Medizinrecht 1991, S. 233; ähnlich *Hunger/Dürwald/Tröger* (Hrsg.), Lexikon der Rechtsmedizin, S. 197 f.

149 Auch: Exitus in tabula, Eintritt des Todes während einer Operation bzw. während eines instrumentellen Eingriffs, *Hunger/Dürwald/Tröger* (Hrsg.), Lexikon der Rechtsmedizin, S. 192.

150 *Brinkmann/Püschel*, MedR – Medizinrecht 1991, S. 233.

In der Strafprozessordnung wird der nicht natürliche Tod in § 159 I erwähnt, jedoch erfolgt auch hier keine Definition.[151] Die Fachliteratur bezeichnet den nicht natürlichen Tod i.S.d. § 159 Abs. 1 StPO in der Regel als einen durch Suizid, Unfall, durch eine rechtswidrige Tat oder sonst durch Einwirkung von außen verursachten Tod.[152] Im Zusammenhang mit dem polizeilichen Ermittlungsverfahren dient er zunächst nur der Beweissicherung im Hinblick auf eine potentielle Straftat.[153] Daher wird der Begriff des nicht natürlichen Todes im Kontext der Strafverfolgung teleologisch allein dahin gehend ausgelegt, dass es sich um einen Tod handelt, bei dem Fremdverschulden jedenfalls in Betracht zu ziehen ist.[154] *Maiwald* formuliert es im Resümee seiner grundlegenden Analyse des Begriffs des nicht natürlichen Todes i.S.d. § 159 StPO folgendermaßen: „Danach ist er aufzufassen als Tod, bei dem staatsanwaltschaftliches Einschreiten mit dem Ziel eines Ermittlungsverfahrens nicht von vornherein völlig ausgeschlossen erscheint."[155]

In den die ärztliche Leichenschau regelnden Gesetzen und Verordnungen der Bundesländer finden sich ebenfalls Definitionen. Knapp, aber präzise in Nordrhein-Westfalen: „Tod durch Selbsttötung, Unfall oder Einwirkung Dritter (nicht natürlicher Tod)."[156] Etwas ausführlicher die Bestattungsverordnung Bayern: „Findet der zur Leichenschau zugezogene Arzt im Rahmen der Leichenschau Anhaltspunkte dafür, dass der Tod durch Selbsttötung, durch Unfall, durch strafbare Handlung oder durch sonstige Einwirkung von außen herbeigeführt wurde, ist in der Todesbescheinigung die Todesart ‚Nicht natürlicher Tod' anzugeben."[157]

Wichtig ist, dass nicht nur die Tötung im Sinne der Herbeiführung der Ursache durch Dritte als nicht natürlicher Tod bezeichnet wird, sondern auch der durch Unfall oder Suizid. Letztere Fälle sind ebenfalls meldepflichtig, da

---

151 Zu den unterschiedlichen Auffassungen *Geerds*, ArchKrim – Archiv für Kriminologie 1997, S. 42 m.w.N.

152 *Meyer-Goßner/Schmitt*, Strafprozessordnung, § 159, Rn. 2.

153 *Meyer-Goßner/Schmitt*, Strafprozessordnung, § 159, Rn. 1.

154 *Brinkmann/Püschel*, MedR – Medizinrecht 1991, S. 234 m.w.N., insbesondere auch auf die Untersuchung des Begriffs durch *Maiwald*, NJW – Neue Juristische Wochenschrift 1978, S. 562 f.

155 *Maiwald*, NJW – Neue Juristische Wochenschrift 1978, S. 563; die Zitierung trotz des in Fn. 159 erwähnten Hinweises von *Brinkman* erfolgt hier der Verständlichkeit halber.

156 § 9 Abs. 5 BestG NRW.

157 § 3 Abs. 3 S. 1 BestV Bayern.

„rechtlich bedeutsame äußere Faktoren" ursächlich sind.[158] Dem steht der natürliche Tod aus innerer – zumeist krankhafter – Ursache gegenüber, die gänzlich unabhängig von rechtlich relevanten Aspekten aufgetreten ist.[159]

Zumindest für den Kontext der Leichenschau erscheint ein möglichst praxisbezogener Ansatz am sinnvollsten. Zweck der Begriffsbestimmung sollte es sein, den Ärzten als denjenigen, die die Leichenschau tatsächlich vornehmen, Klarheit zu vermitteln und eine problemlose Verständigung zwischen den Beteiligten zu ermöglichen. Da der Gesetzgeber die Leichenschau in den Verantwortungsbereich der Ärzte gestellt hat und diese somit vor Ort über die Todesart oder deren Bestimmbarkeit entscheiden, sollte die Begriffserklärung in erster Linie diesem Zweck dienen. Es bietet sich daher an, den Ausführungen in den gesetzlichen Regelungen zur ärztlichen Leichenschau zu folgen. Da jedoch auch die bundesweite Einheitlichkeit erstrebenswert ist und mit der Beteiligung von Staatsanwaltschaft und Polizei eine juristische Komponente hinzukommt, liegt es nahe, an der Schnittstelle zwischen Medizin und Kriminalistik anzusetzen, der Rechtsmedizin. Diesen Überlegungen folgend ist die speziell rechtsmedizinische Begriffsbestimmung von *Oehmichen* am überzeugendsten: „Ein *nicht natürlicher Tod* liegt vor, wenn Zeichen äußerer Einwirkung (mechanischer, chemischer, thermischer Art) vorliegen bzw. ein Einwirken im zeitlichen Zusammenhang mit dem Tod bekannt ist und der Tod sich ohne diese Einwirkung nicht erklären lässt."[160] Einen anschaulichen Überblick anhand praktischer Beispiele bieten *Madea/Rothschild*, die „Gewalteinwirkungen, Unfälle (unabhängig davon ob selbst oder fremdverschuldet), Tötungsdelikte, Vergiftungen, Suizide, Behandlungsfehler, tödlich verlaufende

158 Zitiert nach *Schneider*, Die Leichenschau, S. 48; dieser nennt als Beispiele für zunächst natürlich wirkende Todesfälle: Lungenembolie einige Zeit nach Behandlung eines Knöchelbruchs, letale pulmonale Insuffizienz nach versehentlicher Einnahme eines Herbizids, Harnwegsinfekt in Folge eines Monate zurückliegenden Unfalls mit beinahe Ertrinken oder [häufig] Hirnblutung nach Sturz bei Trunkenheit.

159 *Ciper/Feiertag/Kiwitt* (Hrsg.), Medizinrecht, S. 657; *Wirth* (Hrsg.), Kriminalistik-Lexikon, S. 575; diese Definition geht auf den ursprünglichen Vorschlag von *Schwerd*, in: Opderbecke/Weißauer, Forensische Probleme in der Anästhesiologie, S. 127 zurück; siehe dazu auch *Erlinger*, Der Internist 1999, S. M 315, der eine Analyse verschiedener Definitionen vornimmt.

160 *Oehmichen*, Kriminalistik 1993, S. 138; *Prof. Dr. Manfred Oehmichen* war von 1990 bis 2000 Lehrstuhlinhaber des Institutes für Rechtsmedizin an der Medizinischen Universität zu Lübeck und bis 2005 Direktor des Instituts für Rechtsmedizin des Universitätsklinikums Schleswig-Holstein.

Folgezustände der ersten vier genannten Punkte“ nennen.[161] Es zeigt sich jedoch, dass bisher – spiegelbildlich zum gesamten System der ärztlichen Leichenschau – weder auf der Ebene der beteiligten Disziplinen noch von Seiten des Gesetzgebers Einigkeit über ein allgemeingültiges Vorgehen herrscht.[162]

IX. Todesbescheinigung

Die *Todesbescheinigung* wird auch als Leichenschauschein, Leichenschein oder Totenschein bezeichnet; in den gesetzlichen Regelungen zur ärztlichen Leichenschau wird jedoch überwiegend der Begriff der Todesbescheinigung verwendet.[163] Sie ist die „ärztliche Dokumentation der Leichenschau durch den durchführenden Arzt.“[164] Ihre Einführung in Deutschland beruht auf einer Empfehlung der Weltgesundheitsorganisation; die Gesundheitsminister der Länder einigten sich im Anschluss auf die Anwendung in der gesamten Bundesrepublik.[165] Die verschiedenen Formulare richten sich nach den jeweiligen landesrechtlichen Vorgaben;[166] was zur Folge hat, dass 16 verschiedene Versionen von Todesbescheinigungen im Umlauf sind.[167] Allen gemeinsam sind die Angaben zum Tod des Besichtigten und den möglichen Ursachen. Jeder Schein ist in einen nicht vertraulichen und einen vertraulichen Teil untergliedert.

Grundsätzlich enthält der nicht vertrauliche Teil:

- Angaben zur Person,
- dem Ort und Zeitpunkt des Todes und gegebenenfalls zur Auffindungssituation,

---

161 *Madea/Rothgang*, Deutsches Ärzteblatt 2010, S. 582.

162 Siehe zu den durch die unterschiedliche Sichtweise des nicht natürlichen Todes hervorgerufenen Konflikten unten Teil 2, Kapitel 2, I., 7., d), S. 189–192.

163 Vgl. anstatt vieler Art. 3a BestG Bayern.

164 *Wirth* (Hrsg.), Kriminalistik-Lexikon, S. 575; *Lilie/Radke*, Lexikon Medizin und Recht, S. 165; *Schmidt*, Deutsche Medizinische Wochenschrift 1974, S. 312.

165 *Husvogt*, Bestattungsgesetz Schleswig-Holstein, S. 58. Heute basieren noch die Teile der Todesbescheinigung, die die Kausalkette und die Todesursachenverschlüsselung betreffen, auf einem Muster der WHO von 1979; so *Schmeling*, in: *Raute*, Die Problematik der ärztlichen Leichenschau – Interview mit Prof. Dr. med. Andreas Schmeling, stellvertretender Direktor des Instituts für Rechtsmedizin der Universität Münster – Mitglied im Vorstand der Deutschen Gesellschaft für Rechtsmedizin.

166 Vgl. *Madea* et al., in: Madea, Rechtsmedizin, S. 41; siehe auch die Aufzählung der einzelnen Gesetze und Verordnungen unten Teil 1, Kapitel 4, II., S. 60–64. Die Muster stammen in der Regel vom zuständigen Landesministerium oder Senator, *Dettmeyer*, in: Brinkmann, Leichenschau, S. 25.

167 *Schelhase*, in: Madea, Die ärztliche Leichenschau, S. 219.

- sowie zur Todesart;
- Bei Bedarf erfolgt ein Warnhinweis bzgl. einer möglichen Gesundheitsgefährdung.[168]

Im vertraulichen Teil sind zu vermerken:

- Die Todesfeststellung,
- Die Todesursache und
- die Aussage zu den weiteren Umständen des Todes.[169]

Eine entsprechende Empfehlung des Bundesgesundheitsrates aus dem Jahr 1955 führte zu einer ungefähren Angleichung der Leichenschauformulare in den meisten Bundesländern.[170] Zu Grunde liegt ein Muster, das von der WHO entwickelt wurde,[171] um die Vergleichbarkeit der weltweit durch die Leichenschau gesammelten Daten zu gewährleisten.[172] Demnach soll die Darstellung der Todesursache im vertraulichen Teil der Todesbescheinigung in Form einer Kausalkette erfolgen, sofern der Tod durch mehrere, einander bedingende Ereignisse bzw. Krankheiten herbeigeführt wurde.[173] Zu beginnen ist mit der unmittelbaren Todesursache, also der direkt zum Tode führenden Krankheit bzw. des Ereignisses. Diese oder dieses muss auf jeden Fall angegeben werden, ebenso wie deren unmittelbare Ursache. Sollte diese Ursache Folge anderer Bedingungen sein, so ist retrospektiv bis zum Grundleiden hin bzw. Ursache fortzufahren; andernfalls bleibt es bei der einen unmittelbaren Ursache.[174] Die WHO gibt dazu folgende Begriffserklärungen: „Die Todesursachen, die auf der Todesbescheinigung angegeben werden sollen, sind alle diejenigen Krankheiten, Leiden oder Verletzungen, die entweder den Tod zur Folge hatten oder

---

168 *Edler* et al., Lege artis: Das Magazin zur ärztlichen Weiterbildung 2012, S. 101; *Wirth* (Hrsg.), Kriminalistik-Lexikon, S. 575; siehe anstatt vieler auch § 9 Abs. 4 BestG NRW.

169 *Edler* et al., Lege artis: Das Magazin zur ärztlichen Weiterbildung 2012, S. 101 f.; siehe anstatt vieler auch das Muster einer Todesbescheinigung des Landes Bayern, abgedruckt etwa bei *Madea* (Hrsg.), Die ärztliche Leichenschau, S. 230–232.

170 *Madea* et al., in: Madea, Die ärztliche Leichenschau, S. 95.

171 The International Medical Certificate of Cause of Death, *World Health Organization* (Hrsg.), Medical Certification of Cause of Death, S. 7.

172 *Schelhase*, in: Madea, Die ärztliche Leichenschau, S. 218.

173 *Madea* et al., in: Madea, Die ärztliche Leichenschau, S. 95 f.

174 So die Erklärung bei *Madea* et al., in: Madea, Rechtsmedizin, S. 52 f., einschließlich detaillierter Beispiele; hinzugefügt wird außerdem, dass schriftliche Ergänzungen erwünscht sind, sollte die vorgedruckte Reihe freier Felder für Ursachen nicht ausreichen.

zum Tode beitrugen und die Umstände des Unfalles oder der Gewalteinwirkung, die diese Verletzung vorriefen."[175] Und weiter: „Das Grundleiden ist a) die Krankheit oder Verletzung, die den Ablauf der direkt zum Tode führenden Krankheitszustände auslöst, oder b) die Umstände des Unfalls oder Gewalteinwirkung, die den tödlichen Ausgang verursachte."[176]

Der Weg der Todesbescheinigung, speziell des vertraulichen Teils, ist nicht in allen Bundesländern gleichermaßen ausführlich vorgegeben. Beispielhaft wird hier das gesetzliche Vorgehen in Bayern und Schleswig-Holstein dargestellt. Die Todesbescheinigung bzw. eine Durchschrift mit dem nicht vertraulichen Teil wird demjenigen ausgehändigt, der den Tod angezeigt hat; dieser wiederum hat sie schnellstmöglich an das Standesamt weiterzureichen, das den Sterbefall beurkundet.[177] Die Todeszeit wird gem. § 31 Abs. 1 Nr. 3 des Personenstandsgesetzes im Sterberegister festgehalten. Das weitere Prozedere besteht in der Beurkundung des Sterbefalls auf dem Standesamt mittels einer solchen Durchschrift. Anschließend wird der vertrauliche Teil der Bescheinigung an das Gesundheitsamt gesandt, wo der Amtsarzt Vollständigkeit und Schlüssigkeit der Eintragungen prüft.[178] Bei Unstimmigkeiten müssen Nachforschungen angestellt und Korrekturen vorgenommen werden (zumeist erfolgt eine Rückfrage beim ausstellenden Arzt).[179] Das Original der Todesbescheinigung wird von dem für den Sterbeort zuständigen Gesundheitsamt für 30 Jahre verwahrt.[180] Im nächsten Schritt leitet das Gesundheitsamt die ggf.

---

175 *World Health Organization* (Hrsg.), International Statistical Classification of Diseases and Related Health Problems, S. 23, in der Übersetzung von *Müller/Bocter*, Das Öffentliche Gesundheitswesen 1987, S. 345.

176 *World Health Organization* (Hrsg.), International Statistical Classification of Diseases and Related Health Problems, S. 23, in der Übersetzung von *Müller/Bocter*, Das Öffentliche Gesundheitswesen 1987, S. 345.

177 § 3 Abs. 5 BestV Bayern; wenn der Veranlasser der Leichenschau die Bestattung nicht selbst in die Wege leitet, hat er den nicht vertraulichen Teil der entsprechenden Person, notfalls der Gemeinde oder dem Landratsamt zukommen zu lassen. Vgl. zum Vorgang am Beispiel Schleswig-Holsteins *Husvogt*, Bestattungsgesetz Schleswig-Holstein, S. 145 f.

178 *Schelhase*, in: Madea, Die ärztliche Leichenschau, S. 219.

179 *Teichert-Bartehl/Wilhelms*, in: Madea, Die ärztliche Leichenschau, S. 213.

180 Art. 3a Abs. 2 S. 1 BestG Bayern; siehe auch *Lilie/Radke*, Lexikon Medizin und Recht, S. 165; *Teichert-Bartehl/Wilhelms*, in: Madea, Die ärztliche Leichenschau, S. 213, dabei hegen die Autoren jedoch Zweifel an dem qualitätssteigernden Nutzen dieses Vorgehens, da der Amtsarzt die Leiche nicht vor sich habe und die Angaben des ursprünglich leichenschauenden Arztes im Nachhinein selten präziser würden.

vervollständigte/korrigierte Version an das zuständige Statistische Landesamt weiter, wo die Angaben ausgewertet werden und in die Todesursachenstatistik einfließen.[181] Detailliert festgelegt ist die Handhabung des vertraulichen Teils etwa in § 7 Abs. 2 BestattG Schleswig-Holstein. Danach hat die für den Sterbeort zuständige Behörde den vertraulichen Teil (Formblatt 1), den ihr das Standesamt gem. § 3 Abs. 1 S. 2 BestattVO Schleswig-Holstein zukommen lässt, zu überprüfen und gegebenenfalls zu korrigieren.[182] Außerdem wird die Vorbereitung angeordnet, um die Daten für das Bevölkerungsstatistikgesetz auswerten zu können.[183] Auf der Grundlage der Todesfeststellung und deren Vermerk in der Todesbescheinigung wird der Tod schließlich im Personenstandsregister beurkundet.[184] Eine Einsichtnahme in den vertraulichen Teil der Bescheinigung ist nur unter speziellen Voraussetzungen gestattet. Gem. § 4 Abs. 2 BestV Bayern können Gericht, Staatsanwaltschaft und Polizei Einsicht nehmen, wenn Anhaltspunkte für einen nicht natürlichen Tod vorliegen, die Todesart ungeklärt ist oder es sich um die Leiche eines Unbekannten handelt.[185] Ausnahmefälle bilden auch die Einwilligung des Betroffenen zu seinen Lebzeiten sowie das berechtigte und glaubhaft gemachte Interesse Angehöriger im Einklang mit möglichen schutzwürdigen Belangen des Verstorbenen.[186]

Zu unterscheiden ist dieses Formular, das allein landesgesetzlich festgelegte Rechtsfolgen hat, von der so genannten „vorläufigen" Todesbescheinigung (auch vorläufiger Leichenschein). Dieser kommt in den Bundesländern zum Einsatz, in denen der Arzt lediglich eine vorläufige Leichenschau vornehmen muss,[187] wenn er zur selben Zeit noch anderweitige dringende ärztliche Verpflichtungen hat;[188] je nach Regelung ist dort etwa nur die Feststellung des Todes einzutragen.

---

181 *Teichert-Bartehl/Wilhelms*, in: Madea, Die ärztliche Leichenschau, S. 213.

182 *Husvogt*, Bestattungsgesetz Schleswig-Holstein, S. 86; dabei muss sich die Behörde allerdings aufgrund der beschränkten eigenen Kenntnisse des jeweiligen Falls auf eine Plausibilitätskontrolle beschränken; dies deckt sich mit der Ansicht von *Teichert-Barthel/Wilhelms* (Fn. 191).

183 § 7 Abs. 2 S. 1 BestattG Schleswig-Holstein.

184 *Schelhase*, in: Madea, Die ärztliche Leichenschau, S. 220.

185 Weitere Fälle enthält Art. 3a Abs. 3 S. 2 BestG Bayern.

186 *Madea* et al., in: Madea, Die ärztliche Leichenschau, S. 46.

187 Siehe zur vorläufigen Leichenschau unten Teil 1, Kapitel 5, I., 4., S. 72–74.

188 *Dettmeyer*, in: Brinkmann, Leichenschau, S. 26.

X. Todesermittlungen durch Polizei und Staatsanwaltschaft

Die Verwendung der verschiedenen Begriffe im Zusammenhang mit Todesermittlungen erfolgt in der rechts- wie kriminalwissenschaftlichen Literatur nicht immer einheitlich, daher folgt eine kurze Einordnung der wichtigsten Termini.

Die etwas unspezifische Bezeichnung *„polizeiliche Todesermittlung“* stellt die „polizeiliche Untersuchung gesetzlich bezeichneter Sterbefälle“ dar.[189] Die Polizei beginnt mit der erstmaligen Inaugenscheinnahme des Leichnams, dem so genannten „ersten Angriff“,[190] – zumeist schon vor Kenntnisnahme der Staatsanwaltschaft – mit Blick auf ein möglicherweise folgendes förmliches Todesermittlungsverfahren dann, wenn das Erfordernis einer strafprozessualen Untersuchung nicht völlig ausgeschlossen werden kann.[191] In Bezug auf die ärztliche Leichenschau ist das der Fall, wenn der Arzt die Polizei informiert, dass er bei der Leichenschau Anhaltspunkte[192] für einen nicht natürlichen Tod festgestellt hat oder er die Todesart nicht endgültig bestimmen kann.[193]

In diesem Zusammenhang wird teilweise der auch der Begriff *„Leichensache“* gebraucht.[194] Sie bezeichnet die tatsächlichen Tätigkeiten, die die Strafverfolgungsbehörden bei einem Todesfall als erstes ausführen, um – mit Blick auf die besondere Stellung der Tötungsdelikte – sicherzustellen, dass gegebenenfalls Ermittlungsauslöser nicht übersehen und mögliche Beweismitteln gesichert werden.[195]

---

189 *Wirth* (Hrsg.), Kriminalistik-Lexikon, S. 575.

190 *Mätzler*, Todesermittlung, S. 29.

191 *Kölbel/Ibold*, in: Münchener Kommentar – StPO, § 159, Rn. 2.

192 Laut *Meyer-Goßner/Schmitt*, Strafprozessordnung, § 159, Rn. 5, müssen diese Anhaltspunkte konkret sein und mindestens auf die – wenn auch abseitige – Möglichkeit hindeuten, dass eine Straftat begangen wurde.

193 Siehe etwa § 4 Abs. 1 S. 1 und 2 BestV Bayern; vgl. auch *Zimmermann*, in: Bernsmann/Fischer, Festschrift für Ruth Rissing-van Saan zum 65. Geburtstag am 25. Januar 2011, S. 809.

194 *Meyer-Goßner/Schmitt*, Strafprozessordnung, § 159, Rn. 1 m.w.N.; *Schneider/Lang*, Wörterbuch der Kriminalwissenschaften, S. 233.

195 *Kölbel/Ibold*, in: Münchener Kommentar – StPO, § 159, Rn. 1, die hinsichtlich der Bedeutung der Tötungsdelikte auf den Umstand verweisen, dass das Bundesverfassungsgericht (BVerfGK 17, 1) in diesen Fällen einen Strafverfolgungsanspruch der Angehörigen gegenüber dem Staat ins Spiel gebracht hat. Siehe dazu ausführlicher unten Teil 2, Kapitel 4, V., 2., b), ba), S. 262–264.

Die Tätigkeiten zu diesem Zeitpunkt und in diesem Rahmen finden teilweise auch als „*Vorermittlungen*“ Erwähnung.[196] *Kölbel/Ibold*, verwenden den Begriff der „Vorermittlungen“ i.S.d. § 159 StPO an dieser Stelle zur Unterscheidung vom förmlichen Ermittlungsverfahren i.S.d. § 160 StPO. Demzufolge stellen „Leichensachen“ in der Regel kein förmliches Todesermittlungsverfahren dar, insofern die Verdachtsschwelle des § 152 Abs. 2 StPO noch überschritten ist.[197] Sie dienen dann auch der möglichst frühzeitigen Entscheidung, ob ein Anfangsverdacht begründet ist und ein staatsanwaltliches Ermittlungsverfahren zur Aufklärung eines nicht natürlichen Todes eingeleitet werden sollte.[198] Anders jedoch in Fällen, in denen bei den Untersuchungen im Rahmen der „Leichensache“ bereits ein Anfangsverdacht nach § 152 Abs. 2 StPO besteht, da es sich dann bereits zu diesem Zeitpunkt um ein förmliches Ermittlungsverfahren i.S.d. § 160 StPO handelt.[199]

Zwecks Entscheidung über einen Anfangsverdacht, suchen die Beamten gem. § 159 Abs. 1 StPO nach Anhaltspunkten i.S.d. § 152 Abs. 2 StPO, in diesem Fall für einen nicht natürlichen Tod.[200] Diese müssen konkret sein, können sich aber beispielsweise bei jüngeren Menschen auch aus dem Fehlen von Hinweisen für einen natürlichen Tod ergeben.[201] Nach Möglichkeit ist bei diesen formlosen polizeilichen Ermittlungen auch schon zu klären, ob der Tod der betreffenden Person im Zusammenhang mit strafrechtlich relevanten Handlungen Dritter stehen könnte; es soll ein Fremdverschulden entweder festgestellt

196 *Wirth* (Hrsg.), Kriminalistik-Lexikon, S. 575. In der StPO wird dieser Begriff nicht ausdrücklich erwähnt; die Teile der Literatur, die in diesen Tätigkeiten ein eigenständiges Rechtsinstitut sehen, begründen dies mit den Ermittlungsklauseln der §§ 160 und 161, 163 StPO, so *Baldarelli*, Kriminalistik 2013, S. 358, der in seinem Beitrag eine umfassende Diskussion unter Darstellung des Meinungsstandes bietet. *Geerds*, ArchKrim – Archiv für Kriminologie 1997, S. 42, spricht von einem „Verfahren besonderer Art im Vorfeld des eigentlichen Ermittlungs- und Vorverfahrens“.

197 *Kölbel/Ibold*, in: Münchener Kommentar – StPO, § 159, Rn. 1, 12; anders wohl *Baldarelli*, Kriminalistik 2013, S. 357, der die Leichensache als Todesermittlungsverfahren vor Entstehung eines Angangsverdachts bezeichnet.

198 *Kretschmer*, in: Radtke/Hohmann – StPO, § 159, Rn. 1; *Wirth* (Hrsg.), Kriminalistik-Lexikon, S. 575.

199 *Kölbel/Ibold*, in: Münchener Kommentar – StPO, § 159, Rn. 12.

200 *Geerds*, ArchKrim – Archiv für Kriminologie 1997, S. 42 f. m.w.N.; Näheres zur Bezeichnung „nicht natürlich“ in diesem Kontext etwa bei *Kölbel/Ibold*, in: Münchener Kommentar – StPO, § 159, Rn. 2 f. m.w.N.

201 *Meyer-Goßner/Schmitt*, Strafprozessordnung, § 159, Rn. 5.

oder zweifelsfrei ausgeschlossen werden.[202] Verdichtet sich die Vermutung eines nicht natürlichen Todes bei den Polizeibeamten zu einem Anfangsverdacht i.S.d. § 152 Abs. 2, oder kann der Tote nicht zeitnah identifiziert werden, haben sie ihrer Anzeigepflicht gegenüber der Staatsanwaltschaft gem. § 159 Abs. 1 StPO nachzukommen.[203] Die leicht missverstandene „Anzeige" ist in diesem Zusammenhang jedoch von der Strafanzeige gem. § 158 StPO zu unterscheiden, da lediglich die Benachrichtigung über den Verdacht eines nicht natürlichen Todesfalls gemeint ist.[204] Kommen die Beamten zu dem Schluss, dass ein natürlicher Tod vorliegt, stellt die Polizei ihre Ermittlungen ein und der Leichnam wird zur Bestattung freigegeben.[205]

Die polizeilichen Aktivitäten im Zusammenhang mit dem Todesfall *nach* Entstehung des Anfangsverdachts können als *förmliches polizeiliches Todesermittlungsverfahren* bezeichnet werden.[206] § 163 Abs. 1 StPO gestattet der Polizei auch die so genannte Weiter- und Ausermittlung, dabei hat sie nach Abs. 2 S. 1 die Staatsanwaltschaft durchgehend zu informieren.[207] Falls der Tote nicht dort gefunden wird, wo er seinen Wohnsitz oder gewöhnlichen Aufenthalt hatte, so ist dieser durch die örtliche Ordnungsbehörde[208] zu erforschen und die dort zuständige Behörde zu informieren.[209] Bei einem Großteil der Verfahren legt die Polizei die Ergebnisse ihrer Ermittlungen der Staatsanwaltschaft vor, die auf dieser Grundlage entscheidet, ob die Polizei angewiesen werden sollte, den Sachverhalt auf Grund des Verdachts einer Straftat zu erforschen. Der

---

202 *Wirth* (Hrsg.), Kriminalistik-Lexikon, S. 575, *Schneider/Lang*, Wörterbuch der Kriminalwissenschaften, S. 233; nach *Freislederer/Stenzel/Weirich*, Todesermittlungen, S. 21, sind die Polizeibeamten vor Ort die wichtigsten Personen für die Aufdeckung eines möglichen Tötungsdelikts nach dem Arzt.

203 *Kölbel/Ibold*, in: Münchener Kommentar – StPO, § 159, Rn. 2–4, unter Rn. 5 werden die Anforderungen an die Anzeige behandelt.

204 *Weingarten*, in: Karlsruher Kommentar – StPO, § 159, Rn. 5; *Geerds*, ArchKrim – Archiv für Kriminologie 1997, S. 45.

205 *Baldarelli*, Kriminalistik 2013, S. 357; *Gabriel/Huckenbeck*, Grundlagen des Arztrechts, S. 73.

206 Ähnlich *Kölbel/Ibold*, in: Münchener Kommentar – StPO, § 159, Rn. 12, unter Hinweis auf die durch den Gesetzesvorbehalt bedingte Unzulässigkeit polizeilicher Maßnahmen mit Eingriffswirkung bei fehlendem Anfangsverdacht.

207 Vgl. *Kölbel/Ibold*, in: Münchener Kommentar – StPO, § 163, Rn. 31, in den Rn. 8 ff., 30 werden die entsprechenden Maßnahmen der Polizei näher erläutert.

208 In Nordrhein-Westfalen beispielsweise, ist dies gem. § 3 Abs. 1 OBG NRW die Gemeinde.

209 Vgl. *Husvogt*, Bestattungsgesetz Schleswig-Holstein, S. 71.

§ 160 StPO ist Rechtsgrundlage für das Verfahren, das gegebenenfalls aufgrund eines durch polizeiliche Vorermittlungen entstandenen Anfangsverdachts von der Staatsanwaltschaft eingeleitet wird;[210] ihr obliegt dann die rechtliche und fachliche Leitung.[211] Bei diesem *staatsanwaltlichen Ermittlungsverfahren* zwischen Entstehung des Anfangsverdachts und der Entschließung der Staatsanwaltschaft, erfolgt eine weitere Prüfung der Verdachtsanhaltspunkte, die die Polizei im Rahmen der Leichensache ermittelt hat; davon ausgehend, dass sich der Anfangsverdacht i.S.d. § 152 Abs. 2 StPO bestätigt, ist dieses Ermittlungsverfahren auch als Anklagevorbereitung zu sehen.[212] Wird festgestellt, dass ein Suizid oder Unfall ohne Fremdverschulden vorliegt, kommt es nicht zu einem Strafverfahren.[213] Ziel ist es, der Staatsanwaltschaft eine begründete Entscheidung zur ermöglichen, ob – und bei hinreichendem Tatverdacht (§ 170 Abs. 1 StPO) nach welcher Strafnorm – öffentlich Klage zu erheben ist oder ob das Verfahren gem. § 170 Abs. 2 StPO eingestellt[214] und die Bestattung nach § 159 Abs. 2 StPO genehmigt wird. Die als Grundlage dieser Entscheidung dienenden Informationen werden in aller Regel weiterhin von der Polizei gesammelt, die nun jedoch ein förmliches polizeiliches Todesermittlungsverfahren führt, das gewissermaßen in das der Staatsanwaltschaft integriert ist, insofern es unter deren Regie steht.[215]

Der *Leichenpass* ist der Begleitschein für den Leichentransport und als solcher von der Todesbescheinigung zu unterscheiden.[216] Er ist eine spezielle Erlaubnis der jeweils zuständigen Ordnungs-[217] oder Polizeibehörde, einen Leichnam zu transportieren. Innerhalb Deutschlands ist ein solcher nur beim Transport mit der Bahn erforderlich, oder wenn von der Leiche eine Seuchengefahr ausgeht.[218] Die landesgesetzlichen Regelungen sind hinsichtlich des

210 *Meyer-Goßner/Schmitt*, Strafprozessordnung, § 160, Rn. 5.
211 Vgl. *Westphal*, in: Brinkmann, Leichenschau, S. 117.
212 Vgl. *Kölbel/Ibold*, in: Münchener Kommentar – StPO, § 160, Rn. 3 m.w.N.
213 *Wirth* (Hrsg.), Kriminalistik-Lexikon, S. 576.
214 *Meyer-Goßner/Schmitt*, Strafprozessordnung, § 160, Rn. 11; eine Übersicht der möglichen strafrechtlichen Konsequenzen bietet *Westphal*, in: Brinkmann, Leichenschau, S. 119.
215 §§ 160, 163, 161 Abs. 1 StPO; vgl. *Kölbel/Ibold*, in: Münchener Kommentar – StPO, § 161, Rn. 1–3, 12.
216 *Wirth* (Hrsg.), Kriminalistik-Lexikon, S. 371.
217 Vgl. etwa § 17 Abs. 2 S. 1 BestG NRW.
218 Vgl. zu dieser Darstellung *Madea* et al., in: Madea, Die ärztliche Leichenschau, S. 46 f.

Leichentransports vergleichsweise einheitlich. So lautet § 17 Abs. 1 S. 1 BestG NRW: „Beförderungen von Leichen und Totgeburten über die Grenze der Bundesrepublik Deutschland sind nur mit einem Leichenpass zulässig.“[219]

219 Vgl. auch die ausführlicheren Bayerischen Regelungen zum Leichenpass in §§ 9 Abs. 2, 10 BestV Bayern.

Kapitel 2: Die Causa der Themenstellung

I. Sinn und Bedeutung der Leichenschau

Der ehemalige Direktor des Instituts für gerichtliche Medizin und Kriminalistik der Friedrich-Schiller-Universität Jena, Gerhard *Hansen*, erläuterte die Stellung der Leichenschau sehr eindrücklich: „Jeder Staat, der es als eine ernste Aufgabe ansieht, Gesundheit und Leben seiner Bürger die größte Aufmerksamkeit und Fürsorge zu widmen, muß [sic!] entsprechende Maßnahmen ergreifen und dem Zweck dienende Gesetze und Verordnungen erlassen. Bei diesen Bemühungen nimmt die Regelung des Leichenschauwesens einen bedeutenden Platz ein, denn diese hat die Aufgabe, die Verheimlichung vorsätzlicher und fahrlässiger gewaltsamer Todesursachen zu verhindern, ansteckende Krankheiten und Seuchen zu erkennen und ihre Verbreitung zu vermeiden, die Beerdigung Scheintoter zu verhüten und der Führung einer brauchbaren und korrekten Todesursachenstatistik zu dienen. Die Leichenschau ist also Ausgangspunkt wichtiger rechtlicher und gesundheitspolitischer Maßnahmen und Entscheidungen."[220] Dies gilt weiterhin und erfordert eine Qualitätssicherung der ärztlichen Leichenschau.[221] Dem stehen die in jüngerer und jüngster Zeit ständig sinkenden Sektionsraten entgegen.[222] Allein in den Jahren zwischen 1980 und 1999 sank die Rate in Deutschland schrittweise von 10 % auf 3,1 %.[223]

---

220 *Hansen*, Zeitschrift für ärztliche Fortbildung 1958, S. 787.

221 Vgl. *Dietel*, in: Brinkmann, Leichenschau, S. 17.

222 *Brugger/Kühn* (Hrsg.), Sektion der menschlichen Leiche, S. 119 f.; *Spann/Maidl*, MedR – Medizinrecht 1985, S. 60; *Püschel/Kappus/Janssen*, Arzt und Krankenhaus 1987, S. 104; *Pollak*, in: Villinger/Riescher/Rüland, Politik & Verantwortung, S. 393; ausführlich *Bundesärztekammer* (Hrsg.), Stellungnahme zur „Autopsie", S. 6 f.; *Hoppe*, in: Brinkmann, Leichenschau, S. 11. Außerdem aktuell in den Medien *o.V.*, Knappe Kassen behindern die Entdeckung von Morden, abrufbar unter http://www.welt.de/113415926 (geprüft am 28.01.2018). Zur Situation sowie kritisch zu den verschiedenen rechtlichen Konzepten zur Regelung der Autopsie *Duttge*, in: Groß et al., Tod und toter Körper; aus medizinischer Sicht *Dietel*, in: Groß et al., Tod und toter Körper.

223 1980: 10,0 % ⇒ 1991: 8 %14 ⇒ 1994: 4,2 % ⇒ 1999: 3,1 %; *Bundesärztekammer* (Hrsg.), Stellungnahme zur „Autopsie", S. 10 m.w.N.; ähnliches zeigt die chronologische Auflistung der jährlichen Obduktionszahlen von 1982 bis 1993 bei *Dettmeyer*, Die verfassungsrechtlichen Grenzen für die gesetzliche Einführung einer Verwaltungssektion bei medizinisch unklaren Todesfällen, S. 71, der Autor untersucht daher im Folgenden die verfassungsrechtlichen Grenzen für die Einführung

Mit deren Schwinden leidet gleichzeitig zunehmend die Qualitätssicherung der ärztlichen Leichenschau, da eine Sektion die sicherste und wichtigste Möglichkeit zur Kontrolle deren Ergebnisse darstellt.[224] Gleichzeitig steigt die Bedeutung der äußeren Leichenschau, da sie immer häufiger die letzte Gelegenheit zur Erkennung eines nicht natürlichen Todes darstellt. Angesichts dessen und der vielen Forderungen nach einer Verbesserung der Qualität der ärztlichen Leichenschau, bis hin zur Neugestaltung ihres Systems, stellt sich die Frage, welchen Stellenwert dieser „letzte Dienst am Menschen"[225] im Einzelnen hat. Für *Freislederer/Stenzel/Weirich* ist „der Leichen schauende Arzt bei der Feststellung des Todes eines Menschen sowie der Feststellung der Todesart der wichtigste Faktor, aber auch eine große Fehlerquelle."[226] Denn durch die bei der Leichenschau getroffene Feststellung entscheidet allein der Arzt, ob das Phänomen des Scheintodes vorliegt, Ermittlungen eingeleitet werden müssen oder die Bestattung eingeleitet werden kann.[227] „Die ärztliche Leichenschau erfüllt eine wichtige gesellschaftliche Aufgabe und dient der Rechtssicherheit und dem Rechtsfrieden", so der Direktor des Instituts für Rechtsmedizin der

---

einer gesetzlich angeordneten Verwaltungssektion. Bei *Brinkmann/Du Chesne/Vennemann*, Deutsche Medizinische Wochenschrift 2002, S. 791–795, ergab sich das Bild einer Abnahme von 4 % auf ca. 3 % zwischen 1994 und 1999 bei sämtlichen Sterbefällen. Aktuell zu diesem Thema etwa auch *Jütte/Dietel/Rothschild*, Deutsches Ärzteblatt 2016, S. 815.

224 In diesem Sinn etwa *Madea*, Rechtsmedizin: Organ der Deutschen Gesellschaft für Rechtsmedizin 2009, S. 404–406. Umfassend zur Obduktion als Mittel der Qualitätskontrolle bei der ärztlichen Leichenschau *Staak/Ramme*, Lebensversicherungsmedizin: Zeitschr. für Diagnose u. Prognose 1984, S. 205–208; ähnlich *Mueller*, Deutsche Zeitschrift für die gesamte gerichtliche Medizin 1968, S. 65 m.w.N.; behandelt wird das Thema auch in der Studie von *Modelmog/Goertchen*, Deutsches Ärzteblatt 1992, S. 1922; zur steigenden Bedeutung der Obduktion als Mittel der Qualitätssicherung *Raem*, in: Brinkmann, Leichenschau, S. 19.

225 Als solchen betrachten *Peschel/Priemer/Eisenmenger*, MMW – Organ für amtliche und praktische Ärzte 1997, S. 33 f. die ärztliche Leichenschau; ähnlich *Edler* et al., Lege artis: Das Magazin zur ärztlichen Weiterbildung 2012, S. 100; für *Mattern/Pedal*, Via Medici 2004, S. 52–55, *Lakotta*, Der Spiegel 2002, S. 230–232; *Zollinger/Wyler*, Therapeutische Umschau 1997, S. 218–224, ist es der letzte Dienst „am Patienten".

226 *Freislederer/Stenzel/Weirich*, Todesermittlungen, S. 9.

227 Vgl. *Freislederer/Stenzel/Weirich*, Todesermittlungen, S. 9; *Metter*, Kriminalistik 1978, S. 155.

Universitätsklinik Köln, *Markus Rothschild*.[228] Zudem ist der Leichenschauer die erste und oft letzte Person, die aufgrund der Untersuchungsergebnisse ggf. vor einer Seuchengefahr warnen kann. Mit dem kleinen Kreuz im entsprechenden Kästchen der amtlichen Todesbescheinigung wird somit ein jeweils grundlegend unterschiedliches Vorgehen in Gang gesetzt und – sofern keine zweite Leichenschau vor einer Feuerbestattung erfolgt – ist der Arzt, der die Todesbescheinigung ausfüllt, die letzte Entscheidungsinstanz vor dem Begräbnis.[229] Werden hier die Weichen falsch gestellt, erfolgen in der Regel keine weiteren Ermittlungen und Untersuchungen.[230] Hinzu kommen auch die Verwaltung betreffende, weitreichende Auswirkungen auf das Gesundheitswesen und die Todesursachenstatistik sowie der große Bereich privatrechtlicher Konsequenzen. Dies im Blick hält *Schleyer* „die Unterschrift im Totenschein [für] die am schwersten wiegende des Arztes."[231] In diesem Kontext erinnert *Püschel* an die Regeln der ärztlichen Kunst und appelliert an die ärztliche Ethik, diese bei der Leichenschau in gleichem Maße zu achten wie bei der Behandlung von lebenden Patienten; es bestünde die gleiche Pflicht, die Interessen des Verstorbenen zu wahren wie des Lebenden.[232]

Eine umfassende Zusammenfassung der „Aufgaben und Bedeutung der Leichenschau" bieten *Gerg/Baier*:[233]

1. Feststellung des Todes
   Allgemein gesellschaftliches und individuelles Interesse an einer sicheren Todesfeststellung,
   Beendigung des normativen Lebensschutzes, Personenstandsregister.

2. Feststellung der Todesursache
   Medizinische Aspekte, Todesursachenstatistik,
   Epidemiologie, Ressourcenverteilung im Gesundheitswesen.

---

228 *Rothschild*, Rechtsmedizin: Organ der Deutschen Gesellschaft für Rechtsmedizin 2009, S. 412; ähnlich *Pollak*, in: Schlüchter, Kriminalistik und Strafrecht, S. 465.

229 Ähnlich *Schmeling* et al., in: Niederlag et al., Der virtuelle Patient, S. 226; *Artkämper* et al., Praxiswissen Strafverfahren bei Tötungsdelikten, S. 26; *Wirth* (Hrsg.), Kriminalistik-Lexikon, S. 371; *Gabriel/Huckenbeck*, Grundlagen des Arztrechts, S. 72 f.

230 *Geerds*, ArchKrim – Archiv für Kriminologie 1997, S. 46.

231 *Schleyer*, Deutsche Zeitschrift für die gesamte gerichtliche Medizin 1968, S. 63 m.w.N.; in diesem Sinne auch *Klinge*, Todesbegriff, Totenschutz und Verfassung, S. 49.

232 *Püschel*, Materia Medica Nordmark 1980, S. 37.

233 *Gerg/Baier*, Kriminalistik 2009, S. 476.

3. Todesart
   Rechtssicherheit, Erkennung von Tötungsdelikten,
   Klassifikation der Todesumstände für
   zivil-, versicherungs- und versorgungsrechtliche Fragen.

4. Feststellung der Todeszeit
   Personenstandsregister, Erbrecht

5. Übertragbare Erkrankungen
   Seuchenhygienische Aspekte (nach Infektionsschutzgesetz)
   im öffentlichen Interesse

6. Meldepflichten
   - Bei nicht natürlicher/nicht geklärter Todesursache
   - Bei unbekannter Identität,
   - Gemäß Infektionsschutzgesetz

Im Folgenden wird die Bedeutung der ärztlichen Leichenschau für die betroffenen Bereiche näher erläutert.[234]

1. Todesfeststellung und Erkennung von Scheintodfällen

Ein Hauptgrund für die Leichenschau, wenn nicht gar „die wichtigste und oberste Pflicht“,[235] ist die Todesfeststellung.[236] Wichtig ist in diesem Zusammenhang, dass die sicheren Todeszeichen nicht den Todeszeitpunkt markieren, da diese frühesten nach ungefähr einer halben Stunde auftreten. Folglich hat die Leichenschau hinsichtlich des Todes an sich nur deklaratorische Wirkung.[237] Dies mindert ihre Bedeutung nicht, wie der enge Zusammenhang zwischen Todesfeststellung und Erkennen von Scheintodfällen zeigt.[238] Die Angst, lebendig begraben zu werden, ist der ursprüngliche Grund für die Entwicklung der allgemeinen und somit letztlich auch der ärztlichen Leichenschau im heutigen Sinn. Berichte über Scheintodfälle finden sich seit Jahrhunderten[239] in Religion,

---

234 Eine sehr kompakte Übersicht zu den verschiedenen Gründen für die ärztliche Leichenschau bieten etwa *Menzel/Hamacher*, Gesetz über das Friedhofs- und Bestattungswesen (Bestattungsgesetz BestG NRW), § 9, S. 125.

235 *Eisenmenger*, Der Notarzt 1995, S. 184.

236 Vgl. etwa *Lukaschewski*, Kompendium der Kriminalistik, S. 311; *Wirth* (Hrsg.), Kriminalistik-Lexikon, S. 576.

237 Diesen Gedanken führt insbesondere *Klinge*, Todesbegriff, Totenschutz und Verfassung, S. 50 m.w.N. aus.

238 Vgl. die Definition oben Teil 1, Kapitel 1, VI., S. 16.

239 Einen Überblick, unter Darstellung vieler Fälle – auch des 20. Jahrhunderts –, bietet hier *Thürnau*, „Der Scheintod“, S. 14–40 m.w.N.

bildender Kunst und Literatur; besonders häufig aus der Zeit des beginnenden 19. Jahrhunderts.[240] Zu Beginn des 20. Jahrhunderts erregte der Fall „Minna Braun" großes Aufsehen.[241] Diese Begebenheit ist eine der bekanntesten, bei der ein Mensch es letztlich überlebt hat, fälschlich für tot erklärt worden zu sein, und veranlasste eine vermehrte Beschäftigung mit dem Thema.[242]

Die Möglichkeit einer sicheren Todesfeststellung ist auch für die Frage der Einstellung lebenserhaltender Maßnahmen von Bedeutung;[243] etwa wenn entschieden wird, das Entweichen jeglichen Lebens abzuwarten. Es zeigt sich: Allein die Feststellung des Todes ist eine verantwortungsvolle Aufgabe, deren Bedeutung kaum zu hoch eingeschätzt werden kann.

2. Bedeutung für die Unterscheidung zwischen natürlichem und nicht natürlichem Tod

Die ärztliche Leichenschau nimmt eine eminent wichtige Stellung am Beginn des Prozesses zur Aufklärung nicht natürlicher Todesfälle ein.[244] Eine polizeiliche Leichensache wird in der Regel dadurch in Gang gesetzt, dass der leichenschauende Arzt Anzeichen eines nicht natürlichen Todes erkennt oder einen

---

240 *Madea* et al., in: Madea, Die ärztliche Leichenschau, S. 73 f.; Bekanntheit erlangten in diesem Zusammenhang Werke, wie *Edgar Allan Poes* „Das vorzeitige Begräbnis", *Poe*, Horrorgeschichten, oder die Gedichte von *Friederike Kempner*; zur Literatur über den Scheintod auch *Köpf*, Süddeutsche Zeitung vom 06/07.05.2000, S. 111.

241 Im Jahr 1919 wurde eine junge Frau nach Einnahme einer Überdosis Morphium und mit Unterkühlung nach zwei bis drei Stunden gefunden und für tot erklärt. Erst als 14 Stunden nach Einsargung ein Kriminalbeamter die Leiche identifizieren wollte, wurden Lebenszeichen bemerkt und die Rettung eingeleitet, *Madea* et al., in: Madea, Rechtsmedizin, S. 48; ausführlich auch bei *Schneider*, Die Leichenschau, S. 30 f.; ähnliches berichtet *Du Chesne* von einem Überlebenden eines Motorradunfalls, der drei Tage in der Leichenhalle und zwei unter der Erde überlebte, *Lakotta*, Der Spiegel 2002, S. 230 f.; *Thürnau*, „Der Scheintod", S. 20 f.; ausführlich wird dieser Vorfall – dessen Opfer später „scheintodsichere" Särge erfand und die Hauptrolle in einer Fernsehserie um Scheintod spielte – wiedergegeben bei *Boetzkes*, Scheintot begraben, S. 9–15.

242 Siehe etwa den Artikel von *Puppe*, Deutsche Medizinische Wochenschrift 1920, S. 383–385, der weitere Beispielen für Scheintodfälle anführt und den damaligen Wissensstand erläutert.

243 So auch *Scheiper/Untze* (Hrsg.), Brandenburgisches Bestattungsgesetz, S. 41; *Klinge*, Todesbegriff, Totenschutz und Verfassung, S. 50.

244 Vgl. auch *Schneider/Lang*, Wörterbuch der Kriminalwissenschaften, S. 155.

solchen nicht ausschließen kann. Den Angehörigen ist es oft wichtig, den Grund des Todes zu erfahren. Vielen Menschen hilft es, den Verlust besser zu verarbeiten, wenn bezüglich der Todesart Klarheit geschaffen wird.[245] Es ist für den gesamten Trauerprozess von Bedeutung zweifelsfrei zu wissen, ob der Angehörige freiwillig aus dem Leben schied, einen Unfall erlitt - insbesondere aber, ob er getötet wurde. In rechtlicher Hinsicht kann die korrekte Klassifikation der Todesart für die Hinterbliebenen insofern von Bedeutung sein, als sie im Falle eines ärztlichen Behandlungsfehlers mit Todesfolge unter Umständen Schadensersatzansprüche gegen den verantwortlichen Arzt geltend machen können.[246]

Im Vordergrund steht allerdings die ordnungspolitische und kriminologische Bedeutung der Unterscheidung eins natürlichen und eines nicht natürlichen Todes;[247] sie allein ermöglicht die Aufdeckung von Tötungsdelikten und sichert damit die Möglichkeit der Strafverfolgung.[248] Daher wird der ärztlichen Leichenschau auch eine „Torwächterrolle bei der Einleitung polizeilicher Ermittlungen" zugeschrieben.[249] Somit liegt die Gewährleistung einer hohen Qualität der ärztlichen Leichenschau im Interesse der Gesellschaft.[250] *Peter/Tilch*[251] sprechen in diesem Zusammenhang von einer Schutzpflicht des Staates gegenüber seinen Bürgern. Zudem gebiete es der hohe Wert des Lebens, Tötungsdelikte zu erkennen und schnellstmöglich aufzuklären. Dieser staatliche Strafanspruch manifestiert sich sowohl in den klassischen Tatbeständen der §§ 211 ff. StGB als auch in einigen erfolgsqualifizierten Delikten, wie etwa der Körperverletzung mit Todesfolge gem. § 227 StGB.[252] In diesem Zusammenhang, soweit *Klinge*, ist auch die Unterscheidung zwischen einem Unfall mit möglichen strafrechtlichen Konsequenzen wegen eines Fahrlässigkeitsdelikts und einem vorsätzlichen Tötungsdelikt, dem gravierendere Sanktionen

---

245 Siehe dazu auch unten Teil 2, Kapitel 4, V., 2., d)., ba), S. 271–275.

246 Auf diesen Aspekt weist *Ulsenheimer*, in: Laufs/Kern/Rehborn, Handbuch des Arztrechts, § 134, Rn. 42 hin.

247 *Oehmichen*, Kriminalistik 1993, S. 138, ähnlich auch *Spann*, Kriminalistik 1987, S. 586; *Klingshirn*, Bestattungsrecht in Bayern, Erläuterungsteil II, S. 2.

248 Diese Punkte werden in der Fachliteratur häufig angesprochen; siehe stellvertretend *Madea* et al., in: Madea, Rechtsmedizin, S. 36 sowie 58 f.; *Pollak*, in: Schlüchter, Kriminalistik und Strafrecht, S. 455.

249 *Brinkmann/Du Chesne*, Medizinische Welt 1993, S. 698.

250 Vgl. zu diesem Gedankengang *Nehm*, in: Brinkmann, Leichenschau, S. 9.

251 *Peter/Tilch*, Bestattungsgesetz Thüringen, S. 30.

252 *Klinge*, Todesbegriff, Totenschutz und Verfassung, S. 33 f.

folgen, von Bedeutung. Nach Ansicht *Penners*[253] ist in der Reihenfolge der Aufzählung von Beispielen für einen nicht natürlichen Tod in den Mustern der Todesbescheinigungen einiger Bundesländer eine Wertung zu erkennen. Die Beispiele „Selbsttötung, Unfall, Tötungsdelikt, auch durch äußere Einwirkung evtl. mitverursachte Tötungsdelikte, Spättodesfälle nach Verletzung“[254] gäben dem nicht natürlichen Tod einen Unwertcharakter. Dadurch werde die Feststellung der Todesart zu einem kriminalpolitischen Element, das der Rechtssicherheit bei der Aufklärung von Todesfällen diene. Ungenauigkeit und Fehler in der Anfangsphase der polizeilichen Leichensache sind zu einem späteren Zeitpunkt kaum oder überhaupt nicht mehr zu korrigieren.[255] Die bei weitem gravierendste Folge tritt dann ein, wenn ein Tötungsdelikt als solches übersehen wird.[256] Ohne die Klassifizierung der Todesursache „nicht natürlich“ durch den leichenschauenden Arzt beginnen in der Regel keine polizeilichen Ermittlungen.[257] Ist die Polizei als erste vor Ort, muss zur Todesfeststellung ebenso der Arzt gerufen werden, von dessen Urteil auch hier die Ermittlungen abhängen.[258] Dies zeigt die immense Bedeutung der ärztlichen Diagnose und die große Verantwortung, die der Arzt bei der Aufdeckung und Aufklärung von Verbrechen trägt.[259] Wird der Tod eines Menschen durch eine andere Person herbeigeführt, so kann dies unter Umständen eine unerlaubte Handlung gem. § 823 Abs. 1 BGB oder, in Verbindung mit der Verletzung eines Schutzgesetzes, nach § 823 Abs. 2 BGB darstellen. In solchen Fällen können sich Schadensersatzansprüche, speziell Dritter, gegen den Verantwortlichen gem. §§ 844 f. BGB ergeben.[260]

Allerdings besteht der Schutzzweck der gesetzlichen Vorgaben zur ärztlichen Leichenschau nach *Bahner* nicht allein darin, bei Vorliegen von Anhaltspunkten für einen nicht natürlichen Tod entsprechende Ermittlungen zu veranlassen. Gleichermaßen dienten sie der Gefahrenabwehr, indem erkannt

---

253 *Penners*, Zur Feststellung der Todesart auf dem ärztlichen Leichenschauschein, S. 16.

254 So aktuell noch in der Mustertodesbescheinigung des Landes NRW (Ministerialblatt NRW – Nr. 37 vom 9. September 2003, S. 1002).

255 Vgl. *Nehm*, in: Brinkmann, Leichenschau, S. 9.

256 *Freislederer/Stenzel/Weirich*, Todesermittlungen, S. 21.

257 Vgl. *Wirth* (Hrsg.), Kriminalistik-Lexikon, S. 371.

258 Natürlich wird die Polizei ihre Ermittlungen auch unabhängig vom Urteil des Arztes fortführen, wenn sie im Gegensatz zu diesem das bekannte „Messer im Rücken“ findet, aber solche Fälle sind äußerst selten.

259 *Bux*, in: Brinkmann, Leichenschau, S. 115.

260 *Klinge*, Todesbegriff, Totenschutz und Verfassung, S. 33.

wird, welche Gefahr dem Verstorbenen womöglich zum Verhängnis geworden ist, um so weitere Unglücksfälle zu verhindern.[261] Verwiesen wird in diesem Zusammenhang oft auf den Sachverhalt zu einem Urteil des AG Wennigsen.[262] Im damaligen Fall wurden nach Bescheinigung eines natürlichen Todes einer älteren Dame keine weiteren Nachforschungen angestellt. Jedoch kam wenig später die ebenfalls in der Wohnung lebende Tochter unter den gleichen Umständen zu Tode. In der Wohnung bestand, wegen der schlechten Bauweise des Hauses, zwischen dem Standort eines Dauerbrandofens und dem jeweiligen Leichenfundort (Badezimmer) eine Verbindung. Wegen der hohen Außentemperaturen und daher gedrosselter Sauerstoffzufuhr zu dieser Zeit war gerade dort eine lebensgefährliche Kohlenmonoxyd-Konzentration entstanden. Der Arzt hatte zum einen die am Hals der verstorbenen Mutter sichtbaren Totenflecke, welche die für eine CO-Vergiftung typische hellrote Farbe aufwiesen, als unauffällig eingestuft. Zum anderen hatte er es versäumt, die Leiche vollständig zu entkleiden, und daher die größeren und deutlicheren, ebenfalls hellroten Totenflecke am Rücken nicht bemerkt. Hätte er die Vergiftung erkannt, wäre nach der Gefahrenquelle gesucht und diese mit hoher Wahrscheinlichkeit beseitigt worden. Bei einem früheren Fall starben innerhalb einer Woche nacheinander ein Mann und kurz darauf die Ehefrau sowie ein paar Tage später drei Verwandte, die anlässlich der anderen Todesfälle angereist waren. Erst dann wurde Sickergas als Verursacher von Kohlenmonoxydvergiftungen in allen Fällen festgestellt.[263]

3. Bedeutung in zivil-, versicherungs- und versorgungsrechtlichen Fragen

Aufgrund der Todesfeststellung und deren Vermerk in der Todesbescheinigung wird der Tod schließlich im Personenstandregister beurkundet.[264] Neben der emotionalen Belastung sehen sich die Hinterbliebenen oft mit rechtlichen Fragestellungen konfrontiert. Die im Rahmen der Leichenschau zu treffenden

---

261 *Bahner*, Recht im Bereitschaftsdienst, S. 199; *Püschel*, Journal für Anästhesie und Intensivbehandlung 2003, S. 210.

262 AG Wennigsen, NJW – Neue Juristische Wochenschrift 1989, 786; kritisch zu diesem Urteil *Kahlo*, NJW – Neue Juristische Wochenschrift 1990, S. 1521–1523.

263 So berichtet über einen Vorfall im Jahr 1964 *Bosch*, Deutsche Zeitschrift für die gesamte gerichtliche Medizin 1967, S. 201–205; erst mit dem 1. Januar 1965 wurde die rein ärztliche Leichenschau in Baden-Württemberg obligatorisch.

264 Vgl. oben Teil 1, Kapitel 1, IX., S. 22 f.

Feststellungen sind von Bedeutung für Zivil-, Versicherungs- und Versorgungsrecht.[265] In diesem Zusammenhang sind schließlich auch Dritte von den Entscheidungen des verantwortlichen Arztes betroffen.[266] Bei den meisten der für die Angehörigen gegebenenfalls entstehenden Ansprüche spielt die korrekte Feststellung der genauen Todeszeit eine sehr bedeutende Rolle.[267] Sterben mehrere jeweils in Bezug zueinander erbberechtigte Personen, kann eine inkorrekte Todeszeit die Rechtslage verfälschen, da gem. § 1923 Abs. 1 BGB nur eine lebende Person Erbe sein kann.[268] Wie das folgende Beispiel zeigt, hat es erheblichen Einfluss auf die Erbfolge, wenn etwa beide Eheleute innerhalb eines kurzen Zeitraums versterben:[269]

Ein Ehepaar und deren gemeinsame Tochter sterben bei einem Flugzeugabsturz. Für den Fall, dass zuerst die Mutter, dann das Kind und zum Schluss der Vater verstirbt, wird das Vermögen – gesetzt den Fall, es gelten die gesetzliche Erbfolge und der gesetzliche Güterstand – zu gleichen Teilen auf die Tochter gem. § 1924 Abs. 1 BGB und den Vater gem. §§ 1931 Abs. 1 S. 1 u. Abs. 3, 1371 Abs. 1 BGB verteilt. Weiter geht das Erbe der Tochter nach deren Tod gem. § 1925 Abs. 3 BGB auf den Vater über und bei dessen Ableben schließlich fällt das gesamte Vermögen der Linie des Vaters zu. Stirbt hingegen der Vater vor der Tochter und diese wiederum vor ihrer Mutter, so erhält – gemäß dem obigen Verlauf – am Ende die Linie der Mutter das gesamte Erbe. Die Konsequenzen der Reihenfolge, die von nur minimalen Zeiträumen abhängen kann, entfallen nur dann, wenn diese Reihenfolge tatsächlich nicht vollends nachgewiesen werden kann. Es gilt dann die Vermutung i.S.d. § 11 VerschG, dass alle Personen zum selben Zeitpunkt verstorben sind. Gemäß § 1923 Abs. 1 BGB würden im Beispielsfall daher alle drei Personen von der Erbfolge ausgeschlossen.[270] Aus

---

265 *Husvogt*, Bestattungsgesetz Schleswig-Holstein, S. 77 f.; *Groß*, Die Entwicklung der inneren und äußeren Leichenschau in historischer und ethischer Sicht, S. 61; *Ellinger/Osswald/Stange* (Hrsg.), Fachkundenachweis Rettungsdienst, S. 41; *Klingshirn*, Bestattungsrecht in Bayern, Erläuterungsteil II, S. 2; siehe auch die amtliche Begründung zu § 4 Abs. 1 BbgBestG, entnommen aus *Scheiper/Untze* (Hrsg.), Brandenburgisches Bestattungsgesetz, S. 39.

266 *Madea* et al., in: Madea, Rechtsmedizin, S. 36.

267 Dazu auch *Klinge*, Todesbegriff, Totenschutz und Verfassung, S. 29 f.

268 Vgl. *Peter/Tilch*, Bestattungsgesetz Thüringen, S. 29.

269 Die große Bedeutung dieser Konstellation wird auch erwähnt bei *Madea* et al., in: Madea, Rechtsmedizin, S. 36.

270 Beispielfall nach *Klinge*, Todesbegriff, Totenschutz und Verfassung, S. 29 f. m.w.N.

diesem Grund ist die Feststellung des genauen Todeszeitpunktes im Personenstandsgesetz festgeschrieben.[271]

Relevanz entfaltet der Umstand auch im Sozialversicherungsrecht. Die Rente des Verstorbenen betreffend, wirkt sich der Todeszeitpunkt insofern aus, als der Anteil der regelmäßig im Voraus bezahlten Rente für die Zeit zwischen Tod und dem Ende des Sterbemonats[272] den Erben zufällt.[273] Ebenso ist der Todeszeitpunkt für den Beginn der Auszahlung etwa der Witwen- und Waisenrente entscheidend, der gem. § 99 Abs. 2 S. 1 SGB VI auf den ersten Tag, Null Uhr des Monats fällt, an dem alle Voraussetzungen erfüllt sind.[274] Ähnlich gravierend können die Auswirkungen für die Versorgungsbezüge für Hinterbliebene von Personen im Beamtenverhältnis sein. Zum einen beeinflusst der Todeszeitpunkt, ähnlich wie bei einer Rente i.S.d. SGB VI, die Höhe des den Erben verbleibenden Anteils der Beamtenrente des Sterbemonats gem. § 17 Abs. 1 S. 1 BeamtVG. Zum anderen kann es dazu kommen, dass ein Beamter während seiner Zeit im Koma altersbedingt eine höhere Dienststufe erreicht (§ 27 Abs. 1 BBesG), was die gleichzeitige Erhöhung der Versorgungsbezüge nach sich zieht. Mit Blick auf die Ansprüche der Hinterbliebenen gem. § 16 BeamtVG kann es rein rechnerisch – von der individuellen Beurteilung eines solchen Vorgehens einmal abgesehen – von Interesse sein, den betroffenen Beamten bis zu dem entsprechenden Datum am Leben zu erhalten.[275] Angesichts solcher Konsequenzen empfehlen *Peschel/Fieseler/Zinka* in ihrem Leitfaden zur Leichenschau ausdrücklich, auf Mutmaßungen über einen länger zurückliegenden Todeszeitraum zu verzichten; außerdem sei gerade bei Ereignissen

---

271 Siehe §§ 31 Abs. 1 Nr. 3, 32 f. PstG.

272 Gem. § 102 Abs. 5 SGB VI wird die Rente bis zum Ende des Kalendermonats geleistet, in dem der Berechtigte gestorben ist.

273 Beispielhaft auch bei *Groß*, Die Entwicklung der inneren und äußeren Leichenschau in historischer und ethischer Sicht, S. 62; *Klinge*, Todesbegriff, Totenschutz und Verfassung, S. 38 m.w.N.

274 Hier erkennt *Klinge*, Todesbegriff, Totenschutz und Verfassung, S. 38, die Konsequenz, dass die gem. § 19 S. 1 des Sozialgesetzbuchs Viertes Buch (SGB IV) vom 12. November 2009, § 115 Abs. 1 SGB VI erforderlichen Anträge kaum noch gestellt werden können, wenn der Berechtigte gleich zu Beginn eines Monats stirbt. Dabei weist die Autorin auch auf die Bedeutung einer genauen Feststellung der Todeszeit für die mit dem Todesfall an sich schon belasteten Angehörigen hin.

275 Entsprechende Zusammenhänge stellt *Klinge*, Todesbegriff, Totenschutz und Verfassung, auf den Seiten 39 f. her. Die Autorin verweist dabei auf die Berechnung der Versorgungsbezüge entsprechend dem Grundgehalt am Lebensende des Verstorbenen nach § 5 Abs. 1 Nr. 1 BeamtVG i.V.m. §§ 17 bis 28 BeamtVG.

mit mehreren Todesfällen eine genaue Dokumentation der Sterbereihenfolge erforderlich oder eine Beschränkung auf den Zeitpunkt des Ereignisses, falls ersteres nicht gelingen sollte.[276]

Auch auf das Versicherungsrecht kann ein falsches Ergebnis bei der Leichenschau Auswirkungen haben. So schließen die AGB vieler Lebensversicherungen für den Fall eines Suizids die Leistungspflicht unter Umständen aus oder schränken ihre Leistungen ein.[277] In diesen Bereich fällt auch der Tod am Arbeitsplatz. Aufgrund der erheblichen finanziellen Auswirkungen haben sowohl die Hinterbliebenen als auch die potentiell betroffene Versicherung ein großes Interesse an einer gewissenhaften Aufklärung.[278] Oft gilt die Leistungspflicht der Unfallversicherung lediglich bei einem Tod durch einen Unfall im rechtlichen Sinn bzw. im Sinne der Versicherungsbedingungen;[279] dabei muss der Tod eine wesentliche Folge eines solchen arbeitsbedingten Unfalls sein.[280] Demnach kann es vorkommen, dass eine Entschädigung nur aufgrund der fälschlichen Bescheinigung eines natürlichen Todes ausbleibt, obgleich als Todesursache ein Unfall hätte festgestellt werden müssen, der sich lange vorher ereignete.[281] Schließlich hat die Todesart auch für berufsgenossenschaftliche Aspekte Bedeutung;[282] insbesondere bei Unfällen in Ausübung der jeweiligen beruflichen Tätigkeit.

4. Bedeutung für die Todesursachenstatistik

„Die gesamte Todesursachenstatistik der Bundesrepublik Deutschland und daran anknüpfend auch die Ressourcenverteilung im Gesundheitswesen

---

276 *Peschel/Fieseler/Zinka*, Der Notarzt 2009, S. 217.

277 Siehe § 5 der Allgemeinen Bedingungen für die kapitalbildende Lebensversicherung des Gesamtverbandes der Deutschen Versicherungswirtschaft vom 25. Oktober 2012; vgl. *Klinge*, Todesbegriff, Totenschutz und Verfassung, S. 33; *Penners*, Zur Feststellung der Todesart auf dem ärztlichen Leichenschauschein, S. 1.

278 Ausführlich zum Tod am Arbeitsplatz *Betz/Eisenmenger*, Versicherungsmedizin 1996, S. 2–4.

279 Siehe Abschnitt 1.3–1.5 der Allgemeinen Unfallversicherungs-Bedingungen des Gesamtverbandes der Deutschen Versicherungswirtschaft vom Oktober 2010 (AUB 2010).

280 *Klinge*, Todesbegriff, Totenschutz und Verfassung, S. 38 m.w.N.

281 Womit der Versicherungsfall tatsächlich eingetreten ist; so das Beispiel bei *Bahner*, Recht im Bereitschaftsdienst, S. 207.

282 *Peschel/Priemer/Eisenmenger*, MMW – Organ für amtliche und praktische Ärzte 1997, S. 33.

basieren auf den Angaben zu Grundleiden und Todesursache im vertraulichen Teil der Todesbescheinigungen;“[283] aus diesen „entsteht der weltweit einzige Datenbestand zum Gesundheitsstatus einer Nation.“[284] Entsprechend hat dieses Dokument für die als Bundesstatistik geführte Todesursachenstatistik[285] eine zentrale Bedeutung.[286] Dies zeigt sich etwa auch daran, dass die gerichtlich festgestellte Todeszeit dauerhaft aufbewahrt wird.[287] Insgesamt bildet die Todesursachenstatistik die Grundlage für die gezielte Förderung medizinischer Forschung und für eine nachhaltige Gesundheitspolitik.[288] Hinzu kommt ihre Bedeutung für die Kalkulation der verschiedenen Versicherungsträger; insbesondere im Bereich der Sozialversicherungen.[289] Darüber hinaus ist die Todesbescheinigung eine wichtige Quelle für die epidemiologischen Daten des Krebsregisters.[290] Diese Register haben ihre rechtliche Grundlage in den entsprechenden Landesgesetzen,[291] wobei einige Länder gemeinsame Register

---

283 So erläutern es *Madea* et al., in: Madea, Rechtsmedizin, S. 36; vgl. auch *Spranger*, Bestattungsgesetz Nordrhein-Westfalen, § 9, S. 154 m.w.N.; *Ellinger/Osswald/Stange* (Hrsg.), Fachkundenachweis Rettungsdienst, S. 41; *Klinge*, Todesbegriff, Totenschutz und Verfassung, S. 49 m.w.N.; *Püschel/Kappus/Janssen*, Arzt und Krankenhaus 1987, S. 102; zur Bedeutung für das Gesundheitswesen siehe ausführlich unten Teil 1, Kapitel 2, I., 5., S. 40 f.

284 *Schubert-Fritschle* et al., Deutsches Ärzteblatt 2002, S. A 53.

285 Zum Weg der Daten von der Todesbescheinigung bis in die Bundesstatistik siehe oben Teil 1, Kapitel 1, IX., S. 22 f. sowie weiterführend *Schelhase*, in: Madea, Die ärztliche Leichenschau, S. 219–222.

286 Entsprechend *Jahn*, Studie zur Verbesserung der Validität und Reliabilität der amtlichen Todesursachenstatistik, S. VI.

287 Siehe § 33 PStG.

288 *Peschel/Priemer/Eisenmenger*, MMW – Organ für amtliche und praktische Ärzte 1997, S. 33 f.; siehe die amtliche Begründung zu § 4 Abs. 1 BbgBestG, entnommen aus *Scheiper/Untze* (Hrsg.), Brandenburgisches Bestattungsgesetz, S. 39; *Jahn*, Studie zur Verbesserung der Validität und Reliabilität der amtlichen Todesursachenstatistik, S. I. *Groß*, Die Entwicklung der inneren und äußeren Leichenschau in historischer und ethischer Sicht, S. 72 bemerkt dazu passend, dass jede gesundheitspolitische Maßnahme nur so gut sein könne, wie die ihr zugrunde liegende Statistik.

289 *Klinge*, Todesbegriff, Totenschutz und Verfassung, S. 49 m.w.N.

290 *Spranger*, Bestattungsgesetz Schleswig-Holstein, § 2, S. 39.

291 Siehe etwa das Gesetz über das bevölkerungsbezogene Krebsregister Bayern oder das Gesetz zur Einrichtung eines flächendeckenden bevölkerungsbezogenen Krebsregisters Nordrhein-Westfalen.

führen.[292] Die Bedeutung solcher Statistiken auch auf internationaler Ebene zeigt sich daran, dass es schon früh Bestrebungen gab, einen Mindeststandard für die Dokumentation der Todesursachen zu etablieren. So entstand bereits im Jahr 1893 die Grundform der heute weltweit gebräuchlichen International Classification of Diseases.[293]

Unter Verweis auf die so genannte „Görlitzer Studie“ von *Modelmog* et al.[294] gibt *Oehmichen* an, dass bei sowohl medizinisch als auch kriminalistisch umfassendem und fehlerfreiem Vorgehen der Anteil nicht natürlicher Todesfälle bei ungefähr 8–9 % der Gesamtsumme liegt. Obwohl das Datenmaterial aus Ostdeutschland stammt und zur damaligen Zeit die Obduktionsquote aufgrund entsprechender Gesetzgebung bei annähernd 100 % gelegen habe, könne man die Zahlen unproblematisch auf das vereinigte Deutschland übertragen.[295] Angesichts des für Westdeutschland ermittelten Anteils der nicht natürlichen Todesfälle von lediglich 5 %[296] gäbe es Anlass zur Annahme einer Dunkelziffer

---

292 So geschehen im Rahmen des Staatsvertrages über das Gemeinsame Krebsregister der Länder Berlin, Brandenburg, Mecklenburg-Vorpommern, Sachsen-Anhalt und der Freistaaten Sachsen und Thüringen vom 24. November 1997 und dem daraus hervorgegangenen Gesetz zum Staatsvertrag über das Gemeinsame Krebsregister der Länder Berlin, Brandenburg, Mecklenburg Vorpommern, Sachsen-Anhalt und der Freistaaten Sachsen und Thüringen vom 5. Juli 1998.

293 Genannt „ICD“, als ICD-1 erstmals erschienen als „International List of Causes of Death“ 1893. Aktuell gilt der ICD-10 Code von 1994. Dessen volle Bezeichnung lautet: „International Classification of Diseases and Related Health Problems“. Der ICD 10 Code ist die aktuelle Version des seit der 6. Revision von der WHO verantworteten Systems der internationalen statistischen Klassifikation der Krankheiten und verwandter Gesundheitsprobleme. Es handelt sich um ein Verzeichnis von Diagnosen, Symptomen, abnormen Laborbefunden, Verletzungen und Vergiftungen, äußerer Ursachen von Morbidität und Mortalität sowie Faktoren, die den Gesundheitszustand beeinflussen, vgl. *Pschyrembel*, Pschyrembel Klinisches Wörterbuch, S. 865, „ICD“. Die Vorbereitungen für den ICD-11 werden nach offiziellen Angaben der WHO bis 2018 abgeschlossen sein; vgl. dazu *World Health Organization* (Hrsg.), International Classification of Diseases (ICD) Information Sheet, abrufbar unter http://www.who.int/classifications/icd/factsheet/en/ (geprüft am 01.10.2016). Außerdem *World Health Organization* (Hrsg.), History of the development of the ICD, abrufbar unter http://www.who.int/classifications/icd/en/HistoryOfICD.pdf (geprüft am 08.10.2016).

294 *Modelmog* et al., Der Pathologe 1991, S. 191–195.

295 *Oehmichen*, Kriminalistik 1993, S. 138 f.

296 Hier verweist *Oehmichen* auf *o.V.*, Deutsche Medizinische Wochenschrift 1982, S. 1655.

von 3 bis 4 %; es würden mithin 33 bis 44 %[297] aller nicht natürlichen Todesfälle im Zusammenspiel von ärztlicher Leichenschau und polizeilichen Ermittlungen übersehen.[298] Da in Westdeutschland – und nach der Wiedervereinigung im Jahr 1991 bald auch in ganz Deutschland – Obduktionen zunehmend seltener vorgenommen werden, sind diese Zahlen Anlass, die Qualität der ärztlichen Leichenschau anzuzweifeln. Die „Görlitzer Studie" stützt diese Vermutung. Sie untersuchte „anhand eines epidemiologisch definierten Bevölkerungskollektivs (Stadt Görlitz) die Frage ... wie sich die Obduktionsquote auf die Mortalitätsstatistik auswirkt."[299] Es ergaben sich signifikante Unterschiede in der Todesursachenstatistik zwischen den beiden Zeiträumen, dem 12-Monats-Zeitraum (1986/1987) mit einer Obduktionsquote von 96,5 % und dem 5-Jahres-Zeitraum (1981–1985) mit der dort üblichen durchschnittlichen 21 %-Obduktionsquote. Dies bedeutet auch, dass die durch Obduktionen diagnostizierten Todesursachen und damit auch die entsprechenden Krankheiten und möglichen Anzeichen für Seuchen nicht mit denen bei der ärztlichen Leichenschau festgestellten übereinstimmen. Denn im Zeitraum der geringen Obduktionsquote von 21 % füllten die Ergebnisse der ärztlichen Leichenschau die verbleibende Lücke der übrigen 79 % Verstorbener in der Todesursachenstatistik. Da die Sektion um ein Vielfaches sicherere Diagnosen ermöglicht, kommen die Autoren der Studie zu dem Schluss: „Die Ergebnisse unterstreichen die Notwendigkeit einer hohen Obduktionszahl für die Validität der Todesursachenstatistik."[300] Offensichtlich

---

297 Korrekt wäre nach dem Rechengang von *Oehmichen* die Angabe von ca. **38** bis 44 %. Es werden die Werte zweier Studien, 8–9 % Anteil nicht natürlicher Todesfälle sowie 3–4 % Dunkelziffer, herangezogen und daraus ein mutmaßliches Dunkelfeld von 33 bis 44 % übersehener Fälle gebildet (*Oehmichen*, Kriminalistik 1993, S. 138 f.); allerdings sind 3/8 äquivalent zu 37,5 %, nicht zu 33 %; hingegen sind 4/9 mit 44 % richtig berechnet.

298 *Oehmichen*, Kriminalistik 1993, S. 139; zu einer etwas anderen Einschätzung kommen *Brinkmann* et al., ArchKrim – Archiv für Kriminologie 1997, S. 2, die davon ausgehen, dass ca. 90 % der Todesfälle in der Bundesrepublik als natürlich eingestuft werden. In den Ergebnissen der eigenen Studie kommen die Autoren auf ein Dunkelfeld der nicht natürlichen Todesfälle von etwa 1,4–2,7 % (810.000 als natürlich angegebene Todesfälle, bei 11.000–22.000 übersehenen nicht natürlichen Todesfällen), *Brinkmann* et al., ArchKrim – Archiv für Kriminologie 1997, S. 66 f.; von einer hohen Dunkelziffer geht auch *Pollak*, in: Schlüchter, Kriminalistik und Strafrecht, S. 464 aus.

299 *Modelmog* et al., Der Pathologe 1991, S. 191.

300 *Modelmog* et al., Der Pathologe 1991, S. 191.

ist eine valide Todesursachenstatistik mit einer ärztlichen Leichenschau in dieser Form nicht zu erreichen.

Angesichts der Tatsache, dass die Obduktion die unbestrittenermaßen sicherere Bestimmungsmethode ist, stellt sich die Frage nach der Validität der Todesursachenstatistik bei einer heutigen Obduktionsquote von 5 % oder weniger in Deutschland;[301] das Problem ist weiter aktuell.[302] Bereits 1967 schreibt in diesem Zusammenhang *Thierbach*: „Die staatliche Medizinalstatistik gibt für Todesursachen ein Bild, das den wahren Verhältnissen für die einzelnen Krankheitsklassen und Krankheiten in sehr verschiedenem Maße nahekommt. Diese Einschätzung ist begründbar durch die Feststellung, daß [sic!] die Grundleiden-Diagnose in einem statistisch störenden Ausmaße falsch ist, wenn das Grundleiden – wie in der weit überwiegenden Zahl der Sterbefälle – nicht durch eine Obduktion ermittelt wurde."[303] Ähnlich bescheinigen später *Höpker/Burkhardt* der Statistik eine Vielzahl an Fehlern und Fehlermöglichkeiten, von denen die ärztliche Leichenschau „ein nicht zu vernachlässigender" Teil sei.[304] Und noch vor einigen Jahren kommt *Dettmeyer* zu dem Schluss, dass bei einer weiterhin sehr problematischen Situation der ärztlichen Leichenschau und einer Obduktionsrate von damals immerhin noch 10 %, es [schon] unmöglich sei, eine valide Todesursachenstatistik zu erstellen.[305] Bestätigt wird der Zusammenhang durch eine weitere Studie. *Haunerland* untersucht einen speziellen Bereich der Todesursachenanalyse bei der ärztlichen Leichenschau: Den plötzlichen Kindstodes (SIDS).[306] Ziel war es

301 Ein besorgniserregender Rückgang der Quoten ist schon länger zu beobachten, vgl. anstatt vieler *Brinkmann/Kleiber/Janssen*, Der Pathologe 1981, S. 201–207; außerdem oben Teil 1, S. 3.

302 So etwa *Andreas Schmeling* aus dem Vorstand der Deutschen Gesellschaft für Rechtsmedizin, nach *Fisser*, Neue Osnabrücker Zeitung vom 03.08.2013, S. 5.

303 *Thierbach*, Die Erschließung der Informationen im pathologisch-anatomischen Sektionsgut, S. 193; auf den Seiten 55–65 geht der Autor auf die klinischen Fehldiagnosen hinsichtlich des pathologisch-anatomischen Grundleidens ein. Deren Rate lag im Gesamtdurchschnitt der durchgeführten Auswertung des Sektionsgutes bei etwa 40 %; in diesem Zeitraum stellen etwa auch *Koller/Leutner*, in: Koller/Wagner, Handbuch der medizinischen Dokumentation und Datenverarbeitung, S. 1120 u. 1122 f. den Wert der Statistik in Frage.

304 *Höpker/Burkhardt*, Deutsche Medizinische Wochenschrift 1984, S. 1274.

305 *Dettmeyer*, Die verfassungsrechtlichen Grenzen für die gesetzliche Einführung einer Verwaltungssektion bei medizinisch unklaren Todesfällen, S. 71.

306 Auch als Sudden Infant Death Syndrome (SIDS) bekannt; einen Überblick über den aktuellen Kenntnisstand bietet die Autorin im Verlauf ihrer Arbeit, *Haunerland*,

unter anderem, die offiziellen statistischen Zahlen zu dieser Todesursache auf ihre Validität hin zu überprüfen. Dazu wurden die Totenscheine aller dort als an SIDS verstorbenen Kinder im Alter von 8 Monaten bis zwei Jahren mit der entsprechenden offiziellen Statistik zum plötzlichen Kindstod verglichen.[307] Dieser Abgleich bezog sich auf einen Zweijahreszeitraum innerhalb einer Region mit ungefähr 27.000 Lebendgeburten im Jahr, wobei nur die durch Obduktion bestätigten Fälle des Kindstodes einbezogen wurden. Bei der Auswertung stellte die Autorin fest, dass die bekannte Problematik mangelhaften Ausfüllens der Todesbescheinigungen auch bei Säuglingen und Kleinkindern zutrifft. Dies hat umso größere Konsequenzen, als kaum Überprüfungen durch die Gesundheitsämter erfolgen und die falschen Daten unverändert an das Landesamt für Statistik geleitet werden. Im Endeffekt wird so die Todesursachenstatistik insgesamt entsprechend verfälscht.[308] Auch in dieser Hinsicht ist eine hohe Qualität der ärztlichen Leichenschau und damit die Angaben in der Todesbescheinigung offensichtlich essentiell. Ärzte sollten das Ausstallen der Todesbescheinigung daher keinesfalls als Formalie ansehen, sondern als äußerst wichtigen Beitrag zur Ermittlung todesursächlicher Krankheiten.[309] Es hat in der Vergangenheit einige Anläufe gegeben, die Validität der Todesursachenstatistik zu verbessern, bisher wohl ohne überzeugende Erfolge, wie die dargestellten Ergebnisse nahe legen. Für *Dahl* „scheiterte eine Umstrukturierung der amtlichen Todesursachenbescheinigung und deren hieraus gewonnenen Statistiken … an der Länderkompetenz (‚Kulturhoheit') der Bundesländer der Bundesrepublik Deutschland."[310]

Totenscheinanalyse bei Plötzlichem Kindstod: Vergleich der offiziellen Statistik mit den Totenscheinen, S. 6–10; siehe dazu auch unten Teil 2, Kapitel 2, I., 1., b), S. 148–150.

307 Mehr zu den Statistiken und dem grenzüberschreitenden Projekt, vor dessen Hintergrund die Studie stattfand bei *Haunerland*, Totenscheinanalyse bei Plötzlichem Kindstod: Vergleich der offiziellen Statistik mit den Totenscheinen, S. 20.

308 *Haunerland*, Totenscheinanalyse bei Plötzlichem Kindstod: Vergleich der offiziellen Statistik mit den Totenscheinen, S. 102 f.

309 Vgl. *Schelhase*, in: Madea, Die ärztliche Leichenschau, S. 220.

310 *Dahl*, Untersuchungen zur Validität ärztlicher Todesursachenangaben, S. 1; für Teilbereiche gab es in der Zwischenzeit vereinzelt auch positivere Urteile: Zumindest in Bezug auf die Registrierung von Krebserkrankungen kommt eine Studie aus dem Jahr 2002 zu dem Schluss, die Todesursachenstatistik sei besser als ihr Ruf, *Schubert-Fritschle* et al., Deutsches Ärzteblatt 2002, S. A 50.

5. Bedeutung für das Gesundheitswesen

Für die öffentliche Gesundheitsfürsorge ist hauptsächlich der vertrauliche Teil der Todesbescheinigung von Bedeutung.[311] Ein wichtiger Aspekt dabei ist die Früherkennung einer Seuchengefahr.[312] Gerade in diesem Zusammenhang ist es besonders wichtig, dass die Todesursache richtig bestimmt wird. Stellt der Arzt dabei eine meldepflichtige Krankheit i.S.d. § 6 IfSG fest, muss er dies gem. § 8 Abs. 1 Nr. 1 IfSG dem Träger des öffentlichen Gesundheitsdienstes melden,[313] der daraufhin die nach §§ 16 ff. IfSG vorgesehenen Maßnahmen schnellstmöglich in die Wege zu leiten hat.[314] Denn je häufiger eine potentiell seuchenauslösende Krankheit als Todesursache nicht erkannt wird, desto geringer sind die Chancen, vorbeugende Maßnahmen ergreifen zu können. Dementsprechend ist die äußere Leichenschau zwecks Feststellung einer meldepflichtigen Krankheit (oder Infektion mit einem entsprechenden Erreger) im Infektionsschutzgesetz vorgesehen. Die Zulässigkeit ist nicht direkt genannt, ergibt sich jedoch aus § 25 Abs. 4 S. 1 IfSG, der besagt: „Den Ärzten des Gesundheitsamtes und dessen ärztlichen Beauftragten ist vom Gewahrsamsinhaber die Untersuchung der in Absatz 1 genannten Verstorbenen zu gestatten." Im folgenden Satz 2 sind darüber hinaus explizit die Anordnung der inneren Leichenschau gegenüber dem Gewahrsamsinhaber und deren Voraussetzungen genannt. Im Rückschluss bedeutet dies, dass die „Untersuchung" in § 25 Abs. 4 S. 1 IfSG als äußere Leichenschau durch einen Arzt des Gesundheitsamtes zu verstehen ist.[315] Diese epidemiologische Bedeutung betont auch *Oehmichen*: „Auch im Rahmen der epidemiologischen Erfassung muß [sic!] mithin eine primär ärztliche Aufgabe ersten Ranges gesehen werden."[316] Denn

---

311 *Ulsenheimer*, in: Laufs/Kern/Rehborn, Handbuch des Arztrechts, § 134, Rn. 36.

312 *Madea* et al., in: Madea, Rechtsmedizin, S. 36; *Spranger*, Bestattungsgesetz Nordrhein-Westfalen, § 9, S. 154; *Ellinger/Osswald/Stange* (Hrsg.), Fachkundenachweis Rettungsdienst, S. 41, sprechen in diesem Zusammenhang von Epidemiologie; *Peschel/Priemer/Eisenmenger*, MMW – Organ für amtliche und praktische Ärzte 1997, S. 34; *Spann*, Kriminalistik 1987, S. 586; vgl. auch §§ 6 ff. IfSG.

313 Siehe dazu auch unten Teil 1, Kapitel 5, I., 4., S. 88 f.

314 Vgl. *Husvogt*, Bestattungsgesetz Schleswig-Holstein, S. 80 f.; als Träger des öffentlichen Gesundheitsdienstes nennt er jedenfalls für das Land Schleswig-Holstein die Kreise bzw. kreisfreien Städte.

315 Ebenso, wenn auch knapper, *Ulsenheimer*, in: Laufs/Kern/Rehborn, Handbuch des Arztrechts, § 134, Rn. 24. Näheres zu besagten Untersuchungen in Erdle, Infektionsschutzgesetz Kommentar, S. 113 ff.

316 *Oehmichen*, Kriminalistik 1993, S. 138.

grundsätzlich sei davon auszugehen, dass jeder nicht natürliche Tod ein vermeidbarer Tod sei, und je öfter ein solcher übersehen werde, umso größer sei das Risiko von Folgeereignissen. Aus der Ermittlung der Todesart ergäbe sich die Informationsgrundlage für entsprechende präventive Schritte; so habe etwa die Häufigkeit des Drogentodes oder des Unfalltodes Einfluss auf die der Verhinderung dienenden Projekte.[317] Darüber hinaus hängt die Zulässigkeit einer Transplantation, die keine Lebendspende darstellt, nach § 3 Abs. 1 S. 1 Nr. 2 TPG davon ab, ob „der Tod des Organ- oder Gewebespenders nach Regeln, die dem Stand der Erkenntnisse der medizinischen Wissenschaft entsprechen, festgestellt ist." Insbesondere die exakte Feststellung des Todeszeitpunktes ist hier von großer Bedeutung, denn es wäre unter Umständen fatal, wenn der Arzt ein oder mehrere Organe vor Todeseintritt entnimmt.[318] Grundlage für die generellen Planungen im Bereich des Gesundheitswesens bildet die Todesursachenstatistik;[319] dazu gehört insbesondere die Bewertung von Wirksamkeit und Effektivität therapeutischer Verfahren. Außerdem lassen sich anhand der unterschiedliche Todesursachen Rückschlüsse auf äußere Faktoren ziehen, die auf lange Sicht gesehen, Krankheiten hervorrufen.[320] Zudem wird das Gesamtbild der ermittelten Todesursachen zur Qualitätssicherung der Behandlung lebender Patienten herangezogen;[321] etwa indem eine klinische Diagnose überprüft wird. So gesehen fußt die gesamte Planung und Verteilung von Betriebsmitteln im deutschen Gesundheitswesen auf der Auswertung des vertraulichen Teils der Todesbescheinigung;[322] von staatlicher Seite erfolgt die Verteilung der Finanzmittel somit unter anderem entsprechend den bei der Leichenschau festgestellten Todesursachen.[323]

---

317 *Oehmichen*, Kriminalistik 1993, S. 138.

318 Vgl. auch *Klinge*, Todesbegriff, Totenschutz und Verfassung, S. 35 m.w.N.; Außerdem kommt dann die Strafbarkeit wegen Körperverletzungsdelikten, und sollte die Entnahme lebenswichtiger Organe den Tod erst herbeigerührt haben, auch wegen Tötungsdelikten in Betracht.

319 *Spann*, Kriminalistik 1987, S. 586; siehe zu dieser Statistik auch oben Teil 1, Kapitel 2, I., 4., S. 36–40.

320 *Dahl*, Untersuchungen zur Validität ärztlicher Todesursachenangaben, S. 1.

321 *Dettmeyer/Verhoff*, Rechtsmedizin, S. 23.

322 *Madea*, in: ders., Die ärztliche Leichenschau, S. 2; *Heberer*, in: ders., Arzt und Recht, S. 422, spricht hier von Gesundheitsfürsorge.

323 *Groß*, Die Entwicklung der inneren und äußeren Leichenschau in historischer und ethischer Sicht, S. 61.

II. Ziel der Arbeit

Der Direktor des Institutes für Rechtsmedizin in Bremen, *Michael Birkholz*, formuliert es deutlich: „Alle sind sich einig: das [sic!] Leichenschausystem in Deutschland ist schlecht und dringend reformbedürftig.“[324] Allerdings liegen zahlreiche Verbesserungsvorschläge und vereinzelt auch umfassendere Lösungsansätze vor.[325] Warum also eine erneute Beschäftigung mit diesem Thema? Einen Eindruck davon, in welchem Stadium der Qualitätssteigerung sich das System gegenwärtig befindet, gibt die Einschätzung von *Klingshirn*, der seinen kritischen Artikel mit folgender Einleitung beginnt: „Vor 4 Jahren referierte der Autor des Beitrags auf der 19. Fortbildungstagung für Notfallmedizin der AGBN über die so genannte ‚neue Leichenschau' in Bayern und stellte dabei wesentliche Änderungen vor, die auf diesem Gebiet zum 01.09.2001 in Kraft getreten sind. Wer allerdings meint, dass mit dieser Neuregelung das Thema ‚Leichenschau' abgehakt werden kann, der irrt sich, denn nach wie vor ist die Leichenschau für die meisten Ärzte ein unbeliebtes Aufgabenfeld. Aus diesem Grund erscheint es sinnvoll, die Thematik erneut aufzugreifen.“[326] Verstärkt wird dieser Eindruck durch die Beobachtung von *Dettmeyer/Madea*: „Auf bekannte Mißstände [sic!] bei der ärztlichen Leichenschau wurde insofern reagiert, als z.B. das saarländ. BestG in § 15 Abs. 1 ebenso wie das nordrhein-westf. BestG in § 9 Abs. 3 im Gegensatz zu früher nun die Verpflichtung festschreiben, dass der Arzt den Leichnam in *unbekleidetem Zustand* gründlich zu untersuchen hat.“[327] Auch im Bestattungsgesetz Bayern gibt es nun klare Regelungen, wie die Leichenschau durchzuführen ist,[328] dennoch habe sich die Qualität der Leichenschau nicht merklich verbessert.[329] Wie in zahlreichen Studien zur Qualität der Leichenschau deutlich wird – von denen einige weiter unten in dieser Arbeit dargestellt werden –,[330] bleibt in Deutschland eine hohe Zahl nicht natürlicher Todesfälle schon bei der ersten Untersuchung nach dem Tod unentdeckt und wird somit niemals Gegenstand behördlicher Ermittlungen. Wenn im Zusammenhang mit der Bekämpfung von Tötungsdelikten in Deutschland

---

324 *Birkholz*, Kriminalistik 2006, S. 222.

325 Einige werden unten Teil 3, Kapitel 2, I., S. 287–290, vorgestellt.

326 *Klingshirn*, Der Notarzt 2006, S. 61.

327 *Dettmeyer/Madea*, Kritische Vierteljahresschrift für Gesetzgebung und Rechtswissenschaft 2004, S. 354.

328 § 3 BestV Bayern.

329 *Klingshirn*, Der Notarzt 2006, S. 61.

330 Unten Teil 2, Kapitel 1, I., S. 103–124.

auf die hohe Aufklärungsrate der Kriminalbehörden[331] verwiesen wird, bleibt diese Problematik außer Acht bzw. die Statistik täuscht darüber hinweg.[332] Es zeigt sich jedoch, dass es häufig schwieriger ist, ein Tötungsdelikt zu erkennen als ein erst mal Erkanntes letztlich aufzuklären. Daher ist die Aussagekraft der polizeilichen Statistik auf die Rate der Aufklärung *bekannt gewordener* Tötungsdelikte begrenzt und kann nicht als Argument gegen eine Reform des Leichenschau- und Sektionswesens dienen.[333] In strafrechtspolitischer Hinsicht bringt es *Christoph Safferling* auf den Punkt, wenn er als Mitglied der Expertenkommission zur Novellierung des „Mordparagraphen" § 211 StGB urteilt: „Der tollste Paragraph nutzt nichts, wenn man die Fälle nicht aufdeckt."[334]

Die Konsequenzen betreffen neben der angesprochenen Rechtssicherheit auch erb-, versorgungs- und versicherungsrechtliche Aspekte. Beispiele für die erheblichen Folgen falscher Diagnosen bei Todesfällen sind etwa: Ein fälschlicherweise festgestellter „plötzlicher Herztod" vereitelt die Auszahlung von Leistungen der Unfallversicherungen, oder: das Übersehen von Strommarken[335] verhindert die Erkennung und Reparatur gefährlicher Stromquellen und es kommt möglicherweise zu weiteren Todesfällen.[336] Es wird deutlich, dass die derzeitige Situation in Deutschland sowohl aus medizinisch-fachlicher als auch versicherungstechnischer und kriminologischer Sicht unbefriedigend ist und damit auch den Angehörigen nicht gerecht wird. Der verfassungsimmanenten Forderung nach einer effektiven Untersuchung verdächtiger Todesfälle[337] kann so nicht ausreichend Folge geleistet werden. Es scheint, als habe

---

331 Diese betrug 1997, dem Jahr der Studie von *Brinkmann* et al., ArchKrim – Archiv für Kriminologie 1997, S. 92: 92,6 %, *Bundeskriminalamt* (Hrsg.), *Bundeskriminalamt – Kriminalistisches Institut – Fachbereich KI 12*, Polizeiliche Kriminalstatistik 1997, S. 30 und lag aktuell im Jahr 2015 bei 94,8 %, *Bundeskriminalamt* (Hrsg.), Polizeiliche Kriminalstatistik 2015, S. 32.

332 Vgl. *Geerds*, ArchKrim – Archiv für Kriminologie 1997, S. 41 f., 44 f. m.w.N.

333 Ähnlich *Birkholz*, Notfall-Medizin in der täglichen Praxis 2003, S. 212.

334 Zitiert von *Mäckler*, Darum gibt es so viele unentdeckte Morde, abrufbar unter http://www.merkur.de/bayern/rechtsmediziner-klaert-auf-darum-gibt-viele-unentdeckte-morde-5557586.html (geprüft am 28.01.2018).

335 „Durch Hitzeeinwirkung des elektrischen Stroms an der Kontaktstelle der Haut mit einem spannungsführenden Teil verursachte lokale Verbrennung", *Wirth* (Hrsg.), Kriminalistik-Lexikon, S. 545, mit weiteren umfassenden Ausführungen.

336 Dies sind Erfahrungsberichte eines bekannten Arztes, weitere Beispiele finden sich bei: *Mätzler*, Todesermittlung.

337 BVerfGK 17, 1.

man sich hinsichtlich der Gestaltung eines zufriedenstellenden Systems der ärztlichen Leichenschau in einem dauerhaften Versuchsstadium eingerichtet; möglicherweise mit der stillen Rechtfertigung, es gäbe ohnehin keine befriedigende Lösung – weder zentral noch dezentral –, die organisierbar, bezahlbar und auch effektiv sei. Zu der Aufgabe, nach den Hintergründen zu suchen und die Dringlichkeit entscheidender Schritte zu verdeutlichen, gehört eine umfassende Darstellung der Thematik Leichenschau aus rechtlicher und praktischer Sicht, insbesondere der oben genannten Problempunkte. Angesichts des aktuellen Zustandes und des Ausbleibens entscheidender Konsequenzen soll überprüft werden, ob die derzeitige Situation mit dem Grundgesetz vereinbar ist. Ziel ist es, die verfassungsrechtliche Notwendigkeit eines funktionierenden Leichenschausystems herauszuarbeiten.

Kapitel 3: Historie

Von den drei zu unterscheidenden Arten der äußeren Leichenschau ist die gerichtliche Leichenschau die älteste.[338] Ihre Wurzeln reichen zurück bis in das 13. Jahrhundert, wo sie im Sachsenspiegel von 1230[339] erwähnt wird. Dort ist festgelegt, dass im Falle einer Tötung durch eine andere Person die Beerdigung nur mit Erlaubnis eines Richters erfolgen darf.[340] Zweck dieser Bestimmung war vermutlich, eine vorherige Besichtigung der Leiche durch einen Richter oder Schöffen zu ermöglichen.[341] Ein Arzt wurde zu dieser Zeit wohl noch nicht hinzugezogen. Das mag daran gelegen haben, dass die Medizin als eigenständiges Fach noch nicht anerkannt war, sich etwa noch keine von der Rechtswissenschaft unabhängigen medizinischen Fakultäten etabliert hatten.[342]

Mit der Cent-Gerichtsreform von 1447[343] und der gesetzlichen Kodifizierung in der Bamberger peinlichen Halsgerichtsordnung von 1507[344] und dem ein Jahr darauf folgenden Correctorium[345] derselben wurden die Regelungen

338 Vgl. *Ingelheim genannt Echter von und zu Mespelbrunn*, Zur geschichtlichen Entwicklung der ärztlichen Leichenschaubestimmungen in Deutschland, S. 2; *Patschek*, Die Entwicklung der Leichenschau in Deutschland, S. 14.

339 Der Sachsenspiegel oder das Sächsische Landrecht, als Titel etwa *Repgow*, Des Sachsenspiegels erster Theil oder das Sächsische Landrecht.

340 Drittes Buch, Artikel 90, § 2, zitiert nach *Repgow*, Des Sachsenspiegels erster Theil oder das Sächsische Landrecht, S. 389.

341 Vgl. *Brune*, Kritische Überprüfung von Todesbescheinigungen in einem städtischen Gebiet (Münster), S. 2; *Schneider*, Die Leichenschau, S. 1; *Patschek*, Die Entwicklung der Leichenschau in Deutschland, S. 15.

342 Vgl. *Scheib*, Die Dunkelziffer bei Tötungsdelikten aus kriminologischer und rechtsmedizinischer Sicht, S. 37.

343 Siehe dazu *Berster*, Beurteilung von Auswirkungen der Gesetzesänderung des Nordrhein-Westfälischen Bestattungsgesetzes vom 17.06.2003 auf die Effektivität des Leichenschauwesens durch kritische Überprüfung von Todesbescheinigungen in einem ländlichen Gebiet (Kreis Steinfurt), S. 5; *Schneider*, Die Leichenschau, S. 1.

344 Bambergische peinliche Halsgerichtsordnung oder Constitutio Criminalis Bambergensis (CCB) von 1507; verfasst von Johann Freiherr von Schwarzenberg im Auftrag. des Fürstbischofs von Bamberg, Georg III. Schenk von Limburg.

345 Correctorium zur Bambergischen peinlichen Halsgerichtsordnung von 1508, ebenfalls erstellt durch von Schwarzenberg. Vgl. insgesamt *Walter*, Die Leichenschau und das Sektionswesen, S. 44 f.

detaillierter. Bei der Besichtigung sollte nun auch ein Wund- oder Leibarzt zugegen sein und nach Möglichkeit bezeugt werden, wie lange der Verstorbene nach dem tödlichen Angriff noch gelebt hatte.[346] Bei diesen Wundärzten handelte es sich aber nicht um ausgebildete Ärzte im heutigen Sinn, sondern meist um lokale Barbiere oder Bader, die jedoch zumindest vom Gericht als Leichenschauer vereidigt wurden.[347] Ebenfalls schon zu dieser Zeit bekannt ist eine Art mors in tabula, bei dem ein Arzt mittels eines seiner Medikamente tötet. Der Untersuchung solcher Vorfälle wird in der Halsgerichtsordnung ein eigener Artikel gewidmet, der auch fahrlässiges Handeln erfasst.[348]

Zu dieser Zeit war man hinsichtlich der Aufklärung von Verbrechen noch darauf angewiesen, dass das Vorliegen eines möglichen Tötungsdeliktes mehr oder weniger zufällig bekannt wurde. Denn erst wenn ein solches im Raum stand, griffen die Vorschriften über die gerichtliche Leichenschau: „Item so yemant erschlagen oder ermördt wirdet in unsern halsgerichten, so söllen unser Amptlewt und Panrichter…“[349] und „Item so einer geschlagen wurde und uber etlich zeyt darnach sturb, Also das zweyffelich were, ob er der geclagten streych gestorben were, oder nit, …, und sölln doch sunderlich die wundertzt, der sach verstendig…, zu zeugen gepraucht werden“.[350]

Geltung im gesamten Heiligen Römischen Reich Deutscher Nation[351] erhielt die gerichtliche Leichenschau in dieser Form im Jahr 1532 durch die im Wesentlichen auf der Bamberger peinlichen Halsgerichtsordnung basierende[352]

346 Siehe Art. CLIII (153) der CCB in der Version von 1507, zitiert nach *Zoepfl* (Hrsg.), Die Peinliche Gerichtsordnung Kaiser Karl's V, S. 125 f.

347 So *Kanne*, Untersuchungen und Gedanken zum Leichenschauwesen in der BRD, S. 1.

348 Siehe Art. CLIX (159) der CCB in der Version von 1507, zitiert nach *Zoepfl* (Hrsg.), Die Peinliche Gerichtsordnung Kaiser Karl's V, S. 112.

349 Siehe Art. CCXXIX (229) der CCB in der Version von 1507; Vgl. hierzu auch *Walter*, Die Leichenschau und das Sektionswesen, S. 45, der untersucht, auf welche Todesarten sich die Artikel der Bamberger peinlichen Halsgerichtsordnung beziehen, welche die Leichenschau erwähnen; ebenso, wenn auch kürzer, *Groß*, Die Entwicklung der inneren und äußeren Leichenschau in historischer und ethischer Sicht, S. 20.

350 Siehe Art. CLXXIII (173) der CCB in der Version von 1507, zitiert nach *Zoepfl* (Hrsg.), Die Peinliche Gerichtsordnung Kaiser Karl's V, S. 125 f.

351 Vgl. *Walter*, Die Leichenschau und das Sektionswesen, S. 47.

352 Siehe *Todt*, Die Leichenschau vor Kremation, S. 5; *Groß*, Die Entwicklung der inneren und äußeren Leichenschau in historischer und ethischer Sicht, S. 20 m.w.N.; vgl. *Grolik*, Leichenschau und Leicheneröffnung in rechtsvergleichender Sicht im deutschen Sprachraum, S. 16.

Constitutio criminalis Carolina.[353] *Groß* sieht in dieser Konstellation die Grundlage für die gerichtliche Medizin, wie wir sie heute kennen, da von nun an in unklaren Fällen, neben dem gerichtlichen, zunehmend auf den medizinischen Sachverstand vertraut wurde.[354] Um die Mitte des 17. Jahrhunderts schließlich gewann die innere Leichenschau[355] an Bedeutung und in der Folgezeit wurden die Leichen regelmäßig in Gegenwart eines Mediziners eröffnet.[356] Außerdem begann man von der gerichtlichen Leichenschau durch Bader und Wundärzte abzurücken und zunehmend auf die Schulmedizin zu vertrauen. So berichtet *Patschek* von einer Vorschrift in Leipzig aus dem Jahr 1658, wonach zur Leichenbesichtigung in Kriminalfällen die medizinische Fakultät eingeschaltet werden sollte;[357] bemerkenswert in diesem Zusammenhang ist auch der erwähnte Vertrag einiger Landesherren von 1717, der nahelegt, dass sich offensichtlich schon zur damaligen Zeit die Gutachten von Sachverständigen zum Teil widersprachen. Nach diesem Vertrag mussten zur Entscheidung in solchen Fällen alle Unterlagen an eine Kanzlei in Würzburg geschickt werden, die dann – vermutlich – nach Aktenlage entschied.

Zu einer genaueren Spezifikation von gerichtlicher und allgemeiner Leichenschau kam es erst zum Ende des 18. Jahrhunderts.[358] Und so reichen die

---

353 Die peinliche Halsgerichtsordnung des Heiligen Römischen Reiches (CCC) von 1532, eingeführt durch Kaiser Karl V. Sie blieb über lange Zeit die Grundlage des Deutschen Kriminalrechts, Siehe *Walter*, Die Leichenschau und das Sektionswesen, S. 44.

354 Siehe *Groß*, Die Entwicklung der inneren und äußeren Leichenschau in historischer und ethischer Sicht, S. 20; ähnlich *Walter*, Die Leichenschau und das Sektionswesen, S. 48.

355 Siehe oben Teil 1, Kapitel 1, II., 2., S. 10–12.

356 Vgl. etwa *Todt*, Die Leichenschau vor Kremation, S. 5; *Scheib*, Die Dunkelziffer bei Tötungsdelikten aus kriminologischer und rechtsmedizinischer Sicht, S. 38; *Patschek*, Die Entwicklung der Leichenschau in Deutschland, S. 17. Eine gute Darstellung der weiteren Entwicklung der inneren Leichenschau bietet *Groß*, Die Entwicklung der inneren und äußeren Leichenschau in historischer und ethischer Sicht, ab S. 11.

357 *Patschek*, Die Entwicklung der Leichenschau in Deutschland, S. 17, ohne Literaturangabe; gleichermaßen *Schneider*, Die Leichenschau, S. 2, wiederum ohne Literaturangabe und ohne Erwähnung der erstgenannten Autorin.

358 So bemerkt auch *Groß*, Die Entwicklung der inneren und äußeren Leichenschau in historischer und ethischer Sicht, S. 24; ähnlich *Grolik*, Leichenschau und Leicheneröffnung in rechtsvergleichender Sicht im deutschen Sprachraum, S. 18; *Wagner*, Deutsches Ärzteblatt 1990, S. A 3428; *Walter*, Die Leichenschau und das Sektionswesen, S. 49.

Wurzeln der äußeren Leichenschau in Form der Begutachtung von kürzlich Verstorbenen zum Zweck der Unterscheidung von natürlichem und nicht natürlichem Tod, wie sie in dieser Arbeit untersucht werden soll, bis in jene Zeit hinein. Die Unterscheidung geht mit der sich verändernden Wahrnehmung der gerichtlichen Medizin als nunmehr eigenständiges Fach einher, neben den bereits bestehenden Disziplinen Medizin und Recht.[359] So fanden bereits im Jahr 1830 in Würzburg 24 Vorlesungen zur Gerichtlichen Medizin statt.[360] Bis dahin diente die Leichenschau zudem überwiegend nur dem Zweck der Strafverfolgung und dem Strafprozess.[361]

Die allgemeine Leichenschau, die unabhängig von möglichen Tötungsdelikten stattzufinden hatte, wurde hauptsächlich eingeführt, um Scheintodfälle zu entdecken, da zu dieser Zeit die Angst davor, lebendig begraben zu werden, auch als Taphophobie bezeichnet,[362] sehr verbreitet war.[363] Bekannte Persönlichkeiten, von denen man weiß, dass sie diese Angst teilten, waren etwa *Nestroy*, *Hebbel*, *Schnitzler* und *Schopenhauer*.[364] Das Ausmaß dieser Ängste zeigt sich auch an den Maßnahmen, die ergriffen wurden, um solche Vorfälle zu verhindern. So wurden in den Leichenhallen metallene Fingerhüte an den

---

359 Vgl. *Groß*, Die Entwicklung der inneren und äußeren Leichenschau in historischer und ethischer Sicht, S. 25; einen guten Überblick bietet *Walter*, Die Leichenschau und das Sektionswesen, S. 48 f., der erwähnt, dass sich die gerichtliche Medizin auch von den medizinischen Aspekten der Polizeiwissenschaft erst ab diesem Zeitpunkt abspaltet.

360 Siehe *Groß*, Die Entwicklung der inneren und äußeren Leichenschau in historischer und ethischer Sicht, S. 25.

361 Vgl. *Dettmeyer*, Die verfassungsrechtlichen Grenzen für die gesetzliche Einführung einer Verwaltungssektion bei medizinisch unklaren Todesfällen, S. 50.

362 Oder Grabesfurcht, *Brettel/Lüpke*, Beiträge zur gerichtlichen Medizin 1984, S. 359.

363 Siehe etwa *Peter/Tilch*, Bestattungsgesetz Thüringen, S. 29 m.w.N.; *Todt*, Die Leichenschau vor Kremation, S. 5; *Groß*, Die Entwicklung der inneren und äußeren Leichenschau in historischer und ethischer Sicht, S. 27–29, mit einer umfassenden Darstellung am Beispiel Württembergs; außerdem *Brune*, Kritische Überprüfung von Todesbescheinigungen in einem städtischen Gebiet (Münster), S. 2; *Dettmeyer*, Die verfassungsrechtlichen Grenzen für die gesetzliche Einführung einer Verwaltungssektion bei medizinisch unklaren Todesfällen, S. 50; *Walter*, Die Leichenschau und das Sektionswesen, S. 52.

364 Diese Aufzählung ist dem Beitrag von *Brettel/Lüpke*, Beiträge zur gerichtlichen Medizin 1984, S. 359 entnommen.

Gliedmaßen der Leiche befestigt und mit einem sensiblen Glockenspiel verbunden, welches Alarm auslösen sollte, sobald sich ein mutmaßlicher Leichnam bewegte.[365]

Hinzu kam ein zunehmendes Interesse an einem ordentlichen Gesundheitswesen im Sinne des öffentlichen Wohls, wohl auch im Zusammenhang mit der Aufklärung.[366] In der Folge gewann die allgemeine äußere Leichenschau auch im Hinblick auf das Sammeln von Daten für eine moderne Gesundheitsstatistik[367] und eine umfassende Mortalitätsstatistik an Bedeutung.[368]

Die Wurzeln der äußeren Leichenschau in dieser Form liegen in Österreich, wo bereits 1754 eine allgemeine Totenschau durch sogenannte Wundärzte eingeführt wurde.[369] Laut *Gründling* wurden zwecks Aufdeckung von Tötungsdelikten, aber auch von Scheintodfällen und zur Seuchenprävention bereits unter Kaiserin Maria Theresia in den Jahren 1766, 1769 und 1770 Leichenschaubestimmungen umfassend kodifiziert.[370] Das Hofkanzleidekret von

---

365 Siehe *Todt*, Die Leichenschau vor Kremation, S. 6; die eindrückliche Beschreibung liefert *Penners*, Zur Feststellung der Todesart auf dem ärztlichen Leichenschauschein, S. 16 m.w.N. Wie tief die Angst vor dem Scheintod saß und dass die Menschen sich mit diesem Thema immer wieder beschäftigt haben, schildert ausführlich und anschaulich *Spengler*, Über die ärztliche Leichenschau:, S. 4–9.

366 So, mit entsprechender Argumentation und weiteren Nachweisen, die Ansicht von *Stürzbecher*, Beiträge zur gerichtlichen Medizin 1970, S. 256, bezogen auf Berlin.

367 Darin sah *Leibniz* die Bedeutung der Leichenschau, Siehe *Schweitzer*, Zu Problemen von Leichenschau und Totenbescheinigung unter besonderer Berücksichtigung des Strafrechts, S. 2, m.w.N.

368 *Todt*, Die Leichenschau vor Kremation, S. 6; *Dettmeyer*, Die verfassungsrechtlichen Grenzen für die gesetzliche Einführung einer Verwaltungssektion bei medizinisch unklaren Todesfällen, S. 50, schließt dies aus den Ausführungen *Stürzbechers* zur Entwicklung der Leichenschau in Berlin; vgl. *Stürzbecher*, Beiträge zur gerichtlichen Medizin 1970, S. 256.

369 *Dettmeyer*, Die verfassungsrechtlichen Grenzen für die gesetzliche Einführung einer Verwaltungssektion bei medizinisch unklaren Todesfällen, S. 50; *Wagner*, Deutsches Ärzteblatt 1990, S. A 3428. Maßgeblich auf Betreiben des bekannten österreichischen Rechtsmediziners van Swieten, vgl. *Schneider*, Die Leichenschau, S. 3; *Lesky*, Österreichisches Gesundheitswesen im Zeitalter des aufgeklärten Absolutismus, S. 80 m.w.N.; *Stürzbecher*, Beiträge zur gerichtlichen Medizin 1970, S. 257 m.w.N.

370 Vgl. die umfassende Darstellung bei *Gründling*, „Die Dokumentationspflicht und das Einsichtsrecht des Patienten in die Krankengeschichte", S. 122 m.w.N.; hervorzuheben ist hier die Constitutio Criminalis Theresiana (CCT) von 1769; *Chiari* erwähnt zudem noch den Staatsministererlass vom 06.03.1866, in dem eine genau

1796 bestimmt noch detaillierter, dass jede Gemeinde einen Arzt oder Wundarzt als Leichenschauer zu bestellen[371] und dieser die Krankheitsgeschichte des Verstorbenen vergleichsweise umfangreich zu dokumentieren habe.[372] Wie *Grolik* treffend bemerkt, ist Österreich ein Beispiel dafür, dass damals auch in Deutschland durchaus schon ein umfassenderes Leichenschausystem möglich gewesen wäre, zumal die Bedingungen im Vielvölkerstaat Österreich mit seiner geringeren Besiedelungsdichte und seinen geografisch schwierigen Verhältnissen wesentlich schlechter waren als im Deutschen Reich.[373]

Im heutigen Deutschland setzte sich eine solche Praxis erst zum Ende des 18. Jahrhunderts durch. Da Deutschland zu dieser Zeit noch aus vielen eigenständigen Kleinstaaten bestand, regelte von Beginn an jedes Land die Leichenschau selbständig.[374] Die erste rechtliche Regelung der allgemeinen Leichenschau auf deutschem Gebiet überhaupt findet sich im Allgemeinen preußischen Landrecht von 1793.[375] Dabei handelt es sich nach heutigem Verständnis nur um Ansätze einer Leichenschau, bei der zudem noch gerichtliche und allgemeine Aspekte vermischt werden.[376] Zum einen soll dem versehentlichen Begraben noch Lebendiger vorgebeugt werden,[377] zum anderen sind die Behörden über Fälle gewaltsamen Todes in Kenntnis zu setzen.[378] Wie rückständig die ärztliche Leichenschau auf dem Gebiet des heutigen Deutschlands zu dieser Zeit war, zeigt sich daran, dass europaweit nur noch in den wirtschaftlich

---

Aufzählung der Gründe für die obligatorische Leichenschau erfolgt; siehe *Chiari*, in: Dittrich, Handbuch der ärztlichen Sachverständigentätigkeit, S. 96.

371 *Chiari*, in: Dittrich, Handbuch der ärztlichen Sachverständigentätigkeit, S. 95 m.w.N.

372 Vgl. *Gründling*, „Die Dokumentationspflicht und das Einsichtsrecht des Patienten in die Krankengeschichte“, S. 122 f. m.w.N.

373 Vgl. zu diesen Überlegungen *Grolik*, Leichenschau und Leicheneröffnung in rechtsvergleichender Sicht im deutschen Sprachraum, S. 40.

374 Vgl. *Glaeser*, Ärztliche Mitteilungen: deutsches Ärzteblatt 1959, S. 731.

375 Vgl. *Madea*, in: ders., Die ärztliche Leichenschau, S. 3.

376 Siehe Teil II, Titel 11, Abschnitt 6, §§ 474–477 Allgemeines Landrecht für die Preußischen Staaten (ALR) von 1794; zitiert nach *Bernert*, Allgemeines Landrecht für die preußischen Staaten.

377 § 475 ALR: „Solange noch im geringsten zweifelhaft ist: [sic!] ob die angebliche Leiche wirklich todt sey, muss das Zuschlagen des Sarges nicht gestattet werden.“

378 § 477 ALR: „Alle gewaltsamen Todesarten, so wie [sic!] deren bey Besichtigung der Leiche sich ergebende Vermuthungen, muß der Pfarrer der ordentlichen Obrigkeit schleunigst anzeigen, und vor erfolgter Untersuchung weder das Begräbniß noch die Abfuhr gestatten.“

schwächeren Ländern Spanien und der Türkei sowie in Russland ein einheitliches System fehlte.[379] Seiner Zeit voraus war in dieser Hinsicht der Polizeipräsident Berlins, der im Jahr 1835 anordnete, die ärztliche Leichenschau in Zukunft obligatorisch durchzuführen.[380]

Unter den bedeutenden Juristen dieser Zeit haben sich insbesondere *Paul Johann Anselm von Feuerbach*[381] und *Carl Mittermaier*[382] mit dem Leichenschauwesen beschäftigt. *Feuerbach* verwendet den Begriff der (äußeren) Leichenschau[383] als eine spezielle Kategorie der sinnlichen Erkenntnis oder „Occularinspektion"[384] bei Tötungsdelikten und erachtet solche Umstände zugleich als deren wichtigsten Anwendungsfall.[385] Vergleichsweise hohe Anforderungen stellt er an den Kreis der bei der Leichenschau Beteiligten. So sollte die Leichenschau von mindestens einem – beeidigten – Arzt oder Wundarzt im Beisein des Richters, des Actuars (Gerichtsschreibers) und zweier Schöffen durchgeführt werden.[386] *Mittermaier*[387] spricht im Zusammenhang mit dem richterlichen Augenschein von der „Todtenschau".[388] In seinen Ausführungen liefert er eine für die damalige Zeit sehr genaue Beschreibung des Ablaufs der Leichenbesichtigung, der deutlich an die Spurensicherung am Tatort als Teil der polizeilichen Ermittlungen erinnert. So sollte neben der Besichtigung durch einen Sachverständigen immer auch eine durch den Richter selbst erfolgen.[389]

379 So *Groß*, Die Entwicklung der inneren und äußeren Leichenschau in historischer und ethischer Sicht, S. 41 m.w.N.

380 *Dettmeyer/Madea*, Kritische Vierteljahresschrift für Gesetzgebung und Rechtswissenschaft 2004, S. 352.

381 Bedeutender Deutscher Strafrechtler (1775–1833), Begründer einer neuen Strafrechtslehre, der Zwangs- und Abschreckungslehre und Schöpfer des Bayrischen Strafgesetzbuches von 1813.

382 Deutscher Strafjurist (1787–1867), Hochschullehrer, Publizist und Politiker.

383 Die innere Leichenschau bezeichnet er als „Legal-Section", *Feuerbach*, Lehrbuch des gemeinen in Deutschland geltenden peinlichen Rechts, § 628, S. 490.

384 *Feuerbach* versteht dies als eine Möglichkeit der Untersuchung des Tatbestandes, vgl. *Feuerbach*, Lehrbuch des gemeinen in Deutschland geltenden peinlichen Rechts, § 627, S. 490.

385 *Feuerbach*, Lehrbuch des gemeinen in Deutschland geltenden peinlichen Rechts, § 628, S. 490.

386 *Feuerbach*, Lehrbuch des gemeinen in Deutschland geltenden peinlichen Rechts, § 628, S. 491.

387 Umfassend zu den Ausführungen Mittermaiers auch *Grolik*, Leichenschau und Leicheneröffnung in rechtsvergleichender Sicht im deutschen Sprachraum, S. 27 f.

388 *Mittermaier*, Die Lehre vom Beweise im deutschen Strafprozesse, S. 166.

389 *Mittermaier*, Die Lehre vom Beweise im deutschen Strafprozesse, S. 170, 174.

Dabei spielte der Sachverständige wohl nicht die gleiche Rolle wie heute der zur Leichenschau gerufene Arzt. Vielmehr sollte der Richter ihn vorzugsweise nur heranziehen, um sich dasjenige erklären zu lassen, das ihm zuvor selbst an der Leiche auffiel.[390] Nur in Ausnahmefällen sieht *Mittermaier* es als sinnvoll an, wenn der Sachverständige, gegebenenfalls der Arzt,[391] dem Richter die eigene Meinung darlegt und ihn gewissermaßen durch seine Augen sehen lässt.[392] Dies steht im Widerspruch zur heutigen Praxis, die in der StPO normiert ist. So wird die gerichtliche Leichenschau grundsätzlich von einem Staatsanwalt und einem Arzt vorgenommen; nur in Ausnahmefällen wird auf Antrag der Staatsanwaltschaft ein Richter hinzugezogen.[393] Bemerkenswert ist, dass bereits im Sinne eines nicht natürlichen Todes unterschieden wird, „…, ob der Tod durch Selbstmord oder durch [sic!] ein Naturereignis, oder durch Unvorsichtigkeit des Getödteten, oder durch fremde verbrecherische Tätigkeit entstanden ist.".[394]

Auch bei der Reichsgründung 1871 änderte sich zumindest hinsichtlich des Gesetzgebungssystems zunächst nichts an der föderalistischen Struktur, und auch die Regelung der allgemeinen Leichenschau blieb den einzelnen Ländern überlassen.[395] Nachdem sich mit der Zeit eine Trennung von gerichtlicher und ärztlicher Leichenschau entwickelt hatte, sah es danach aus, als ob es doch zu einer gesetzlichen Vereinheitlichung der ärztlichen Leichenschau im Sinne einer Leichenschaupflicht für das gesamte Reich kommen würde. So entstand 1874 im Reichskanzleiamt ein Gesetzesentwurf, der vorsah, in allen Gemeinden mit mehr als 5.000 Einwohnern die reichsweite Pflichtleichenschau einzuführen.[396] Diese Gesetzgebung auf Reichsebene hätte die bis dahin ausschließlich eigenständige Gesetzgebung der einzelnen deutschen Staaten beendet. Auch

---

390 *Mittermaier*, Die Lehre vom Beweise im deutschen Strafprozesse, S. 182.

391 Zu den Sachverständigen äußert sich Mittermaier genauer im darauffolgenden Abschnitt, *Mittermaier*, Die Lehre vom Beweise im deutschen Strafprozesse, S. 181–225.

392 *Mittermaieir*, Die Lehre vom Beweise im deutschen Strafprozesse, S. 183.

393 Siehe § 87 Abs. 1 S. 1 StPO.

394 *Mittermaier*, Die Lehre vom Beweise im deutschen Strafprozesse, S. 175.

395 *Glaeser*, Ärztliche Mitteilungen: deutsches Ärzteblatt 1959, S. 731; Anderes gilt für die gerichtliche Leichenschau, die in der im Zuge der Reichgründung entstandenen Strafprozessordnung von 1873 geregelt wurde. Siehe *Groß*, Die Entwicklung der inneren und äußeren Leichenschau in historischer und ethischer Sicht, S. 25 f. m.w.N.

396 Siehe *Groß*, Die Entwicklung der inneren und äußeren Leichenschau in historischer und ethischer Sicht, S. 37 m.w.N.; *Patschek*, Die Entwicklung der Leichenschau in Deutschland, S. 6.

von nicht staatlicher Seite gab es Bemühungen, dies zu erreichen. Verbände, wie z.B. der Verein der Lebensversicherungsgesellschaften, der 1875 und 1880 Petitionen einreichte, forderten ein solches.[397] Die Petition von 1880 entwirft schon damals ein der heutigen Situation verblüffend ähnliches Szenario der Problematik der ärztlichen Leichenschau. Sie geht ausdrücklich auf die Äußerungen der damaligen Politiker ein und beklagt die immer wieder neuen leeren Versprechungen selbiger.[398] Die Gründe für die Notwendigkeit einer obligatorischen Leichenschau werden detailliert dargelegt und die eingeschlossene Zweckbestimmung der Leichenschau, stimmt erstaunlich weitgehend mit der heutigen überein.[399] Des Weiteren geht die Petition auf die Argumente der Gegner des Vorhabens im Parlament ein und sucht diese zu entkräften.[400]

Im Juli 1876 wurde schließlich – wohl tatsächlich eigens zum Zweck der Ausarbeitung eines solchen Gesetzes – ein neues Amt, das „Reichsgesundheitsamt“, geschaffen.[401] Selbst diese Schritte blieben jedoch ergebnislos. Die Schaffung eines einheitlichen und obligatorischen Leichenschausystems blieb auf halbem Weg stecken, und es lässt sich nur spekulieren, woran genau dies gelegen hat. Denn auch auf Nachfrage der offenbar nicht eingeweihten Abgeordneten des Reichstages hieß es von Seiten des Reichskanzleramtes, in der Person des Präsidenten von Hoffmann, ohne Nennung von Details lediglich, dass der Bundesrat wiederum den Reichstag auffordern wolle, einen Gesetzesentwurf zu erarbeiten.[402] Dieser Gesetzesentwurf entstand aber nicht im Reichstag, sondern wurde 1878 vom Reichsgesundheitsamt veröffentlicht.[403] Und hier zeigt sich, dass die Schwierigkeiten nicht bei den zuständigen Beamten lagen, denn diese taten ihre Arbeit – im Gegensatz zum Reichstag.

---

397 Siehe den Originaltext der Petition, *Mittler, Ernst Siegfried & Sohn* (Hrsg.), Einführung der Obligatorischen Leichenschau im Deutschen Reiche.

398 *Mittler, Ernst Siegfried & Sohn* (Hrsg.), Einführung der Obligatorischen Leichenschau im Deutschen Reiche, S. 3 f.

399 *Mittler, Ernst Siegfried & Sohn* (Hrsg.), Einführung der Obligatorischen Leichenschau im Deutschen Reiche, S. 7–10.

400 *Mittler, Ernst Siegfried & Sohn* (Hrsg.), Einführung der Obligatorischen Leichenschau im Deutschen Reiche, S. 11–13.

401 Vgl. *Walter*, Die Leichenschau und das Sektionswesen, S. 74.

402 Siehe zu den geschilderten Vorgängen ausführlicher *Walter*, Die Leichenschau und das Sektionswesen, S. 74 m.w.N.

403 *Schneller*, Veröffentlichungen auf dem Gebiete der Medizinalverwaltung 1927, S. 757 m.w.N.

Das Ende dieses Anlaufs zur Schaffung eines Leichenschaugesetzes kam am 8. Mai 1878. Reichskanzler Otto von Bismarck äußerte sich in seinem Bericht in dieser Sache an den Bundesrat folgendermaßen: „Die definitive Feststellung eines Gesetzes über die obligatorische Leichenschau ist in den ferneren Stadien auf Schwierigkeiten gestoßen, welche es auch jetzt nicht als möglich erscheinen lassen noch in der gegenwärtigen Session des Reichstages eine entsprechende Vorlage zu machen."[404] Wie die Schwierigkeiten sich im Detail darstellten, ließ der Kanzler offen, und so bleibt nur zu schlussfolgern, dass die Regierung schon damals kein allzu großes Interesse an der tatsächlichen Einführung einer obligatorischen und einheitlichen ärztlichen Leichenschau hatte. Hinzu kam die grobe Fehleinschätzung hinsichtlich der Bedeutung der Leichenschau, die Reichskanzlei und ein Teil der Abgeordneten des Reichstages teilten. Denn obwohl die zuständigen Beamten und Fachleute gehalten waren, die Bedeutung der Leichenschau zu untersuchen und entsprechende Nachweise zusammenzutragen, wurden die – neben der Erstellung einer zuverlässigen Todesursachenstatistik – zu dieser Zeit bedeutendsten Gründe den Entscheidungsträgern nicht bewusst.[405] Nach Ansicht Bismarcks sorge die Leichenschau lediglich für statistisches Material und es lohne sich nicht, dafür Personal zu verschwenden.[406] Allerdings stand zu diesem Zeitpunkt schon eine Menge ausgewertetes statistisches Material zur Verfügung, sodass keine erhebliche Mehrbelastung zu befürchten war.[407] Vor diesem Hintergrund verstärkt die Aussage Bismarcks den Verdacht, dass es sowohl der Regierung als auch den Parlamentariern schlichtweg an Interesse fehlte. In diesem Fall folgte dem Mangel an Interesse symptomatisch ein Mangel an Wissen. Dies könnte ansatzweise erklären, weshalb es trotz eines eigens für die Bewertung der Leichenschau zuständigen Amtes und vorhandener positiver Informationen zu einer so unlogischen Entscheidung wider die Fakten kommen konnte.

---

404 Zitiert nach *Walter*, Die Leichenschau und das Sektionswesen, S. 74; wobei gerade dieses Zitat in der dort zu diesem Abschnitt angegebenen Primärquelle, *Tracinski*, Deutsche Vierteljahrsschrift für öffentliche Gesundheitspflege 1893, S. 1–17, nicht zu finden ist. Dessen Bericht endet mit der Aussage des Reichstagskanzleramts von Hoffmann.

405 Dies waren etwa die Verhinderung von Seuchen durch soziale und individuelle Hygiene, Grundlage für die Ermittlungsarbeit der Polizei und letztlich auch moralische Aspekte; vgl. *Walter*, Die Leichenschau und das Sektionswesen, S. 75.

406 Sinngemäß nach *Walter*, Die Leichenschau und das Sektionswesen, S. 74 m.w.N.

407 Dies bemerkt treffend *Grolik*, Leichenschau und Leicheneröffnung in rechtsvergleichender Sicht im deutschen Sprachraum, S. 37 m.w.N.

Tatsächlich setzten einzelne Behörden einen Schwerpunkt bei der Aufzeichnung von Daten. Ein Schreiben der Direktion des Kaiserlichen Gesundheitsamtes hielt die Obersten Organe der Stadtverwaltungen ausdrücklich an, genaue statistische Erhebungen hinsichtlich des Todes von Bürgern sicherzustellen. Dies geschah in der Absicht, die auch mangels eines generellen Leichenschausystems bestehenden Probleme im Gesundheitswesen des Reiches in Grenzen zu halten.[408]

Die Befürworter, wie *Bernheim*[409] oder die Mitglieder des 28. Deutschen Ärztetages 1900, wurden auch in der folgenden Zeit nicht müde, die Wichtigkeit eines solchen Systems zu betonen.[410] Im Jahr 1901 schließlich fasst der Reichstag auf eine Empfehlung der Kultusminister und der Minister des Inneren[411] doch noch einen Beschluss zur allgemeinen (ärztlichen) Pflichtleichenschau. Allerdings zeigt sich hier erneut der Einfluss des föderalistischen Systems und brachte das endgültige Aus für ein zentral geregeltes Leichenschaugesetz im Kaiserreich. Im Bundesrat verhinderten die Abgeordneten Preußens das Gesetzesvorhaben knapp vor dessen Umsetzung. Begründet wurde dies mit zu hohen Kosten und dem Mangel an für die Vornahme der Leichenschau geeigneten Personen.[412] Preußen sprach sich im Anschluss immerhin für eine Leichenschau überall dort aus, wo sie sich den Umständen nach durchführen ließ.[413] Dies sicherzustellen blieb aber den einzelnen Bundesstaaten überlassen.[414] Bis heute stand eine reichs- bzw. bundesweite gesetzliche Vereinheitlichung der ärztlichen Leichenschau nie wieder so knapp vor der Vollendung.

Zwei bedeutende Änderungen hinsichtlich der ärztlichen Leichenschau wurden in der Zwischenzeit nun doch auf Reichsebene durchgesetzt. Das

---

408 Siehe *Walter*, Die Leichenschau und das Sektionswesen, S. 75 m.w.N.

409 Dieser veröffentlichte 1893 einen neunen Gesetzesentwurf, der aber nicht zur Umsetzung gelangte; vgl. *Schneller*, Veröffentlichungen auf dem Gebiete der Medizinalverwaltung 1927, S. 757 m.w.N.

410 Vgl. *Wagner*, Deutsches Ärzteblatt 1990, S. A 3428; *Glaeser*, Ärztliche Mitteilungen: deutsches Ärzteblatt 1959, S. 73.

411 Vgl. *Schwalbe*, Deutsche Medizinische Wochenschrift 1909, S. 1156.

412 S.; *Glaeser*, Ärztliche Mitteilungen: deutsches Ärzteblatt 1959, S. 731; *Ingelheim genannt Echter von und zu Mespelbrunn*, Zur geschichtlichen Entwicklung der ärztlichen Leichenschaubestimmungen in Deutschland, S. 7 m.w.N.; *Patschek*, Die Entwicklung der Leichenschau in Deutschland, S. 6.

413 Vgl. *Kanne*, Untersuchungen und Gedanken zum Leichenschauwesen in der BRD, S. 8.

414 Vgl. *Ingelheim genannt Echter von und zu Mespelbrunn*, Zur geschichtlichen Entwicklung der ärztlichen Leichenschaubestimmungen in Deutschland, S. 7.

Reichsgesetz über die Beurkundung des Personenstandes[415] änderte die Pflicht der Ausstellung von Totenscheinen dahingehend, dass dies nicht mehr durch Geistliche zu geschehen hatte, die auch für den Eintrag des Sterbefalls in die Kirchenbücher sorgten. Das neue Gesetz legte die Ausstellung der Sterbeurkunden und die Führung eines entsprechenden Registers in die Hände der Standesämter.[416] Ein Reichsgesetz zur Bekämpfung gemeingefährlicher Krankheiten[417] vom 30. Juni 1900[418] regelte das Vorgehen bei Ausbruch einer Seuche auf deutschem Gebiet. In diesen Fällen hatte die jeweils zuständige Behörde die Befugnis, eine obligatorische amtliche Leichenschau durch Ärzte anzuordnen.[419] Im Fall akuter Seuchengefahr konnte die Polizei dann präventive Absperrungs- und Aufsichtsmaßnahmen[420] anordnen; wobei die Anfechtung einer solchen Maßnahme keine aufschiebende Wirkung hatte.[421] Dies zeigt, dass das Ergebnis einer Leichenschau weitreichende Konsequenzen haben und einschneidende Maßnahmen nach sich ziehen konnte. Angesichts der damals latenten Seuchengefahr spielte auch die einzelne Untersuchung eine große Rolle. Mit Blick auf die weiten Spielräume, die das Gesetz den Behörden bei der Vorbeugung und Bekämpfung von Seuchen gibt, scheint das Gefahrenpotential von Epidemien erkannt worden zu sein. Umso mehr verwundert es, dass die Leichenschau an sich, als Grundlage einer umfassenden Überwachung von Seuchen, vernachlässigt wurde.

Trotz regelmäßiger Hinweise und Vorschläge aus Fachkreisen, wie etwa dem von *Robinski*[422] aus dem Jahr 1920, änderte sich an der Situation auch in der

---

415 Reichsgesetz über die Beurkundung des Personenstandes und die Eheschließung vom 6. Februar 1875

416 Vgl. *Kanne*, Untersuchungen und Gedanken zum Leichenschauwesen in der BRD, S. 7.

417 Laut *Grolik*, Leichenschau und Leicheneröffnung in rechtsvergleichender Sicht im deutschen Sprachraum, S. 37: Aussatz, Milzbrand, Rotz, Cholera asiatica, Flecktyphus, Gelbfieber, Pest, Ruhr und Pocken.

418 Gesetz betreffend der Bekämpfung gemeingefährlicher Krankheiten (Reichsseuchengesetz) vom 30.06.1900.

419 Siehe § 10 Reichsseuchengesetz, zitiert nach *Kotze*, Reichsseuchengesetz; vgl. auch *Kanne*, Untersuchungen und Gedanken zum Leichenschauwesen in der BRD, S. 7 m.w.N.

420 Nach den §§ 12–21 Reichsseuchengesetz.

421 Siehe § 11 Reichsseuchengesetz.

422 Siehe *Groß*, Die Entwicklung der inneren und äußeren Leichenschau in historischer und ethischer Sicht, S. 40.

Weimarer Republik nichts Wesentliches.[423] Dies lag auch daran, dass der erste Weltkrieg in diesen Zeitraum fällt. In der Praxis wurde die Leichenschau in Kriegszeiten ganz oder teilweise eingestellt, da die Ärzte sich zuallererst um die (noch) Lebenden kümmerten.[424]

Zu Beginn des Dritten Reiches beschränkt sich die deutschlandweite staatliche Regelung der Leichenschau trotz der vielversprechenden Bezeichnung der „Durchführungsverordnung über die Vereinheitlichung des Gesundheitswesens“[425] auf Dienstanweisungen für die Gesundheitsämter. Demnach obliegt es diesen, in Gebieten, die nicht aufgrund landeseigener Bestimmungen der Leichenschau unterliegen, für die Ausbildung und Beaufsichtigung von Leichenschauern zu sorgen.[426] Außerdem sollte darauf geachtet werden, dass – bei Bedarf – nach Möglichkeit die Leichenschau überall und möglichst von Ärzten ausgeführt wird.[427] Durch diese Formulierung wird einer folgenlosen Missachtung Tür und Tor geöffnet, und so verwundert es nicht, dass die Anweisungen besonders in den Ländern, in denen die ärztliche Leichenschau noch nicht gesetzlich vorgeschrieben ist, nur selten umgesetzt werden.[428] Noch für das Jahr 1935 konstatiert *Peterßen* die Uneinheitlichkeit der Gesetzeslage im Deutschen Reich hinsichtlich der Leichenschau, wobei nicht einmal darüber Einigkeit herrschte, ob diese gegebenenfalls zwingend durch Ärzte durchzuführen sei.[429] Einzig in dem Fall, dass jemand aktiv die Hilfe eines rechtsmedizinischen Experten suchte, war es wesentlich einfacher, einen solchen heranzuziehen; er war nie weiter entfernt als das nächste Gesundheitsamt. Insofern bedeuten die derzeitigen Regelungen zur rechtsmedizinischen Grundversorgung sogar einen Rückschritt; heute bedarf es eines erheblichen zeitlichen und finanziellen Aufwandes, einen ausgebildeten Rechtsmediziner zu konsultieren.[430] In der

---

423 Vgl. etwa *Groß*, Die Entwicklung der inneren und äußeren Leichenschau in historischer und ethischer Sicht, S. 40 f. m.w.N. und *Glaeser*, Ärztliche Mitteilungen: deutsches Ärzteblatt 1959, S. 731.

424 So auch *Patschek*, Die Entwicklung der Leichenschau in Deutschland, S. 9.

425 *Kanne*, Untersuchungen und Gedanken zum Leichenschauwesen in der BRD, S. 12.

426 *Patschek*, Die Entwicklung der Leichenschau in Deutschland, S. 13 f.

427 Vgl. *Kanne*, Untersuchungen und Gedanken zum Leichenschauwesen in der BRD, S. 12.

428 Vgl. dazu *Kanne*, Untersuchungen und Gedanken zum Leichenschauwesen in der BRD, S. 12 m.w.N.

429 *Peterßen*, Die Reform des Leichenschau- und Sektionsrechts, S. 1.

430 Diese Einschätzung der historischen Fakten und den Vergleich mit der heutigen Situation nimmt *Birkholz*, Kriminalistik 2006, S. 223, vor.

Folgezeit sorgte der zweite Weltkrieg dafür, dass die Leichenschau-Problematik Nebensache wurde.

Da im Rahmen der Entstehung der Bundesrepublik Deutschland im Jahr 1949 auch einige Bundesländer neu gegründet wurden, zugleich aber die Gesetzeskompetenz der Länder für die ärztliche Leichenschau beibehalten wurde, war die rechtliche Situation noch verworrener als vor dem Krieg.[431] In einigen Bundesländern galt für eine gewisse Zeit eine Regelung, wonach die Leichenschau nur von speziell beauftragten Leichenschauärzten durchgeführt werden durfte. Diese waren meist Amtsärzte, die zwar über eine gewisse Distanz zum Toten verfügten, was die Untersuchungen vor Ort gegenüber den Angehörigen oftmals erleichterte. Allerdings kannten sie aus diesem Grund in aller Regel nicht die Krankengeschichte des Verstorbenen. Folglich waren die bei der Leichenschau erhobenen und für die Todesursachenstatistik wichtigen Daten unzureichend. Aus diesem Grund ging man dazu über, die Allgemeinärzte für die Leichenschau zu verpflichten.[432] Die – wenn auch durch uneinheitliche Gesetzgebung herbeigeführte – obligatorische ärztliche Leichenschau im gesamten Bundesgebiet gibt es, obwohl schon früh gefordert,[433] erst seit 1977.[434] Problematisch und unsicher war auch die rechtliche Lage zu Beginn der 1990er Jahre nach dem Anschluss der Deutschen Demokratischen Republik an die Bundesrepublik Deutschland. Zum einen stellte sich teilweise die Frage nach der Gültigkeit insbesondere alter Regelungen der DDR, zum anderen fehlten in einigen Bereichen klare rechtliche Vorgaben.[435]

---

431 Ähnlich *Groß*, Die Entwicklung der inneren und äußeren Leichenschau in historischer und ethischer Sicht, S. 41.

432 *Kühn*, Zur medizinischen und rechtlichen Problematik im Umgang mit Todesbescheinigungen in Schleswig-Holstein, S. 16 f., der wiederum auf *Leithoff/Endris/Klaiber*, Lebensversicherungsmedizin: Zeitschrift für Diagnose u. Prognose 1984, verweist, allerdings ohne Seitenzahlen zu nennen.

433 Vgl. etwa *Puppe*, Deutsche Medizinische Wochenschrift 1920, S. 385.

434 So *Dettmeyer/Madea*, Kritische Vierteljahresschrift für Gesetzgebung und Rechtswissenschaft 2004, S. 352.

435 Ausführlicher dazu etwa *Giebe*, Ärzteblatt Thüringen 1992, S. 96–99.

Kapitel 4: Stand der gesetzlichen Regelungen nach dem zweiten Weltkrieg

Über das Friedhofs- und Bestattungswesen gab es in Deutschland zu keiner Zeit einheitliche, umfassende staatliche Vorschriften bzw. Rechtsquellen.[436] Bis heute liegt auch das gesamte Leichenschauwesen der Bundesrepublik Deutschland in der Gesetzgebungskompetenz der Länder.[437] Somit unterliegt auch die ärztliche Leichenschau der ausschließlichen Landesgesetzgebung, deren Rechtsgrundlage Art. 70 Abs. 1 des Grundgesetzes[438] darstellt.[439] Die rechtliche Einordnung der Tätigkeit des Arztes bei der Leichenschau ist bisher nur wenig erörtert worden; vergleichsweise ausführliche Überlegungen diesbezüglich stellt *Sachse* an.[440] Das Leichen- und Bestattungswesen werde als Teil der öffentlichen Daseinsvorsorge angesehen; die Leichenschau selbst sei vom Bestattungswesen sachlich nicht trennbar und gehöre zur öffentlichen Gesundheitspflege.[441] Einer weiteren Unterteilung folgend ordnet *Sachse* das Leichenwesen an sich dem besonderen Ordnungsrecht als Teil der Überwachungsverwaltung zu. Demnach handle es sich bei dieser Tätigkeit um eine öffentlich-rechtliche hoheitliche Aufgabe, die zwar zumeist vom öffentlichen Recht postuliert und durchgeführt, grundsätzlich aber durch privatrechtlichen

---

436 *Menzel/Hamacher*, Gesetz über das Friedhofs- und Bestattungswesen (Bestattungsgesetz BestG NRW), Einführung, S. 12.

437 *Madea* et al., in: Madea, Die ärztliche Leichenschau, S. 23; *Heberer*, in: ders., Arzt und Recht, S. 421; *Bahner*, Recht im Bereitschaftsdienst, S. 194 f.; *Brauer*, in: Gerke – StPO, § 87, Rn. 3; *Wirth* (Hrsg.), Kriminalistik-Lexikon, S. 371 *Thier/Tag*, in: Groß/Glahn/Tag, Die Leiche als Memento mori, S. 103 m.w.N.; *Theuner*, Die ärztliche Schweigepflicht im Strafrecht, S. 211; *Scheiper/Untze* (Hrsg.), Brandenburgisches Bestattungsgesetz, S. 40; *Dettmeyer*, in: Brinkmann, Leichenschau, S. 21.

438 Grundgesetz für die Bundesrepublik Deutschland (GG) vom 23.05.1949.

439 Ebenso *Zimmermann*, in: Bernsmann/Fischer, Festschrift für Ruth Rissing-van Saan zum 65. Geburtstag am 25. Januar 2011, S. 808, der auch sporadische Meinungen erwähnt, die von konkurrierender Gesetzgebung nach Art. 72, 74 GG ausgehen.

440 Diese Überlegungen beziehen sich allerdings nicht speziell auf die ärztliche Leichenschau; er unterscheidet zwischen den verschiedenen Formen der Leichenschau – sofern er die einzelnen nicht ausdrücklich bezeichnet – nur anhand ihrer jeweiligen gesetzlichen Regelungen, *Sachse*, StAZ – Das Standesamt 1989, S. 220.

441 *Sachse*, StAZ – Das Standesamt 1989, S. 219 m.w.N.

Auftrag einer verpflichteten Privatperson[442] veranlasst wird.[443] Nach *Sachse* könne wie folgt unterteilt werden, wobei darin die „Zweistufigkeitstheorie" wiedererkennbar sei:[444]

- Todesfeststellung aufgrund der Beurkundungsanforderung und als Voraussetzung für eine Bestattung,[445]
- Zu diesem Zweck ordnungsrechtliche Eingriffsbefugnisse,[446]
- Pflicht zur Anzeige bei Hinweisen auf einen nicht natürlichen Tod,[447]
- Anzeigepflichten gem. Infektionsschutzgesetz,[448]
- Sanktionierung von Verstößen gegen die Verpflichtungen bei der Leichenschau durch Straf- und Ordnungswidrigkeitenrecht,[449]
- Kennzeichnung des Auftragsverhältnisses durch privatrechtliche Grundsätze, aber durch Subordination geprägt,
- Abrechnung auf privatrechtlicher Basis.[450]

Dieser Vergleich erscheint jedoch insofern fraglich, als die Zwei-Stufen-Theorie grundsätzlich zur Feststellung der Rechtsnatur eines Rechtsverhältnisses

---

442 *Sachse*, StAZ – Das Standesamt 1989, S. 220; siehe auch unten Teil 1, Kapitel 5, I., 1., S. 70–72.

443 Siehe auch *Peschel/Penning*, in: Madler et al., Das NAW-Buch, S. 378; *Husvogt*, Bestattungsgesetz Schleswig-Holstein, S. 64 f. Dies ist die grundsätzliche Form der Veranlassung; anders sind beispielsweise der Fälle gelagert, in denen eine Person zur Veranlassung verpflichtet ist, die im Zuge ihrer hoheitlichen Aufgaben handelt; etwa der Leiter einer öffentlichen Einrichtung; beispielhaft für das Land Schleswig-Holstein *Husvogt*, Bestattungsgesetz Schleswig-Holstein, S. 68 f. Ebenso wenn die Polizei eine leblose Person vorfindet, oder sich der Todesfall in der Öffentlichkeit ereignet; dann haben die Beamten bzw. die zuständige Ordnungsbehörde die Leichenschau zu veranlassen; beispielhaft für des Land Brandenburg *Untze*, in: Scheiper – BbgBestG, § 4, S. 46 f. Der gerichtlichen und der Feuerbestattungsleichenschau geht ebenfalls keine privatrechtliche Aufforderung voraus, § 87 Abs. 1 StPO und beispielsweise § 15 Abs. 1 BestG NRW; siehe dazu auch oben Teil 1, Kapitel 1, II., 2., b), S. 10 f. sowie unten Teil 1, Kapitel 1, II., 1., c), S. 8 f. Zur Veranlassung der Leichenschau insgesamt unten Teil 1, Kapitel 5, I., 1., S. 70–72.

444 *Sachse*, StAZ – Das Standesamt 1989, S. 221, der den Vergleich der oben aufgeführten Punkte mit der Zweistufigkeitstheorie allerdings nicht näher erläutert.

445 Siehe dazu unten Teil 1, Kapitel 5, I., 3., S. 80 f.

446 Siehe dazu unten Teil 1, Kapitel 4, I., S. 57.

447 Siehe dazu unten Teil 1, Kapitel 5, I., 4., S. 88.

448 Siehe dazu unten Teil 1, Kapitel 5, I., 4., S. 88 f.

449 Siehe dazu unten Teil 1, Kapitel 5, II., S. 90–102.

450 Siehe dazu unten Teil 1, Kapitel 5, I., 5., S. 89 f.

unter der Voraussetzung dient, dass ein zweistufiges Leistungsverhältnis vorliegt; innerhalb der Leistungsverwaltung wird zwischen zwei Verfahrensabschnitten, dem „Ob" der Verwaltungsentscheidung und dem „Wie" bezüglich der Abwicklung des so begründeten Rechtsverhältnisses unterschieden.[451] Bei der ärztlichen Leichenschau erfolgt jedoch keine Leistung an den Arzt, sondern dieser wird einseitig verpflichtet. Zudem hängt hier das „Ob" der Tätigkeit auch von der privaten Aufforderung der zur Veranlassung verpflichteten Person ab; denn der Arzt muss nur dann tätig werden, wenn diese Aufforderung tatsächlich ergeht.[452] Dem könnte entgegengehalten werden, dass aus rechtlicher Sicht die Leichenschau auf jeden Fall stattzufinden hat; in letzter Konsequenz ist von Gesetzes wegen ein Arzt der zuständigen unteren Gesundheitsbehörde, ohne Aufforderung durch eine Privatperson, zur Vornahme verpflichtet.[453] Von diesem Standpunkt aus bestünde jedoch von vornherein keine Vergleichsmöglichkeit, da die Frage nach dem „Ob" sich gar nicht stellen würde. Darüber hinaus ist im Falle der Leichenschau aber auch gerade das „Wie" durch die gesetzliche Regelung bestimmt, „durch einen privatrechtlichen Auftrag eines Verpflichteten ausgelöst, aber nach öffentlich-rechtlichen Regeln verwirklicht".[454] Auch insofern wird nicht klar, ob eine Differenzierung von Regelungen der ärztlichen Leichenschau im Sinne der Zweistufigkeitstheorie überhaupt stattfinden kann. Dies setzt nämlich voraus, dass die Möglichkeit einer privatrechtlichen Ausgestaltung überhaupt besteht. Allenfalls die privatrechtliche Abrechnung der ärztlichen Leichenschau passt dabei ins Bild, wobei es sich strenggenommen nicht um die Abwicklung einer Leistungsgewährung der öffentlichen Hand handelt. Man könnte dem Arzt selbst insofern hoheitliche Rechte zusprechen, als in manchen Landesgesetzen ein Betretungsrecht normiert ist;[455] ausdrückliche Regelungen zur Unterbindung entsprechender Störungen existieren jedoch nicht. Es bliebe lediglich eine Konstruktion, die die gesamte Leichenschau als hoheitliche Gewaltausübung ansieht und daraus ein Recht des Arztes zur Abwehr störender Eingriffe Dritter ableitet. Mit Blick auf den Vorbehalt des Gesetzes kann dies jedoch nicht überzeugen. Letztlich

451 *Sodan*, in: Sodan/Ziekow – VwGO, § 40, Rn. 327, regelmäßig ist die Entscheidung auf der ersten Stufe dem öffentlichen Recht, die Ausgestaltung auf der zweiten Stufe dem Privatrecht zuzurechnen.
452 Siehe stellvertretend Art. 2 BestG.
453 Vgl. etwa § 9 Abs. 3 S. 2 BestG NRW.
454 Wie *Sachse* selbst feststellt, *Sachse*, StAZ – Das Standesamt 1989, S. 220.
455 Beispielsweise aus Art. 3 Abs. 1 BestG Bayern.

handelt er auf der Grundlage eines privatrechtlichen Vertrages,[456] denn die ärztliche Leichenschau wird prinzipiell nicht vom Amtsarzt vorgenommen und stellt somit keine hoheitliche Tätigkeit dar, sodass zwischen den Beteiligten auch keine öffentlich-rechtliche Beziehung entsteht.[457] An dieser Stelle greift auch die Argumentation von *Klingshirn*, demzufolge allein aus dem Umstand, dass die Pflichten zu Veranlassung und Vornahme der ärztlichen Leichenschau öffentlich-rechtlich seien, nicht gefolgert werden könne, dass die Tätigkeit selbst öffentlich-rechtlicher Natur sei – diese bleibe rein privatrechtlich.[458] Zusammenfassend kann festgehalten werden, dass bei der rechtlichen Einordnung der ärztlichen Leichenschau lediglich der Grundgedanke der Zwei-Stufen-Theorie – ein einheitlicher Lebensvorgang könne sowohl privatrechtliche als auch öffentlich-rechtliche Bestandteile enthalten – zum Tragen kommt,[459] für die rechtlichen Konsequenzen der Rechtsnatur als solcher jedoch die privatrechtliche Seite größere Relevanz besitzt.

I. Bundesebene

1. Die Regelungen der StPO

In der StPO ist lediglich die gerichtliche Leichenschau geregelt. Konkretisiert werden die Ausführungen in der StPO durch die Richtlinien für das Strafverfahren und das Bußgeldverfahren.[460] Wegen des engen Zusammenhangs mit der ärztlichen Leichenschau wird zunächst kurz auf die gerichtliche Leichenschau eingegangen. Die eigentliche Befugnis zu Leichenschau und -öffnung ergibt sich aus den §§ 159, 160 Abs. 1 StPO, während § 87 StPO den Ablauf bestimmt.[461] Zur Einschaltung der Staatsanwaltschaft sind nach § 159 Abs. 1 StPO nur die Polizei- und Gemeindebehörden verpflichtet.[462] Die rechtliche Forderung nach

456 Mit Ausnahme der amtsärztlichen Leichenschau, die vorgesehen ist wenn tatsächlich kein anderer Arzt erreichbar oder abkömmlich ist. So i.E. auch *Klingshirn*, Bestattungsrecht in Bayern, Erläuterungsteil II, S. 5 f.

457 *Bartsch/Fischer/Zollinger*, in: Madea, Die ärztliche Leichenschau, S. 162.

458 *Klingshirn*, Bestattungsrecht in Bayern, Erläuterungsteil II, S. 5 f., der in der ärztlichen Leichenschau eine rein privatrechtliche Tätigkeit sieht.

459 *Alpmann-Pieper* et al. (Hrsg.), Alpmann Brockhaus, S. 1441.

460 (RiStBV), vom 1. Januar 1977, geändert mit Wirkung vom 1. Januar 2008.

461 *Pfeiffer*, Strafprozessordnung, § 87, Rn. 1.

462 Zu beachten gilt hier, dass solche kommunalen Krankenhäuser, die in den Organisationsbereich der Gemeindebehörden fallen und die Gemeinden entsprechend vertreten, vom Behördenbegriff des § 159 Abs. 1 StPO erfasst werden; folglich gilt dessen Anzeigepflicht ggf. auch für die Leitung solcher Krankenhäuser,

einer solchen Regelung gründet auf dem Menschenwürdeprinzip aus Art. 1 Abs. 1 GG sowie dem Totensorgerecht aus Art. 2 Abs. 1 GG.[463] Das Totensorgerecht der nächsten Angehörigen ist inzwischen auch gewohnheitsrechtlich anerkannt.[464]

Entschließt sich die Staatsanwaltschaft aufgrund eines Anfangsverdachts, „wenn eine Straftat als Todesursache nicht von vornherein ausgeschlossen werden kann",[465] weitere Untersuchungen einzuleiten, so erfolgt zunächst eine äußere Betrachtung des toten Körpers: die gerichtliche Leichenschau.[466] Bei dieser *äußeren* Leichenschau auf Geheiß der Staatsanwaltschaft handelt es sich – anders als wenn diese gem. § 87 Abs. 1 S. 1 Alt. 2 StPO durch den Richter erfolgt –[467] ausdrücklich nicht um „die Einnahme eines richterlichen Augenscheins" i.S.d. § 86 StPO.[468] Wenn es sich realisieren lässt, sollte die gerichtliche Leichenschau (wie schon die ärztliche) ebenfalls noch am Fundort der Leiche – und damit am möglichen Tatort –, jedenfalls aber möglichst zeitnah, durchgeführt werden.[469] Die staatsanwaltliche Leichenschau wird in der Regel von erfahrenen Kriminalbeamten übernommen.[470] Das ist rechtlich zulässig, da § 161 StPO die Staatsanwaltschaft ermächtigt, „zu dem in § 160 Abs. 1 bis 3 bezeichneten Zweck …, von allen Behörden Auskunft zu verlangen und Ermittlungen jeder Art entweder selbst vorzunehmen oder durch die Behörden und Beamten des Polizeidienstes vornehmen zu lassen, soweit nicht andere gesetzliche Vorschriften ihre Befugnisse gesondert regeln".[471] Sollte ein Arzt hinzugezogen werden, so nimmt er als Sachverständiger teil, muss dies im Falle

---

vgl. *Kölbel/Ibold*, in: Münchener Kommentar – StPO, § 159, Rn. 8; ausführlich dazu *Parzeller*, Sports Orthopaedics and Traumatology Sport-Orthopädie – Sport-Traumatologie 2003, S. 53 f.

463 *Neuhaus*, in: Dölling/Duttge – Gesamtes Strafrecht, § 87 StPO, Rn. 1.

464 *Weidlich*, in: Palandt – BGB, § 1922, Einl. vor § 1922, Rn. 9, 10.

465 Nr. 33 Abs. 1 S. 2 RiStBV; *Eisenberg*, Beweisrecht der StPO, S. 855, Rn. 1945.

466 *Meyer-Goßner/Schmitt*, Strafprozessordnung, § 87, Rn. 2–5; siehe zur Definition der gerichtlichen Leichenschau auch oben Teil. 1; Kapitel 1, II., 1., b), S. 7 f.

467 *Eisenberg*, Beweisrecht der StPO, S. 855, Rn. 1947 f.

468 *Eisenberg*, Beweisrecht der StPO, S. 962, Rn. 1947; *Krause*, in: Löwe-Rosenberg – StPO, § 87, Rn. 8.

469 Siehe Nr. 33 Abs. 1 S. 3 RiStBV; *Eisenberg*, Beweisrecht der StPO, S. 960, Rn. 1946.

470 Vgl. *Lukaschewski*, Kompendium der Kriminalistik, S. 197.

471 § 161 Abs. 1 StPO; siehe dazu auch Nr. 33, Abs. 4 RiStBV; ähnlich *Eisenberg*, Beweisrecht der StPO, S. 962, Rn. 1947.

der äußeren Leichenschau nicht zwingend ein Amtsarzt oder Rechtsmediziner sein;[472] dies wird zum Teil kritisch gesehen.[473]

Eine Leichen*öffnung* wird erforderlich, wenn Todesursache oder -zeit noch nicht festgestellt werden können und weiterhin Fremdverschulden in Betracht kommt.[474] An dieser Stelle kommt erneut das dem Menschenwürdeprinzip und dem Totensorgerecht entspringende Erforderlichkeitskriterium zum Tragen, insofern als die Eröffnung der Leiche geeignet, erforderlich und angemessen sein muss. Beide Untersuchungen, äußere und innere Leichenschau, sind jeweils unverzüglich vorzunehmen, um dem Verlust von Spuren vorzubeugen und damit die Reliabilität der Feststellungen über die Todesursache zu erhalten.[475] Gem. § 87 Abs. 2 StPO muss eine gerichtliche Leichenöffnung von zwei Ärzte durchgeführt werden, von denen einer Gerichtsarzt oder Leiter eines rechtsmedizinischen Instituts (nicht jedoch Abteilungen für Pathologie öffentlicher Krankenanstalten) oder dessen Beauftragter sein muss.[476] Der Antrag des Staatsanwalts auf die Teilnahme eines Richters ist sowohl in Bezug auf die Leichenschau als auch die -öffnung für die Fälle gedacht, in denen besondere Gründe vorliegen, etwa die Bedeutung der Sache oder die Einführung der richterlichen Inaugenscheinnahme in einem späteren Strafverfahren durch Verlesung der entsprechenden Niederschrift gem. § 249 StPO.[477]

2. Die Regelungen des Personenstandsgesetzes[478]

Im PStG sind hinsichtlich der ärztlichen Leichenschau die Teile der Kapitel 6 und 7 relevant, welche die Anzeige von Sterbefällen in verschiedenen Situationen festlegen. Die Verordnung zur Ausführung des Personenstandsgesetzes

472 *Eisenberg*, Beweisrecht der StPO, S. 963, Rn. 1948.

473 Vgl. *Geerds*, ArchKrim – Archiv für Kriminologie 1997, S. 49 f.

474 *Eisenberg*, Beweisrecht der StPO, S. 963, Rn. 1950; vgl. auch BVerfG, NJW – Neue Juristische Wochenschrift 1994, 783; ausführlicher zu Voraussetzungen, Durchführung und möglichen Fehlerquellen der gerichtlichen Leichenöffnung *Geerds*, ArchKrim – Archiv für Kriminologie 1997, S. 75–84.

475 Siehe Nr. 36 Abs. 2 RiStBV; *Geerds*, ArchKrim – Archiv für Kriminologie 1997, S. 49.

476 *Eisenberg*, Beweisrecht der StPO, S. 965, Rn. 1953.

477 Siehe Nr. 33 Abs. 3 S. 2 RiStBV; vgl. *Geerds*, ArchKrim – Archiv für Kriminologie 1997, S. 49. Die Teilnahme zur Erlangung eines Protokolls gem. § 249 Abs. 1 S. 2 StPO ist allerdings strittig, siehe etwa die a.A. bei *Eisenberg*, Beweisrecht der StPO, S. 966, Rn. 1955.

478 Das Personenstandsgesetz (PStG) vom 19. Februar 2007.

regelt, angelehnt an die Unterteilung des PStG, in den Kapiteln 6 und 7 ebenfalls die jeweiligen Details.

3. Gesetz über die Feuerbestattung

In Deutschland wurde die Feuerbestattung erst einige Zeit nach Leichenschau und Leicheneröffnung eingeführt; zuvor war sie sogar verboten. Den Anfang machte Württemberg im Jahr 1921 durch einen Beschluss des Ministers des Inneren, der eine freiwillige Feuerbestattung nach Durchführung der Leichenschau durch den Amtsarzt vorsah.[479]

Schließlich wurde die Feuerbestattung für die Weimarer Republik einheitlich durch das Gesetz über die Feuerbestattung (FBG) vom 15.Mai 1934 (RGBl. I S. 380) und die Durchführungsverordnung vom 26. Juni 1934 (RGBl. I S. 519) und vom 10. August 1938 (RGBl. I S. 1000) geregelt. Nach dem Zweiten Weltkrieg und dem Inkrafttreten des Grundgesetzes gilt es gem. Art. 123 Abs. 1 GG als Landesrecht fort, soweit es nicht in anschließend entstandenem Landesrecht aufgegangen oder durch differierendes Recht geändert worden ist.[480] Inzwischen haben nach und nach alle Bundesländer ihr Bestattungs-, Leichenschau- und Friedhofswesen unter Aufnahme der Feuerbestattung neu geregelt und im Zuge dessen das Reichsgesetz aufgehoben.[481]

II. Landesebene

Alle 16 Bundesländer haben in ihren jeweiligen Gesetzen zum gesamten Leichenwesen auch Regelungen zur ärztlichen Leichenschau getroffen. Darüber hinaus wurden in einigen Ländern noch spezielle Durchführungsverordnungen erlassen.

1. Baden-Württemberg

Gesetz über das Friedhofs- und Leichenwesen Baden-Württemberg (BestattG BW) vom 21. Juli 1970 (GBl. S. 395), zuletzt mehrfach geändert durch Gesetz

---

479 *Walter*, Die Leichenschau und das Sektionswesen, S. 80 f.

480 *Ulsenheimer*, in: Laufs/Kern/Rehborn, Handbuch des Arztrechts, § 134, Rn. 23, dort jedoch mit fehlerhaftem Verweis auf das „RGBl 1938 I, 519"; siehe außerdem zur Fortgeltung vorkonstitutionellen Rechts gem. Art. 123 GG: *Wittreck*, in: Dreier – GG Bd. III, Art. 123, Rn. 19–36.

481 Beispiele: § 31 Nr. 2 FBG Hessen; § 21 Abs. 1 Nr. 1 BestattG Niedersachsen. *Madea/Grellner*, in: Madea, Die ärztliche Leichenschau, S. 166; eine Übersicht zu den entsprechenden rechtlichen Regelungen bieten *Teichert-Bartehl/Wilhelms*, in: Madea, Die ärztliche Leichenschau, S. 210–213.

vom 1. April 2014 (GBl. S. 93). Die Leichenschau ist in §§ 20 ff. BestattG BW geregelt.

Sowie die Verordnung des Sozialministeriums zur Durchführung des Bestattungsgesetzes Baden-Württemberg (BestattVO BW) vom 13. Mai 2015 (GBl. S. 348), in der ursprünglichen Fassung.

2. Bayern

Bestattungsgesetz Bayern (BestG Bayern) vom 1. Januar 1971 (GVBl. S. 417), zuletzt geändert durch § 1 des Gesetzes zur Bekämpfung ausbeuterischer Kinderarbeit bei der Grabsteinherstellung vom 2. August 2016 (GVBl. S. 246). Die Leichenschau ist in Art. 2 ff. BestG Bayern geregelt.

Sowie die Verordnung zur Durchführung des Bestattungsgesetzes Bayern (BestV Bayern) vom 1. März 2001 (GVBl. S. 92, ber. S. 190), zuletzt geändert durch § 1 Nr. 168 V zur Anpassung des Landesrechts an die geltende Geschäftsverteilung vom 22. Juli 2014 (GVBl. S. 286).

3. Berlin

Gesetz über das Leichen- und Bestattungswesen Berlin (BestG Berlin) vom 2. November 1973 (GVBl. S. 1830), zuletzt geändert durch Artikel X des Gesetzes zur Regelung von Partizipation und Integration in Berlin vom 15. Dezember 2010 (GVBl. S. 560). Die Leichenschau ist in §§ 3 ff. BestG Berlin geregelt.

Sowie die Verordnung zur Durchführung des Bestattungsgesetzes Berlin (BestattGDV Berlin) vom 22. Oktober 1980 (GVBl. S. 2403), zuletzt geändert durch § 5 der Anlagen 1 und 2 neu gefasst durch Verordnung vom 12. Januar 2016 (GVBl. S. 12).

4. Brandenburg

Gesetz über das Leichen-, Bestattungs- und Friedhofswesen im Land Brandenburg (BbgBestG) vom 7. November 2001 (GVBl. I Nr. 16, S. 226), zuletzt geändert durch Artikel 17 des Gesetzes vom 13. März 2012 (GVBl. I Nr. 16). Die Leichenschau ist in §§ 4 ff. BbgBestG geregelt.

5. Bremen

Leichenwesengesetz Bremen (LeichenG Bremen) vom 1. August 2017 (Brem. GBl. S. 210), in der Fassung vom 1. August 2017. Die Leichenschau ist in §§ 3 ff. LeichenG Bremen geregelt.

6. Hamburg

Gesetz über das Leichen-, Bestattungs- und Friedhofswesen Hamburg (BestG Hamburg) vom 14. September 1988 (HmbGVBl. S. 167), zuletzt § 20 geändert durch Artikel 3 des Gesetzes vom 15. Dezember 2009 (HmbGVBl. S. 444, 445). Die Leichenschau ist in §§ 1 ff. BestattG Hamburg geregelt.

Sowie die Verordnung zur Durchführung des Bestattungsgesetzes Hamburg (BestattGDV Hamburg) vom 20. Dezember 1988 (HmbGVBl. S. 303), zuletzt geändert durch §§ 2, 7, 8, 9, 10, 11 der Verordnung vom 12. Oktober 2004 (HmbGVBl. S. 379).

7. Hessen

Friedhofs- und Bestattungsgesetz Hessen (FBG Hessen) vom 5. Juli 2007 (GVBl. I S. 338), zuletzt geändert durch Gesetz vom 2. Februar 2013 (GVBl. I S. 42). Die Leichenschau ist in §§ 10 ff. FBG Hessen geregelt.

8. Mecklenburg-Vorpommern

Gesetz über das Leichen-, Bestattungs- und Friedhofswesen im Land Mecklenburg-Vorpommern (BestattG M-V) vom 3. Juli 1998 (GVOBl. M-V S. 617), zuletzt § 11 geändert durch Artikel 2 Abs. 2 des Gesetzes vom 1. Dezember 2008 (GVOBl. M-V S. 461). Die Leichenschau ist in §§ 3 ff. geregelt.

9. Niedersachsen

Gesetz über das Leichen-, Bestattungs- und Friedhofswesen Niedersachsen (BestattG Niedersachsen) vom 8. Dezember 2005 (Nds. GVBl. S. 381), vom 8. Dezember 2005 (Nds. GVBl. S. 381). Die Leichenschau ist in §§ 3 ff. geregelt.

10. Nordrhein-Westfalen

Gesetz über das Friedhofs- und Bestattungswesen Nordrhein-Westfalen (BestG NRW) vom 17. Juni 2003 (GV. NRW S. 313), zuletzt geändert durch Gesetz vom 9. Juli 2014 (GV. NRW. S. 405). Die Leichenschau ist in § 9 geregelt.

11. Rheinland-Pfalz

Gesetz über das Friedhofs- und Bestattungswesen Nordrhein-Westfalen (BestG NRW) vom 17. Juni 2003 (GV. NRW S. 313), zuletzt geändert durch Gesetz vom 9. Juli 2014 (GV. NRW. S. 405). Die Leichenschau ist in §§ 11 f. geregelt.

Landesverordnung zur Durchführung des Bestattungsgesetzes Rheinland-Pfalz (BestattGDV Rheinland-Pfalz) vom 20. Juni 1983 (GVBl. S. 133), zuletzt geändert durch Artikel 6 des Gesetzes vom 8. Mai 2002 (GVBl. S. 177).

12. Saarland

Gesetz über das Friedhofs-, Bestattungs- und Leichenwesen des Saarlandes (BestattG Saarland) vom 5. November 2003 (Amtsbl. S. 2920), zuletzt geändert durch das Gesetz vom 15. März 2017 (Amtsbl. I S. 476). Die Leichenschau ist in §§ 12 ff. geregelt.

Sowie die Verordnung zur Durchführung des Gesetzes über das Friedhofs-, Bestattungs- und Leichenwesen Saarland (BestattVO Saarland) vom 20. April 2004 (Amtsbl. S. 902), zuletzt geändert durch die Verordnung vom 13. Juni 2016 (Amtsbl. I S. 418).

13. Sachsen

Sächsisches Gesetz über das Friedhofs-, Leichen- und Bestattungswesen (SächsBestG) vom 8. Juli 1994 (SächsGVBl. S. 1321), zuletzt geändert durch Artikel 8 des Gesetzes vom 13. Dezember 2012 (SächsGVBl. S. 725, 731). Die Leichenschau ist in §§ 11 ff. geregelt.

14. Sachsen-Anhalt

Bestattungsgesetz des Landes Sachsen-Anhalt (BestattG LSA) vom 5. Februar 2002 (GVBl. S. 46), zuletzt § 4 geändert durch § 37 Abs. 1 des Gesetzes vom 17. Februar 2011 (GVBl. S. 136, 148). Die Leichenschau ist in §§ 3 ff. geregelt.

Sowie die Bestattungsverordnung Sachsen-Anhalt (BestattV ST) vom 26. Januar 2005 (GVBl. S. 35), zuletzt geändert durch Verordnung vom 14. Dezember 2007 (GVBl. S. 455).

15. Schleswig-Holstein

Gesetz über das Leichen-, Bestattungs- und Friedhofswesen des Landes Schleswig-Holstein (BestattG Schleswig-Holstein) vom 4. Februar 2005 (GVOBl. S. 70), zuletzt mehrfach geändert durch Gesetz vom 16. Februar 2009 (GVOBl. S. 56). Die Leichenschau ist in §§ 3 ff. geregelt.

Sowie die Landesverordnung über die Durchführung der Leichenschau und die Ausstellung einer Todesbescheinigung Schleswig-Holstein (BestattVO Schleswig-Holstein) vom 28. Oktober 2010 (GVOBl. S. 700), zuletzt geändert durch Landesverordnung vom 4. Juni 2015 (GVOBl. S. 149).

16. Thüringen

Thüringer Bestattungsgesetz (ThürBestG) vom 19. Mai 2004 (GVBl. S. 505), durch Artikel 1 des Gesetzes vom 22. November 2016 (GVBl. S. 518). Die Leichenschau ist in §§ 4 ff. geregelt.

In Zusammenfassung der verschiedenen Landesgesetze wird ein grober Überblick des Ablaufs einer ärztlichen Leichenschau gegeben. Zunächst ist die Person, die den Leichnam findet, dazu verpflichtet, einen Arzt zur Leichenschau zu rufen. Dieser hat dann eine, je nach Land unterschiedlich intensive, Begutachtung der Leiche vorzunehmen. Im Idealfall untersucht der Arzt die vollständig entkleidete Leiche gründlich von allen Seiten und bezieht damit alle Körperregionen ein. Allerdings legen nicht alle Länder die Durchführung so detailliert fest wie etwa Sachsen: „Die Leiche ist zu entkleiden und durch den Arzt unter Einbeziehung aller Körperregionen, insbesondere auch des Rückens, der Hals- und Nackenregion und der Kopfhaut, gründlich zu untersuchen. Der Arzt hat hierbei vor allem auf Merkmale und Zeichen zu achten, die auf einen nicht natürlichen Tod hindeuten" (§ 13 Abs. 3 SächsBestG). Das Bestattungsgesetz NRW enthält im Vergleich dazu wenige Festlegungen: „die unbekleidete Leiche oder die Totgeburt persönlich zu besichtigen und sorgfältig zu untersuchen (Leichenschau)" (§ 9 Abs. 3 S. 1 BestG NRW). Für den Fall, dass der untersuchende Arzt tatsächlich Anzeichen eines nicht natürlichen Todes feststellt, hat er nach Maßgabe der meisten Landesbestimmungen umgehend die Polizeibehörde oder nach manchen Landesgesetzen alternativ die Staatsanwaltschaft zu verständigen (§ 2 Abs. 4 S. 1 des Hamburger BestG). Einen Schritt weiter geht Sachsen, denn hier muss der Arzt bereits beim ersten Anzeichen eines nicht natürlichen Todes die Leichenschau abbrechen und direkt die Polizei informieren (§ 13 Abs. 3 S. 4 SächsBestG). Die Polizei stellt im weiteren Verlauf fest, ob es sich bei den vom Arzt gefundenen Anhaltspunkten tatsächlich um Hinweise auf ein Tötungsdelikt handelt. Kommen die Beamten zu einem positiven Ergebnis, so informieren sie die Staatsanwaltschaft gem. § 159 StPO. Eine Übersicht zu den rechtlichen Grundlagen rund um die Leiche aus dem Jahr 2010 findet sich bei *Thier/Tag.*[482]

---

482 *Thier/Tag*, in: Groß/Glahn/Tag, Die Leiche als Memento mori.

Kapitel 5: Die Vorstellung des Gesetzgebers vom System der ärztlichen Leichenschau

Die länderspezifischen Regelungen zur ärztlichen Leichenschau sind bis heute uneinheitlich, der Überblick gestaltet sich schwierig.[483] Zwar wurden Versuche unternommen, die Ausführung durch rechtliche Kodifikation zu regulieren, (zumindest auf Landesebene) zu vereinheitlichen und insgesamt zu verbessern. Wie häufig bei solchen Bemühungen differieren im Ergebnis Theorie und Praxis, so auch im Fall der ärztlichen Leichenschau, wo auftretende Probleme durch die Regelungen in der bestehenden Form nicht gelöst werden können.[484] Der Mangel an Einheitlichkeit bzw. das Fehlen einer in sich geschlossenen Normierung haben außerdem zur Folge, dass die einzelnen Länder bestimmte Details der Leichenschau in einer Vielzahl von verschiedenen Verordnungen und Verwaltungsvorschriften regeln. Es entsteht dadurch ein – in jedem Bundesland anders geartetes – Geflecht von Regelungen, die zum Teil nur einzelne Aspekte der ärztlichen Leichenschau standardisieren und häufig aufeinander Bezug nehmen. In einigen Ländern, wie beispielsweise Bremen, regelt ein einzelnes Gesetz auch die Details der Durchführung der Leichenschau bis hin zum Ausfüllen der Todesbescheinigung. Baden-Württemberg verfügt über ein Bestattungsgesetz und eine Bestattungsverordnung.[485] Dagegen gibt es etwa in Niedersachsen neben dem Bestattungsgesetz und einer Verordnung über die Todesbescheinigung zusätzlich einen Runderlass des Ministeriums für Inneres und Sport, der speziell auf das Ausfüllen der Todesbescheinigung Bezug nimmt.[486] Ähnlich in Sachsen-Anhalt, Berlin oder Mecklenburg-Vorpommern, wo jeweils ein Bestattungsgesetz und eine entsprechende Verordnung existieren, zusätzlich aber auch die Gesetze über den öffentlichen Gesundheitsdienst, die die ärztliche Leichenschau einbeziehen.[487] In Nordrhein-Westfalen, ist im Zuge des – man könnte aber auch sagen „trotz“ des – neuen Bestattungsgesetzes

---

483 *Peschel/Penning*, in: Madler et al., Das NAW-Buch, S. 378; *Geerds*, ArchKrim – Archiv für Kriminologie 1997, S. 41.

484 Ähnlich *Klinge*, Todesbegriff, Totenschutz und Verfassung, S. 47; vgl. dazu auch die leichenschauärztlichen Dilemma-Fälle unten Teil 2, Kapitel 2, I., 7., S. 166–196.

485 Siehe oben Teil 1, Kapitel 4, II., 1., S. 61.

486 Nummer 15 des Runderlasses Personenstandsrecht (Nr. 43.31-120 201/14-02/9) des Landes Niedersachsen.

487 § 15 Abs. 3 GDG LSA; § 12 Abs. 3 GDG BLN; § 9 Abs. 3 ÖGDG M-V.

aus dem Jahr 2003 noch ein Runderlass zur Todesbescheinigung ergangen. Die gleiche Inhomogenität wird in der einschlägigen Literatur beschrieben;[488] *Geerds* bezeichnet die Regelungen als teilweise „zweifelhaft".[489]

In Folge der Verschiedenheit der gesetzgeberischen und behördlichen Regelungen sind auch bei deren Auslegung und Umsetzung länderspezifische Besonderheiten zu beobachten. So weisen *Peschel/Priemer/Eisenmenger*[490] darauf hin, dass ihren Nachforschungen zufolge etwa in Kiel schon vor Inkrafttreten des Bestattungsgesetzes des Landes Schleswig-Holstein von 2005 eine vorläufige Todesbescheinigung für Notärzte [gemeint sind höchstwahrscheinlich Rettungsärzte][491] zum Einsatz kam, obwohl das geltende Gesetz dies nicht vorsah. Diese Vorgehensweise beruhte auf einer Absprache der dortigen Rechtsmedizin mit den zuständigen Behörden. In anderen Ländern, wie beispielsweise Sachsen, hätte es von der Approbationsordnung abweichende Handhabungen bezüglich der Leichenschau für Ärzte im Praktikum gegeben. Dass gesetzliche Vorgaben zum Teil verwirrende und für die Betroffenen ärgerliche Abweichungen in der Praxis bewirken, zeigen auch andere Beispiele. Etwa wenn die Standesämter aufgrund von entsprechenden Verordnungen oder Dienstanweisungen von jetzt auf gleich die bis dato geltende Form der Todesbescheinigungen nicht mehr akzeptieren und an die Ärzte zurückleiten.[492] Da solche Dienstanweisungen den leichenschauenden Ärzten nicht bekannt gemacht werden, bleibt es diesen selbst überlassen, sich über den aktuellen Stand der benötigten Formulare zu informieren. Hinzu kommen weniger praxisrelevante, aber dennoch deutliche Unterschiede bei der Ausgestaltung der jeweiligen Bestattungsgesetze.

---

488 So informieren *Madea/Dettmeyer/Schmidt* noch in der zweiten Auflage der „Praxis Rechtsmedizin" aus dem Jahr 2007 darüber, dass einige Bundesländer das Leichenschaurecht in speziellen Gesetzen über das Leichen-, Friedhofs- und Bestattungswesen geregelt hätten, in anderen dagegen gäbe es keine entsprechenden Gesetze, jedoch seien diesbezügliche Verordnungen im Polizei- und Ordnungsrecht erlassen worden, *Madea/Dettmeyer/Schmidt*, in: Madea, Praxis Rechtsmedizin, S. 10; zu der Vielzahl an Regelungen auch *Peschel/Priemer/Eisenmenger*, MMW – Organ für amtliche und praktische Ärzte 1997, S. 33.

489 *Geerds*, ArchKrim – Archiv für Kriminologie 1997, S. 41.

490 *Peschel/Priemer/Eisenmenger*, MMW – Organ für amtliche und praktische Ärzte 1997, S. 203.

491 Siehe zur Klärung der Begriffe unten Teil 1, Kapitel 5, I., 2., S. 75 f.

492 Entsprechendes berichtet *Peschel/Priemer/Eisenmenger*, MMW – Organ für amtliche und praktische Ärzte 1997, S. 33.

Beispielhaft sei hier auf die Handhabung des Saarlands verwiesen, und deren übersichtliche und logische Gliederung. Zunächst wird unter anderem zwischen Friedhofs- und Leichenwesen unterschieden sowie in einen Teil zur Leichenöffnung. Die Vorschriften zum Leichenwesen schließen die Leichenschau ein, wo man sie auch vermuten würde sowie den Umgang mit der Leiche an sich und die Bestattung; wobei die Leichenschau in logischer Reihenfolge *vor* der Bestattung behandelt wird. Diese übersichtliche Gestaltung wird im Detail fortgeführt; so enthält der Abschnitt zur Leichenschau mit dem § 12 BestattG Saarland „Allgemeine Bestimmungen" eine Übersicht der verschiedenen Begrifflichkeiten und Legaldefinitionen. Anders das Bestattungsgesetz NRW; hier wird der zweite Abschnitt der ersten Gliederungsebene, der auf das „Friedhofswesen" folgt, nicht als „Leichenwesen" bezeichnet, vielmehr heißt es dort schlicht „Bestattung". Die Vorschriften zur Leichenschau findet man unverhofft in diesem Abschnitt zur Bestattung, und zwar noch *nach* den Angaben zur Bestattungspflicht. Zudem sind alle die Leichenschau betreffenden Regelungen in einem Paragraphen zusammengefasst; selbst die Hinweise zur Todesbescheinigung wurden in einem Absatz des § 9 BestG NRW untergebracht. Was für sich genommen als kompakt und übersichtlich angesehen werden könnte, hat hier zur Folge, dass es tatsächlich sowohl an Übersichtlichkeit als auch an Details mangelt. So lässt § 9 BestG NRW – im Gegensatz zum saarländischen Gesetz – offen, was unter der Forderung des Gesetzes, die Leiche „sorgfältig zu untersuchen", genau zu verstehen ist.[493] An dieser Stelle fehlende Angaben hätten, dem Beispiel einiger anderer Bundesländer folgend, in einer Verordnung untergebracht werden können; so geschehen etwa in Bayern, wo zwar Leichenschau und Todesbescheinigung im Bestattungsgesetz getrennt sind, Details jedoch in Abschnitt 1 der Verordnung zur Durchführung des Bestattungsgesetzes ausgelagert wurden. In Bremen gibt es jeweils ein eigenes Landesgesetz zur Bestattung und zum Leichenwesen.

Im folgenden Abschnitt wird dargestellt, wie sich der Gesetzgeber (bzw. die Gesetzgeber in den Bundesländern) die „ideale" ärztliche Leichenschau vorstellt (vorstellen). Aufgrund der Anzahl von 16 verschiedenen landesrechtlichen Regelungen geschieht dies in dieser Arbeit hauptsächlich anhand der

---

493 Neben dem Hinweis auf unverzügliches, sorgfältiges Vorgehen im ersten Absatz, heißt es in § 15 Abs. 2 BestattG Saarland: „Sie/Er muss sich durch gründliche Untersuchung der entkleideten Leiche Gewissheit über den Eintritt des Todes verschaffen sowie Todeszeitpunkt, Todesursache und Todesart möglichst genau feststellen. Das Ausmaß der Untersuchung der Leiche richtet sich nach den Umständen des Einzelfalls."

Beispiele Bayern und Nordrhein-Westfalen. Sofern in einem anderen Bundesland auffallend abweichende, oder für die Uneinheitlichkeit besonders beispielhafte Regelungen existieren, wird darauf hingewiesen.

I. Der gesetzlich vorgesehene Ablauf

Ärzte sind allgemein an das ärztliche Standesrecht gebunden; als Grundlage dient die (Muster-) Berufsordnung für die in Deutschland tätigen Ärztinnen und Ärzte. Wie es dort auf der Titelseite zur rechtlichen Wirksamkeit heißt, „handelt es sich um die (Muster-) Berufsordnung, wie sie von dem 100. Deutschen Ärztetag beschlossen und vom … 114. Deutschen Ärztetag novelliert wurde. Rechtswirkung entfaltet die Berufsordnung, wenn sie durch die Kammerversammlungen der [Landes-] Ärztekammern als Satzung beschlossen und von den Aufsichtsbehörden genehmigt wurde."[494] Die Landesärztekammern in ihrer Eigenschaft als Körperschaften des öffentlichen Rechts haben durch ihre Versammlungen Satzungen erlassen; diese orientieren sich an der MBO-Ä in der jeweils vom Deutschen Ärztetag beschlossenen Fassung.[495] Es besteht eine Mitgliedschaftspflicht, und die Rechtswirkung dieser Berufsordnungen erstreckt sich entsprechend auf alle Ärzte, die ihren Beruf in dem betreffenden Gebiet ausüben.[496]

Dies gilt auch für den von den Landesärztekammern ausdifferenzierten Verhaltenskodex, der in seiner ursprünglichen Form auf den hippokratischen Eid zurückgeht.[497] In § 2 Abs. 2 S. 1 MBO-Ä heißt es:

> „Ärztinnen und Ärzte haben ihren Beruf gewissenhaft auszuüben und dem ihnen bei ihrer Berufsausübung entgegengebrachten Vertrauen zu entsprechen."

Dieser Kodex gilt für jeden ärztlichen Tätigkeitsbereich, auch für die Leichenschau.[498] Der objektiv zu bestimmende Maßstab ist laut *Ciper/Feiertag/Kiwitt*[499] der eines besonnenen und gewissenhaften Arztes des jeweiligen Fachbereichs.

---

494 Vgl. auch *Mößbauer-Wagner*, in: Heberer, Arzt und Recht, S. 231.

495 *Dettmeyer/Verhoff*, Rechtsmedizin, S. 266.

496 *Dettmeyer/Verhoff*, Rechtsmedizin, S. 265.

497 Von Hippokrates verfasster Ärzteeid, der in abgewandelter Form als „Genfer Ärztegelöbnis" bis heute gültig ist. Das Gelöbnis zur Einhaltung bestimmter ärztlicher Grundpflichten wurde vom Weltärztebund 1948 in Genf beschlossen, *Bogensberger* et al., Lexikon Medizin, S. 749, 622; zur Entwicklung *Gabriel/Huckenbeck*, Grundlagen des Arztrechts, S. 112 f.

498 Vgl. *Ellinger/Osswald/Stange* (Hrsg.), Fachkundenachweis Rettungsdienst, S. 42.

499 *Ciper/Feiertag/Kiwitt* (Hrsg.), Medizinrecht, S. 140.

Entsprechend könne sich ein Arzt nicht darauf berufen, bestimmte Behandlungsrisiken, die sonst in Fachkreisen bekannt sind, nicht gekannt zu haben. Der BGH etwa nimmt in diesem Zusammenhang an, dass ein Arzt veraltete Methoden als solche kennen muss und den Patienten umfassend darüber aufzuklären und es zu begründen hat, sollte er diese dennoch anwenden wollen.[500] Deshalb sei es für Ärzte verpflichtend, sich über die Weiterentwicklung ihres Fachgebietes zu informieren und kontinuierlich fortzubilden. Auf formellgesetzlicher Ebene postuliert § 95d SGB V die ärztliche Pflicht zur fachlichen Fortbildung; von Seiten der Ärzteschaft selbst postuliert § 2 Abs. 3 MBO-Ä eine gewissenhafte Berufsausübung, entsprechende Qualifikationen und die andauernde Beachtung des aktuellen Standes medizinischer Erkenntnisse. Darüber hinaus verpflichtet § 5 MBO-Ä die Ärzte, an den von der Ärztekammer initiierten Maßnahmen zur Qualitätssicherung teilzunehmen. Bezogen auf die Leichenschau gibt es zwar hinsichtlich des Fachwissens und der Vorgehensweise nur selten Neuerungen, andererseits mangelt es vielen Ärzten bereits an Grundkenntnissen aus dem oft lange zurückliegenden Studium. Daher bedeutet die Konfrontation mit der Leichenschau für viele Ärzte, sich noch einmal und vertieft mit dem Thema beschäftigen zu müssen. Dafür stellen die Ärztekammern unter anderem Leitfäden zur Durchführung der ärztlichen Leichenschau zur Verfügung.[501] In Bezug auf das Ausfüllen der Todesbescheinigung wird die Pflicht zur ordnungsgemäßen Dokumentation ärztlicher Tätigkeit gem. § 10 Abs. 1 S. 1 MBO-Ä relevant. Verstöße gegen die jeweilige Berufsordnung werden im Fall der Ärzte vor dem Heilberufsgericht verhandelt, sofern ein so genannter „berufsrechtlicher Überhang" besteht,[502] wenn also ein Teil des Vergehens noch nicht von einem Verfahren vor den ordentlichen Gerichten erfasst wurde.[503] Die gesetzlichen Regelungen ärztlicher Tätigkeit haben gegenüber dem ärztlichen Standesrecht im Kollisionsfall Vorrang. Somit kann das Standesrecht lediglich über die gesetzlichen Regelungen hinausgehende, zusätzliche

500 BGH, NJW – Neue Juristische Wochenschrift 1978, 587; dabei ist nach *Ciper/Feiertag/Kiwitt* (Hrsg.), Medizinrecht, S. 140, aber nicht automatisch die neuste Therapiemethode gleichzeitig der Standard.

501 *Ärztekammer Berlin* (Hrsg.), Die ärztliche Leichenschau, *Bundesärztekammer* (Hrsg.), (Muster-) Richtlinien über den Inhalt der Weiterbildung, Abschnitt B, Nr. 30, 101.

502 *Dettmeyer/Verhoff*, Rechtsmedizin, S. 266; die Heilberufsgerichte sind den jeweiligen Verwaltungs- oder Oberverwaltungsgerichten beigeordnet.

503 *Gerst/Hibbeler*, Deutsches Ärzteblatt 2011, S. A 499, mit weiteren Ausführungen zu Pflichtverletzungen durch Ärzte.

Verpflichtungen schaffen.[504] Das Bundesverfassungsgericht hat – nach Angabe von *Gabriel/Huckenbeck* – postuliert, dass das Standesrecht fortwährend die Beziehung zwischen Arzt und Patient bestimmt und bei allgemeinrechtlicher Betrachtung ärztlichen Handelns besondere Sorgfaltspflichten der Standesethik herangezogen werden können.[505]

1. Leichenfund

Grundsätzlich muss an jedem Leichnam vor der Bestattung eine ärztliche Leichenschau erfolgen.[506] In der heutigen Zeit stirbt ein Mensch in der Regel im Krankenhaus oder an seinem Wohnort. Die zur Veranlassung der ärztlichen Leichenschau verpflichtete Person hat diese unverzüglich[507] zu organisieren. *Husvogt* geht davon aus, dass die Legaldefinition des § 121 Abs. 1 S. 1 BGB, „ohne schuldhaftes Zögern" auf das Bestattungsrecht übertragen werden kann. Er erläutert diese Formulierung dahin gehend, dass die verpflichtete Person nicht sofort aktiv werden müsste, jedoch werde bei „verständiger Abwägung" zwischen eigenen Prioritäten und der gesetzlichen Verpflichtung, diese wohl in den meisten Fällen Vorrang haben.[508] Die meisten Gesetze sehen inzwischen auch die Benachrichtigung der Polizei alternativ zum Arzt, vor; mindestens dann, wenn der Verstorbene unbekannt ist oder schon dem Finder der Leiche[509] Hinweise auf einen nicht natürlichen Tod auffallen. In einigen Vorschriften ist auch die Auffindung eines nicht identifizierbaren Toten erwähnt. Hier hat zunächst der Veranlasser der Leichenschau, hilfsweise der Arzt, die Polizei zu informieren.[510] Welche Personen die Benachrichtigungspflicht trifft und wie detailliert dies geregelt ist, unterscheidet sich von Bundesland zu Bundesland. In den meisten Fällen erfolgt dies mittlerweile mittels eines förmlichen

---

504 Vgl. *Gabriel/Huckenbeck*, Grundlagen des Arztrechts, S. 8.

505 *Gabriel/Huckenbeck*, Grundlagen des Arztrechts, S. 8; allerdings findet sich dort keine Angabe zu einer bestimmten Entscheidung des Bundesverfassungsgerichts.

506 *Heberer*, in: ders., Arzt und Recht, S. 421.

507 Vgl. etwa § 9 Abs. 1 BestG NRW; § 1 Abs. 1 S. 1 BestV Bayern; außerdem Punkt Nr. 3, S. 2 in: *Deutsche Gesellschaft für Rechtsmedizin*, Regeln zur Durchführung der ärztlichen Leichenschau, abrufbar unter http://www.awmf.org/leitlinien/detail/ll/054-002.html (geprüft am 28.01.2018).

508 *Husvogt*, Bestattungsgesetz Schleswig-Holstein, S. 70.

509 Es sei daran erinnert, dass auch Totgeburten als Leichnam gelten, vgl. oben Teil 1, Kapitel 1, I., S. 4; die Gleichstellung zeigt sich auch etwa in Art. 6 Abs. 1 S. 1 u. 2 BestG Bayern oder § 9 Abs. 1, 3, 4 BestG NRW.

510 Siehe § 9 Abs. 6 BestG NRW.

Gesetzes.[511] Eine Ausnahme bildet noch Bayern, wo die Details in einer Bestattungsverordnung kodifiziert sind.[512] Deutschlandweit wird überwiegend die gleiche Gruppe von Personen verpflichtet,[513] jedoch durch sehr unterschiedlich detaillierte bzw. weit greifende Bestimmungen. Zunächst sind dies die Angehörigen, wie Ehepartner, Abkommen, Eltern und Geschwister; im konkreten Fall in dieser Reihenfolge jeweils dann, wenn mehrere der genannten Personen vor Ort sind. Einige Gesetze nennen zusätzliche Personen für bestimmte Fälle.[514] Darüber hinaus verpflichten die meisten Bundesländer im Anschluss an die spezielle Aufzählung ausdrücklich jeden Finder eines Toten zur Benachrichtigung der Behörde.[515] Am Beispiel des § 4 Abs. 2 BestattG Niedersachsen soll der Sinn der Aufzählung verschiedener Personen erläutert werden. Die Pflicht für die genannten Personen gilt nur in den Fällen, in denen nicht bereits eine andere Person – und dies muss keine der im Gesetz genannten Personen gewesen sein – den Arzt oder die Polizei benachrichtigt hat. Der Gesetzgeber knüpft somit gerade nicht an die rechtliche Rangfolge an, sondern an den konkreten Fall. Damit soll sichergestellt werden, dass in jedem Fall eine Person vor Ort unmittelbar zur Veranlassung verpflichtet ist. Die Rangfolge spielt also überhaupt nur dann eine Rolle, wenn mehrere der im Gesetz genannten Personen gleichzeitig anwesend sind. Die Pflicht erlischt für jeden in dem Moment, in dem irgendjemand die notwendigen Schritte unternimmt.[516] Deutlicher wird

---

511 Siehe stellvertretend § 9 Abs. 1 Abs. 2 BestG NRW oder § 11 SächsBestG.

512 § 1 Abs. 1 S. 2 Nr. 1 BestV Bayern i.V.m. Art. 15 Abs. 1, 2 S. 1 Nr. 1 BestG Bayern; näheres zu den Ausführungen der Bayrischen Bestattungsverordnung bei *Peschel/Priemer/Eisenmenger*, MMW – Organ für amtliche und praktische Ärzte 1997, S. 34.

513 So auch *Madea* et al., in: Madea, Rechtsmedizin, S. 40; ähnlich auch schon 2003, *Madea/Dettmeyer*, Deutsches Ärzteblatt 2003, S. A 3165.

514 Aus naheliegenden Gründen folgen auf die Angehörigen oft der Wohnungsinhaber, Hauseigentümer oder -verwalter; bei entsprechendem Sterbeort der Anstaltsleiter oder Schiffsführer. Zur Problematik bei verschiedenen Einrichtungen am Beispiel der Formulierung „oder vergleichbaren Einrichtung" in § 9 Abs. 2 BestG NRW, ausführlich *Spranger*, Bestattungsgesetz Nordrhein-Westfalen, § 9, S. 155. Verstirbt eine Person in der Öffentlichkeit sind die örtlichen Polizei- und Ordnungsbehörden zuständig, *Madea* et al., in: Madea, Rechtsmedizin, S. 40.

515 Eine Ausnahme bildet Hessen, § 13 Abs. 1, 3, 4 FBG Hessen; dort ist der Gemeindevorstand die im Ausnahmefall letztlich zuständige Person, vgl. *Meixner*, Friedhofs- und Bestattungsgesetz Hessen, § 13, Rn. 9, 11; vgl. auch *Madea/Dettmeyer*, Deutsches Ärzteblatt 2003, S. A 3165.

516 Vgl. noch ausführlicher *Horn*, Niedersächsisches Bestattungsgesetz, § 3, S. 39 f.

dieses System im § 4 Abs. 2 ThürBestG, wo das Erlöschen der Verpflichtung ausdrücklich erwähnt wird.

Allerdings bedeutet dies nicht, dass es keine Konsequenzen hat, wenn eine primär verpflichtete Person nichts unternimmt und stattdessen wartet, bis ein anderer die Leichenschau veranlasst. Das Unterlassen stellt in allen Bundesländern eine Ordnungswidrigkeit dar und kann entsprechend sanktioniert werden.[517]

Der Unterschiedlichkeit der Leichenschauregelungen in Deutschland entsprechend gibt es auch gegensätzliche Beispiele. So verpflichtet § 4 Abs. 1 BestattG Schleswig-Holstein wenig detailliert jede Person, die einen Leichnam findet oder die bei einem Sterbefall zugegen ist.[518] Die zu dieser Regelung führenden Erwägungen, dass in vielen Fällen überhaupt keine Verwandten zugegen seien, hält *Spranger* zumindest im Zusammenhang mit dieser sehr weit greifenden Formulierung für problematisch. Demnach seien etwa auch die Beteiligten eines Unfalls mit Todesfolge, die in der Regel selbst zumindest unter Schock stehen, zur Veranlassung der ärztlichen Leichenschau verpflichtet.[519] Wenig durchdacht scheint die Regelung des § 4 Abs. 1 Alt. 1 BestattG Schleswig-Holstein, wenn man § 4 Abs. 4 BestattG Schleswig-Holstein mit in den Blick nimmt. Danach hat jede Person, die eine Leiche findet, die Leichenschau zu veranlassen (d.h. einen Arzt zu informieren); es sei denn, es sind Anhaltspunkte für einen nicht natürlichen Tod ersichtlich, woraufhin der Finder direkt die Polizei verständigen muss. Da aber der Finder, in der Regel ein Laie, die Anzeichen eines nicht natürlichen Todes nicht kennt und das sprichwörtliche Messer in der Brust die Ausnahme darstellt, wird ohnehin meist die Polizei gerufen;[520] diese veranlasst dann die Leichenschau.[521]

---

517 Vgl. stellvertretend Art. 18 Abs. 1 Nr. 10 BestG Bayern; § 19 Abs. 1 Nr. 2, Alt. 1 BestG NRW.

518 Gleichermaßen § 4 Abs. 1 BestattG LSA; in § 4 Abs. 2, 3 BestattG LSA und § 4 Abs. 2 u. 3 BestattG Schleswig-Holstein, werden noch – wie in den meisten Landesgesetzen oder Verordnungen – Todesfälle in bestimmten Einrichtungen oder Situationen behandelt. Dagegen sind Hinterbliebene oder Haus- und Grundstückseigentümer z.B. nicht extra erwähnt.

519 *Spranger*, Bestattungsgesetz Schleswig-Holstein, § 4, S. 51.

520 So sinngemäß *Spranger*, Bestattungsgesetz Schleswig-Holstein, § 2, S. 41 und § 4, S. 51.

521 *Dettmeyer/Verhoff*, Rechtsmedizin, S. 26.

2. Zur Leichenschau verpflichtete Personen

Die Frage, wer die ärztliche Leichenschau vorzunehmen hat, richtet sich – gemäß der Ländergesetzgebungskompetenz für das Leichenschauwesen – nach den Regelungen im jeweiligen Bundesland. *Bahner* bezeichnet die Tätigkeiten im Rahmen der Leichenschau als „ureigenste ärztliche Aufgaben."[522] Jeder Arzt ist berechtigt und prinzipiell auch verpflichtet, diese vorzunehmen.[523] Gemeint sind alle Ärzte, die gem. § 2a BÄO über eine Approbation[524] verfügen oder nach § 2 Abs. 2, 3, 4 BÄO zur Ausübung des ärztlichen Berufs befugt sind. Offensichtlich gehen Gesetzgeber und Behörden davon aus, dass jeder Arzt – unabhängig von seiner Fachrichtung – das entsprechende Wissen und die Erfahrung hat, um diese spezielle Aufgabe fachgerecht zu erfüllen;[525] Zweifel sind angebracht.[526] Der Arzt muss nach Aufforderung durch eine zur Veranlassung verpflichtete Person die Untersuchung durchführen.[527] Die überwiegende Zahl der Leichenschau- oder Bestattungsgesetze in den verschiedenen Bundesländern kennt eine entsprechende Verpflichtung aller Ärzte, in anderen gilt dies nicht derart umfassend.[528] Übereinstimmend verpflichten die jeweiligen Landesvorschriften alle niedergelassenen Ärzte, Klinikärzte und bei einem Gesundheitsamt tätige Ärzte.[529] Im öffentlichen Rettungsdienst läuft die Leichenschau der eigentlichen Aufgabe zuwider, durch schnelles Eingreifen

---

522 *Bahner*, Recht im Bereitschaftsdienst, S. 195.

523 Vgl. statt vieler etwa *Schmeling* et al., in: Niederlag et al., Der virtuelle Patient, oder *Zimmermann*, in: Bernsmann/Fischer, Festschrift für Ruth Rissing-van Saan zum 65. Geburtstag am 25. Januar 2011, S. 812.

524 Dabei stellt die Approbation gem. §§ 3, 4 BÄO die unbeschränkte Erlaubnis zur ärztlichen Berufsausübung dar. Hingegen bildet die Berufserlaubnis im Sinne des § 2 Abs. 2 nur die rechtliche Grundlage für ärztliche Arbeit innerhalb zeitlicher Grenzen oder ausschließlich in bestimmten Bereichen.

525 So auch *Bahner*, Recht im Bereitschaftsdienst, S. 195; *Dettmeyer*, Die verfassungsrechtlichen Grenzen für die gesetzliche Einführung einer Verwaltungssektion bei medizinisch unklaren Todesfällen, S. 53; *Schneider*, Die Leichenschau, S. 6 f.

526 Vgl. *Geerds*, ArchKrim – Archiv für Kriminologie 1997, S. 46 f. m.w.N.

527 *Klingshirn*, Der Notarzt 2006, S. 63.

528 Siehe *Ulsenheimer*, in: Laufs/Kern/Rehborn, Handbuch des Arztrechts, § 134, Rn. 34.

529 Siehe stellvertretend Art. 2 Abs. 2 S. 1 BestG Bayern, Art. 16 Abs. 1 Nr. 1 b) BestG Bayern i.V.m. § 5 BestV Bayern; § 9 Abs. 3 S. 1 u. 2 BestG NRW; in Schleswig-Holstein gilt eine Ausnahme für schwer erreichbare Inseln und Halligen in Schleswig-Holstein, wo gem. § 3 Abs. 2 BestattG Schleswig-Holstein, auch eine andere geeignete Person hinzugezogen werden kann; dazu auch *Husvogt*,

schwere Gesundheitsschäden oder Todesfälle abzuwenden;[530] zudem wird der Rettungsdienst regelmäßig mit besonderen Umständen konfrontiert (wie z.B. Zeitdruck oder ungünstige Örtlichkeiten). Daher gelten – mittlerweile –[531] in jedem Bundesland Sonderregelungen, die allerdings unterschiedlich ausgestaltet sind.[532] So können die Ärzte in bestimmten Fällen von ihrer Verpflichtung zur Durchführung der Leichenschau befreit werden,[533] oder es ist ihnen gestattet, lediglich eine vorläufige Leichenschau durchzuführen.[534] Allerdings gilt dies in manchen Bundesländern wiederum nur, wenn der Arzt durch die Vornahme der vollständigen Leichenschau daran gehindert würde, seine weiteren rettungsdienstlichen Aufgaben wahrzunehmen.[535] Teilweise muss er für eine Vertretung sorgen,[536] in einigen Bundesländern ist für solche Fälle inzwischen eine sogenannte vorläufige Leichenschau vorgesehen, bei der der Arzt keine vollständige Leichenschauuntersuchung vornimmt und – je nach länderspezifischer Regelung – lediglich eine vorläufige Todesbescheinigung ausstellt.[537] Dabei reicht es in Nordrhein-Westfalen, wenn sich der Arzt auf die Feststellung

---

Bestattungsgesetz Schleswig-Holstein, S. 66. Für die Ärzte am Krankenhaus kann sich die Verpflichtung auch aus dem Arbeitsvertrag ergeben.

530 So die Ansicht von *Klingshirn*, Der Notarzt 2006, S. 62.

531 Anders noch bei *Schneider*, Die Leichenschau, S. 15 f. und auch noch bei *Püschel*, Journal für Anästhesie und Intensivbehandlung 2003, S. 209.

532 So auch die Darstellung bei *Heberer*, in: ders., Arzt und Recht, S. 422; zur Schwierigen Situation und den Umständen in der Zeit davor, siehe etwa *Voeltz*, Intensivmedizin und Notfallmedizin 1986, S. 714–722.

533 § 9 Abs. 3 S. 3 BestG NRW.

534 § 3 Abs. 4 BestV Bayern.

535 Siehe etwa § 3 Abs. 3 S. 2 HS. 2 BestG Berlin oder § 3 Abs. 4 S. 1 HS. 2 BestattG Niedersachsen.

536 Vgl. etwa § 3 Abs. 3 S. 4 BestattG Schleswig-Holstein; laut *Ciper/Feiertag/Kiwitt* (Hrsg.), Medizinrecht, S. 657, wird dann in der Regel der Hausarzt des Verstorbenen benachrichtigt; dies war in vielen Bundesländern bis in die jüngere Vergangenheit hinein nicht selbstverständlich *Peschel/Priemer/Penning*, MMW – Organ für amtliche und praktische Ärzte 1997, S. 56.

537 Etwa § 3 Abs. 4 BestV Bayern; nach der – wohl aus den verschiedenen Landesgesetzen entnommenen – Zusammenstellung von *Ciper/Feiertag/Kiwitt* (Hrsg.), Medizinrecht, S. 658, sind in einer solchen vorläufigen Todesbescheinigung Personalangaben, sichere Todeszeichen, Sterbe- bzw. Leichenfundort und eine grobe Einschätzung des Todeszeitpunktes zu protokollieren; einen Überblick über die verschiedenen Regelungen – allerdings aus dem Jahr 2005 – bietet *Wolcke*, Notfall + Rettungsmedizin 2005, S. 526.

des Todes beschränkt.[538] In Bayern dagegen sind außerdem der Todeszeitpunkt, der Zustand der Leiche und die äußeren Umstände festzuhalten; diese Möglichkeit der verkürzten Untersuchung besteht allerdings nur, wenn der Rettungsarzt die verstorbene Person nicht zuvor – d.h. nicht in seiner Eigenschaft als Rettungsarzt – vor Ort in Behandlung hatte und für eine nachfolgende vollständige Untersuchung gesorgt ist.[539] Jedoch ist es nicht die Aufgabe des Rettungsarztes, die weitere Untersuchung zu veranlassen, da andernfalls der Zweck, die Einsatzbereitschaft wieder herzustellen, vereitelt würde; vielmehr obliegt dies dem Veranlasser der vorläufigen Leichenschau.[540]

Am Beispiel Bayerns wird im Folgenden die ärztliche Pflicht, sowohl für die vollständige wie ggf. für die vorläufige Leichenschau, umrissen: Zur Leichenschau außerhalb eines Krankenhauses sind nur die Ärzte verpflichtet, die innerhalb des Kreises, in dem sich der Todesfall ereignete, eine Niederlassung haben.[541] In einem Krankenhaus angestellte Ärzte müssen auch nur dort anfallende Leichenschauen durchführen. Dies bedeutet in Bayern aber auch, dass Klinikärzte, die im Rettungsdienst tätig sind, außerhalb des Krankenhauses keine Leichenschau durchführen müssen; auch keine vorläufige. Gleichsam entfällt für die niedergelassenen Ärzte im Rettungsdienst die Pflicht zur (vorläufigen) Leichenschau, wenn sich der Einsatzort außerhalb des Kreises befindet, in dem sie ihre Niederlassung haben. Andererseits haben alle genannten Ärzte das Recht, die Leichenschau freiwillig vorzunehmen.[542] Damit soll gewährleistet werden, dass die Einsatzbereitschaft des jeweiligen Rettungsarztes möglichst schnell wieder hergestellt wird und der Schreibaufwand sich in Grenzen hält.[543] Im Übrigen liegt in solchen Situationen zumeist ein Notstand i.S.d. § 16 OWiG vor, wodurch der Arzt beim Abbruch der Leichenschau zumindest

538 § 9 Abs. 3 S. 3 BestG NRW.

539 Sämtliche Aspekte sind § 3 Abs. 4 S. 1–3 BestV Bayern, letztere auch Art. 2 Abs. 2 BestG Bayern zu entnehmen.

540 § 3 Abs. 4 S. 4 BestV Bayern.

541 So unabhängig vom Bundesland auch *Heberer*, in: ders., Arzt und Recht, S. 421.

542 Diese Darstellung mit Stand 2006 findet sich bei *Klingshirn*, Der Notarzt 2006, S. 63; eine tabellarische Übersicht zu den, die vorläufige Leichenschau betreffenden, Regelungen in sämtlichen Bundesländern bietet *Wolcke*, Notfall + Rettungsmedizin 2005, S. 525 f.; die Daten stammen aus dem Jahr 2005 und sind noch überwiegend aktuell; allerdings haben inzwischen auch Hessen und Niedersachsen die vorläufige Leichenschau eingeführt, § 10 Abs. 3 FBG Hessen und § 3 Abs. 4 BestattG Niedersachsen.

543 So die Begründung zum BestattG LSA, entnommen aus *Barthel*, Gesetz über das Leichen-, Bestattungs- und Friedhofswesen des Landes Sachsen-Anhalt

gerechtfertigt ist.[544] Wichtig ist aber auch in solchen Fällen, dass mindestens eines der sicheren Todeszeichen vorliegen muss; diese Regel ist auch bei zeitlichem Druck des Rettungsarztes unbedingt zu befolgen.[545] Welche praktischen Probleme sich etwa aus einer solchen – vermeintlich nur vereinfachenden – Regelung ergeben können, wird unter Praktikern diskutiert. Hat der Arzt im Rettungseinsatz in der vorläufigen Todesbescheinigung die Todesursache als geklärt angegeben, so kann und wird der Leichnam oft schon vom Bestatter abgeholt. Somit muss die eigentliche Leichenschau in der Aufbahrungshalle durchgeführt werden, was nach Einsargung jedoch mit erheblichen Schwierigkeiten verbunden ist, da der Leichnam dann kaum noch bewegt werden kann. Folglich sollte mit Pflegeheimen und ähnlichen Einrichtungen vereinbart werden, dass der Verstorbene der Pietät wegen erst nach der eigentlichen Leichenschau dem Bestatter übergeben wird.[546]

Deutlich unterschieden werden muss an dieser Stelle zwischen Ärzten im öffentlichen Rettungseinsatz oder – dienst und Notärzten, oder besser Notfallbereitschaftsdienstärzten.[547] Oft werden die Begriffe Rettungsdienst, Notdienst und Notfalldienst synonym verwendet.[548] Einerseits liegt dies nahe, da neben dem Rettungswagen gegebenenfalls auch ein „Notarzt" zum Unfallort kommt. Jedoch wird als Notdienst auch der Bereitschaftsdienst bezeichnet, der im Gegensatz zum Rettungsdienst in erster Linie *nicht* für wirklich lebensgefährliche Situationen gedacht ist, sondern für Patienten, die außerhalb der Sprechzeiten akut behandlungsbedürftig sind und sicherheitshalber vor einem Termin am nächsten Tag untersucht werden sollten. Probleme entstehen dann – und das kommt immer wieder vor –[549] wenn bei einem Unfall mit lebensgefährlich Verletzten der „Notdienst" gerufen wird in der Annahme, es handle sich

---

(Bestattungsgesetz des Landes Sachsen-Anhalt – BestattG LSA), S. 42; vgl. auch *Ciper/Feiertag/Kiwitt* (Hrsg.), Medizinrecht, S. 657 f.

544 Vgl. auch *Madea* et al., in: Madea, Rechtsmedizin, S. 41 f.

545 Darauf weist *Klingshirn*, Der Notarzt 2006, S. 62, explizit hin.

546 Diese Situation mit entsprechenden Hinweisen, wird beischrieben bei *Zimmermann*, MMW Fortschritte der Medizin 2008, S. 8.

547 Siehe etwa die Formulierung in § 9 Abs. 3 S. 3 BestG NRW: „Notärztinnen und Notärzte *im öffentlichen Rettungsdienst* [Hervorhebung nicht im Original] sind … weder zur Leichenschau noch zur Ausstellung der Todesbescheinigung verpflichtet."

548 Einen Überblick zu den verschiedenen Begrifflichkeiten mit Beispielen für deren unterschiedliche und zum Teil verwirrende Verwendung durch den BGH – bietet *Bahner*, Recht im Bereitschaftsdienst, S. 2 f.

549 So berichtet von *Bahner*, Recht im Bereitschaftsdienst, S. 3 m.w.N.

um den Rettungsdienst mit „Notarzt“. Trifft daraufhin anstelle des für solche Fälle zuständigen Rettungsdienstes nur der Arzt im Bereitschaftsdienst ein (der nicht entsprechend ausgerüstet und eventuell weder Allgemeinmediziner noch Internist ist), kann dies existentielle Folgen haben. In tatsächlich lebensbedrohlichen Situationen werden so wertvolle Minuten vertan und es erscheint angesichts dessen wesentlich sinnvoller, den Bereitschaftsdienst ausschließlich als solchen zu bezeichnen.[550] Entsprechend werden in dieser Arbeit die Begriffe „Rettungsarzt“ für den (Not)Arzt im Rettungsdienst, bzw. -einsatz, und „Arzt im Bereitschaftsdienst“ für den (Not)Arzt im Not(fall)dienst verwendet.

Rechtsgrundlage für die verschiedenen Dienste sind die Heilberufs- oder Kammergesetze der Bundesländer, die diese öffentliche Dienstpflicht begründen. Die Details sind in den Berufsordnungen der Ärztekammern ausgeführt. Die Festlegung und Organisation der tatsächlichen Aufgaben erfolgt schließlich durch die Bereitschafts-, Notdienst- oder Notfalldienstordnungen der Kassenärztlichen Vereinigungen,[551] denn deren Sicherstellungsauftrag umfasst auch den ärztlichen Bereitschaftsdienst. Somit leitet sich die Teilnahmepflicht der Vertragsärzte am Bereitschaftsdienst konkret aus § 95 Abs. 3 S. 1 i.V.m. § 75 Abs. 1 S. 2 SGB V ab.[552] Die Unterscheidung von Rettungs- und Bereitschaftsdienst ist darüber hinaus rechtlich relevant, denn ein niedergelassener Arzt im Not- bzw. Bereitschaftsdienst profitiert in manchen Bundesländern nicht von den Ausnahmen.[553] In der Begründung zu § 3 Abs. 2 S. 3 BestattG LSA etwa heißt es dazu ausdrücklich: „Für niedergelassene Ärzte/Ärztinnen im vertragsärztlichen Notfalldienst gilt diese Befreiung [von der Leichenschau] nicht“;[554] vielmehr seien die Niedergelassenen gerade dann zuständig, wenn sie von einem Rettungsarzt benachrichtigt würden. Daraus geht hervor, dass die Einsatzbereitschaft des Arztes im öffentlichen Rettungsdienst, gegenüber der des niedergelassenen Arztes im vertragsärztlichen Notfalldienst, in solchen Bundesländern Priorität hat. Andere Länder behandeln Ärzte im Rettungs- wie im Notfalldienst in dieser Hinsicht gleich, so beispielsweise Bayern,

550 So auch *Bahner*, Recht im Bereitschaftsdienst, S. 3 f.

551 Allein schon an den unterschiedlichen Bezeichnungen der verschiedenen Gesetze, die alle die gleiche Materie regeln, zeigt sich die Verwechslungsgefahr.

552 Vgl. dazu ausführlich *Bahner*, Recht im Bereitschaftsdienst, S. 4 f. und 21–28 m.w.N.

553 *Bahner*, Recht im Bereitschaftsdienst, S. 196; *Peschel/Rupp/Eisenmenger*, Rettungsdienst 2001, S. 59.

554 Vgl. *Barthel*, Gesetz über das Leichen-, Bestattungs- und Friedhofswesen des Landes Sachsen-Anhalt (Bestattungsgesetz des Landes Sachsen-Anhalt – BestattG LSA), S. 42; ähnlich ist die Regelung in § 1 Abs. 3 BestG Hamburg.

Thüringen, Brandenburg oder Niedersachsen, wo unter gewissen Umständen auch der Arzt in Bereitschaft dieser Pflicht zur vollständigen Leichenschau enthoben ist; und zwar dann, wenn dafür gesorgt ist, dass ein anderer Kollege die übrigen Untersuchungen vornimmt, und (so in Bayern) er selbst den Verstorbenen zuvor nicht behandelt hat.[555] Ein niedergelassener Arzt kann grundsätzlich in drei Bereichen seiner Tätigkeit mit der Leichenschau konfrontiert werden. Der Normalfall ist ein Anruf in der Praxis durch die zur Veranlassung der ärztlichen Leichenschau verpflichteten Person; der Arzt kann hier als Hausarzt des Verstorbenen oder als zuständiger Arzt, der nach dem kassenärztlichen Bereitschaftsdienst für die Leichenschau zuständig ist, angesprochen werden.[556] Zudem ggf. im Rahmen eines ärztlichen Betreuungsdienstes für Pflege- oder Altenheime. Darüber hinaus kann – da jeder niedergelassene Arzt aber auch zur Übernahme von ärztlichen Notfalldiensten verpflichtet ist –[557] unter Umständen in diesem Rahmen eine Leichenschau notwendig werden. Die Pflicht, die ärztliche Versorgung auch außerhalb der üblichen Sprechzeiten sicher zu stellen – als sogenannter Notdienst oder Bereitschaftsdienst[558] –, trifft gem. § 75 Abs. 1 des fünften Buches des Sozialgesetzbuchs[559] auch die Kassenärztlichen Vereinigungen auf Bundes- und Landesebene. Für die – zumeist im Krankenhaus – angestellten Ärzte beruht die Verpflichtung zur Leichenschau neben den Regelungen der Landesgesetze oftmals auf dem jeweiligen Tarifvertrag, der das Ausstellen von Bescheinigungen, wie dem Leichenschauschein, umfasst.[560] Doch auch andere Formen eines Anstellungsvertrages, wie etwa der

555 Art. 2 Abs. 2 S. 2 BestG Bayern; § 5 Abs. 3 ThürBestG; § 5 Abs. 2 BbgBestG; § 3 Abs. 4 S. 1 FBG Niedersachsen, wobei lediglich Bayern nicht die irreführenden Bezeichnungen Notfalldienst und Rettungsdienst verwendet, sondern von Ärzten, die „für die Behandlung von Notfällen eingeteilt" sind, spricht.

556 *Rothschild*, Rechtsmedizin: Organ der Deutschen Gesellschaft für Rechtsmedizin 2009, S. 407.

557 Siehe etwa Art. 18 Abs. 1 S. 1 Nr. 2 sowie Art. 18 Abs. 3 Heilberufe-Kammergesetz – HKaG Bayern; § 30 Nr. 2, Alt. 1 HeilBerG NRW. Daneben ergibt sich eine berufsrechtliche Verpflichtung in Nordrhein-Westfalen aus § 26 BOÄ Westfalen-Lippe i.V.m. § 6 Abs. 1 Nr. 3 Alt. 1, 31 Abs. 1 HeilBerG NRW.

558 Der aber vom Rettungsdienst zu unterscheiden ist; vgl. zur Klärung der Begriffe oben Teil 1, Kapitel 5, I., 2., S. 75.

559 Sozialgesetzbuch (SGB) Fünftes Buch (V) – Gesetzliche Krankenversicherung vom 20. Dezember 1988.

560 *Heberer*, in: ders., Arzt und Recht, S. 422, nennt hier § 4 Abs. 1 des Tarifvertrag für Ärztinnen und Ärzte an kommunalen Krankenhäusern im Bereich der Vereinigung der kommunalen Arbeitgeberverbände (TV-Ä/VKA) vom 17. August

Chefarztvertrag, können rechtliche Grundlage der Verpflichtung sein.[561] Nicht unbedenklich ist die derzeitige Situation – einmal mehr – aufgrund fehlender Einheitlichkeit und unterschiedlich ausgestalteter gesetzlicher Vorgaben in diesem Bereich. Gibt es Anhaltspunkte für einen Zusammenhang eines Todesfalls mit medizinischen Maßnahmen, so sind nur in Baden-Württemberg und Hessen alle beteiligten Ärzte von der Leichenschau ausgeschlossen.[562]

3. Untersuchung und Diagnose

Der über den Todesfall informierte Arzt hat die Leichenschau *unverzüglich* vorzunehmen. Zur Definition dieses Begriffs bedient man sich zumeist einer Legaldefinition aus dem Bürgerlichen Gesetzbuch, wonach unter *unverzüglich* „ohne schuldhaftes Zögern" zu verstehen ist.[563] In wenigen Landesgesetzen finden sich genaue Angaben zu der betreffenden Zeitspanne, etwa 6 h[564] bis hin zu 12 h.[565] Solche Zeitspannen sind allerdings kritisch zu betrachten, da es etwa in Fällen von Scheintod entscheidend auf die Zeit ankommt.[566] So ist der Tod nur dann definitiv und unproblematisch, wenn eines der sicheren Todeszeichen vorliegt;[567] andernfalls sind umgehend entsprechende Rettungsmaßnahmen einzuleiten.[568]

2006 und zur Wertung des Leichenschauscheins als Bescheinigung verweist er auf BAGE 47, 53.

561 Siehe *Ulsenheimer*, in: Laufs/Kern/Rehborn, Handbuch des Arztrechts, § 134, Rn. 39.

562 § 20 Abs. 2 S. 3 BestattG BW; 10 Abs. 2 S. 3 FBG Hessen; Zur vertieften Auseinandersetzung mit der Problematik des ärztlichen Behandlungsfehlers als Todesursache und den aktuellen gesetzlichen Regelungen in diesem Bereich, siehe unten Teil 2, Kapitel 2, I., 7., a), S. 166–175.

563 § 121 Abs. 1 BGB.

564 § 3 Abs. 1 S. 2 LeichenG Bremen; hier jedoch nur bei „begründeter Verspätung".

565 § 6 Abs. 1 BestG Berlin.

566 Gleichermaßen kritisch erscheint, vor diesem Hintergrund, die Aussage von *Gerg/Baier*, Kriminalistik 2009, S. 476, der Arzt könne bei Anrufen zur Nachtzeit, die den Tod eines bekannten Patienten im Pflegeheim betreffen, die Leichenschau regelmäßig auf den nächsten Morgen verschieben; dies mag allenfalls für Fälle gelten, in denen der Arzt anderweitig bei einem Notfall gebunden ist und sich so schnell keine Vertretung organisieren lässt.

567 *Lukaschewski*, Kompendium der Kriminalistik, S. 311, *Wirth* (Hrsg.), Kriminalistik-Lexikon, S. 576; *Madea* et al., in: Madea, Rechtsmedizin, S. 46.

568 Vgl. etwa *Madea/Dettmeyer*, Deutsches Ärzteblatt 2003, S. A 3165; vor diesem Hintergrund betont der Autor auch an anderer Stelle, dass nur die Bestimmungen sinnvoll seien, die tatsächlich eine Leichenschau *unverzüglich* nach Erhalt

Arbab-Zadeh/Prokop/Reimann[569] empfehlen sogar, bis zur sicheren Feststellung des Todes Wiederbelebungsmaßnahmen durchzuführen. Der Zeitfaktor spielt auch hinsichtlich der öffentlichen Sicherheit eine Rolle; zu denken ist an den Infektionsschutz und gegebenenfalls die Aufklärung nicht natürlicher Todesfälle.[570] Zum Teil ist in den Vorschriften der Fall erfasst, dass der informierte Arzt aus wichtigem Grund verhindert ist. Je nach Bundesland hat er dann umgehend eine Vertretung zu organisieren oder ein Arzt der für den Sterbeort zuständigen unteren Gesundheitsbehörde übernimmt die Aufgabe.[571]

Die Leichenschau sollte, aus den genannten Zeitgründen und um möglichst alle potentiellen Spuren eines nicht natürlichen Todes zu erhalten am Fundort geschehen. Es kann vorkommen, dass dies aus zwingenden Gründen nicht möglich ist, wenn sich die Leiche beispielsweise an einem sehr belebten öffentlichen Ort befindet oder die Lichtverhältnisse zu schlecht sind. In solchen Fällen muss zumindest der Tod festgestellt werden,[572] da andernfalls sofort Reanimationsmaßnahmen einzuleiten sind.[573] Die Leichenschau muss dann möglichst zügig an geeigneterer Stelle vollendet werden. Besonders gelungen ist in diesem Zusammenhang aus Sicht der Ärzte die Regelung Schleswig-Holsteins, da sie dem Arzt einen Entscheidungsspielraum lässt, inwiefern er vor Ort ordnungsgemäß arbeiten kann. Der Arzt kann den Leichnam nach Feststellung des Todes an einen geeigneten Ort bringen lassen, sollte sich dieser nicht in einem geschlossenen Raum befinden oder die Leichenschau nicht ordnungsgemäß durchführbar sein.[574] Ansonsten ist davon auszugehen, dass

---

der Todesnachricht anordnen, *Madea* et al., in: Madea, Rechtsmedizin, S. 45; zur zeitlichen Einordnung des „Unverzüglich", *Husvogt*, Bestattungsgesetz Schleswig-Holstein, § 3, S. 67.

569 *Arbab-Zadeh/Prokop/Reimann*, Rechtsmedizin, S. 7.

570 *Husvogt*, Bestattungsgesetz Schleswig-Holstein, S. 65 f.

571 Vgl. etwa § 5 Abs. 3 LeichenG Bremen und § 9 Abs. 3 S. 2 BestG NRW; in § 5 Abs. 1 BestV Bayern ist etwas vage erwähnt, dass ein Arzt des Gesundheitsamtes des Amtsbezirks die Leichenschau vorzunehmen hat, falls dies kein anderer Arzt tut; ebenso § 10 Abs. 4 Nr. 1 FBG Hessen.

572 *Madea* et al., in: Madea, Rechtsmedizin, S. 40; vgl. auch § 6 Abs. 1 S. 3 BbgBestG.

573 *Dettmeyer/Verhoff*, Rechtsmedizin, S. 26; die Studie von *Schriewersmann*, Folgen der Feststellung „Todesart nicht geklärt" durch den Arzt des NAW (Notarztwagen), zeigt auf S. 94–97 die Häufigkeit der eingeleiteten Reanimationsmaßnahmen durch den Rettungsarzt bei Patienten, die klinisch bereits tot waren oder nur noch vitale Restfunktionen aufwiesen: In 40 % der 314 Fälle entschied sich der Arzt für Reanimationsversuche, was offenbar unabhängig vom jeweiligen Alter des Patienten geschah.

574 § 4 Abs. 1 S. 3 BestattG Schleswig-Holstein.

der Gesetzgeber ein solches Vorgehen implizit annimmt.[575] Entscheidend ist – dies wird in allen Vorschriften deutlich –,[576] dass die Untersuchungen sorgfältig vorgenommen werden und der Arzt sich genügend Zeit nimmt, um alle erforderlichen Schritte gewissenhaft auszuführen.[577] Hinsichtlich der Feststellung von Tod, Todeszeit, Todesursache und Todesart sowie Personalien gleichen sich sämtliche Landesvorschriften.[578] Allerdings weichen sie in ihrer Detailliertheit hinsichtlich der Anforderungen an die Untersuchung deutlich voneinander ab. Im Bestattungsgesetz NRW heißt es lediglich: „Ärztinnen und Ärzte sind verpflichtet, unverzüglich nach Erhalt der Todesanzeige die unbekleidete Leiche oder die Totgeburt persönlich zu besichtigen und sorgfältig zu untersuchen (Leichenschau)."[579] Was genau die Forderung einschließt, die Leiche „sorgfältig" zu untersuchen, bleibt offen.[580] Nur ein Teil der Landesgesetze bietet dazu konkrete Hinweise.[581] Besonders detailliert sind die Vorgaben für die Untersuchung des Leichnams in Sachsen: „Die Leiche ist zu entkleiden und durch den Arzt unter Einbeziehung aller Körperregionen, insbesondere auch des Rückens, der Hals- und Nackenregion und der Kopfhaut, gründlich zu untersuchen. Der Arzt hat hierbei vor allem auf Merkmale und Zeichen zu achten,

575 So etwa für das BestattG Schleswig-Holstein *Spranger*, Bestattungsgesetz Schleswig-Holstein, § 4, S. 53; i.E. wohl auch *Madea* et al., in: Madea, Die ärztliche Leichenschau, S. 26.

576 Und ebenso in rechtswissenschaftlichen Ausführungen zu diesem Thema betont; etwa bei *Ulsenheimer*, in: Laufs/Kern/Rehborn, Handbuch des Arztrechts, § 134, Rn. 34.

577 Eine kompakte Übersicht der wichtigen Schritte bieten schon *Vock/Schwerd*, Medizinische Klinik 1985, S. 170 f.; *Schneider*, Die Leichenschau, S. 814, mit Beispielsfällen und weiteren Nachweisen; als Standardwerk zu diesem Thema dürfte heute *Madea* (Hrsg.), Die ärztliche Leichenschau, anzusehen sein, darin zur Durchführung der ärztlichen Leichenschau in ihren Einzelheiten *Madea* et al., in: Madea, Die ärztliche Leichenschau, S. 67–142. Als Serie in einer Fachzeitschrift etwa auch *Peschel/Priemer/Eisenmenger*, MMW – Organ für amtliche und praktische Ärzte 1997, unter dem Titel „*Letzter Dienst am Menschen*"; in den Heften 3–13 wird jeweils ein Aspekt der Leichenschau ausführlich behandelt. Kompakter etwa *Voß*, Vergleich der Todesursache auf dem Leichenschauschein mit dem Ergebnis der gerichtlichen Obduktion, S. 15.

578 *Wirth* (Hrsg.), Kriminalistik-Lexikon, S. 371.

579 § 9 Abs. 3 S. 1 BestG NRW.

580 Tabellarische Übersichten zum Vorgehen bei der äußeren Besichtigung der Leiche aus dem Blickwinkel des Mediziners bieten etwa *Brinkmann/Pfeiffer*, in: Brinkmann, Leichenschau, S. 60 f. sowie 63.

581 Dies bemerkt auch *Klinge*, Todesbegriff, Totenschutz und Verfassung, S. 47.

die auf einen nichtnatürlichen Tod hindeuten."[582] Auch in der Fachliteratur wird die Notwendigkeit sehr genauen Vorgehens empfohlen,[583] wobei nicht nur auf äußere Verletzungen zu achten und mehr als nur der konkret todesursächliche Aspekt zu bedenken sei. *Kühn* verdeutlicht dies, indem er keine Leichen-*Schau* im eigentlichen Sinn, sondern eine Leichen-*Untersuchung* fordert.[584] Denn die Todesursache kann unter Umständen von außen kaum zu erkennen sein und erhebliche Zeit zurückliegen.[585] Das Ausfüllen der Todesbescheinigung gar, ohne die Leiche gesehen zu haben vergleicht *Schneider* mit einer Diagnosestellung am Telefon.[586] Die Genauigkeit des Arztes bei dieser Tätigkeit ist nicht nur für ihn persönlich wichtig, wegen der rechtlichen Konsequenzen bei Fehlverhalten; für *Leopold/Hunger* ist es ein Akt hoher ärztlicher Verantwortung, der unter keinen Umständen zur bloßen Formalität werden sollte.[587] Aus juristischer Sicht wird das Unterlassen der Entkleidung der Leichnams als Verstoß gegen die Sorgfaltspflicht und als Fahrlässigkeit gewertet, wenn etwa der vermeintlich Tote tatsächlich noch lebt, in seinem Rücken ein Messer steckt oder die Farbe der Totenflecke eine Kohlenmonoxidvergiftung nahelegt.[588]

Die wichtigste Aufgabe der Leichenschau ist es, den *Tod* des Betroffenen zweifelsfrei zu *bestätigen*.[589] Der Arzt muss dazu eine Differentialdiagnose stellen, deren Ergebnis bestimmt, ob die Person als verstorben oder als

582 § 13 Abs. 3 S. 1 u. 2 SächsBestG.

583 Vergleiche zur fachgerechten Untersuchung etwa *Edler* et al., Lege artis: Das Magazin zur ärztlichen Weiterbildung 2012, S. 102; *Peschel/Eisenmenger*, MMW Fortschritte der Medizin 2007, S. 38–42; *Madea/Dettmeyer*, Deutsches Ärzteblatt 2003, S. A 3173 f.; *Gabriel/Huckenbeck*, Grundlagen des Arztrechts, S. 73; *Madea*, Fortschritte der Medizin 1995, S. 231 f.; aus Sicht der Polizei mit dem Hinweis, die begleitenden Beamten immer lückenlos zu informieren, *Bux*, in: Brinkmann, Leichenschau, S. 115.

584 *Kühn*, Zur medizinischen und rechtlichen Problematik im Umgang mit Todesbescheinigungen in Schleswig-Holstein, S. 16.

585 So sind beispielsweise Thrombosen und Lungenembolie nach einem Unfall die todesursächlichen Folgen einer vorherigen Verletzung; ähnlich ist die Situation beim Tod nach einem medizinischen Eingriff, *Gabriel/Huckenbeck*, Grundlagen des Arztrechts, S. 73.

586 *Schneider*, Die Leichenschau, S. 7 f.

587 Vgl. *Leopold/Hunger*, Die ärztliche Leichenschau, S. 2.

588 *Janssen*, in: Oehmichen/Klose/Wegener, Rechtsmedizin in Deutschland – Ost und West, S. 60.

589 Vgl. *Madea* et al., in: Madea, Die ärztliche Leichenschau, S. 69.

reanimationsfähig und dann auch reanimationspflichtig zu behandeln ist;[590] das gilt insbesondere im Rettungsdienst, da dort der Arzt primär zur Durchführung von Rettungsmaßnahmen gerufen wird.[591] Nur wenn sichere Todeszeichen vorliegen und damit der Individualtod eingetreten ist – an dieser Stelle ist die Unterscheidung zwischen klinischem Tod und dem Individual- oder Hirntod von entscheidender Bedeutung –,[592] sind Reanimationsmaßnahmen mit endgültiger Sicherheit wirkungslos.[593] Entsprechend hat das OLG München entschieden, dass grundsätzlich nur bei Vorliegen sicherer Todeszeichen auf Reanimationsmaßnahmen verzichtet werden darf.[594] Besteht der Verdacht auf einen Scheintod – dessen Feststellung Kenntnis der medizinischen Problematik der vita minima erfordert – darf die Todesbescheinigung nicht ausgefüllt werden.[595] Zudem muss der Arzt vor Ort bleiben, gegebenenfalls ist weitere ärztliche Hilfe zu holen oder eine Krankenhauseinweisung zu veranlassen.[596] Etwas anders stellt sich die Situation bei der Leichenschau im Krankenhaus, insbesondere auf der Intensivstation, dar. Da entsprechende Geräte zur Feststellung des Hirntodes zur Verfügung stehen, muss hier nicht zwingend auf die sicheren Todeszeichen gewartet werden. Sollte eine Organtransplantation vorgesehen sein, ist das auch nicht möglich. Einige der sicheren Zeichen gehen mit ersten Zersetzungserscheinungen der Leiche einher, wohingegen die Organe zur Transplantation möglichst innerhalb kurzer Zeit nach Todeseintritt entnommen werden müssen. Zutreffend stellt *Klinge* noch Ende des 20. Jahrhunderts mit Erstaunen fest, dass dieser spezielle, aber nicht unbedeutende Aspekt der Leichenschau in keinem der entsprechenden Landesgesetze Erwähnung

---

590 Vgl. den Punkt Nr. 3, S. 3 in: *Deutsche Gesellschaft für Rechtsmedizin*, Regeln zur Durchführung der ärztlichen Leichenschau, abrufbar unter http://www.awmf.org/leitlinien/detail/ll/054-002.html (geprüft am 28.01.2018). *Madea* et al., in: Madea, Die ärztliche Leichenschau, S. 69, merken völlig zu Recht an, dass nur solche Regelungen Sinn ergeben, die die unverzügliche Ausführung der ärztlichen Leichenschau vorschreiben.

591 Dazu umfassender und m.w.N. *Schriewersmann*, Folgen der Feststellung „Todesart nicht geklärt" durch den Arzt des NAW (Notarztwagen), S. 32 f.

592 Den aktuellen Stand zusammengefasst hat *Bahner*, Recht im Bereitschaftsdienst, S. 201 f. m.w.N.

593 Vgl. *Ellinger/Osswald/Stange* (Hrsg.), Fachkundenachweis Rettungsdienst, S. 37. Eine Darstellung der medizinischen Schwierigkeiten folgt unten, Teil 2, Kapitel 2, I., 1., a), S. 135–139.

594 OLG München, NJW – Neue Juristische Wochenschrift 2006, 1883.

595 *Madea* et al., in: Madea, Die ärztliche Leichenschau, S. 69 f.

596 *Madea* et al., in: Madea, Rechtsmedizin, S. 46.

findet.[597] Auch heute noch macht lediglich das Transplantationsgesetz in § 3 Abs. 1 S. 1 Nr. 2 2 Nr. 2 und § 5 Abs. 1 Angaben zur Vorgehensweise bei der Leichenschau in solchen intensivmedizinischen Fällen. So ist die Organ- und Gewebeentnahme etwa dann unzulässig, wenn „nicht vor der Entnahme bei dem Organ- oder Gewebespender der endgültige, nicht behebbare Ausfall der Gesamtfunktion des Großhirns, des Kleinhirns und des Hirnstamms nach Verfahrensregeln, die dem Stand der Erkenntnisse der medizinischen Wissenschaft entsprechen, festgestellt ist.“[598] Der Gesetzgeber ordnet diese Problematik also nicht der Leichenschau, sondern der Organentnahme zwecks Transplantation zu;[599] und so verbleiben den Entscheidungsträgern am Sterbebett – sofern es nicht um eine Organentnahme geht – lediglich die vom Wissenschaftlichen Beirat der Bundesärztekammer formulierten Entscheidungshilfen zur Feststellung des Hirntodes.[600] Diese wiederum wurden von der Bundesärztekammer im Auftrag des Gesetzgebers gem. § 16 Abs. 1 Nr. 1 TPG erstellt. Danach ist eine solche Todesfeststellung kein einheitlicher Akt im Sinne einer zusammenhängenden Untersuchung, sondern ein vergleichsweise komplexes Zusammenspiel verschiedener Faktoren und Handlungen, das dem Einzelfall angepasst werden muss. Grundsätzlich gilt, dass bei Vorliegen entsprechender klinischer Symptomatik ergänzende Untersuchungen, wie EEG oder Angiographie, zu einem eindeutigen Ergebnis kommen und eine dem speziellen Fall angemessene Beobachtungszeit verstrichen ist, der Hirntod als festgestellt gilt.

Den Todes*zeit*punkt zu bestimmen oder zumindest zu schätzen, ist ebenfalls ein fester Bestandteil der Untersuchung.[601] Vorbehaltlos können diese Angaben nach *Dettmeyer/Verhoff* nur in wenigen Fällen gemacht werden; dazu werden folgende Konstellationen genannt:[602]

597 *Klinge*, Todesbegriff, Totenschutz und Verfassung, S. 51.

598 § 3 Abs. 2 Nr. 2 TPG.

599 Zu diesem Ergebnis kommt *Klinge*, Todesbegriff, Totenschutz und Verfassung, S. 51.

600 Bekanntmachung: *Bundesärztekammer*, Deutsches Ärzteblatt 2015, S. A 1256; vollständige Fassung: *Vorstand der Bundesärztekammer*, Richtlinie gemäß § 16 Abs. 1 S. 1 Nr. 1 TPG für die Regeln zur Feststellung des Todes nach § 3 Abs. 1 S. 1 Nr. 2 TPG, abrufbar unter http://www.baek.de/downloads/irrev.Hirnfunktionsausfall.pdf (geprüft am 28.01.2018).

601 Siehe zur rechtlichen Bedeutung das Fallbeispiel oben Teil 1, Kapitel 2, I., 3., S. 33–35.

602 *Dettmeyer/Verhoff*, Rechtsmedizin, S. 26.

- der Betroffene ist während medizinischer Überwachung verstorben
- vertrauenswürdige Personen können den Zeitpunkt glaubhaft bezeugen[603]
- ein schwerer Unglücksfall lässt auf eine nur sehr kurze Sterbephase schließen (etwa eine Explosion)

Andernfalls sollte eine Zeitspanne für den Todeseintritt bestimmt oder zumindest geschätzt werden.[604]

Die korrekte und genaue Feststellung und Beschreibung der eigentlichen Todes*ursache* ist laut *Peter/Tilch*[605] auch deshalb entscheidend, da nur dann eine sichere Entscheidung über die Todes*art* getroffen werden könne.[606] Die Art des Todes, ob also der Tod ein natürliches Ereignis war oder nicht, ist allein eine Frage seiner Ursache. Erschwerend wäre, dass zwischen der eigentlichen Ursache und dem Tod oft eine längere Kausalkette bestünde. Bei diesen Spättodesfällen nähme die Schwierigkeit, die ursächlichen Verbindungen nachzuvollziehen, zu, je länger die Person mit den Folgen des Grundleidens noch lebte.[607] Gerade bei Tötungsdelikten sei das Grundleiden, d.h. die ursprüngliche Ursache, oft verdeckt und bei einer lediglich oberflächlichen Untersuchung nicht zu erkennen; beispielhaft wird angeführt, dass Herzversagen sowohl auf einer gewöhnlichen Vorerkrankung als auch auf einer kriminellen Handlung beruhen kann.[608] Wenn beispielsweise eine Verletzung durch Fremdeinwirkung auftritt, die eine Infektion verursacht bei der sich eine Sepsis entwickelt und diese schließlich zum Herzversagen führt;[609] hier kommt es auf die Kausalkette an. *Dettmeyer/Verhoff* unterscheiden vereinfachend drei Befundgruppen, gestaffelt nach ihrer todesursächlichen Bedeutung:[610]

- Bei „harten" Todesursachen seien die krankheitsbedingten Abläufe und die zeitliche Nähe von unmittelbarer Todesursache und Grundleiden bezüglich Kausalität und Zeitablauf äußerst plausibel.

---

603 Hier sollte gegebenenfalls der Name der bezeugenden Person vermerkt werden.

604 *Dettmeyer/Verhoff*, Rechtsmedizin, S. 26 f.; für den Fall, dass der Zeitpunkt große Bedeutung hat, legen die Autoren nahe, in Absprache mit den Behörden, auf eine genaue Untersuchung durch einen Rechtsmediziner hinzuwirken.

605 *Peter/Tilch*, Bestattungsgesetz Thüringen, S. 30.

606 Ebenso *Ellinger/Osswald/Stange* (Hrsg.), Fachkundenachweis Rettungsdienst, S. 46 f.

607 *Schulz*, Rechtsmedizin: Vorträge über aktuelle Themen 1998, S. 81.

608 *Peter/Tilch*, Bestattungsgesetz Thüringen, S. 30.

609 Weitere Beispiele nennen *Edler* et al., Lege artis: Das Magazin zur ärztlichen Weiterbildung 2012, S. 106.

610 *Dettmeyer/Verhoff*, Rechtsmedizin, S. 28.

- Anders die „weichen" Todesursachen: Das bekannte Grundleiden könne auf mehreren Wegen, wenn auch über unterschiedliche Pathomechanismen, zum Tode führen; oder unterschiedliche Grunderkrankungen könnten über ein gemeinsames Endstadium zum Tode führen.
- Schließlich blieben die Fälle, bei denen der Arzt weder die Anamnese noch die Sterbesituation in ausreichendem Maß in Erfahrung bringen kann und daher unmittelbare Todesursache bzw. Grundleiden nicht festgestellt werden könnten.

„Lässt sich die Todesursache nicht kausal aus einem bekannten Krankheitsverlauf erklären, muss die Untersuchung Aufschluss darüber geben, welche Krankheit oder Verletzung den Tod unmittelbar herbeigeführt hat und welche Krankheiten oder Verletzungen ihn verursacht haben könnten."[611] Die korrekte Beurteilung einer natürlichen Todesursache ist also Voraussetzung dafür, nicht natürliche Todesfälle zu erkennen und abzugrenzen.[612] Es ist ersichtlich, dass der Arzt hier den gleichen Sorgfaltsmaßstab anzuwenden hat wie bei anderen medizinischen Diagnosen.[613] Von Bedeutung ist in diesem Zusammenhang die Krankengeschichte des Verstorbenen. War etwa zum Todeszeitpunkt keine erhebliche Erkrankung bekannt, könnte eine möglicherweise nicht natürliche Todesart vorliegen, die unter Umständen nur durch die Ermittlungsbehörden und gegebenenfalls durch eine Obduktion zu klären ist.[614] In den – zunehmend häufigeren – Fällen, in denen nicht der Hausarzt des Verstorbenen die Leichenschau vornimmt, sollte der Leichenschauer grundsätzlich diesen befragen und/oder die Kollegen, die den Verstorbenen behandelt haben. Für die befragten vorbehandelnden Ärzte besteht – als Ausnahme von der ärztlichen Schweigepflicht – eine Auskunftspflicht bezüglich etwaiger Vorerkrankungen oder sonstige Punkte der Krankenakte.[615] Für *Penners* steht es in diesem Zusammenhang sogar außer Frage, dass bei einer Fundleiche – und damit einhergehender Unklarheit der Vorgeschichte – stets nur die Einordnung als ungeklärte

611 *Husvogt*, Bestattungsgesetz Schleswig-Holstein, S. 74, formuliert so eine treffende Folgerung, unabhängig von den vorherigen Überlegungen von *Peter/Tilch*, oben Teil 1, Kapitel 5, I., 3., S. 82.

612 *Madea* et al., in: Madea, Rechtsmedizin, S. 53; *Janssen/Naeve*, in: Müller, Gerichtliche Medizin, S. 248.

613 Vgl. *Oehmichen/Saternus*, Kriminalistik 1985, S. 2 f.

614 Vgl. *Madea* et al., in: Madea, Rechtsmedizin, S. 58 f.

615 Vgl. etwa Art. 3 Abs. 2 BestG Bayern; § 9 Abs. 3 S. 4 BestG NRW; dazu auch *Bahner*, Recht im Bereitschaftsdienst, S. 200 m.w.N.

Todesart [und gleichsam auch unklare Todesursache] erfolgen kann.[616] Darüber hinaus sollte die Befragung bei Bedarf auch auf andere Personen ausgedehnt werden, die möglicherweise über für die Leichenschau relevante Informationen verfügen.

Die meisten Leichenschaubestimmungen legen entsprechende Auskunftspflichten auch für Personen fest, die den Verstorbenen bis dato gepflegt, mit ihm zusammengelebt haben oder sonst Näheres über die Todesumstände wissen.[617] In einigen Bundesländern hat der Arzt sogar eine Befragungspflicht.[618] Dadurch erweitern sich der zeitliche Aufwand und die inhaltlichen Anforderungen an den Arzt nicht unerheblich. Sollte der leichenschauende Arzt die Person schon vor deren Tod betreut haben, kann es sein, dass die Todesursache mit ihm bekannten Krankheiten im Zusammenhang steht. Allerdings muss dies nicht zwangsläufig so sein, und auch dann sind vorschnelle Schlussfolgerungen zu unterlassen und alle möglichen Todesursachen in Betracht zu ziehen.[619] Stellt der Arzt tatsächlich Anzeichen eines nicht natürlichen Todes fest,[620] muss er unverzüglich die Polizei verständigen[621] und sicherstellen, dass der Leichnam und dessen Umgebung bis zum Eintreffen der jeweiligen Behörde unverändert bleiben. Zudem sollte er die eintreffenden Beamten auf Veränderungen an der Leiche und am Fundort aufmerksam machen, die für eine korrekte Ausführung der Leichenschau unumgänglich waren.[622] Außerdem sollte er auffällige Besonderheiten an Leiche und Fundort genau dokumentieren. Als solche Auffälligkeiten nennt *Bahner* Beschädigungen der Kleidung der Leiche, Einschüsse sowie Blut und andere anhaftende Substanzen, etwa Sperma. In der Umgebung sind Blutspuren, Kampfspuren und Gegenstände, die als Tatwerkzeug in Frage kommen, zudem Erbrochenes, Alkoholika und Gifte, Fixerbestecke

---

616 *Penners*, Zur Feststellung der Todesart auf dem ärztlichen Leichenschauschein, S. 46 f.

617 Siehe etwa Art. 3 Abs. 2 BestG Bayern; § 9 Abs. 3 S. 4 BestG NRW; beispielhaft für das Land Schleswig-Holstein *Husvogt*, Bestattungsgesetz Schleswig-Holstein, S. 74 f.; *Ulsenheimer*, in: Laufs/Kern/Clemens, Handbuch des Arztrechts, § 133, Rn. 14, hält darüber hinaus alle Angehörigen für auskunftspflichtig, die kein Zeugnisverweigerungsrecht gem. §§ 52 Abs. 1 Nr. 1–3, 55 StPO haben.

618 Siehe § 5 Abs. 1 S. 2 BestattG LSA.

619 Dahin gehend auch *Husvogt*, Bestattungsgesetz Schleswig-Holstein, S. 73.

620 Wichtige Anhaltspunkte sind aufgelistet etwa bei *Edler* et al., Lege artis: Das Magazin zur ärztlichen Weiterbildung 2012, S. 101; *Madea* et al., in: Madea, Die ärztliche Leichenschau, S. 36.

621 Siehe zur Meldepflicht unten Teil 1, Kapitel 5, I., 4., S. 87–89.

622 Vgl. *Hunger/Dürwald/Tröger* (Hrsg.), Lexikon der Rechtsmedizin, S. 176.

und Medikamente, deren Verpackungen sowie – was leicht unbemerkt bleiben kann – Rezepte, relevant; aber auch deutliche Verwahrlosung oder eine ungewöhnliche Raumtemperatur.[623] Darüber hinaus ist auf Gefahrenquellen, wie offene Stromleitungen, stromführende Geräte und Gasquellen, zu achten.[624]

4. Todesbescheinigung und Meldepflichten

Die Erstellung einer Todesbescheinigung[625] ist nach allen Landesvorschriften gleichermaßen Pflicht.[626] Allerdings hat die Länderkompetenz zur Folge, dass die Formulare für die Todesbescheinigungen von Bundesland zu Bundesland zum Teil stark variieren.[627] Zu einigen Punkten müssen jedoch länderübergreifend zwingend Angaben gemacht werden; laut *Madea* et al. sind dies:[628]

- Feststellung des Todes
- Angabe des Todeszeitpunktes (in Jahr, Tag und Uhrzeit)[629]
- Angabe der Todesart[630]
- Angabe der Todesursache, gegebenenfalls mit kurzer Erklärung der Zusammenhänge

---

623 Die genannten Auffälligkeiten erwähnt *Bahner*, Recht im Bereitschaftsdienst, S. 209 m.w.N.

624 *Püschel*, Journal für Anästhesie und Intensivbehandlung 2003, S. 210; hier werden auch noch weitere Details, etwa im Falle eines Suizids durch Erhängen, aufgeführt.

625 Siehe zur Definition oben Teil 1, Kapitel 1, IX., S. 20 f.

626 *Wirth* (Hrsg.), Kriminalistik-Lexikon, S. 371.

627 Vgl. etwa die Formulare für Bayern: Muster im Vollzug der Bestattungsverordnung Bayern, Az.: 3.9/8072-12/108/02 vom 11. November 2002 (AllMBl. S. 1171). Und Nordrhein-Westfalen: Todesbescheinigung NRW – Anlage 2 zum Runderlass des Ministeriums für Gesundheit, Soziales, Frauen und Familie, Stand vom 27. März 2013 vom 25. Juli 2003 (MBl. NRW S. 1002). Diesen Aspekt bemerken auch *Edler* et al., Lege artis: Das Magazin zur ärztlichen Weiterbildung 2012, S. 101; *Zink*, Schweizerische Rundschau für Medizin Praxis 1984, S. 809; *Peschel/Penning*, in: Madler et al., Das NAW-Buch, S. 378; *Gabriel/Huckenbeck*, Grundlagen des Arztrechts, S. 105.

628 *Madea* et al., in: Madea, Rechtsmedizin, S. 41; konkrete Hinweise zum Ausfüllen der Formulare geben *Edler* et al., Lege artis: Das Magazin zur ärztlichen Weiterbildung 2012, S. 102 f.

629 *Dettmeyer/Verhoff*, Rechtsmedizin, S. 26.

630 An diesem Punkt differieren die länderspezifischen Formulare zwischen den Optionen: „natürlich“, „nicht natürlich“ oder „ungeklärt“ und der grundsätzlichen Annahme des natürlichen Todes, die der Arzt gegebenenfalls mit entsprechender Begründung zu widerlegen hat.

- ggf. die Angabe und Anzeige der Berufskrankheit
- ggf. die Angabe und Anzeige der übertragbaren Krankheit im Sinne des Infektionsschutzgesetzes
- Angabe der Personalien, soweit sie dem Arzt bekannt sind[631]

Dabei sind die Bestimmungen der Landesgesetze über die Pflichtangaben im vertraulichen Teil oftmals nicht abschließend, sodass der Arzt zusätzliche Hinweise notieren kann, sollte er dies für sinnvoll erachten. Deutlich wird dies etwa in § 9 Abs. 4 BestG NRW, wo „insbesondere Angaben zur Todesfeststellung, zur Todesursache sowie zu den weiteren Umständen des Todes" zu machen sind.[632] Auch bezüglich der Möglichkeiten, den Todeszeitpunkt anzugeben bzw. einzugrenzen, unterscheiden sich die Formulare einzelner Bundesländer. So kann beispielsweise in Sachsen alternativ zum Sterbezeit*punkt* auch lediglich der Zeit*raum* angegeben werden. In Nordrhein-Westfalen und Brandenburg besteht die Alternative zum Todeszeitpunkt in der Eintragung des Zeitpunktes der Leichenauffindung; allerdings gibt es in der Literatur Hinweise, dies würde zum Teil von den Standesämtern nicht akzeptiert.[633] Voraussetzung dafür, die Todesbescheinigung ordnungsgemäß ausfüllen zu können, ist die sorgfältige Durchführung der Leichenschau.[634] Häufig jedoch werden alle Möglichkeiten zur Erkundung der Todesursache erfolglos bleiben, denn – so stellt der Rechtsmediziner *Wolfgang Spann* fest –: „Bei der Leichenschau kann der Arzt nur eines mit Sicherheit feststellen: den Tod."[635] Hier fordert die Mehrheit der Fachliteratur in der Todesbescheinigung von pauschalen Angaben, wie „Herzversagen" abzusehen und die Todesart als ungeklärt zu notieren.[636] Offiziell sollte

---

631 *Ulsenheimer*, in: Laufs/Kern/Rehborn, Handbuch des Arztrechts, § 134, Rn. 35, empfiehlt dem Arzt, sollten die Angaben auf Auskunft Dritter beruhen, dies zu vermerken, und falls keine zu erlangen ist, die Polizei zu verständigen.

632 Dazu auch *Spranger*, Bestattungsgesetz Nordrhein-Westfalen, § 9 S. 156.

633 So *Jäkel*, Journal für Anästhesie und Intensivbehandlung 2000, S. 69.

634 *Heberer*, in: ders., Arzt und Recht, S. 421.

635 *Behrends*, Ärztliche Praxis 1976, S. 1412.

636 Vgl. etwa *Madea*, Fortschritte der Medizin 1995, S. 232; *Ellinger/Osswald/Stange* (Hrsg.), Fachkundenachweis Rettungsdienst, S. 41, warnen in diesem Zusammenhang vor „hellseherischen Diagnosen"; *Schneider*, Die Leichenschau, S. 43, 55 f. *Zimmermann* sieht hier die Gefahr von Missverständnissen zwischen Rechtsmedizinern und leichenschauenden Ärzten anderer Fachrichtungen: Aus Sicht der Rechtsmediziner sollten leichenschauende Ärzte nicht lediglich einen „Herztod" feststellen, sondern differenziertere Angaben zur Todesursache machen. Im Zweifel sollte die Todesursache jedoch vorzugsweise als unklar eingestuft werden, anstatt einer nichtssagenden Diagnose eines ohnehin letztlich immer eintretenden

dies, etwa in Baden-Württemberg, dann geschehen, wenn auch nach einer umfassenden Untersuchung und Inanspruchnahme aller zur Verfügung stehenden Quellen keine Hinweise auf einen natürlichen oder nicht natürlichen Tod gefunden werden können.[637] In einigen Bundesländern müssen die untersuchenden Ärzte mit Formularen vorlieb nehmen, die die Option „Todesart ungeklärt" nicht vorsehen.[638] Angesichts der beschriebenen Schwierigkeiten der Differenzierung erscheint dies als wenig sinnvoll;[639] betroffenen Ärzten rät *Schwerd* sogar, diese Option gegebenenfalls handschriftlich einzufügen.[640] Um die Validität der Todesursachenstatistik zu erhöhen, die maßgeblich von den Angaben im vertraulichen Teil der Todesbescheinigung abhängt, ist ein weiterer Punkt zu beachten.[641] Im Zusammenhang mit der Nennung der Todesursache ist eine Darstellung der Kausalkette vorgesehen, die zum Tod führte.[642] Selbstverständlich setzt dies die Existenz einer solchen Kausalkette voraus, andernfalls sind die betreffenden Felder frei zu lassen.[643] Der vertrauliche Teil der Todesbescheinigung in Baden-Württemberg listet im Vordruck eine Reihe möglicher Todesursachen auf:

- unvermeidbar zum Tode führende Krankheit
- vorangegangene Ursachen: Krankheiten, die die unmittelbare Todesursache herbeigeführt haben, und ursprüngliche Ursachen (Grundleiden)
- andere wesentliche Krankheiten (Krankheiten, die zum Tode beigetragen haben, ohne mit der unmittelbaren Todesursache oder dem Grundleiden im Zusammenhang zu stehen)[644]

Herztodes ohne nähere Angaben. Die Ärzte behielten wohl oft nur im Kopf, dass sie angehalten seien in jedem Fall statt eines Herztodes die Todesursache als unklar zu vermerken. Entsprechend die Darstellung in: *Raute*, Fragen zu den Problemen der ärztlichen Leichenschau – Interview mit Dr. jur. Georg Zimmermann, Vorsitzender Richter am Landgericht Bielefeld.

637 Vgl. *Gerg/Baier*, Kriminalistik 2009, S. 475.

638 Siehe das Beispiel der Todesbescheinigung in Schleswig-Holstein, oben Teil 1, Kapitel 4, S. 56.

639 Kritisch dazu auch *Bahner*, Recht im Bereitschaftsdienst, S. 207.

640 *Schwerd*, in: Opderbecke/Weißauer, Forensische Probleme in der Anästhesiologie, S. 127.

641 Siehe zur Bedeutung für die Todesursachenstatistik oben Teil 1, Kapitel 2, I., 4., S. 36–40.

642 Siehe dazu auch die Erläuterungen oben Teil 1, Kapitel 1, IX., S. 20 f.

643 *Dettmeyer/Verhoff*, Rechtsmedizin, S. 28.

644 So aufgeführt bei *Bahner*, Recht im Bereitschaftsdienst, S. 207 m.w.N.

Generell sind alle Todesursachen zu dokumentieren: Krankheiten, Verletzungen und deren Folgen[645] und zwar im Klartext, nicht nach ICD-Codes.[646] In Fachkreisen ist man sich einig, dass komplizierte Kausalketten allein durch eine äußere Leichenschau zu erkennen, oft schwierig, wenn nicht unmöglich ist.[647] Ist die Todesart eindeutig natürlich, spielt die Kausalkette zumindest bei der Entscheidung über polizeiliche Ermittlungen keine entscheidende Rolle. Oft jedoch kommt es gerade auf den einzelnen Zusammenhang an. *Dettmeyer/Verhoff* halten für die Praxis fest: „Vor dem Ausfüllen der Todesbescheinigung … ist vom Leichenschauarzt immer zu prüfen, ob die Krankengeschichte und die Umstände des Todeseintritts eine finale Morbidität plausibel erklären, und ob außerdem die Akuität des Todeseintritts nachvollziehbar ist. Ergibt sich dennoch keine plausible Todesursache, so ist dies im Formular festzuhalten."[648] Die nach der Erfahrung der Rechtsmediziner häufigsten Ursachen für einen nicht natürlichen Tod sind: Gewalteinwirkung, mechanisches Ersticken, Ertrinken, thermische Einwirkungen, elektrische Einwirkungen, Vergiftungen und Abtreibung.[649] Sollte der Tod für den Arzt in Anbetracht der bei der Untersuchung gewonnenen Befunde und aller ihm darüber hinaus zur Kenntnis gelangten Gegebenheiten nicht zweifelsfrei natürlich sein, muss die Todesart als ungeklärt vermerkt werden.[650]

Die Meldepflicht ist insbesondere dann von Bedeutung, wenn bei der Leichenschau Anhaltspunkte für einen nicht natürlichen Tod festgestellt werden. Doch muss der Leichenschauer nicht die mögliche Kausalität zwischen einem rechtlich relevanten Ereignis und dem Tod im Sinne der Äquivalenztheorie ergründen.[651] Es kommt lediglich auf Verdachtsmomente für einen nicht

---

645 So heißt es etwa in § 9 Abs. 1 S. 3 LeichenG Bremen: „Die Bescheinigung enthält über die verstorbene Person mindestens folgende Angaben: … 6. Angaben zur Krankheitsanamnese, 7. unmittelbare und mittelbare Todesursachen sowie weitere wesentliche Krankheiten oder Veränderungen zur Zeit des Todes." In medizinischer Hinsicht detailliertere Konstellationen beschreiben *Dettmeyer/Verhoff*, Rechtsmedizin, S. 28.

646 *Schelhase*, in: Madea, Die ärztliche Leichenschau, S. 220.

647 So unter anderen *Peschel/Eisenmenger*, MMW Fortschritte der Medizin 2001, S. 450; *Pollak*, in: Schlüchter, Kriminalistik und Strafrecht, S. 457, mit zahlreichen weiteren Nachweisen.

648 *Dettmeyer/Verhoff*, Rechtsmedizin, S. 28.

649 So die Stichworte bei *Klingshirn*, Der Notarzt 2006, S. 62.

650 So weiter *Klingshirn*, Der Notarzt 2006, S. 62; umfassend und mit weiteren Beispielen zu diesem Komplex auch *Zinka/Fieseler/Peschel*, Der Hausarzt 2010, S. 40 f.

651 *Ellinger/Osswald/Stange* (Hrsg.), Fachkundenachweis Rettungsdienst, S. 43.

natürlichen Tod an, wobei schon „geringste Anzeichen“[652] ausreichen. Erkennt er solche, muss der Arzt[653] nach Maßgabe der meisten Landesbestimmungen umgehend die Polizeibehörde[654] oder manchmal alternativ die Staatsanwaltschaft verständigen;[655] die ärztliche Schweigepflicht aus § 203 Abs. 1 und 4 StGB wird insoweit eingeschränkt.[656] In der Praxis wird allerdings oft bereits in unklaren Fällen, in denen noch keine Anhaltspunkte für einen Homizid vorliegen, die Polizei informiert;[657] auch das BestattG Schleswig-Holstein geht von dieser Handhabung aus.[658] Dies erscheint, so *Spranger* weiter, als Mehrbelastung der Polizei oder Ordnungsbehörden, stellt aber angesichts der aktuellen Fehlerquote bei der ärztlichen Leichenschau die sinnvollere Alternative dar. Natürlich ließe sich auch die Option der ungeklärten Todesart auf dem Leichenschauschein ankreuzen, jedoch würde die gegebenenfalls erforderliche Beweissicherung der Polizei möglicherweise entscheidend verzögert. Die Polizei muss außerdem immer auch dann eingeschaltet werden, wenn der Tote nicht identifiziert werden kann.[659]

Zum Pflichtenkreis gehört gem. § 8 Abs. 1 Nr. 1 IfSG die Information der Gesundheitsbehörden, sollten sich bei der Leichenschau Hinweise auf eine Krankheit finden, die eine Seuche auslösen könnte. Dies betrifft alle gefährlichen Krankheiten i.S.d. § 6 IfSG und alle Krankheitserreger i.S.d. § 7 IfSG. Welche Gesundheitsbehörde innerhalb von 24 h nach Bekanntwerden der Gefahr jeweils zu unterrichten ist, etwa wenn der Sterbeort einer Infektionsleiche unbekannt ist, und welche Aspekte für die Meldung wichtig sind, richtet sich nach § 9 Abs. 3 und 4 IfSG.[660] In Ausnahmefällen kann eine Meldepflicht

---

652 So *Heberer*, in: ders., Arzt und Recht, S. 423.

653 Eine kurze Übersicht, was der Arzt vor Ort konkret tun oder auch unterlassen sollte, bieten *Edler* et al., Lege artis: Das Magazin zur ärztlichen Weiterbildung 2012, S. 101; speziell zum vertraulichen Teil der Todesbescheinigung, *Dettmeyer/Madea*, Kritische Vierteljahresschrift für Gesetzgebung und Rechtswissenschaft 2004, S. 356.

654 Siehe § 9 Abs. 5 BestG NRW.

655 So etwa § 2 Abs. 4 S. 1 BestattG Hamburg.

656 *Kölbel/Ibold*, in: Münchener Kommentar – StPO, § 159, Rn. 7 m.w.N.

657 Dazu raten etwa *Dettmeyer/Verhoff*, Rechtsmedizin, S. 25.

658 Siehe *Spranger*, Bestattungsgesetz Schleswig-Holstein, § 2, S. 41.

659 Vgl. stellvertretend § 10 Abs. 1 S. 1 LeichenG Bremen; § 10 Abs. 6 S. 1 FBG Hessen.

660 In § 9 Abs. 3 IfSG heißt es: „Die namentliche Meldung muss unverzüglich erfolgen und dem zuständigen Gesundheitsamt nach Absatz 4 spätestens 24 Stunden, nachdem der Meldende Kenntnis erlangt hat, vorliegen. Eine Meldung darf wegen einzelner fehlender Angaben nicht verzögert werden. Die Nachmeldung oder

nach Chemikaliengesetz bestehen. Entsteht der Verdacht, der Tod könne auf der Einwirkung gefährlicher Stoffe beruhen, ist dies dem Bundesinstitut für Risikobewertung zu melden.[661] Sollte der Tod im Zusammenhang mit unerwünschten Nebenwirkungen von Medikamenten stehen, so ist diese Information an die Arzneimittelkommission der deutschen Ärzteschaft weiterzugeben;[662] bei Medizinprodukten – für den wohl nur seltenen Fall, dass es sich bei dem leichenschauenden Arzt auch um den Betreiber des Produkts handelt – der zuständigen Behörde.[663]

5. Abrechnung

Die Abrechnung erfolgt unabhängig von der Krankenversicherung des Verstorbenen, da diese mit dem Tod endet,[664] nach der Gebührenordnung für Ärzte. Unterschiede ergeben sich aus den jeweiligen Umständen der Leichenschau, ob ein niedergelassener oder ein Klinikarzt tätig wurde. In Kapitel B. VII. der Tabelle im Anhang der GOÄ ist die Todesfeststellung aufgeführt; die erste, dort folgende Ziffer 100, lautet: „Untersuchung eines Toten – einschließlich Feststellung des Todes und Ausstellung des Leichenschauscheines – … 28,50." Auch in der aktuellen Fassung sind die Angaben noch in DM; umgerechnet ergeben sich 14,57 €. Unter der Überschrift des Kapitels B. VII. ist vermerkt, dass zusätzlich, entsprechend der Anfahrt zum Ort der Leichenschau, ein Wegegeld

---

Korrektur von Angaben hat unverzüglich nach deren Vorliegen an das Gesundheitsamt zu erfolgen, das die ursprüngliche Meldung erhalten hat. Das Gesundheitsamt ist befugt, von dem Meldenden Auskunft über Angaben zu verlangen, die die Meldung zu enthalten hat. Der Meldende hat dem Gesundheitsamt unverzüglich anzugeben, wenn sich eine Verdachtsmeldung nicht bestätigt hat."

661 § 16e Abs. 2 ChemG; die meldepflichtigen Stoffe und die notwendigen Angaben sind dort verzeichnet; für die Gruppe der zur Meldung verpflichteten Ärzte gilt § 8 Abs. 1 Nr. 1 HS. 2 entsprechend.

662 Vgl. etwa § 6 BOÄ Bayern oder § 6 BOÄ Westfalen-Lippe.

663 § 6 BOÄ Bayern oder § 6 BOÄ Westfalen-Lippe und § 3 MPSV i.V.m. §§ 3, 5 MPBetreibV.

664 *Steinhilper*, in: Brinkmann, Leichenschau, S. 142; anders ist die Situation, wenn der Arzt noch bei einem Sterbenden eintrifft, die spätere Todesfeststellung wird dann über die gesetzliche Krankenversicherung abgerechnet, *Walbert*, MMW Fortschritte der Medizin 2012, S. 14; ausführlich dazu *Rendenbach*, MMW Fortschritte der Medizin 2007, S. 8. Außerdem kann in solchen Fällen neben der Nr. 100 GOÄ auch die Besuchsleistung nach Nr. 50 GOÄ abgerechnet werden, *Hefer/Wenning*, Rheinisches Ärzteblatt 2006, S. 15; *Steinhilper*, in: Brinkmann, Leichenschau, S. 146 f.

gem. § 8 GOÄ berechnet werden kann. Unter Begründung auf der Rechnung kann ein den Umständen der einzelnen Leichenschau entsprechender, nach billigem Ermessen bis zu dreieinhalbfacher Gebührensatz gem. § 5 GOÄ erhoben werden.[665] Im Falle der vorläufigen Todesbescheinigung ist Nr. 100 GOÄ nicht anzuwenden, hier wird Nr. 70 GOÄ analog herangezogen (Wegegeld kann auch hier abgerechnet werden).[666]

Zur Zahlung sind grundsätzlich die Erben bzw. Angehörigen des Verstorbenen verpflichtet; in einigen Bundesländern kann, die Rechnung an die Totensorgeberechtigten gerichtet werden.[667] Diese haben dann einen zivilrechtlichen Anspruch gegen die Erben, die im Rahmen der Gesamtrechtsnachfolge (§ 1922 Abs. 1 BGB) für die Kosten aufzukommen haben; etwa gem. Art. 4 BestG Bayern i.V.m. § 1968 BGB.[668] Manche Bestattungsunternehmen bieten auch an, den Betrag vom Kostenpflichtigen einzuziehen und an den Arzt weiterzuleiten. Von Bedeutung ist, dass der Arzt die Bezahlung der Leichenschau keinesfalls direkt vor Ort einfordern kann, denn gem. § 12 Abs. 1 GOÄ tritt die Zahlungspflicht erst mit der Ausstellung einer, i.S.d. Verordnung korrekten, Rechnung ein.[669] Ist der Arzt an einem Krankenhaus tätig, wird die Leichenschau in der Regel als eine zum Dienst gehörende Aufgabe erfüllt, die Untersuchung ist dann Teil der allgemeinen Krankenhausleistungen. Unter bestimmten Voraussetzungen kann der Arzt diese jedoch gesondert abrechnen. Voraussetzung ist ein eigenes Liquidationsrecht und entweder eine Nebentätigkeit für Rettungseinsätze, in

---

665 *Steinhilper*, in: Brinkmann, Leichenschau, S. 144 f.; *Jäkel*, Journal für Anästhesie und Intensivbehandlung 2000, S. 73, auf dieser Seite ist außerdem noch eine Musterrechnung abgebildet; *o.V.*, Die KV-Abrechnung 2006, S. 11, mit Wegegeld-Tabelle; mit 3,5-fachem Satz ergeben sich für die Leichenschau 50,99 €. Im Übrigen behelfen sich einige Ärzte inzwischen durch Analogbewertung und entsprechende Abrechnung verschiedener zur Leichenschau gehörender Leistungen, die in der GOÄ nicht aufgeführt sind. Gem. § 6 Abs. 2 GOÄ können selbstständige ärztliche Leistungen, die nicht in das Gebührenverzeichnis aufgenommen worden sind „entsprechend einer nach Art, Kosten- und Zeitaufwand gleichwertigen Leistung des Gebührenverzeichnisses berechnet werden." Zu diesem Vorgehen siehe *Walbert*, MMW Fortschritte der Medizin 2012, S. 14.

666 *Steinhilper*, in: Brinkmann, Leichenschau, S. 143; *Walbert*, MMW Fortschritte der Medizin 2012, S. 14; nach Nr. 70 GOÄ nennt einen Betrag von 4,56 DM, entsprechen 2,33 €.

667 *Jäkel*, Journal für Anästhesie und Intensivbehandlung 2000, S. 72 f.

668 *Hof*, Bayerisches Ärzteblatt 2001, S. 329 f.

669 Die in der Rechnung zwingend aufzuführenden Inhalte sind in § 12 Abs. 2 GOÄ aufgeführt; zu diesbezüglichen Verstößen siehe unten Teil 1, Kapitel 5, II., 1., S. 92 f.

deren Rahmen er ggf. eine Leichenschau selbst abrechnen darf,[670] oder zum Liquidationsrecht kommt eine gültige Wahlleistungsvereinbarung hinzu.[671]

II. Rechtliche Konsequenzen ärztlichen Fehlverhaltens im Rahmen der Leichenschau

1. Berufs- und Ordnungswidrigkeitenrecht

Sanktionen für pflichtwidriges Verhalten im Rahmen der Leichenschau finden sich zunächst im ärztlichen Standesrecht. Nach der Bundesärzteordnung kann ein Arzt aufgefordert werden, seine Approbation ruhen zu lassen, oder sie kann ihm ganz entzogen werden. Grundsätzlich kann ein Arzt die Approbation durch Rücknahme, Widerruf oder Verzicht verlieren. Gem. § 6 Abs. 1 Nr. 1 BÄO hat die Approbation zu ruhen, wenn gegen den Arzt wegen des Verdachts auf eine Straftat ermittelt wird, aus der sich die Unzuverlässigkeit oder Unwürdigkeit zur Ausübung des ärztlichen Berufs ergibt.[672] Auch aufgrund eines groben Fehlverhaltens bei der Leichenschau, das keine Straftat darstellt,[673] könnte unter Umständen auf die Unzuverlässigkeit oder Unwürdigkeit zur Ausübung des ärztlichen Berufs i.S.d. § 3 Abs. 1 S. 1 Nr. 2 BÄO geschlossen werden. Dies hätte zur Folge, dass die Approbation gem. §§ 5 Abs. 2 S. 1, 3 Abs. 1 S. 1 Nr. 2 BÄO zu widerrufen, also aus nachträglich entstandenen Gründen ex nunc zu entziehen wäre.

Eine besondere Rolle spielt – wie bei vielen ärztlichen Tätigkeiten so auch bei der Leichenschau – die ärztliche Schweigepflicht; denn „die Verschwiegenheit ist Grundlage für das Verhältnis zwischen Arzt und Patient.“[674] Die ärztliche Schweigepflicht ist bereits im hippokratischen Eid angelegt und wird in der Berufsordnung konkretisiert: „Ärztinnen und Ärzte haben über das, was ihnen in ihrer Eigenschaft als Ärztin oder Arzt anvertraut oder bekannt geworden ist – *auch über den Tod* der Patientin oder des Patienten *hinaus* [Hervorhebung nicht im Original] – zu schweigen.“[675] Da es für den Patienten neben

---

670 *Jäkel*, Journal für Anästhesie und Intensivbehandlung 2000, S. 72.

671 *Pieritz*, Ärzteblatt Mecklenburg-Vorpommern 2005, S. 350.

672 Vgl. *Ries* et al., Arztrecht, S. 86 f.; *Eicher*, in: Heberer, Arzt und Recht, S. 241 f.; zum Ruhen der Approbation gem. § 6 BÄO siehe auch OVG NRW, NWVBl. – Nordrhein-Westfälische Verwaltungsblätter 18/2004, 474.

673 Sollte das Verfahren, aufgrund dessen die Approbation ruht, mit der Verurteilung des Arztes enden, erscheint der Widerruf gem. §§ 5 Abs. 2 S. 1, 3 Abs. 1 S. 1 Nr. 2 BÄO sehr wahrscheinlich.

674 *Fleschutz*, in: Heberer, Arzt und Recht, S. 247.

675 § 9 MBO-Ä.

der gesetzlichen Garantie ebenso darauf ankommt, dass die gesamte Ärzteschaft diese Verpflichtung anerkennt,[676] regeln auch die Gesetze der Kammern für Heilberufe die ärztliche Schweigepflicht.[677] Diese Gesetze gehören – wie die Gesetze über das Leichenwesen – zum Landesrecht. Dort wird neben den Regelungen für die jeweiligen Kammern auch die Berufsausübung gesondert behandelt.[678] Die Schweigepflicht ist im Rahmen der Ermächtigung der Landeskammern zum Erlass von Berufsordnungen[679] ausdrücklich aufgeführt.[680] Die Landesärztekammern haben von dieser Ermächtigung Gebrauch gemacht und die Schweigepflicht – in Anlehnung an die Musterberufsordnung – ausdrücklich auch über das Lebensende hinaus festgeschrieben.[681] Dabei umfasst die ärztliche Schweigepflicht „alles, was dem Arzt anvertraut oder sonst bekannt worden ist"[682] und geht darin weiter als die strafrechtliche Regelung.

Kommt ein Arzt seiner gesetzlichen Pflicht zur Leichenschau nicht, fehlerhaft oder nur unzureichend nach, wird dies in der Regel als Ordnungswidrigkeit[683] behandelt und nur in seltenen Fällen macht sich der leichenschauende Arzt strafbar. Da die unverzügliche Ausführung der ärztlichen Leichenschau essentiell ist,[684] wird in nahezu allen Bundesländern ein Verstoß sanktioniert.[685] So begeht etwa in Bayern und Nordrhein-Westfalen der Arzt eine Ordnungswidrigkeit, der die Leichenschau nicht oder nicht mit der vom Gesetz verlangten Eile vornimmt.[686] Gleiches gilt, wenn ein Arzt nicht direkt die Polizei

676 Vgl. *Fleschutz*, in: Heberer, Arzt und Recht, S. 247.
677 Beispielsweise das HKaG Bayern oder das HeilBerG NRW.
678 Siehe Abschnitt Abs. 2 Art. 17–20 HKaG Bayern; II. Abschnitt §§ 29–32a HeilBerG NRW.
679 Art. 20 HKaG Bayern; § 31 Abs. 3 HeilBerG NRW.
680 Art. 19 Nr. 1 i.V.m. Art. 17 HKaG Bayern; § 32 S. 2 Nr. 1 i.V.m. § 29 HeilBerG NRW.
681 Vgl. § 9 BOÄ Bayern; § 9 BOÄ Westfalen-Lippe; § 9 BOÄ Nordrhein; Bezug auf den Tod des Patienten nimmt jeweils der erste Absatz.
682 *Parzeller/Wenk/Rothschild*, Deutsches Ärzteblatt 2005, S. A 290 f.
683 Nach § 1 Abs. 1 (OWiG) ist unter dem Begriff der Ordnungswidrigkeit eine rechtswidrige und vorwerfbare Handlung, die den Tatbestand eines Gesetzes verwirklicht, das die Ahndung mit einer Geldbuße zuläßt [sic!]. Gemäß § 2 OWiG gilt es für Bundes-, wie Landesrecht gleichermaßen.
684 Vgl. oben Teil 1, Kapitel 5, I., 1., S. 70 f. sowie Teil 1, Kapitel 5, I., 3., S. 77–80.
685 Mit Ausnahme von Hessen (Vgl. § 29 Abs. 1 FBG Hessen), wo die Gestaltung des Gesetzes diesbezüglich zudem sehr unübersichtlich ist. Siehe zur Sanktionierung auch *Ulsenheimer*, in: Laufs/Kern/Rehborn, Handbuch des Arztrechts, § 134, Rn. 36.
686 Siehe Art. 18 Abs. 1 Nr. 6 BestG Bayern; § 9 Abs. 3 i.V.m. § 19 Abs. 1 Nr. 2 BestG NRW.

informiert, sobald er Hinweise auf einen nicht natürlichen Tod entdeckt.[687] Die Bußgelder für solche Ordnungswidrigkeiten können bis zu 25.000 € betragen, wobei die Bundesländer auffallend unterschiedliche Grenzen ziehen.[688] Allen voran gilt es als Ordnungswidrigkeit, wenn der Arzt die Untersuchung der Leiche ganz unterlässt. Das Berufungsgericht für die Heilberufe beim Landgericht Nürnberg-Fürth macht dies in einem Beschluss noch einmal deutlich.[689] In diesem Fall erfolgte die „Untersuchung" der Leiche durch einen kurzen Blick auf die Leiche, ohne diese auch nur anzufassen. Der nach dem Tod eines Bewohners in ein Altenheim gerufene Arzt betrat nur für einen kurzen Augenblick den Raum und widmete sich dann direkt der Todesbescheinigung. Darüber hinaus hatte der Arzt die Todesbescheinigung entgegen den Vorgaben des § 3 Abs. 5 BestV Bayern mit in seine Praxis genommen, anstatt sie der anwesenden empfangsberechtigen Heimleitung zu überlassen. Auch eine solche Missachtung der Regelungen zur ordnungsgemäßen Abrechnung können rechtliche Konsequenzen nach sich ziehen. Das Gericht sah im Verhalten des Arztes einen Verstoß gegen § 2 Abs. 2 der Berufsordnung für die Ärzte Bayerns, da der Arzt sein Interesse nicht über das Wohl des Patienten stellen darf, was auch für verstorbene Personen gelte; gerade auch im Hinblick auf eine reibungslose Bestattung.[690] Zudem musste der Bestatter die Todesbescheinigung gezwungenermaßen in der Praxis des Arztes abholen und dieser bestand dabei auf sofortiger Barzahlung. Der Richter verwies darauf, dass die Vergütung gem. § 12 Abs. 1 GOÄ jedoch erst nach Erteilen einer ordnungsgemäßen Rechnung an den zahlungspflichtigen Angehörigen des Verstorbenen fällig sei.[691] Im Endeffekt wurde der Arzt – auch mit Blick darauf, dass die eigentliche Leichenschau nicht ordnungsgemäß vorgenommen wurde – zu einer Geldbuße in Höhe von 3.500 € verurteilt.[692]

687 Siehe § 9 Abs. 5 i.V.m. § 19 Abs. 1 Nr. 3 BestG NRW.

688 Bis zu 25.000 € etwa in Bremen, § 21 Abs. 2 LeichenG Bremen; in NRW lediglich bis zu 3.000 €, § 19 Abs. 2 BestG NRW; § 18 BestG Bayern i.V.m. § 17 Abs. 1 OWiG.

689 Berufungsgericht für die Heilberufe beim Landgericht Nürnberg-Fürth, Beschluss vom 10.11.2011, BG-Ä 23/11. Das Urteil findet sich im Anhang zu dieser Arbeit.

690 Berufungsgericht für die Heilberufe beim Landgericht Nürnberg-Fürth, Beschluss vom 10.11.2011, BG-Ä 23/11. S. 12.

691 Berufungsgericht für die Heilberufe beim Landgericht Nürnberg-Fürth, Beschluss vom 10.11.2011, BG-Ä 23/11. S. 12.

692 Berufungsgericht für die Heilberufe beim Landgericht Nürnberg-Fürth, Beschluss vom 10.11.2011, BG-Ä 23/11. S. 2, 14.

Madea[693] sieht als die wichtigsten der vielen für einen Arzt bei der Leichenschau in Betracht kommenden Ordnungswidrigkeiten folgende an:

- das nicht rechtzeitige, also schuldhaft zögernde (nicht unverzügliche)[694] Vornehmen der Leichenschau[695]
- die unzureichende Vornahme einer ärztlichen Leichenschau
- das unterlassene unverzügliche Bestellen einer Vertretung im Falle der eigenen Verhinderung
- die Missachtung der Meldepflicht an die zuständige Polizeibehörde bei Anhaltspunkten für einen nicht natürlichen Tod (einschließlich Suizid, Unfall oder sonst durch äußere Einwirkung) oder auch das nicht rechtzeitige Melden derartiger Anhaltspunkte
- das Unterlassen eines Hinweises auf eine übertragbare Krankheit
- das Unterlassen, das nicht richtige oder nicht vollständige Ausstellen einer Todesbescheinigung[696]

Die Zuständigkeit für die Überwachung möglicher Verstöße richtet sich nach §§ 36, 37 OWiG und den einschlägigen Verwaltungsgesetzen der Länder. In Nordrhein-Westfalen etwa sind sachlich zuständig nach § 19 Abs. 3 BestG NRW, der Bezug nimmt auf § 36 Abs. 1 Nr. 1 OWiG, die örtlichen Ordnungsbehörden; dabei handelt es sich gem. § 3 Abs. 1 OBG NRW um die Gemeinden. Mangels Angaben im Bestattungsgesetz richtet sich die örtliche Zuständigkeit nach § 37 OWiG.[697] Das Bayerische Bestattungsgesetz enthält keine entsprechenden Verweise, sodass die Zuständigkeiten den Regelungen der §§ 36, 37 OWiG entsprechen. Ein Beispiel für die Ahndung entsprechender Verstöße bietet der Fall eines Arztes in Bayern, der in einem Heim die Leichenschau „durchführte", indem er nach Ankunft die Krankenakte kurz überflog, darauf die Todesbescheinigung ausstellte, *danach* den Raum mit dem Leichnam kurz

693 Siehe die Aufzählung von *Madea* et al., in: Madea, Die ärztliche Leichenschau, S. 44, die allerdings keinen Anspruch auf Vollständigkeit erhebt.

694 Vgl. zum Begriff „unverzüglich" oben Teil 1, Kapitel 5, I., 3., S. 77 f.

695 Beispielhaft für das Land Brandenburg *Untze*, in: Scheiper – BbgBestG, § 5, S. 56.

696 Beispielhaft für das Land Schleswig-Holstein *Husvogt*, Bestattungsgesetz Schleswig-Holstein, S. 88.

697 Dort heißt es im ersten Absatz: „Örtlich zuständig ist die Verwaltungsbehörde, in deren Bezirk
1. die Ordnungswidrigkeit begangen oder entdeckt worden ist oder
2. der Betroffene zur Zeit der Einleitung des Bußgeldverfahrens seinen Wohnsitz hat."

betrat und, ohne diesen berührt zu haben, wieder verließ.[698] Das Gericht sah in dieser Zuwiderhandlung gegen § 3 Abs. 1 BestV Bayern zugleich einen Verstoß gegen § 2 Abs. 2 BOÄ Bayern und verurteilte den Arzt – der auch im Zusammenhang mit der entsprechenden Abrechnung gegen die GOÄ und die BOÄ Bayern verstieß – zu einer Geldbuße in Höhe von 3.500 €.[699]

Auch haftungsrechtliche Konsequenzen bestehen, die das Zivil-, Versicherungs- und Versorgungsrecht[700] betreffen, falls aufgrund falscher Angaben in der Todesbescheinigung Gelder fälschlicherweise ausgezahlt werden oder fälschlicherweise nicht. So könnten Ansprüche oder Rückforderungen einer Lebensversicherung entstehen, wenn die bescheinigte Todesursache bzw. Todesart nicht mit der tatsächlichen übereinstimmt.[701]

2. Strafrecht

a) Die ärztliche Schweigepflicht gem. § 203 StGB[702]

Die besondere Bedeutung des Patientengeheimnisses[703] wurde bereits erwähnt. Neben der Festschreibung im Berufsrecht genießt es grundrechtlichen wie strafrechtlichen Schutz.[704] Das Bundesverfassungsgericht hebt das besondere Verhältnis zwischen Arzt und Patient hervor und weist darauf hin, dass der Patient davon ausgehen darf und muss, dass die ihn betreffenden Tatsachen geheim bleiben.[705]

Als vollwertige ärztliche Handlung unterliegt die ärztliche Leichenschau der Schweigepflicht i.S.d. § 203 StGB. In § 203 Abs. 5 StGB ist ausdrücklich normiert, und unstrittig, dass die Schweigepflicht grundsätzlich über den Tod

---

698 So der vom Beschuldigten Arzt unbestrittene Sachverhalt, Berufungsgericht für die Heilberufe beim Landgericht Nürnberg-Fürth, Beschluss vom 10.11.2011, BG-Ä 23/11. S. 3 u. 12.

699 Berufungsgericht für die Heilberufe beim Landgericht Nürnberg-Fürth, Beschluss vom 10.11.2011, BG-Ä 23/11. S. 12; siehe dazu auch oben Teil 1, Kapitel 5, II., 1., S. 92 f.

700 Siehe dazu oben Teil 1, Kapitel 4, I., 3., S. 33–36.

701 Dieses Beispiel nennt *Bahner*, Recht im Bereitschaftsdienst, S. 212.

702 Siehe zum Konfliktpotential der Schweigepflicht für den leichenschauenden Arzt ausführlich unten Teil 2, Kapitel 2, I., 7., b), S. 175–181.

703 Dazu auch *Parzeller/Wenk/Rothschild*, Deutsches Ärzteblatt 2005, S. A 289 f.

704 § 203 StGB, zur ärztlichen Schweigepflicht im Strafrecht umfassend *Theuner*, Die ärztliche Schweigepflicht im Strafrecht.

705 BVerfGE 32, 373.

hinaus Bestand hat.[706] Geschützt sind nach § 203 Abs. 1 StGB fremde Geheimnisse. Gemeint sind damit Tatsachen, „die sich auf die betroffene Person [im Rahmen der Leichenschau also des Verstorbenen] sowie ihre vergangenen und bestehenden Lebensverhältnisse beziehen."[707] Ein weiteres Kennzeichen ist, dass sie nur dem Einzelnen oder einem beschränkten Kreis von Personen bekannt sind[708] und der Geheimnisträger an ihrer Geheimhaltung ein aus seiner Sicht sachlich begründetes Interesse hat oder im Fall der Kenntnis haben würde.[709] Dazu zählen explizit auch biografische Daten, Krankheitsbefunde und körperliche Besonderheiten;[710] alles Dinge, die dem Arzt bei der Leichenschau regelmäßig bekannt werden. Die Offenbarung von Geheimnissen i.S.d. § 203 StGB ist gegeben bei Weitergabe an mindestens einen Unbefugten,[711] dem diese zuvor nicht sicher bekannt waren.[712] In subjektiver Hinsicht muss der offenbarende Arzt mindestens bedingten Vorsatz gem. § 15 StGB haben.[713] Uneinigkeit herrscht darüber, ob nur Patientengeheimnisse erfasst sind, die schon zu Lebzeiten festgestellt und bekannt wurden, oder auch diejenigen erfasst werden,

706 *Cierniak/Niehaus*, in: Münchener Kommentar – StGB, § 203, Rn. 152–154 m.w.N.; *Spickhoff*, NJW – Neue Juristische Wochenschrift 2005, S. 1983; auch schon BGH, NJW – Neue Juristische Wochenschrift 1983, 2627 m.w.N. Der Streit, wie weit die Verschwiegenheitspflicht in zeitlicher Hinsicht über den Tod hinaus reicht, spielt für die Leichenschau insofern nur eine untergeordnete Rolle, als die eigentliche Untersuchungshandlung in der Regel unmittelbar auf den Tod folgt, in jedem Fall aber innerhalb der Dauer der Schweigeverpflichtung liegt. Eine ausführliche Darstellung der verschiedenen Auffassungen bietet *Theuner*, Die ärztliche Schweigepflicht im Strafrecht, S. 207–211; Mit der wohl h.M. kann man aber sagen, dass – dem Lauf der Dinge folgend – auch die Pflicht zur Wahrung von Patientengeheimnissen nicht ewig gilt. Die Auflösung erfolgt in der Weise, wie auch die Erinnerung an den Verstorbenen schwindet.

707 *Fischer*, Strafgesetzbuch, § 203, Rn. 7.

708 Dementsprechend schließen *Ciper/Feiertag/Kiwitt* (Hrsg.), Medizinrecht, S. 301, solche Informationen aus, die der Patient [und damit auch der verstorbene Patient] schon Dritten mitgeteilt hat.

709 *Lenckner/Eisele*, in: Schönke/Schröder – StGB, § 203, Rn. 5 m.w.N.; ähnlich *Tag*, in: Dölling/Duttge – Gesamtes Strafrecht, § 203 StGB, Rn. 27.

710 *Ciper/Feiertag/Kiwitt* (Hrsg.), Medizinrecht, S. 301.

711 Die Person des Unbefugten ist nicht speziell definiert, vielmehr geht die wohl h.M. davon aus, dass die Befugnis durch den Betroffenen einen Rechtfertigungsgrund darstellt, *Fischer*, Strafgesetzbuch, § 203, Rn. 61 f.

712 *Cierniak/Niehaus*, in: Münchener Kommentar – StGB, § 203, Rn. 54; *Tag*, in: Dölling/Duttge – Gesamtes Strafrecht, § 203 StGB, Rn. 37.

713 *Hilgendorf*, in: Leipziger Kommentar – StGB Bd. 10, § 203, Rn. 134 m.w.N.

die erst nach dem Tode des Patienten – oft an der Leiche selbst – erkannt werden. *Theuner* nennt, in ihrer Darstellung der diesbezüglichen unterschiedlichen Positionen,[714] eine Ansicht aus dem Schrifttum, nach der lediglich solche Geheimnisse erfasst werden, „die zu Lebzeiten des Patienten entstanden, dem Arzt zur Kenntnis gelangt und post mortem patientis offenbart worden sind."[715] Denn der postmortale Geheimnisschutz sei allein als Nachwirkung des Persönlichkeitsrechts anzusehen, das lediglich die Wahrung von Geheimnissen nach dem Tode bezwecke und daher sollte der Schutz keine Tatsachen erfassen, die nicht schon in der vita des Patienten vorhanden waren. Für diese Position spricht, dass erst postmortal erkannte Besonderheiten an der Leiche oder die dadurch offenbar werdenden Tatsachen in den meisten Fällen Folgen von schon zu Lebzeiten dem Patientengeheimnis unterliegenden Eigenheiten des Verstorbenen sein werden. Zum einen sind in solchen Fällen dieselben Geheimnisse betroffen, die jedenfalls vor dem Tod zu schützen waren, und keine neuen, vom Leben desjenigen unabhängige Aspekte.[716] Zum anderen würde der Schutz der Persönlichkeit zu kurz greifen, wenn man ihn auf rein materieller Ebene mit dem Vergehen des menschlichen Körpers enden ließe. Denn der Stellenwert eines (Patienten)Geheimnisses wird oft von der subjektiven Einschätzung seiner Bedeutung durch den Betroffenen bestimmt. Dritte würden der zu verschweigenden Tatsache – so sie von ihr Kenntnis erlangten – möglicherweise weniger Bedeutung beimessen.

So kommen hinsichtlich einer theoretischen Verletzung der Schweigepflicht neben tatsächlichen Folgen für den Lebenslauf des betroffenen Patienten, auch erhebliche psychische Auswirkungen in Betracht. Etwa die Bedeutung dessen, was andere über einen selbst denken, auch post mortem. Diesbezüglich kann es dem Patienten durchaus wichtig sein zu wissen, dass sein Geheimnis für den Fall seines Ablebens nicht mit dem Argument offenbart wird, es habe für ihn persönlich keine Folgen mehr. Für nicht wenige Menschen ist es von großer Bedeutung, wie sie der Nachwelt in Erinnerung bleiben. *Theuner* selbst argumentiert, der Mensch habe sicherlich auch nach seinem Ableben, im theoretischen Rückblick, ein deutliches Interesse an der Wahrung der Geheimnisse,

---

714 *Theuner*, Die ärztliche Schweigepflicht im Strafrecht, die hier zugrunde gelegte Darstellung umfasst die Seiten 211–214.

715 *Theuner*, Die ärztliche Schweigepflicht im Strafrecht, S. 212 m.w.N., etwa zu *Bartsch*, Ärztliche Schweigepflicht und Zeugnisverweigerungsrecht im Strafprozess, S. 48, 52, dort sind die Ausführungen noch auf § 300 StGB a.F. bezogen.

716 Ähnlich argumentiert hier auch *Theuner*, Die ärztliche Schweigepflicht im Strafrecht, S. 212.

die dem Arzt bei der Leichenschau gewahr werden.[717] Diesem Gedankengang folgend ist anzunehmen, dass auch die Vertrauensbildung zu Lebzeiten – also vorausblickend – davon beeinflusst wird, ob der Patient annimmt, seine posthum erkannten Geheimnissen würden von dem betreffenden Arzt gewahrt. Vorstellbar ist eine solche Situation etwa in Fällen einer regelmäßigen Behandlung bei demselben Hausarzt in einem ländlichen Gebiet, in der der Patient davon ausgeht, dass dieser Arzt auch die Leichenschau vornehmen wird. Beide zuletzt genannten Annahmen widerlegen das Argument, dass ein solches Vertrauensverhältnis nur zwischen Lebenden entstehen könne und zum leichenschauenden Arzt folglich keines bestünde, weshalb dieser auch nicht an die Schweigepflicht gebunden sei. Entsprechend gölte *Schneiders* Folgerung – aufgrund des fehlenden Vertrauensverhältnisses bestehe eine Ausnahme für die Schweigepflicht hinsichtlich der Angaben im vertraulichen Teil der Todesbescheinigung –[718] nur für die theoretische Situation, dass der Patient weder davon ausgeht seinen zukünftigen Leichenschauer zu kennen noch rückblickend Interesse an der Wahrung seiner Geheimisse hätte. Ähnlich differenziert *Schweitzer*,[719] dass die posthume Verschwiegenheitspflicht zwar für den zu Lebzeiten behandelnden Arzt gelte, nicht aber für einen dem Verstorbenen unbekannten Leichenschauer.[720] Dem widerspricht, dass auch das Vertrauensverhältnis zum einzelnen Arzt mindesten in Teilen auf dem Wissen um die Akzeptanz der Schweigepflicht innerhalb der gesamten Ärzteschaft basiert.[721] Ähnlich liest sich das Argument, der Schutz gelte nicht dem Vertrauen in den einzelnen Arzt, sondern aus mittelbarer Sicht der Verschwiegenheit der Ärzteschaft an sich.[722] Jedenfalls sollte man nicht mit dem Wissen aus dem Leben scheiden müssen, dass es nur vom Zufall abhängt, ob die einen selbst betreffende Leichenschau von einem Arzt durchgeführt wird, der einen zuvor bereits behandelt hat und daher diesem ggf. bekannt werdende Geheimnisse gewahrt bleiben, oder ein unbekannter Arzt tätig wird, der (unter Umständen)

717 *Theuner*, Die ärztliche Schweigepflicht im Strafrecht, S. 212.

718 *Schneider*, Die Leichenschau, S. 50 m.w.N.

719 Der Form halber sei erwähnt, dass *Theuner* die Argumente von *Schneider* und *Schweitzer* ebenfalls behandelt, *Theuner*, Die ärztliche Schweigepflicht im Strafrecht, S. 212 (Schneider), S. 213 (Schweitzer).

720 *Schweitzer*, Zu Problemen von Leichenschau und Totenbescheinigung unter besonderer Berücksichtigung des Strafrechts, S. 105 f.

721 Siehe oben Teil 1, Kapitel 5, II., 2., a), S. 94; vgl. *Fleschutz*, in: Heberer, Arzt und Recht, S. 247.

722 Siehe dazu *Theuner*, Die ärztliche Schweigepflicht im Strafrecht, S. 213 m.w.N.

nicht an die Schweigepflicht gebunden ist. Daher ist in der Gesamtschau mit der wohl herrschenden Meinung im Schrifttum davon auszugehen,[723] dass der Zeitpunkt des Offenbarwerdens von Patientengeheimnissen keine Rolle spielt und somit jeder leichenschauende Arzt an die Schweigepflicht bezüglich jeglicher Patientengeheimnisse gebunden ist. Die hohe Stellung des Geheimnisschutzes eines Verstorbenen wird auch in einem Urteil des OVG Lüneburg ersichtlich: „Das Interesse eine [sic!] Kindes an der Kenntnis der in der Todesbescheinigung genannten Erkrankungen und Todesursachen des leiblichen Vaters, dessen gesundheitliche Konstitution es geerbt haben kann, stellt gegenüber dem Geheimhaltungsinteresse des Verstorbenen kein höherrangiges Interesse dar."[724]

Zu beachten ist, dass § 203 StGB ein Antragsdelikt i.S.d. § 205 Abs. 1 S. 1 StGB darstellt. Da der von einer Schweigepflichtverletzung im Zusammenhang mit der Leichenschau Betroffene keinen Strafantrag mehr stellen kann, geht dieses Recht nach §§ 205 Abs. 2 S. 1 HS. 1, 77 Abs. 2 StGB unmittelbar auf die entsprechenden Angehörigen über. Sind Geheimnisse betroffen, die nicht zum persönlichen Lebensbereich des Verstorbenen gehören, so geht es gem. §§ 205 Abs. 2 S. 2, 203 StGB auf die Erben über.[725] Diese Tatsache sorgt dafür, dass es – gerade im Zusammenhang mit der Leichenschau – nur selten zu einer Anklage wegen einer Schweigepflichtverletzung kommt. Die Patienten selbst entfallen naturgemäß als Antragsteller und die Angehörigen oder Erben erfahren sicherlich in den meisten Fällen nichts von derartigen Vorkommnissen oder nehmen diese in Kauf.[726] Der Vollständigkeit halber sei noch erwähnt, dass bei Verletzung der ärztlichen Schweigepflicht neben den strafrechtlichen Folgen auch zivilrechtliche Schadensersatzansprüche entstehen können, etwa nach §§ 630a, 280 Abs. 1, 241 Abs. 2 BGB oder § 823 Abs. 1 BGB i.V.m. Art. 1 Abs. 1, Art. 2 Abs. 1 GG oder § 823 Abs. 2 BGB i.V.m. § 203 StGB.[727] Zur Information über die ärztliche

---

723 Zur herrschenden Meinung *Theuner*, Die ärztliche Schweigepflicht im Strafrecht, S. 214 m.w.N.

724 OVG Lüneburg, NJW – Neue Juristische Wochenschrift 1997, 2468 (2468), Leitsatz der Redaktion der NJW; darauf bezogen zustimmend *Ulsenheimer*, in: Laufs/Kern/Rehborn, Handbuch des Arztrechts, § 134, Rn. 43 (dort in Fn. 78). Anders kann die Gewichtung unter Lebendpartnern in Fällen einer HIV-Infektion sein, siehe dazu unten Teil 2, Kapitel 2, I., 7., b), S. 179 f.

725 Mit Erben sind gegebenenfalls auch die Angehörigen gemeint, die dann jedoch nur in ihrer Eigenschaft als Erben antragsberechtigt sind, *Lenckner/Eisele*, in: Schönke/Schröder – StGB, § 205, Rn. 9.

726 Vgl. *Bungeroth*, Bedeutung und Grenzen der ärztlichen Schweigepflicht, S. 105.

727 Ausführlich dazu *Parzeller/Wenk/Rothschild*, Deutsches Ärzteblatt 2005, S. A 291.

Schweigepflicht im Arbeits- und Sozialrecht bieten sich die Ausführungen von *Parzeller/Wenk/Rothschild* an.[728]

Die ärztliche Schweigepflicht greift auch im Rahmen der Leichenschau nicht ausnahmslos. Folgende grundsätzliche Konstellationen der Befreiung von der Schweigepflicht bzw. Rechtfertigungsgründe sind bekannt:[729]

- Es greift eine gesetzliche Offenbarungspflicht, wenn also ein anderes Gesetz eine entsprechende Aussage oder Anzeige verlangt.
- Die Offenbarung von Teilen des Privatgeheimnisses sind zum Schutz eines höherwertigen Rechtsguts essentiell, es besteht also ein rechtfertigender Notstand gem. § 34 StGB.
- Es liegt eine tatsächliche oder nach umfassender Abwägung aller bekannten Gesichtspunkte, mutmaßliche Einwilligung des Verstorbenen vor.[730]
- Ein dazu ermächtigter Dritter entbindet den Arzt von seiner Schweigepflicht.
- Δer Leichenschauer nimmt berechtigte Interessen wahr, etwa eigene (strittig).

Zu den Offenbarungspflichten[731] zählen in erster Linie die Meldepflichten des leichenschauenden Arztes.[732] Weitere finden sich in den Landesgesetzen zum Leichenwesen. Sie betreffen etwa den zuvor behandelnden Arzt, der gegenüber dem leichenschauenden Kollegen von seiner Schweigepflicht befreit ist, wenn dieser den Verstorbenen betreffende Fragen stellt.[733] Neben solchen Pflichten kommt in speziellen Fällen noch die Wahrnehmung berechtigter Interessen in analoger Anwendung des § 193 StGB in Betracht; etwa wenn sich der Arzt durch Offenbarung entsprechender Fakten gegen den Vorwurf der fahrlässigen Tötung verteidigen könnte. Dies ist allerdings sehr umstritten.[734]

---

728 *Parzeller/Wenk/Rothschild*, Deutsches Ärzteblatt 2005, S. A 289–A 297.

729 Vgl. dazu beispielsweise *Madea* et al., in: Madea, Rechtsmedizin, S. 44; eine genauere Aufstellung findet sich bei *Parzeller/Wenk/Rothschild*, Deutsches Ärzteblatt 2005, S. A 293; eine ausführliche Darstellung der Rechtswidrigkeit im Rahmen des § 203 StGB – welche auch die ärztlichen Problematiken beinhaltet – bietet *Hilgendorf*, in: Leipziger Kommentar – StGB Bd. 10, § 203, Rn. 138–219.

730 Siehe auch *Fleschutz*, in: Heberer, Arzt und Recht, S. 251.

731 Eine sehr detaillierte Auflistung bieten *Parzeller/Wenk/Rothschild*, Deutsches Ärzteblatt 2005, S. A 293.

732 Siehe dazu die Ausführungen oben, Teil 1, Kapitel 5, I., 4., S. 88 f.

733 Vgl. etwa § 9 Abs. 3 S. 4 BestG NRW.

734 Darstellung des Beispiels und mit Hinweisen zu den unterschiedlichen Ansichten, *Ulsenheimer*, in: Laufs/Kern/Rehborn, Handbuch des Arztrechts, § 141, Rn. 26 m.w.N.

Als Berufsträger hat der Arzt nach § 53 Abs. 1 Nr. 3 StPO ein Zeugnisverweigerungsrecht,[735] das auch über den Tod des Betreffenden hinaus besteht.[736] Da das Zeugnisverweigerungsrecht gem. § 53 Abs. 2 S. 1 StPO vom Bestehen der Schweigepflicht abhängt, stellt sich für den Arzt im Zeugenstand, sofern dies nicht offensichtlich ist, immer die Frage, ob möglicherweise eine mutmaßliche Einwilligung in die Entbindung von der Schweigepflicht oder ein rechtfertigender Notstand gem. § 34 StGB vorliegen, was die Schweigepflicht und damit das Zeugnisverweigerungsrecht aufheben würde; einen eigenen Rechtfertigungsgrund enthält § 53 hingegen nicht.[737]

b) Sonstige Delikte

Im Hinblick auf strafrechtliche Delikte lässt sich zunächst feststellen, dass es ein „Arztstrafrecht" im Sinne einer abgeschlossenen Kodifikation nicht gibt.[738] Mögliche Delikte eines Arztes lassen sich am besten anhand des durch das Fehlverhalten entstehenden Schadens unterteilen. Betrifft der Schaden Lebende, etwa durch Fahrlässigkeit bei der Leichenschau und in der Folge Übersehen einer Gefährdungsquelle, werden fahrlässige Körperverletzung (§ 229 StGB) und fahrlässige Tötung (§ 222 StGB) relevant.[739] Ein entsprechendes Urteil des

---

735 Als Ausnahme von der grundsätzlichen Pflicht zur Aussage vor Gericht gem. § 48 Abs. 1 S. 2 StPO; *Gerke*, in: Gerke – StPO, § 48, Rn. 2 f.; siehe dazu ausführlich unten Teil 2, Kapitel 2, I., 7., b), S. 176–181.

736 Vgl. anstatt vieler *Meyer-Goßner/Schmitt*, Strafprozessordnung, § 53, Rn. 10, 17 m.w.N.; *Ulsenheimer*, in: Laufs/Kern/Rehborn, Handbuch des Arztrechts, § 134, Rn. 43. Eine andere Ansicht vertritt das LG Berlin in einem abweichenden Urteil – LG Berlin, NJW – Neue Juristische Wochenschrift 1999, 878: Vor dem Hintergrund einer Forderung nach Einsichtnahme durch die Staatsanwaltschaft gegenüber einem statistischen Landesamt entschied es, dass in Fällen der Strafverfolgung gem. §§ 96, 161StPO ein Recht auf Herausgabe des Leichenschauscheins bestehe. Anders als dem Arzt, der einen lebenden Beschuldigten behandelt, stünde dem Leichenschauer hier kein Zeugnisverweigerungsrecht zu, da zwischen ihm und dem verstorbenen Patienten kein Vertrauensverhältnis bestehe. Zu den – in den meisten Fällen gegenläufigen – Kommentaren in Fachkreisen, siehe auch *Dettmeyer/Madea*, NStZ – Neue Zeitschrift für Strafrecht 1999, S. 605–607 m.w.N.

737 *Meyer-Goßner/Schmitt*, Strafprozessordnung, § 53, Rn. 5.

738 *Ciper/Feiertag/Kiwitt* (Hrsg.), Medizinrecht, S. 290.

739 Vgl. *Dettmeyer/Verhoff*, Rechtsmedizin, S. 27; *Ulsenheimer*, in: Laufs/Kern/Rehborn, Handbuch des Arztrechts, § 134, Rn. 34; *Madea* et al., in: Madea, Rechtsmedizin, S. 44, wo fälschlicherweise § 230 StGB statt § 229 StGB als Rechtsgrundlage für die Sanktionierung der fahrlässigen Körperverletzung angegeben wird.

AG Wennigsen beruht auf folgendem Sachverhalt: Der leichenschauende Arzt übersah bei einer oberflächlichen Untersuchung der bekleideten Toten, dass die Betroffene an einer CO-Vergiftung gestorben war, weshalb die Tochter der Verstorbenen wenig später unter den gleichen Umständen ums Leben kam.[740] Auch ist eine fahrlässige Tötung des Untersuchten durch fälschliche Feststellung des Todes denkbar.[741]

Neben einer nicht sachgemäßen Untersuchung des Leichnams kommt eine fälschliche Beurkundung des Todeszeitpunktes in Betracht. Informiert ein Arzt die Polizei nicht, obwohl ein nicht natürlicher Tod in Betracht kommt, liegt unter Umständen eine Strafvereitelung (§ 258 StGB) vor.[742] Denkbar ist etwa, dass eine Intubation fehlerhaft vorgenommen wird und zum Tod führt, der Arzt jedoch einen natürlichen Tod bescheinigt (§ 258 Abs. 1 StGB im Falle der Vollendung, sonst § 258 Abs. 4 StGB); Voraussetzung für die Strafbarkeit ist entweder Vereitelungsabsicht oder mindestens das Wissen um die entsprechende Folge der falschen Angaben in der Bescheinigung.[743] Hingegen ist der Tatbestand der Strafvereitelung durch Verschweigen des Verdachts auf Fremdverschulden gegenüber den Angehörigen nicht erfüllt; insofern fehlt die Garantenstellung des Arztes.[744] Die Todesbescheinigung ist – als verkörperte Gedankenerklärung (des Arztes) mit Beweisfunktion im Rechtsverkehr –[745] eine Urkunde i.S.d. §§ 267 ff. StGB.[746] Macht der Arzt falsche Angaben auf der

---

740 AG Wennigsen, NJW – Neue Juristische Wochenschrift 1989, 786; siehe die ausführliche Schilderung des Falls oben Teil 1, Kapitel 2, I., 2., S. 32 f.; schon damals war im Gesetz über das Leichenwesen des Landes Niedersachsen bei der Leichenschau eine sorgfältige Untersuchung gefordert, die eine vollständige Entkleidung der Leiche vorsah.

741 Sehr umfassend zur fahrlässigen Tötung und zur fahrlässigen Körperverletzung im Kontext des Arztstrafrechts *Ulsenheimer/Gaede*, Arztstrafrecht in der Praxis, S. 27–406.

742 Vgl. *Heberer*, in: ders., Arzt und Recht, S. 423; *Bahner*, Recht im Bereitschaftsdienst, S. 211 m.w.N.; *Ciper/Feiertag/Kiwitt* (Hrsg.), Medizinrecht, S. 660; *Steinhilper*, in: Brinkmann, Leichenschau, S. 142.

743 So *Ulsenheimer*, in: Laufs/Kern/Rehborn, Handbuch des Arztrechts, § 134, Rn. 37 m.w.N.

744 Entsprechend *Ulsenheimer*, in: Laufs/Kern/Rehborn, Handbuch des Arztrechts, § 134, Rn. 42.

745 Vgl. *Koch*, in: Dölling/Duttge – Gesamtes Strafrecht, § 267 StGB, Rn. 5.

746 So auch *Bahner*, Recht im Bereitschaftsdienst, S. 211; *Ciper/Feiertag/Kiwitt* (Hrsg.), Medizinrecht, S. 659; *Ulsenheimer*, in: Laufs/Kern/Rehborn, Handbuch des Arztrechts, § 134, Rn. 37; *Steinhilper*, in: Brinkmann, Leichenschau, S. 142; *Gabriel/Huckenbeck*, Grundlagen des Arztrechts, S. 74.

Todesbescheinigung, so erfüllt dies zunächst nicht den Tatbestand der Urkundenfälschung gem. § 267 StGB, denn es handelt sich dann lediglich um schriftliche Lügen, die prinzipiell nicht strafbar sind.[747] Zeichnet jedoch der Arzt mit falschem Namen in der Absicht mit der gefälschten Todesbescheinigung im Rechtsverkehr zu täuschen, ist der Tatbestand des Herstellens einer unechten Urkunde gem. § 267 Abs. 1 Alt. 1 StGB erfüllt; gleiches gilt beim Verändern einer Todesbescheinigung eines Kollegen, ohne von diesem dazu ermächtigt worden zu sein, § 267 Abs. 1 Alt. 2.[748] Strafbar macht sich der Arzt auch, wenn er diese oder eine entsprechend hergestellte unechte Urkunde gebraucht, sie also dem zu Täuschenden zugänglich macht; § 267 Abs. 1 Alt. 3 StGB.[749] Da es sich bei der Todesbescheinigung speziell auch um eine öffentliche Urkunde handelt, können durch falsche Angaben die Tatbestände der mittelbaren Falschbeurkundung (§ 271 Abs. 1 und 2 StGB) erfüllt sein;[750] Vorsatz vorausgesetzt (§ 15 StGB). Die Angaben in der Todesbescheinigung stellen Erklärungen, Verhandlungen oder Tatsachen[751] und das Sterberegister ein öffentliches Buch, jeweils i.S.d. § 271 Abs. 1 StGB dar.[752] Wird mit Bereicherungsabsicht gehandelt, greift der Qualifikationstatbestand gem. § 271 Abs. 3; jeweilige Versuche sind gleichfalls sanktioniert (§ 271 Abs. 4 StGB). Zudem schützt § 271 StGB – im Gegensatz zu § 267 StGB – auch die inhaltliche Richtigkeit einer Urkunde.[753] Bezüglich des Charakters einer öffentlichen Urkunde herrscht allerdings keine Einigkeit, denn nach *Gabriel/Huckenbeck* entfällt eine Falschbeurkundung im Amt (§ 348 StGB) auch für einen Amtsarzt, da die Todesbescheinigung keine öffentliche Urkunde sei.[754] Schließlich ist noch Beihilfe zum Betrug gem. §§ 263, 27 StGB denkbar.[755] Es sind Fälle bekannt, in denen potentielle Erben den leichenschauenden Arzt zu überreden versuchten, den Todeszeitpunkt in der Todesbescheinigung so zu protokollieren, dass ein Unterhaltsanspruch

---

747 *Gabriel/Huckenbeck*, Grundlagen des Arztrechts, S. 74.

748 Vgl. *Gabriel/Huckenbeck*, Grundlagen des Arztrechts, S. 74.

749 *Koch*, in: Dölling/Duttge – Gesamtes Strafrecht, § 267 StGB, Rn. 22.

750 Vgl. *Heberer*, in: ders., Arzt und Recht, S. 423; *Bahner*, Recht im Bereitschaftsdienst, S. 211; *Steinhilper*, in: Brinkmann, Leichenschau, S. 142.

751 *Madea* et al., in: Madea, Rechtsmedizin, S. 44; *Gabriel/Huckenbeck*, Grundlagen des Arztrechts, S. 75.

752 *Fischer*, Strafgesetzbuch, § 271, Rn. 7.

753 Vgl. dazu *Ulsenheimer*, in: Laufs/Kern/Rehborn, Handbuch des Arztrechts, § 134, Rn. 37.

754 *Gabriel/Huckenbeck*, Grundlagen des Arztrechts, S. 74.

755 *Steinhilper*, in: Brinkmann, Leichenschau, S. 142.

(vgl. § 1612 Abs. 3 BGB) oder die Rente des Verstorbenen noch einmal zusätzlich gezahlt würden.[756] Dem käme es gleich, wenn der Arzt Zahlungen an die Hinterbliebenen zu erreichen versuchte, indem er eine falsche Todesursache angibt, etwa einen natürlichen Tod bescheinigt statt Unfall oder Suizid, um Versicherungsleistungen zu erwirken oder einen Arbeitsunfall statt einen natürlichen Tod, mit Blick auf Unterhaltszahlungen des Arbeitgebers.[757] Auch die Polizei könnte den Arzt drängen, wider besseren Wissens einen natürlichen Tod zu bescheinigen.[758]

Der Tatbestand der Fälschung eines Gesundheitszeugnisses (§ 277 StGB) sowie der unrichtigen Ausstellung oder des Gebrauchs eines Gesundheitszeugnisses (§§ 278 und 279 StGB) kommen hingegen nicht in Betracht. Gesundheitszeugnisse sind Urkunden, die Aussagen über den gegenwärtigen Gesundheitszustand eines Menschen, frühere Krankheiten und deren Folgen sowie Prognosen treffen; Todesbescheinigungen sagen naturgemäß zu den genannten Punkten nichts aus, denn es gibt „über die Gesundheit eines Toten nichts mehr zu bezeugen".[759] Die Todesbescheinigung stellt demnach kein Gesundheitszeugnis dar und kann daher nicht Tatobjekt sein.[760]

Wird ein Arzt beschuldigt, eine der oben erwähnten Straftaten begangen zu haben, gilt bei der Vernehmung grundsätzlich auch für ihn das Recht, nicht zur Sache aussagen zu müssen; § 136 Abs. 1 S. 2 StPO. Zwar handelt es sich – mit Ausnahme der bandenmäßigen Urkundenfälschung (§ 267 Abs. 4 Alt. 1 StGB) – bei keiner der für den Arzt im Zusammenhang mit der Leichenschau in Betracht kommenden Straftaten um Verbrechen.[761] Dennoch drohen

---

756 So berichten *Madea/Dettmeyer*, in: Madea, Die ärztliche Leichenschau, S. 38; *Klinge*, Todesbegriff, Totenschutz und Verfassung, S. 30, 38 m.w.N.

757 Ähnlich *Gabriel/Huckenbeck*, Grundlagen des Arztrechts, S. 75.

758 So erwähnt bei *Madea* et al., in: Madea, Die ärztliche Leichenschau, S. 44. Eine genauere Untersuchung solcher Fälle erfolgt unten, Teil 2, Kapitel 2, I., 7., d), S. 185–188.

759 *Koch*, in: Dölling/Duttge – Gesamtes Strafrecht, § 277 StGB, Rn. 3 m.w.N.

760 *Fischer*, Strafgesetzbuch, § 277, Rn. 3; siehe auch *Madea* et al., in: Madea, Rechtsmedizin, S. 44; *Cramer/Heine*, in: Schönke/Schröder – StGB, § 277, Rn. 2 m.w.N.; *Ulsenheimer*, in: Laufs/Kern/Rehborn, Handbuch des Arztrechts, § 134, Rn. 38; *Schneider*, Die Leichenschau, S. 33.

761 Verbrechen sind all jene Delikte, die gem. § 12 Abs. 1 StGB mit einer Freiheitsstrafe von mindestens einem Jahr geahndet werden.

ihm, abgesehen vom Fall einer fahrlässigen Tötung, durch eine Strafvereitelung bis zu fünf, durch eine mittelbare Falschbeurkundung drei, bei Bereicherungs- oder Schädigungsabsicht ebenfalls bis zu fünf Jahre Freiheitsstrafe,[762] bei Verletzung von Privatgeheimnissen, alternativ zu einer Geldstrafe, bis zu einem, in besonderen Fällen bis zu zwei Jahren Freiheitsstrafe.[763]

762 § 258 Abs. 1 StGB; § 271 Abs. 1 u. 3 StGB; vgl. auch *Ulsenheimer*, in: Laufs/Kern/Rehborn, Handbuch des Arztrechts, § 134, Rn. 37.

763 Siehe § 203 Abs. 1 u. 6 StGB; Damit stellt die Verletzung von Privatgeheimnissen ein Vergehen i.S.d. § 12 Abs. 1 i.V.m. Abs. 2 StGB dar.

Teil 2:
Die Fehler im System der ärztlichen Leichenschau: Ursachen und Konsequenzen vor dem Hintergrund der Verfassung

Kapitel 1: Zur Fehlerermittlung

I. Studien zur Qualität der ärztlichen Leichenschau

Im Gegensatz zur gesellschaftlichen und politischen Wahrnehmung ist das Qualitätsdefizit der ärztlichen Leichenschau in Fachkreisen lange bekannt und durch Studien belegt. Allerdings ist eine nachträgliche flächendeckende Überprüfung von Leichenschauen nur sehr eingeschränkt realisierbar. Es gibt kaum Möglichkeiten, im Nachhinein zu überprüfen, ob der leichenschauende Arzt die eigentliche Untersuchung seinerzeit korrekt durchgeführt hat. Die – wenn überhaupt, dann zufällige – Anwesenheit (rechts)medizinisch fachkundiger Zeugen ist äußerst selten, eine nachträgliche Äußerung zu etwaigen Fehlern eher die Ausnahme, und eine gezielte Umfrage unter den wenigen hoffnungslos.[764] Befragt wurden in dieser Hinsicht Polizeibeamte, die bei der ärztlichen Leichenschau zugegen waren.[765] Zwar haben erfahrene Kriminalermittler gewisse Kenntnisse im Bereich der Leichenschau, einerseits reichen diese jedoch für eine fundierte Beurteilung der ärztlichen Qualifikation nicht aus, andererseits haben die Beamten durch ihre Rolle bei den Todesermittlungen keine objektive Sicht auf das Geschehen.[766] Eine großflächige Exhumierung von zuvor nicht obduzierten Leichen, die noch so gut erhalten sind, dass relativ sichere Aufschlüsse über die Korrektheit der ursprünglichen Leichenschauergebnisse möglich sind, entfällt aus moralischen, rechtlichen und organisatorischen Gründen.[767] So bleibt es in erster Linie bei Auswertungen der angefertigten Dokumentationen, also der Todesbescheinigungen als einzige Dokumente, die im Rahmen der Leichenschau entstehen und aufbewahrt

---

764 Sollte sich eine Möglichkeit finden, entsprechende Personen ausfindig zu machen, würde es bereits am diesbezüglichen Aufwand scheitern – im Übrigen wäre ihre Zahl kaum repräsentativ.

765 Siehe dazu unten Teil 2, Kapitel 1, I., S. 118–120.

766 Zum Verhältnis von leichenschauenden Ärzten und Ermittlungsbehörden siehe unten Teil 2, Kapitel 2, I., 7., d), S. 185–196.

767 Davon unabhängig erfolgen einzelne Exhumierungen mit anschließender Leichenöffnung im Rahmen von Todesermittlung der Staatsanwaltschaft gem. § 87 Abs. 3, 4 StPO. Außerdem zur Klärung versicherungsrechtlicher Fragestellungen; die Rechtsgrundlagen sind dann in den rechtlichen Regelungen zur Bestattung der einzelnen Bundesländer enthalten, etwa § 21 BestV Bayern; § 14 Abs. 3 BestG NRW; siehe weiterführend *Ulm*, 371 Exhumierungen – eine Untersuchung aus morphologischer, versicherungsmedizinischer und rechtsmedizinischer Sicht.

werden. Im Hinblick auf die Qualität der jeweiligen Leichenschau kann Auswertung in diesem Zusammenhang lediglich Überprüfung des Untersuchungsergebnisses bedeuten, bzw. Prüfung auf vollständige und konsistente Ausfüllung der Todesbescheinigung. Diese beiden Prüfungskriterien hängen insofern zusammen, als eine nachträgliche Aussage über die Untersuchungsergebnisse nur erfolgen kann, wenn diese vollständig und schlüssig dokumentiert wurden. Daher gibt es zwei Typen von Studien zur Leichenschau, die im Ergebnis jeweils etwas über deren Qualität aussagen. Die zeitlich und fachlich weniger anspruchsvolle Methode besteht darin, originale Todesbescheinigungen auf Vollständigkeit und innere Kohärenz zu prüfen. Dabei bleibt die fachliche Qualität allerdings unberücksichtigt, und die Aussagekraft solcher Studien ist hinsichtlich der Validität der Ergebnisse der Leichenschauen entsprechend eingeschränkt. Um sich ein realistisches Bild von der Qualität der ärztlichen Leichenschau in Deutschland im Ganzen machen zu können, braucht man jedoch Indikatoren für die Funktionsfähigkeit des bestehenden Systems und Daten für den Vergleich mit den Diagnosen der Leichenschauen. Dazu müssen die Ergebnisse möglichst vieler Leichenschauuntersuchungen an der sichersten Möglichkeit zur Bestimmung der Todesursache gemessen werden, der Obduktion.[768] Dieses wird durch die Notwendigkeit der Beschaffung vieler Obduktionsergebnisse erschwert und zugleich begrenzt, da keine bundesweite Sammlung aller Ergebnisse existiert und die Obduktionsrate in allen Bereichen seit Jahren zurückgeht;[769] nicht zuletzt aufgrund der nach wie vor unsicheren und uneinheitlichen Rechtslage.[770] Entsprechend aufwendig ist die Beschaffung geeigneter Obduktionsergebnisse in einem Umfang, der eine repräsentative Stichprobe ermöglicht. Die Ergebnisse der unter diesen Bedingungen erfolgten Studien zur ärztlichen Leichenschau, von denen einige in diesem Abschnitt vorgestellt werden, signalisieren trotz der Einschränkungen und Differenzen dringenden Handlungsbedarf.

Die Frage, ob und wie ein natürlicher von einem nicht natürlichen Tod anders als durch eine Leichenöffnung verlässlich unterschieden werden kann, führt zwangsläufig ins Dunkelfeld der Tötungsdelikte[771] – zu den Schätzungen über die Zahl der nie als solche erkannten Homizide. Diesem vergleichsweise

---

768 *Vennemann/Du Chesne/Brinkmann*, Deutsche Medizinische Wochenschrift 2001, S. 715.

769 Siehe oben Teil 1, S. 3.

770 Vgl. *Dettmeyer/Madea*, Deutsches Ärzteblatt 2002, S. A 2311–A 2317.

771 Vgl. *Geerds*, ArchKrim – Archiv für Kriminologie 1997, S. 44 f. m.w.N.

jungen Forschungsfeld[772] hat sich *Scheib* gewidmet. Er hat diverse Studienergebnisse miteinander verglichen und die Ergebnisse und Methoden anderer Dunkelfeldforschungen auf den Bereich der Tötungsdelikte übertragen.[773] Er skizziert verschiedene Varianten solcher Delikte und erläutert jeweils, welche Möglichkeiten der Täter hat, seine Tat zu verschleiern. Zu jeder dieser Varianten stellt er Überlegungen zur Höhe der Dunkelziffer an, um abschließend zu einer Schätzung der Dunkelziffer insgesamt zu gelangen.[774] Die Zahlen sind alarmierend: Das Mittel, das *Scheib* aus den Zahlen anderer Forschungen und Untersuchungen errechnet, ergibt eine Dunkelziffer von 10.000 unerkannten Tötungsdelikten in Deutschland pro Jahr, davon allein 3.500–5.000 Fälle vorsätzlichen Tötens.[775] Der Gang seiner eigenen Untersuchung führt ihn zu einer mutmaßlichen Dunkelziffer von deutschlandweit 12.000 Tötungsdelikten, 4.600 vorsätzliche inbegriffen.[776] Bis heute ist keine valide und reliable Methode zur Erhebung dieser Dunkelziffer bekannt und ihre tatsächliche Größe wird kontrovers diskutiert.[777] Selbst wenn alle bisherigen Schätzungen zu hoch

---

772 Bereits eine Definition und die Zuordnung zu einem bestimmten Bereich innerhalb der Kriminologie insgesamt fallen schwer, *Westphal*, in: Brinkmann, Leichenschau, S. 125 f., zum kriminologischen Dunkelfeld insgesamt S. 120–130.

773 *Scheib*, Die Dunkelziffer bei Tötungsdelikten aus kriminologischer und rechtsmedizinischer Sicht, S. 5–35.

774 *Scheib*, Die Dunkelziffer bei Tötungsdelikten aus kriminologischer und rechtsmedizinischer Sicht, S. 191–262.

775 *Scheib*, Die Dunkelziffer bei Tötungsdelikten aus kriminologischer und rechtsmedizinischer Sicht, S. 262. Die Ergebnisse solcher Schätzungen und Hochrechnungen bergen immer eine nicht unerhebliche Unsicherheit, da sie von sehr vielen unterschiedlichen Faktoren abhängen – ähnlich *Scheib* selbst, *Scheib*, Die Dunkelziffer bei Tötungsdelikten aus kriminologischer und rechtsmedizinischer Sicht, S. 35.

776 *Scheib*, Die Dunkelziffer bei Tötungsdelikten aus kriminologischer und rechtsmedizinischer Sicht, S. 284.

777 *Stock*, in: Hilgendorf, Festschrift für Wolfgang Heinz, der Autor zeigt die vielschichtigen Probleme einer validen Darstellung der Kriminalitätslage und insbesondere der Erforschung des Dunkelfeld auf und stellt anschließend immerhin fest (S. 331): „Ein Anfang ist gemacht." Anders hingegen *Wegener* et al., in: Madea, Rechtsmedizin, S. 184, die eine statistikbegleitende Dunkelfeldforschung in Deutschland verneinen; bei *Scheib*, Die Dunkelziffer bei Tötungsdelikten aus kriminologischer und rechtsmedizinischer Sicht, S. 25–35 findet sich eine Gegenüberstellung verschiedener Ansichten. *Brinkmann* et al., ArchKrim – Archiv für Kriminologie 1997, S. 1 m.w.N., die Autoren zitieren bei dieser Gelegenheit sehr treffend Bertold Brecht:

lägen, zu viele der Tötungsdelikte bleiben unentdeckt – ein nicht zu tolerierender Zustand. In der Praxis steht an der Schnittstelle zwischen der überwiegenden Zahl nicht natürlicher Todesfälle und dem Beginn ihrer Aufklärung die ärztliche Leichenschau; sie ist somit entscheidender Faktor für die Höhe der Dunkelziffer. Dies bestätigt die im folgenden Abschnitt dargestellte Studie[778] von *Brinkmann* et al.[779]

1. Brinkmann et al., Fehlleistungen bei der Leichenschau in der Bundesrepublik Deutschland (1997)

Diese multizentrisch angelegte Studie von *Brinkmann* et al. ist die bisher umfangreichste, repräsentativste und wohl auch am häufigsten zitierte Arbeit zum deutschen Leichenschausystem. Ziel der Studie war es, Erkenntnisse zur Existenz, Größe, Beschaffenheit und Ursache des Dunkelfeldes der nicht natürlichen Todesfälle in Deutschland zu gewinnen. Da die Ursachen innerhalb des Systems von Leichenschau, behördlicher Ermittlung, dem Urteil der Staatsanwaltschaft und gerichtlicher Leichenöffnung vermutet wurden, lag es nahe, am Beginn dieser Kette anzusetzen.[780] Die Autoren hatten zum Teil bereits in diesem Zusammenhang geforscht. Ihnen war beispielsweise bekannt, dass in Deutschland die leichenschauenden Ärzte im Schnitt nur 10 % der Todesfälle als nicht natürlich vermerken, während die Quote in vergleichbaren Ländern bei 15 bis 25 % liegt.[781] Auch die mangelnde Sorgfalt bei der Durchführung der Leichenschau war bereits Gegenstand eigener Analysen.[782] Ein Vergleich der Größenordnungen zeigt: Fehler bei den etwa 18.000 jährlichen Sektionen in Deutschland fallen gegenüber Fehlleistungen bei ca. 900.000 Leichenschauuntersuchungen im gleichen Zeitraum kaum ins Gewicht. Daher konzentrierte sich die Studie auf die Validität der Ergebnisse der ärztlichen Leichenschauen.[783] Die Leiter von 23 rechtsmedizinischen Einrichtungen in Deutschland beschlossen

---

„Denn die einen sind im Dunkeln
Und die andern sind im Licht
Und man siehet die im Lichte.
Die im Dunkeln sieht man nicht."

778 Unten Teil 2, Kapitel 1, I., 1., S. 105–110.

779 So auch *Metter*, Kriminalistik 1978, S. 155; zur Dunkelziffer siehe auch Teil 1, Kapitel 2, I., 4., S. 37 f.

780 Vgl. *Brinkmann* et al., ArchKrim – Archiv für Kriminologie 1997, S. 2.

781 *Brinkmann/Püschel*, MedR – Medizinrecht 1991, S. 234.

782 *Brinkmann/Du Chesne*, Medizinische Welt 1993, S. 697–701.

783 In diesem Sinne *Brinkmann* et al., ArchKrim – Archiv für Kriminologie 1997, S. 3.

in einem Workshop am 01.05.1993 die Zusammenarbeit bei der Sammlung von Fällen, die sich für eine Studie eignen.

Folgende Kategorien wurden verwendet:[784]

I. Zufallsentdeckungen im engeren Sinne (ZE i.e.S.); in der Todesbescheinigung als *natürlich* bezeichnet, bei der Leichenöffnung als *nicht natürlich* klassifiziert.

II. Zufallsentdeckungen im weiteren Sinne (ZE i.w.S.); in der Todesbescheinigung als *ungeklärt* vermerkt, im Zuge der rechtsmedizinischen Untersuchung als *nicht natürlich* kategorisiert (IIa).

In der Todesbescheinigung als *ungeklärt* – mit der Gewichtung hin zu *nicht natürlich* – vermerkt oder aufgrund der Diagnose zunächst als *nicht natürlich* angesehen, rechtsmedizinisch dann doch als *natürlich* klassifiziert (IIb).

III. Überraschende Wendungen; natürlicher Tod als übereinstimmendes Ergebnis, jedoch durch die Rechtsmedizin überraschend eine andere Todesursache festgestellt, als in der Todesbescheinigung vermerkt.

IV. Exhumierungen (E).

Nachfolgend die Ergebnisse der Studie in tabellarischer Form; die erfassten Quartale liegen im Zeitraum von 1993 bis 1995:[785]

Darst. 1: Übersicht zu den Ergebnissen von *Brinkmann* et al.

	n	I	IIa	IIb	III	E
Aachen (3)	244	3	38	50	–	–
Bonn (1)	48	–	–	–	1	1
Chemnitz (2)	183	1	11	16	3	–
Dresden (4)	534	9	22	24	5	–
Erfurt (3)	138	–	2	64	–	–
Erlangen (2)	454	–	13	46	6	–
Frankfurt/M. (8)	2.000*	5	9	2	2	1
Frankfurt/Oder (2)	133	5	9	18	2	–
Gießen (5)	235	3	62	41	4	–
Greifswald (3)	279	4	23	22	3	–
Halle (6)	704	14	40	1	14	–
Hamburg (9)	2.187	6	16	28	86	8
Hannover (1)	243	1	9	36	2	1

(*fortgeführt*)

784 Entnommen *Brinkmann* et al., ArchKrim – Archiv für Kriminologie 1997, S. 3.
785 *Brinkmann* et al., ArchKrim – Archiv für Kriminologie 1997, S. 3 f.

Darst. 1: Fortsetzung

	n	I	IIa	IIb	III	E
Heidelberg (5)	625	4	–	–	–	–
Jena (7)	245	8	27	32	13	1
Kiel (10)	910	8	19	74	4	1
Leipzig (2)	257	3	20	42	4	1
München (3)	1.450	2	164	352	46	2
Münster (8)	854	11	142	214	20	12
Potsdam (2)	82	1	5	3	5	–
Suhl (3)	125	–	15	13	5	–
Ulm (6)	180	–	–	18	2	1
Würzburg (9)	855	4	71	66	9	–
	13.000*	92	717	1.104	240	29

Der Tabelle angefügt ist sinngemäß folgende Erläuterung:

In Klammern steht die Anzahl der Quartalsmeldungen; unter „n" ist die jeweilige Anzahl der Sektionen im Meldezeitraum angegeben; bei den mit * versehenen Ziffern handelt es sich um geschätzte Werte.

Insgesamt seien 2.183 Fälle der erwähnten Kategorien gemeldet worden. Diese Fälle entstammten der Menge von 13.000 in den teilnehmenden Instituten im Zeitraum der Studie erfolgten Sektionen. Diese Menge entspricht etwa $^3/_4$ der jährlich 18.000 in Deutschland vorgenommenen rechtsmedizinischen Leichenöffnungen. Folglich ließen sich die Ergebnisse durch Multiplikation mit 1,3 bis 1,4 auf das gesamte in Deutschland vorliegende Sektionsgut hochrechnen.[786] Die Diskussion der Studie stellt die Frage nach einer möglichst genauen Hochrechnung, um einen Überblick der unerkannten nicht natürlichen Todesfälle zu gewinnen; die Autoren sprechen bewusst nicht von einer (konservativen) Hoch*rechnung* sondern von einer „konservativen Hoch*schätzung*" [Kursivdruck nicht im Original].[787] Denn weder ließen sich die Eigenschaften, aufgrund derer diese Fälle in die Auswahl zur Sektion gerieten, in ihrer Zahl erfassen, noch lässt sich von den wenigen zufällig entdeckten Tötungsdelikten auf deren Gesamtzahl schließen. Zudem legten die Verfasser großen Wert darauf, die Schätzungen, konservativ – d.h. so vorzunehmen, dass die Gefahr einer

786 *Brinkmann* et al., ArchKrim – Archiv für Kriminologie 1997, S. 3 f.
787 *Brinkmann* et al., ArchKrim – Archiv für Kriminologie 1997, S. 65 f.

Überschätzung des Dunkelfeldes so klein wie irgend möglich gehalten werden sollte.[788] Letztlich verringerten sie das Ergebnis der linearen Hochrechnung um 90–95 % und kamen so für Deutschland - nach Auswertung der Kategorie I. - zu etwa 11.000–22.000 nicht natürliche Todesfälle im Jahr, die zuvor bei der ärztlichen Leichenschau als natürlich angesehen wurden. Von diesen 11.000–22.000 Fällen wurden durch dieselbe Schätzmethode 1.200–2.400 unerkannte Tötungsdelikte und 2.000–4.000 Sterbefälle nach medizinischen Maßnahmen ermittelt.[789] Interessant ist es, den 1.200 bis 2.400 unerkannten Tötungsdelikten die Zahl der (vollendeten) Tötungsdelikte gegenüberzustellen, die die polizeiliche Kriminalstatistik für die Jahre 1993 bis 1995 angibt: ca. 1.500 (1993), ca. 1.350 (1994) und ca. 1.350 (1995).[790] Bedenkt man, dass sich die in der Studie ermittelten 1.200 bis 2.400 nicht erkannten Fälle durch eine Reduktion der linearen Hochrechnung um 95 % ergaben, erscheint die Feststellung vertretbar, dass in Deutschland jedes zweite Tötungsdelikt unentdeckt bleibt. Als Fazit hält die Studie fest, dass die große Zahl der erst nach der ärztlichen Leichenschau zufällig entdeckten - d.h. von den leichenschauenden Ärzten übersehene - nicht natürlichen Todesfälle, einschließlich zahlreicher Tötungsdelikte, die Existenz eines beachtlichen Tötungsdunkelfeldes[791] in

788 *Brinkmann* et al., ArchKrim - Archiv für Kriminologie 1997, S. 65–67; die Einzelheiten dieser Überlegungen können dem Original an dieser Stelle, insbesondere auch der letztgenannten Seite 67, entnommen werden.

789 *Brinkmann* et al., ArchKrim - Archiv für Kriminologie 1997, S. 67; zu den Hochschätzungen in den anderen Kategorien siehe *Brinkmann* et al., ArchKrim - Archiv für Kriminologie 1997, S. 67 f.

790 *Bundeskriminalamt* (Hrsg.), *Bundeskriminalamt - Kriminalistisches Institut - Fachbereich KI 12*, Polizeiliche Kriminalstatistik 1997, S. 125; *Bundeskriminalamt* (Hrsg.), *Bundeskriminalamt - Kriminalistisches Institut - Fachbereich KI 12*, Polizeiliche Kriminalstatistik 1993, S. 177; *Bundeskriminalamt* (Hrsg.), *Bundeskriminalamt - Kriminalistisches Institut - Fachbereich KI 12*, Polizeiliche Kriminalstatistik 1994, S. 133; *Bundeskriminalamt* (Hrsg.), *Bundeskriminalamt - Kriminalistisches Institut - Fachbereich KI 12*, Polizeiliche Kriminalstatistik 1995, S. 135. Die Unterschiede in den Zahlenangaben zu denselben Jahren zwischen den Statistiken 1993–1995 und der Statistik 1997 die auch die vorigen umfasst, ergeben sich daraus, dass erst im Rückblick 1997 alte und neue Bundesländer erfasst wurden; so vermerkt in den Statistiken 1993–1995 auf den angegebenen Seiten. Da die Multizentrische Studie zu den Fehlleistungen bei der Leichenschau auch Material aus den neuen Bundesländern enthält, werden zum Vergleich die Zahlen der Kriminalstatistik von 1997 herangezogen.

791 Als eine besonders wichtige Gruppe innerhalb des Dunkelfeldes der verkannten nicht natürlichen Todesfälle.

Deutschland beweist.[792] Selbst wenn man die konservative Schätzmethode der Autoren anzweifelt und weitere Abzüge macht, bleibt eine Quote von 1:3 bis 1:7 unentdeckter Tötungen in der Diskussion um das Dunkelfeld.[793]

2. Vennemann, Du Chesne, Brinkmann, Die Praxis der ärztlichen Leichenschau (2001)

Ziel der Studie von *Vennemann/Du Chesne/Brinkmann* war es, Einblick in die praktische Durchführung der Leichenschau zu gewinnen, um Ansatzpunkte für eine Steigerung der Qualität herauszuarbeiten.[794] Dazu wurden 1.000 zufällig ausgewählten Ärzten aus dem Bereich der Ärztekammer Westfalen-Lippe Fragebögen zu verschiedenen Punkten der Leichenschaupraxis, der möglichen Einflussnahme Dritter und der Feststellung der Todesart vorgelegt. Zudem waren einige Fragen eigens auf die entsprechende Gruppe der angeschriebenen Mediziner abgestimmt. Bei Krankenhausärzten etwa wurde die Diagnose von Todesursache und -art in den Vordergrund gestellt sowie die Frage, wer die Todesbescheinigung ausfüllt und wer sie unterschreibt. Außerdem waren Fallbeispiele dargestellt, für welche die Todesart ermittelt werden sollte. Bei den niedergelassenen Ärzten war von besonderem Interesse, wie sie hinsichtlich der Anwesenheit von Angehörigen bei der Untersuchung verfuhren.[795] Auf etwa 30 % der Fragebögen erhielten die Autoren eine Antwort – der größte Teil aus städtischen Regionen –, 289 Bögen konnten ausgewertet werden. Die Zeitspanne der Untersuchung wurde überwiegend mit 20–30 Minuten angegeben, allerdings benötigte ein Zehntel der Rücksender nach eigenen Angaben sogar weniger als 10 Minuten für Untersuchung, eventuelle Telefonate und Ausfüllen der Todessbescheinigung. Nur 25 % der Ärzte gaben an, die Leiche auch immer komplett zu entkleiden; unter Hausärzten lag diese Quote bei lediglich 9 %. Fast jeder zweite Arzt hatte wenigstens einmal Einflussnahme auf die Einordnung der Todesart erlebt. Mehrheitlich geschah dies durch die Polizei. Bei Notärzten

---

792 *Brinkmann* et al., ArchKrim – Archiv für Kriminologie 1997, S. 70; zu den mutmaßlichen Ursachen des Dunkelfeldes äußern sich die Autoren auf S. 72.

793 Vgl. etwa *Volmer*, Kriminalistik 1988, S. 479; *Oehmichen*, Kriminalistik 1993, S. 139, geht davon aus, dass sich 38–44 % aller nicht natürlichen Todesfälle sowohl der ärztlichen Diagnostik als auch den behördlichen Ermittlungen entziehen, siehe auch oben Teil 1, Kapitel 2, I., 4., S. 38.

794 *Vennemann/Du Chesne/Brinkmann*, Deutsche Medizinische Wochenschrift 2001, S. 712.

795 Diesen Ablauf schildern *Vennemann/Du Chesne/Brinkmann*, Deutsche Medizinische Wochenschrift 2001, S. 712 f.

[gemeint sind höchstwahrscheinlich Rettungsärzte] betrug die Quote der Betroffenen 47 %, bei niedergelassenen Ärzten waren es 41 %.[796] Eine Einflussnahme von Angehörigen gaben dagegen nur 20 % der Niedergelassenen an; zwei Drittel erfuhren negative [nicht näher beschriebene] Konsequenzen, nachdem sie die Todesart für unnatürlich oder ungeklärt klassifiziert hatten. Erwartungsgemäß war die Zahl der Versuche von Einflussnahme im Krankenhaus wesentlich geringer, bei 2 %. Auch dann war es, wie außerhalb des Krankenhauses, überwiegend die Polizei; selten waren es Angehörige und einmal die Krankenhausverwaltung. Zur Frage der Dokumentation an die in Krankenhäusern tätigen Ärzte hieß es in 38 der 230 Antworten, dass auch Ärzte im Praktikum diese ausfüllten und in 18 Häusern auch unterschrieben. 80 % der antwortenden Hausärzte gaben an, die Angehörigen meistens hinauszubitten. Als bemerkenswert [negativ] wurde von den Autoren hervorgehoben, dass im Rahmen der für die Krankenhausärzte zu klassifizierenden Fallbeispiele nur jeder fünfte Arzt eine mors in tabula als nicht natürlichen Tod einstufte, 20 % der befragten hielten den Tod unter einer Injektion für natürlich.[797] Dies mag auch daran liegen, dass der Begriff des nicht natürlichen Todes verschieden interpretiert wird und die Mediziner – anders als die ermittelnden Beamten – zunächst nicht nach einem Fremdverschulden fragen.[798]

In der Diskussion zu dieser Studie mahnen die Autoren zur Vorsicht bei der Bewertung der Ergebnisse, da die Anzahl der zurückgesendeten Fragebögen gering sei. Sie gehen davon aus, dass überwiegend die auf diesem Gebiet

---

796 Von den in den Antworten angeführten Fallbeispielen – *Vennemann/Du Chesne/Brinkmann*, Deutsche Medizinische Wochenschrift 2001, S. 714 – erscheinen folgende bemerkenswert: Ein Chirurg aus einer Großstadt wurde mit den Worten, „Sie sind ja wohl noch neu in diesem Metier, vielleicht erklären wir Ihnen einfach, wie wir das mit Ihren Kollegen in der Regel handhaben…" belehrt. Ein Kollege erwähnt die Erklärung der Polizei beim Fund eines toten asiatischen Asylanten in einem Wohnheim, dass – sinngemäß – die Todesursache in diesem Fall nicht so wichtig sei und auch nicht von rechtlicher Bedeutung. Einem niedergelassenen Arzt aus Münster schließlich wurde deutlich gemacht: „Es ist nicht Aufgabe der Kripo, aktiv zu werden, wenn unerfahrene Ärzte die genaue Todesursache nicht feststellen können."

797 *Vennemann/Du Chesne/Brinkmann*, Deutsche Medizinische Wochenschrift 2001, S. 714; die fehlerhafte Kategorisierung des natürlichen Todes erfolgte am häufigsten bei Internisten, wo beispielsweise fast jeder fünfte bei Suizid durch Tabletteneinnahme und eingetretenem Tod nach 2 Tagen, diesen als natürlich ansah.

798 Zum unterschiedlichen Verständnis des Begriffs siehe unten, Teil 2, Kapitel 2, I., 7., d), S. 189–194.

unerfahrenen Ärzte, die in der Praxis die meisten Fehler begingen, auf eine Teilnahme verzichtet haben. Daher seien die in der Studie gesammelten Daten einer Gruppe von Ärzten zu verdanken, deren Leichenschauergebnisse eine überdurchschnittliche Qualität aufweise.[799] Die Validität der Studie wird aus Sicht der Verfasser jedoch aus mehreren Umständen ersichtlich: Zum einen wichen die Angaben – trotz der, wie vermutet, im Praxisvergleich hohen Qualität – so erheblich negativ vom *geforderten* Standard des Metiers ab, dass sie kaum geschönt sein könnten, zum anderen hätte sich die sehr geringe Quote der Entkleidungen bei der Untersuchung im Vergleich zu einer früheren Studie nicht verändert.[800]

3. Bredahl, Vergleich von Ergebnissen der ärztlichen Leichenschau mit Ergebnissen der Obduktion (2006)

Die Autorin vergleicht die Befunde aller 1.213 klinischen Obduktionen des Pathologischen Instituts Bad Saarow, die dort in den Jahren 1992 bis 2001 vorgenommen wurden, jeweils mit den Angaben der Todesbescheinigung zum Grundleiden und zur Kausalkette, die mit dem Tode endete.[801] Der Vergleich zeigte in 33 % der Fälle eine Übereinstimmung der auf der Todesbescheinigung dargestellten [und damit klinisch ermittelten] Kausalkette mit der durch die Obduktion ermittelten Kausalkette. In 20 % der Fälle fielen die Ergebnisse

---

799 *Vennemann/Du Chesne/Brinkmann*, Deutsche Medizinische Wochenschrift 2001, S. 714.

800 *Kanne*, Untersuchungen und Gedanken zum Leichenschauwesen in der BRD, S. 42 f.

801 *Bredahl*, Vergleich von Ergebnissen der ärztlichen Leichenschau mit Ergebnissen der Obduktion, S. 22 f., die Autorin weist darauf hin, dass die Begriffe „Grundleiden“ und „Kausalkette“ gemäß der Empfehlung der WHO zur Todesbescheinigung zu verstehen seien – *World Health Organization* (Hrsg.), International Statistical Classification of Diseases and Related Health Problems, S. 24 – *Bredahl* bietet dazu folgende Übersetzung: Die Kausalkette komme in Betracht, wenn mehrere Diagnosen bestehen; so sollten die „Krankheiten, die die unmittelbare Todesursache … herbeigeführt haben, mit der ursprünglichen Ursache, dem Grundleiden, an letzter Stelle“ vermerkt werden; siehe die Begriffserklärung zum Grundleiden oben Teil 1, Kapitel 1, IX., S. 21.

Aufgrund des fast ausschließlich einem Krankenhaus entstammenden Obduktionsmaterials sei ein Vergleich mit der Todesursachenstatistik des Landes Brandenburg oder anderen Studien nicht uneingeschränkt möglich, *Bredahl*, Vergleich von Ergebnissen der ärztlichen Leichenschau mit Ergebnissen der Obduktion, S. 84.

deutlich auseinander.[802] Eine genauere Überprüfung der Kausalketten ergab, dass das von der WHO empfohlene formale Vorgehen in 73 von 1.205 Fällen nicht eingehalten wurde;[803] ihre Richtigkeit hing erkennbar davon ab, welches Grundleiden diagnostiziert wurde.[804] Die größte Übereinstimmungen bei den Kausalketten wurden bei den Krankheiten erreicht, die in der Studie auch am häufigsten als Grundleiden auftraten; so betrug die Quote der Übereinstimmungen bei den häufigen Grundleiden 36,96 %, bei den seltenen nur 11,76 %.[805] Dies könnte ein Hinweis darauf sein, dass die Fähigkeit, eine korrekte Kausalkette zwischen Grundleiden und Todeseintritt zu erstellen, stark von der Erfahrung des Mediziners mit Leichenschauuntersuchungen abhängt. Für den Vergleich der Diagnosen zum Grundleiden auf der Todesbescheinigung mit denen der Obduktion verwendet *Bredahl* vier Kategorien: völlige, teilweise, keine Übereinstimmung und klinische Verdachtsdiagnose.[806] Bei 8 der 1.213 Obduktionen konnte kein Vergleich mit dem Totenschein erfolgen, da er keinen Eintrag zur Todesursache enthielt.[807] Die Ergebnisse zeigen ein ähnliches Bild wie die meisten vergleichbaren Studien,[808] 61,24 % völlige Übereinstimmung, 15,44 % teilweise 18,09 % keine Übereinstimmung und 5,23 %

802 Hintergrund des genaueren Vergleichs nicht nur der Diagnosen zum Grundleiden, sondern auch der dazu führenden Kausalketten sei die Vermutung, dass auch darin Ursachen für das Auseinanderfallen von klinischer und autoptischer Diagnose vermutet wurden; *Bredahl*, Vergleich von Ergebnissen der ärztlichen Leichenschau mit Ergebnissen der Obduktion, S. 51.

803 *Bredahl*, Vergleich von Ergebnissen der ärztlichen Leichenschau mit Ergebnissen der Obduktion, S. 52.

804 *Bredahl*, Vergleich von Ergebnissen der ärztlichen Leichenschau mit Ergebnissen der Obduktion, S. 53.

805 Diese Ergebnisse und weitere Details, etwa auch zu den speziellen Erkrankungen finden sich bei *Bredahl*, Vergleich von Ergebnissen der ärztlichen Leichenschau mit Ergebnissen der Obduktion, S. 53 f.

806 Eine solche liegt bei „nicht übereinstimmenden Diagnosen aufgrund unzureichender Untersuchungszeit und/oder -möglichkeiten“ vor, *Bredahl*, Vergleich von Ergebnissen der ärztlichen Leichenschau mit Ergebnissen der Obduktion, S. 27.

807 Die Einteilung der Ergebnisse und deren Details stellt *Bredahl*, Vergleich von Ergebnissen der ärztlichen Leichenschau mit Ergebnissen der Obduktion, auf S. 42 vor.

808 *Bredahl*, Vergleich von Ergebnissen der ärztlichen Leichenschau mit Ergebnissen der Obduktion, S. 66, gemeint sind hier wohl insbesondere solche Studien, die ebenfalls überwiegend auf Obduktionsmaterial basieren, das Patienten entstammt, die in Krankenhäusern verstorben sind.

klinische Verdachtsdiagnosen.[809] Erwähnenswert ist noch die Abhängigkeit der Übereinstimmungsquote vom Sterbealter. Denn es fällt auf, dass selbst mit besseren Untersuchungsmöglichkeiten ausgestatteten Krankenhausärzten die Bestimmung der Todesursache bei älteren Menschen oft nicht gelingt. So lag die Übereinstimmung bei den 40–49 Jährigen bei 74,2 %, bei den 50–59 Jährigen bei 69,1 %, bei den 80–89 Jährigen jedoch nur noch bei 50,0 %.[810] Die Ergebnisse lassen insgesamt darauf schließen, dass die Diagnose von Kausalketten erheblich schwieriger zu sein scheint, als die des Grundleidens. Angesichts 61 % völliger Übereinstimmung der Ergebnisse von Leichenschau und Obduktion scheint es, als gelänge den leichenschauenden Krankenhausärzten die Feststellung der tatsächlichen Todesursache insgesamt besser als ihren Kollegen außerhalb.

4. Voß, Vergleich der Todesursache auf dem Leichenschauschein mit dem Ergebnis der gerichtlichen Obduktion (2008)

Die Studie entstand im Rahmen einer medizinischen Promotion an der Johannes Gutenberg-Universität Mainz. Untersucht wurde das Obduktionsgut des Rechtsmedizinischen Instituts der Universität Mainz aus den Jahren 2004/2005 - 586 Sektionen - sowie die zugehörigen Todesbescheinigungen; ausgewertet werden konnten letztlich 547 Sektionen.[811] Ausgeschlossen wurden unter anderem solche Fälle, bei denen der Obduzent die Todesbescheinigung *nach* der Sektion ausgestellt hatte. Verglichen wurde jeweils die auf dem Schein angegebene Todesursache mit der durch Obduktion ermittelten Todesart. Zudem erfolgte eine Prüfung auf formale Fehler, wobei gravierende und weniger bedeutende Fehler unterschieden wurden. Um Diskrepanzen zwischen bescheinigter Todesursache und Obduktionsbefund aufzudecken, wurden die Todesursachen weiter differenziert.[812] Insgesamt ergab sich eine

809 *Bredahl*, Vergleich von Ergebnissen der ärztlichen Leichenschau mit Ergebnissen der Obduktion, S. 42.

810 *Bredahl*, Vergleich von Ergebnissen der ärztlichen Leichenschau mit Ergebnissen der Obduktion, S. 43.

811 *Voß*, Vergleich der Todesursache auf dem Leichenschauschein mit dem Ergebnis der gerichtlichen Obduktion, S. 96; bei den übrigen Fällen handelte es sich um nicht identifizierbare Knochenfunde, die Sektion wurde frühzeitig aufgegeben oder es ließen sich keine Todesbescheinigungen finden.

812 *Voß*, Vergleich der Todesursache auf dem Leichenschauschein mit dem Ergebnis der gerichtlichen Obduktion, S. 28; so wurde etwa bei „kardiovaskulären Ursachen" gegebenenfalls weiter in zwischen einem „Myokardinfarkt" und einer

Übereinstimmungsquote von 55 %, wobei bezüglich 176 Bescheinigungen unklar blieb, ob der in diesen Fällen in Personalunion leichenschauende und obduzierende Arzt diese vor oder nach der Obduktion ausgefüllt hatte; rechnet man diese Fälle heraus, so liegt die Übereinstimmungsquote bei nur noch 46,9 %.[813] Bemerkenswert ist, wie stark die Übereinstimmungsquote von der Fachrichtung des den Totenschein ausstellenden Arztes abhängt:[814]

Darst. 2: Tabelle zu den Ergebnissen der Studie von *Voß*

Arztgruppe	**Anzahl**	**Prozentual**	**Übereinstimmung Todesursache**
Ärztliche Bereitschaftspraxis	34	6,2	41,2
Allgemeinmediziner	135	24,7	41,5
Kliniker	130	23,8	57,7
Notarzt [Rettungsarzt]	27	4,9	40,7
Obduzent	176	32,2	72,2
Rechtsmediziner	28	5,1	28,6
Unklar	17	3,1	58,8
Gesamt	**547**	**100,0**	**55,0**

Überraschend ist die mit 72,2 % deutlich unter 100 % liegende Übereinstimmungsquote bei den Obduzenten, da diese für beide, Totenschein und Sektionsprotokoll, verantwortlich waren.[815] Einzige Erklärung scheint zu sein, dass die Todesbescheinigungen vor der Obduktion ausgefüllt wurden; zu Recht bemerkt *Voß*, dass in diesem Fall die Ergebnisse nach der Obduktion hätten korrigiert werden müssen, da sie über die Todesbescheinigungen in die

„Herzbeuteltamponade" unterschieden, da sonst oberflächlich und fälschlicherweise eine Übereinstimmung von Obduktionsprotokoll und Leichenschauschein festgestellt worden wäre.

813 *Voß*, Vergleich der Todesursache auf dem Leichenschauschein mit dem Ergebnis der gerichtlichen Obduktion, S. 96.

814 Die Original-Tabelle ist bei *Voß*, Vergleich der Todesursache auf dem Leichenschauschein mit dem Ergebnis der gerichtlichen Obduktion, S. 30 dargestellt; die Übereinstimmungen bei den einzelnen Fachgebieten (3. Spalte) sind auf den Seiten 40–46 derselben Studie angegeben und wurden hier in Tabelle ergänzt.

815 Diesen Umstand spricht *Voß*, Vergleich der Todesursache auf dem Leichenschauschein mit dem Ergebnis der gerichtlichen Obduktion, S. 66 an.

Todesursachenstatistik einfließen, die so verfälscht wird.[816] Dies ist eine weitere Bestätigung des Befundes der Görlitzer Studie, dass die Validität der Todesursachenstatistik beeinträchtigt ist.[817] Die in der Görlitzer Studie beschriebene Problematik zeigt sich auch in den weiteren Ergebnissen der Erhebungen von *Voß*.[818] Demnach sind Todesfälle kardiovaskulären Ursprungs[819] der Obduktion nach mit knapp 24,9 % die häufigsten – im deutlichen Kontrast zu den 14,4 % laut der Leichenscheine. Besonders groß ist die Diskrepanz zu den Daten des Statistischen Landesamtes Rheinland-Pfalz für den gleichen Zeitraum: 46 % Todesfälle aufgrund von Erkrankungen des Kreislaufsystems. Der Anteil der durch Obduktion ermittelten – und damit als Diagnose wesentlich sichereren – Todesfälle mit kardiovaskulärer Ursache liegt demnach deutlich unter dem der Leichenscheine mit gleicher Todesursache, die die Datenbasis für die Landesstatik bilden.[820]

Bei der Todesart zeigen sich ähnliche Abweichungen (was nicht überrascht, da die Todesursache maßgebliches Kriterium für die Bestimmung der Todesart ist). Insgesamt stimmen die Angaben zur Todesart in 54,7 % der Fälle überein. Die niedrige Quote der natürlichen Tode auf den Leichenschauscheinen von lediglich 14,8 % im Vergleich zu 96 % gemäß der amtlichen Statistik von Rheinlad-Pfalz,[821] ist erklärlich, da die untersuchten Fälle dem Sektionsgut eines rechtsmedizinischen Institutes entstammen, wo regelmäßig unklare Todesumstände untersucht werden.[822] Diagnostiziert der leichenschauende Arzt einen natürlichen Tod, kommt es in der Regel zu keiner Obduktion. Kaum

---

816 So *Voß*, Vergleich der Todesursache auf dem Leichenschauschein mit dem Ergebnis der gerichtlichen Obduktion, S. 66.

817 Siehe zur Görlitzer Studie oben Teil 1, Kapitel 2, I., 4., S. 37 f.

818 *Voß*, Vergleich der Todesursache auf dem Leichenschauschein mit dem Ergebnis der gerichtlichen Obduktion, S. 60.

819 Durch Komplikationen im Herz-Kreislauf-System.

820 Aus der Arbeit wird ist nicht ersichtlich, ob die Angaben des Landesamtes exakt für das Einzugsgebiet des Instituts für Rechtsmedizin Universität Mainz gelten. Eine Nachfrage bei Herrn Prof. Urban, dem Leiter des Instituts ergab, dass das Institut tatsächlich für das gesamte Land Rheinland-Pfalz zuständig ist. Somit kann davon ausgegangen werden, dass die Daten in etwa vergleichbar sind.

821 *Voß*, Vergleich der Todesursache auf dem Leichenschauschein mit dem Ergebnis der gerichtlichen Obduktion, S. 69, es handelt sich um die Statistiken aus den Jahren 2004/2005 (96,2 % und 95,9 %), wie auf der Folgeseite erwähnt wird.

822 Ähnlich *Voß*, Vergleich der Todesursache auf dem Leichenschauschein mit dem Ergebnis der gerichtlichen Obduktion, S. 70.

zu entschuldigen sind „Doppelnennungen",[823] insgesamt 13, die mit Leichtfertigkeit und Zeitdruck zu erklären sind. Eine weitere, die Qualität der Leichenschau kennzeichnende Zahl ist die Abweichung von 42 % bei der Diagnose natürlicher Tod.[824] Fast die Hälfte der nach Obduktion nicht natürlichen Tode klassifizierten die leichenschauenden Ärzte demnach als natürlich; trotz der insgesamt geringen Zahl dieser Fälle (81 von 547) ein Ergebnis, an dem die Unzuverlässigkeit der Diagnosen der ärztlichen Leichenschau deutlich wird. Es sei noch einmal daran erinnert, dass es unter normalen Umständen, mit Ausnahme einer zweiten Leichenschau vor einer Feuerbestattung, direkt zur Beerdigung kommt und diese nicht natürlichen Tode für immer unerkannt bleiben.

Die Prüfung der Formulare auf formale Fehler ergab kein gutes Bild von der Sorgsamkeit der Ärzteschaft und lässt vermuten, dass hier eine der Ursachen für die geringe Qualität der Leichenschau liegt. Insgesamt waren nur 40,2 % (220 von 547) der Formulare fehlerfrei ausgefüllt; abzüglich der von Obduzenten ausgefertigten Exemplare fällt die Quote sogar auf 33,4 %; hingegen waren 22,5 % inakzeptabel schlecht bearbeitet, weitere 27,3 % wiesen kleinere Fehler auf.[825] Besonders problematisch sind dabei die übrigen 56 Fälle (10,2 %),[826] in denen bezüglich der Todesursache überhaupt keine Aussage gemacht, sondern lediglich der Tod bescheinigt wurde. Der Autor der Studie erwähnt zwar nicht ausdrücklich, ob auf diesen entsprechenden Todesbescheinigungen möglicherweise vermerkt war, dass die Todesursache nicht festgestellt werden konnte und/oder die Todesart als ungeklärt angekreuzt wurde. Jedoch legt die Auflistung der verschiedenen Todesursachen nahe, dass dem nicht so war; denn es ist sowohl eine Kategorie „unklar" als auch eine Kategorie „keine Angabe"

---

823 Schon dem Nicht-Mediziner dürfte klar sein, dass bei der ärztlichen Leichenschau die Feststellung etwa eines natürlichen und zugleich ungeklärten Todes keinen Sinn ergibt.

824 *Voß*, Vergleich der Todesursache auf dem Leichenschauschein mit dem Ergebnis der gerichtlichen Obduktion, S. 49.

825 *Voß*, Vergleich der Todesursache auf dem Leichenschauschein mit dem Ergebnis der gerichtlichen Obduktion, S. 96; als besonders schwerer Fehler wurde angesehen: Kein oder ein falscher Name, kein Vermerk sicherer Todeszeichen, keine Angabe einer Todesursache oder fehlende Unterschrift; leichtere Fahler waren: Eintragung des falschen Geschlechts, fehlende Angaben zum letztmalig behandelnden Arzt, kein Vermerk hinsichtlich einer Reanimation oder möglicher Obduktion oder fehlende Datums- und Zeitangabe.

826 Die in der Gesamtrechnung (40,2 % + 22,5 % + 27,3 % + 10,2 %) überschüssigen 0,2 % lassen sich wahrscheinlich auf Rundungsfehler zurückführen.

vorhanden.[827] *Voß* selbst weist noch darauf hin, dass fünf dieser monierten Scheine sogar von Obduzenten und einer von einem Rechtsmediziner ausgefüllt wurden.[828] Er kritisiert zudem, dass die Gesundheitsämter als Kontrollinstanzen auf Lückenlosigkeit und Sinngehalt der Todesbescheinigungen zu achten hätten; somit hätte [prinzipiell bei jedem groben Fehler, mindestens aber hier] bei fehlender Angabe der Todesursache der verantwortliche Arzt kontaktiert werden müssen. Mit Blick auf die Scheintodproblematik bedenklich mutet auch an, dass auf 33 Todesbescheinigungen keine Angaben zum Erkennen eines sicheren Todeszeichens gemacht werden, der einzigen Möglichkeit, den Tod ohne weitere Hilfsmittel sicher festzustellen.[829] Einerseits ist es wahrscheinlich, dass diese lediglich vergessen wurden, andererseits ist dies einer der Kernpunkte der Leichenschau und das auszufüllende Feld befindet sich in der Regel auf der ersten Seite des vertraulichen Teils deutlich sichtbar im oberen Abschnitt des Formulars. Sollten sichere Todeszeichen zum Zeitpunkt der Leichenschau schlicht nicht zu erkennen gewesen sein bzw. nicht vorgelegen haben, so hätte der Arzt umgehend Reanimationsmaßnahmen einleiten müssen. Insgesamt sieht *Voß* die bekannten Probleme bei der Leichenschau, insbesondere Fehlerhaftigkeit und Ungenauigkeit der Angaben zur Todesursache, bestätigt.[830]

5. Gerg/Baier, Das Leichenschauwesen – Ergebnis einer Befragung von Ärzten und Polizeibeamten (2009)

Im Rahmen der Studie von *Gerg/Baier* fand im Jahr 2007 eine Umfrage unter Ärzten und Polizeibeamten statt, die beruflich mit der Leichenschau konfrontiert werden. Dazu wurden die 1461 anonymen Fragebögen von Polizeibeamten direkt am Ort der jeweiligen Leichenschau an die leichenschauenden Ärzte ausgeteilt, sodass sich die Ärzte und Beamten in ihren Antworten (bei partiell

827 Siehe *Voß*, Vergleich der Todesursache auf dem Leichenschauschein mit dem Ergebnis der gerichtlichen Obduktion, S. 33.

828 *Voß*, Vergleich der Todesursache auf dem Leichenschauschein mit dem Ergebnis der gerichtlichen Obduktion, S. 61; dieser merkt noch an, dass die Unterteilung in Obduzenten und Rechtsmediziner erfolgte, um den Unterschied zu berücksichtigen, wenn entweder nur „irgendein" Mitarbeiter des Rechtsmedizinischen Institutes verantwortlich war oder gar ein an der Obduktion beteiligter.

829 *Voß*, Vergleich der Todesursache auf dem Leichenschauschein mit dem Ergebnis der gerichtlichen Obduktion, S. 75, führt an dieser Stelle die Hirntoddiagnostik an.

830 Vgl. *Voß*, Vergleich der Todesursache auf dem Leichenschauschein mit dem Ergebnis der gerichtlichen Obduktion, S. 70 f, 75 f., 96.

unterschiedlichen Fragen) zu den gleichen Sachverhalten äußerten. Zudem konnte die Anzahl natürlicher Tode festgestellt werden, bei der die Polizei bereits informiert war, bevor der Arzt hinzugezogen wurde. Durch die Kooperation mit der Ärztevertretung konnte eine so große Akzeptanz des Projektes auch unter den Medizinern erreicht werden, dass diese die Fragebögen wohl überwiegend noch am Ort der Untersuchung ausfüllten.[831]

Bei der Auswertung fiel auf, dass die Polizei nur bei 4,9 % aller sich in Nordwürttemberg (ohne Stuttgart) ereignenden Todesfälle überhaupt hinzugezogen wurde. Die Angaben der Polizisten zeigen, dass die Ärzte in 51,7 % der Fälle die Leiche vollständig entkleideten, obwohl diese Notwendigkeit in Baden-Württemberg auch damals bereits gesetzlich festgeschrieben war.[832] Acht Jahre zuvor erfolgte eine Umfrage durch *Vennemann/Du Chesne/Brinkmann*, bei der nicht die Beamten, sondern die leichenschauende Ärzte befragt wurden. Die damals ermittelte Quote von 25 % vollständiger Entkleidungen stellt eine deutliche Verbesserung dar.[833] Es mag sein, dass die Leichenschau in Anwesenheit der Polizei der gesetzlichen Forderung zur vollständigen Entkleidung Nachdruck verleiht oder es dem Arzt in einer solchen Situation leichter fällt, den Vorgang gegenüber den Angehörigen zu rechtfertigen. Auch das ständige Bestreben der Fachliteratur, durch unermüdliches Hinweisen und Fortbildungsangebote zur ärztlichen Leichenschau auf die Unverzichtbarkeit der Entkleidung aufmerksam zu machen, könnte Wirkung gezeigt haben. Die von *Gerg/Baier* befragte Ärzteschaft setzte sich zu 90 % aus Allgemeinmedizin, Innere Medizin, Chirurgie und Anästhesie zusammen; andere Fachrichtungen waren lediglich zu 4,5 % vertreten.[834] Ein Ziel der Studie war es, das Selbstbild der beteiligten Ärzte hinsichtlich ihrer fachlichen Kompetenz für die Leichenschau zu ermitteln,[835] dazu war eine Punkteskala von 1–5 auszufüllen. Die

---

831 *Gerg/Baier*, Kriminalistik 2009, S. 476.

832 Dabei blieben die nicht natürlichen Todesfälle unbeachtet, da der Arzt ab dem Zeitpunkt in dem er Anhaltspunkte für einen nicht natürlichen Tod feststellt, die Untersuchung abbrechen und die Polizei informieren muss, *Gerg/Baier*, Kriminalistik 2009, S. 478.

833 Vgl. oben Teil 2, Kapitel 1, 2., S. 111.

834 *Gerg/Baier*, Kriminalistik 2009, S. 478; aus welchen Disziplinen die fehlenden 5,5 % stammten, wird nicht erwähnt, möglicherweise waren dies Rücksendungen ohne Angaben zur fachlichen Herkunft.

835 Tatsächlich wurden in anderen Studien nicht unerhebliche Unterschiede bei der Validität der Todesbescheinigungen festgestellt, je nachdem welcher Fachrichtung der verantwortliche Arzt angehörte, vgl. oben Teil 2, Kapitel 1, I., 4., S. 114–118;

Kompetenz stellt einen bei der ärztlichen Leichenschau besonders von Rechtsmedizinern häufig diskutierten Aspekt dar.[836] Umso erstaunlicher sind die Ergebnisse der Umfrage, in der sich 83,5 % der Mediziner in höchstem Maße (4 oder 5 Punkte) für die Leichenschau qualifiziert sahen; nur 5,3 % meinten, nicht geeignet zu sein (1 oder 2 Punkte).[837] Erklärlich wird dies zum Teil durch das weitere Befragungsergebnis, wonach gut zwei Drittel angaben, im Vorjahr mehr als sechs Leichenschauen vorgenommen zu haben. Mit einem hohen Erfahrungsgrad steigt die Sicherheit bei der entsprechenden Tätigkeit. Diese Folgerung wird von der Tatsache gestützt, dass die Fragebögen mit den vergleichsweise schlechten Selbsteinstufungen häufig von jenen Ärzten stammten, die im Jahr zuvor gleichzeitig relativ wenig Erfahrung gesammelt hatten. Von den 5,3 % derer, die nur 1–2 Punkte für ihre eigene Kompetenz angaben, hatten 55,6 % auch weniger als sechs Leichenuntersuchungen vorgenommen. Insgesamt lag die Quote derer mit wenig Erfahrung dagegen bei 27,5 %.[838] Viele der unerfahrenen Ärzte stammten aus der in der unter „andere Fachrichtungen“[839] geführten Gruppe; 13,6 % im Gegensatz zu 4,5 % insgesamt. In organisatorischer Hinsicht waren die Angaben dazu interessant, ob die tätigen Ärzte die Anamnese des Verstorbenen kannten; diese ist unzweifelhaft häufig essentiell für die korrekte Feststellung der Todesursache. Die Frage wurde nur den Polizeibeamten gestellt mit dem Ergebnis, dass in 49 % der Fälle[840] eine Erforschung der medizinischen Vorgeschichte des Verstorbenen erfolgte und 19 % der Beamten keine Angaben machen konnten. In Anbetracht der Tatsache, dass diese Vorgehensweise Routine sein sollte, erscheint eine Quote von 32 % nicht erfragter Anamnesen zunächst hoch. Die Autoren der Studie halten sie jedoch für verständlich angesichts des großen bürokratischen Aufwandes und sonstiger textintensiver Aufgaben in den medizinischen Berufen heute.[841] Auf der Grundlage der Studie wurde in Baden-Württemberg ein Projekt zur

---

ebenso *Jahn*, Studie zur Verbesserung der Validität und Reliabilität der amtlichen Todesursachenstatistik, S. IV f.

836 Vgl. anstatt vieler *Birkholz*, Kriminalistik 2006, S. 223; speziell zur Rechtsmedizin *Schwenn*, Studentische Ausbildung im Fach Rechtsmedizin in Deutschland.

837 *Gerg/Baier*, Kriminalistik 2009, S. 478.

838 *Gerg/Baier*, Kriminalistik 2009, S. 479.

839 D.h. nicht Allgemeinmedizin, Innere Medizin, Chirurgie und Anästhesie.

840 Ausgenommen derer, in denen der Hausarzt selbst die Leichenschau vorgenommen hat.

841 *Gerg/Baier*, Kriminalistik 2009, S. 479.

verbesserten Zusammenarbeit zwischen Polizei und Ärzteschaft bei der Leichenschau angestoßen; ähnliches gab und gibt es in anderen Bundesländern.[842]

6. Weitere Studien

Interessant ist noch eine Auffälligkeit der Studie von *Karger* et al., die 2004 veröffentlicht wurde und sich insofern von den oben dargestellten unterscheidet, als eine retrospektive Evaluation von 155 Exhumierungen aus dem Zeitraum von 1967 bis 2001 auf der Grundlage der zugehörigen Autopsie- und Polizeiberichte sowie Todesbescheinigungen durchgeführt wurde.[843] Als Überraschung empfanden die Autoren die hohe Zahl sowohl der aufgrund vermuteter Tötungsdelikte angeordneten Exhumierungen als auch die hohe Rate der Bestätigungen. Den 61 entsprechenden Exhumierungen mit einer Bestätigungsrate von 22,36 % waren zwei Punkte gemeinsam, erstens:[844] Sofern auf der Todesbescheinigung ein unklarer Tod vermerkt worden war, blieb die polizeiliche Untersuchung des Falls oberflächlich und es erfolgte keine Sektion. Zudem wurden bei einem natürlichen Tod nur wenige Obduktionen durchgeführt und die forensischen Aspekte dabei weitgehend ignoriert. Zweitens: Es waren jedes Mal glückliche Umstände, durch die man im Nachhinein auf Ungereimtheiten bei den entsprechenden Todesfällen stieß und in der Folge die Exhumierungen vornahm. Deutlich wird an diesen Ergebnissen der Einfluss der Leichenschaudiagnose auf die Ermittlungstätigkeit der Behörden sowie der Umstand, dass die Aufdeckung eines Tötungsdelikts – sofern sie nicht durch die ärztliche Leichenschau erfolgt – sehr häufig vom Zufall abhängt. Die Autoren sehen durch ihre Studie lediglich einen minimalen Teil eines Dunkelfeldes der Tötungsdelikte erleuchtet und verorten die Gründe für dessen Existenz sowohl im System der Leichenschau als auch der niedrigen Sektionsrate in Deutschland.[845] Dies deckt sich mit den Beobachtungen von *Geerds*, wonach auf eine mangelhafte ärztliche Leichenschau und fragwürdige Todesbescheinigungen hin oft weitere Aufklärungsschritte in Form von zweiter Leichenschau oder Leichenöffnung gem. § 87 StPO unterbleiben.[846]

---

842 Siehe dazu die Darstellung entsprechender Projekte unten Teil 3, Kapitel 2, IV., S. 290 f.

843 *Karger* et al., International Journal of Legal Medicine 2004, S. 90–94.

844 *Karger* et al., International Journal of Legal Medicine 2004, S. 94.

845 *Karger* et al., International Journal of Legal Medicine 2004, S. 94.

846 *Geerds*, ArchKrim – Archiv für Kriminologie 1997, S. 42.

In jüngster Zeit erfolgte an der Universität Rostock eine Studie durch *Zack* et al., bei der von August 2012 bis Mai 2015 bei insgesamt 10.000 fortlaufenden Todesbescheinigungen, der vertraulich Teil hinsichtlich formaler und inhaltlicher Fehler untersucht.[847] Die gefundenen formalen und inhaltlichen Fehler wurden, gemessen an den gesetzlichen Vorgaben und Anweisungen zur Ausstellung, in leichte und schwerwiegende unterteilt sowie deren Ausstellern nach den Kategorien „Klinikarzt", „Niedergelassene", „Notarzt" und „unbekannt" zugeordnet. Vollkommen fehlerfrei waren lediglich 2,23 % aller geprüften Todesbescheinigungen, auf den übrigen 9.777 Bescheinigungen wurden insgesamt 38.852 Fehler festgestellt. Bei den 3.116 als schwerwiegend bewerteten Fehlern handelte es sich hauptsächlich (n =1268, 12,68 %) um Darstellungen einer Kausalkette, die tatsächlich so nicht zum Tod geführt haben kann. Bei 2,95 % der als schwerwiegend eingestuften Fehler wurde kein sicheres Todeszeichen eingetragen, womit die wichtigste Handlung bei der gesamten Leichenschau betroffen ist, die Feststellung des Todes.[848] In 48 Fällen (0,48 %) wurde fälschlich ein nicht natürlicher, in 44 Fällen (0,44 %) fälschlich ein natürlicher Tod festgestellt.[849] Bedeutsam ist das Ergebnis der Studie insbesondere dahingehend, dass von den Medizinern der Kategorie „unbekannt" die meisten Fehler gemacht wurden.[850] Dadurch wird als eine der Hauptursachen für die Fehlerhaftigkeit der ärztlichen Leichenschau bestätigt, dass von Gesetzes wegen jeder approbierte Arzt, unabhängig von Fachgebiet, Erfahrung und Kenntnisstand, die Leichenschau durchführen kann und gegebenenfalls muss.

Um die vorliegende Arbeit nicht zu überfrachten, wird auf eine Darstellung weiterer Studien verzichtet. Es folgt jedoch eine Auswahl an Untersuchungen, bei denen die Ergebnisse der Leichenöffnung mit dem Ergebnis der jeweiligen Todesbescheinigung verglichen wurden. Die Tabelle basiert auf einem Abdruck bei *Müller/Bocter*, die als Quelle ein unveröffentlichtes Manuskript von *Frentzel-Beyme* angeben.[851] Dieser Umstand erklärt zum einen das Fehlen

847 *Zack* et al., Rechtsmedizin: Organ der Deutschen Gesellschaft für Rechtsmedizin 2017, S. 516–527.

848 Siehe zu diesen Angaben *Zack* et al., Rechtsmedizin: Organ der Deutschen Gesellschaft für Rechtsmedizin 2017, S. 518.

849 *Zack* et al., Rechtsmedizin: Organ der Deutschen Gesellschaft für Rechtsmedizin 2017, S. 522.

850 *Zack* et al., Rechtsmedizin: Organ der Deutschen Gesellschaft für Rechtsmedizin 2017, S. 518.

851 *Müller/Bocter*, Beitrag zur Abschätzung der Aussagekraft der amtlichen Todesursachenstatistik, S. 19 mit Verweis auf Frentzel-Beyme, R, Mortalitätsdaten – Bewertung, Auswertungsmöglichkeiten und Verbesserung der Qualität und des

von Titelangaben zu den einzelnen Studien, zum anderen die nicht näher erläuterten Kategorien „pro-/“ und „Autopsie-Rate (%)“ ohne Ausgangswert in der Tabelle, deren Sinn sich in dieser Form nicht direkt erschließt. Sie werden hier nur der Vollständigkeit halber angegeben.

Darst. 3: Auswahl einiger Studien zur Qualität der ärztlichen Leichenschau

Autor(en)	Zeitraum	Autopsie-Rate (%)	Erhebung pro-/	Anzahl	Rate falscher Diagnosen (%)
Swartout u. Webster	1933–1937	40	retro-	8.080	21
Wallgren	1934–1939	niedrig	retro-	1.000	49
Muck	1940–1949	78	retro-	1.000	20
Gruver u. Freis	1947–1953	78	retro-	1.106	6
James et al.	1951–1952	24	retro-	1.889	48
Borris	1952	50	retro-	1.078	33
Landes u. Zötl	1954–1964	48	retro-	1.132	48
Wilson	1958	53	retro-	265	47
Justin-Besancon et al.	1958–1961	79	retro-	1000	30
Haesman u. Lipworth	1959	65	pro-	9501	55
Otterland u. Phil	1960	98	retro-	327	28
Schulz u. Schaarschmidt	1967	18	retro-	4652	52
Thierbach*	1967	53	retro-	13690	59,4
Holler u. de Morgan	1970	50	retro-	200	48
Britton	1970–1971	96	pro-	383	30
Drexler	1976–1977	64	retro-	1.096	19
De Faire et al.	1961–1973	54	retro-	1.158	7,5
Gross u. Fischer*	1980	60	retro-	764	86
Sandritter et al.*	1980	64	retro-	1.096	81
Goldman et al.*	1983	75	retro-	300	88–92

(*fortgeführt*)

Zugangs zu dieser Datenquelle 1984, Manuskript – unveröffentlicht. *Müller/Bocter* weisen darauf hin, dass sich die bei Frentzel-Beyme aufgeführten Studien zum Teil in Methodik und Art der Validierung unterscheiden; Näheres dazu bei *Müller/Bocter*, Beitrag zur Abschätzung der Aussagekraft der amtlichen Todesursachenstatistik, S. 18 f.

Darst. 3: Fortsetzung

Autor(en)	Zeitraum	Autopsie-Rate (%)	Erhebung pro-/	Anzahl	Rate falscher Diagnosen (%)
Schuh et al.*	1986	23 (17–32)	retro-	35.315	57 (völlige Übereinstimmung) 20 (teilweise Übereinstimmung)
Brandenburg*	1998	28	retro-	1.213	61 (völlige Übereinstimmung) 15 (teilweise Übereinstimmung)[852]

Die mit * gekennzeichneten Titel wurden der Original-Tabelle hinzugefügt.

II. Die Bedeutung der Leichenfundorte für die Fehlerquoten[853]

Ein Problem, das alle Fundorte gleichermaßen betrifft sind die zeitlichen Vorgaben, die dem leichenschauenden Arzt bezüglich seines Eintreffens bei dem Leichnam gemacht werden. Die landesrechtlichen Regelungen erlauben in Einzelfällen Zeitspannen von 6 h oder sogar 12 h zwischen Benachrichtigung des Arztes und Vornahme der Leichenschau.[854] Eine solche Regelung ist nach Ansicht der Deutschen Gesellschaft für Rechtsmedizin sinn- und wertlos, da der Arzt gesetzlich zur Hilfeleistung verpflichtet ist.[855] Er müsse stets sofort erscheinen, um festzustellen, ob der Betroffene tatsächlich tot, oder reanimationspflichtig sei, da er sonst Gefahr laufe, sich etwa wegen unterlassener Hilfeleistung strafbar zu machen. Gemeint ist etwa der Fall, wenn der Arzt – wie teilweise gesetzlich vorgesehen –[856] erst Stunden nachdem er informiert wurde eintrifft, und der zwischenzeitlich Verstorbene zum Zeitpunkt der Benachrichtigung des Arztes lediglich scheintot war.

852 Die ergänzten Titel entstammen den Angaben bei *Bredahl*, Vergleich von Ergebnissen der ärztlichen Leichenschau mit Ergebnissen der Obduktion, S. 67.

853 Als Fundort ist der Ort des Auffindens so lange zu bezeichnen, wie keine Hinweise für ein Tötungsdelikt vorliegen, *Freislederer/Stenzel/Weirich*, Todesermittlungen, S. 21.

854 Vgl. oben Teil 2, Kapitel 5, I., 3., S. 77.

855 Siehe zu den folgenden Ausführungen den Punkt Nr. 3, S. 2 in: *Deutsche Gesellschaft für Rechtsmedizin*, Regeln zur Durchführung der ärztlichen Leichenschau, abrufbar unter http://www.awmf.org/leitlinien/detail/ll/054-002.html (geprüft am 28.01.2018).

856 § 6 Abs. 1 BestG Berlin.

Einen Überblick zu den jeweiligen Schwierigkeiten an verschiedenen Orten der Leichenschau bietet *Metter*:[857]

Darst. 4: Übersicht zu den verschiedenen Orten der Leichenschau[858]

	Leichenschau in der Wohnung	**Leichenschau außerhalb der Wohnung**	**Leichenschau im Krankenhaus**
Situation	Arzt primär am Ereignisort	Polizei primär am Ereignisort; Arzt wird von dieser hinzugezogen.	Leichenschauender Arzt ist in der Regel der behandelnde Arzt oder dieser kann hinzugezogen werden; (problematisch bei ärztlichem Behandlungsfehler)
Typische Fehler	Unerfahrenheit und Ekel, Sorglosigkeit, Rücksichtnahme auf Angehörige, außer Acht lassen der Krankenakte, übersehen von Spuren in der Umgebung Kein Verdacht bei vorangegangener Erkrankung, bei Auffindung der Leiche im Bett. Ungünstige äußere Bedingungen. Schlechte Beleuchtung, vollbekleidete Leiche. Manipulation durch andere Personen am Tatort oder an der Leiche.	Probleme bei der Kooperation mit der Polizei möglich. Am Unfallort: Fehler selten, da Situation meist eindeutig und vorläufige Leichenschau gegebenenfalls möglich. Ungewöhnlicher Leichenfundort: Angesichts der Auffindesituation meist Verdacht des nicht natürlichen Todes. Bedingungen unter Umständen schlecht und Gesamtdiagnose schwierig. Hohe Fehlergefahr bei Diagnose eines natürlichen Todes.	Verkennung des Kausalzusammenhangs bei länger zurückliegender äußerer Einwirkung (Unfall, Suizidversuch, tätliche Einwirkung) und anderen Spättodesfällen.
Kriminalistische Wertigkeit	Dunkelziffer groß	Dunkelziffer gering	Dunkelziffer möglich

857 *Metter*, Kriminalistik 1978, S. 156.

858 Die Darstellung ist eine überarbeitete Version der Tabelle von *Metter*, Kriminalistik 1978, S. 156.

1. Sterbeort Krankenhaus

Die meisten Sterbefälle in Deutschland ereignen sich im Krankenhaus; im Jahr 2007 etwa lag der Anteil bei 52 %.[859] In diesen Fällen sind alle dort angestellten Ärzte oder die diensthabenden Ärzte zur Leichenschau verpflichtet. In der Regel stellt sich die Situation für den ausführenden Arzt dort etwas einfacher dar als an den übrigen Leichenschauorten. In erster Linie liegt dies an der unmittelbaren Verfügbarkeit der Patientenakte, die das Grundleiden und den genauen Krankheitsverlauf enthält sowie dem Umstand, dass die vorangehende Behandlung in der Regel vor Ort erfolgte.[860] Aber auch die Unterlagen der Kollegen in der Klinik sind schnell verfügbar; zudem kann mit diesen Rücksprache gehalten werden. Schließlich ist die Situation auch für eine Beschaffung der Unterlagen von außerhalb oder entsprechende Erkundigungen zeitlich weniger problematisch als etwa am Sterbebett in einer Privatwohnung. In welcher Form diese verschiedenen Quellen (auch kumulativ) genutzt werden, zeigt die Studie von *Müller/Bocter* aus dem Jahr 1990,[861] wonach sich 92 % der Klinikärzte jedenfalls auf eigene Beobachtungen verlassen, 22 % auch Rückfragen bei Kollegen tätigen. Bei den verwendbaren schriftlichen Aufzeichnungen handelte es sich zu 46 % um eigene, zu 51 % um die von Kollegen. Etwa 18 % der Klinikärzte befragten auch die Angehörigen der Verstorbenen.[862] Hinzu kommt, dass der Arzt zumeist allein und ohne Beeinflussung außenstehender Personen arbeitet und sich auf die genaue Untersuchung konzentrieren kann. Dies zeigt eine weitere Umfrage unter Klinikärzten, die im Rahmen der oben dargestellten Studie von *Vennemann/Du Chesne/Brinkmann* im Jahr 2001 erfolgte.[863] Schließlich bleibt in unklaren Fällen zumeist die Möglichkeit, vergleichsweise schnell und unkompliziert über die Krankenvorgeschichte des Verstorbenen hinaus kollegialen fachlichen Rat einzuholen. Problematisch kann hier eine mögliche (Mit)Schuld des Arztes am Tode des Patienten sein; die Umfrage ergab hier, dass 4/5 der an einem Krankenhaus tätigen Ärzte die mors in tabula als einen unproblematisch natürlichen Tod ansahen.[864] Ein ähnliches Bild ergibt die

---

859 *Rothgang* et al., GEK-Pflegereport 2008, S. 157.

860 *Püschel/Kappus/Janssen*, Arzt und Krankenhaus 1987, S. 102 f.

861 *Müller/Bocter*, Beitrag zur Abschätzung der Aussagekraft der amtlichen Todesursachenstatistik.

862 Die genannten Zahlen sind der Tabelle 19 entnommen, *Müller/Bocter*, Beitrag zur Abschätzung der Aussagekraft der amtlichen Todesursachenstatistik, S. 76.

863 Vgl. oben Teil 2, Kapitel 1, I., 2., S. 110–112.

864 *Vennemann/Du Chesne/Brinkmann*, Deutsche Medizinische Wochenschrift 2001, S. 714.

Untersuchung von *Püschel/Kappus/Janssen*, die die Validität von 2.533 klinischen Diagnosen des Universitätsklinikums Hamburg-Eppendorf hinsichtlich Grundleiden und Todesursache analysierten. Darunter waren 36 Todesfälle, die sich bei oder direkt nach einer ärztlichen Maßnahme ereigneten, und lediglich in zwei (!) Fällen wurde kein natürlicher Tod bescheinigt; zudem fanden sich nur in wenigen der dazugehörigen Todesbescheinigungen überhaupt Hinweise auf den Umstand eines medizinischen Eingriffs.[865] Beachtenswert hinsichtlich dieser, speziell für die Krankenhausleichenschau, gewonnenen Ergebnisse war der Umstand, dass vergleichsweise viele bei der Leichenschau übersehene nicht natürliche Todesfälle dennoch aufgedeckt wurden. Den Sachbearbeitern im Standesamt fielen bei mehr als der Hälfte offensichtliche Ungereimtheiten auf und sie informierten, entgegen dem für diese Diagnosen vorgesehenen Vorgehen, jeweils die Polizei.[866] Bei 10 % der untersuchten Sterbefälle wurde der Tod durch äußere Einwirkung herbeigeführt; wiederum 24 % dieser Umstände wurden bei der Leichenschau nicht als solche erkannt. Den Ausführungen der Autoren nach zu urteilen, lagen in den betreffenden Fällen sogar Informationen bezüglich außergewöhnlicher Vorfälle in der jüngeren Vergangenheit der Verstorbenen vor, etwa Unfälle oder Vergiftungen. Im Gegensatz zu den zuständigen Leichenschauern waren den Sachbearbeitern mögliche fatale Zusammenhänge in den Sinn gekommen. Diese Vorkommnisse sind zunächst einmal erfreulich, zeigen sie doch, dass gewisse Kontrollmechanismen vorhanden sein können, die zwischen der ärztlichen Leichenschau und der Freigabe des Leichnams stehen. Zudem lässt sich daraus schließen, dass es möglich ist, allein anhand der Todesbescheinigung deren Validität – zumindest bis zu einem gewissen Grad – einzuschätzen, ohne die Leiche erneut zu untersuchen. Andererseits ist es ein weiteres schlechtes Zeugnis für die ärztliche Leichenschau, wenn es der Kontrolle durch Laien bedarf, um die Fehler der zuständigen Fachleute zu korrigieren. Zumal es offensichtlich genügte, die bekannten Vorgeschichten der Toten heranzuziehen und ohne besondere Fachkenntnisse eine Kausalität in Erwägung zu ziehen. Dies gehört zu den Grundregeln der Leichenschau, bei der gerade die Informationen über die Zeit vor dem Tod eine entscheidende Rolle spielen können. Bezeichnenderweise hatten die Vorfälle für die entsprechenden Ärzte keinerlei Konsequenzen.[867] Eine andere

865 *Püschel/Kappus/Janssen*, Arzt und Krankenhaus 1987, S. 102.

866 *Püschel/Kappus/Janssen*, Arzt und Krankenhaus 1987, S. 101, berichten positiv überrascht von diesen Vorgängen.

867 *Püschel/Kappus/Janssen*, Arzt und Krankenhaus 1987, S. 101.

Begründung für die Fehlleistungen bei der Leichenschau im Krankenhaus könnte ein Ergebnis der Umfrage von *Berg/Ditt* liefern, auf die in obiger Studie von *Püschel/Kappus/Janssen* verwiesen wird. Nach eigener Aussage bescheinigen 5 % der 315 in verschiedenen Krankenhäusern tätigen Ärzte grundsätzlich immer einen natürlichen Tod.[868] Zu Fehlern bei der Leichenschau im Krankenhaus kommt es besonders, wenn der Patient zeitlich länger zurückliegende Verletzungen hatte, deren Ursächlichkeit für den Tod nicht erkannt wird.[869] In der Gesamtschau der Überprüfung der klinischen Diagnosen des Grundleidens durch *Püschel/Kappus/Janssen* zeigte sich, dass 60 % vollständig richtig waren, 5 % dagegen vollständig falsch.[870] Die Allgemeingültigkeit der Auswertung von ein paar tausend Leichenschaudiagnosen könnte angesichts ca. 900.000 jährlicher Sterbefälle in Deutschland mit Recht angezweifelt werden. Allerdings sehen die Autoren ihre Ergebnisse in einer Reihe ähnlicher Resultate aus früheren, regelmäßig erfolgten Untersuchungen,[871] was die Relevanz bestätigt. Eine ein Jahrzehnt später durch *Brandenburg* vorgenommene Auswertung von 1.088 klinischen Diagnosen zeigt ein ähnliches Bild. Sie differenziert nicht zwischen absolut richtig und teilweise falsch, dafür aber zwischen der Feststellung des Grundleidens und dem Erkennen der richtigen Todesursache. Hinzu kommt, dass die klinischen Diagnosen in etwa gleicher Anzahl zwei verschiedenen Kliniken zugeordnet werden konnten. Demnach wurde das Grundleiden, das am Anfang der zum Tode führenden Kausalkette steht, in einem Krankenhaus zu 79 %, im anderen zu 70 % korrekt ermittelt, wobei diese positiven Zahlen und der Unterschied zwischen den Häusern durch das Ergebnis hinsichtlich der späteren Todesursachen relativiert werden: Im ersten Haus lag die Trefferquote bei nur noch 60 %, im zweiten bei 61 %.[872] Mit einem Überblick durch

868 *Berg/Ditt*, Niedersächsisches Ärzteblatt 1984, S. 334; dies deckt sich mit Erfahrungsberichten, die *Zimmermann* aus erster Hand erfahren hat, in: *Raute*, Fragen zu den Problemen der ärztlichen Leichenschau – Interview mit Dr. jur. Georg Zimmermann, Vorsitzender Richter am Landgericht Bielefeld.

869 *Metter*, Kriminalistik 1978, S. 157, als Verletzungsbeispiele werden Unfälle, Suizidversuche und körperliche Angriffe Dritter genannt.

870 *Püschel/Kappus/Janssen*, Arzt und Krankenhaus 1987, S. 102; dabei zeigte sich ein deutlicher Unterschied in der Validität zwischen den Leichenschaudiagnosen nach längerer oder kurzer Anwesenheit im Krankenhaus. In erstgenannten Fällen waren 78,5 % bei konservativ und 92 % bei operativ behandelten Patienten korrekt – verglichen mit der Gesamtzahl von ca. 60 %.

871 *Püschel/Kappus/Janssen*, Arzt und Krankenhaus 1987, S. 104 m.w.N.

872 Zusammengefasst findet sich diese Darstellung bei *Brandenburg*, Validität der klinischen Diagnostik von Grundleiden und Todesursachen, S. 65.

die Kenntnis vieler verschiedener Studien und langjähriger eigener Erfahrung gehen *Brinkmann/Du Chesne* davon aus, dass sogar in gut eingerichteten Krankenhäusern die Quote der Fehlleistungen bei der Klassifizierung der Todesursache im Durchschnitt nur wenig unter 50 % liegen dürfte.[873]

2. Sterbeort Alten- oder Pflegeheim

Aufgrund des demographischen Wandels in der Bundesrepublik verbringen zunehmend mehr Menschen ihre letzte Lebensphase in Institutionen wie Alten- und Pflegeheimen. In der Folge spielen diese Einrichtungen als Sterbeorte im Rahmen der Leichenschau eine immer bedeutendere Rolle: Im Jahr 2011 lebten rund 740.000 Pflegebedürftige in 12.400 Alten- und Pflegeheimen,[874] im Jahr 2014 gab es in Deutschland 12.354 Pflegeeinrichtungen mit 875.549 Plätzen;[875] etwa 67 % der Pflegebedürftigen sind beim Übergang in ein Pflegeheim über 80 Jahre alt.[876] Dem Pflegereport der Barmer GEK für Deutschaland ist zu entnehmen, dass im Jahr 2007 sich etwa 10 % aller Sterbefälle in Pflegeeinrichtungen ereigneten,[877] Tendenz steigend.[878] Betrachtet man den Anteil geschlechterspezifisch, so gleicht sich die Rate bei den Frauen zwischen Privathaushalten (22.9 %) und Pflegeeinrichtungen (27.8 %) zunehmend an. Und die gesellschaftliche Bedeutung wird weiter steigen: Der Prognose nach steigt der Anteil der über 80 Jährigen in der deutschen Bevölkerung auf 8 % im Jahr 2030 und 13 % im Jahr 2060;[879] beim Übergang in eine entsprechende Einrichtung sind 67 % der Menschen über 80 Jahre alt.[880] Solche Einrichtungen dienen dem Zweck, für alte und pflegebedürftige Menschen die dort ihren Lebensabend verbringen, eine Vollzeitversorgung zu gewährleisten. Entsprechend könnte man meinen, dass die ärztliche Leichenschau an einem solchen Ort zwar häufig vorkommt, dabei aber kaum Probleme auftreten. Das Gegenteil ist der Fall: Wo regelmäßig Menschen in einem Umfeld versterben, das auf die Begleitung bis

---

873 *Brinkmann/Du Chesne*, Medizinische Welt 1993, S. 697.

874 *Statistisches Bundesamt* (Hrsg.), Pflegestatistik 2011, S. 5.

875 *Graber-Dünow*, Pflegeheime am Pranger, S. 13 m.w.N.

876 *Moritz*, Staatliche Schutzpflichten gegenüber pflegebedürftigen Menschen, S. 17 m.w.N.

877 *Rothgang* et al., GEK-Pflegereport 2008, S. 157.

878 *Müller*, Die ZEIT vom 19.02.2015, S. 15 (15), spricht von knapp 30 % aller Sterbefälle in stationären Pflegeeinrichtungen.

879 *Pötzsch/Rößge*, Bevölkerung Deutschlands bis 2060, S. 19.

880 *Moritz*, Staatliche Schutzpflichten gegenüber pflegebedürftigen Menschen, S. 17 m.w.N.

zum tatsächlichen Lebensende vorbereitet ist, fallen ungewöhnliche Todesfälle weniger auf als andernorts.[881] Die Grundannahme, in Einrichtungen, die der Lebenserhaltung dienen, gäbe es keinen Anlass für Tötungsdelikte, scheint auch die dort leichenschauenden Ärzte zu beeinflussen. Bei sieben bekanntgewordenen Tötungsserien in Pflegeeinrichtungen in Deutschland zwischen 1973 und 2007 wurde lediglich eine aufgrund eines Verdachts im Rahmen einer ärztlichen Leichenschau aufgedeckt; in den übrigen Fällen wurden teilweise großflächige, auffällige Einstichstellen übersehen, für die es auch keine medizinische Erklärung gab, und gelegentlich unterblieb die Leichenschau gänzlich.[882] Auch fortgeschrittenes Lebensalter scheint einen Einfluss zu haben, denn je älter die Verstorbenen waren, desto seltener wird eine nicht natürliche Todesursache angenommen.[883] Das hohe Alter und der oftmals schlechte und auch schwer einzuschätzende Allgemeinzustand der Heimbewohner haben auch zur Folge, dass der Arzt schon zur Leichenschau gerufen wird, wenn noch gar keine sicheren Todeszeichen vorliegen. Bei einem beispielsweise hochbetagten Patienten einer Pflegeeinrichtung, der im Sterben liegt, wird der Arzt in aller Regel jedoch keine Reanimationsmaßnahmen mehr vornehmen. Folglich muss er nach einiger Zeit noch einmal wieder kommen, um sichere Todeszeichen feststellen und eine korrekte Leichenschau vornehmen zu können; dies wird in Deutschland tatsächlich regelmäßig so gehandhabt.[884]

3. Sterbeort Wohnung

Die Studie von *Müller/Bocter* lässt vermuten, dass der Anteil der in häuslicher Umgebung Verstorbenen an der Sterbezahl der Gesamtbevölkerung eines bestimmten Gebietes davon abhängt, ob es sich um ländliche oder urbane Gebiete handelt. So nennen die Autoren als Ergebnis ihrer Untersuchung mehr als 50 % häusliche Sterbefälle in den untersuchten Landkreisen, während die Rate in den Städten bei weniger als 40 % lag.[885] Deutschlandweit lag der Anteil

881 Vgl. zu diesen Überlegungen auch *Germerott* et al., Rechtsmedizin: Organ der Deutschen Gesellschaft für Rechtsmedizin 2014, S. 387; *Beine*, Krankentötungen in Kliniken und Heimen, S. 378 f.

882 *Beine*, Krankentötungen in Kliniken und Heimen, S. 368 f.

883 *Germerott* et al., Rechtsmedizin: Organ der Deutschen Gesellschaft für Rechtsmedizin 2014, S. 387; Gleiches gilt im Übrigen für die Anordnung von Obduktionen.

884 *Rothschild*, Rechtsmedizin: Organ der Deutschen Gesellschaft für Rechtsmedizin 2009, S. 407 f.

885 *Müller/Bocter*, Beitrag zur Abschätzung der Aussagekraft der amtlichen Todesursachenstatistik, S. 46.

der Sterbefälle in Privathaushalten im Jahr 2007 bei 33,2 % (Männer) und 27,8 % (Frauen).[886] Die Praxis zeigt, dass plötzliche Todesfälle in häuslicher Umgebung zumeist vom Rettungsarzt bescheinigt werden, der – zum Einsatz gerufen – den Patienten bereits tot vorfindet oder nicht mehr retten kann.[887] In den übrigen Fällen wird zumeist der Hausarzt verständigt.[888] Dies lässt sich auch daraus schließen, dass der Anteil häuslicher Todesfälle bei älteren Menschen wesentlich höher ist als bei jüngeren.[889] Da in der Regel die Gesundheitsprobleme mit dem Alter zunehmen, die Ortswechsel dagegen weniger werden, ist die Wahrscheinlichkeit einer durchgehenden Behandlung durch denselben Hausarzt, und damit der Leichenschau durch diesen, vergleichsweise hoch. Der Hausarzt hat bei einer Wohnungsleichenschau gegenüber anderen Ärzten sowohl Vor- als auch Nachteile. Zum einen kennt er die verstorbene Person häufig schon als seinen Patienten und folglich dessen für die Diagnose bedeutende Anamnese, zum anderen schafft die persönliche Bekanntschaft, die häufig auch die Angehörigen umfasst, auch Probleme.[890] Insgesamt ergibt sich bei der Leichenschau im häuslichen Bereich die höchste Dunkelziffer.[891]

4. Tod am Unfallort

Bei einem Unfalltod ist die Örtlichkeit für eine ungestörte und gründliche Untersuchung oft ungeeignet, etwa aufgrund schlechter Beleuchtung oder erheblicher Unruhe. Zudem stehen Rettungsärzte regelmäßig unter Zeitdruck. In solchen Fällen genügt zunächst die Feststellung des Todes. Allerdings entsteht durch Verbringen des Leichnams an einen geeigneten Ort und die Verständigung eines anderen Arztes eine zeitliche Verzögerung, was sich negativ auf die Genauigkeit der Angaben in der Todesbescheinigung auswirken kann.[892]

---

886 *Rothgang* et al., GEK-Pflegereport 2008, S. 157; wobei die Zahlen äquivalent zum Anstieg stationärer Sterbefälle tendenziell abnehmen.

887 *Freislederer/Stenzel/Weirich*, Todesermittlungen, S. 11.

888 Der prozentuale Anteil der niedergelassenen Ärzte als Bearbeiter der Todesbescheinigungen lag in den ländlichen Gebieten erkennbar höher als der der Klinikärzte, *Müller/Bocter*, Beitrag zur Abschätzung der Aussagekraft der amtlichen Todesursachenstatistik, S. 55.

889 Bei *Müller/Bocter*, Beitrag zur Abschätzung der Aussagekraft der amtlichen Todesursachenstatistik, S. 122, lag die deutliche Schwelle bei 75 Jahren.

890 Vgl. dazu Beispiele unten Teil 2, Kapitel 2, I., 7., c), S. 182–184.

891 *Groß*, Die Entwicklung der inneren und äußeren Leichenschau in historischer und ethischer Sicht, S. 69, m.w.N.

892 Bezogen auf die gerichtliche Leichenschau *Eisenberg*, Beweisrecht der StPO, S. 960, Rn. 1946.

Die Todesfeststellung ist die Schnittstelle zwischen notärztlicher und leichenschauender Tätigkeit.[893] Gerade für den Rettungsarzt kann in diesem Zusammenhang das so genannte Lazarus-Phänomen relevant werden, bei dem nach scheinbar vergeblichen und daher aufgegebenen Wiederbelebungsmaßnahmen die Herz-Kreislauf-Tätigkeit spontan wieder einsetzt. Da Angehörige und Polizeibeamte regelmäßig davon ausgehen, der Reanimationsabbruch sei mit der Todesfeststellung gleichzusetzen, kommt es beim Auftreten des Lazarus-Phänomens neben Vorwürfen an den Arzt sogar zur Einleitung von Ermittlungsverfahren.[894]

5. Ungewöhnlicher Leichenfundort

Wird überraschend eine vermeintlich tote Person an einem ungewöhnlichen Ort aufgefunden, so verständigt der Finder im Normalfall die Polizei.[895] Auch diese ist, selbst wenn sie erkennt, dass die Person definitiv verstorben ist, zur amtlichen Todesfeststellung und Ausfertigung der Todesbescheinigung auf den leichenschauenden Arzt angewiesen.[896] Stellt der Arzt dann einen nicht natürlichen Tod fest, teilt er dies der Polizei mit. Besteht zudem der Verdacht auf ein Tötungsdelikt, wird die Kriminalpolizei hinzugezogen. Daneben müssen am Ort Absperrungs- und Sicherungsmaßnahmen eingeleitet werden. Eine solche Konstellation führt zu einer „sehr unübersichtlichen Gesamtsituation am Ereignisort, einer Vielzahl von Personen und Informationen“[897] und entsprechend schwierigen Arbeitsbedingungen, gerade auch für den Arzt. Hinzu kommt, dass der Arzt im gewöhnlichen Leichenschaueinsatz sich hier in einer ähnlichen Situation befindet wie der Rettungsarzt bei der Leichenschau am Unglücksort, allerdings mit dem Unterschied, dass er nicht lediglich eine vorläufige Todesbescheinigung ausstellen kann. Ihm stehen keine Personen wie etwa Angehörige, Pfleger oder Kollegen zur Verfügung, die Auskunft geben könnten; zudem ist keine Krankenakte erreichbar und der Blick auf die

---

893 *Peschel/Fieseler/Zinka*, Der Notarzt 2009, S. 214.

894 Diese Situation schildert *Peschel/Fieseler/Zinka*, Der Notarzt 2009, S. 215, und empfiehlt, das EKG vorbeugend noch mindestens 10 Minuten fortzuführen, um erneute Lebenserscheinungen umgehend erkennen zu können.

895 Nach § 9 Abs. 1 BestG NRW hat der Finder die Leichenschau zu veranlassen und die Hinterbliebenen zu informieren. Aber dies ist in der heutigen Zeit für den Normalbürger schlicht nicht machbar oder mit einem Zeitaufwand verbunden, der den Weg über die Polizei als einzig sinnvollen erscheinen lässt.

896 Siehe etwas Art. 2 Abs. 1 BestG Bayern.

897 *Freislederer/Stenzel/Weirich*, Todesermittlungen, S. 8.

Umgebung des Fundortes sorgt sehr wahrscheinlich oft mehr für Irritation, als dass er aufschlussreich wäre. Dass unter diesen Umständen die Polizei in der Regel bereits vor Ort ist, kann hilfreich sein (wenn sie nützliche Informationen hat) oder problematisch, falls sie bereits eine eigene Vorstellung von den Todesumständen hat und versucht, Einfluss zu nehmen.

Kapitel 2: Kritische Untersuchung der Probleme

Die Prämisse des Gesetzgebers, alle Ärzte jeglicher Fachrichtung wären jederzeit auf die Durchführung einer Leichenschau vorbereitet und ohne weiteres zur eindeutigen Feststellung des Todes in der Lage,[898] erweist sich in der Realität als utopisch.[899] Auch die Tatsache, dass viele Aspekte einer fehlerhaften Leichenschau eine Ordnungswidrigkeit darstellen,[900] scheint an der Fehlerquote, wenn überhaupt, dann zumindest nur wenig zu ändern.[901] Viele Fallschilderungen und Studien zeigen die Häufigkeit verkannter und falscher Diagnosen an der menschlichen Leiche.[902]

I. Die einzelnen Probleme und ihre Konsequenzen

Einer der Hauptgründe für die schlechte Qualität der ärztlichen Leichenschau insgesamt sind die Schwierigkeiten bei der tatsächlichen Ausführung. Es zeigt sich, dass auch an dieser Stelle viele Faktoren zusammenkommen, die in der Praxis zumeist zusammenwirken; häufig haben verschiedene Probleme die gleichen oder zumindest ähnliche Konsequenzen. So kann es bei einer insgesamt nachlässigen Einstellung zur Tätigkeit der Leichenschau schon zu Beginn zu einer zeitlichen Verzögerung selbiger kommen, wenn der Arzt den Ruf zum Fundort zurückstellt. Bei der eigentlichen Untersuchung können sowohl eine falsche Todesursache diagnostiziert als auch wichtige Hinweise für einen nicht natürlichen Tod übersehen werden. Zudem kommt es zu Fehlern beim Ausfüllen der Todesbescheinigung, wobei im Nachhinein nicht zu erkennen ist, ob das vom leichenschauenden Arzt Notierte auf Fremdangaben, Mutmaßungen oder eigenen Feststellungen basiert.[903] Umso wichtiger ist es, die einzelnen

898 *Dettmeyer/Madea*, Kritische Vierteljahresschrift für Gesetzgebung und Rechtswissenschaft 2004, S. 353.

899 Ähnlich *Janssen*, Hamburger Ärzteblatt 1979, S. 286.

900 Siehe dazu Teil 1, Kapitel 5, II., 1., S. 90–94.

901 Dies schließt *Dettmeyer*, Die verfassungsrechtlichen Grenzen für die gesetzliche Einführung einer Verwaltungssektion bei medizinisch unklaren Todesfällen, S. 59, für die Fälle nicht korrekt ausgefüllter Todesbescheinigungen, aus der hohen Anzahl von 174 Ordnungswidrigkeitsverfahren in Berlin zwischen 1980 und 1984.

902 *Dettmeyer/Madea*, Kritische Vierteljahresschrift für Gesetzgebung und Rechtswissenschaft 2004, S. 356 f.

903 Vgl. *Eisenberg*, Beweisrecht der StPO, S. 963, Rn. 1948.

Probleme und deren Konsequenzen zu ermitteln, um ein übersichtliches und detailliertes Bild der verschiedenen Fehlerquellen zu erlangen.

1. Fehlende Praxis und Kompetenz sowie Grenzen der äußeren Leichenschau

Die Hauptprobleme des derzeitigen Systems, mit den zugleich vielfältigsten Konsequenzen, sind mangelnde Praxis und damit Erfahrung sowie mangelnde Kompetenz vieler leichenschauender Ärzte; *Madea/Rothschild* sprechen von Unerfahrenheit und Sorglosigkeit.[904] Es ist in der Fachliteratur eines der, wenn nicht das, am häufigsten genannte Problem für die vielen falschen Diagnosen bei der ärztlichen Leichenschau.[905] Dass dies so ist, zeigen neben oben erläuterten zahlreichen Studien zu diesem Thema[906] auch nicht wissenschaftliche Beispiele aus der Praxis. Anlässlich stichprobenartiger Anrufe eines Journalisten bei 22 Ärzten mit der Bitte um Nennung der sicheren und unsicheren Todeszeichen konnten nur 4 Mediziner die Frage korrekt beantworten.[907] Ähnliche Wissenslücken offenbaren die Fragen einiger Leser der Fachzeitschrift „Der Internist", in welchem Ausmaß der Arzt bei der Leichenschau auf die Frage natürlicher oder unnatürlicher Tod eingehen müsse.[908] Es bestehen also offensichtlich zum Teil große Unsicherheiten nicht nur bezüglich der medizinischen, sondern auch der juristischen Seite dieser Aufgabe. Dies erklärt bis zu einem bestimmten Grad den inzwischen hohen Anteil der als ungeklärt klassifizierten Todesfälle.[909] Unerfahrenheit wird in der Literatur häufig als Grund für falsche Einschätzungen genannt.

Besonders deutlich äußert sich dies in den Fällen, in denen ein komplexer kausaler Zusammenhang das Erkennen der eigentlichen Todesursache

---

904 *Madea/Rothgang*, Deutsches Ärzteblatt 2010, S. 583.

905 Vgl. anstatt vieler *Klingshirn*, Der Notarzt 2006, S. 61 oder *Dettmeyer/Madea*, Kritische Vierteljahresschrift für Gesetzgebung und Rechtswissenschaft 2004, S. 357.

906 Teil 2, Kapitel 1, S. 103–124.

907 *Mätzler*, Todesermittlung, S. 4.

908 *Brinkmann*, Der Internist 1999, S. 442, mit einer ausführlichen Erklärung des Autors.

909 Ein umfassenderer Erklärungsversuch weist auf die Problemspirale als Ganzes; aufgrund der häufigen Fehldiagnosen wird den Ärzten geraten, im Zweifel die Todesursache als ungeklärt anzukreuzen, was jedoch andere Schwierigkeiten zur Folge hat. Siehe dazu unten Teil 2, Kapitel 2, I., 7., d), S. 195.

erschwert,[910] wenn etwa die Grunderkrankung kaum oder sehr außergewöhnliche Symptome aufweist und daher bei den Überlegungen zur Todesursache außer Betracht bleibt. In den Problembereich des Nachvollziehens einer zum Tode führenden Kausalkette gehört die Erschwernis, dass das Grundleiden von einer weiteren Krankheit stark überlagert wird und nur schwer oder überhaupt nur mit spezifischen Fachkenntnissen zu bemerken ist. Da sich Krankheiten in Folge neuer Therapiemethoden verändern, besteht besonders bei Ärzten, die nur selten mit einer Leichenschauuntersuchung konfrontiert werden, die Gefahr, diese Krankheitsbilder falsch zu interpretieren.[911] Ähnliches ist denkbar, wenn schon das Grundleiden einen ungewöhnlichen Verlauf zeigte und bei Betrachtung der anderen Krankheiten die eigentliche Todesursache nur schwer abzugrenzen ist. In der Gesamtschau stehen viele der oben aufgezeigten Probleme im Zusammenhang mit fehlender Praxis und Kompetenz. Dies rührt auch daher, dass für die Leichenschau keine und erst recht keine einheitlichen Mindeststandards bestehen. Trotz der bekannten Qualitätsprobleme betraut der Gesetzgeber mit dieser Aufgabe – jedenfalls theoretisch – alle approbierten Ärzte.[912] Dabei gibt es keine Vorgaben hinsichtlich besonderer Qualifikationen, der Berufserfahrung allgemein oder speziell bei der Leichenschau. Somit bleibt es gleichsam dem Zufall überlassen, ob die Untersuchung bei einem professionell ausgeführten Giftmord von einem jungen Orthopäden im ersten Berufsjahr durchgeführt wird oder von einem erfahrenen Internisten, der beispielsweise auch in der Pathologie gearbeitet hat. Darüber hinaus gibt es Fälle, in denen es selbst einem Rechtsmediziner als Leichenschauer bei rein äußerlicher Untersuchung unmöglich wäre, einen nicht natürlichen Tod zu erkennen.[913] Häufiges Beispiel ist eine Überdosis an Tabletten bei multimorbiden[914] Personen; sei es durch Selbsteinnahme oder Verabreichung, versehentlich oder nicht.[915] Der Arzt sollte an dieser Stelle nach leeren Verpackungen suchen und

---

910 *Dettmeyer*, Die verfassungsrechtlichen Grenzen für die gesetzliche Einführung einer Verwaltungssektion bei medizinisch unklaren Todesfällen, S. 59.

911 Diese Aspekte führt *Brandenburg*, Validität der klinischen Diagnostik von Grundleiden und Todesursachen, S. 64 auf.

912 *Dettmeyer/Verhoff*, Rechtsmedizin, S. 24; zu den genauen Vorgaben siehe oben Teil 1, Kapitel 5, I., 2., S. 72–77.

913 *Birkholz*, Notfall-Medizin in der täglichen Praxis 2003, S. 211; so auch schon *Schneider*, Die Leichenschau, S. 55.

914 An mehreren Krankheiten die zum Tode führen können leidend.

915 Siehe etwa *Drews*, Kriminalistik 1987, S. 585.

die Angehörigen befragen,[916] doch auch dieses Vorgehen liefert nicht in jedem Fall sichere Erkenntnisse. Im Grunde bleibt die Entdeckung in solchen Fällen dem Zufall überlassen, sofern der Arzt nicht die Ermittlungsbehörden zur Obduktion auffordert und diese tatsächlich eine solche veranlassen.

a) Übersehen von Scheintodfällen

Eine noch lebende Person für tot zu erklären, ist nach *Ciper/Feiertag/Kiwitt* „der schlimmste GAU [sic!], der einem Arzt passieren kann",[917] und sicherlich ist ein solcher Fehler für den betroffenen Arzt auch persönlich ein äußerst unschönes Erlebnis und ein Tiefpunkt seiner beruflichen Laufbahn – sofern er davon erfährt. Noch 1981 nennt *Mallach* es „ein ernsthaftes Gebot der Gegenwart, die die Leichenschau betreffenden Gesetze und Verordnungen der Bundesländer ... anzupassen, damit der steigenden Zahl von Scheintoten, die für tot erklärt werden, Einhalt geboten werden kann."[918] Auch in der jüngeren Vergangenheit gab es entsprechende Fälle[919] und intensive Auseinandersetzungen mit dem Thema.[920] In einem Interview aus dem Jahr 2002 gibt der Rechtsmediziner *Alfred Du Chesne* eine Einschätzung der Lage:

> „Wir wissen nicht, wie viele Menschen, die auf dem Schein schon tot sind, in Wahrheit noch lebten. Anhand der wenigen dokumentierten Fälle könnten wir sagen: Es kommt in Deutschland vielleicht zehnmal im Jahr vor. Mit dieser Schätzung liegen wir eher an der unteren Grenze."[921]

---

916 *Mußhoff/Madea/Heß*, in: Madea, Rechtsmedizin, S. 636; *Dirnhofer*, Therapeutische Umschau 1986, S. 321–325, insbesondere die Seiten 322 f.

917 *Ciper/Feiertag/Kiwitt* (Hrsg.), Medizinrecht, S. 660.

918 *Mallach*, Deutsches Ärzteblatt 1981, S. 898.

919 In den 70er und 80er Jahren: *o.V.*, Der Spiegel 1977, S. 110 f.; *Mätzler*, Kriminalistik 1978, S. 157–159, schildert sieben Fälle; *Mallach*, Deutsches Ärzteblatt 1981, S. 893 m.w.N., berichtet ebenfalls von mehreren Fällen; *o.V.*, Der Tagesspiegel - Unabhängige Berliner Morgenzeitung vom 22.12.1978, S. 13; *o.V.*, Der Spiegel 1981, S. 103–106; *Eisenmenger/Spann/Liebhardt*, Beiträge zur gerichtlichen Medizin 1982, S. 50, berichten von vier ihrerseits erlebten Fällen von übersehenem Scheintod, wobei zwei der Betroffenen sogar überlebten; *Brettel/Lüpke*, Beiträge zur gerichtlichen Medizin 1984, S. 360 f. m.w.N.; *Boetzkes*, Scheintot begraben, S. 16, erwähnt acht bewiesene Scheintodfälle in der Jahren 1973–1975; *Schneider*, Die Leichenschau, S. 1.

920 Etwa durch *Boetzkes*, Scheintot begraben; *Koch*, Lebendig begraben, *Hartmann/Equiamicus*, Lebendig begraben; ursprünglich in Amerika erschienen, jedoch mit sehr starken europäischen Bezügen auch *Bondeson*, Lebendig begraben.

921 *Lakotta*, Der Spiegel 2002, S. 230; diese Zahl nennt auch *Peschel/Penning*, in: Madler et al., Das NAW-Buch, S. 381 unter Berufung auf die Bundesärztekammer; dazu

Das wirkt bei einer durchschnittlichen Zahl von jährlich ca. 843.000 Todesfällen in Deutschland seit dem Jahr 2000[922] zunächst nicht gravierend. *Du Chesne* gibt auch zu bedenken, dass die meisten Betroffenen dem Tod aber zumindest sehr nahe waren. Wenn diese Patienten noch einmal in die Klinik gekommen seien, so wären sie doch nach kurzer Zeit endgültig verstorben.[923] Außerdem ist es sehr schwierig, abzuschätzen, ob und inwieweit die jeweilige Verzögerung der Rettungsmaßnahmen ein Überleben verhindert haben. Und doch, auch heute kommt es noch vor und dieser Aspekt der Leichenschau bleibt damit unverändert wichtig.[924] Jüngst sorgte der Fall einer Frau in Gelsenkirchen für Aufsehen, als zwei Mitarbeiter eines Bestattungsinstitutes kurz vor Feierabend ihre Schreie aus der Kühlkammer vernahmen.[925] Die Frau war bereits einige Stunden zuvor im Altenheim von einem Arzt für tot erklärt worden. Als Reaktion fordert nun etwa die Ärztekammer Westfalen-Lippe Verbesserungen bei

---

nennt er allerdings keine genaue Quellenangabe und auch eine Nachfrage bei der Kammer selbst blieb erfolglos.

922 *Statistisches Bundesamt*, Statistisches Jahrbuch 2012, S. 33.

923 *Lakotta*, Der Spiegel 2002, S. 230 f.

924 So auch die Einschätzung von *Peschel/Fieseler/Zinka*, Der Notarzt 2009, S. 214; *Thomsen/Schewe*, ArchKrim – Archiv für Kriminologie 1994, S. 79.

Aktuelle Fälle: Eine alte Dame erwachte nach einem schweren Verkehrsunfall in der Pathologie zu „neuem" Leben, *o.V.*, Vermeintlich Tote erwacht in Gerichtsmedizin, abrufbar unter http://www.sueddeutsche.de/panorama/verkehrsunfall-die-tote-schnappte-nach-luft-1.1761067 (geprüft am 28.01.2018). Die Süddeutsche Zeitung berichtet von drei Fällen in Deutschland aus den Jahren 1997, 2001 und 2009, wobei die Betroffene in einem Fall tatsächlich in der Kühlkammer verstarb, *Schulte von Drach*, Von der Angst, lebendig begraben zu werden, abrufbar unter http://www.sueddeutsche.de/wissen/phaenomen-scheintod-von-der-angst-lebendig-begraben-zu-werden-1.1679893 (geprüft am 28.01.2018). Ebenfalls in der Süddeutschen Zeitung ein weiterer aktueller Artikel *Zips*, Süddeutsche Zeitung vom 04.09.2013, S. 9; *Madea* et al., Notfall + Rettungsmedizin 2005, S. 548–551; *o.V.*, 72-Jährige stirbt zweimal (geprüft am 03.12.2012). Ein aktueller Fall ereignete sich nicht in Deutschland, jedoch in einem Krankenhaus und trotz der Unterschrift zweier Ärzte auf der Todesbescheinigung. Das für tot erklärte Neugeborene überlebte einen ganzen Tag in einer mit Eis gefüllten Kiste im Kühlraum einer Leichenhalle, *Glüsing*, Der Spiegel 2012, S. 55; von vier Fällen im Zuständigkeitsbereich des Instituts für Rechtsmedizin der Universität Düsseldorf im Jahr 2002 berichtet der Rechtsmediziner *Huckenbeck*, wiedergegeben bei *Mätzler*, Todesermittlung, S. 7 f.

925 *o.V.*, Frankfurter Rundschau vom 25.03.2015, S. 40; *Deininger*, Totgeglaubte lebte noch, abrufbar unter http://www.sueddeutsche.de/panorama/drama-beim-bestatter-totgeglaubte-lebte-noch-1.2407757 (geprüft am 28.01.2018).

der Leichenschau. Zunächst schlägt sie Modellversuche vor, die Rede ist wohl aber auch von einer eigenen Berufsgruppe für die ärztliche Leichenschau.[926] Nach Einschätzung von *Ciper/Feiertag/Kiwitt* kommt es zum Teil vor, dass der Tod die betroffenen Personen in der Kühlbox ereilt,[927] was anlässlich des oben geschilderten Falls nicht völlig abwegig erscheint.

Ein Zitat von *Masshoff* aus dem Jahr 1960 beschreibt die Problematik, die beim Erkennen des Übergangs vom Leben zum Tod besteht:

> „Der Tod des Menschen, der so genannte Individualtod, wird durch das Sterben eingeleitet, das in Abhängigkeit von der Zeit bei längerem Andauern als Vorbote des Todes unverkennbar ist, bei kurzer Dauer aber nicht als prämortale Phase konkret fassbar in Erscheinung tritt. Das Ende das Individuallebens wird gemeinhin mit dem Ausfall der großen Funktionssysteme, zu welchen Kreislauf, Atmung und zentrales Nervensystem gehören, gleichgesetzt".[928]

In einer so komplexen und schwer zu beurteilenden Situation sind Gefahr und Häufigkeit von Fehlern bei der ärztlichen Tätigkeit entsprechend groß. Nach Ansicht *Schmelings* sind übersehene Scheintodfälle immer auf einen Fehler des untersuchenden Arztes zurückzuführen.[929] In Ihrer Darstellung des konkreten Ablaufs der Leichenschau bezeichnen *Madea* et al. den endgültigen Ausfall der Lebenserscheinungen als den wichtigsten Aspekt bei der Beschreibung des Lebensendes.[930] Im Fall einer lang andauernden Agoniephase könne sich das Ende des Lebens erkennbar langsam abzeichnen.[931] Ein plötzlicher Tod erfolge

---

926 *o.V.*, FAZ – Frankfurter Allgemeine Zeitung vom 26.03.2015, S. 7.

927 So die Einschätzung von *Ciper/Feiertag/Kiwitt* (Hrsg.), Medizinrecht, S. 660; dabei gehen die Autoren ebenfalls von ca. 5–10 derartiger Fälle in Deutschland jährlich aus; einen solchen Fall erwähnt auch *Graw* in *Zips*, Süddeutsche Zeitung vom 04.09.2013, S. 9.

928 Zitiert nach *Madea* et al., in: Madea, Rechtsmedizin, S. 45, dort abgedruckt lediglich mit dem Hinweis „Masshoff 1960".

929 *Schmeling*, in: *Raute*, Die Problematik der ärztlichen Leichenschau – Interview mit Prof. Dr. med. Andreas Schmeling, stellvertretender Direktor des Instituts für Rechtsmedizin der Universität Münster – Mitglied im Vorstand der Deutschen Gesellschaft für Rechtsmedizin.

930 Die Rede ist vom unumkehrbaren Ausfall von Kreislauf, Atmung, Gesamtfunktion des Gehirns; *Madea* et al., in: Madea, Rechtsmedizin, S. 45.

931 Als „Agonie" wird der Prozess des Sterbens bezeichnet, dessen Dauer vom schädigenden „Agens" und eventueller Gegenmaßnahmen abhängt; *Madea* et al., in: Madea, Rechtsmedizin, S. 45.

hingegen bei kurzen oder sehr kurzen Agoniephasen und ist einfacher festzustellen.[932] Die Unsicherheiten bei der Todesfeststellung bestehen der Erfahrung nach besonders in der Phase des Übergangs vom scheinbar leblosen Zusammensinken bis hin zur Entstehung sicherer Todeszeichen,[933] zumal während der Zeitspanne einer vita minima,[934] in der Lebenszeichen, wie Atmung und Zirkulation, nur bei deren Kenntnis und genauer Untersuchung erkennbar sind. Besondere Vorsicht ist demnach geboten, wenn der Arzt eine Situation vorfindet, in der einerseits Anzeichen der AEIOU-Regel[935] vorliegen und andererseits sichere Todeszeichen fehlen. In der Praxis hat sich gezeigt, dass insbesondere das Zusammenkommen von Kälte,[936] Alkohol und zentral wirkenden Medikamenten einen todesähnlichen Zustand hervorrufen können.[937] Auch bei den wichtigen sicheren Todeszeichen kann es zu Verwechslungen kommen; so bilden sich bei älteren lebenden Menschen teilweise Verfärbungen auf der Haut, die nicht ohne weiteres von Totenflecken zu unterscheiden sind.[938] Die Fachleute der berufenen Disziplinen fordern deshalb: *Keine Todesbescheinigung ohne sicheres Todeszeichen!*[939] Besonders kritisch und dem Tod sehr ähnlich ist

932 Beispielsweise Strangulieren, äußeres Verbluten, oder noch schneller, augenblickliche Zertrümmerung des Körpers bei Explosionen oder einem Sturz aus großer Höhe.

933 Siehe die Erklärung zu den Todeszeichen oben, Teil 1, Kapitel 1, V., S. 14 f.

934 Oder auch vita reducta, siehe die Erklärung oben, Teil 1, Kapitel 1, VI., S. 16.

935 AEIOU-Regel, dient der Interpretation einer vita minima, siehe dazu auch Teil 1, Kapitel 1, VI., S. 16.

936 Vgl. dazu auch *Verhoff* et al., Notfall + Rettungsmedizin 2009, S. 294; *Eisenmenger*, Der Notarzt 1995, S. 184.

937 *Schmeling*, in: *Raute*, Die Problematik der ärztlichen Leichenschau – Interview mit Prof. Dr. med. Andreas Schmeling, stellvertretender Direktor des Instituts für Rechtsmedizin der Universität Münster – Mitglied im Vorstand der Deutschen Gesellschaft für Rechtsmedizin. Entsprechend auch *Peschel/Penning*, in: Madler et al., Das NAW-Buch, S. 381; Ähnliches gelte für andere Intoxikationen, Epilepsie, Stromwirkung, schwere Schädel-Hirn-Traumata oder das Stoffwechselkoma.

938 *Ciper/Feiertag/Kiwitt* (Hrsg.), Medizinrecht, S. 660; diese sog. „Kirchhof-Rosen" entstünden bei mangelnder Durchblutung.

939 *Bischoff*, MMW Fortschritte der Medizin 2011, S. 16; *Zinka/Fieseler/Peschel*, Der Hausarzt 2010, S. 38; *Peschel/Eisenmenger*, MMW Fortschritte der Medizin 2007, S. 38; *Madea/Dettmeyer*, Deutsches Ärzteblatt 2003, S. A 3170; besonders ausführlich auch zur Feststellung des Todes insgesamt: *Priemer/Peschel/Eisenmenger*, MMW – Organ für amtliche und praktische Ärzte 1997, S. 122–124 und *Peschel/Priemer/Eisenmenger*, MMW – Organ für amtliche und praktische Ärzte 1997, S. 138–140.

in dieser Hinsicht die Kombination aus medikamentöser Intoxikation und Unterkühlung; in Rettungsarztkreisen gilt daher ebenso die Devise: *No one ist dead until he is warm and dead!*[940]

Einen anschaulichen Fall des Scheintodes mit diesen Symptomen aus dem Jahr 2005, in dem ein entsprechender Fehler unterlief, diskutieren ausführlich *Madea/Preuß/Mußhoff/Dettmeyer*:[941] Eine ältere Frau wurde voll bekleidet, aber ohne Schuhe leblos am Flussufer auf dem Rücken liegend aufgefunden, ohne dass auf den ersten Blick Auffälligkeiten zu erkennen gewesen wären. Der alarmierte Arzt stellte einen Herz-Kreislauf-Stillstand und Atemlähmung fest, ohne ein EKG abzuleiten. Es wurde notiert, dass der Puls nicht tastbar sei, am Kiefer die Leichenstarre eingesetzt habe, die oberen Gliedmaßen nur eingeschränkt bewegbar und die Pupillen geweitet und lichtstarr seien. Mit Verdacht auf einen nicht natürlichen Tod wurde die Leichenschau abgebrochen und die Polizei informiert. Als sicheres Todeszeichen war im vertraulichen Teil der Bescheinigung die Totenstarre angegeben. Etwa 20 Minuten später traf die Kriminalpolizei ein und nach einer weiteren Stunde begannen im Bestattungsinstitut die Beamten mit der polizeilichen Leichenschau. Dabei war jedoch eine Totenstarre im Kiefer- und in den Fingergelenken nicht zu ermitteln. Dafür erkannte man bei gewissenhafter Untersuchung des Oberbauchs und des Brustkorbs zarte Atembewegungen. Sofort wurde die Reanimation eingeleitet und anschließend von Rettungskräften fortgesetzt. Die Frau starb schließlich am Abend in der Klinik; bei der Obduktion gelangte man zu dem Ergebnis, dass allein die Vergiftung durch Medikamente todesursächlich gewesen sei. Die Autoren machen deutlich, dass der leichenschauende Arzt seine grobe Fehldiagnose durch die Untersuchung des Körpers auf Totenflecke – dazu hätte er die Kleidung mindestens hochschieben müssen – leicht hätte vermeiden können; denn die Totenflecke entstehen in zeitlicher Hinsicht immer vor der Totenstarre.[942] Hätte er dies gewusst und keine Totenflecke festgestellt, wäre ihm klar geworden, dass es sich nicht um Totenstarre handeln konnte und somit kein sicheres Todeszeichen vorgelegen hatte. In einer Situation, in der eine Unterkühlung als Todesursache nicht auszuschließen ist, gehört die Abgrenzung der Kälte- von der Totenstarre zwingend zur Diagnosefindung;

---

940 *Madea* et al., in: Madea, Rechtsmedizin, S. 47 f.

941 *Madea* et al., Notfall + Rettungsmedizin 2005, S. 548–551; die gleichen Umstände lagen schon im Fall Minna Braun vor, vgl. *Madea* et al., in: Madea, Rechtsmedizin, S. 48.

942 *Madea* et al., Notfall + Rettungsmedizin 2005, S. 550.

ebenso das Bewusstsein, dass die Bewegungseinschränkung der Gliedmaßen auch von Nebenwirkungen durch Medikamente herrühren kann und somit auch hier nicht auf die vermeintliche Totenstarre, sondern auf Totenflecke als sichere Zeichen abgestellt werden muss.[943] Darüber hinaus legen die Empfehlungen der Bundesärztekammer zur Reanimation bei unterkühlten Patienten nahe, die Reanimation auch nach der üblichen Zeit von 30 Minuten weiterzuführen und zu warten, bis sich der Körper wieder vollständig erwärmt hat.[944] Schließlich dürfen solche Bestimmungen in der Gesetzgebung zur ärztlichen Leichenschau, die besagen, dass diese sofort abzubrechen sei, wenn Hinweise für einen nicht natürlichen Tod vorliegen, nicht missverstanden werden.

Absolute Priorität hat die Feststellung des Todes, vorher ist ein Abbruch überhaupt nicht zulässig. Dies ergibt sich bei genauem Studium der Gesetzestexte bereits aus dem Wortlaut, wie etwa in Nordrhein-Westfalen: „Finden die Ärztinnen und Ärzte an dem Verstorbenen Anhaltspunkte für einen Tod durch Selbsttötung, Unfall oder Einwirkung Dritter (nicht natürlichen Tod) oder deuten sonstige Umstände darauf hin, so brechen sie die Leichenschau ab."[945] Voraussetzung sind Hinweise auf einen nicht natürlichen Tod, was zwingend voraussetzt, dass es sich tatsächlich um einen Todesfall handelt und nicht etwa um einen Scheintod. Solche Missverständnisse kommen wohl ebenfalls vor, wie der oben geschilderte Fall nahe legt.[946] Das Hauptproblem bleibt jedoch, den Scheintod überhaupt zu erkennen.

b) Todesursache und Todesart – Übersehen deutlicher Hinweise auf einen nicht natürlichen Tod

Die korrekte Ermittlung der eigentlichen Todesursache ist, neben der unter Umständen heiklen Feststellung des Todes, oft die schwierigste – nach Ansicht von *Spann* häufig eine „nicht erfüllbare Aufgabe" – des Leichenschauers.[947] Dementsprechend hoch ist die Fehlerquote bei diesen Diagnosen. Dies zeigen in besonderem Maße schon die oben dargestellten Studien zur Qualität der ärztlichen Leichenschau.[948] Dass dies auch die Ärzte vor Ort so empfinden,

---

943 *Madea* et al., Notfall + Rettungsmedizin 2005, S. 550.

944 *Bundesärztekammer*, Reanimation – Empfehlungen für die Wiederbelebung, S. 135.

945 § 9 Abs. 5 BestG NRW.

946 Ähnlich auch *Madea* et al., Notfall + Rettungsmedizin 2005, S. 551.

947 *Spann*, Kriminalistik 1987, S. 588.

948 Siehe oben Teil 2, Kapitel 1, I., S. 103–124.

zeigt sich etwa in der Umfrage von *Schriewersmann*. Demnach hat ein leichenschauender Rettungsarzt bei allen 314 (von 2032)[949] Einsätzen, in denen der Patient nicht (mehr) zu retten war, die Todesart als ungeklärt offen gelassen und nur in 33 Fällen eine Vermutung über die Todesursache gewagt.[950] Einen Einblick in die Schwierigkeiten bei den einzelnen Krankheitsbildern bietet eine speziell in dieser Hinsicht erfolgte Auswertung von Todesbescheinigungen und den entsprechenden Sektionen in 1.088 Fällen durch *Brandenburg*. Dabei wurden hohe Raten falsch-positiver Diagnosen zur Todesursache festgestellt. Für den Schlaganfall konnten von 22 klinischen Diagnosen nur 6 durch die Obduktion bestätigt werden konnten; im Falle des Herzkreislaufversagen wurden von 118 Diagnosen 39 verifiziert, beim Herzinfarkt hielten von 49 Feststellungen 17 der Überprüfung stand.[951] Zu den tatsächlich falschen Diagnosen kommen solche hinzu, deren Inhalt sich (auch) für den Fachmann als wenig aussagekräftig bis nutzlos erweist; beispielsweise „‚Herzversagen', ‚Kreislaufversagen', ‚Hirnversagen'."[952] Allerdings muss der leichenschauende Arzt nicht zwangsläufig eine falsche bzw. nutzlose Diagnose stellen oder fälschlich einen natürlichen Tod bescheinigen, damit eine Konstellation entsteht, in der die Todesumstände nie geklärt werden. Ein Beispiel aus der Praxis:[953] Eine zweiundvierzigjährige Frau wird spät abends vom Ehemann tot aufgefunden. Der leichenschauende Arzt kennt die Familie selbst nicht, angeblich war die Frau zur Zeit ihres Ablebens jedoch völlig gesund und ist auch zuvor nicht in ärztlicher Behandlung gewesen. Der Arzt konnte die Todesursache tatsächlich nicht feststellen, vermerkte dies in der Todesbescheinigung und fordert wegen der völligen Unklarheit eine Obduktion. Die Polizei sieht jedoch keine Anhaltspunkte für ein Fremdverschulden und die Frau wurde ohne weitere Nachforschungen kurz

---

949 *Schriewersmann*, Folgen der Feststellung „Todesart nicht geklärt" durch den Arzt des NAW (Notarztwagen), S. 54.

950 *Schriewersmann*, Folgen der Feststellung „Todesart nicht geklärt" durch den Arzt des NAW (Notarztwagen), S. 102. Dazu sollte erwähnt werden, dass die Klassifizierung der Todesart als ungeklärt zu dieser Zeit – in der die Rettungsärzte noch nicht die Möglichkeit hatten, es bei einer vorläufige Leichenschau zu belassen – nach Angaben des Autors (S. 139) das übliche Vorgehen war, um kaum auszuschließende Fehlentscheidungen zu vermeiden. Dennoch zeigen dies und die geringe Zahl der Prognosen zur eigentlichen Todesursache die Schwierigkeiten des Arztes vor Ort.

951 Alle Angaben sind *Brandenburg*, Validität der klinischen Diagnostik von Grundleiden und Todesursachen, S. 36, 66 zu entnehmen.

952 So etwa *Madea* et al., in: Madea, Rechtsmedizin, S. 55.

953 Dargestellt bei *Drews*, Kriminalistik 1987, S. 585.

darauf bestattet. Trotz der Todesbescheinigung mit den Hinweisen: Todesursache unbekannt, Todeszeit nicht näher bestimmbar; nicht geklärt, ob natürlicher oder nicht natürlicher Tod. Bei den aktuellen Regelungen in Deutschland kann es leicht geschehen, dass Menschen unter nicht aufgeklärten Umständen versterben und dennoch anstandslos bestattet werden.

Neben dem üblichen Mangel an Hinweisen und Grundlagen für eine einwandfreie Befundung der Todesursache wird der leichenschauende Arzt regelmäßig mit Merkmalen an der Leiche konfrontiert, die er nicht einzuordnen weiß; dabei kann potentiell jedes dieser Merkmale das Diagnoseergebnis beeinflussen. Das gilt insbesondere für Verletzungen, die durch medizinische Notfallmaßnahmen entstehen. So werden etwa in jüngerer Zeit im Rettungsdienst vermehrt spezielle Elektrobohrer eingesetzt, um Infusionen schnell in das Knochenmark legen zu können. Der Einsatz dieses Bohrers hinterlässt stichartige Hautverletzungen, die ohne Wissen um die tatsächlichen Umstände leicht als Schädigungen in Eigen- oder Fremdabsicht eingeordnet werden können.[954] Vor diesem Hintergrund erscheint es für den leichenschauenden Arzt sinnvoll, hinsichtlich solcher Folgen medizinischer Notfallmaßnahmen auf dem aktuellen Stand zu sein.[955]

Gelingt schon die genaue Befundung der Todesursache nicht, ist es kaum möglich, eine sichere Aussage über die Todesart zu machen. Versucht der Arzt anders vorzugehen, offenbart dies fachliche Unzulänglichkeiten, denn für Spezialisten steht der Zusammenhang von Todesursache und Todesart außer Frage.[956] Ist die Ursache des Ablebens erst einmal eindeutig ermittelt, so ist der wesentliche Teil zur Feststellung der Todesart und damit eines möglicherweise nicht natürlichen Todes getan. In der Praxis kommt es allerdings dennoch nicht selten vor, dass lediglich die unmittelbare Ursache diagnostiziert wird, die damit im Zusammenhang stehenden früheren Auslöser jedoch nicht;

---

954 So erläutert bei *Schröder/Püschel/Anders*, Rechtsmedizin: Organ der Deutschen Gesellschaft für Rechtsmedizin 2010, S. 515–517; mit einer detaillieren Darstellung des Vorgangs. Das Eindringen der Nadel bis ins Knochenmark führt außerdem zu Veränderungen am jeweiligen Knochen, was bei lebenden Kindern im Falle einer radiologischen Untersuchung als Misshandlung missdeutet werden kann.

955 *Schröder/Püschel/Anders*, Rechtsmedizin: Organ der Deutschen Gesellschaft für Rechtsmedizin 2010, S. 517. Der bei diesem Beispiel entstehende Arbeitsaufwand mag helfen, die Kritik der Ärzteschaft an der niedrigen Vergütung für die ärztliche Leichenschau nachzuvollziehen.

956 Zur Unabdingbarkeit einer genauen Todesursachenermittlung zur Klärung der Todesart etwa *Madea/Rothgang*, Deutsches Ärzteblatt 2010, S. 582.

wobei dies natürlich nur erforderlich ist, wenn der Tod tatsächlich am Ende einer Folge von ineinandergreifenden Ereignissen eingetreten ist. Die Herleitung der unmittelbaren Todesursache entlang der entsprechenden Kausalkette gelingt demnach nicht,[957] speziell wenn diese außergewöhnlich komplex ist. So wurde in einer Studie beispielsweise bei Suizidfällen ein Dunkelfeld von beinahe 100 %, bei Verkehrsunfällen von fast 20 % ermittelt, bei denen der Tod fälschlich als natürlich bezeichnet wurde[958] „Es gibt kein zeitliches Intervall, welches die Kausalität zwischen der primären Einwirkung am Anfang der zum Tode führenden Kausalkette und dem Todeseintritt unterbricht."[959] Doch die Ereignisse zu erkennen, ist in der Praxis umso schwieriger, je größer der zeitliche Abstand zwischen anfänglichem Trauma und tatsächlichem Todeszeitpunkt ist.[960] Entsprechend steigt die Gefahr fälschlich einen natürlichen Tod zu diagnostizieren. Weitere Fälle sind solche, in denen die Hinweise auf einen nicht natürlichen Tod nicht erst nach Herleitung der zum Tode führenden Kausalkette, sondern schon zu Beginn der Untersuchung erkannt werden könnten, aber nicht werden.[961] Unter Umständen sind die Hinweise auf einen nicht natürlichen Tod und damit zugleich auf die Todesursache so offenkundig, dass sie auch ohne medizinisches Fachwissen zu bemerken wären. Dennoch geschieht

957 *Brinkmann/Püschel*, MedR – Medizinrecht 1991, S. 235; siehe zur Problematik, die vollständige Kausalkette zu ermitteln und zu notieren, auch oben Teil 1, Kapitel 5, I., 3., S. 82 f.; Teil 2, Kapitel 1, I., 3., S. 112 f. sowie unten Teil 2, Kapitel 2, I., 2., a), S. 152.

958 *Dettmeyer/Madea*, Kritische Vierteljahresschrift für Gesetzgebung und Rechtswissenschaft 2004, S. 357 m.w.N.

959 *Dettmeyer/Verhoff*, Rechtsmedizin, S. 29.

960 Beispiel: Ein Radfahrer zieht sich bei einem Verkehrsunfall einen Unterschenkelbruch zu, der zunächst wirksam behandelt wird. Doch nach einem Jahr entsteht an der Stelle des Bruchs eine Venenthrombose, die zu einer lätalen Lungenthrombembolie führt: Es handelt sich um einen nicht natürlichen Todesfall; vgl. *Dettmeyer/Verhoff*, Rechtsmedizin, S. 29.

961 *Berg/Ditt*, Niedersächsisches Ärzteblatt 1984, S. 334; angemerkt sei noch, dass es sich zwar um die Situation im Jahr 1984 handelt, eine solch eklatante Fehleinschätzung aber schon damals nicht zu rechtfertigen war. Zudem haben sich das medizinische Curriculum und seine Umsetzung in Bezug auf die Leichenschau auch nach Einführung der neuen Approbationsordnung im Jahr 2002 nicht so positiv verändert, dass man solches heute ausschließen könnte. Beispielhaft aus dem Universitätsklinikum Hamburg: *Anders/Schwenn/Püschel*, Rechtsmedizin: Organ der Deutschen Gesellschaft für Rechtsmedizin 2007, S. 167–169; *Schwenn*, Studentische Ausbildung im Fach Rechtsmedizin in Deutschland, S. 13–16, 77 f.

es, dass das bekannte Beispiel vom „Messer im Rücken“ oder andere Waffen nahe bei der Leiche, übersehen werden.[962] Viel häufiger als solche eklatanten, kaum zu glaubenden Fälle werden Aspekte übersehen oder falsch gedeutet, die zwar medizinische Kenntnisse erfordern, aber eigentlich zum Standard der Leichenschau gehören. Etwa Stichverletzungen am Körper des Toten, wenn die Tatwaffe nicht vorhanden ist.[963] So kommt es vor, dass der Bestatter der erste ist, der den Toten vollständig entkleidet und dem, etwa beim Frisieren des Toten, Kopfverletzungen auffallen.[964] *Dettmeyer/Madea* kommen zu dem Ergebnis, dass ein Rückschluss auf die tatsächliche Häufigkeit nicht natürlicher Todesfälle angesichts solch fehlerhafter Einordnungen der Todesart nahezu unmöglich sei.[965] Es lassen sich dabei Gruppen unterschiedlich häufiger Fehler erkennen, die im Folgenden aufgeführt werden. Zu Beginn wird das Fehlerpotential bei der Feststellung des Todes durch Erhängen erläutert, da man an diesen Fällen die Problematik des Erkennens eines nicht natürlichen Todes gut nachvollziehen kann. Die Merkmale sind nicht so eindeutig, wie das Messer im Rücken, jedoch auch nicht so minimal wie etwa bei einer Vergiftung. Deutlich wird hingegen: In beinahe jeder Situation muss mit einem nicht natürlichen Tod gerechnet werden, auch wenn die Umstände augenscheinlich überhaupt nicht dafür sprechen. Gerade dies ist einer der Aspekte, der die Leichenschau so schwierig macht; der Arzt ist gehalten, auch das nicht Offensichtliche zu erkennen, ohne genau zu wissen, wonach er suchen muss.

---

962 Aktuelle Fälle finden sich auch in der Presse: *Fisser*, Neue Osnabrücker Zeitung vom 03.08.2013, S. 1; aber auch schon *Grede*, Kriminalistik 1987, S. 580–583; *Spann*, in: *o.V.*, Kriminalistik 1986, S. 296.

963 In der neueren Presse etwa *Jungholt*, Die Angaben auf dem Totenschein gleichen einer Lotterie, abrufbar unter http://www.abendblatt.de/ratgeber/wissen/article134046982/Die-Angaben-auf-dem-Totenschein-gleichen-einer-Lotterie.html (geprüft am 28.01.2018). Außerdem *Fröhlich*, Ärztin übersah tödliche Stichverletzungen, abrufbar unter http://www.tagesspiegel.de/berlin/panne-an-tatort-in-prenzlau-aerztin-uebersah-toedliche-stichverletzungen/9599714.html (geprüft am 28.01.2018).

964 Entsprechende Berichte aus erster Hand erwähnt *Zimmermann*, in: *Raute*, Fragen zu den Problemen der ärztlichen Leichenschau – Interview mit Dr. jur. Georg Zimmermann, Vorsitzender Richter am Landgericht Bielefeld. Dem Bestatter stellten sich dann hinsichtlich der Mitteilung des Verdachts und möglicher Folgen für das Verhältnis zu den Hinterbliebenen ähnliche Probleme wie dem familienbekannten leichenschauenden Arzt.

965 *Dettmeyer/Madea*, Kritische Vierteljahresschrift für Gesetzgebung und Rechtswissenschaft 2004, S. 357.

Die ersten Bilder, die den meisten Leuten beim Stichwort Tod durch Erhängen in den Sinn kommen, sind die eines leblosen Körpers, der in einer Schlinge an einem dicken Seil in der Luft hängt. Solch eine Auffindesituation wäre aus medizinischer Sicht relativ eindeutig, wenn man von der möglichen Verdeckung eines Tötungsdelikts absieht und davon ausgeht, dass der Arzt die erforderliche Sorgfalt walten lässt. Allerdings stellt sich die Praxis oft ganz anders dar, was sich schon in einer Umfrage mit freiwilliger Beteiligung gezeigt hat. Demnach entfernt nur ein Drittel aller Ärzte bei der Untersuchung gegebenenfalls die Kinnbinde,[966] unter der sich nach Erfahrung der Rechtsmediziner Würgemale oder eine Strangmarke befinden können.[967] Beispielhaft für eine misslungene Untersuchung eines Todes durch Erhängen ist folgende Situation:[968] Eine ältere Frau wurde tot in ihrem Schlafzimmer gefunden, seitlich des Nachtkastens mit dem Rücken an der Wand auf dem Boden kauernd. Der leichenschauende Arzt kam zu dem Schluss, es handle sich um einen unverhofften, natürlichen Tod. Erst dem Bestatter (!) fiel beim Transport die Laufschlinge um den Hals auf. Die anderen Reste der Wäscheleine aus Kunststoff fanden sich am Fenstergriff im Schlafzimmer und waren wegen des Vorhangs nicht direkt zu sehen gewesen. Bei der Sektion fand man eine schmale, braun verfärbte Strangmarke, die im linken Nackenbereich verlief, außerdem wies das linke Auge Punktblutungen auf. Ein gewissenhaft untersuchender Arzt, der die Leiche entkleidet und auch die Umgebung des Fundortes nicht außer Acht lässt, hätte hier den Tod durch Strangulation gut erkennen können. Weitere Fehler in diesem Zusammenhang sind die Missachtung um den Hals geschlungener Kordeln von Morgenmänteln sowie Weichteilschwellung und Stauungsblutungen im Kopfbereich nach Erhängen.[969] Außergewöhnliche Anforderungen werden an den leichenschauenden Arzt auch dann gestellt, wenn ein Erhängungstod[970] vorgetäuscht wird; darüber hinaus ist noch eine Vielzahl anderer postmortaler Einwirkungen denkbar.[971] Ähnliches gilt beim Tod durch Erdrosseln, das vom Erhängen dadurch zu unterscheiden ist, dass das Strangwerkzeug nicht außerhalb des

966 Eine elastische Binde, die unter dem Kinn und über dem Kopf verläuft; soll Schnarchen verhindern.

967 *Brinkmann/Püschel*, MedR – Medizinrecht 1991, S. 235 m.w.N.

968 So geschildert bei *Pollak*, in: Schlüchter, Kriminalistik und Strafrecht, S. 458.

969 *Brinkmann/Püschel*, MedR – Medizinrecht 1991, S. 235.

970 Strangulation mittels eins Strangwerkzeugs, das an mindestens einem Ende oberhalb des Niveaus des Halses extern befestigt ist, *Wegener* et al., in: Madea, Rechtsmedizin, S. 273.

971 *Pollak*, in: Schlüchter, Kriminalistik und Strafrecht, S. 463 m.w.N.

Körpers fixiert wurde.[972] Sind Werkzeug und ähnliche Spuren nicht mehr am Fundort, kommt es auf die Kenntnis der speziellen Merkmale an der Leiche an.[973] Zudem ist in solchen Fällen die Einwirkung Dritter aus rechtsmedizinischer Sicht selbst bei einer Obduktion kaum vom Suizid zu unterscheiden, sofern nicht anderweitige Verletzungen in eine bestimmte Richtung weisen.[974] Gerade bei dieser Form des Erstickungstodes handelt es sich jedoch überwiegend um Tötungsdelikte, sodass besondere strafrechtliche Relevanz vorliegt.[975] In solchen Situationen kann der leichenschauende Arzt ohne gewisse rechtsmedizinische Kenntnisse kaum zu einem korrekten Ergebnis gelangen; somit wird es in der Praxis häufig darauf ankommen, ob er zufällig auf Spuren stößt oder aus anderem Grund unsicher oder misstrauisch wird und die Polizei hinzuzieht.

Weitere Todesumstände, die häufig zu einer falschen Einschätzung von Todesursache und Todesart führen, sind Vergiftungen.[976] Dabei findet auch in der Rechtsmedizin die juristische Definition für Gifte Verwendung, wonach es sich um Stoffe handelt, „die unter bestimmten Bedingungen durch chemische oder chemisch-physikalische Wirkung gesundheitsschädlich sind."[977] Der Hinweis von Rechtsmedizinern, an Vergiftungen grundsätzlich immer dann zu denken, wenn ein Todesfall nicht anders geklärt werden kann bzw. bei atypischen Krankheitsbildern bis dahin gesunder Personen, lässt erahnen, dass toxikologische Befunde nur schwer zu erkennen sind; liegen keine erkennbaren Anzeichen vor, so kann – wenn überhaupt – nur eine systematische toxikologische Analysestrategie Abhilfe schaffen.[978] Hier kommt es für den

---

972 *Wegener* et al., in: Madea, Rechtsmedizin, S. 273.

973 Beispielsweise Drosselmarken und Einflussstauung des Blutes, *Wegener* et al., in: Madea, Rechtsmedizin, S. 283 f.

974 Allerdings muss der der Arzt ohnehin die Polizei verständigen, sofern er einen Erstickungstod als Unfall oder Suizid zu erkennen meint. Daher wird eine mögliche diesbezügliche Fehldiagnose regelmäßig im Zuge der Ermittlungen aufgeklärt werden können.

975 *Wegener* et al., in: Madea, Rechtsmedizin, S. 283 f.

976 *Brinkmann/Püschel*, MedR – Medizinrecht 1991, S. 235 m.w.N.

977 *Mußhoff/Madea/Heß*, in: Madea, Rechtsmedizin, S. 603; vgl. auch etwas ausführlicher *Fischer*, Strafgesetzbuch, § 224, Rn. 3 f.

978 So die Einschätzung von *Mußhoff/Madea/Heß*, in: Madea, Rechtsmedizin, S. 635 f.; ähnlich *Schmeling*, in: *Raute*, Die Problematik der ärztlichen Leichenschau – Interview mit Prof. Dr. med. Andreas Schmeling, stellvertretender Direktor des Instituts für Rechtsmedizin der Universität Münster – Mitglied im Vorstand der Deutschen Gesellschaft für Rechtsmedizin.

leichenschauenden Arzt besonders auf die gründliche Untersuchung des Fundortes mit Blick auf Arzneimittel- und Giftreste und deren Behältnisse (auch in Abfallbehältern außerhalb des Raumes) sowie auf das gezielte Sammeln von Informationen über den Verstorbenen speziell in Hinsicht auf einen Tod durch Gift an. In der Praxis wird dem Arzt kaum etwas anderes übrig bleiben, als unter Hinweis auf einen ungeklärten Tod und den toxikologischen Verdacht, die Kriminalpolizei einzuschalten. Im Endeffekt kommt es auf eine spezielle rechtsmedizinische Untersuchung an.[979] Wichtig sind in diesem Zusammenhang tödliche Kohlenmonoxid-Vergiftungen, die ebenfalls schwer zu erkennen sind und bei denen darüber hinaus Lebensgefahr für weitere Personen besteht, sofern die Ursache nicht beseitigt wird. Wie leicht die Hinweise in Form kirschroter Leichenflecken zu übersehen sind, zeigt der Sachverhalt zu der oben wiedergegebenen Entscheidung des AG Wennigsen vom 11.05.1988.[980] Auch tödliche Schussverletzungen, seien es Treffer ins Herz oder in den Kopf, fallen längst nicht immer auf.[981] Ähnliches gilt für den Tod durch Elektrizität, bei dem es für den Leichenschauer auf die Identifizierung von Strommarken ankommt. Für großes Aufsehen sorgen aber auch gerade die Fälle, in denen der nicht natürliche Tod offensichtlich ist, aber dennoch unerkannt bleibt. Den meisten Leichenschauern fällt das berühmte „Messer im Rücken" natürlich auf,[982] doch lassen dessen gewaltsam beigebrachte Spuren in ihren verschiedenen Ausprägungen die Ärzte oft genug nicht stutzen.[983] Außergewöhnlich komplex kann die Leichenschau auch bei autoerotischen Unfällen sein; es handelt sich dabei um „tödliche Unglücksfälle (‚Betriebsunfälle') als direkte Folge autoerotischer (besser autosexueller) Handlungen Einzelner zur sexuellen Stimulation oder Selbstbefriedigung ohne Sexualpartner."[984] Die Abgrenzung zwischen Unfall und Tötung durch Eigen- oder Fremdverschulden könne schwierig sein und erfordere Kenntnisse des leichenschauenden Arztes über autoerotische Unfälle. Hinzu käme, dass derartige Handlungen zumeist im Geheimen stattfinden und daher weder Zeugen noch Informationen über Neigungen des Verstorbenen zur

---

979 Zur „kriminalistischen" Tätigkeit des Arztes und speziell toxikologischen Todesursachen *Dirnhofer*, Therapeutische Umschau 1986, S. 321–325, insbesondere die S. 322 f.; *Mußhoff/Madea/Heß*, in: Madea, Rechtsmedizin, S. 635 f.

980 Entscheidung des AG Wennigsen, NJW – Neue Juristische Wochenschrift 1989, 786; siehe die ausführliche Darstellung oben Teil 1, Kapitel 2, I., 2., S. 33.

981 *Brinkmann/Püschel*, MedR – Medizinrecht 1991, S. 235.

982 *Ciper/Feiertag/Kiwitt* (Hrsg.), Medizinrecht, S. 659.

983 *Brinkmann/Püschel*, MedR – Medizinrecht 1991, S. 235.

984 *Wegener* et al., in: Madea, Rechtsmedizin, S. 358.

Verfügung stünden;[985] dem Arzt bleibt also nur die genaue Untersuchung und Interpretation der Fundsituation sowie die Zusammenarbeit mit – im günstigen Fall erfahrenen – Ermittlungsbeamten. Denn in eine Vielzahl von Situationen, die einem Leichenschauer begegnen, ist überhaupt nur unter Berücksichtigung kriminalistischer Gesichtspunkte erkenntlich, welche Todesart vorliegt.[986]

Bei den so genannten Spättodesfällen besteht die Schwierigkeit darin, eine unter Umständen komplexe Kausalkette zu erkennen. Abstrakt gliedern sich solche Sachverhalte in Grundleiden und daraus resultierende Komplikationen. Unter primären Komplikationen versteht man die direkten Folgen des Grundleidens, also des ursprünglichen schädigenden Ereignisses. Sekundäre Komplikationen treten wiederum als Folge der Maßnahmen auf, mit denen die bestehenden Beschwerden behandelt wurden.[987] So kann etwa bei schweren Schädel-Hirn-Verletzungen nach einer Schlägerei eine Hirnhautentzündung entstehen. Durch folgende lange Bettlägerigkeit kann es zu einer durch Blutstauung oder bei Gerinnungsstörungen auftretenden tödlichen Thrombembolie kommen.[988] Unter Umständen könnte eine Thrombose bei standardisierter Behandlung durch den Arzt erkannt und durch Verabreichung gerinnungshemmender Medikamente unter Umständen verhindert werden, sodass auch in dieser Hinsicht an einen nicht natürlichen Tod zu denken wäre.[989] Der leichenschauende Arzt steht in einer solchen Situation vor einer schwierigen Aufgabe. Er müsste die Schädelverletzung als Grundleiden erkennen, die Kausalkette nachverfolgen und den möglichen ärztlichen Behandlungsfehler des Kollegen feststellen. Bezogen auf die sekundären Komplikationen (im Beispielfall Hirnhautentzündung und Thrombembolie) neigen einige Ärzte dazu, darin einen normalen Prozess zu sehen, der beim Herleiten der Kausalkette außer Acht gelassen wird, womit auch der Behandlungsfehler als Todesursache unerkannt bleibt. In Abwandlung des Falls wäre auch denkbar, dass die Person kurz nach ihrer Entlassung zu Hause verstirbt, und der Arzt bei der

985 *Wegener* et al., in: Madea, Rechtsmedizin, S. 357.

986 So *Schmeling*, in: *Raute*, Die Problematik der ärztlichen Leichenschau – Interview mit Prof. Dr. med. Andreas Schmeling, stellvertretender Direktor des Instituts für Rechtsmedizin der Universität Münster – Mitglied im Vorstand der Deutschen Gesellschaft für Rechtsmedizin.

987 Vgl. die Erläuterungen bei *Schulz*, Rechtsmedizin: Vorträge über aktuelle Themen 1998, S. 81.

988 Die Thrombembolie bezeichnet eine Minderversorgung lebenswichtiger Organe durch mobile Blutgerinnsel.

989 Angelehnt an *Schulz*, Rechtsmedizin: Vorträge über aktuelle Themen 1998, S. 81 f.

Leichenschauuntersuchung in Unkenntnis der Schlägerei – und falls er sich nicht Einsicht in die Patientenakte des entsprechenden Krankenhauses verschafft – die Kopfverletzung für die Folge eines Sturzes hält. Selbst wenn der Arzt hier aufgrund des vermeintlichen Sturzes im Endergebnis tatsächlich einen nicht natürlichen Tod bescheinigen würde, blieben die gravierenden strafrechtlichen Aspekte unberücksichtigt.[990] Und dies, obwohl gerade im Strafrecht mit der Äquivalenztheorie grundsätzlich die Möglichkeit besteht, den Zusammenhang zwischen Ereignis und Ursache genau festzustellen. Wendet man die Äquivalenztheorie auf beide Varianten des Falls an, so könnten weder die Schlägerei noch der Behandlungsfehler hinweggedacht werden, ohne dass der Patient überlebt hätte.

Ein besonders erschreckender Problembereich bei der Leichenschau sind die Fälle nicht erkannter Tötungen von Wehrlosen, überwiegend in Pflegeeinrichtungen.[991] Ein aktuelles Beispiel ist die Serie von Tötungen in Kliniken und im Pflegeheim durch den Krankenpfleger Nils H.,[992] der über Jahre hinweg eigenen Aussagen zufolge 30 Patienten in einem Krankenhaus durch Injektion von entsprechend wirkenden Medikamenten getötet hat. Er wurde bereits wegen dreifachen Mordes und zweifachen Mordversuchs verurteilt, bei 10 weiteren Leichen wurde das verantwortliche Medikament inzwischen nachgewiesen,[993] Verdacht besteht deutschlandweit in über 200 Fällen, auch aus der Zeit der Arbeit des Täters in einem Pflegeheim.[994] Neben dem Übersehen

---

990 Zu denken wäre hier hinsichtlich der Schlägerei an Tötungs- und Körperverletzungsdelikte; dies gilt ebenso bezogen auf den Behandlungsfehler. Grundsätzlich wird man bei einem ärztlichen Behandlungsfehler aber davon ausgehen können, dass lediglich Fahrlässigkeit vorliegt und damit § 222 StGB und § 229 StGB in Frage kommen; so auch die Erfahrungen im Arztstrafrecht allgemein, siehe *Ulsenheimer/Gaede*, Arztstrafrecht in der Praxis, S. 2 f., Rn. 3 f.; diese bieten außerdem einen breiten Überblick zu diesen Delikten: S. 27–406. Umfangreiche Ausführungen zu § 323c im ärztlichen Kontext ebenfalls bei *Ulsenheimer/Gaede*, Arztstrafrecht in der Praxis, S. 408–429.

991 Vgl. *Rückert*, Tote haben keine Lobby, S. 224 f.

992 *Müller*, Die ZEIT vom 19.02.2015, S. 15; der Artikel, dem die hier genannten Fakten entnommen sind, bietet eine umfassende Darstellung des gesamten Falles.

993 *o.V.*, Zehn weitere Opfer von Krankenhausmordserie entdeckt, abrufbar unter http://www.sueddeutsche.de/panorama/oldenburg-zehn-weitere-opfer-von-krankenhausmordserie-entdeckt-1.2566868 (geprüft am 28.01.2018). Andere Quellen sprechen von 33 weiteren Tötungen, *Honnigfort*, Frankfurter Rundschau vom 24.06.2016, S. 11.

994 So bestand etwa die Sonderkommission „Kardio“ der Oldenburger Kriminalpolizei bis Ende August 2017, die Ermittlungen wurden zu diesem Zeitpunkt

der nicht natürlichen Tode bei der Leichenschau ist in einer Zeitungsreportage auch „vom Totalversagen zweier Krankenhäuser und von einer unvorstellbaren Trägheit der Strafverfolgungsbehörden" die Rede.[995] Tatsächlich konnte das wohl regelmäßig gleiche Vorgehen des Mörders nicht ohne weiteres festgestellt werden, zumal das verwendete Medikament Gilurytmal nur nachweisbar ist, sofern der Patient nach Verabreichung innerhalb von 24 Stunden verstirbt.[996] Jedoch gehört zu einer umfassenden Leichenschau genau aus diesen Gründen mehr als nur die Untersuchung am Leichnam selbst.[997] Offenbar hat jedoch kein leichenschauernder Arzt einen nicht natürlichen Tod auch nur vermutet und weitere Untersuchungen veranlasst.[998] Denn überführt wurde der Täter nach Jahren schließlich nicht durch Auffälligkeiten bei der ärztlichen Leichenschau, sondern aufgrund des Misstrauens einer Krankenschwester, die nach einem nicht nachvollziehbaren Herzkammerflimmern eine Blutuntersuchung einleitet, bei der die Rückstände des von H. verabreichten ursächlichen Medikaments nachgewiesen werden; bei Bekanntgabe der Laborergebnisse nach einer Woche ist der Patient bereits seit Tagen tot. Bis zu diesem Ereignis wurden die Tötungen stets als natürliche Todesfälle qualifiziert. Obwohl die Sterbefälle sehr wahrscheinlich oft außergewöhnlich waren, obwohl immer wieder Kollegen Verdacht schöpften und ihren Vorgesetzten berichteten und obwohl so auffällig viele gerade von H.'s Patienten starben, dass er von den Kollegen den Spitznamen „Todes-H." bekam.[999] Für den leichenschauenden Arzt ist es im Krankenhaus sicherlich schwerer als in häuslicher Umgebung, beim Leichnam selbst oder in dessen Umfeld Todesumstände zu registrieren, die aus medizinischer Sicht ungewöhnlich sind. Wenn jedoch selbst dem Pflegepersonal auf der entsprechenden Station ob der Todesumstände Zweifel kommen, – „wir wussten, da muss nachgeholfen worden sein. Aber wir haben uns nicht getraut, das zu Ende zu denken"[1000] – dann hätten bei der großen Anzahl der Fälle auch dem

als „weitestgehend" abgeschossen bezeichnet, *Polizeidirektion Oldenburg* (Hrsg.), Soko „Kardio", abrufbar unter https://www.presseportal.de/blaulicht/pm/62353/3719870 (geprüft am 28.01.2018).

995 *Müller*, Die ZEIT vom 19.02.2015, S. 15 (15).

996 *Müller*, Die ZEIT vom 19.02.2015, S. 15 (16).

997 Vgl. oben Teil 1, Kapitel 5, I., 3., S. 77–84.

998 Insbesondere hinsichtlich fehlender Empfehlungen und Durchführungen von Obduktionen, *Wagner*, Frankfurter Rundschau vom 30.08.2017, S. 10.

999 *Müller*, Die ZEIT vom 19.02.2015, S. 15 (17).

1000 So ein ehemaliger Kollege bezüglich der Sterbefälle im Umfeld von Nils H., *Müller*, Die ZEIT vom 19.02.2015, S. 15 (17).

ein oder anderen Leichenschauer Zweifel kommen sollen. Auch bei den Ermittlungsbehörden gilt der Pflegebereich als prädisponiert für ein vergleichsweise großes Dunkelfeld nicht erkannter Tötungsdelikte.[1001]

Es trifft in diesem Zusammenhang jedoch nicht nur Menschen, deren Lebensphase sich dem Ende neigt. Besonders betroffen macht es, wenn jede Chance auf ein erfülltes Leben schon zu Beginn genommen wird, angesichts der hohen Quote nicht erkannter Kindesmisshandlungen und Kindestötungen. Zuletzt sorgte die Arbeit von *Tsokos/Guddat* für Aufmerksamkeit. Als Leiter des Instituts für Rechtsmedizin der Charité hat *Tsokos* zahlreiche persönliche Erfahrungen gesammelt und kommt – wie sich dem Titel des Werkes entnehmen lässt – zu dem Schluss: „Deutschland misshandelt seine Kinder".[1002] Den Zahlen nach sterben in Deutschland wöchentlich drei Kinder an Misshandlungsfolgen, siebzig müssen ärztlich behandelt werden.[1003] Zudem wird eine hohe Dunkelziffer vermutet, die darauf beruht, dass es sich um ein innerfamiliäres Ereignis handelt und das Kind von den Eltern abhängig ist, es den berufenen Stellen[1004] an Problembewusstsein fehlt und die Verletzungen häufig als Folge eines Unfalls verkannt werden;[1005] die Angaben schwanken je nach Quelle zwischen fünf bis fünfzig, teilweise vierhundert Misshandlungen und der Schätzung, dass zu jedem in der Statistik erfassten Todesopfer ein weiteres hinzugerechnet werden müsse.[1006] *Tsokos/Guddat* gehen auch auf die Rolle der ärztlichen Leichenschau ein, die in dieser Hinsicht ebenfalls in der Kritik steht. Sie fordern, dass bei Kindern und Jugendlichen die Leichenschau ausschließlich von speziell geschulten oder rechtsmedizinischen Fachärzten durchgeführt werden sollte, für die unbedingt die Krankenunterlagen des Verstorbenen zur Verfügung gestellt werden müssten.[1007] Denn diese Form der Leichenschau

---

1001 *Westphal*, in: Brinkmann, Leichenschau, S. 130.

1002 *Tsokos/Guddat*, Deutschland misshandelt seine Kinder; kritische Stimmen zu dem Werk fasst *Schaaf*, FAS – Frankfurter Allgemeine Sonntagszeitung vom 04.06.2017, S. 13 zusammen.

1003 *Tsokos/Guddat*, Deutschland misshandelt seine Kinder, S. 8 m.w.N.

1004 Beispielsweise Jugendämter, Haus- und Kinderärzte sowie Verwandte und Freunde der betroffenen Familien.

1005 *Kernbach-Wighton* et al., in: Madea, Rechtsmedizin, S. 490.

1006 *Tsokos/Guddat*, Deutschland misshandelt seine Kinder, S. 8 m.w.N.; Auch die Ermittlungsbehörden sehen in diesem Bereich ein vergleichsweise großes Dunkelfeld, etwa beim plötzlichen Kindstod, *Westphal*, in: Brinkmann, Leichenschau, S. 130.

1007 *Tsokos/Guddat*, Deutschland misshandelt seine Kinder, S. 168, 243.

stellt den Arzt vor besondere Schwierigkeiten; sowohl medizinisch als auch im Umgang mit den Eltern.[1008] Zum einen erfordert sie oft eine schwierige Differentialdiagnose, da gerade bei Kindern spurenarmes Töten vergleichsweise einfach ist und teilweise keine äußerlichen Anzeichen bestehen.[1009] Zum anderen kann eine Fehleinschätzung für die Eltern teilweise dramatische und persönliche Folgen haben; neben der drohenden strafrechtlichen Verfolgung wiegt bereits der Vorwurf – und dies gerade vor dem Hintergrund des Verlustes des Kindes – schwer.[1010] Haus- und Kinderärzte notieren in solchen Situationen daher zumeist einen natürlichen Tod, was wahrscheinlich zahlreiche Fehldiagnosen zu Folge hat.[1011] In der Fachliteratur wird deshalb dazu geraten, in solchen Situationen die Todesart immer als ungeklärte offen zu lassen und Verdachtsfälle – auch einen möglicherweise durch Vernachlässigung verursachten Tod – der Ermittlungsbehörde zu melden.[1012] Rechtliche Regelungen wie in Schleswig-Holstein, wo die Kategorie des ungeklärten Todes in der Todesbescheinigung fehlt,[1013] vergrößern die Problematik daher zusätzlich.[1014]

Eine weitere Quelle für Probleme im Bereich verdeckter nicht natürlicher Tode kann für den Arzt die Rolle Dritter bedeuten. Zu denken ist an Manipulationen an der Leiche oder am Fundort sowie Desinformationen, die den Leichenschauer von den tatsächlichen Geschehnissen ablenken sollen.[1015] Im Übrigen kommt es natürlich vor, dass der oder die Täter selbst nichts unversucht lassen, um das Tötungsdelikt durch entsprechende Maßnahmen zu verdecken.[1016] Geschieht dies auf „professionelle" Weise, kann vom leichenschauenden Arzt mit durchschnittlicher Erfahrung kaum erwartet werden, dies in jedem Fall zu erkennen. Es ist darüber hinaus zu vermuten, dass die

---

1008 *Pollak*, in: Schlüchter, Kriminalistik und Strafrecht, S. 464; *Tsokos/Guddat*, Deutschland misshandelt seine Kinder, S. 167.

1009 *Kernbach-Wighton* et al., in: Madea, Rechtsmedizin, S. 505; Einen Beispielsfall schildern *Tsokos/Guddat*, Deutschland misshandelt seine Kinder, S. 169–171.

1010 So auch *Tsokos/Guddat*, Deutschland misshandelt seine Kinder, S. 172; *Kernbach-Wighton* et al., in: Madea, Rechtsmedizin, S. 502, bezogen auf die Diagnose überlebter Kindesmisshandlungen.

1011 *Tsokos/Guddat*, Deutschland misshandelt seine Kinder, S. 168 m.w.N.

1012 *Kernbach-Wighton* et al., in: Madea, Rechtsmedizin, S. 505.

1013 Siehe dazu unten Teil 2, Kapitel 3, II., S. 207–209.

1014 Gerade spurenarme Tötungsdelikte, besonders an Säugligen und Kleinkindern, sind so noch schwieriger aufzudecken, so die Einschätzung von *Brinkmann/Pfeiffer*, in: Brinkmann, Leichenschau, S. 51.

1015 Vgl. in Teilen *Pollak*, in: Schlüchter, Kriminalistik und Strafrecht, S. 463 m.w.N.

1016 Vgl. *Westphal*, in: Brinkmann, Leichenschau, S. 130.

Mediziner eine mögliche Verschleierung der Tat Mangels forensischer Erfahrung oft nicht in Betracht ziehen.[1017] Aber nicht nur aktiver Widerstand im Rahmen der Untersuchung kann das Ergebnis einer Leichenschau beeinträchtigen. Schwierig und im Ergebnis ebenso problematisch kann für den Arzt die Befragung derjenigen sein, von denen er sich Informationen zu der Person des Verstorbenen erhofft. Wozu diese Umstände führen, zeigt die Untersuchung von *Müller/Bocter* über die verschiedenen Informationsquellen der Leichenschauärzte und die Häufigkeit ihrer Nutzung:[1018] Zum einen offenbaren sich diesbezüglich deutliche Unterschiede je nach dem, welchem Tätigkeitsfeld der leichenschauende Arzt angehört, zum anderen scheint der Rückgriff auf externe Quellen insgesamt zu selten zu erfolgen. Situationsbedingt wenden sich die Rettungsärzte noch am häufigsten an Angehörige, allerdings geschieht auch dies in nicht einmal der Hälfte der Fälle.[1019] Die niedergelassenen Ärzte verließen sich überwiegend auf ihre eigenen Unterlagen und Beobachtungen. Das lag sicherlich auch daran, dass in 90,3 % aller untersuchten Fälle die Verstorbenen dem jeweiligen niedergelassenen Leichenschauer – und wohl Hausarzt – bekannt waren.[1020] Gerade die dadurch vermittelte Diagnosesicherheit kann aber trügerisch sein, denn für Außenstehende, insbesondere Angehörige oder Täter, kann es zahlreiche Gründe den Versuch geben, den leichenschauenden Arzt gezielt von einer zutreffenden Diagnose abzuhalten. In der Literatur wird häufig die Verheimlichung eines Suizids aus versicherungsrechtlichen oder religiösen Motiven genannt, aber auch aus Scham.[1021] Letzteres dürfte auch bei autoerotischen Unfällen gelten. Ursachen für das oftmals problematische Verhalten Außenstehender sind in emotionaler Hinsicht wohl auch die grundsätzlichen Schwierigkeiten im Umgang mit dem Tod sowie das geringe Wissen um Notwendigkeit und Hintergründe des letzten Dienstes am Menschen. Bei einem Täter liegt das Motiv mit großer Wahrscheinlichkeit im Versuch, das Tötungsdelikt zu verdecken. Im derzeitigen Leichenschausystem kommt es in solchen Fällen letztendlich darauf an, ob aufgrund der Umstände die

1017 *Geerds*, ArchKrim – Archiv für Kriminologie 1997, S. 47.

1018 *Müller/Bocter*, Beitrag zur Abschätzung der Aussagekraft der amtlichen Todesursachenstatistik.

1019 Befragt wurden in 48,5 % der Fälle die Angehörigen, in 27,9 % Kollegen und in 23,8 % sonstige Personen, *Müller/Bocter*, Beitrag zur Abschätzung der Aussagekraft der amtlichen Todesursachenstatistik, S. 76.

1020 *Müller/Bocter*, Beitrag zur Abschätzung der Aussagekraft der amtlichen Todesursachenstatistik, S. 76.

1021 *Pollak*, in: Schlüchter, Kriminalistik und Strafrecht, S. 463 m.w.N.

Kriminalpolizei ohnehin direkt benachrichtigt wird, aus anderen Gründen ein nicht natürlicher Tod bescheinigt wird oder zufällig ein besonders erfahrener Arzt die Leichenschau vornimmt. Daran anschließend noch ein besonders deutliches Beispiel dafür, welche Konsequenzen es hat, wenn fachfremde Ärzte die Leichenschau übernehmen: In Bremen schrieb Anfang 2005 die Innenbehörde solche Leichenschauen, die zuvor von Rechtsmedizinern vorgenommen wurden, öffentlich für alle Ärzte aus. Die Resonanz aus unterschiedlichsten Fachrichtungen war groß, offensichtlich trauten sich viele die Untersuchung zu. Tatsächlich endete dieser Versuch damit, dass die fachfremden Mediziner in 20 Wochen 22 nicht natürliche Todesfälle übersahen.[1022]

2. Probleme mit den Formularen für die Todesbescheinigung

Für viele Ärzte sind die Formulare für die Todesbescheinigung ein besonders unbeliebter Teil der mit dem Arztberuf zunehmend verbundenen Schreibarbeit.[1023] Dies spiegelt sich auch in den häufigen Fehlern oder Ungenauigkeiten bei der Dokumentation der Leichenschau wider.[1024] Dies mag sich zum Teil daraus ergeben, dass auch innerhalb eines Bundeslandes die Leichenschauformulare kein einheitliches äußeres Erscheinungsbild aufweisen. Beispielsweise in Nordrhein-Westfalen führte die Vergabe an unterschiedliche Verlage trotz gleicher Vorgaben zu mindestens drei verschiedenen graphischen Versionen gleichermaßen gültiger Formblätter. Diese sind wohl durchaus geeignet für Irritationen zu sorgen.[1025]

a) Mangel an Erfahrung und Detailkenntnissen

Insbesondere die korrekte Darstellung der todesursachenbezogenen Kausalkette gemäß den von der WHO erarbeiteten Standards[1026] erfordert vom leichenschauenden Arzt nicht unerhebliches Detailwissen und Erfahrung.[1027] Je nach den Umständen im Einzelfall wird ein in Sachen Leichenschau und Diagnostik durchschnittlich bewanderter Arzt diesen Anforderungen nicht

---

1022 Ähnlich wiedergegeben von *Birkholz*, Kriminalistik 2006, S. 223.

1023 Siehe etwa: „Todesbescheinigung – Ein Buch mit 7 Siegeln?“, *Edler* et al., Lege artis: Das Magazin zur ärztlichen Weiterbildung 2012, S. 101.

1024 Dieses generelle Problem bemängelt auch *Klingshirn*, Der Notarzt 2006, S. 61.

1025 *Gabriel/Huckenbeck*, Grundlagen des Arztrechts, S. 83.

1026 Siehe die Erläuterungen oben Teil 1, Kapitel 1, IX., S. 20–22.

1027 Sogar Hochschullehrer sprächen von unklaren Kausalketten, *Schubert-Fritschle* et al., Deutsches Ärzteblatt 2002, S. A 53.

gerecht werden können.[1028] Entsprechend offenbaren sich seit vielen Jahren teilweise große Schwierigkeiten bei der korrekten Ermittlung der wichtigen Daten für den vertraulichen Teil der Todesbescheinigung, der die Grundlage für die Todesursachenstatistik bildet. Auch bei einer Untersuchung in jüngerer Vergangenheit wurde festgestellt, dass bei 30 % der begutachteten Todesbescheinigungen die Kausalkette mit der Darstellung des Krankheitsverlaufs fehlte.[1029] Diesem Bild entsprechend äußerten sich auch die von *Müller/Bocter* befragten leichenschauenden Ärzte, von denen etwa 72 % angaben, ihrer Einschätzung nach gebe die Todesursachenstatistik das Gesamtbild der zum Tode führenden Krankheiten „nur im großen und ganzen" [sic!] wieder.[1030]

In diesen Problemzusammenhang gehören auch die verschiedenen Arten von Verlegenheitsdiagnosen. Es handelt sich dabei um Angaben zur Todesursache – der Klassiker lautet „Herzversagen"–, die keine oder kaum Aussagekraft haben und oft auch keine der wichtigen Rückschlüsse auf die Todesart zulassen, da sie auf jeden Todesfall zutreffen. Streng genommen sind solche Angaben schon nicht zulässig, zumal sie nicht nach WHO Kriterien für die Statistik verschlüsselbar sind.[1031] Dennoch beanstanden die Ämter solch fehlerhafte Eintragungen nur selten. In diesem Punkt gehen offenbar die Interessen der entsprechenden Ärzte und Beamten konform; auch Letztere fordern – der Vollständigkeit der Statistik halber – teilweise eine solche Diagnose statt einer ungeklärten Todesart.[1032] Auf der Strecke bleibt die Validität der Todesursachenstatistik, die, mit falschen Daten vervollständigt, immer mehr an Aussagekraft verliert und auch zu fehlgeleiteten Maßnahmen führt. Findet eben diese Pauschaldiagnose „Herzversagen" Eingang in die Statistik, vergrößert sich die Quote der Herzkreislauferkrankungen fälschlicherweise entsprechend. Dennoch wird der scheinbar hohe Teil geklärter Todesursachen als Argument gegen die so häufig geforderte Steigerung der Sektionszahlen verwendet. Denn wenn ohnehin fast alle Ursachen bekannt sind, seien die Sektionen – zumindest in dieser Hinsicht – gewissermaßen überflüssig; ein Fehlschluss. Der Rechtsmediziner *Birkholz* empfiehlt an dieser Stelle den leichenschauenden Ärzten

---

1028 So auch *Müller/Bocter*, Das Öffentliche Gesundheitswesen 1987, S. 345 f.; zur Kritik der Ärzte siehe etwa unten Teil 2, Kapitel 2, I., 2., b), S. 157–160.

1029 *Schubert-Fritschle* et al., Deutsches Ärzteblatt 2002, S. A 50.

1030 *Müller/Bocter*, Beitrag zur Abschätzung der Aussagekraft der amtlichen Todesursachenstatistik, S. 96.

1031 *Schubert-Fritschle* et al., Deutsches Ärzteblatt 2002, S. A 51.

1032 Vgl. zu dieser Haltung und dem unter Umständen entstehenden Konflikt mit den Medizinern unten Teil 2, Kapitel 2., I., 7., d), S. 185 f.

in entsprechenden Situationen die ICD-Diagnose „natürlicher Tod aus unbekannter Ursache" zu verwenden,[1033] um die Statistik nicht zu verfälschen.[1034] Zulässig, aber ebenfalls nicht korrekt und mit negativen Auswirkungen für die Statistik sind Tumordiagnosen auf einer Todesbescheinigung für tatsächlich in dieser Hinsicht bereits geheilte Patienten, die sich regelmäßig als falsch erweisen; aufgrund ihrer diesbezüglichen Untersuchungen schätzen *Schubert-Fritschle* et al. die Rate der Eintragungen von Mamma- und Prostatakarzinom als Todesursache bei tatsächlich tumorfreien Verstorbenen auf 20 %.[1035] Die geringe Glaubwürdigkeit der Statistik zeigt auch die Untersuchung von *Höpker/Burkhardt*, die zudem auf vorangegangene Arbeiten verweisen, die ebenfalls die Validität der Daten in Frage stellen.[1036] Nach dem Vergleich von pathologisch-anatomischen Diagnosen sowohl mit den vorangegangen Leichenschaudiagnosen als auch den späteren Eintragungen in der amtlichen Todesursachenstatistik über einen Zeitraum von zwei Jahren gelangten sie zu der Feststellung: „Die Dimension der Fehler ist erheblich … und stellt den Wert der Amtlichen [sic!] Todesursachenstatistik grundsätzlich in Frage."[1037]

Vor diesem Hintergrund zweifelhafter Gewinnung der Daten halten es *Leithoff/Endris/Klaiber* gar für „gesetzwidrig und gefährlich, die lediglich für statistische Zwecke konzipierte Todesursachenermittlung konkret für strafrechtliche, zivilrechtliche, sozialrechtliche und versorgungsrechtliche Entscheidungen zu mißbrauchen [sic!]."[1038] Den Hinweis auf eine mögliche, von sicherlich vielfältigen, Ursachen der mangelhaften Bearbeitung vieler Todesbescheinigungen mag ein besonders eklatanter Wissensmangel geben, den *Müller/Bocter* feststellten. Auf der Basis von Ergebnissen der Interviews mit 484 leichenschauenden Ärzten kamen die Autoren zu dem Schluss, dass etwa 25 %

1033 Die zugehörige Schlüsselnummer lautet 799.9.

1034 *Birkholz*, Notfall-Medizin in der täglichen Praxis 2003, S. 212.

1035 *Schubert-Fritschle* et al., Deutsches Ärzteblatt 2002, S. A 50, auch der Anteil unzureichend spezifizierter Tumordiagnosen ist den Autoren zufolge mit 8,3 % zu hoch.

1036 *Höpker/Burkhardt*, Deutsche Medizinische Wochenschrift 1984, S. 1269 f. m.w.N.

1037 *Koller/Leutner*, in: Koller/Wagner, Handbuch der medizinischen Dokumentation und Datenverarbeitung, S. 1274.

1038 *Leithoff/Endris/Klaiber*, Beiträge zur gerichtlichen Medizin 1985, S. 51; Zitat auch bei *Groß*, Die Entwicklung der inneren und äußeren Leichenschau in historischer und ethischer Sicht, S. 67.

der Ärzte die Existenz der Todesursachenstatistik nicht einmal bekannt war.[1039] Angesichts der Tatsache, dass die Todesbescheinigungen die einzige Quelle für die Statistik darstellen und diese Ärzte somit allein für die korrekte Erhebung der relevanten Daten verantwortlich sind,[1040] erscheint dies sehr bedenklich. Die Ergebnisse der in diesem Zusammenhang vergleichsweise kleinen Studie mögen in ihrer Aussagekraft begrenzt sein; sie zeigen jedoch, dass überhaupt ein Mangel an Wissen bei einer so grundsätzlichen Frage besteht, mit dem auch die meisten generell mit den Problemen der ärztlichen Leichenschau Beschäftigten nicht rechnen dürften. Zudem wird die Relevanz der Schlussfolgerungen aus der Antwort zur Existenz einer Todesursachenstatistik durch weitere Interviewergebnisse gestärkt. So war etwa einem Drittel der befragten Ärzte nicht klar, dass tatsächlich jeder Sterbefall anhand der zugehörigen Todesbescheinigung für die Todesursachenstatistik ausgewertet wird.[1041] Einem nicht geringen Teil der verantwortlichen Ärzten ist, abgesehen von den praktischen Schwierigkeiten bei der Ermittlung korrekter Untersuchungsergebnisse für die Todesbescheinigung, offenbar gar nicht bewusst, welche bedeutenden Konsequenzen ihre Tätigkeit auch auf lange Sicht hat; oder sie messen dieser Statistik ausdrücklich keine gesundheitspolitische Bedeutung zu.[1042] Die zum Teil distanzierte Haltung der Mediziner zu den für die Todesursachenstatistik gewonnenen Daten mag auch damit zu tun haben, dass der so quantifizierte Tod, zumal durch Krebs verursacht, die Erfolglosigkeit ärztlicher Bemühungen offenbaren kann.[1043]

Ein verantwortungsvolles Handeln hinsichtlich der Ermittlung und Eintragung der für den vertraulichen Teil der Todesbescheinigung relevanten Daten ist demnach in einigen Fällen mangels besseren Wissens nicht zu erwarten, in vielen Fällen erscheint es den Tätigen wohl schlicht nicht der Mühe wert.

1039 Dabei entfallen etwa 16 % auf Ärzte, die erstmals im Rahmen der Studie davon erfuhren, *Müller/Bocter*, Beitrag zur Abschätzung der Aussagekraft der amtlichen Todesursachenstatistik, S. 94 f.

1040 Siehe zu diesem Zusammenhang oben Teil 1, Kapitel 2, I., 5., S. 40 f.

1041 *Müller/Bocter*, Beitrag zur Abschätzung der Aussagekraft der amtlichen Todesursachenstatistik, S. 95.

1042 Einem Drittel der 484 Befragten war die Bedeutung der Angaben im vertraulichen Teil der Todesbescheinigung für die Statistik nicht bewusst. Nach ihrer gesundheitspolitischen Einschätzung gefragt, äußerten sich doch immerhin etwa 17 % in diesem Sinne negativ, *Müller/Bocter*, Beitrag zur Abschätzung der Aussagekraft der amtlichen Todesursachenstatistik, S. 95.

1043 In diesem Sinne *Schubert-Fritschle* et al., Deutsches Ärzteblatt 2002, S. A 53.

Erstaunlich ist in diesem Zusammenhang, dass die Todesart teilweise sogar falsch angegeben wird, wenn die Todesursache an sich korrekt bestimmt wurde, obwohl Letzteres grundsätzlich die deutlich schwierigere Aufgabe darstellt. In der Untersuchung zur ärztlichen Leichenschau in Alten- und Pflegeheimen von *Germerott* et al. wurde festgestellt, dass in jedem 10. Fall die Todesart fälschlich als natürlich klassifiziert wurde und dabei jedoch zu 50 % die Todesursache an sich korrekt erkannt worden war; umgekehrt stellten sich ca. 43 % der als nicht natürlich angegeben Todesfälle bei späterer Obduktion als natürlich heraus.[1044] Daraus lässt sich schließen, dass einigen Leichenschauern die genaue Definition eines nicht natürlichen Todes nicht ausreichend geläufig ist; denn so schwierig eine genaue Diagnose der Todes*ursache* ist, kennt der Arzt sie, stellt die Einordnung der Todes*art* – eine klare Vorstellung des Begriffs vorausgesetzt – nur noch eine Formsache dar.[1045]

Eine weitere Form von Unregelmäßigkeiten in der Bearbeitung von Todesbescheinigungen fiel in einer speziell im Krankenhaus erfolgten Studie von *Püschel/Kappus/Janssen* hinsichtlich der Zahl von nicht als solche angegebenen unklaren Todesfälle auf.[1046] Festgestellt wurde dies an den 60 Patienten, die bei der Einlieferung entweder bereits tot waren oder sofort danach starben. Statt der ordnungsgemäßen Angabe der eigentlichen Todesursache wurde lediglich der Zustand des Patienten unmittelbar nach dem Tod vermerkt. Da die Todesart direkt von der Todesursache abhängt, müsste erstere in all diesen Fällen eigentlich als unklar klassifiziert worden sein. Jedoch wurde bei dem Studienmaterial lediglich in einem Drittel der Fälle die Todesart als unklar angegeben. Angesichts dieser Beispiele stellt sich die Frage nach den Umständen und Ursachen. Es liegt nahe, diese im Unterschied zu den meisten anderen Todesfällen im Krankenhaus zu sehen. In diesen speziellen Fällen spielten sich die zum Tode führenden Ereignisse außerhalb des Hauses ab, die mögliche Kausalkette konnte daher nicht vor Ort beobachtet werden. Zudem liegt eine Anamnese nicht unmittelbar vor. Die Situation des leichenschauenden Arztes im Krankenhaus ist unter solchen Umständen mit der des Rettungsarztes am Unglücksort vergleichbar. Es müssten daher nach der Feststellung des Todes zunächst Nachforschungen hinsichtlich der Geschehnisse angestellt und die Krankenakte beschafft werden. Dem Hergang dieser Fälle folgend, liegt

---

1044 *Germerott* et al., Rechtsmedizin: Organ der Deutschen Gesellschaft für Rechtsmedizin 2014, S. 390.

1045 Vgl. oben Teil 1, Kapitel 5, 3., S. 82–84 sowie Teil 2, Kapitel 2, I., 1., b), S. 156–159.

1046 *Püschel/Kappus/Janssen*, Arzt und Krankenhaus 1987, S. 101 f.

es nahe, dass die fehlenden Informationen nicht organisiert wurden, sodass die Todesursache faktisch nicht näher bestimmt werden konnte. Zum einen hätte dies, wenn schon nicht im Zusammenhang mit der Todesfeststellung, dann zumindest im Anschluss erfolgen müssen. Zeit und Möglichkeiten hätten bestanden, zumal im Krankenhaus eine vorläufige Leichenschau eigentlich nicht vorgesehen ist. Zum anderen hätte in der Folge der vorherigen Versäumnisse in allen Fällen der Tod zumindest als ungeklärt vermerkt werden müssen. Warum der zusätzliche Aufwand gescheut wurde, kann nur vermutet werden; denkbar sind Arbeitsüberlastung oder schlechte Organisation oder – auch das kann man nicht ganz ausschließen – fehlende Motivation. Entweder den Ärzten war schlicht nicht bekannt, dass in solchen Fällen die Todesart tatsächlich unklar ist, oder sie fürchteten, den untersuchenden Behörden würden die unvollständigen Angaben in der Todesbescheinigung auffallen.

b) Missverstehen des Zusammenhangs von Todesart und -ursache

In den Formularen der Todesbescheinigungen ist das Feld zur Eintragung der Todesart dem für die klinisch zu befundende Todesursache regelmäßig vorangestellt. Und dies, obwohl eine korrekte Aussage über die Todesart erst nach Klärung der Ursache gemacht werden kann.[1047] Die Beschreibung des derzeitigen Hergangs in der Praxis durch *Heigenmooser* als Beitrag in Form eines Leserbriefs lässt eine weitere Fehlerquelle für die Leichenschaudiagnosen vermuten:

> „Richtig ist, dass auf dem Totenschein eine Todesursache eingetragen werden muss. Zuallererst ist aber auf der ersten Seite über die Todesart zu entscheiden. Diese kann natürlich oder nicht natürlich … sein. Falls hier keine eindeutig natürliche Ursache festgestellt werden kann, ist ‚unklare Todesart' anzukreuzen. Danach erst wird nach der Todesursache auf dem Totenschein gefragt, die regelhaft ohne Obduktion nicht sicher zu ermitteln ist. Hier werden oft ‚Verlegenheitsdiagnosen' wie Herzinfarkt eingetragen. Hier muss im Zweifelsfall ‚unklar' eingetragen werden. Dies bedeutet aber nicht, dass es sich dabei nicht um einen nicht natürlichen Tod handelt."[1048]

Es stellen sich nun zwei Fragen: Zunächst, welche „natürliche Ursache" ist in Bezug auf die Todesart gemeint? Sucht der Verfasser regelmäßig nach einem – von der eigentlichen Todesursache unabhängigen – Grund für eine entsprechende Einordnung der Todesart oder wird hier schon auf den Zusammenhang

---

1047 Siehe zu diesem Zusammenhang oben Teil 2, Kapitel 2, I., 1., b), S. 156–159.

1048 *Heigenmooser*, FAS – Frankfurter Allgemeine Sonntagszeitung vom 11.03.2012, S. 24.

mit der Todesursache abgestellt? Und in der Folge, welche Auswirkungen hat das Gemeinte auf die Untersuchung? *Heigenmooser* führt aus, dass die Todesursache ohne Obduktion oft nicht festgestellt werden kann,[1049] und weist darauf hin, dass auch bei unklarer Todesursache ein nicht natürlicher Tod vorliegen kann. Demzufolge geht er davon aus, dass die Todesart unabhängig von der Todesursache angegeben wird. Nun drängt sich die Frage auf, wie die Todesart eindeutig festgestellt werden soll, wenn die Todesursache unklar ist. Für den Fall etwa, dass eine Vergiftung vorliegt, die ohne Obduktion nicht zu erkennen ist und der Arzt vor Ort somit keine eindeutige Todesursache feststellen kann. Wie kann er so eine eindeutig nicht natürliche Todesart feststellen? Die Konstellation, eindeutig nicht natürliche Todesart bei gleichzeitig unklarer Todesursache, mutet insofern merkwürdig an. Andere Varianten einer solchen Form der Leichenschau ergäben jedenfalls keinen Sinn: Legt der Arzt die Todesart als unklar fest, muss dies auch für die Todesursache gelten; denn wenn er letztere genau kennt, bleibt nur eine eindeutige Todesart. Auch kann jemand nicht eines natürlichen Todes an einer nicht natürlichen Todesursache sterben, da stets die etwaige Kausalkette zu beachten ist. Es bleiben für das hinter der Beschreibung stehende Vorgehen letztlich zwei Deutungen.

Erste Möglichkeit: Der Arzt überlegt vor der Eintragung der Todesart, ob er einen nicht natürlichen „Grund" erkennen kann. Ist dies der Fall, kreuzt er bei Todesart „nicht natürlich" an. Kommt er dann zum Punkt Todesursache, weiß er nur, sie kann nicht natürlich sein – dies hat er ja oben bereits festgestellt. Sieht er sich außer Stande, die genaue Todesursache zu befunden, kreuzt er unklar an (eine Verlegenheitsdiagnose bei einer nicht natürlichen Ursache ist denkbar, aber sehr unwahrscheinlich, da äußerst gewagt; etwa: „tödliche Verletzungen durch äußere Einwirkungen"…). Bei dieser Form der Untersuchung wägt der Arzt die Art des Todes danach ab, ob er Anhaltspunkte für einen nicht natürlichen Tod erkennen kann – soweit geht er mit dem Gesetz konform. Untersucht er im Anschluss jedoch weiter die Todesursache, handelt er ordnungswidrig, denn „finden die Ärztinnen und Ärzte an den Verstorbenen Anhaltspunkte für einen Tod durch Selbsttötung, Unfall oder Einwirkung Dritter (nicht natürlichen Tod) oder deuten sonstige Umstände darauf hin, so brechen sie die Leichenschau ab, unterrichten unverzüglich die Polizeibehörde

1049 Diese Einschätzung teilt etwa auch *Schmeling*, in: *Raute*, Die Problematik der ärztlichen Leichenschau – Interview mit Prof. Dr. med. Andreas Schmeling, stellvertretender Direktor des Instituts für Rechtsmedizin der Universität Münster – Mitglied im Vorstand der Deutschen Gesellschaft für Rechtsmedizin.

und sorgen dafür, dass bis zum Eintreffen der Polizei Veränderungen weder an Toten noch an deren Umgebung vorgenommen werden."[1050]

Zweite Möglichkeit: Um die Todesart zu ermitteln, stellt der Arzt tatsächlich schon Überlegungen zur (erst weiter unten erfragten) Todesursache an, aber nur, soweit es Natürlichkeit oder Nichtnatürlichkeit betrifft. Erst wenn er anschließend zum Punkt Todesursache auf der Todesbescheinigung kommt, versucht er diese genau und eindeutig festzustellen. Auch hier kommt es zu einer Ermittlung der Todesursache von der Todesart her und die oben beschriebenen Konstellationen, entgegen der Vorstellung des Gesetzgebers, bleiben möglich, zumal der Gesetzgeber eindeutig davon ausgeht, dass die Todesart erst nach einer vollständigen Untersuchung festgelegt werden kann: „Bestehen vor Durchführung der Leichenschau keine begründeten Zweifel an einem natürlichen Tod, so führt der Arzt die Leichenschau an der vollständig entkleideten Leiche durch; die Feststellung eines natürlichen Todes setzt in jedem Fall die Durchführung der Leichenschau an der vollständig entkleideten Leiche voraus."[1051] Auch wenn man davon ausgeht, dass dem Arzt lediglich die Kausalkette der Todesursachen als Ganzes in der von der WHO gewünschten Form unklar ist, er aber die schließlich zum Tode führende Ursache kennt, so passt dies nicht zu der Feststellung einer nicht natürlichen Todesart. Wenn nämlich die Todesursache nicht natürlichen Ursprungs ist, so steht das externe Ereignis am Anfang der Kausalkette. Ist sich der Arzt nun nicht sicher, ob beispielsweise die – grundsätzlich auf einen nicht natürlichen Tod hindeutende – Schussverletzung im Endeffekt tatsächlich für den Tod ursächlich war, so bleibt auch die Todesart unklar.

Dem Beitrag von *Heigenmooser* nach zu urteilen, ist jedoch auch ein anderes Szenario denkbar. Der Arzt geht vor, wie soeben beschrieben, kann aber keine Anhaltspunkte für einen nicht natürlichen Tod finden. Daher trägt er die Todesart als natürlich ein und kommt danach zur Untersuchung der eigentlichen Todesursache. Kann er sie nicht genauer ermitteln, erfolgt die Verlegenheitsdiagnose. Je nach Ergebnis muss er eventuell die Todesart korrigieren. So kann es auch zu der Ergebniskombination kommen, Todesart jedenfalls natürlich, Todesursache aber unklar bzw. Verlegenheitsdiagnose, da im Feld für die Todesursache „unklar" nicht vorgesehen ist. Dies ist jedoch nicht im Sinne des Gesetzgebers, der eine eindeutige und korrekte Ermittlung der Todesursache fordert und für den Fall, dass diese unklar sein sollte, im Formular nur die

---

1050 § 9 Abs. 5 BestG NRW.

1051 § 3 Abs. 1 S. 2 BestV Bayern.

Option der dann ebenfalls unklaren Todesart vorgesehen hat. Im Gesetz heißt es zudem: „Findet der zur Leichenschau zugezogene Arzt *im Rahmen* [Kursivdruck nicht im Original] der Leichenschau Anhaltspunkte dafür, dass der Tod durch Selbsttötung, durch Unfall, durch strafbare Handlung oder durch sonstige Einwirkung von außen herbeigeführt wurde, ist in der Todesbescheinigung die Todesart ‚Nicht natürlicher Tod' anzugeben."[1052] Deutlich wird hier, dass die Anhaltspunkte während des gesamten Leichenschauvorgangs und maßgeblich bei der Untersuchung des Leichnams, also der Ermittlung der Todesursache,[1053] zu beachten sind; jedenfalls nicht allein aufgrund eines ersten Blicks und allein auf die Todesart bezogen. Auch die Stellung des Absatzes fünf – darin ist das weitere Vorgehen des Arztes beim Erkennen von Anhaltspunkten für einen nicht natürlichen Tod festgelegt – innerhalb des § 9 BestG NRW unterstreicht dies. Die Vorschrift befasst sich sowohl mit der Untersuchung der Leiche (Abs. 3) als auch mit sämtlichen in der Todesbescheinigung zu machenden Angaben (Abs. 4). Die Anhaltspunkte für einen nicht natürlichen Tod sind daher dem gesamten Vorgang zu entnehmen und die Entscheidung über die Art des Todes fußt somit auf dem Ergebnis sämtlicher Schritte bei der ärztlichen Leichenschau. Darüber hinaus hängt die Todesart aus medizinischer Sicht in aller Regel maßgeblich von der konkret ermittelten Todesursache ab.[1054] Angesichts der Reihenfolge der Fragen auf dem Leichenschauschein und der Beschreibung im Gesetz kann man hinsichtlich der Untersuchung wohl von folgender Vorstellung des Gesetzgebers ausgehen: Um im Falle eines nicht natürlichen Todes den frühzeitigen Abbruch der Untersuchung und die schnelle Verständigung der Ermittlungsbehörden zu gewährleisten, wird zunächst nach der Todesart gefragt. Dazu muss der Arzt jedoch schon zu diesem Zeitpunkt erstmals die Todesursache in den Blick nehmen. Scheint ihm das – mit dem ersten Eindruck gewonnene – vorläufige Ergebnis für die Todesursache eines nicht natürlichen Todes unverdächtig, so kann er mit der Untersuchung fortfahren; allerdings muss er, wie zuvor dargelegt, die Frage nach der tatsächlichen Todesart während des gesamten Vorgangs vor Augen haben. Neben der medizinischen Problematik und der, die die Reihenfolge der Feststellungen sowie deren Verknüpfung mit sich bringt, kommt manches Mal noch Unsicherheit bezüglich

1052 Hier beispielhaft § 3 Abs. 3 S. 1 BestV Bayern.

1053 Siehe dazu § 3 Abs. 1 S. 2 BestV Bayern.

1054 Siehe dazu die ausführlichen Erläuterungen oben Teil 2, Kapitel 2, I., 1., b), S. 156–159.

der Definition der Todesart hinzu, sodass diese trotz korrekter Diagnose der Todesursache falsch angegeben wird.[1055]

Auch wenn es *Heigenmooser* in der gebotenen Kürze des Leserbriefs vielleicht nicht möglich war, seine Sicht des Vorgangs unmissverständlich darzustellen, darf den Ausführungen – vor dem Hintergrund der bisherigen Bestandsaufnahme des Leichenschausystems – wohl eine gewisse Allgemeingültigkeit unterstellt werden. Die auf einen Zeitungsartikel über die ärztliche Leichenschau hin erfolgten Ausführungen[1056] zeigen einmal mehr die generelle Diskrepanz zwischen Theorie und Praxis bei der ärztlichen Leichenschau. Angesichts der offenbar missverständlichen Formulierungen in den Formularen der Todesbescheinigungen und den auf den ersten Blick nicht völlig klar strukturierten gesetzlichen Vorgaben sind die Schwierigkeiten der Praktiker in dieser Hinsicht auch nachvollziehbar. Denn auch von Seiten der Ärzte gibt es Kritik. Diese richtet sich hauptsächlich gegen den Aufbau und die Formulierung der Formulare für die Todesbescheinigung. Zum einen sei es häufig unmöglich, mit den Mitteln vor Ort, und ohne die Krankengeschichte des Verstorbenen zu kennen, eine einwandfreie Kausalkette im Sinne der WHO darzulegen. Zum anderen biete das Formular mit den wenigen, für diesen Punkt vorgesehenen Zeilen viel zu wenig Platz, um in Fällen ausreichender Kenntnis des zum Tode führenden Kausalverlaufes diesen sinnvoll darzustellen.[1057] In anderen Situationen scheint es dem Arzt kaum möglich, ohne Obduktion eine einigermaßen seriöse Diagnose zu stellen: „Wenn ich manchmal in Medizinartikeln vorwurfsvoll lese, daß [sic!] die hausärztlich aufgeführten Todesursachen auf dem Totenschein einer objektiven Überprüfung durch den Pathologen nur in sehr begrenztem Umfang standhalten, dann wundert mich das überhaupt nicht, sondern bestätigt vielmehr meine aus der Praxis gewonnene Erfahrung, daß [sic!] die Ausfertigung dieses vorgeschriebenen Dokumentes ohne Kontrollobduktion sehr oft nur eine verwaltungstechnische Farce ist. Selbst bei den eigenen Patienten, deren Krankheiten man seit Jahren kennt, ist das korrekte

---

1055 Siehe die Darstellung entsprechender Untersuchungsergebnisse oben Teil 2, Kapitel 2, I., 2., a), S. 134.

1056 *Heigenmooser*, FAS – Frankfurter Allgemeine Sonntagszeitung vom 11.03.2012, S. 24 mit Bezug auf *Heier*, FAS – Frankfurter Allgemeine Sonntagszeitung vom 04.03.2012, S. 55.

1057 *Bauer*, in: *Raute*, Erfahrungsberichte und Einschätzungen zur ärztlichen Leichenschau – Interview mit Dr. med. Veit Harold Bauer.

Ausfüllen des Totenscheins sehr oft mehr als schwierig."[1058] Als eine Ursache für die von den Ärzten in der Praxis als unverständlich und umständlich empfundene Gestaltung der Formulare für die Todesbescheinigung wird angeführt, dass diese in den Behörden unter ausschließlicher Mitarbeit von Beamten der Medizinalverwaltung und Statistikern entstünden.[1059]

3. Schlechte Untersuchungsbedingungen

Von besonders schwierigen Bedingungen für die Leichenschau werden überwiegend Rettungsärzte betroffen sein, die jedoch die Möglichkeit haben, es bei einer vorläufigen Leichenschau zu belassen. Aber auch niedergelassene Ärzte können betroffen sein. Wenn beispielsweise nachts die Räumlichkeiten am Fundort nur wenig beleuchtet sind,[1060] wenig Platz vorhanden ist oder die Verwesung bereits ein fortgeschrittenes Stadium erreicht hat; Kumulationen sind durchaus vorstellbar. In solchen Situationen läge es nahe, die ärztliche Leichenschau an einem anderen Ort zu tätigen bzw. fortzuführen. Allerdings bietet der Gesetzgeber diese Möglichkeit lediglich dem Arzt im Rettungseinsatz. Zudem könnten so wichtige Spuren und Hinweise bezüglich Todesursache und -art verloren gehen. Und schließlich würde dies für den Arzt einen großen zusätzlichen Aufwand bedeuten, der angesichts der Unbeliebtheit der Untersuchung an sich und der geringen Vergütung kaum jemals betrieben würde. Auch an dieser Stelle kommt es somit letztlich auf den Zufall an, ob der Arzt die entsprechenden fachlichen Fähigkeiten und die Erfahrung hat und zudem über genügend persönliche Motivation verfügt, um unter den gegebenen Bedingungen die Untersuchung tatsächlich korrekt und mit objektiv richtigem Ergebnis durchzuführen.

Zumindest unter Fachleuten ist es unstrittig, dass die sichere Feststellung der Todesursache und damit der Schluss auf die Todesart regelmäßig ohne eine Sektion nicht möglich ist.[1061] Dieser Umstand erschwert dem Arzt die Entscheidung, ob er seiner Einschätzung nach tatsächlich eine ausreichende Grundlage

---

1058 *Drews*, Kriminalistik 1987, S. 585; zitiert von *Groß*, Die Entwicklung der inneren und äußeren Leichenschau in historischer und ethischer Sicht, S. 73. Zu den Schwierigkeiten einer korrekten Diagnose zur Todesursache bei rein äußerer Untersuchung der Leiche siehe oben Teil 2, Kapitel 2, I., 1., b), S. 140–151.

1059 *Schleyer*, Deutsche Zeitschrift für die gesamte gerichtliche Medizin 1968, S. 63.

1060 Beispiel genannt bei *Pollak*, in: Schlüchter, Kriminalistik und Strafrecht, S. 463.

1061 *Birkholz*, Notfall-Medizin in der täglichen Praxis 2003, S. 211; so auch schon *Schneider*, Die Leichenschau, S. 55.

für die Einordnung der Todesursache und damit der Todesart hat. Er arbeitet also häufig mit dem Wissen, *eigentlich* keine sichere Diagnose stellen zu können. Es müssen somit in der Praxis die Erkenntnisse genügen, die er durch die äußere Leichenschau gewinnt. Allerdings kann der Arzt nicht in jedem Fall geringer Unsicherheit mit der Begründung auf eine ungeklärte Klassifizierung zurückgreifen, dass eine Diagnose nicht möglich sei und das Ergebnis vorsichtshalber offen gelassen werden müsse, da bei der äußeren Leichenschau zu viel übersehen werden könne. Salopp formuliert, bräuchte er dann mit der Untersuchung oftmals erst gar nicht zu beginnen, sondern könnte den Leichnam direkt zur Obduktion weiterleiten. Es zeigt sich, dass auch der erfahrene Arzt bei einer völlig korrekten äußeren Leichenschau durchaus nicht zu dem objektiv tatsächlich richtigen Ergebnis kommen muss. Stirbt der herzkranke Patient, wird der Hausarzt – zumal der behandelnde – in der Todesbescheinigung die entsprechende Herzkrankheit als Todesursache vermerken. Auch bei absolut korrektem Vorgehen kann er bei der äußeren Leichenschau nicht erkennen, wenn tatsächlich eine Überdosis der Herzmedikamente ursächlich war. Gleiches gilt im Falle des nicht natürlichen Todes eines in mehrfacher Hinsicht tödlich verletzten Autofahrers; dass ursprünglich ein Herzinfarkt zum Tode führte, ist äußerlich unmöglich zu erkennen.[1062] Auch so entstehen falsche Ergebnisse; Fehler, die streng genommen keine sind oder zumindest nicht vermeidbar waren.

4. Nichtverfügbarkeit der Krankenakte im Bedarfsfall

Nach Ansicht vieler Experten ist es für den leichenschauenden Arzt ohne Kenntnis der Krankheitsanamnese des Verstorbenen unmöglich, die Todesursache sicher und korrekt zu bestimmen.[1063]

Naturgemäß gilt dies überwiegend für den zuvor nicht behandelnden Arzt im Rettungseinsatz.[1064] Das für eine genaue Diagnose essentielle Wissen kann

---

1062 Diese Beispiele stellt *Birkholz*, Notfall-Medizin in der täglichen Praxis 2003, S. 211, vor.

1063 So ausdrücklich *Madea* et al., in: Madea, Rechtsmedizin, S. 41; ähnlich *Schneider*, Die Leichenschau, S. 55, nach dem allein durch die äußere Leichenschau kaum eine klare Aussage zur Todesursache möglich sei; *Schleyer*, Deutsche Zeitschrift für die gesamte gerichtliche Medizin 1968, S. 55, erachtet diesen Umstand gar als „Gemeingut des Wissens mindestens aller Pathologen und Gerichtsmediziner."

1064 Zu dieser Erkenntnis gelangt in seiner Studie auch *Schriewersmann*, Folgen der Feststellung „Todesart nicht geklärt" durch den Arzt des NAW (Notarztwagen), S. 147.

ohne eine Obduktion oft nur anhand der Ergebnisse vorheriger Untersuchungen zu Lebzeiten gewonnen werden; dies betrifft insbesondere Verstorbene mit komplexen Vorerkrankungen. Diesem Problem kann und wird inzwischen durch die Ausstellung einer lediglich vorläufigen Todesbescheinigung durch den Rettungsarzt zumeist abgeholfen. Allerdings kann nicht ausgeschlossen werden, dass unter entsprechenden Umständen dennoch Druck von Seiten der Ermittlungsbehörden ausgeübt wird, die durch die Bescheinigung eines natürlichen Todes den Vorfall direkt abschließen möchten, ohne auf eine spätere, erst dann endgültige Leichenschaudiagnose warten zu müssen.[1065]

5. Zeitliche Verzögerung

Die Zeitspanne, die vergeht, bis ein von der verpflichteten Person informierter Arzt zur Leichenschau eintrifft, wird von vielen Faktoren beeinflusst. Vorgegeben, da nicht beeinflussbar, sind Fundort und - zeit des Leichnams. Von der Reaktion der Beteiligten hängt im Folgenden die - dem Gesetz nach „unverzüglich" zu veranlassende -[1066] Benachrichtigung des zuständigen Arztes ab. Von diesem Zeitpunkt an spielen viele Faktoren auf Seiten des Mediziners eine Rolle. So kann es naturgemäß vorkommen, dass ein niedergelassener Arzt gerade einen Notfall in der eigenen Sprechstunde hat und daher nicht umgehend zur Leichenschau aufbrechen kann. Eine Vertretung zu organisieren, ist oft ebenfalls zeitaufwendig bzw. hat auf jeden Fall einen zeitlichen Aufschub zur Folge. In den von der Studie von *Gerg/Baier*[1067] erfassten Fällen gaben 86 % der befragten Ärzte an, direkt aus der Sprechstunde an den Fundort gerufen worden zu sein, und nur 10,3 % erreichte die Nachricht in ihrer Freizeit. Dies bestärkt die Annahme, für die Ärzte werde es regelmäßig notwendig, zwischen dem Praxisbetrieb und der Leichenschau abzuwägen.[1068] Ist ein Arzt im Bereitschaftsdienst für die anfallende Leichenschau zuständig, ist eine Verzögerung etwa in solchen Fällen denkbar, in denen alle im Bereitschaftsdienst befindlichen Ärzte im Einsatz sind und ebenfalls eine Vertretung organisiert werden muss bzw. im äußersten Fall die Leichenschau hinter der Versorgung Behandlungsbedürftiger zurückstehen muss. Lediglich in Krankenhäusern sind kaum Wartezeiten bekannt.[1069] Die oben genannte Studie ergab eine Wartezeit nach

---

1065 Vgl. zu solchen Konstellationen oben Teil 2, Kapitel 2, I., 7., d), S. 185–188.

1066 So beispielsweise das Bestattungsgesetz NRW in § 9 Abs. 1 S. 1.

1067 Vgl. die ausführliche Darstellung oben Teil 2; Kapitel 1, I., 5., S. 118–120. Die Studie umfasst den Raum Nordwürttemberg.

1068 Vgl. *Gerg/Baier*, Kriminalistik 2009, S. 478.

1069 Vgl. *Gerg/Baier*, Kriminalistik 2009, S. 477.

Benachrichtigung des Arztes – ausgenommen der Fälle, in denen der Arzt aufgrund verschiedener Umstände bereits vor Ort war – von durchschnittlich 38 Minuten.[1070] Zu beachten ist dabei, dass die Aussagen zu den Wartezeiten ausschließlich von Polizeibeamten stammen, und nicht etwa von Angehörigen oder anderen gegebenenfalls zur Verständigung des Arztes verpflichteten Personen. Ob, und wenn ja, wie sehr sich die Zeiten in anderen Konstellationen unterschieden hätten, darüber kann nur spekuliert werden. Einerseits ist denkbar, dass Ärzte meinen sich mehr Zeit lassen zu können, wenn die Polizei zur Sicherung des Fundortes bereits zugegen ist. Andererseits üben die Beamten teilweise zeitlichen Druck aus, sodass der Arzt, um Ärger zu vermeiden, eventuell besonders schnell vor Ort eintrifft. Überzeugender ist die Annahme, dass die Fälle in denen der Arzt von der Polizei benachrichtigt wird besonders dringlich erscheinen, da die Beamten in der Regel nur dann vor dem Mediziner zum Fundort der Leiche gerufen werden, wenn schon dem ursprünglichen Finder die Umstände ungewöhnlich erscheinen, etwa bei Auffindung außerhalb geschlossener Räume. Unter der Voraussetzung, dass dies zutrifft, wären die Durchschnittswerte der Wartezeiten für Gesamtdeutschland über den in der Studie ermittelten 38 Minuten anzusetzen.

Die grundsätzlich bei der Leichenschau bestehenden Schwierigkeiten werden noch verstärkt, wenn sich die Ankunft des Arztes am Sterbeort verzögert. Die wahrscheinlich größte Rolle spielt der zeitliche Aspekt auf Seiten der Polizei und deren gegebenenfalls unmittelbar auf die Feststellung eines nicht natürlichen Todes hin beginnenden Ermittlungen. Denn die Wahrscheinlichkeit, dass die Ermittler das mögliche Tötungsdelikt aufklären, ist umso größer, je früher ihnen der Fall bekannt wird. Maßgeblich sind dabei Beeinträchtigung der Spuren am Tatort und das Erinnerungsvermögens etwaiger Zeugen.[1071]

6. Generelle Abneigung und Unterbezahlung

Die Mehrheit der Ärzte versteht ihre Profession als Heilberuf, als eine Möglichkeit, kranken Menschen zu helfen.[1072] Naturgemäß ist dies bei einem Toten nicht mehr möglich und so stellt sich diese Tätigkeit als bloße Randaufgabe, im ungünstigsten Fall als notwendiges Übel dar;[1073] man sieht sich zuvörderst

---

1070 *Gerg/Baier*, Kriminalistik 2009, S. 477.

1071 Vgl. *Gerg/Baier*, Kriminalistik 2009, S. 476.

1072 *Rothschild*, Rechtsmedizin: Organ der Deutschen Gesellschaft für Rechtsmedizin 2009, S. 409.

1073 Ähnlich auch *Korzilius*, Deutsches Ärzteblatt 2014, S. 730; *Peschel/Fieseler/Zinka*, Der Notarzt 2009, S. 214.

den Lebenden gegenüber verpflichtet.[1074] Ein diesen Zusammenhang betreffendes, sehr menschliches Problem, das oftmals mit fehlender Praxis zusammenhängt, ist der Ekel, den einige Ärzte bei der Untersuchung eines Leichnams verspüren; plakativ sind die Fälle bereits verwesender Körper in geschlossenen Räumen, bei denen diese Gesamtkonstellation lange Zeit unangetastet blieb.[1075] Von Medizinstudenten wird immer wieder erwähnt, dass die Anatomiekurse an der Leiche sich in der Regel keiner großen Beliebtheit erfreuen. Viele angehende Mediziner sind froh, wenn sie diesen Teil ihrer Ausbildung hinter sich haben, und hoffen, damit nicht mehr konfrontiert zu werden. Natürlich sollte man sich bei der Entscheidung für einen medizinischen Beruf bewusst sein, dass die Leichenschau zu den beruflichen Pflichten gehört.[1076] Jedoch steht dies bei den meisten Fachrichtungen nicht von vornherein fest und so scheinen einige Ärzte es erfolgreich zu verdrängen, bis sie als Berufserfahrene vor der Situation stehen, eine Leiche untersuchen zu müssen, die sich in einem Zustand fortgeschrittener Verwesung befindet.[1077] Die unterschiedlich begründeten Abneigungen führen bei so manchem „unfreiwilligen" Leichenschauer zu oberflächlichen Untersuchungen, die mit mangelnder Sorgfalt einhergehen. Der häufigste Mangel besteht in dem Unterlassen, die Leiche überhaupt zu entkleiden.[1078] Ein aktuelles Beispiel trat in einem Prozess am LG Dessau zutage, wo der leichenschauende Arzt zugab, die Kleider bei der Untersuchung nicht entfernt zu haben. Er hatte in der Folge die Hinweise auf den Tod durch Erwürgen übersehen, die später bei der Feuerbestattungsleichenschau auffielen und zum Prozess führten.[1079] Das früher tatsächlich vorhandene Zeitproblem für

1074 *Schubert-Fritschle* et al., Deutsches Ärzteblatt 2002, S. A 53; ähnlich *Schmeling*, in: *Raute*, Die Problematik der ärztlichen Leichenschau – Interview mit Prof. Dr. med. Andreas Schmeling, stellvertretender Direktor des Instituts für Rechtsmedizin der Universität Münster – Mitglied im Vorstand der Deutschen Gesellschaft für Rechtsmedizin.

1075 *Rothschild*, Rechtsmedizin: Organ der Deutschen Gesellschaft für Rechtsmedizin 2009, S. 408; so auch bei *Schneider*, Die Leichenschau, S. 9.

1076 Siehe zu den gesetzlichen Grundlagen dieser Pflicht oben Teil 1, Kapitel 5, I., 2., S. 72–77.

1077 Als Problem auch genannt bei *Zimmermann*, in: Bernsmann/Fischer, Festschrift für Ruth Rissing-van Saan zum 65. Geburtstag am 25. Januar 2011, S. 813.

1078 Vgl. anstatt vieler *Zimmermann*, in: Bernsmann/Fischer, Festschrift für Ruth Rissing-van Saan zum 65. Geburtstag am 25. Januar 2011, S. 813 m.w.N.

1079 *Steinberg*, Luschige Leichenschau vertuscht Totschlag, abrufbar unter http://www.mz-web.de/koethen/prozess-am-landgericht-dessau-luschige-leichenschau-vertuscht-totschlag,20641024,30913528.html (geprüft am 28.01.2018).

Rettungsärzte im Einsatz wurde durch die vorläufige Leichenschau weitgehend entschärft. Und in der Klinik stellt diese Tätigkeit eine von vielen im Dienstplan der dort beschäftigten Ärzte dar, bei der allerdings nicht mehr Zeitdruck herrscht als bei anderen auch. Sollte dieser Faktor im Rahmen eines Fehlers bei der Leichenschau dort doch einmal eine Rolle spielen, so liegt es nahe, die Ursache in den heute sehr langen und intensiven Diensten an den Krankenhäusern zu vermuten. Ein übermüdeter Arzt, der eventuell am Tag schon mehr als eine OP hinter sich hat und noch eine komplexe Untersuchung bei einem Patienten vornehmen muss, wird naturgemäß auf die Untersuchung bei einem bereits verstorbenen Patienten nicht mehr so viel Energie und Aufmerksamkeit aufwenden. Für Klinikärzte, die sich zuvor intensiv für das Leben ihres Patienten eingesetzt haben, ist es nicht einfach einen dennoch nicht zu verhindernden Exitus nicht als eigenes Versagen zu betrachten. Entsprechend unangenehm ist es dann für manche Mediziner, sich der Todesbescheinigung im Detail zu widmen.[1080] Der Umstand, dass für die Leichenschau oft zu wenig Zeit aufgewendet wird, wirkt sich auch auf die Qualität der Todesbescheinigungen aus. Die vermutlich häufigste Auswirkung ist die Verwendung der Informationen von Angehörigen, ohne diese zuvor zu überprüfen.[1081] Angesichts dieser aus ihrer Sicht wenig erbaulichen Aufgabe irritiert es viele Ärzte, dass es nur bei einem kleinen Teil der von ihnen angemahnten Fälle zu einer Obduktion kommt. Dies kann zu Zweifeln an der Sinnhaftigkeit der Tätigkeit führen und vergrößert sicherlich nicht die Motivation, eine sorgfältige Leichenschau auch gegen Widerstände durchzusetzen.[1082]

Immer wieder wird auch die vergleichsweise niedrige Vergütung[1083] für die ärztliche Leichenschau bemängelt.[1084] Stellvertretend sei die Schilderung von *Wild* bezüglich der aus ärztlicher Sicht außerhalb von Kliniken

---

1080 *Rothschild*, Rechtsmedizin: Organ der Deutschen Gesellschaft für Rechtsmedizin 2009, S. 408.

1081 Diese Problematik spricht auch *Klingshirn*, Der Notarzt 2006, S. 61, an.

1082 So die Beobachtungen von *Rothschild*, Rechtsmedizin: Organ der Deutschen Gesellschaft für Rechtsmedizin 2009, S. 408; *Peschel/Fieseler/Zinka*, Der Notarzt 2009, S. 214.

1083 Siehe zur Abrechnung oben Teil 1, Kapitel 5, I., 5., S. 89 f.

1084 Siehe etwa *Walbert*, MMW Fortschritte der Medizin 2012, S. 14; *Pasch*, MMW Fortschritte der Medizin 2011, S. 17; *Peschel/Fieseler/Zinka*, Der Notarzt 2009, S. 214; *Rothschild*, Rechtsmedizin: Organ der Deutschen Gesellschaft für Rechtsmedizin 2009, S. 408; *Wild*, MMW Fortschritte der Medizin 2007, S. 8; *Hefer/Wenning*, Rheinisches Ärzteblatt 2006, S. 15 f.

abrechnungsrelevanten Punkte wiedergegeben: „Besuch – Erschwernis durch Eilgebot –, Fremdanamnese, mindestens Ganzkörperstatus, Wohnumfeldbesichtigung, Ausfüllen einer komplizierten Bescheinigung (durchaus ein Gutachten), ggf. Einbeziehung der Polizei, Betreuung der Angehörigen."[1085] Da die Leichenschau jedoch als ein zusammenhängender Vorgang abzurechen ist, bei dessen Vergütung weder die Uhrzeit noch die jeweilige Dauer eine Rolle spielen, liegt es für den Ausführenden – aus rein monetärer Sicht – nahe, den zeitlichen Aufwand so gering wie möglich zu halten. Das gilt im Falle externer Untersuchungen wohl insbesondere vor dem Hintergrund, dass sie zu jeder Tages- und Nachtzeit stattfinden kann und dabei kein ärztliches Personal zur Verfügung steht.[1086] *Schmeling* vergleicht diese ärztliche Tätigkeit hinsichtlich der Vergütung mit einem Schlüsseldienst, gerade nachts und am Wochenende.[1087] Der leichenschauende Arzt sei höher qualifiziert und habe in der Regel einen höheren Aufwand. Hinzu kommt das geringe fachliche Interesse des wohl überwiegenden Teils der verpflichteten Mediziner. Unterschieden werden muss allerdings auch hier zwischen den unterschiedlichen beruflichen Hintergründen der leichenschauenden Ärzte.[1088] Für den in einer Klinik angestellten Arzt ist die Leichenschau nur eine Tätigkeit unter vielen auf dem aktuellen Dienstplan, wenn auch in der Regel keine besonders beliebte. Jedoch stellt die Leichenschau angesichts der mit der Ausstellung der Todesbescheinigung verbundenen vielfältigen rechtlichen Konsequenzen keine nebensächliche Tätigkeit dar, sondern ist eine der verantwortungsvollsten ärztlichen Diagnosen überhaupt.[1089] Obiges vor Augen, erscheint die Frage eines betroffenen Arztes nicht unberechtigt, was „von einer Gesellschaft zu halten [sei], die einerseits die Verbesserung der Leichenschau fordert, auf der anderen Seite aber diejenigen, die diese Leistung erbringen sollen, nicht adäquat bezahlen will".[1090]

1085 *Wild*, MMW Fortschritte der Medizin 2007, S. 8.

1086 Auf diese Umstände verweist *Pasch*, MMW Fortschritte der Medizin 2011, S. 17.

1087 *Schmeling*, in: *Raute*, Die Problematik der ärztlichen Leichenschau – Interview mit Prof. Dr. med. Andreas Schmeling, stellvertretender Direktor des Instituts für Rechtsmedizin der Universität Münster – Mitglied im Vorstand der Deutschen Gesellschaft für Rechtsmedizin.

1088 Siehe dazu auch oben Teil 1, Kapitel 5, I., 2., S. 72–75.

1089 *Rothschild*, Rechtsmedizin: Organ der Deutschen Gesellschaft für Rechtsmedizin 2009, S. 408; *Püschel*, Rechtsmedizin: Organ der Deutschen Gesellschaft für Rechtsmedizin 2009, S. 390.

1090 *Pasch*, MMW Fortschritte der Medizin 2011, S. 17.

Zum Teil wird, auch von Autoren mit medizinischem Hintergrund, mangelnde Sorgfalt bei der Ausführung als Ursache für die schlechte Qualität der ärztlichen Leichenschau genannt.[1091] Dies kann sich auf alle Aspekte des Vorgangs beziehen und ganz unterschiedliche Konsequenzen haben, etwa für die Todesursachenstatistik oder das weitere Vorgehen im konkreten Todesfall. Mangelnde Sorgfalt kann an jedem Punkt des gesamten Komplexes ärztliche Leichenschau vorkommen und zu Fehlern führen. Beispielhaft seien hier genannt: wenn der Arzt die Leiche nicht oder nur unzureichend entkleidet, diese nicht umdreht, nicht alle Körperöffnungen untersucht, die Umgebung des Tatortes außer Acht lässt oder Personen nicht befragt, die offensichtlich Informationen zum Hergang des Todes mitteilen könnten.

7. Leichenschauärztliche Dilemma-Fälle

a) Fall des ärztlichen Behandlungsfehlers[1092] als Todesursache

Auch an dieser Stelle entstehen Probleme durch die derzeitige Regelung, dass jeder approbierte Arzt, und damit jeder Kollege eines den Verstorbenen behandelnden Arztes, zudem grundsätzlich sogar dieser selbst, für die Durchführung der Leichenschau vorgesehen ist. Eine Rolle spielt dieses Thema insbesondere im stationären Bereich, da nach Angaben des ehemaligen Präsidenten der Deutschen Chirurgischen Gesellschaft, *Matthias Rothmund*, das Risiko, in der Klinik an einem Kunst- oder Behandlungsfehler zu sterben, zu den zehn häufigsten Todesursachen in Deutschland zählt.[1093] Anders betrachtet sterben somit fünf Mal mehr Menschen durch Behandlungsfehler in Kliniken als durch Verkehrsunfälle.[1094] Sowohl für den verantwortlichen Arzt, zumal wenn er selbst Leichenschauer ist, als in anderen Fällen auch für den leichenschauenden

---

1091 Vgl. etwa *Klingshirn*, Der Notarzt 2006, S. 61; *Pollak*, in: Schlüchter, Kriminalistik und Strafrecht, S. 463; *Brinkmann/Du Chesne*, Medizinische Welt 1993, S. 697.

1092 Zur Bedeutung, Kategorisierung und Problematik dieses Begriffs ausführlich *Ulsenheimer/Gaede*, Arztstrafrecht in der Praxis, S. 87–103.

1093 So erwähnt durch *Birkholz*, Kriminalistik 2006, S. 224, mit Verweis auf den Weserkurier vom 05.04.2005.

1094 *Müller/Wiedmann-Schmidt*, Die ZEIT vom 17.07.2014, S. 29. Diese Zahlen klingen zunächst dramatisch. Man sollte sich allerdings vor Augen führen, dass man sich in den wenigsten Fällen in kerngesundem Zustand einer stationären Behandlung unterzieht. In vielen dieser Fälle wird es sehr fraglich sein, ob der Patient auf längere Sicht ohne Eingriff überleben würde. Die Risikolage *vor* dem Ereignis ist demnach bei einem Verkehrsunfall wohl noch einmal anders gelagert als bei einem stationären Eingriff.

Kollegen ist dies ein unangenehmes Thema. Denn bis heute ist es in einigen Bundesländern erlaubt, dass der Arzt, der zuvor für den Patienten verantwortlich war, die Leichenschau selbst vornimmt.[1095] Bezogen auf die ärztliche äußere Leichenschau ist eine solche Situation somit gesetzlich nicht von vornherein ausgeschlossen; anderes gilt für die gerichtliche Leichenöffnung, für die § 87 Abs. 2 S. 3 StPO festlegt, dass der Arzt, welcher den Verstorbenen unmittelbar vor dessen Tod behandelt hat, die Untersuchung nicht vornehmen darf. Zu unterscheiden ist bei der ärztlichen Leichenschau in diesem Zusammenhang zwischen dem zuvor lediglich ambulant behandelnden Arzt und dem, der einen Eingriff oder eine andere Maßnahme vornahm, bei der bekanntermaßen Kunstfehler oder ähnliche, schwerwiegende Versäumnisse vorkommen können. Im ambulanten Bereich beispielsweise scheint der hausärztlich tätige Mediziner für die Leichenschau – bezogen auf die Problematik der Vorbehandlung –[1096] grundsätzlich sogar als besonders geeignet. Denn, so argumentiert überzeugend *Zimmermann*, im ambulanten Bereich sei der Teil der Fälle, bei denen die ärztliche Behandlung todesursächlich war, im Vergleich zur Gesamtzahl der jährlichen Todesfälle sehr gering, das Wissen um die Krankenvorgeschichte des Verstorbenen bei der Leichenschau hingegen von enormer Bedeutung.[1097] Zudem sei der Ausschluss sämtlicher ambulant vorbehandelnder Ärzte von der Leichenschau strukturell kaum möglich.[1098] Prinzipiell gibt es drei Gründe, die für spezielle Regelungen bei der Verpflichtung zur Leichenschau im Falle eines ärztlichen Behandlungsfehlers sprechen: Zum einen

1095 Siehe *Ulsenheimer/Bock*, Anästhesiologie & Intensivmedizin – Offizielles Organ der Deutschen Gesellschaft für Anästhesiologie und Intensivmedizin e.V. 2013, S. 594, wo sich dies aus dem Ratschlag ergibt, nach einem Zwischenfall möglichst immer dafür zu sorgen, dass die Todesbescheinigung von einem nicht involvierten Arzt ausgefüllt wird; *Zimmermann*, in: Bernsmann/Fischer, Festschrift für Ruth Rissing-van Saan zum 65. Geburtstag am 25. Januar 2011, S. 817, im Umkehrschluss aus der Forderung, dass die Leichenschau bei Sterbefällen im Krankenhaus von einem Externen vorgenommen werden sollte; ausdrücklich schließlich *Dettmeyer/Madea*, Kritische Vierteljahresschrift für Gesetzgebung und Rechtswissenschaft 2004, S. 370.

1096 Das heißt unabhängig betrachtet, von seinen sonstigen die Leichenschau betreffenden Qualifikationen.

1097 *Zimmermann*, in: Bernsmann/Fischer, Festschrift für Ruth Rissing-van Saan zum 65. Geburtstag am 25. Januar 2011, S. 817.

1098 Zu diesem Ergebnis kommt nach ausführlicher interner Diskussion auch die *Arbeitsgemeinschaft der obersten Landesgesundheitsbehörden*, Verbesserung der Qualität der äußeren Leichenschau, S. 5.

die unter Umständen drohende Selbstbelastung, wenn die Verpflichtung zum vollständigen Ausfüllen der Todesbescheinigung dazu führt, dass der Arzt die Behörden über Tatsachen informieren müsste, die ihn selbst belasten.[1099] Damit verbunden zum anderen das Missbrauchsrisiko, wenn absichtlich falsche Angaben zu Todesart und -ursache gemacht werden; dies kann generell wohl nicht ganz ausgeschlossen werden.[1100] Und schließlich das – sicherlich oft auch durch den vorgenannten Grund entstehende – ungute Gefühl der Angehörigen, sofern sie von solchen Umständen Kenntnis erlangen. Auch die steigende Zahl der Klagen gegen vormals behandelnde Ärzte in Deutschland zeigt,[1101] dass sich die Menschen durchaus um den einzelnen verantwortlichen Arzt Gedanken machen und das Geschehen im Krankheits- und Behandlungsfall nicht lediglich einer höheren Macht zuschreiben. Darüber hinaus halten die Ermittlungsbehörden das Dunkelfeld in diesem Bereich für vergleichsweise groß.[1102]

Ausdrückliche gesetzliche Regelungen, die es dem Arzt ermöglichen, sich nicht selbst in die Gefahr rechtlicher Konsequenzen bringen zu müssen, gibt es heute in den meisten Bundesländern.[1103] Das Recht, die Leichenschau zu verweigern, gilt – wie etwa in Bayern – zumeist dann, „wenn sie ihn oder einen Angehörigen, zu dessen Gunsten ihm in Strafverfahren wegen familienrechtlicher Beziehung das Zeugnisverweigerungsrecht zusteht, der Gefahr aussetzen würde, wegen einer Straftat oder einer Ordnungswidrigkeit verfolgt zu werden."[1104] Etwas eingeschränkter ist das Verweigerungsrecht beispielsweise in Niedersachen, wo der betroffene Arzt auch in einem entsprechenden Fall zumindest die Todesfeststellung vornehmen muss.[1105] Für Nordrhein-Westfalen, Schleswig-Holstein und Rheinland-Pfalz allerdings ergibt sich im

---

1099 Vgl. *Eichelbrönner*, Die Grenzen der Schweigepflicht des Arztes und seiner berufsmäßig tätigen Gehilfen nach § 203 StGB im Hinblick auf Verhütung und Aufklärung von Straftaten, S. 122.

1100 So auch *Dettmeyer/Verhoff*, Rechtsmedizin, S. 30 und *Dettmeyer/Madea*, Kritische Vierteljahresschrift für Gesetzgebung und Rechtswissenschaft 2004, S. 370; ebenso *Groß*, Die Entwicklung der inneren und äußeren Leichenschau in historischer und ethischer Sicht, S. 70 m.w.N.

1101 Siehe etwa *Kunze/Mönkenbüscher*, Deutsches Ärzteblatt PP 2005, S. 411.

1102 So etwa *Westphal*, in: Brinkmann, Leichenschau, S. 130.

1103 Mit Ausnahme von Nordrhein-Westfalen, Schleswig-Holstein und Rheinland-Pfalz; außerdem Hessen, Baden-Württemberg und Sachsen-Anhalt, wo der vorbehandelnde Arzt dann allerdings von vornherein ausgeschlossen wird; vgl. unten Teil 2, Kapitel 2, I., 7., S. 170.

1104 Art. 3 Abs. 3 BestG Bayern.

1105 § 3 Abs. 3 S. 2 BestattG Niedersachsen.

Umkehrschluss, dass – mangels jedweder gesetzlichen Vorgaben zu diesem speziellen Punkt – zumindest theoretisch in jedem Fall auch der möglicherweise für den Tod verantwortliche Arzt die Leichenschau vornehmen kann, respektive muss, was für Ärzte wie Angehörige das Potential für unangenehme Situationen birgt. In der Fachliteratur wird daher propagiert, dass jeder Arzt die Leichenschau dann ablehnen können sollte, wenn ihm ein Zeugnisverweigerungsrecht[1106] bzw. das Recht, nicht zur Sache auszusagen, zusteht.[1107] Und der heute wohl herrschenden Literaturmeinung nach können daher alle Ärzte, die sich durch entsprechende Angaben in der Todesbescheinigung selbst belasten würden, die Leichenschau auch in den Bundesländern verweigern, in denen das Gesetz es nicht ausdrücklich vorsieht.[1108] Die Überlegungen gehen auch dahin, dieses Verweigerungsrecht auf alle Ärzte auszudehnen, bei deren Behandlung der Patient verstorben ist; denn selbst wenn der Eingriff lege artis erfolgte und keine strafrechtliche Verfolgung zu befürchten ist, sei der zuvor handelnde Mediziner nicht mehr für eine neutrale und fachlich-distanzierte Leichenschau geeignet, noch könne ihm eine solche zugemutet werden.[1109] Ersichtlich wird dies auch daran, dass es nach Aussage eines an einem großen Klinikum in Nordrhein-Westfalen tätigen Arztes usus sei, nach einem fatal verlaufenden Eingriff einen nicht beteiligten Kollegen zur Leichenschau zu bitten.[1110] Der Leichenschauer ist nicht verpflichtet, den Angehörigen einen Verdacht auf

---

1106 Siehe zum Zeugnisverweigerungsrecht die Erläuterungen unten, Teil 2, Kapitel 2, I., 7., b), S. 177–180.

1107 So *Eichelbrönner*, Die Grenzen der Schweigepflicht des Arztes und seiner berufsmäßig tätigen Gehilfen nach § 203 StGB im Hinblick auf Verhütung und Aufklärung von Straftaten, S. 122 f. mit vielen weiteren Nachweisen; ebenso *Heberer*, in: ders., Arzt und Recht, S. 422, aus dessen Ausführungen allerdings nicht klar hervorgeht, ob er sich ausschließlich auf die Bayerischen Regelungen bezieht; ein Hinweis mag sein, dass er auf der vorhergehenden Seite (421) folgendermaßen verweist: „Für das Folgende insbesondere: Hof, Die neue ärztliche Leichenschau in Bayern", Teil I und Teil II, Bay Ärzteblatt 2001, S. 273 ff. und S. 1 ff."

1108 *Ulsenheimer*, in: Laufs/Kern/Rehborn, Handbuch des Arztrechts, § 134, Rn. 41 m.w.N.

1109 Vgl. *Eichelbrönner*, Die Grenzen der Schweigepflicht des Arztes und seiner berufsmäßig tätigen Gehilfen nach § 203 StGB im Hinblick auf Verhütung und Aufklärung von Straftaten, S. 123 m.w.N.; dieser merkt auch an, dass das Recht auch nachträglich gelten sollte, falls die Leichenschau schon begonnen wurde.

1110 *Windhorst*, in: *Raute*, Leichenschau durch den zuvor behandelnden Arzt im Klinikum – Interview mit Dr. Theodor Windhorst, Präsident der Ärztekammer Westfalen-Lippe.

Fremdverschulden mitzuteilen, sei es eigenes – dann greift der Nemo-tenetur-Grundsatz –,[1111] oder das eines anderen Arztes.[1112] Gegenüber den Behörden bleibt die Pflicht zur Meldung von Hinweisen auf einen nicht natürlichen Tod jedoch bestehen. Folglich hat ein Arzt der einen Konflikt fürchtet – zwischen der gesetzlichen Meldepflicht und dem Recht, sich selbst nicht belasten zu müssen – zwei Möglichkeiten: Entweder er verweigert die Leichenschau von vornherein, wenn er das Gefühl hat, ein Behandlungsfehler seinerseits könnte todesursächlich sein. Oder er nimmt die Leichenschau vor und muss bei tatsächlichem Verdacht auf Fremdverschulden (d.h. seinem eigenen) die Behörde informieren, wobei er jedoch lediglich anzugeben hat, „dass Anhaltspunkte für ein todesursächliches Verhalten eines Dritten (Arztes) vorliegen";[1113] dabei muss er auf seine mögliche eigene Schuld nicht direkt hinweisen.

Einen Schritt weiter gehen die gesetzlichen Bestimmungen, die nicht dem Arzt die Möglichkeit zur Verweigerung geben, sondern ihn ganz von der Leichenschau ausschließen. In Sachsen-Anhalt wird durch § 3 Abs. 3 BestattG LSA bestimmt, dass Ärzte, denen bezogen auf die Verursachung eines Todes eines Menschen ein Aussage- und Zeugnisverweigerungsrecht zusteht, überhaupt keine Leichenschau vornehmen dürfen. Zweck dieser Vorgaben ist es, einem möglichen Interessenkonflikt des Arztes vorzubeugen, etwa in dem Fall eines fatalen Behandlungsfehlers, der mit einem gewissen zeitlichen Abstand zum Tode führt,[1114] durch den später zur Leichenschau herangezogenen Arzt selbst. Dabei soll nicht verhindert werden, dass dieser Fehler bekannt wird, vielmehr wird die neutrale Beurteilung durch einen unbeteiligten Mediziner angestrebt. Das prägnanteste Beispiel ist jedoch die mors in tabula, bei der die Objektivität des verantwortlichen Arztes naturgemäß gefährdet ist. Rechnung getragen wurde dem speziell bisher nur in Hessen und Baden-Württemberg, indem die den Eingriff vornehmenden Mediziner von der Leichenschau ganz ausgeschlossen (§ 10 Abs. 2 S. 2 FBG Hessen) oder auf die Todesfeststellung beschränkt werden, falls der Patient verstirbt. So heißt es in § 20 Abs. 3 BestattG Baden-Württemberg: „Sind Anhaltspunkte dafür vorhanden, dass der Tod in

---

1111 Nemo tenetur se ipsum causare: Grundsatz der Freiheit, sich nicht selbst belasten zu müssen; dazu aktuell *Kölbel*, Selbstbelastungsfreiheiten.

1112 *Bahner*, Recht im Bereitschaftsdienst, S. 200 m.w.N.; *Ulsenheimer*, in: Laufs/Kern/Rehborn, Handbuch des Arztrechts, § 134, Rn. 41 f.

1113 *Ulsenheimer*, in: Laufs/Kern/Rehborn, Handbuch des Arztrechts, § 134, Rn. 41; der diese Konstellation – in ähnlicher Form – ebenfalls so darstellt.

1114 Zur Bedeutung, Kategorisierung und Problematik dieses Begriffs ausführlich *Ulsenheimer/Gaede*, Arztstrafrecht in der Praxis, S. 87–103.

ursächlichem Zusammenhang mit einer Narkose, mit operativen oder anderen therapeutischen oder sonstigen medizinischen Maßnahmen einschließlich Schutzimpfung eingetreten ist, dürfen die die medizinische Maßnahme veranlassenden Ärzte die Leichenschau nicht durchführen. Diese haben sich auf die Feststellung des Todes zu beschränken. Die darüber hinaus gehende Leichenschau ist von einem an der Behandlung nicht beteiligten Arzt durchzuführen."[1115] Eine Sonderstellung hat Sachsen, wo allein der zur Veranlassung der Leichenschau Verpflichtete über eine mögliche Ablehnung des vormals behandelnden Arztes entscheidet.[1116] Zwar nimmt auch § 12 Abs. 2 S. 3 SächsBestG auf den vor dem Tode behandelnden Arzt Bezug, jedoch eröffnet er lediglich einem Angehörigen gem. § 10 Abs. 1 SächsBestG die Möglichkeit den Arzt, der den Verstorbenen wegen der unmittelbar vorausgegangenen Krankheit behandelt hat, abzulehnen; der Arzt selbst kann nicht verweigern. Die Vielfalt der landesgesetzgeberischen Ideen führte schließlich auch noch zu der Variante in Thüringen, bei der sowohl der Arzt es ablehnen kann, „über die Feststellung des Todes hinaus die Leichenschau fortzusetzen, wenn er durch die weiteren Feststellungen sich selbst oder einen seiner in § 52 Abs. 1 der Strafprozessordnung (StPO) bezeichneten Angehörigen der Gefahr einer strafrechtlichen Verfolgung oder eines Verfahrens nach dem Gesetz über Ordnungswidrigkeiten aussetzen würde",[1117] als auch die Angehörigen „den Arzt, der den Verstorbenen wegen der dem Tode unmittelbar vorausgegangenen Krankheit behandelt hat, als Leichenschauarzt abzulehnen."[1118]

Doch auch wenn man in solchen Fällen einen nicht involvierten Kollegen hinzuzieht, bleibt die Situation schwierig. Zwar muss der Arzt einen Verdacht auf fremdes Fehlverhalten den Angehörigen des Verstorbenen nicht mitteilen; denn der Informationsbedarf des Patienten spielt an dieser Stelle keine Rolle und bezüglich des Vermögens der Angehörigen, die eventuell Ansprüche gegen den Schädiger haben, besteht für den Arzt keine Vermögensbetreuungspflicht.[1119] Der Polizei oder Staatsanwaltschaft gegenüber ist er jedoch aufgrund der entsprechenden landesgesetzlichen Regelung zur Mitteilung verpflichtet. Im Zuge der folgenden Ermittlungen wird der betroffene Arzt natürlich erfahren, dass sein leichenschauender Kollege – wenn auch gesetzlich verpflichtet – einen

1115 Ausführlicher dazu *Bahner*, Recht im Bereitschaftsdienst, S. 200 f.

1116 § 10 Abs. 1 SächsBestG.

1117 § 5 Abs. 4 S. 1 BestG Thüringen.

1118 § 5 Abs. 2 S. 1 BestG Thüringen.

1119 So die Argumentation bei *Ulsenheimer*, in: Laufs/Kern/Rehborn, Handbuch des Arztrechts, § 134, Rn. 42.

Verdacht gegen ihn geäußert hat. Wie in den meisten Professionen ist auch unter Medizinern ein gewisser Zusammenhalt üblich. Mit Blick auf die eigenen Berufskollegen wird man nachvollziehen können, dass folgendes Szenario in aller Regel sehr unangenehm ist: Als offiziell neutraler und nicht involvierter Dritter müsste man einen Kollegen – der im Klinikum unter Umständen auf derselben Station tätig ist – aufgrund eines möglichen beruflichen Fehlers seinerseits mit einem Todesfall in Verbindung bringen; meist nur wegen weniger Hinweise und ohne genau zu wissen, ob tatsächlich ein Zusammenhang besteht.[1120] In dieser Situation befindet sich der Leichenschauer, der Anzeichen für einen ärztlichen Behandlungsfehler feststellt, oder diese nicht ausschließen kann.[1121] Aus diesem Grund fordert die Deutsche Gesellschaft für Rechtsmedizin eine vierte Option bei der Todesart auf dem Formular der Todesbescheinigung: „Unerwarteter Tod im Rahmen medizinischer Maßnahmen."[1122] Wie im Teil zu den Schwierigkeiten der ärztlichen Leichenschau in der Praxis oben erörtert,[1123] stellen sich für den leichenschauenden Arzt in diesem Fall zwei Probleme. Zum einen ist die Differenzierung zwischen natürlichem und nicht natürlichem Tod besonders schwierig, zum anderen belastet er mit seiner Diagnose einen Kollegen. Hinsichtlich der unter Umständen schwierigen Diagnose hat der leichenschauende Arzt in solchen Fällen zwar in der Regel die umfassenden Informationsmöglichkeiten einer Leichenschau im Krankenhaus. Allerdings wird es sicherlich meist als unangenehm empfunden, dass die Suche nach Hinweisen Fehler eines Kollegen oder des Pflegepersonals betrifft. Denkbar ist naturgemäß auch mangelnde Kooperationsbereitschaft der an der vorhergehenden Behandlung des Verstorbenen Beteiligten, mindestens wenn der Verdacht aufkommt, ihr leichenschauender Kollege suche möglicherweise nach belastenden Hinweisen. Selbstverständlich sollte man davon ausgehen und es ließe sich entsprechend argumentieren, dass der gutwillige und lediglich gewissenhafte Kollege nach entlastendem Material sucht. Jedoch wird sich dies

---

1120 Tatsächlich sind solche Situationen unter Ärzten sehr unbeliebt, so *Schmeling*, in: *Raute*, Die Problematik der ärztlichen Leichenschau – Interview mit Prof. Dr. med. Andreas Schmeling, stellvertretender Direktor des Instituts für Rechtsmedizin der Universität Münster – Mitglied im Vorstand der Deutschen Gesellschaft für Rechtsmedizin. Dazu auch *Püschel/Kappus/Janssen*, Arzt und Krankenhaus 1987, S. 104.

1121 Ähnlich *Spann*, Der Pathologe 1982, S. 244.

1122 *Bundesärztekammer* (Hrsg.), Entwurf einer Gesetzgebung zur ärztlichen Leichenschau- und Todesbescheinigung, S. 3, § 7 Abs. 2 und 5.

1123 Siehe Teil 2, Kapitel 1, II., 2., b), S. 156–160.

für die Betroffenen in den seltensten Fällen so anfühlen. Seien es Situationen, in denen man als Berufskollege ohne speziellen staatlichen Auftrag oder besondere Befugnisse nach möglichen tödlichen Fehlern des vormals behandelnden Arztes zu suchen angehalten ist, oder Umstände bei denen der Kollege in der Klinik den Verdacht auf einen fatalen Fehler des Operateurs bestätigen soll. Gemeinsam ist diesen schwierigen und für die Beteiligten äußerst unangenehmen Situationen, dass sie auch in personell gesehen umgekehrter Konstellation auftreten können.

Im Grunde entscheidet der Zufall über die Rollenverteilung und dem jeweils leichenschauenden Arzt wird es dadurch zusätzlich schwer gemacht, seine Funktion als Kontrollorgan auszufüllen. Er befindet sich mit demjenigen, dessen Handeln er faktisch überprüfen soll, fachlich wahrscheinlich meist auf Augenhöhe und kennt ihn unter Umständen aus dem beruflichen Alltag, sodass nach dem Vorfall ein normales gemeinsames Arbeiten vorgesehen ist. Dies macht es auch in psychischer Hinsicht schwer, die Aufgabe objektiv und ohne Druck zu erfüllen. In gewisser Weise gleicht sie der eines Gutachters, allerdings mit dem bedeutenden Unterschied, dass der medizinische Gutachter in aller Regel zwar die Profession mit demjenigen teilt, dessen Handeln er beurteilen soll, sonst jedoch nichts mit diesem zu tun hat und auch in Zukunft nicht haben wird. Die gutachterliche Tätigkeit ist allgemeinen anerkannt und von vornherein als solche vorgesehen. Dem leichenschauenden Arzt kommt sie nicht als Hauptaufgabe, sondern lediglich der Umstände halber zu. Somit sind in derartigen Situationen keinem der Beteiligten die Neutralität und Independenz der Funktion des Leichenschauers klar vor Augen.

Auch in fachlicher Hinsicht ist der Tod durch einen medizinischen Behandlungsfehler für den leichenschauenden Arzt besonders problematisch. Die Komplikationen ergeben sich neben dessen Erkennen hauptsächlich aus den Folgen der Feststellung eines solchen Fehlers. Es stellt den leichenschauenden Arzt vor ein erhebliches Problem, wenn bei der Leichenschau nach einem exitus in tabula der Verdacht aufkommt, es könnte ein Behandlungsfehler ursächlich sein. Anschaulich wird dies an einem von *Dettmeyer/Verhoff* genannten Beispiel:[1124] Bei einem 56-jährigen Mann mit auffälligem Belastungs-EKG wird eine diagnostische Koronarangiographie durchgeführt. Zwei Stunden nach dem Eingriff erleidet der Patient einen Kreislaufkollaps mit Asystolie und kann nicht mehr reanimiert werden. Der Mann war bei bestem Wohlbefinden zu Fuß zur Untersuchung erschienen. Schon wegen der zeitlichen Nähe des

1124 *Dettmeyer/Verhoff*, Rechtsmedizin, S. 30.

Todeseintritts zum ärztlichen Eingriff wurde von den Angehörigen der Verdacht geäußert, es sei zu einem tödlichen Behandlungsfehler gekommen. Bei der Obduktion zeigte sich eine Blutung in den Herzbeutel nach einem rupturierten Herzkranzgefäß, eine sehr seltene, aber eingriffstypische [aufklärungspflichtige] Komplikation der Koronarangiographie. Es ist umstritten, ob – so wird zum Teil gefordert – bereits dann ein nicht natürlicher Tod angenommen werden muss, wenn der Eingriff für den Tod ursächlich war, sich darin jedoch lediglich ein bei dieser Form der Behandlung unvermeidbares Risiko verwirklicht hat.[1125] Andere Meinungen gehen davon aus, dass nicht jede fatal verlaufende Operation automatisch der Polizei angezeigt werden muss. Vielmehr komme es darauf an, ob ein kausaler Behandlungsfehler vorliegt bzw. zumindest gewisse Anhaltspunkte für die Nichteinhaltung anerkannter Regeln ärztlicher Sorgfalt ersichtlich sind;[1126] entsprechend wäre der Tod auch nur dann im Sinne des § 159 StPO zu qualifizieren, „wenn wenigstens entfernte konkrete Anhaltspunkte für einen Kunstfehler oder für sonstiges Verschulden des behandelnden Personals vorliegen."[1127]

Bahner stellt dazu exemplarisch zwei Szenarien dar: Demnach liegt in solchen Fällen ein natürlicher Tod vor, wenn sich durch den Sterbefall lediglich das Risiko der Grunderkrankung oder der Operation selbst verwirklicht, ohne dass bereits diese durch ein rechtlich relevantes äußeres Ereignis ausgelöst wurde,[1128] und darüber hinaus keine Anzeichen für Fehler der Ärzte oder des Pflegepersonals erkennbar sind. Jenseits dieser unscharfen Grenze befände man sich, wenn sich der Todesfall nicht aus dem Grundleiden oder eingriffsimmanenten Komplikationen herleiten lässt oder sich sogar Anzeichen für fehlerhaftes Handeln der Beteiligten zeigen.[1129] Dies böte dem leichenschauenden Arzt gewisse Abgrenzungskriterien in Bezug auf die Todesart. In der Folge fiele es ihm womöglich leichter, eine neutrale Position einzunehmen; er könnte auf

---

1125 *Dettmeyer/Verhoff*, Rechtsmedizin, S. 30.

1126 So die Darstellung bei *Dettmeyer/Verhoff*, Rechtsmedizin, S. 30, die sich jedoch nicht auf eine Meinung festlegen.

1127 *Meyer-Goßner/Schmitt*, Strafprozessordnung, § 159, Rn. 2 m.w.N.; anders *Geerds*, MedR – Medizinrecht 1984, S. 173 m.w.N., der in diesem Zusammenhang immer schon dann von einem nicht natürlichen Tod ausgeht, wenn keine sicheren Anzeichen für einen natürlichen Tod feststellbar sind.

1128 In letzterem Fall kommt es natürlich auf eine ordnungsgemäße Aufklärung und die diesbezügliche Einwilligung des Patienten an.

1129 Die Darstellung dieser oben wiedergegebenen problematischen Abwägungskriterien findet sich bei *Bahner*, Recht im Bereitschaftsdienst, S. 208.

die Kriterien verweisen, falls er einen nicht natürlichen Tod annimmt, und dies vor sich selbst und dem betroffenen Kollegen besser vertreten. Gegen die Verwendung dieser Kriterien spricht zum einen, dass ein gewisser Generalverdacht gegen die für die Behandlung des Verstorbenen verantwortlichen Personen entstünde, was auch für den leichenschauenden Kollegen unangenehm wäre. Zum anderen liefe es der mit der ärztlichen Pflicht zur vorherigen umfassenden Aufklärung über die Risiken verfolgten Absicht zuwider. Es wäre inkonsequent, im Vorfeld die Haftung für möglicherweise unvermeidbare Unglücksfälle im Rahmen des jeweiligen Eingriffs ausschließen zu wollen, im Falle des tatsächlichen Eintritts aber grundsätzlich von der Verantwortlichkeit des Arztes auszugehen.[1130] Darüber hinaus sind aus medizinischer Sicht durchaus Fälle eines natürlichen Todes denkbar, in denen sich kein Risiko, weder des Grundleidens noch des Eingriffs, verwirklicht und dennoch eine – völlig unabhängige – und vielleicht bisher unentdeckte Krankheit todesursächlich ist. Beließe man es bei der derzeitigen Situation, bliebe die endgültige Abwägung dem leichenschauenden Arzt überlassen, was dessen wohl ohnehin vorliegende Bedenken bei der Verdächtigung eines Kollegen noch verstärken dürfte. Dieser hat bei der Leichenschau jedoch weder die medizinischen Möglichkeiten eine in dieser Hinsicht detailliertere Untersuchung vorzunehmen noch verfügt er über die juristischen Kenntnisse.[1131] Insgesamt ist es daher überzeugender, davon auszugehen, dass der leichenschauende Arzt eine solche Entscheidung nicht treffen kann. Für solche Fälle gibt es in einigen Bundesländern bereits die Regelung, die Todesart als ungeklärt offen zu lassen; dabei erscheint es zudem sinnvoll, die unklare Diagnose den Behörden zu melden. Es kann dann eine Untersuchung des Falls durch neutrale Personen erfolgen und gegebenenfalls eine Obduktion veranlasst werden. Würde dieses Vorgehen zur Routine, könnte verhindert werden, dass auf den behandelnden Arzt, dessen Vorgehen möglicherweise vollkommen korrekt war, oder die Einrichtung ein schlechtes Licht geworfen wird.

Es ist nicht auszuschließen, dass solche für den leichenschauenden Arzt und Kollegen sehr unangenehmen Situationen zweifelhafte Angaben in der Todesbescheinigung zur Folge haben können. Tatsächlich wird in diesem Zusammenhang von „einer oft subjektiv empfundenen Pflicht gegenüber … Kollegen"

1130 In diesem Sinne auch *Erlinger*, Der Internist 1999, S. M 315, der daran festhält, dass jedenfalls zumindest Anhaltpunkte für ein fehlerhaftes Verhalten bestehen müssen.

1131 Ähnlich auch *Spann*, Der Pathologe 1982, S. 244.

berichtet.[1132] Unterstellt, der leichenschauende Arzt will sich bei Verdacht auf einen Behandlungsfehler eines Kollegen tatsächlich seiner Verantwortung entziehen, so hat er drei Möglichkeiten. Entweder er führt die Leichenschau so oberflächlich durch, dass er Anzeichen für einen ärztlichen Behandlungsfehler als Todesursache erst gar nicht erkennen kann. Oder er verschweigt diese auf der Todesbescheinigung. In jedem Fall bescheinigt er einen natürlichen Tod. Kann er dies nicht mit sich vereinbaren und versucht, einen Mittelweg zu finden, so nennt er keine Hinweise auf einen tatsächlichen oder möglichen Behandlungsfehler eines Kollegen, kreuzt jedoch die Todesart als unklar an und hofft, dass die Ermittlungen den Fall klären mögen, ohne dass er selbst den Behandlungsfehler ins Spiel gebracht hat. Dabei steht immer die Strafbarkeit wegen, ggf. versuchter, Strafvereitelung gem. § 258 StGB im Raum.

b) Konfliktpotential der ärztlichen Schweigepflicht

In einigen Konstellationen vermischen sich für den Arzt rechtliche und ethische Dilemmata. Überwiegend spielt dann die ärztliche Schweigepflicht eine Rolle. Exemplarisch ist der Fall, in dem der Arzt die Leichenschau bei einer ihm bekannten Person vornimmt und zunächst keine Hinweise auf einen nicht natürlichen Tod festzustellen sind. Allerdings hat ihn der Verstorbene noch zu Lebzeiten, im Vertrauen und im Rahmen des Arzt-Patienten Verhältnisses darüber in Kenntnis gesetzt, von einer bestimmten Person aus seinem Umfeld – etwa einem Familienmitglied – schon einige Male tätlich angegriffen worden zu sein.[1133] Der Arzt steht nun vor der Entscheidung, entweder den landesgesetzlichen Bestimmungen nach oder der bundesgesetzlichen ärztlichen Schweigepflicht entsprechend zu handeln. Einerseits hat er Kenntnis von Hinweisen auf einen nicht natürlichen Tod und müsste folglich die Ermittlungsbehörden in Kenntnis setzen,[1134] andererseits wurden die Hinweise im Rahmen

1132 *Peschel/Fieseler/Zinka*, Der Notarzt 2009, S. 214.

1133 So das Beispiel bei *Groß*, Die Entwicklung der inneren und äußeren Leichenschau in historischer und ethischer Sicht, S. 87.

1134 Vgl. etwa § 2 Abs. 4 S. 1 BestattG Hamburg: „Ergeben sich Anhaltspunkte für einen nichtnatürlichen Tod oder lässt sich ein solcher nicht mit Sicherheit ausschließen, so hat der Arzt sofort die Polizei oder die Staatsanwaltschaft zu benachrichtigen." Diese Anhaltspunkte können sich somit auch aus dem Zusammenhang der Kenntnis des Arztes von bestimmten Lebensumständen der Person und dem Umstand ergeben, dass er die Leichenschau im Falle dieser Person durchzuführen hat. Anders stellt sich die Formulierung beispielsweise der bayerischen Regelung dar: „Findet der zur Leichenschau zugezogene Arzt im Rahmen

des Arzt-Patienten Verhältnisses offenbart und unterliegen grundsätzlich der Schweigepflicht,[1135] sodass er sie bei der aktuellen Feststellung der Todesart ausblenden müsste. Wie auch immer sich der Arzt entscheidet, sein Handeln ist in beiden Fällen zumindest ethisch anfechtbar.[1136]

Relevant wird in diesem Fall auch die mutmaßliche Einwilligung des Verstorbenen in die Offenbarung seiner dem Arzt zu Lebzeiten anvertrauten Geheimnisse. Die Anerkennung einer postmortalen mutmaßlichen Einwilligung – die nicht lediglich einen Unterfall des Notstandes darstellt –[1137] ist nicht unumstritten; sie wird jedoch von der wohl herrschenden Meinung als möglich angesehen.[1138] Jedoch werden die Details dieser Annahme unterschiedlich eingeschätzt. Für den Fall, dass von einer mutmaßlichen Einwilligung des Patienten auszugehen sei erkennt *Ulsenheimer* ein „Recht zur Offenbarung" an.[1139] *Eichelbrönner* merkt an, dass zunächst erforscht werden müsse, ob der Patient im konkreten Fall überhaupt zur Disposition des Geheimnisses und damit der Verbreitung des Wissens des Arztes berechtigt ist. Schließlich müsse geklärt werden, wessen Interesse bei der folgenden Prüfung der Rechtfertigung maßgeblich sei.[1140] Nach Ansicht des OVG Lüneburg reicht es nicht aus,

---

der Leichenschau Anhaltspunkte dafür, dass der Tod durch Selbsttötung, durch Unfall, durch strafbare Handlung oder durch sonstige Einwirkung von außen herbeigeführt wurde, ist in der Todesbescheinigung die Todesart ‚Nicht natürlicher Tod' anzugeben;" § 3 Abs. 3 S. 1 BestV Bayern. Hier kann nach Wortlaut und Telos der Norm argumentiert werden, es komme lediglich auf Anhaltspunkte an, die tatsächlich erst bei der eigentlichen Untersuchung im Rahmen der Leichenschau gefunden werden.

1135 § 203 Abs. 1 Nr. 1, Abs. 5 StGB.

1136 So zu Recht *Groß*, Die Entwicklung der inneren und äußeren Leichenschau in historischer und ethischer Sicht, S. 87.

1137 *Ulsenheimer*, in: Laufs/Kern/Rehborn, Handbuch des Arztrechts, § 141, Rn. 14.

1138 *Theuner*, Die ärztliche Schweigepflicht im Strafrecht, S. 218 m.w.N.; *Ulsenheimer/Gaede*, Arztstrafrecht in der Praxis, S. 645, Rn. 1058 mit Verweis auf S. 653, Rn. 1071; *Eichelbrönner*, Die Grenzen der Schweigepflicht des Arztes und seiner berufsmäßig tätigen Gehilfen nach § 203 StGB im Hinblick auf Verhütung und Aufklärung von Straftaten, S. 100.

1139 Eine allgemeine Vermutung für ein Patienteninteresse an einer Offenlegung potentieller Behandlungsfehler der behandelnden Ärzte wird jedoch verneint, *Ulsenheimer*, in: Laufs/Kern/ Rehborn, Handbuch des Arztrechts, § 134, Rn. 42 m.w.N.

1140 *Eichelbrönner*, Die Grenzen der Schweigepflicht des Arztes und seiner berufsmäßig tätigen Gehilfen nach § 203 StGB im Hinblick auf Verhütung und Aufklärung von Straftaten, S. 100; der Autor unterteilt dabei in Eigengeheimnisse

bereits aus diesbezüglichem Schweigen des Verstorbenen zu Lebzeiten auf das Einverständnis zur Preisgabe entsprechender Geheimnisse zu schließen.[1141] Zu dieser Konstellation hat sich in jüngerer Zeit detailliert das OLG Naumburg geäußert: Zunächst sei gerichtlich zu erforschen, und dabei käme es auf „das wohlverstandene Interesse des Verstorbenen an der weiteren Geheimhaltung der dem Arzt anvertrauten Tatsachen" an, ob eine die Schweigepflicht aufhebende Einwilligung angenommen werden könne.[1142] Wie der mutmaßliche Wille des Patienten zu ermitteln sei, hat der BGH bereits erläutert: „In erster Linie aus den persönlichen Umständen des Betroffenen, aus seinen individuellen Interessen, Wünschen, Bedürfnissen und Wertvorstellungen;" dabei haben „objektive Kriterien ... keine eigenständige Bedeutung, sondern dienen lediglich der Ermittlung des individuellen hypothetischen Willens."[1143] Sollte dies anhand der vorliegenden Indizien nicht gelingen, so müsse – und hier wird es für den betroffenen Arzt ähnlich komplex und belastend wie beim rechtfertigenden Notstand – er als Geheimnisträger eine Abwägung hinsichtlich des Vorliegens einer mutmaßlichen Einwilligung in die Schweigepflichtentbindung vornehmen. Für den leichenschauenden Arzt ist diese Situation deshalb sehr schwierig, da er den mutmaßlichen Willen des Verstorbenen möglichst genau ergründen und auf der Grundlage der erlangten Informationen die Entscheidung treffen muss, ob der Patient einer Schweigepflichtentbindung zugestimmt hätte.[1144] Denkbar sind hier etwa Fälle, in denen mögliche Versicherungs- oder Rentenansprüche der Hinterbliebenen im Raum stehen und es auf die Aussage des leichenschauenden Arztes bezüglich der Todesursache ankommt. Dann muss der aussagende Arzt allein entscheiden, ob der Verstorbene den Arzt mutmaßlich von der Schweigepflicht entbunden hätte, um eine Versorgung der Angehörigen zu gewährleisten. Bei der Erforschung des mutmaßlichen Willens sieht das Gericht den Arzt durch seinen Standesethos und das Interesse des

---

und Fremdgeheimnisse des Patienten, S. 100–1006. Ob eine derart umfangreiche Prüfung dem Arzt in der Praxis überhaupt möglich oder zuzumuten ist, bleibt dahingestellt.

1141 OVG Lüneburg, NJW – Neue Juristische Wochenschrift 1997, 2468 (2469) m.w.N.; die mögliche Komplexität solcher Fälle zeigt *Spickhoff*, NJW – Neue Juristische Wochenschrift 2005, S. 1982–1984, anhand eines erbrechtlichen Beispiels – mit Alkoholmissbrauch und Suizid als Hintergrund – auf.

1142 OLG Naumburg, NJW – Neue Juristische Wochenschrift 2005, 2017 (2018).

1143 BGHSt 35, 246 (249 f.).

1144 Vgl. *Renzelmann*, Der Pathologe 2013, S. 20 f.; allgemein zur mutmaßlichen Einwilligung *Fischer*, Strafgesetzbuch, § 203, Rn. 72.

Verstorbenen zu einer gewissenhaften Prüfung verpflichtet; jedoch „verbleibt ihm ein gewisser Entscheidungsspielraum, der durch die Gerichte nur eingeschränkt auf die Überschreitung seiner Grenzen überprüfbar ist;“[1145] denn dies würde, wie im Fall der Abwägung hinsichtlich eines rechtfertigenden Notstandes, zu einer Gefährdung des Geheimnisses führen, dessen Offenbarung noch abzuwägen ist.[1146] Dazu habe der Arzt – so das Gericht weiter – die Gründe für die Zeugnisverweigerung nachvollziehbar zu erklären, damit das Gericht eine mögliche Überschreitung eben jenes Spielraums beurteilen kann. So lässt das OLG pauschale „Gründe des Gewissens oder des Standesethos“ ebenso wenig gelten wie die Besorgnis, es könnte ein Behandlungsfehler zu Tage treten;[1147] gegebenenfalls wäre daher „die Erfüllung seiner Zeugnispflicht ohne weiteres mit … Zwangsmitteln … durchzusetzen.“[1148] Nach pflichtbewusster Prüfung der ihm bekannten Umstände sollte sich der Arzt im Zweifelsfall für die Einhaltung der postmortalen Schweigepflicht entscheiden.[1149]

Wendet man das Gesagte auf den Dilemmafall der Kenntnis des Leichenschauers von Hinweisen (im oben[1150] erwähnten Fall: zu Lebzeiten regelmäßige tätliche Angriffe auf die nun verstorbene Person), die nicht durch die Leichenschau-Untersuchung gewonnen werden, so lassen sich für beide Handlungsoptionen des Arztes, und damit für und gegen eine mutmaßliche Einwilligung des Verstorbenen, Argumente finden. Der verstorbene Patient war bezüglich der Fakten zu den tätlichen Angriffen gegen seine Person sicherlich dispositionsbefugt, denn der Täter kann bezüglich einer von ihm begangenen Straftat kein rechtlich gleichwertiges Interesse an einer Geheimhaltung durch das Opfer haben. Es ist außerdem anzunehmen, dass unter normalen Umständen auch das Opfer kein Interesse an zwingender Geheimhaltung des dem Arzt anvertrauten Wissens hätte, das Hinweis auf ein Tötungsdelikt geben könnte. Demnach ist eine mutmaßliche Einwilligung in die Aufhebung der Schweigepflicht anzunehmen. Andererseits ist es im Beispielsfall denkbar, dass der

1145 OLG Naumburg, NJW – Neue Juristische Wochenschrift 2005, 2017 (2019); diese Ansicht gilt überwiegend, aber nicht uneingeschränkt; eine Einschätzung des Streitstandes gibt *Theuner*, Die ärztliche Schweigepflicht im Strafrecht, S. 218 mit vielen weiteren Nachweisen.

1146 BGH, NJW – Neue Juristische Wochenschrift 1983, 2627.

1147 So auch schon BGH, NJW – Neue Juristische Wochenschrift 1983, 2627.

1148 OLG Naumburg, NJW – Neue Juristische Wochenschrift 2005, 2017 (2019).

1149 In diesem Sinne wohl auch *Ulsenheimer/Gaede*, Arztstrafrecht in der Praxis, S. 645, Rn. 1058 in Verbindung mit S. 653, Rn. 1071.

1150 Teil 2, Kapitel 2, I., 7., b), S. 175.

Arzt genauere Kenntnisse der familiären Situation des Opfers hat. So könnte er Zweifel daran haben, ob der Verstorbene tatsächlich einwilligen würde oder in einem solch speziellen Verhältnis zum potentiellen Täter stand, dass er diesen nicht durch – zum Zeitpunkt der ärztlichen Entscheidung tatsächlich nur Hinweise auf, nicht aber Tatsachen über – ein Tötungsdelikt in Misskredit würde bringen wollen, zumal wenn die verstorbene Person zu Lebzeiten keine Anzeige erstattet hat. Zweifel an der Richtigkeit der Aussagen des Verstorbenen, etwa weil dieser zur Übertreibung neigte oder der Arzt zu dem Zeitpunkt schon den Verdacht hatte, er wolle die bezichtigte Person in Verruf bringen, spielen keine Rolle, da sie sich nicht auf das mutmaßliche Einverständnis des Verstorbenen auswirken. Anderes gilt nur, wenn der Arzt sicher ist, nur Übertreibungen gehört zu haben, und davon ausgeht, der Verstorbene wollte das Gesagte nie öffentlich machen, damit es nicht zu möglichen Missverständnissen und falschen Anschuldigungen kommen könne. Im Prozessfall käme es für den Arzt darauf an, sein Handeln vor Gericht plausibel zu begründen. Allein diese Gedankengänge zeigen, wie komplex allein schon die rechtliche Situation für den Arzt sein kann. Inzwischen sind einige Fallgruppen bekannt, an denen sich der Arzt orientieren kann. Dazu gehören Situationen, in denen seitens des Patienten offensichtlich kein Interesse besteht, bestimmten Personen die Anamnese vorzuenthalten. Dies gilt beispielsweise, wenn diese Person – zumeist ein Angehöriger – regelmäßig bei dem Patienten im Krankenhaus vor Ort ist und mit dem behandelnden Personal in engem Kontakt steht. Oder wenn Angehörige zu Lebzeiten mit Einverständnis des Patienten schon umfassend vom Arzt informiert wurden. Sollte der Patient nun in Abwesenheit derjenigen sterben, so besteht ihnen gegenüber für den Leichenschauer eine Ausnahme von der ärztlichen Schweigepflicht aufgrund einer mutmaßlichen Einwilligung und Daten, wie Todesursache und Todeszeitpunkt, können mitgeteilt werden.[1151] Das Recht zur Entbindung des Arztes von der Schweigepflicht geht als grundsätzlich höchstpersönliches Recht aber nicht auf die Erben über.[1152] Eine

1151 Vgl. *Kuchinke*, in: Just, Recht und Rechtsbesinnung, S. 379; den Versuch einer Kasuistik unternimmt *Renzelmann*, Der Pathologe 2013, S. 21; eine Fallgruppe sieht er in der Vaterschaftsfeststellung. Wenn der Verstorbene das Feststellungsbegehren des potentiellen Kindes zu Lebzeiten kannte, jedoch nicht akzeptierte, ist die Auskunft in aller Regel zu verweigern. Fragt das Kind nach dem Todesfall an, so sei die Interessenlage mittels Einsichtnahme in die Akten des Vaterschaftsprozesses zu ergründen.

1152 *Renzelmann*, Der Pathologe 2013, S. 20; BGH, NJW – Neue Juristische Wochenschrift 1983, 2627 (2627, 2629 f.).

solche Entbindung durch Dritte kann daher auch nur für solche Geheimnisse gelten, die nicht zum persönlichen Lebens- und Geheimbereich des Verstorbenen gehören, etwa solche, die ausschließlich das Vermögen betreffen.[1153]

In der Praxis ist der rechtfertigende Notstand gem. § 34 StGB der für den Arzt wichtigste Rechtfertigungsgrund bei Schweigepflichtverletzungen.[1154] Relevant wird er in Fällen, in denen keine gesetzliche Offenbarungspflicht greift, aber ein wichtiges Rechtsgut nur durch die Verletzung der Schweigepflicht erhalten werden kann.[1155] Dieses Erhaltungsgut müsste gegenüber dem Eingriffsgut, d.h. der Schweigepflicht, von höherem Wert sein. Beispielhaft ist hier der Fall einer durch eine mögliche HIV-Infektion gefährdeten Lebenspartnerin eines erkrankten Verstorbenen, der seine Krankheit nie offenbart hatte und den behandelnden Arzt – bei dem auch die Lebensgefährtin Patientin war – strikt anwies, dieser die gefährliche Krankheit zu verschweigen.[1156] Stellt sich die Schweigepflichtverletzung in einem solchen Kollisionsfall als erforderlich, geeignet und angemessen heraus, so verwirklicht der leichenschauende Arzt zwar den Tatbestand des § 203 Abs. 1 Nr. 1, Abs. 5 StGB, ist jedoch in seinem Tun gerechtfertigt.[1157] Prekär ist in dieser Fallkonstellation, dass der Arzt in der konkreten Situation die Abwägung zwischen dem Patientengeheimnis und dem damit konkurrierenden Erhaltungsgut selbst vornehmen muss;[1158] denn wenn er offen darlegen würde, welche Überlegungen bei der Abwägung

1153 *Tag*, in: Dölling/Duttge – Gesamtes Strafrecht, § 203 StGB, Rn. 40.

1154 So die Einschätzung von *Theuner*, Die ärztliche Schweigepflicht im Strafrecht, S. 257 m.w.N.

1155 OVG Lüneburg, NJW – Neue Juristische Wochenschrift 1997, 2468 (2469) m.w.N.; zu Einzelfällen *Ulsenheimer/Gaede*, Arztstrafrecht in der Praxis, S. 666–679, Rn. 1085–1100.

1156 So dargelegt bei *Spickhoff*, NJW – Neue Juristische Wochenschrift 2005, S. 1983, der noch weitere, auch weniger eindeutige, Beispiele aufführt; ebenso bei *Ulsenheimer*, in: Laufs/Kern/Rehborn, Handbuch des Arztrechts, § 141, Rn. 18 f.; das OLG Frankfurt a.M., NJW – Neue Juristische Wochenschrift 2000, 875, erkannte in diesem Fall sogar eine Garantenpflicht des Arztes, die Lebensgefährtin zu informieren.

1157 Ausführlich dazu aus der Sicht des Arztes *Parzeller/Wenk/Rothschild*, Deutsches Ärzteblatt 2005, S. A 294.

1158 In der Konsequenz auch *Meyer-Goßner/Schmitt*, Strafprozessordnung, § 153, Rn. 6, die sich an dieser Stelle allgemein zur Abwägung einer möglichen Rechtfertigung durch den Zeugen äußern; auch *Theuner*, Die ärztliche Schweigepflicht im Strafrecht, S. 258–280, mit – allerdings nicht speziell die Leichenschau betreffenden – Beispielen.

eine Rolle spielen, wäre die Schweigepflicht – mindestens in den meisten Fällen – bereits gebrochen.[1159] Folglich hat es allein der Arzt in der Hand, ob er schweigt oder aussagt. Schweigt er, so wird nie jemand erfahren, ob tatsächlich kein Rechtfertigungsgrund vorlag oder ob der Arzt in Wahrheit von der Schweigepflicht entbunden war und dennoch nicht aussagen wollte. Sagt er aus, so ist es überprüfbar und für den Fall, dass kein Rechtfertigungsgrund vorliegt, macht der Arzt sich gem. § 203 Abs. 1 Nr. 1 StGB strafbar.[1160]

Aus den oben beschriebenen Entscheidungssituationen zur Rechtfertigung einer Aussage entgegen § 203 Abs. 1 Nr. 1 StGB können sich zwei Konstellationen mit unterschiedlichen Konsequenzen ergeben. Liegt ein Rechtfertigungsgrund vor, so kann der Arzt ohne weiteres aussagen bzw. muss dies nach dem Wegfall des Zeugnisverweigerungsrechts gem. § 53 Abs. 2 S. 1 StPO aufgrund der prozessualen Aussagepflicht gem. § 48 Abs. 1 S. 2 StPO auch tun. Liegt *kein* Rechtfertigungsgrund vor, sodass die Schweigepflicht fortgilt, greift auch § 53 Abs. 1 Nr. 3 StPO und der Arzt *kann* die Aussage verweigern. Will er allerdings doch aussagen, so wird offensichtlich, dass sich die strafrechtliche Schweigepflicht und das strafprozessuale Schweigerecht an dieser Stelle nicht decken. Denn wenn der Patient den Arzt nicht von seiner Schweigepflicht entbunden hat und auch sonst kein Rechtfertigungsgrund vorliegt, wäre dessen Aussage vor dem Hintergrund, dass § 53 Abs. 1 Nr. 3 keine Aussage*pflicht*, sondern ein Zeugnisverweigerungs*recht* darstellt, einerseits unbefugt i.S.d. § 203 StGB, andererseits aber mit dem Prozessrecht im Einklang.[1161] Der BGH spricht diese rechtlich etwas „unebene" Situation, dass – bei diesem Sachverhalt die Ärztin – „sich in diesem Fall, also durch eine Aussage zur Sache, möglicherweise … wegen Verletzung ihres Berufsgeheimnisses strafbar gemacht hätte", ganz offen

---

1159 So auch *Tag*, in: Dölling/Duttge – Gesamtes Strafrecht, § 203 StGB, Rn. 43 m.w.N., die argumentiert, dass der Schweigepflichtige dem Gericht das Geheimnis faktisch offenbaren müsste, um die Abwägung justitiabel zu machen; so auch schon BGH, NJW – Neue Juristische Wochenschrift 1983, 2627 (2629); anders *Kuchinke*, in: Just, Recht und Rechtsbesinnung, S. 379–381, der unter anderem einen möglichen Interessengegensatz bei Arzt und Patient anführt, bei dem post mortem der Arzt, obwohl Konfliktpartei, allein entscheiden würde.

1160 Ähnlich *Tag*, in: Dölling/Duttge – Gesamtes Strafrecht, § 203 StGB, Rn. 43. Im Übrigen hat der Arzt jedoch korrekt im Sinne der Strafprozessordnung gehandelt, indem er sein Wahlrecht gem. § 53 Abs. 1 S. 1 StPO ausgeübt hat; siehe dazu unten auf dieser Seite.

1161 Entsprechend *Ulsenheimer/Gaede*, Arztstrafrecht in der Praxis, S. 683 f., Rn. 1108, die auf die gängige Praxis in der Justiz bei Aussagen von Ärzten als sachverständige Zeugen hinweisen.

an und sieht jedenfalls das Verfahrensrecht dadurch nicht verletzt.[1162] Wie auch immer die Konsequenzen im Einzelfall aussehen, das Geheimnis jedenfalls ist dann offenbart. Diese Entscheidungsgewalt billigt die h.M. dem Arzt jedoch zu.[1163] Hinzu kommt, dass nach gängiger Rechtsprechung die so gewonnenen Beweise verwertet werden dürfen, obwohl sie entgegen materiellem Recht gewonnen wurden.[1164]

c) Probleme mit Außenstehenden

Einer der wenigen zum Teil auch außerhalb von Fachkreisen bekannten Problempunkte der ärztlichen Leichenschau ist die Durchführung selbiger in Anwesenheit, gar gegen den Willen oder trotz versuchter Einflussnahme anderer Personen; der gewissenhafte Arzt steht dann häufig vor erheblichen persönlichen Problemen. Schon die Anwesenheit trauernder Angehöriger schafft keine einfache Atmosphäre für eine konzentrierte und gründliche Untersuchung eines Verstorbenen. Zur Vorstellung einer idealen Leichenschau gehört, wenn nicht für alle, so doch für die überwiegende Mehrheit der Ärzte die Möglichkeit, allein, in Ruhe und ohne Zeitdruck arbeiten zu können. Auch der jeweilige Gesetzgeber hat wohl grundsätzlich ein solches Szenario vor Augen.[1165] Allerdings stellt sich die Situation vor Ort in der Regel deutlich anders dar. Von solchen Vorkommnissen sind vor allem Ärzte betroffen, die zu einer Leichenschau in einer Wohnung oder altersgerechten Einrichtung gerufen werden. Hinter den verschiedenen Formen der Einflussnahme hinsichtlich Dokumentation der Leichenschau steht wohl am häufigsten die Forderung, auf jeden Fall einen natürlichen Tod zu bescheinigen.

Das größte Konfliktpotential birgt in diesem Zusammenhang die Rolle der Angehörigen. Einerseits entstammen im häuslichen Bereich die Täter

1162 BGHSt 15, 200 (202).

1163 So *Theuner*, Die ärztliche Schweigepflicht im Strafrecht, mit zahlreichen weiteren Nachweisen.

1164 *Tag*, in: Dölling/Duttge – Gesamtes Strafrecht, § 203 StGB, Rn. 43, mit vielen weiteren Nachweisen. Selbst widerspricht die Autorin dem jedoch mit dem Hinweis, dass sonst „der Informationsbeherrschungsanspruch des Geheimnisträges mithilfe einer Doppelfunktionalität materieller und prozessualer Bewertung umgangen [würde]."

1165 Siehe oben Teil 1, Kapitel 5, I., 3., S. 78–80; zum Ort der Untersuchung und den Möglichkeiten, die Leiche an einen zur Untersuchung geeigneten Ort bringen zu lassen etwa § 4 Abs. 1 S. 3 BestattG Schleswig-Holstein.

spurenarmer Tötungsdelikte oft dem direkten Umfeld des Opfers,[1166] andererseits ist der Arzt in Gegenwart der Hinterbliebenen oft befangen.[1167] Das Verhalten hat unterschiedliche Gründe; in den meisten Fällen wird es sich um gut gemeinte, aber falsch verstandene Rücksichtnahme handeln.[1168] Möglicherweise genügt es als Motiv, der Familie (die ihm vielleicht persönlich bekannt ist) die vermeintliche „Schmach" einer polizeilichen Untersuchung ersparen zu wollen. Es ist auch denkbar, dass Ärzte aus wahrscheinlich ähnlichen Gründen meinen, den Hinterbliebenen die gegebenenfalls folgende forensische Obduktion nicht zumuten zu können; dies verleitet den Arzt – möglicherweise unbewusst – zur Feststellung eines natürlichen Todes.[1169] Eine solche, falsch verstandene Pflicht zur Rücksichtnahme kann die Leichenschau an vielen Punkten negativ beeinflussen. So wird der Arzt den verstorbenen Angehörigen eines guten Bekannten möglicherweise aus an sich wohlmeinender Pietät für die Untersuchung nicht entkleiden; zumal wenn die Hinterbliebenen den Leichnam bereits für die Bestattung entsprechend gekleidet haben.[1170] Konkret kann man sich den langjährigen Arzt der Familie vorstellen, der erhebliche Schwierigkeiten damit hat, gegen die Erwartungen dieser Hinterbliebenen zu handeln; in der Folge wird dies wohl tatsächlich oft unterlassen.[1171] In anderen Fällen verlassen die Angehörigen nicht von sich aus den Ort der Leichenschau und geben dem Arzt schon durch ihre Anwesenheit zu verstehen, dass sie es als Affront empfänden, sollte er auf den Gedanken kommen, eine umfangreiche Untersuchung vorzunehmen. In aller Regel bittet der Arzt diese daher, das entsprechende Zimmer zu verlassen; dennoch schafft die Situation für manchen Arzt einen gewissen

---

1166 *Zimmermann*, in: Bernsmann/Fischer, Festschrift für Ruth Rissing-van Saan zum 65. Geburtstag am 25. Januar 2011; *Groß*, Die Entwicklung der inneren und äußeren Leichenschau in historischer und ethischer Sicht, S. 73 f.

1167 Vgl. etwa *Tsokos/Guddat*, Deutschland misshandelt seine Kinder, S. 167; *Groß*, Die Entwicklung der inneren und äußeren Leichenschau in historischer und ethischer Sicht, S. 73.

1168 Vgl. *Dettmeyer/Madea*, Kritische Vierteljahresschrift für Gesetzgebung und Rechtswissenschaft 2004, S. 357; *Pollak*, in: Schlüchter, Kriminalistik und Strafrecht, S. 463.

1169 So vermutet *Dettmeyer*, Die verfassungsrechtlichen Grenzen für die gesetzliche Einführung einer Verwaltungssektion bei medizinisch unklaren Todesfällen, S. 59 m.w.N.

1170 *Rothschild*, Rechtsmedizin: Organ der Deutschen Gesellschaft für Rechtsmedizin 2009, S. 407.

1171 *Groß*, Die Entwicklung der inneren und äußeren Leichenschau in historischer und ethischer Sicht, S. 85.

Druck.[1172] Kommen zudem noch Bitten, Unmutsbezeugungen oder gar Weigerung der Angehörigen hinzu, kann nicht mehr von adäquaten Arbeitsbedingungen für den Arzt gesprochen werden.

Insbesondere in ländlichen Gebieten kommt es auch heute noch häufig vor, dass die mit der Leichenschau betrauten Ärzte von den Angehörigen des Verstorbenen beeinflusst werden. Dies kann unmittelbar in Form von Störungen bei der Prozedur an sich erfolgen oder durch mittelbare Kommunikation. Solche Umstände ergeben sich, wenn sowohl die Auswahl an Ärzten als auch die Fluktuation der Bevölkerung gering sind. Der klassische Fall ist das Dorf, in dem ein niedergelassener Allgemeinmediziner der „Hausarzt" für sämtliche Einwohner ist und diese entsprechend gut, oft auch privat kennt. Tatsächlich setzen sich einige Ärzte nicht oder nur zögerlich gegen die Einmischung von Hinterbliebenen durch und das liegt sicherlich auch an der oft verspürten persönlichen Verpflichtung gegenüber den Angehörigen.[1173] Problematisch kann sein, eine gründliche Untersuchung mit einer entgegenstehenden Achtung vor dem Toten – sei sie vom Arzt so empfundenen oder von den Angehörigen erwartet – in Einklang zu bringen. Außerdem wird es von Personen die mit dem Procedere nach einem Todesfall nicht vertraut sind, häufig als pietätlos oder als Unterstellung einer Tötung empfunden, wenn ein Angehöriger auf einen nicht natürlichen Tod hin untersucht wird.[1174] Womöglich könnten sie sich auch unter Generalverdacht gestellt fühlen.[1175] Auch die Konstellation

---

1172 *Vennemann/Du Chesne/Brinkmann*, Deutsche Medizinische Wochenschrift 2001, S. 716.

1173 Diese erwähnen *Peschel/Fieseler/Zinka*, Der Notarzt 2009, S. 214; ähnlich *Rothschild*, Rechtsmedizin: Organ der Deutschen Gesellschaft für Rechtsmedizin 2009, S. 407; ebenso *Bauer*, in: *Raute*, Erfahrungsberichte und Einschätzungen zur ärztlichen Leichenschau – Interview mit Dr. med. Veit Harold Bauer.

1174 *Fieseler/Zinka/Peschel*, MMW Fortschritte der Medizin 2009, S. 27; *Rückert*, Tote haben keine Lobby, S. 63–65; ähnlich *Groß*, Die Entwicklung der inneren und äußeren Leichenschau in historischer und ethischer Sicht, S. 65.

1175 So wohl die Meinung im Gesundheitsresort des Bundeslandes Bremen, *Beneker*, Wird die Rechtsmedizin kaltgestellt?, abrufbar unter http://www.aerztezeitung.de/politik_gesellschaft/article/866186/bremen-rechtsmedizin-kaltgestellt.html (geprüft am 28.01.2018). Dazu auch *Gerling*, Bremer Politiker ringen um Leichenschau, abrufbar unter http://www.weser-kurier.de/bremen/bremen-politik-wirtschaft_artikel,-Bremer-Politiker-ringen-um-Leichenschau-_arid,1103410.html (geprüft am 28.01.2018). Dagegen erachtet *Zimmermann* dieses Argument als lediglich von der Politik vorgeschoben, in: *Raute*, Fragen zu den Problemen der ärztlichen Leichenschau – Interview mit Dr. jur. Georg Zimmermann, Vorsitzender Richter am Landgericht Bielefeld.

der Tötung eines Kindes durch einen Elternteil ist leider nicht ausgeschlossen. Wenn der Arzt einen diesbezüglichen Verdacht hat und die Polizei verständigt, tatsächlich jedoch eine falsche Diagnose gestellt hat, muss er mit massiver Kritik zumindest der bloßgestellten Eltern, wenn nicht gar der lokalen Presse rechnen.[1176] Insbesondere für Leichenschauer, die zugleich Inhaber lokaler Praxen sind, können sich (mindestens aus wiederholten) Fällen von Unstimmigkeiten verschiedener Art mit den Hinterbliebenen, neben zwischenmenschlichen auch tatsächliche wirtschaftliche Probleme ergeben.[1177] Dieses sehr persönliche Thema ist mit vielen Emotionen behaftet und wird gerade in dörflichen Strukturen unter Verwandten und Bekannten oder allgemein den Einwohnern kommuniziert.[1178] Doch auch unabhängig von einer Stellung als Hausarzt birgt die Leichenschau moralische Konflikte. Deutlich wird dies beispielsweise im Fall des plötzlichen Kindstodes.[1179] Dieser ist zum einen schwer festzustellen,[1180] zum anderen für die Hinterbliebenen – in aller Regel die Eltern – ein besonderes Trauma. Der Arzt steht vor dem Dilemma: Ohne Obduktion und damit dem Weg über die Ermittlungsbehörden bleiben Kindestötungen häufig unentdeckt;[1181] zugleich wirkt das Erscheinen der Polizei gerade in solchen Fällen oft wie eine Unterstellung und belastet die Eltern zusätzlich und nicht unerheblich.[1182] Solange nicht ein Gesetz die Obduktion aller verstorbenen Kinder in einem bestimmten Alter vorschreibt,[1183] kann sich der Arzt in einer solchen

---

1176 Dieses Beispiel nennt *Groß*, Die Entwicklung der inneren und äußeren Leichenschau in historischer und ethischer Sicht, S. 68.

1177 Diese Einschätzung teilen etwa *Zimmermann*, in: Bernsmann/Fischer, Festschrift für Ruth Rissing-van Saan zum 65. Geburtstag am 25. Januar 2011, S. 812 und *Bauer*, in: *Raute*, Erfahrungsberichte und Einschätzungen zur ärztlichen Leichenschau – Interview mit Dr. med. Veit Harold Bauer. Ebenso *Schmeling*, in: *Raute*, Die Problematik der ärztlichen Leichenschau – Interview mit Prof. Dr. med. Andreas Schmeling, stellvertretender Direktor des Instituts für Rechtsmedizin der Universität Münster – Mitglied im Vorstand der Deutschen Gesellschaft für Rechtsmedizin. Er erkennt einen deutlichen Unterschied zwischen urbanen und ländlichen Gebieten dahin gehend, dass in letzteren tatsächlich existentielle Gründe für ärztliche Rücksichtnahme angeführt werden.

1178 *Rückert*, Tote haben keine Lobby, S. 63–65.

1179 Siehe zu diesem Beispiel *Groß*, Die Entwicklung der inneren und äußeren Leichenschau in historischer und ethischer Sicht, S. 87.

1180 *Schulz*, Rechtsmedizin: Vorträge über aktuelle Themen 1998, S. 69 f.

1181 Siehe dazu schon oben Teil 2, Kapitel 2., I., 1., b), S. 148 f.

1182 Über die persönlichen Gefühle hinaus denke man an mögliche Gerüchte, etwa in der Nachbarschaft.

1183 So etwa nach § 12 S. 1 LeichenG Bremen bis zum sechsten Lebensjahr.

Situation auch nicht, wie beim Entkleiden, auf gesetzliche Vorgaben berufen; die Entscheidung bleibt ihm allein überlassen.

Mit ähnlichen Problemen können Ärzte auch in Pflegeheimen oder ähnlichen Einrichtungen konfrontiert werden. Ist ein Arzt dort – was häufig vorkommt und finanziell nicht unerheblich ist – auf vertraglicher Basis für die allgemeinmedizinische Betreuung im entsprechenden Haus tätig, kann er bei der Diagnose der Todesart in seiner Neutralität eingeschränkt sein oder meinen, es zu sein.[1184] In der Fachliteratur wird auch ganz konkret die Furcht vor Konsequenzen seitens der Heimleitung in den Raum gestellt, wonach die Ärzte um ihre Tätigkeit in der entsprechenden Einrichtung fürchten, deren Ruf durch die Feststellung nicht natürlicher Todesfälle geschädigt werden könnte;[1185] „hier macht das Personal oder u.U. die Leitung der Einrichtung mitunter sehr deutlich, dass das finanziell für den Arzt nicht unwichtige Betreuungsverhältnis mit der Einrichtung beendet sein dürfte, wenn dieser die Polizei ins Haus ruft."[1186] Einleuchtend scheint als eine Ursache zudem ein Umstand, der auf den ersten Blick für eine Erleichterung der Leichenschaudiagnose spricht. Die regelmäßig ausführliche Dokumentation des Krankheitsverlaufs der Bewohner vereinfacht zwar häufig die Ermittlung der Todesursache, allerdings erhöht dies zugleich die Hemmschwelle, sich auf einen nicht natürlichen Tod festzulegen.[1187]

Zuweilen werden aber auch Ärzte an Kliniken mit Versuchen äußerer Einflussnahme auf die Ergebnisse der Leichenschau konfrontiert. Einen Fall, der geradezu kriminelle Energie der Beteiligten offenbart, schildert *Rückert*, nachdem der betroffene Arzt ihr davon berichtet hatte.[1188] In diesem Fall wurde ein Arzt, der sich aufgrund unklarer Todesumstände nicht dazu bringen lassen mochte, einen natürlichen Tod zu bescheinigen, nacheinander zunächst von der Polizei, dann vom Bestatter, von der Sekretärin seines Chefs an der Klinik (die Dame ist mit dem Bestatter bekannt), vom leitenden Oberarzt und schließlich von seinem Chef(arzt) selbst massiv unter Druck gesetzt und zum Teil

1184 *Zimmermann*, in: Bernsmann/Fischer, Festschrift für Ruth Rissing-van Saan zum 65. Geburtstag am 25. Januar 2011, S. 812 m.w.N.

1185 *Germerott* et al., Rechtsmedizin: Organ der Deutschen Gesellschaft für Rechtsmedizin 2014, S. 390.

1186 *Rothschild*, Rechtsmedizin: Organ der Deutschen Gesellschaft für Rechtsmedizin 2009, S. 407.

1187 *Germerott* et al., Rechtsmedizin: Organ der Deutschen Gesellschaft für Rechtsmedizin 2014, S. 390.

1188 *Rückert*, Tote haben keine Lobby, S. 126–132; es berichtet ein Chirurg aus einer Kleinstadt in Nordrhein-Westfalen, der auch als Rettungsarzt tätig ist.

beschimpft. All dies angeblich nur, damit die Beerdigung am schon geplanten Termin stattfinden könne, obwohl die Todesbescheinigung dem Bestatter vorlag und die Kriminalpolizei schon informiert war. Die Drohungen gingen so weit, ihn bei der Bildzeitung anzuprangern und berufliche Konsequenzen in Aussicht zu stellen.

d) Verhältnis zu den Ermittlungsbehörden

Da am gesamten Ablauf der Leichenschau, von der Benachrichtigung des Arztes bis zur Entgegennahme der Todesbescheinigung durch den Standesbeamten, neben dem Arzt noch zahlreiche weitere Personen beteiligt sind, kommt es auf eine reibungslose Zusammenarbeit an. Tatsächlich aber gibt es immer wieder Konflikte zwischen den Beteiligten, die für beide Seiten unangenehm sind und die Arbeit erschweren.[1189]

Aus Sicht der Ärzteschaft sind es meist die für eine laufende oder künftige Ermittlung zuständigen Behörden, die den leichenschauenden Arzt dazu bringen wollen, die Leichenschau in ihrem Sinne auszuführen. Berichtet wird auch von Frustration seitens der Ärzte, wenn auf die Qualifizierung des Todesfalls als unklar oder gar nicht natürlich hin nur als unzureichend empfundene Ermittlungen geführt werden und insbesondere die geforderte Obduktion unterbleibt.[1190] Versuche von Einflussnahme durch die Behörden gelten hauptsächlich der Eintragung in die Todesbescheinigung. Die häufigsten Streitfälle drehen sich – oft im Zusammenhang mit Drängen auf eine Beschleunigung der Untersuchung – um die Frage, ob im konkreten Fall ein natürlicher Tod bescheinigt werden kann oder nicht, sich also die Beurteilung der Todesart durch den Arzt nicht mit der der anwesenden Polizeibeamten deckt.[1191] Ganz besonders deutlich gehen die Problematik und ihre Tragweite aus dem Brief eines Rechtsmediziners an den zuständigen Gesundheitsminister hervor, den der Arzt aufgrund der Beschwerden von Kollegen auf Veranstaltungen schrieb: „Auf die

---

1189 *Geerds*, ArchKrim – Archiv für Kriminologie 1997, S. 41; siehe zu diesem Thema auch die oben dargestellte Studie von *Gerg/Baier*, Kriminalistik 2009, S. 475–479, Teil 2, Kapitel 1, I., 5., S. 118–120.

1190 *Peschel/Fieseler/Zinka*, Der Notarzt 2009, S. 214; hinsichtlich der Häufigkeit staatsanwaltschaftlich angeordneter Obduktionen gibt es erkennbare regionale Unterschiede, *Eisenberg*, Beweisrecht der StPO, S. 959, Rn. 1945.

1191 Vgl. etwa *Rothschild*, Rechtsmedizin: Organ der Deutschen Gesellschaft für Rechtsmedizin 2009, S. 408; *Schulz*, Rechtsmedizin: Vorträge über aktuelle Themen 1998, S. 71; *Groß*, Die Entwicklung der inneren und äußeren Leichenschau in historischer und ethischer Sicht, S. 69 m.w.N.

Notärzte [es bleibt in diesem Schreiben unklar, ob Rettungsärzte oder Ärzte im Bereitschaftsdienst gemeint sind][1192] wird in nahezu krimineller Weise Druck ausgeübt, ihre Todesbescheinigungen zu ändern oder zu ergänzen. Gewünscht werden Änderungen der Todesart von ‚ungeklärt' nach ‚natürlich'. Gewünscht werden auch Eintragungen im vertraulichen Teil. Auch dann, wenn der Notarzt nichts weiß. Liegen schließlich Eintragungen im vertraulichen Teil vor, weil der Notarzt sich hierzu ‚breitschlagen' ließ, dann kann es sein, daß [sic!] sich dieselben Eintragungen im Bericht der Kriminalpolizei wiederfinden. Der vertrauliche Teil wurde also aufgebrochen [Grundsätzlich darf der verschlossene und vertrauliche Teil nicht eingesehen werden; Ausnahmen – etwa für die Polizei – sind jedoch unter bestimmten Voraussetzungen möglich[1193]]. Der genannte ‚Druck', welcher auf die Ärzte ausgeübt wird, kommt im Wesentlichen [sic!] von der Kriminalpolizei und den Vertretern der Gesundheitsämter. Die Vertreter der Kriminalpolizei ermitteln also gezielt solange, bis sie von den Ärzten die Auskunft über einen möglichen natürlichen Tod erhalten haben, oder sie treten in dieser Absicht an die Ärzte heran. Dies löst, wie Sie sich vielleicht vorstellen können, Empörung bei einigen Ärzten aus. Die Vertreter der Gesundheitsämter wollen eine möglichst vollständige Todesursachenstatistik und wünschen wenigstens die Eintragung ‚Herzkreislaufversagen' o.ä., um wenigstens einen ‚Herztod' diagnostizieren zu können."[1194]

Selbst wenn man davon ausgeht, dass es sich in der Gesamtschau über die Jahre um Ausnahmen handelt und das Schreiben aufgrund vieler negativer Einzelberichte entstand,[1195] die sein Verfasser zugetragen bekommen hat, so werden ein systemimmanentes Problem und der Handlungsbedarf sehr deutlich. Das im Brief erwähnte Vorgehen der Kriminalbeamten würde eine Verletzung der aus dem Legalitätsprinzip abgeleiteten Pflicht zur Erforschung

1192 An dieser Stelle zeigt sich einmal mehr die Problematik der irreführenden Bezeichnung verschiedener Ärzte als „Notärzte", vgl. dazu die Ausführungen oben Teil 1, Kapitel 5, I., 2., S. 75.

1193 Siehe zum gesetzlichen Procedere und den Voraussetzungen für die Einsichtnahme oben Teil 1, Kapitel 1, IX., S. 23.

1194 Der Brief wird in dieser Form zitiert bei *Brinkmann/Püschel*, MedR – Medizinrecht 1991, S. 235 f.

1195 So macht *Schmeling* die Erfahrung, dass insbesondere die erfahrenen Ärzte von einer Abnahme solcher Vorfälle berichten; erwähnt in *Raute*, Die Problematik der ärztlichen Leichenschau – Interview mit Prof. Dr. med. Andreas Schmeling, stellvertretender Direktor des Instituts für Rechtsmedizin der Universität Münster – Mitglied im Vorstand der Deutschen Gesellschaft für Rechtsmedizin.

des Sachverhalts darstellen, § 163 Abs. 1 S. 1 StPO.[1196] Außerdem entscheidet über die Eintragung in die Todesbescheinigung allein der leichenschauende Arzt,[1197] zumal auch nur er die Verantwortung für den Inhalt trägt. Die Juristen *Ciper/Feiertag/Kiwitt* nehmen zu solchen Fällen wie folgt Stellung: „Da eine Todesbescheinigung eine amtliche Urkunde ist, sollte sich der Arzt Folgendes klarmachen: Das Ändern einer von einem anderen Arzt ausgestellten Todesbescheinigung ohne dessen Einverständnis oder das Ausstellen einer ‚zweiten Todesbescheinigung' ist Urkundenfälschung. ... Gegen sie sollte Strafanzeige erstattet werden. Dem Arzt ist in solchen Konfliktfällen mit der Polizei dringend zu raten, den Polizeibeamten gegenüber deutlich zu verstehen zu geben, dass die Bestimmung der Todesart alleine dem Arzt obliegt."[1198] Eine andere, nicht strafbare Variante zur Abkürzung von Ermittlungen, ist nach Angaben in der Literatur das zielgerichtet einseitige Befragen des Arztes durch einen Beamten; etwa wie folgt: „Halten Sie einen Infarkttod für möglich?"; darauf der Arzt wahrheitsgemäß: „Ja."[1199] In der Erklärung zur Beendigung der polizeilichen Ermittlungen und Freigabe der Leiche wird anschließend als Begründung, anstatt der ausführlichen medizinischen Diagnose lediglich diese bloße Vermutung des Arztes – die nur nicht zu widerlegen war, jedoch auch alle anderen Ursachen zuließ – aufgeführt. Nicht belegt, aber unter diesen Umständen zu befürchten ist, dass die medizinische Diagnose in der Todesbescheinigung in einem solchen Fall sogar eine andere ist als die dem Beamten gegenüber geäußerte Mutmaßung und dass trotzdem letztere für das „Ob" der Ermittlungen ausschlaggebend ist. Für das Verhalten der Mitarbeiter der Gesundheitsbehörden gilt das oben Gesagte gleichermaßen. Darüber hinaus widerspricht die Forderung nach einer Diagnose wie „Herzkreislaufversagen" exakt den Empfehlungen der Rechtsmediziner, also der Spezialisten für Leichenschau und Sektion.[1200] Einhellig empfehlen diese, in unklaren Fällen dies unbedingt auch so einzutragen.[1201] Sehr besorgniserregend ist die Schlussfolgerung aus diesem Verhalten, dass gerade diejenigen, in deren Verantwortungsbereich die Übertragung der relevanten Daten aus den Todesbescheinigungen in die

---

1196 Vgl. *Kölbel/Ibold*, in: Münchener Kommentar – StPO, § 163, Rn. 1, 5.

1197 Vgl. Art. 3a Abs. 1 BestG Bayern; § 9 Abs. 3 S. 1 BestG NRW.

1198 *Ciper/Feiertag/Kiwitt* (Hrsg.), Medizinrecht, S. 659 f.

1199 Das Zitat und die folgende Erklärung wiedergegeben durch *Brinkmann/Püschel*, MedR – Medizinrecht 1991, S. 235.

1200 Vgl. anstatt vieler *Dettmeyer/Verhoff*, Rechtsmedizin, S. 28.

1201 Vgl. nur *Madea*, Fortschritte der Medizin 1995, S. 232.

Todesursachenstatistik fällt, offenbar in einigen Fällen an den entscheidenden Stellen diese enorm wichtige Statistik bewusst verfälschen.

Leider ist anzunehmen, dass es sich bei obigen Schilderungen tatsächlich um keine absoluten Ausnahmen handelt; nach Aussage von *Leithoff* sind „die Kriminalbeamten gar nicht so selten bemüht, auf die Einträge des Arztes im Hinblick auf die Todesart und Todesursache Einfluss zu nehmen."[1202] Bei einer Umfrage aus jüngerer Zeit unter 1.000 Ärzten gaben 41 % der Rücksender an, schon mindestens einmal entsprechendes erlebt zu haben.[1203] Auch die Literatur bietet zahlreiche weitere Beispiele. So kommt es vor, dass Polizeibeamte in solchen Situationen den Arzt auffordern, auch gleich einen Verdächtigen zu nennen, wenn er schon keinen natürlichen Tod bescheinigen wolle, oder ihn drängen, ein zweites Formular unter Bestätigung eines natürlichen Todes auszufüllen. Auch aus Bereichen der weiteren polizeilichen Tätigkeiten wird ähnliches Verhalten verlautbar. Etwa im Zusammenhang mit den Ermittlungen gegen den Patientenmörder Nils H., wo trotz deutlicher Beweislage nur widerwillig eine derart minimale Aktivität entfaltet wurde, dass im Nachhinein wegen Strafvereitelung im Amt gem. § 258a StGB gegen die Beamten selbst ermittelt wurde.[1204] Bei den Medizinern sind generelles Misstrauen und Ablehnung gegenüber den Ermittlungsbehörden feststellbar; diese Haltung ist sicherlich maßgeblich auf eben solche Versuche von Beamten, die Bescheinigung eines natürlichen Todes zu erreichen, zurückzuführen.[1205] Zudem fällt es aus Sicht der Ärzte negativ auf, wenn sie einen nicht natürlichen oder ungeklärten Tod attestieren und dennoch keine Ermittlungen erfolgen; angeblich in Ermangelung von Anzeichen für ein Fremdverschulden. Angesichts der verschiedenartigen Vorfälle, in denen Ermittlungsbeamte Druck ausüben, liegt es nahe, dass mancher Arzt sich allein aufgrund der Anwesenheit selbiger unwohl fühlt, etwa wenn die Beamten selbst sehr angespannt wirken, sei es auch aus anderen Gründen.[1206]

1202 *Leithoff*, in: *Rosenstiel*, Medical Tribune 1984, S. 54; zwar liegt diese Einschätzung bereits drei Jahrzehnte zurück, doch später wird diese Erfahrung geteilt, *Mattig*, in: Joerden, Der Mensch und seine Behandlung in der Medizin, S. 322.

1203 *Vennemann/Du Chesne/Brinkmann*, Deutsche Medizinische Wochenschrift 2001, S. 713 f.

1204 *Müller*, Die ZEIT vom 19.02.2015, S. 15 (15 f.); siehe zu diesem Fall oben Teil 2, Kapitel 2, I., 1., b), S. 147 f.

1205 Beide Aspekte nennt *Peschel/Fieseler/Zinka*, Der Notarzt 2009, S. 214.

1206 Ähnlich *Zimmermann*, in: *Raute*, Fragen zu den Problemen der ärztlichen Leichenschau – Interview mit Dr. jur. Georg Zimmermann, Vorsitzender Richter am Landgericht Bielefeld.

Aber auch auf Seiten der Ermittlungsbehörden wird nachvollziehbare Kritik an der Vorgehensweise der Ärzteschaft bei der Leichenschau geäußert[1207] ob der inflationären Verwendung der Option „Todesart ungeklärt“ auf der Todesbescheinigung durch die Mediziner. Dies stellt genau die Gegenseite zu den Beschwerden der Ärzteschaft dar, die Beamten drängten häufig auf den Vermerk „Todesart natürlich“. Und die Beobachtungen der Behörden sind durchaus realistisch, wenn man Stimmen aus der Literatur – zumal aus Medizinerkreisen – glauben darf; bezogen auf die Option der ungeklärten Todesart „wird hier alles hineingepackt, was mit einem Fragezeichen versehen ist.“[1208] Das führe partiell zu einer erhöhten Inanspruchnahme der Polizei und deren negative Reaktion sei insofern verständlich. Als Beispiel wird genannt, dass die Kriminalbeamten zu Recht nicht in einem tadellos geführten Altersheim würden ermitteln wollen, wenn lediglich der leichenschauende Arzt die sehr alte verstorbene Bewohnerin nicht gekannt hat. Die Informationsbeschaffung etwa beim Haus- oder Klinikarzt ist sehr wichtig, jedoch gerade nicht Aufgabe der Polizei.[1209] Zudem ist auch den Ermittlungsbehörden bewusst, dass die Leichenschau in aller Regel von nicht speziell ausgebildeten Medizinern, die zudem über wenig Erfahrung verfügen, vorgenommen wird. Beobachtet werden Unsicherheiten im Umgang sowohl mit dem Leichnam und dem Fundort als auch mit den Angehörigen, jedoch auch gegenüber den staatlichen Untersuchungsorganen.[1210] Letzteres passt in das Bild eines wohl häufig von vornherein angespannten Verhältnisses zwischen Arzt und Ermittlungsbeamten vor Ort. In der Folge wird auch auf Seiten der Behörde registriert: „Der Informationsfluss zwischen den für die Untersuchung nichtnatürlicher Todesfälle zuständigen Stellen und den ärztlichen Leichenschauern ist wegen unterschiedlicher Aufgabenstellungen nicht immer ungehemmt.“[1211] Für die teils gravierenden Probleme zwischen den Personen, die von offizieller Seite mit den anfallenden Aufgaben bei einem Sterbefall betraut sind, gibt es mehrere, sich überschneidende Gründe. Zwar gibt es Berichte über unwillige, unkooperative oder sogar rechtswidrig handelnde Ermittlungsbeamte, aber diese bilden in der Literatur und mit Sicherheit auch in der Praxis die Ausnahme. Es ist vielmehr davon auszugehen, dass die Blickwinkel und Herangehensweisen der Beteiligten ihrer

---

1207 *Rothschild*, Rechtsmedizin: Organ der Deutschen Gesellschaft für Rechtsmedizin 2009, S. 410 f.

1208 *Birkholz*, Notfall-Medizin in der täglichen Praxis 2003, S. 211.

1209 Zur Informationsbeschaffung siehe auch oben Teil 1, Kapitel 5, I., 3., S. 83 f.

1210 *Westphal*, in: Brinkmann, Leichenschau, S. 130.

1211 *Westphal*, in: Brinkmann, Leichenschau, S. 130.

jeweiligen Profession entsprechen und schon daher verschieden sind. Während der Arzt sich auf die Leiche und ihren medizinischen Zustand konzentriert, kommt es den Beamten in der Regel mehr auf die äußeren Gegebenheiten des Leichnams und des Tatortes an.[1212]

Schließlich liegt den Kooperationsproblemen noch ein unterschiedliches Verständnis des objektiven Leitgedankens für die Untersuchung des Todesfalls zu Grunde.[1213] Bei der Entscheidung, ob möglicherweise kein natürlicher Tod vorliegt, geben die verschiedenen Landesgesetze dem leichenschauenden Arzt in etwa die gleichen Kriterien an die Hand. In Bayern fordert das Gesetz die Entscheidung gegen einen natürlichen Tod in folgenden Situationen: „Ergeben sich Anhaltspunkte für einen nicht natürlichen Tod, ist die Todesart ungeklärt (§ 3 Abs. 3) oder wird die Leiche eines Unbekannten aufgefunden".[1214] In Nordrhein-Westfalen heißt es dazu: „Finden die Ärztinnen und Ärzte an den Verstorbenen Anhaltspunkte für einen Tod durch Selbsttötung, Unfall oder Einwirkung Dritter (nicht natürlichen Tod) oder deuten sonstige Umstände darauf hin, so brechen sie die Leichenschau ab, unterrichten unverzüglich die Polizeibehörde".[1215] Es wird jeweils auf das Vorliegen von Anhaltspunkten für einen jedenfalls nicht natürlichen Tod abgestellt, aber noch kein Zusammenhang mit der Schuldfrage geschaffen.[1216] Auch § 159 StPO, der die Voraussetzungen für die Pflicht der Polizei, die Staatsanwaltschaft einzuschalten enthält, fordert „Anhaltspunkte dafür …, daß [sic!] jemand eines nicht natürlichen Todes gestorben ist."[1217] Damit lässt das Gesetz die Frage nach dem Fremdverschulden gänzlich offen, zumal dies ohnehin in der Regel erst im Rahmen der polizeilichen Ermittlungen [gemeint sind hier wohl die Leichensache und die förmlichen Ermittlungen][1218] abschließend geklärt werden kann.[1219] Um die mitunter dennoch abweichende Meinung der Beamten zu verstehen, sollte die Polizeiarbeit genauer betrachtet werden. Polizeiliche Ermittlungen dienen grundsätzlich der Aufklärung von Straftaten. Gleiches gilt für die Kriminalpolizei, weshalb sich im Zusammenhang mit Todesfällen folglich zunächst

1212 Ähnlich auch *Schulz*, Rechtsmedizin: Vorträge über aktuelle Themen 1998, S. 73.

1213 *Rothschild*, Rechtsmedizin: Organ der Deutschen Gesellschaft für Rechtsmedizin 2009, S. 411.

1214 § 4 Abs. 1 S. 1 BestV Bayern.

1215 § 9 Abs. 5 BestG NRW.

1216 So auch *Schulz*, Rechtsmedizin: Vorträge über aktuelle Themen 1998, S. 72.

1217 § 159 Abs. 1 StPO.

1218 Siehe zu deren Unterscheidung oben Teil 1, Kapitel 1, X., S. 23–26.

1219 *Mätzler*, Todesermittlung, S. 3.

die Frage stellt, ob ein Tötungsdelikt vorliegt. Kernfrage für die Beamten ist konsequenterweise die nach einem Fremdverschulden. Und die Entscheidung darüber obliegt tatsächlich allein der Staatsanwaltschaft bzw. der Polizei;[1220] der Arzt hat lediglich darauf zu achten, ob – angezeigt durch entsprechende Anhaltspunkte – die *Möglichkeit* eines Fremdverschuldens besteht. Entsprechend argumentieren Ermittlungsbeamte in Streitfällen gegenüber dem Arzt häufig, es gebe keine Hinweise auf ein Fremdverschulden und daher solle ein natürlicher Tod bestätigt werden.[1221] Die Diskrepanzen können besonders dann entstehen, wenn der Arzt sich nicht in der Lage sieht, die Todesart endgültig zu bestimmen. Beispielsweise liegen keine konkreten Anhaltspunkte für einen nicht natürlichen Tod vor, jedoch findet der Arzt auch keine natürliche Todesursache. Aus seiner Sicht ist die Todesart dann durch eine äußere Leichenschau nicht zu klären. Die Polizei und in manchen Fällen wohl auch die Staatsanwaltschaft berufen sich dabei auf die kriminalistische Sichtweise des nicht natürlichen Todes aus § 159 Abs. 1 StPO;[1222] im Ergebnis wird angenommen, dass immer ein natürlicher Tod vorliegt, wenn keine Anhaltspunkte für das Gegenteil ersichtlich sind. Es sprechen jedoch viele Argumente gegen diese Auffassung vom nicht natürlichen Tod und den Folgen für die Untersuchungstätigkeit des Arztes, von denen *Brinkmann/Püschel* eine Zusammenfassung bieten.[1223]

Laut Gesetz – im Folgenden stellvertretend anhand des Saarländischen Bestattungsgesetzes gezeigt – obliegt es dem Arzt, den natürlichen vom nicht natürlichen Tod zu unterscheiden: „Sie/Er [der Arzt] muss sich durch gründliche Untersuchung der entkleideten Leiche Gewissheit über den Eintritt des Todes verschaffen sowie Todeszeitpunkt, Todesursache und Todesart möglichst genau feststellen."[1224] Daher müsste er als Konsequenz aus der Anwendung des rein kriminalistischen Begriffs bei jedem nicht eindeutig natürlichen Tod zusätzlich prüfen, ob eventuell ein Fremdverschulden vorliegt. Dies zu ermitteln, obliegt jedoch gerade ausdrücklich der Polizei,[1225] zumal ein Arzt weder die nötigen Kenntnisse noch Mittel und Befugnisse dazu hat.[1226] Die

1220 *Ciper/Feiertag/Kiwitt* (Hrsg.), Medizinrecht, S. 660.

1221 Diesen Zusammenhang sehen ähnlich auch *Peschel/Fieseler/Zinka*, Der Notarzt 2009, S. 217.

1222 *Brinkmann/Püschel*, MedR – Medizinrecht 1991, S. 234; siehe dazu auch die Darstellung der verschiedenen Begriffsbestimmungen des nicht natürlichen Todes oben Teil 1, Kapitel 1, VIII., S. 17–20.

1223 *Brinkmann/Püschel*, MedR – Medizinrecht 1991, S. 234.

1224 § 15 Abs. 2 S. 1 BestattG Saarland.

1225 § 159 Abs. 1 StPO; vgl. oben Teil 1, Kapitel 1, X., S. 23–26.

1226 Ähnlich auch *Spann*, Der Pathologe 1982, S. 244.

Rechtsmediziner sehen in diesem gedachten Szenario gar eine „gefährliche Kompetenzverlagerung von den Ermittlungsorganen in die Ärzteschaft hinein."[1227] Darüber hinaus werde den Medizinern schon bei derzeitiger Geltung des weiteren Begriffs in aller Regel die hauptsächliche Schuld an der großen Zahl übersehener Tötungsdelikte gegeben. Sollten die demnach ohnehin überforderten Mediziner auch noch weitere Kriterien berücksichtigen und ansatzweise ermitteln müssen, wäre dies mindestens kontraproduktiv. In diesem Zusammenhang weisen sie auch darauf hin, dass im Falle einer mors in tabula unter Umständen der Behandelnde selbst über das mögliche Fremdverschulden (in diesem Fall sein eigenes) entscheiden müsste; entsprechendes Ausnutzen dieser Gelegenheit stünde zu befürchten.[1228] Daran anschließend wird vorgebracht, dass dies auch standespolitisch nicht haltbar sei. Denn von den Vertretern der kriminalistischen Ansicht des Begriffs [gemeint ist der entsprechende Teil der an der Leichenschau beteiligten Nicht-Mediziner] käme zumeist die schärfste Kritik, sollte ein Arzt den eigenen Kunstfehler[1229] nicht als Anhaltspunkt für einen nicht natürlichen Tod sehen. Schließlich werde auch auf die erhebliche gesundheitspolitische Tragweite verwiesen. Maßnahmen in diesem Bereich würden hauptsächlich auf die mit den bei der ärztlichen Leichenschau gewonnenen Daten geführte Mortalitätsstatistik gestützt. Nach Angaben der WHO sei der nicht natürliche Tod bei Personen bis zum 40. Lebensjahr die häufigste Sterbeursache. Die Folge einer rein kriminalistischen Wertung des nicht natürlichen Todes wäre dann jedoch, dass in der Statistik unter einer nicht natürlichen Todesursache nur noch der Tod durch fremdes Verschulden gefasst würde; alle sonstigen Todesursachen flössen in die Werte des natürlichen Todes ein. Auf einer solchen Grundlage wäre eine aussagekräftige und zuverlässige Epidemiologie nicht mehr möglich.[1230]

1227 *Brinkmann/Püschel*, MedR – Medizinrecht 1991, S. 234.

1228 Siehe dazu auch oben Teil 2, Kapitel 2, I., 7., a)., S. 166–170.

1229 Zur Bedeutung, Einordnung und Problematik dieses Begriffs ausführlich *Ulsenheimer/Gaede*, Arztstrafrecht in der Praxis, S. 89 f., Rn. 160–163, mit einer kritischen Auseinandersetzung, ob es einen Unterschied zum Begriff des Behandlungsfehlers gäbe. Disputiert wurde über dieses Thema bereits früher, siehe etwa *Carstensen*, Lebensversicherungsmedizin: Zeitschr. für Diagnose u. Prognose 1986, S. 123 und darauf *Mallach*, Lebensversicherungsmedizin: Zeitschrift für Diagnose u. Prognose 1986, S. 123 f.

1230 So die Darstellung dieser und der vorherigen Argumente bei *Brinkmann/Püschel*, MedR – Medizinrecht 1991, S. 234.

Auch bei näherem Hinsehen erweist sich die kriminalistische Auffassung als wenig praktikabel.[1231] Dies wird anhand der gesetzlichen Ausführungen der Bundesländer zur ärztlichen Leichenschau ersichtlich. Der Vorstellung des Gesetzgebers folgend, besteht der Ablauf aus mehreren Schritten.[1232] Stellt der Arzt bei der Leichenschau fest, dass die Todesart allein mit medizinischen Kenntnissen nicht sicher bestimmbar ist, so übergibt er die weitere Aufklärung an die Beamten der Kriminalpolizei. Nachfolgend sollen die in diesem Punkt besonders ausführlichen Regelungen des Bremer Leichengesetzes und des Saarländischen Bestattungsgesetzes untersucht werden. Es wird ersichtlich, dass die Ermittlungen der Polizei erst *nach der alleinigen Entscheidung des Arztes*, die Beamten aufgrund von Anhaltspunkten für einen nicht natürlichen Tod einzuschalten, beginnen. Im Wortlaut zeigt sich dies an der Reihenfolge, in der die einzelnen Tätigkeiten genannt werden, sowie an dem ihnen zugeschriebenen Zweck: „Ergeben sich Anhaltspunkte … so hat der Leichenschauarzt … unverzüglich die zuständige Polizeidienststelle zu benachrichtigen."[1233] Zudem wird der Arzt aufgefordert dafür zu sorgen, dass die Polizei die ausgefüllte Todesbescheinigung erhält.[1234] Auch in den saarländischen Regelungen wird dies deutlich: „Die Todesbescheinigung ist von der leichenschauenden Ärztin/dem leichenschauenden Arzt vollständig auszufüllen;"[1235] und ebenso: „Sie/Er hat unverzüglich eine Todesbescheinigung nach § 16 auszustellen."[1236]

Nicht gefordert wird hingegen, zum Ausfüllen der Todesbescheinigung das Eintreffen der Beamten abzuwarten. Im Gegenteil, der Gesetzgeber geht offensichtlich davon aus, dass die Kriminalbeamten bis zum Zeitpunkt ihres Tätigwerdens noch keine Kenntnis vom Inhalt der Todesbescheinigung und damit auch nicht von der Todesart haben. Folglich steht diese bei Ankunft der Beamten regelmäßig bereits fest und ist nicht von der etwaigen Feststellung eines Fremdverschuldens durch die Polizei abhängig. Die systematische Stellung unter der amtlichen Überschrift „Besondere Pflichten des Leichenschauarztes" bekräftigt die alleinige Entscheidungsgewalt des Arztes in dieser Hinsicht.[1237] Vor und nach dieser Regelung folgen Normen zum Ort und zur

---

1231 Kritisch dazu etwa auch *Spann*, Der Pathologe 1982, S. 244.

1232 Gemäß den Regelungen in den Landesgesetzen zum Leichenwesen; etwa §§ 3–10 LeichenG Bremen.

1233 § 10 Abs. 1 S. 1 LeichenG Bremen.

1234 § 10 Abs. 1 S. 1 LeichenG Bremen.

1235 § 16 Abs. 1 S. 2 BestattG Saarland.

1236 § 15 Abs. 3 BestattG Saarland.

1237 § 10 LeichenG Bremen.

Todesbescheinigung, was zeigt, dass die Entscheidung durch den Arzt nach der Ankunft am Todesort und vor dem Ausfüllen der Todesbescheinigung erfolgen soll. Im saarländischen Gesetz folgt auf die Vornahme der Leichenschau ebenfalls die Vorschrift über die Todesbescheinigung.[1238] Zweck der gesetzlichen Regelungen zur ärztlichen Leichenschau ist die Sicherstellung eines regelmäßig gleichen und ordnungsgemäßen Stattfindens und Ablaufs der Untersuchung und der anderen Tätigkeiten, die der Bearbeitung des Todesfalls dienen. Entscheidend ist, neben ihren anderen Aufgaben,[1239] der in Art. 2 Abs. 1 des Bayerischen Bestattungsgesetzes beispielsweise ausdrücklich normierte Zweck der Leichenschau: „Jede Leiche muß [sic!] vor der Bestattung zur Feststellung des Todes, der Todesart (natürlicher oder nicht natürlicher Tod) und der Todesursache von einem Arzt untersucht werden (Leichenschau)." Kontinuität und Korrektheit der Dokumentation sind wichtig, um die Validität des Mortalitätsindex zu gewährleisten, dessen Grundlage die Todesbescheinigung darstellt: „Die zuständige Behörde hat der Stelle, die den Bremer Mortalitätsindex führt, die in den Leichenschaubescheinigungen enthaltenen Daten zu übermitteln. Der Bremer Mortalitätsindex ist eine Datenbank, in der der vollständige Inhalt aller Leichenschaubescheinigungen von Verstorbenen mit Hauptwohnsitz im Lande Bremen erfasst sowie für Zwecke der öffentlichen Verwaltung und für wissenschaftliche Zwecke öffentlicher Stellen … vorgehalten wird."[1240] Insgesamt ist der die äußere Leichenschau regelnde § 8 LeichenG Bremen, verglichen mit den umgebenden Vorschriften, sehr ausführlich; zudem sind alle neun Absätze allein der Todesbescheinigung gewidmet. Auch daran zeigt sich die Bedeutung sowohl der in der Bescheinigung vermerkten Daten als auch deren ordnungsgemäße Erhebung. Mit diesen Überlegungen korrespondiert der in § 16 Abs. 1 S. 1 BestattG Saarland, neben anderen, postulierte Zweck der Todesbescheinigung: „Die Todesbescheinigung dient insbesondere … Zwecken der Statistik und der Forschung." Medizinisch korrekte Daten können jedoch nur gewonnen werden, wenn die Erhebung durch fachkundige Ärzte erfolgt. Zumal die Todesursache, und damit auch die Todesart, in der Regel nur mit medizinischen Kenntnissen festzustellen sind. Der Begriff des nicht natürlichen Todes ist vor eben diesem Hintergrund zu interpretieren und es reicht nicht aus, lediglich nach einem möglichen Fremdverschulden zu

---

1238 §§ 15 f. BestattG Saarland.

1239 Siehe zu den wichtigsten Gründen für die ärztliche Leichenschau an sich oben Teil 1, Kapitel 2, I., S. 26–41.

1240 § 9 Abs. 5 S. 1 u. 2 LeichenG Bremen.

differenzieren. Zusammen mit dem Postulat, für die Todesbescheinigung ein einheitliches Muster zu verwenden,[1241] wird die Zielsetzung der Norm offenbar, die Vollständigkeit und Verwertbarkeit der gewonnenen Daten für die Statistik sicherzustellen. Dieser teleologischen Auslegung der Norm folgend, soll über den Wortlaut hinaus eine Trennung von ärztlicher und polizeilicher Arbeit festgelegt werden. Die Eintragungen in die Todesbescheinigung und die Entscheidung, wie die Todesart aufgrund der ärztlichen äußeren Untersuchung einzuordnen ist, bleibt allein dem Arzt überlassen. Die Kriminalbeamten werden an diesem Prozess nicht beteiligt.

Dass Theorie und Praxis möglicherweise gelegentlich auseinanderklaffen, ist wahrscheinlich dem menschlichen Faktor dieses Problemkreises geschuldet und der zum Teil konträren Interessenlage. Ist die Polizei vor oder während der Leichenschau bereits zugegen, so können sich die Beamten selbst ein genaues Bild von der Situation machen. Kommen sie zu dem Schluss, dass keine Anhaltspunkte für einen nicht natürlichen Tod vorliegen, gibt es – aus ihrer Sicht – zwei Möglichkeiten: Sie leiten, wie vorgesehen, Ermittlungen ein und schließen diese umgehend wieder ab, da ein natürlicher Tod vorliegt und somit kein Grund ersichtlich ist, die Staatsanwaltschaft gem. § 159 Abs. 1 StPO einzuschalten; übrig bleiben Schreib- und Aktenarbeit.[1242] Oder sie versuchen von vornherein, den Arzt dazu zu bewegen, einen natürlichen Tod zu bescheinigen, was das gleiche Ergebnis zeitigen würde, allerdings ohne jeglichen Zeit- und Arbeitsaufwand für die Beamten. Befeuert wird die oben beschriebene Problematik durch Schwierigkeiten auf beiden Seiten. Aufgrund der Schwierigkeiten rund um die eigentliche Untersuchung des Leichnams und die Diagnose empfehlen viele Fachleute den leichenschauenden Ärzten, auch bei geringem Zweifel den Tod als ungeklärt zu qualifizieren. Grundsätzlich ist dies eine sinnvolle – bis zur Veränderung der Gesamtbedingungen bei der Leichenschau sogar notwendige – Vorgehensweise. Allerdings führt dies teilweise dazu, dass Kriminalbeamte – die ohnedies bereits einer hohen Arbeitsbelastung ausgesetzt sind – sich mit einer nicht geringen Anzahl von Leichensachen konfrontiert sehen, bei denen nach Ansicht der Beamten vergleichsweise leicht erkennbar ein natürlicher Tod vorliegt:[1243] „Die Kripo will beispielsweise nicht in einem

1241 § 6 Abs. 1 LeichenG Bremen.

1242 So ist etwa der Tatortbefundbericht anzufertigen, siehe dazu *Mätzler*, Todesermittlung, S. 31–35.

1243 Vgl. *Gerg/Baier*, Kriminalistik 2009, S. 476.

vorbildlich geführten Altersheim ermitteln, nur weil der Leichenschauer die verstorbene 97-jährige Bewohnerin nicht kennt."[1244]

Doch auch von Seiten der Staatsanwaltschaft dürfte dies auf wenig Begeisterung stoßen. Denn wie sich aufgrund des Vorgehens bei potentiellen Obduktionen vermuten lässt, sucht man auch hier nach Möglichkeiten, Zeit und Kosten zu sparen. So berichten Pathologen, dass Polizei wie Staatsanwaltschaft bei relevanten Fällen gern anfragen, ob eine Obduktion nicht aus medizinischen Gründen vorgenommen werden könne; die Kriminalbeamten würden dann lediglich bei entsprechenden Anhaltspunkten für einen nicht natürlichen Tod informiert werden wollen und die Kosten dieser inneren Leichenöffnungen trüge jedenfalls nicht die Ermittlungsbehörde.[1245] Solche Beobachtungen sind wahrscheinlich nicht von der Hand zu weisen, denn die Ursachen für das Verhalten der verpflichteten Ärzte sind unschwer zu erkennen. Angesichts der zahlreichen Schwierigkeiten bei der Leichenschau nach dem heutigen System wird den leichenschauenden Ärzten von Seiten der Fachwelt immer wieder geraten, im Zweifel die Todesart als unklar offen zu lassen, um Fehldiagnosen und deren gravierende Konsequenzen zu vermeiden;[1246] bei den Notärzten führt wahrscheinlich in erster Linie das Fehlen der Anamnese des Verstorbenen zu Unsicherheiten hinsichtlich der genauen Todesursache.[1247] Gerade Ärzten mit wenig Erfahrung auf diesem Gebiet fällt es angesichts der großen Verantwortung wohl oft schwer, sich auf eine Todesart festzulegen, zumal in Fachkreisen auf die Unzulänglichkeit der einfachen Untersuchung vor Ort hingewiesen wird.[1248] Hinzu kommt die zum Teil geringe Motivation bei dieser ärztlichen Pflichttätigkeit, zu der auch die unter Umständen zeitaufwendige und mühsame Beschaffung von Informationen über den Verstorbenen gehört. Dies dient

1244 *Birkholz*, Notfall-Medizin in der täglichen Praxis 2003, S. 211.

1245 So *Raute-Kreinsen*, in: *Raute*, Die ärztliche Leichenschau aus der Sicht des Pathologen – Interview mit Prof. Dr. med. Ute Raute-Kreinsen, ehem. Chefärztin des Instituts für Pathologie des Klinikums Bielefeld-Mitte und Ärztliche Direktorin.

1246 Aktuell etwa *Schmeling*, in: *Raute*, Die Problematik der ärztlichen Leichenschau – Interview mit Prof. Dr. med. Andreas Schmeling, stellvertretender Direktor des Instituts für Rechtsmedizin der Universität Münster – Mitglied im Vorstand der Deutschen Gesellschaft für Rechtsmedizin. In der Literatur beispielsweise *Peschel/Grupp/Graw*, MMW Fortschritte der Medizin 2012, S. 64 f.; siehe zu den Problemen und Konsequenzen insbesondere oben Teil 2, Kapitel 1, I., S. 103–124 und Teil 2, Kapitel 2., I., 1., S. 133–151.

1247 Vgl. *Rothschild*, Rechtsmedizin: Organ der Deutschen Gesellschaft für Rechtsmedizin 2009, S. 408.

1248 So schon *Schneider*, Die Leichenschau, S. 55.

letztlich auch der Klärung der Todesart und wird von den Ärzten wohl auch umgangen, indem sie diese offen lassen. Im Zusammenhang mit diesem Punkt besteht schließlich das Problem, auch zu diesem Begriff keine bundeseinheitliche Definition oder ungefähre Bestimmung des Begriffs „ungeklärte Todesart" an der Hand zu haben. Auf den ersten Blick scheint dies tatsächlich nicht erforderlich, da der Arzt bei der Leichenschau in der Theorie bestens qualifiziert ist, eine umfassende Untersuchung vornimmt, Informationen einholt, im Zweifel zunächst den zuvor behandelnden Kollegen befragt und somit nur in seltenen Fällen keine Klarheit bezüglich der Todesart geschaffen werden kann. In der täglichen Praxis jedoch kommt dieses Ergebnis am häufigsten auf folgendem einfachen Weg zu Stande: Der Arzt „kennt den Patienten nicht bzw. weiß nicht, woran er verstorben ist, also ist die Todesart unklar."[1249] Dies ist nicht so vorgesehen, jedoch lassen die gesetzlichen Vorgaben an diesem Punkt zu wünschen übrig. Macht sich ein Arzt beispielsweise in Bayern die Mühe, § 3 BestV Bayern zur Durchführung der Leichenschau zu lesen, findet er Vorgaben lediglich zur vollständigen und genauen Untersuchung der Leiche,[1250] nichts jedoch bezüglich der Einholung weiterer Informationen. Zum Thema unklare Todesart nimmt er nur folgenden Hinweis zur Kenntnis: „Ist dem zur Leichenschau zugezogenen Arzt die Klärung der Todesart nicht möglich, ist in der Todesbescheinigung die Todesart als „ungeklärt" anzugeben."[1251] Für den juristisch geschulten Leser bieten sich hier Auslegungsmöglichkeiten; etwa Wortlaut und Stellung im Gesetz. Ein Mediziner wird sich aller Wahrscheinlichkeit in der Auffassung nach bestätigt sehen, dass die Todesart ungeklärt ist, wenn er bei der Untersuchung (lediglich) der Leiche zu keinem klaren Ergebnis kommt. Angesichts des jahrelangen Stellenabbaus bei der Polizei und der jetzt durch den Flüchtlingszustrom enorm erhöhten Einsatzzahlen für die Beamten ist die Problematik der Mehrbelastung durch unklare Ergebnisse bei der ärztlichen Leichenschau absolut aktuell, und da die kommende Personalaufstockung nicht unmittelbar greift, wird sie ihr Konfliktpotential behalten.[1252]

Auch bei den Problemen der Beteiligten untereinander zeigt sich wieder die Schwäche des derzeitigen Systems, dessen verschiedene Faktoren sich häufig – wie an dieser Stelle – gegenseitig verstärken und zu einer schleichenden

1249 *Birkholz*, Notfall-Medizin in der täglichen Praxis 2003, S. 211.

1250 § 3 Abs. 1 S. 2 HS. 2 u. S. 3 BestV Bayern.

1251 § 3 Abs. 3 S. 2 BestV Bayern.

1252 Siehe zu der Thematik beispielsweise *o.V.*, FAZ – Frankfurter Allgemeine Zeitung vom 12.01.2016, S. 17.

Vergrößerung der Probleme und Verschlechterung der Ergebnisse führen. Und dennoch kann in diesem speziellen Fall nur gelten, was schon in der Theorie sinnvoll erscheint und durch die praktischen Erfahrungen bestätigt wird. Um eine reibungslose Zusammenarbeit der Beteiligten bei der Bearbeitung eines Todesfalls zu gewährleisten, erscheint folgendes unerlässlich: Die Entscheidung des Arztes hinsichtlich der Todesart ist von der Ermittlung eines möglichen Fremdverschuldens strikt zu trennen. Allerdings darf dieser die Option des ungeklärten Todes in der Todesbescheinigung keinesfalls verwenden, um Arbeit auf die Polizei abzuwälzen.[1253] Abhilfe muss jedoch in allererster Linie bei den Ursachen der einzelnen ursprünglichen Faktoren, wie der Überforderung vieler Ärzte, geschaffen werden.

II. Fazit

Im Überblick zeigt sich, dass die Probleme sämtliche Bereiche der Leichenschau betreffen: Den gesamten Vorgang mit allen medizinischen, kriminalistischen und rechtlichen Aspekten, die Beteiligten und Außenstehenden sowie die rechtliche Regelung an sich. An einigen Stellen gab es im Laufe der Zeit Verbesserungen, jedoch sind die wesentlichen Punkte nach wie vor problembehaftet. Angesichts dessen drängt sich die Frage auf, wie(so) die Leichenschau bisher überhaupt funktioniert hat. Die geschilderte Praxis zeigt: In der derzeitigen Form ist dies jedenfalls in der theoretisch erwünschten Art und Weise tatsächlich nicht der Fall. Daraus folgt direkt die nächste Frage, warum es denn dann allgemein den Anschein hat, als täte sie dies. Hauptgrund dafür und für die gesamte Problemsituation ist die Tatsache, dass kaum jemand die Auswirkungen der Misere *unmittelbar* zu spüren bekommt. Beim Aspekt des Übersehens nicht natürlicher Todesfälle beispielsweise liegt dies in der Natur der Sache. Die Kausalkette von verfälschenden Untersuchungsergebnissen über die Todesursachenstatistik, bis hin zu falscher Schwerpunktsetzung im Gesundheitssystem ist so lang und komplex, dass kaum jemand sie überblickt. Einhergehend mit dem Umstand, dass der Tod kein angenehmes Thema ist, scheint auf allen Seiten die Versuchung – und oft wohl auch die Bereitschaft – groß, die Zustände zu ignorieren.

Mit Blick allein auf die medizinisch-praktischen Probleme bekommt man den Eindruck, dass eine objektiv ordnungsgemäße Leichenschau mit einer einwandfreien Diagnose kaum möglich ist. Jedoch ist zum einen die Mehrzahl der

---

1253 Ähnlich *Birkholz*, Notfall-Medizin in der täglichen Praxis 2003, S. 212.

Fälle nicht so kompliziert wie die aufgezeigten Problemschwerpunkte. In der Regel ist der Verstorbene dem leichenschauenden Arzt bekannt, Letzterer mit einer gewissen Erfahrung ausgestattet und es liegen keine außergewöhnlichen medizinischen Sachverhalte vor. Zum anderen kommt es im Wesentlichen auf die Todesfeststellung und die Bestimmung der Todesart an, die eine besonders große, weil unmittelbare Bedeutung haben. Kumulativ bewirken diese beiden Aspekte, dass – obwohl die Todesart eng mit der Ursache zusammenhängt – in der Mehrzahl der Fälle die rein medizinischen Probleme bewältigt werden können. Natürlich bleibt wie bei jeder Art von nicht alltäglicher Diagnose eine gewisse Unsicherheit. Aber mit der Möglichkeit an der Hand, die Todesart im Zweifel als unklar angeben zu können, und allein objektiv auf die medizinische Problemstellung bezogen, ließe sich das System wohl als theoretisch funktionsfähig bezeichnen. Die oben aufgezeigte Realität beginnt jedoch schon damit, dass auch heute noch nicht in allen Bundesländern die Kategorie unklare Todesart existiert.[1254] Die Gesamtheit der Probleme ist derart vielfältig und komplex, dass wohl auch ein idealer Zustand in medizinischer oder in personenbezogener Hinsicht allein nicht genügen würde. Die ärztliche Leichenschau in der qualitativ objektiv erforderlichen Form – von der der Gesetzgeber heute zum Teil schon ausgeht – ist für den Arzt nach den hier getroffenen Feststellungen eine wesentlich umfangreichere und komplexere Tätigkeit, als dies gemeinhin angenommen wird. Herausgegriffen sei nur das Beispiel, dass Leichenschauärzte über aktuelle Maßnahmen im Rettungsdienst informiert sein zu sollten, um durch Rettungsmaßnahmen hervorgerufene Verletzungen richtig interpretieren zu können.[1255] Fraglich ist, inwieweit ein im derzeitigen System leichenschauender Hausarzt, der nur einige Male im Jahr überhaupt eine Leichenschau vornimmt, neben seiner alltäglichen Tätigkeit – auf die sich sein aktuelles Fachwissen in der Hauptsache beziehen sollte – einen solchen Wissensstand aufrecht erhalten kann. Angesichts der Tatsache, dass die Ärzte derzeit wohl nicht immer die aktuellen Leichenschauformulare verwenden[1256] oder zum Teil nicht um die Existenz der Todesursachenstatistik wissen,[1257] erscheint ein solches Idealbild weit entfernt. Es sollte aber in jedem Fall eine erhebliche Annäherung erfolgen. Denn letztlich geht es um die grundlegende

---

1254 Siehe das Beispiel der Todesbescheinigung in Schleswig-Holstein, siehe dazu unten Teil 2, Kapitel 3, II., S. 207–209.

1255 Siehe dazu oben Teil 2, Kapitel 2, I., 1., b), S. 140 f.

1256 Zu diesem Thema oben Teil 2, Kapitel 1, II., 2., S. 151.

1257 Siehe dazu die oben erwähnte Umfrage, Teil 2, Kapitel 1, II., 2., a), S. 153.

und verantwortungsvolle Aufgabe, Tötungsdelikte aufzudecken, eine wichtige Säule des Gesundheitssystems aufrecht und tragfähig zu erhalten, existentielle rechtliche Sachverhalte zu klären und auch Leben zu retten.[1258]

Wie in den meisten Fällen komplexer Sachverhalte stehen viele der oben aufgezeigten Probleme miteinander in Zusammenhang. Beispielhaft ist die Kausalkette, an deren Ende eine hohe Fehlerquote bei der Leichenuntersuchung steht. Nach einigen Regelungen kann jeder approbierte Arzt – und damit theoretisch etwa auch ein Mediziner, der seit Jahrzehnten ausschließlich in der Pharmabranche tätig ist –[1259] die Leichenschau vornehmen, wobei es hinsichtlich der jeweiligen Kompetenz und Erfahrung keine gesetzlichen Mindeststandards gibt.[1260] Angesichts der niedrigen Bezahlung und dem generell geringen Interesse vieler Ärzte an diesem Themengebiet besteht kaum Motivation, sich in Eigeninitiative und auf eigene Kosten fortzubilden oder sich der Übung halber für einen vermehrten Einsatz zu melden. Dieser Umstand wird verstärkt durch das Wissen der Ärzte um potentielle Einflussnahme Außenstehender und Konfliktsituationen im Rahmen der Leichenschau, sei es durch beteiligte Beamte, Privatleute oder mit dem eigenen Gewissen, bezogen auf zu beschuldigende Kollegen. Zudem kann sich der zeitliche Aufwand, etwa bei der Erforschung der Todesursache im Umfeld des Verstorbenen, bei den derzeitigen Regelungen erheblich in die Länge ziehen. Schließlich ist es aufgrund der uneinheitlichen gesetzgeberischen Vorgaben zu der Thematik auch für den informationswilligen Arzt nicht einfach, die jeweils gültigen Regelungen genau zu kennen. Insgesamt zeigen sich somit in der Praxis erhebliche Missstände, die offensichtlich systembedingt sind.[1261] Eigentlich böte sich in einer solchen Situation der Staat als Initiator entsprechender Programme an, wenn nicht auf gesetzlicher, dann zumindest auf freiwilliger Basis. Jedoch bleibt dies in aller Regel beispielsweise den Ärztekammern als Körperschaften des Öffentlichen Rechts überlassen.

Das Gesetz bildet die Grundlage für alle Tätigkeiten im Zusammenhang mit der ärztlichen Leichenschau. Die meisten der medizinisch-praktischen Probleme entstehen – direkt oder indirekt – innerhalb und aufgrund des mit großen

---

1258 Stichworte an dieser Stelle sind: Übersehen von Fremdtötungen, erb- und versorgungsrechtliche Angelegenheiten, Todesursachenstatistik sowie Aufdeckung von Gefahrenquellen und Kindesmisshandlung.

1259 Vgl. *Dettmeyer/Verhoff* 2009, S. 393.

1260 So auch *Peschel/Fieseler/Zinka*, Der Notarzt 2009, S. 219.

1261 So etwa auch *Dettmeyer/Madea*, Kritische Vierteljahresschrift für Gesetzgebung und Rechtswissenschaft 2004, S. 357 m.w.N., hinsichtlich des sicheren Erfassens der Todesart.

Mängeln behafteten Systems, das durch die entsprechenden Normen überhaupt erst geschaffen und ausgestaltet wird. Es liegt daher nahe, die Ursachen für die Probleme überwiegend darin zu suchen, etwa die in der GOÄ unangemessen niedrig angesetzte Bezahlung für diese Form der ärztlichen Tätigkeit.[1262] Der schon seit Langem am häufigsten kritisierte Umstand ist die Uneinheitlichkeit der Gesetzgebung. Hinzu kommt, dass in vielen Gesetzestexten wichtige Aspekte nicht oder nur unzureichend geregelt sind. Auf der anderen Seite gibt es detaillierte Regelungen, die in der vorgesehenen Form vom Arzt teilweise nicht praktisch umgesetzt werden können. Schließlich steht das Gesetz einer Verbesserung der Qualität in manchen Fällen sogar direkt entgegen. So musste beispielsweise ein neues Leichenschausystem am Klinikum Delmenhorst aufgrund von Zweifeln an der Vereinbarkeit mit dem Bestattungsgesetz des Landes Niedersachsen nach knapp zwei Monaten bereits wieder gestoppt werden.[1263] Dort wurde nach der Tötungsserie durch den Pfleger Nils H.,[1264] die jahrelang bei keiner Leichenschau aufgefallen war, im Herbst 2015 eine qualifizierte ärztliche Leichenschau eingeführt. Im Gegensatz zum üblichen Vorgehen wird die Untersuchung dabei nur von Ärzten durchgeführt, die auf Leichenschau spezialisiert sind. Angesichts der vorangegangenen Vorfälle sah die betroffene Klinik dies als erhebliche Verbesserung an und auch von der Fachpresse kam große Zustimmung.[1265] Tatsächlich wird diese Variante von einigen Fachleuten seit Langem gefordert.[1266] Das weitere Vorgehen der Verantwortlichen ist derzeit noch offen. Rechtliche Mängel liegen also in dreierlei Hinsicht vor: Es wurde bei den vielen unterschiedlichen Aspekten der Leichenschau sowohl zu wenig als auch zu viel und an manchen Stellen nicht praxisgerecht geregelt.

1262 Siehe dazu oben Teil 1, Kapitel 5, I., 5., S. 89 f.

1263 *Schirrmeister*, Leichenschau wieder abgeschafft, abrufbar unter http://www.taz.de/Projekt-scheitert-an-Rechtslage/!5281544/ (geprüft am 28.01.2018). Nach entsprechenden gesetzlichen Änderungen durch die Landesregierung konnte das Verfahren im Frühjahr 2016 wieder aufgenommen werden. Das Rechtsmedizinische Institut der Universität Hannover und der ärztliche Beweissicherungsdienst in Bremen arbeiten insofern mit dem Klinikum in Delmenhorst und anderen Regionalen Häusern zusammen, vgl. Bremische Bürgerschaft, BB-Drs. 19/369.

1264 Siehe die ausführliche Darstellung des Falls unten Kapitel 2, I., 1., b), S. 147 f.

1265 *o.V.*, Ärztezeitung 2015, S. 8.

1266 Siehe dazu die Verbesserungsvorschläge aus der Wissenschaft unten Teil 3, Kapitel 2, I., S. 287–290.

Kapitel 3: Relevanz des Themas in Gesellschaft und Politik

Um nach der umfassenden Darstellung des Leichenschausystems dessen Stellung in Deutschland und die Zukunftschancen einigermaßen beurteilen zu können, ist die Haltung der Politik, der Juristen, der Ärzte und Rechtsmediziner ebenso wichtig, wie die Wahrnehmung in der Gesellschaft.

I. In der Gesellschaft

Beispielhaft für das Wissen um die Thematik der Leichenschau in der Gesellschaft ist, wie dieses Thema in der Literatur zum Allgemeinwissen behandelt wird - äußerst knapp.[1267] Es handelt sich bei der ärztlichen Leichenschau und den Situationen, in denen sie relevant wird, um einen Bereich, der in keiner Weise zum heutigen Alltagsleben gehört. Insbesondere das Thema Tod scheint in der modernen Zeit immer mehr aus der gesellschaftlichen Wahrnehmung der säkularen westlichen Zivilisationen verdrängt worden zu sein.[1268] Dies mag an der niedrigen Sterberate und der zunehmenden Lebenserwartung, aber auch daran liegen, dass sich das Leben zunehmend außerhalb der Großfamilie abspielt und das Altern etwa der Großeltern einem nicht mehr täglich vor Augen geführt wird. Gefördert wird diese Entwicklung sicherlich auch durch eine Kultur der Jugendverehrung im Sinne eines Kampfes gegen das Altern. Man könnte sagen, der Tod ist nicht mehr Teil des Lebens wie in früheren Jahrhunderten, sondern wird so lange wie möglich geistig wie optisch verdrängt.[1269] Die in den Massenmedien in jüngerer Zeit steigende Zahl von TV-Produktionen

---

1267 So behandelt *Hell*, Alles Wissenswerte über Staat, Bürger, Recht, S. 414, in seiner Staatsbürger- und Gesetzeskunde, die sich hauptsächlich an Auszubildende in den Pflegeberufen richtet, die Leichenschau in drei Absätzen, ohne zwischen den verschiedenen Arten zu differenzieren.

1268 Zur Verdrängung des Todes auch *Hilgendorf*, Lebendige Seelsorge 2005, S. 263, der dieser Entwicklung kritisch gegenüber steht.

1269 Siehe dazu etwa *Berk/Schönpflug*, Entwicklungspsychologie, S. 869 f.; *Knoblauch*, in: Groß et al., Tod und toter Körper, S. 189–191 unter Hinweis auf die umfassende Untersuchung des Begriffs der Todesverdrängung durch *Walter*, Sociology 1991, S. 293–310. Wenngleich eine recht polemisch wiedergegebene, jedoch umfassende Beobachtung unserer Gesellschaft hinsichtlich dieses Themas erfolgt durch *Faerber*, Der verdrängte Tod.

zu diesem Thema[1270] behandeln nicht das Thema Tod an sich und wie sich der Mensch damit auseinandersetzen könnte. Gezeigt wird vielmehr, was polarisiert und die morbide Faszination anspricht; Serien, in denen Rechtsmediziner, Pathologen oder Forensiker in der Hauptrolle auftreten, prägen inzwischen das Abendprogramm. Und auch das bekannte Krimi-Format inklusive Todesfall hat in verschiedenen Variationen und vielfach sehr moderner Aufmachung wieder Hochkonjunktur. Auch dabei steht fast ausschließlich die Leichenöffnung im Mittelpunkt, allenfalls wird noch das Vorgehen der Kriminalpolizei am Tatort ausführlicher geschildert. Die ärztliche Leichenschau in ihrer Komplexität bleibt in den Medien und entsprechend im Bewusstsein des Publikums weitgehend unbeachtet. Angesichts der zunehmenden Verrechtlichung, allgemein und im Arzt-Patientenverhältnis, verwundert die unveränderte Zurückhaltung beim Umgang mit den Toten.[1271]

Um Erklärungen für die Einstellung der Menschen zum Tod heute zu finden hilft es, dieses Verhältnis im Kontext der zeitlichen Entwicklung sehen. In jeder Gesellschaft bildet sich – vor allem in kultureller Hinsicht – ihre eigene Form heraus, mit dem Tod umzugehen. Diese unterliegt einem unterschiedlich ausgeprägten Wandel, der sicherlich zum Teil historisch bedingt ist. Die dunkelste Seite der deutschen Geschichte, das nationalsozialistische Grauen, forderte Opfer deren Todesumstände ob ihrer Tragik und Pervertierung eingehend untersucht wurden und weiter werden. Auch das Erinnern daran besteht aus vorangegangenen[1272] wie aktuellen[1273] Anstrengungen, nicht zu vergessen. Und es gibt trotz alledem Stimmen, die an der persönlichen inneren Teilnahme

---

1270 Vgl. *Tsokos*, Populäre Rechtsmedizin.

1271 Vgl. auch *Madea* (Hrsg.), Die ärztliche Leichenschau, S. VII.

1272 Der Britische Historiker Timothy Garton Ash schrieb in diesem Zusammenhang: „In diesem guten Land haben sich die Professionalität seiner Historiker, das investigative Geschick seiner Journalisten, die Ernsthaftigkeit seiner Parlamentarier, die Großzügigkeit seiner Stifter, der Idealismus seiner Priester und Moralisten, das kreative Genie seiner Schriftsteller und, ja, die Brillanz seiner Filmemacher alle zusammengetan, um in der Vorstellungskraft der Welt die Verbindung von Deutschland mit dem Bösen unauslöschlich zu zementieren. Ohne diese Anstrengungen wäre Deutschland niemals ein so gutes Land geworden." *Garton Ash*, The New York Review of Books 2007, S. 8.

1273 So aktuell etwa auch in der Medizin, wo einzelne Verbände und Firmen ihre Vergangenheit aufzuarbeiten versuchen – beispielhaft *Finger/Keller/Wirsching*, Dr. Oetker und der Nationalsozialismus. Auch die Schicksale betroffener Individuen einzelner medizinischer Fachrichtungen werden aus der Anonymität befreit, *Raute*, Jude – venia entzogen 1934.

derer, die angesprochen werden sollen, zweifeln.[1274] Angesicht dieses Ringens der Deutschen mit ihrer von vielen Arten des Todes geprägten Vergangenheit erscheint ein schwieriges Verhältnis zu diesem Aspekt des Lebens naheliegend. Doch schon in der Zeit vor der deutschen Katastrophe zeichnete sich eine Änderung des kulturellen Umgangs mit dem Sterben ab. „Und im Verlauf des neunzehnten Jahrhunderts hat die bürgerliche Gesellschaft mit hygienischen und sozialen, privaten und öffentlichen Veranstaltungen einen Nebeneffekt verwirklicht, der vielleicht ihr unterbewußter [sic!] Hauptzweck ist: den Leuten die Möglichkeit zu verschaffen, sich dem Anblick von Sterbenden zu entziehen."[1275] Die Beobachtung gilt auch der Verlagerung des Sterbeprozesses heraus aus den eigenen vier Wänden hinein in spezielle Einrichtungen verschiedener Art, wobei sich auch die Formen der Unterbringung während der letzten zwei Jahrhunderte noch verändert haben.[1276] *Benjamin* stellt sogar fest, dass der Todesgedanke im allgemeinen Bewusstsein schon seit Jahrhunderten an Gegenwärtigkeit und Bildkraft verliert und sich dieser Vorgang in neuerer Zeit noch beschleunigt hat, „Sterben wird im Verlauf der Neuzeit aus der Merkwelt der Lebenden immer weiter herausgedrängt."[1277] Diese Überlegungen aus den dreißiger Jahren des letzten Jahrhunderts sind absolut aktuell, insofern sich der Trend nicht verändert hat.[1278] So heißt es in einem auf das Totenbrauchtum bezogener Auszug aus einer 1988 erfolgten Veröffentlichung der Stiftung Zentralinstitut und Museum für Sepulkralkultur in Kassel: „Bis weit in das zwanzigste Jahrhundert hinein waren die Vorgänge um Sterben, Tod, Bestattung und Trauer in die natürlichen Zusammenhänge von Familie, Nachbarschaft, dörflicher und kirchlicher Gemeinschaft eingebettet, ritualisiert durch kirchliche Ordnung und ein regional jeweils unterschiedlich ausgeprägtes Totenbrauchtum. Die seit Jahrzehnten zu beobachtende Tabuisierung des Todes, die allzu bereitwillig akzeptierte Verlagerung der Bestattungsvorgänge und der

---

1274 So etwa *Wolffsohn*, FAZ – Frankfurter Allgemeine Zeitung vom 04.11.2013, S. 7, zitiert in *Raute*, Jude – venia entzogen 1934, S. 152.

1275 *Benjamin*, Illuminationen, S. 420.

1276 Gab es zunächst Sterbehospize und entsprechende Sanatorien, so beginnt die Spezialisierung heute bereits in Pflegeheimen. Allgemein und ausführlich zu diesem Thema etwa *Knoblauch/Zingerle* (Hrsg.), Thanatosoziologie.

1277 *Benjamin*, Illuminationen, S. 420.

1278 Der Essay „Der Erzähler – Betrachtungen zum Werk Michail Lesskows" stammen aus den Jahren 1936/1937. Aktuelle Beiträge finden sich beispielsweise in *Schockenhoff/Joh/Volkenandt* (Hrsg.), Bestattungskultur im Wandel, Zeitschrift für medizinische Ethik, 60. Jahrgang 2014, Heft 4.

Grabpflege auf entsprechende Dienstleistungsgewerbe haben zu einem drastischen Rückgang des noch ausgeübten Totenbrauchtums geführt."[1279] Diese Entwicklung wird auch im Umgang mit pflegebedürftigen und sterbenden Menschen deutlich, der einem die eigene Endlichkeit vor Augen führt. Diese „erscheint im Selbstverständnis des modernen Menschen als Bedrohung."[1280] Entsprechend werden das Sterben und der Weg dahin so weit wie möglich aus dem Alltag ausgeklammert. In der Folge fehlt vielen Menschen heute die Fähigkeit zu einem Zugewandten Umgang mit Sterbenden, auf den diese angewiesen sind.[1281] Mit der zunehmenden Säkularisierung verlieren auch die religiös geprägte Tradition des Trauerns und die Auseinandersetzung mit dem Tod zunehmend an Bedeutung. Dazu kommen die weit fortgeschrittenen medizinischen Möglichkeiten und die damit einhergehende geringe Sterberate sowie eine allgemein wesentlich höhere Lebenserwartung als früher. Der Tod ist bei weitem keine alltägliche Begebenheit mehr. Zusammen mit dem Rückgang ritualisierter Trauerbewältigung stellt der Todesfall eines Angehörigen heute oft ein ungekanntes Ereignis dar, das zu bewältigen weitgehend dem Einzelnen oder Wenigen im privaten Rahmen überlassen bleibt. Dies ist in der Regel auch so gewollt oder wird zumindest als üblich empfunden. Auf der anderen Seite wurde die Leichenschau zunehmend detaillierter geregelt und fällt stärker – möglicherweise auch negativer – auf. Schon die Bestimmung des Status eines Leichnams und Handhabung des Leichnams in der Medizin sind heute noch disziplinübergreifend schwierig.[1282]

Die Debatte um die Sterbehilfe[1283] ist ein weiterer Ausdruck der Ambivalenz der deutschen Gesellschaft in Fragen des Todes. Die Diskussionsbreite der

---

1279 Zitiert nach *Gröschner*, Menschenwürde und Sepulkralkultur in der grundgesetzlichen Ordnung, S. 51, mit Hinweis auf *Boehlke*, Friedhof und Denkmal – Zeitschrift für Sepulkralkultur 1988, S. 108.

1280 *Kruse*, in: Igl/Naegele/Hamdorf, Reform der Pflegeversicherung – Auswirkungen auf die Pflegebedürftigen und die Pflegepersonen, S. 7.

1281 In diesem Sinne *Kruse*, in: Igl/Naegele/Hamdorf, Reform der Pflegeversicherung – Auswirkungen auf die Pflegebedürftigen und die Pflegepersonen, S. 7. Dieser analysiert außerdem, dass dem Verschwinden der überlieferten Konventionen im Umgang mit Sterben und Tod keine Entwicklung moderner Alternativen gegenübersteht, die Unsicherheit im Miteiander der Menschen in solchen Situationen auffangen könnten.

1282 Vgl. etwa die Diskussionen bei *Wellmer/Bockenheimer-Lucius* (Hrsg.), Zum Umgang mit der Leiche in der Medizin.

1283 So hat der Bundestag den Entwurf des Gesetzes zur Strafbarkeit der geschäftsmäßigen Förderung der Selbsttötung unverändert angenommen,

Thematik ist kaum ganz zu überblicken und erstreckt sich über viele gesellschaftliche Bereiche und wissenschaftliche Disziplinen, wobei sich die Spaltung entlang der Abwägung zwischen der Autonomie des Menschen bezüglich des eigenen Lebens und der Ablehnung entsprechender Verfügungen, zu dessen unbedingtem Schutz und Erhalt, vollzieht.[1284] In anderen Ländern ist die Debatte weniger breit und zum Teil gibt es klare Regelungen für die Praxis.[1285] Auch hier zeigt sich, mit den Worten *Hans Küngs*, „dass sich unser Verständnis sowohl vom Anfang wie vom Ende des Menschenlebens mitten in einem epochalen Paradigmenwechsel befindet."[1286] Tatsächlich gibt es auch bei der äußeren Leichenschau sowohl von Fachleuten als auch in der Bevölkerung noch ethische Bedenken, beispielsweise hinsichtlich der Entkleidung der Leiche – trotz der aus medizinischer Sicht absoluten Notwendigkeit.[1287] Vor diesem Hintergrund liegt es nahe, dass die Arbeit des leichenschauenden Arztes bei Sterbefällen in privater häuslicher Umgebung oft als unerwünschtes Eindringen empfunden wird. Gerade für den Hausarzt, der die Familie womöglich privat kennt, stellt die Situation einen schwierigen Spagat zwischen offizieller Tätigkeit und privater Zurückhaltung dar. Insgesamt ist anzunehmen, dass das hier beschriebene schwierige Verhältnis der Gesellschaft zum Tod negative Auswirkungen auf die Problematik der Leichenschau hat.[1288]

---

vgl. BT-Drs. 544/15; siehe aus der aktuellen gesellschaftlichen Diskussion etwa *Rosenberg*, Anklage: Sterbehilfe; *Lücking-Michel* (Hrsg.), Sterben dürfen? Sterben helfen?, zu den rechtlichen Aspekten aktuell etwa *Raske-Al-Hammoud*, Die strafgesetzliche Regelung der Sterbehilfe; davor auch BGHSt 55, 191; *Verrel*, JA – Juristische Arbeitsblätter 2012, im Editorial; *Hilgendorf*, Lebendige Seelsorge 2005, S. 253–257 sowie 261–263; über Deutschland hinaus EGMR, NJW – Neue Juristische Wochenschrift 2015, 2715; *Körtner*, in: Joerden/Hilgendorf/Thiele, Menschenwürde und Medizin; *Hilgendorf*, in: Joerden/Szwarc, Europäisierung des Strafrechts in Polen und Deutschland – rechtsstaatliche Grundlagen.

1284 Vgl. *Hilgendorf*, Aufklärung und Kritik 2006, S. 31.

1285 Einen fundierten europaweiten Überblick und Vergleich sowie pro und contra Argumentationen, mit Schwerpunkt auf Deutschland und der Schweiz, bieten aktuell namhafte Persönlichkeiten in *Wehrli/Sutter/Kaufmann* (Hrsg.), Der organisierte Tod, für Deutschland und Ungarn *Ehmann*, Die strafrechtliche Bewertung der Sterbehilfe im deutsch-ungarischen Vergleich.

1286 *Küng*, in: Wehrli/Sutter/Kaufmann, Der organisierte Tod, S. 9.

1287 Vgl. *Groß*, Die Entwicklung der inneren und äußeren Leichenschau in historischer und ethischer Sicht, S. 85–87.

1288 So auch die Einschätzung von *Zimmermann*, in: *Raute*, Fragen zu den Problemen der ärztlichen Leichenschau – Interview mit Dr. jur. Georg Zimmermann, Vorsitzender Richter am Landgericht Bielefeld.

II. In der Politik

Als gutes Beispiel für die Behandlung der Leichenschau-Problematik in der Politik dient die Reaktion verschiedener, überwiegend politischer Entscheidungsträger auf eine Welle von Anfragen und Zuschriften Ende der siebziger Jahre, nachdem die Öffentlichkeit durch eine Reihe von Scheintodfällen aufgeschreckt worden war.[1289] Erhalten geblieben ist eine Sammlung von Zitaten aus verschiedenen Stellungnahmen auf Bundes- und Landesebene, die sich hauptsächlich dadurch auszeichnen, dass der Angeschriebene sich für nicht zuständig erklärt.[1290] So etwa der Bundesminister der Justiz am 22.01.1979: „… teile ich Ihnen zunächst mit, dass der Bund auf dem Gebiet des Leichenbestattungs- und Friedhofswesens keine Gesetzgebungskompetenz hat, die Regelung dieser Materie vielmehr den Bundesländern zusteht… Soweit in Ihrem Schreiben medizinische, mit der Feststellung des Todeszeitpunktes zusammenhängende Fragen angeschnitten werden, ist innerhalb der Bundesregierung der Bundesminister für Jugend, Familie und Gesundheit zuständig." Es entbehrt nicht einer gewissen Ironie, dass der Bundesminister für Jugend, Familie und Gesundheit in der Angelegenheit offensichtlich ebenfalls schon eine Anfrage erhalten hatte und am 22.01. und 14.02.1979 äußert: „Mit Interesse habe ich von der Problematik Kenntnis genommen. Ich bedaure jedoch, in dieser Sache nicht unmittelbar tätig werden zu können, da die von Ihnen geschilderten Probleme Angelegenheiten der Länder betreffen… Ich stelle anheim, daß [sic!] Sie die Angelegenheit der örtlichen zuständigen obersten Landesbehörde vortragen."[1291] Auf Landesebene fallen die Reaktionen unterschiedlich aus. Der Leiter der Medizinalabteilung des Landes Baden-Württemberg etwa hält gelegentliche Fälle falscher Todesfeststellungen schlicht für unvermeidbar, 19.07.1979: „Nach den bekanntgewordenen Fällen fehlerhafter Todesfeststellungen ist leider nicht auszuschließen, daß [sic!] gelegentlich eine Leichenschau nicht nach anerkannten Regeln der Medizin vorgenommen wird. Bei jährlich

---

1289 *Mallach*, Deutsches Ärzteblatt 1981, S. 893 m.w.N., bzgl. der nicht erkannten Scheintodfälle etwa auf *Spengler*, Über die ärztliche Leichenschau, S. 55–66.

1290 Der damalige Direktor des Instituts für gerichtliche Medizin der Universität Tübingen, *Hans-Joachim Mallach* hatte diese dokumentiert, *Mallach*, Deutsches Ärzteblatt 1981, S. 894–898; sämtliche folgenden Zitatbeispiele sind dem entnommen.

1291 Ganz ähnlich äußerte sich auch der Generalbundesanwalt und die CDU/CSU-Fraktion des Bundestages; die Fraktion der SPD sichert zu, die Anregungen zu prüfen; vgl. *Mallach*, Deutsches Ärzteblatt 1981, S. 894.

zirka 95.000 Todesfällen in Baden-Württemberg ist es aber nicht möglich, die Leichenschau ausschließlich den Ärzten des öffentlichen Gesundheitsdienstes sowie den Gerichtsmedizinern und Pathologen zu übertragen."[1292] An anderer Stelle scheint man bemüht gewesen zu sein. Ein unbedingter Wille zu wirksamen Veränderungen ist jedoch auch bei der Gesundheitsbehörde der Freien Hansestadt Hamburg nicht erkennbar, 07.05.1979: „Mit der o.a. Problematik hat sich die Arbeitsgemeinschaft der leitenden Medizinalbeamten … befasst. Es ist vorgesehen, darüber demnächst erneut zu diskutieren. Die Gesundheitsbehörde Hamburg wird sich bei dieser Gelegenheit Ihres Schreibens erinnern. Eine weitere Veranlassung wird darüber hinaus zur Zeit nicht für erforderlich gehalten."[1293] Bei der Ärztekammer Westfalen-Lippe schließt sich der Kreis mit dem Verweis (zurück) auf den Bundesgesetzgeber, 26.04.1979: „Leider sieht sich die Ärztekammer Westfalen-Lippe außerstande, hierauf näher einzugehen, da dieses den gesetzlichen Rahmen, der ihr durch das Heilberufegesetz des Landes Nordrhein-Westfalen vorgegeben ist, sprengen würde. Mit der von ihnen vorgetragenen Problematik müßten [sic!] Sie sich an den Bundesgesetzgeber wenden".[1294] So steht der Bürger wieder am Anfang, ohne von einer der zahlreichen Stellen tatsächlich befriedigende Antworten erhalten zu haben. Den genannten Beispielen lässt sich eine Mischung aus Unwillen und Hilflosigkeit gegenüber der Leichenschau-Problematik entnehmen; wenn irgend möglich, möchte man nicht zuständig sein.

Wie groß die Abneigung ist, zeigt sich daran, dass von Seiten der Politik über die Jahre auch dann keine entscheidende Reaktion erfolgte, wenn die Problematik von prominenter Seite kritisiert wurde, wie etwa im Jahr 1983. In einer Resolution der Generalstaatsanwälte zusammen mit dem Generalbundesanwalt heißt es: „die Generalstaatsanwälte stellen mit Besorgnis fest, daß [sic!] die Leichenschau in der z.Zt. vorwiegend normierten Form – wonach grundsätzlich jeder Arzt zu ihrer Durchführung befugt ist – die sichere Feststellung nicht natürlicher Todesfälle nicht gewährleistet. Sie sind der Auffassung, daß hierdurch die Erkennung und Verfolgung von Straftaten gegen das Leben und damit ein gravierendes rechtsstaatliches Interesse gefährdet ist."[1295] Wie man an der in diesem Punkt völlig unveränderten Situation erkennen kann, hat sich die Politik des Themas auch daraufhin nicht grundsätzlich und jedenfalls

1292 *Mallach*, Deutsches Ärzteblatt 1981, S. 896.
1293 *Mallach*, Deutsches Ärzteblatt 1981, S. 896.
1294 *Mallach*, Deutsches Ärzteblatt 1981, S. 896, 898.
1295 So wiedergegeben durch *Brinkmann/Püschel*, MedR – Medizinrecht 1991, S. 236.

nicht erfolgreich angenommen. Einige Jahre später schaffte es das Thema ein weiteres Mal auf die Tagesordnung der Politik auf Länderebene. Die 59. Konferenz der Gesundheitsminister der Länder im Jahr 1989 endet tatsächlich mit einer Resolution zum Thema ärztliche Leichenschau: „Die Konferenz … hat sich mit der Problematik der ärztlichen Leichenschau befaßt [sic!]. … Die Zielsetzung kann nicht losgelöst werden von Bemühungen um eine Verbesserung der Todesursachenfeststellung, da in einer Anzahl von Fällen die Feststellung der Todesursache auch Aufschluss gibt über die Todesart und umgekehrt. … Die GMK bittet die Konferenz der Justizminister und Senatoren, im Benehmen mit den Innenministern der Länder darauf hinzuwirken, daß Beamte der Polizei auf die Durchführung und Beurkundung der ärztlichen Leichenschau keinerlei Einfluss nehmen und ihrerseits die Bemühungen der die Leichenschau durchführenden Ärzte unterstützen."[1296] Die Formulierung weist allerdings überwiegend Appellcharakter auf und lässt einmal mehr nicht auf ernsthaftes Bemühen schließen, Grundsätzliches zu ändern. Entsprechend wenig Wirkung attestiert ihr der renommierte Rechtsmediziner *Brinkmann*.[1297] Da der Autor zu dem von ihm ebenfalls erwähnten Brief eines Rechtsmediziners an den zuständigen Gesundheitsminister[1298] kein Datum angibt, kann nur spekuliert werden, ob das Schreiben den Minister vor oder nach der soeben behandelten Gesundheitsministerkonferenz erreichte. Je nachdem wäre dies ein gutes Zeichen, wenn man davon ausginge, dass das Anschreiben beim Anstoß zu dieser Konferenz beitrug, oder es bestätigt eindrucksvoll den generellen Eindruck, die Leichenschau spiele für die Politik im Grund keine Rolle. Der Artikel, in dem der Brief erwähnt wird, erschien jedenfalls 2 Jahre nach der Konferenz.

Nimmt man die – allen Entscheidungsträgern gemeinsame – Weigerung, sich des Problems grundlegend anzunehmen, zur Kenntnis, stellt sich die Frage nach dem Grund. Angesichts der Komplexität des Problems kann man davon ausgehen, dass er vielschichtig ist. Ein Teil der Antwort lässt sich bei der Betrachtung positiver Beispiele für Bemühungen, die ungute Situation zum Besseren zu wenden, finden. Denn es werden Schwierigkeiten erkennbar, wie sie etwa beim Versuch der an sich wünschenswerten Vereinheitlichung des Systems bestehen. So auch bei dem Vorhaben einer länderübergreifenden Arbeitsgruppe der Gesundheitsministerkonferenz zur Schaffung eines ländereinheitlichen Leichenschauformulars. Von vornherein spielten Zuständigkeiten

---

1296 Zitiert nach *Brinkmann/Püschel*, MedR – Medizinrecht 1991, S. 236.

1297 *Brinkmann/Püschel*, MedR – Medizinrecht 1991, S. 236.

1298 Siehe die Wiedergabe der Zuschrift oben Teil 2, Kapitel 2, I., 7., S. 185 f.

und Beteiligungen eine problematische Rolle. Ausgegangen war die Initiative ursprünglich 1986 von der Justizministerkonferenz auf Impuls der Baden-Württembergischen Staatsanwaltschaft und dortigen Rechtsmedizinern unter Hinweis auf die Problematik der fehlenden Rubrik des „ungeklärten Todes“, wurde dann aber an die Gesundheitsministerkonferenz weitergegeben. In deren Arbeitsgruppe waren dann überwiegend Medizinalbeamte und statistisch-epidemiologische Fachleute und nur ein Rechtsmediziner vertreten.[1299] Eine solche Vereinheitlichung kann außerdem nur dann wirklich gelingen, wenn Sonderwege weitestgehend ausgeschlossen werden und möglichst alle Beteiligten bei dem entsprechenden Vorhaben mitwirken. Der hier in Rede stehende Versuch litt von Beginn an daran, dass sich von vornherein lediglich fünf Bundesländer anschlossen.[1300] Das Hauptproblem war allerdings die vorgesehene Einteilung bei der Angabe der Todesart. Der aus Sicht der Ärzteschaft an sich begrüßenswerte Vorschlag wäre nahezu auf das hinaus gelaufen, was die Initiatoren aus Baden-Württemberg kritisiert hatten: Die klare Dreiteilung der auf dem Leichenschauschein anzukreuzenden möglichen Todesarten – natürlich, nicht natürlich oder unklar – sollte gar für alle Bundesländer aufgegeben werden.[1301] Angedacht war eine Formulierung, die für die Option des nicht natürlichen Todes eine genaue Begründung und nähere Erläuterung der Anhaltspunkte erfordern sollte. Fehlten die entsprechenden Ausführungen des Arztes, würde automatisch der natürliche Tod als diagnostiziert angesehen werden.[1302] Es folgte Protest von Seiten der Ärzte, da diese befürchteten, dies würde die Tendenz, den nicht natürlichen Tod in Deutschland zu übersehen oder zu ignorieren, noch weiter verstärken.[1303] Zudem sahen sich die Ärzte durch die Pflicht zur ausführlichen Begründung eines nicht natürlichen Todes mit Nachforschungs- bzw. Ermittlungstätigkeiten belastet, die ihrer Ansicht nach eindeutig in den Aufgabenbereich der Polizei fielen.

Es folgte die Ausarbeitung einer Musterbescheinigung in einem größeren Rahmen, wo auch Vertreter der Justizministerkonferenz, der Innenministerkonferenz, der statistischen Landesämter, des statistischen Bundesamtes und

---

1299 So die Schilderung bei *Thomsen/Schewe*, ArchKrim – Archiv für Kriminologie 1994, S. 86 f.

1300 So erwähnt bei *Birkholz*, Notfall-Medizin in der täglichen Praxis 2003, S. 208.

1301 Vgl. *Thomsen/Schewe*, ArchKrim – Archiv für Kriminologie 1994, S. 86 f.

1302 *Brinkmann/Püschel*, MedR – Medizinrecht 1991, S. 236.

1303 Die wiedergegebene Sicht der Ärzte zeigt sich in der Entschließung des 96. Deutschen Ärztetages 1993 zum ländereinheitlichen Leichenschauschein, *o.V.*, Deutsches Ärzteblatt 1993, S. A 1–A 1524 (72).

der Bundesärztekammer teilnahmen; zeitweise auch Vertreter der Rechtsmediziner und aus dem Gesundheitswesen.[1304] Nachdem die Gesundheitsministerkonferenz den Entwurf 1992 angenommen hatte, konnte die Überarbeitung der Formulare in den Bundesländern beginnen.[1305] Allerdings blieben Zeitpunkt und Umfang jedem Land selbst überlassen und längst nicht alle Bundesländer sind dem Muster gefolgt. In Baden-Württemberg – von wo aus die Bemühungen ursprünglich aus genau diesem Grund angestoßen worden waren – gab es die Rubrik „Todesart ungeklärt" bis zum Jahr 2000 nicht. Erst nach einer öffentlichen Debatte unternahm das Landesministerium für Soziales den Schritt, die Rechtsverordnung zur Durchführung des Bestattungsgesetzes dahin gehend zu ändern, dass auf der Todesbescheinigung in die Rubrik der Todesart die Option „Todesart ungeklärt" eingeführt wurde.[1306] Auch heute ist dieser wichtige Punkt noch nicht in allen Todesbescheinigungen klar geregelt. In der Todesbescheinigung für das Land Schleswig-Holstein findet sich folgende – auch in ihrer Unverständlichkeit missglückte – Formulierung: „Gibt es Anhaltspunkte für ein nichtnatürliches Geschehen im Zusammenhang mit dem Todesfall (insbesondere Selbsttötung, Unglücksfall oder Tod durch äußere Einwirkung, bei der das Verhalten eines Dritten eine Ursache gesetzt haben könnte, Spättod nach Verkehrsunfall, Lungenembolie durch unfallbedingtes Krankenlager, Tod in relativ jungem Alter ohne bekannte oder bekanntermaßen zum Tode führenden Vorerkrankungen, nicht identifizierbare Leiche, fortgeschrittene Verwesung)? □Ja □nein."[1307] Man muss sich hierzu vor Augen führen, dass der Arzt eine solche Formulierung im Zweifel in einer Situation lesen muss, in der er weder Zeit noch Ruhe hat, über Formulierungen in der Todesbescheinigung nachzudenken. Selbst bei einer äußerst pflichtbewussten Lektüre im Vorhinein wird er sich die einzelnen, umständlichen Beispiele kaum merken können. Zudem weisen *Brinkmann/Pfeiffer* darauf hin, dass die Kategorie des ungeklärten Todes [sofern vorhanden] mit hoher Wahrscheinlichkeit nicht natürliche Todesfälle, auch solche aus medizinischer Behandlung, Suizide und Unfälle enthalte.[1308] Da sich jedoch nicht hinter jeder unsicheren Diagnose ein nicht natürlicher Tod verbirgt, wird der Arzt durch das Fehlen dieser Kategorie in einigen Fällen von vornherein zur fehlerhaften Einordnung der

---

1304 *Gabriel/Huckenbeck*, Grundlagen des Arztrechts, S. 81.

1305 *Gabriel/Huckenbeck*, Grundlagen des Arztrechts, S. 82.

1306 *Gerg/Baier*, Kriminalistik 2009, S. 475.

1307 Formblatt zum nicht vertraulichen Teil der Todesbescheinigung im Anhang zur BestattVO Schleswig-Holstein.

1308 *Brinkmann/Pfeiffer*, in: Brinkmann, Leichenschau, S. 51.

Todesart gezwungen. Um die Gefahr zu umgehen, dass ein nicht natürlicher Tod unerkannt bleibt, müsste er sämtliche unsicheren Fälle als nicht natürliche betrachten.[1309] Einer der Hauptproblempunkte der ärztlichen Leichenschau wird hier zu Lasten der Ärzte erheblich forciert. Denn einerseits muss der Arzt sein Urteil zum nicht natürlichen Tod begründen, was naturgemäß schwer fällt, wenn er gerade nicht sicher ist. Andererseits bleibt die Verantwortung, einen nicht natürlichen Tod zu übersehen einmal mehr am Arzt hängen. Der Erfahrung nach klassifiziert die Mehrheit der Ärzte in dieser Konstellation in Richtung natürlicher Tod und so werden im Endeffekt mehr Tötungsdelikte nicht aufgeklärt.[1310]

Auch von Seiten der Ermittlungsbehörden scheint es Zweifel zu geben. Denn wegen der Notwendigkeit zeitnaher Spurensicherung wird es grundsätzlich als widersinnig angesehen, wenn bei einer ungeklärten Todesart nicht schon der Arzt, sondern erst das Gesundheitsamt die Polizei verständigt. Das Fehlen der Kategorie unklar steht dem gänzlich entgegen, denn dadurch fallen fälschlich natürlich klassifizierte Tötungen, wenn überhaupt, erst bei der Prüfung im Gesundheitsamt auf.[1311] Diesem sehr fragwürdigen Regelungszustand[1312] ging eine jahrelange sukzessive Änderung der rechtlichen Grundlagen voraus, die nach Einschätzung von *Birkholz* von einem Streit zwischen den Behörden und den Ärzten um den übermäßigen Gebrauch der Kategorie des unklaren Todes begleitet wurde.[1313] Den Ärzten wurde beispielsweise vorgeworfen, einen unklaren Tod oft allein deswegen zu diagnostizieren, weil sie den Verstorbenen nicht kannten. So wurde die Kategorie der unklaren Todesart zunächst in ihrer Bedeutung eingeschränkt – etwa durch ein Schreiben des Ministers für Soziales, Gesundheit und Energie, wonach die Polizei in Fällen ungeklärter Todesart nicht mehr einzuschalten sei – und schließlich ganz gestrichen; kritische Äußerungen bezüglich der Verschärfung des Leichenschauproblems blieben folgenlos.[1314] Als wesentlich sinnvoller erweist sich die aktuelle Formulierung in § 2

1309 *Oehmichen*, Kriminalistik 1993, S. 140.

1310 So *Brinkmann/Pfeiffer*, in: Brinkmann, Leichenschau, S. 51.

1311 Vgl. *Westphal*, in: Brinkmann, Leichenschau, S. 130.

1312 Siehe dazu auch das Beispiel und die Analyse bei *Rückert*, Tote haben keine Lobby, S. 220–223.

1313 *Birkholz*, Notfall-Medizin in der täglichen Praxis 2003, S. 211 f.

1314 Umfassend schildert die Vorgänge und ihre problematischen Konsequenzen *Oehmichen*, Kriminalistik 1993, S. 139 f. Die in diesem Beitrag als geplant erwähnte Abschaffung der Rubrik „nicht aufgeklärt“ auf dem Formular für die Todesbescheinigung wurde in der Folgezeit tatsächlich umgesetzt.

Nr. 6 S. 2 BestattG LSA, in der der ärztliche Leichenschauer schon an dieser Stelle einen Hinweis zum Verhalten in Zweifelsfällen hinsichtlich der Todesursache bekommt:[1315] „Es wird vermutet, dass ein Tod, bei dem die Todesart ungeklärt ist, ein nicht natürlicher Tod war." Erst in jüngerer Zeit scheint es jedoch Bemühungen einzelner Bundesländer zu geben, die verschiedenen Vorschriften zusammenzufassen.[1316] So galten etwa in Thüringen bis zum Jahr 2004 eine Verordnung über das Bestattungs- und Friedhofswesen, zwei diesbezügliche Durchführungsbestimmungen, eine Anordnung über die ärztliche Leichenschau und ein gemeinsamer Runderlass zweier Ministerien von 1994[1317] über die Handhabung der Todesbescheinigung und ihre weitere Bearbeitung. Mit dem Inkrafttreten des Thüringer Bestattungsgesetzes am 28. Mai 2004 wurde eine Vereinheitlichung auf Gesetzesebene herbeigeführt.[1318] Dass die Gesetzeslage etwa in den achtziger Jahren im Vergleich noch unübersichtlicher war, zeigen viele Beiträge aus dieser Zeit.[1319] Allerdings weichen die landesgesetzlichen Vorgaben zur Leichenschau im Detail nach wie vor deutlich voneinander ab.[1320]

1315 Vgl. auch *Messal*, Bestattungsgesetz des Landes Sachsen-Anhalt (BestattG LSA), § 2, S. 38.

1316 Ähnliches schlägt die Berliner Ärztekammer vor, *Ärztekammer Berlin* (Hrsg.), Die ärztliche Leichenschau, S. 5.

1317 Gültig bis zum 25. Mai 2004: Die Verordnung über das Bestattungs- und Friedhofswesen Thüringen (GBl. I Nr. 18 S. 159) vom 17. April 1980; Erste Durchführungsbestimmung zur Verordnung über das Bestattungs- und Friedhofswesen für Thüringen vom 17. April 1980 (GBl. I Nr. 18 S. 162); Zweite Durchführungsbestimmung zur Verordnung über das Bestattungs- und Friedhofswesen – Hygiene bei der Überführung, der Bestattung und der Exhumierung menschlicher Leichen für Thüringen vom 2. Juni 1980 (GBl. I Nr. 18 S. 164); Anordnung über die ärztliche Leichenschau in Thüringen vom 4. Dezember 1978 (GBl. I 1979 Nr. 1 S. 4); Gemeinsamer Runderlass des Thüringer Ministeriums für Soziales und Gesundheit und des Thüringer Innenministeriums zur Verwendung, Auskunftserteilung und Aufbewahrung von Totenscheinen vom 14. Juni 1994 (StAnz. Nr. 26 S. 1839).

1318 Vgl. § 39 ThürBestG; Einleitung zum gemeinsamen Runderlass des Thüringer Ministeriums für Soziales und Gesundheit und des Thüringer Innenministeriums zur Verwendung, Auskunftserteilung und Aufbewahrung von Totenscheinen vom 14. Juni 1994.

1319 Vgl. anstatt vieler nur *Schweitzer*, Rheinisches Ärzteblatt 1982, S. 156 f.

1320 Eine Übersicht in Auszügen zum Stand im Jahr 2005 bieten etwa *Peschel/Penning*, in: Madler et al., Das NAW-Buch, S. 379–381.

Kapitel 4: Verfassungsrechtliche Notwendigkeit eines funktionierenden Leichenschausystems

Angesichts derart vielfältiger möglicher medizinischer, situationsbedingter und personenabhängiger Erschwernisse und Spezialfälle ist es aller Wahrscheinlichkeit nach unmöglich, ein perfektes Leichenschausystem zu entwickeln; geschweige denn, es umzusetzen. Jedoch kann – wie in dieser Arbeit vielfach aufgezeigt – der jetzige Status nicht aufrechterhalten werden, ohne dass massive Einschränkungen für die ärztliche Tätigkeit in existentiellen Situationen, das deutsche Gesundheitssystem und die Aufklärung von Tötungsdelikten hingenommen werden müssten. Die Auswirkungen würden auch rechtliche Problemstellungen betreffen; die Zusammenhänge wurden oben dargestellt.[1321] Was nun als Grundlage für die Erforschung der rechtstaatlichen Notwendigkeit der Verbesserung des Leichenschausystems heranziehen? Die Verfassung bildet „die rechtliche Grundordnung des Gemeinwesens";[1322] und essentieller Teil der menschlichen Gemeinschaft sind seit jeher der Tod und die damit verbundenen Rituale bzw. Verhaltensregeln, das konkrete Vorgehen im akuten Fall. Das Verfassungsrecht steht in der deutschen Normenhierarchie an erster Stelle;[1323] ausgedrückt durch den Vorrang der Verfassung gem. Art. 1 Abs. 3, 20 Abs. 3 GG, der alle staatlichen Gewalten bindet[1324] – insbesondere durch die Grundrechte (Art. 1 Abs. 3 GG) als Leitsätze staatlichen Handelns –[1325] und so die Verbindlichkeit gegenüber einfachem Gesetzesrecht schafft;[1326] folglich

1321 Etwa in Teil 1, Kapitel 2, I., S. 26–41 sowie Teil 1, Kapitel 5, I., S. 68–90.

1322 *Hesse*, Grundzüge des Verfassungsrechts der Bundesrepublik Deutschland, § 1, Rn. 17.

1323 Siehe anstatt vieler *Isensee*, in: Isensee/Kirchhof, Handbuch des Staatsrechts der Bundesrepublik Deutschland, § 162, Rn. 37.

1324 Vgl. anstatt vieler *Badura*, in: Isensee/Kirchhof, Handbuch des Staatsrechts der Bundesrepublik Deutschland, § 160, Rn. 3, sehr deutlich auch zur Bindung an das Grundgesetz: „Das Verfassungsrecht bindet alle Rechtssubjekte, die öffentliche Aufgaben und Befugnisse wahrnehmen, und erfaßt die Ausübung öffentlicher Gewalt in allen Funktionen, Erscheinungsweisen und Rechtsformen."

1325 *Hofmann*, in: Schmidt-Bleibtreu – GG, Art. 1, Rn. 77.

1326 *Sachs*, in: ders. – GG, Art. 20, Rn. 100–109; Anknüpfungspunkt bei der Bindung der Staatsorgane ist die jeweilige Staatsfunktion; entsprechend wird differenziert zwischen einerseits der Bindung an die Gesamtheit der gültigen Bestimmungen

auch für sämtliche Regelungen des Leichenschausystems. Die Bedeutung der Verfassung für die gesamte Rechtsordnung führt dazu, dass jedem rechtsanwendenden [Staats-]Organ die verfassungsorientierte Auslegung einfachen Rechts aufgegeben ist.[1327] Somit sind auch sämtliche gesetzlichen Regelungen zur ärztlichen Leichenschau von den entsprechenden Organen in diesem Sinne anzuwenden. Der Rückgriff auf die Verfassung erklärt sich auch dadurch, dass die Behandlung eines Patienten besonders am Lebensende oft ein Arzt-Patientenverhältnis in existentiellen Situationen bedeutet und somit die Fundamente menschlichen Daseins berührt.[1328] Das einfache Recht ist kaum in der Lage, alle diesbezüglich wichtigen Aspekte in seine Wertung mit einzubeziehen, was seinem Zweck nach jedoch auch nicht erwartet werden kann. Für Fragen von solcher Grundsätzlichkeit bietet das Verfassungsrecht in seiner Eigenschaft als Basis rechtlicher Wertung eine zumindest bessere Orientierung.[1329] Eine der gerade in diesem Zusammenhang bedeutendsten Tätigkeiten des leichenschauenden Arztes ist die Feststellung des Todes, deren Zweck neben der Erhaltung der körperlichen Unversehrtheit der Schutz des höchsten Rechtsgutes, des Lebens ist; erinnert sei an die Scheintodproblematik.[1330] Die Betroffenheit dieser grundrechtlichen Schutzgüter und die Umstände dieser medizinischen Gefährdungssachverhalte, die sich dadurch auszeichnen, dass das Leben des Einzelnen von Berufs wegen allein in den Händen des Arztes liegt, unterstreichen die verfassungsrechtliche Dimension zusätzlich.[1331] Für

---

des Grundgesetzes und gegebenenfalls der Landesverfassungen im Falle der Teilhabe an der Staatsfunktion Gesetzgebung gem. Art. 20 Abs. 3 HS. 1 (Rn. 100 f.), sowie andererseits gem. Art. 20 Abs. 3 HS. 2 der Bindung an jede geschriebene Rechtsnorm des Bundes- und Landesrechts, soweit die Staatsfunktion vollziehende Gewalt oder Rechtsprechung ausgeübt wird (Rn. 107–109).

1327 *Stern*, Das Staatsrecht der Bundesrepublik Deutschland, S. 136.

1328 *Bogs*, ZfS – Zeitschrift für das Recht der sozialen Sicherheit 1983, S. 100, nennt es ein „hochgradig grundrechtssensibles Verhältnis des Patienten zu einem Träger konzessionierter Heilgewalt".

1329 Vgl. zu diesen Dimensionen ärztlicher Behandlung und ihrer Bedeutung für das Recht *Klinge*, Todesbegriff, Totenschutz und Verfassung, S. 112 m.w.N., etwa zu obigem Zitat von *Bogs* und *Fink*, Selbstbestimmung und Selbsttötung, S. 33.

1330 Zum erweiterten Kreis der leichenschauabhängigen Lebensschutzmaßnahmen gehören staatliche Seuchenprävention und Gesundheitsvorsorge.

1331 Vgl. *Klinge*, Todesbegriff, Totenschutz und Verfassung, S. 113, unter Bezugnahme auf *Steiner*, Der Schutz des Lebens durch das Grundgesetz, S. 8; und mit dem Hinweis, dass aufgrund der Ausstrahlungswirkung der Grundrechte auch ärztliche Tätigkeiten auf der Basis eines privatrechtlichen Behandlungsvertrages nicht anders zu beurteilen seien.

die ehemalige Justizministerin des Landes Nordrhein-Westfalen, *Müller-Piepenkötter*, ist es auch eine Frage der Werterhaltung: Wenn das Leben das höchste Gut sei, müsse man auch beim Tod genau hinsehen.[1332] Das besondere Verhältnis des Grundgesetzes zu den rechtlichen Belangen im Zusammenhang mit dem Tod sieht *Klinge* zu Recht auch durch die bedeutende Position der Menschenwürde und des Lebens innerhalb der Grundrechte gegeben. Die Bedeutung dieser verfassungsrechtlichen Garantie für das Maß des Rechtsgüterschutzes in den spezialgesetzlichen Bereichen und die Unantastbarkeit der Menschenwürde, die auch im Verhältnis der Bürger untereinander gilt, würden dazu führen, dass die Rechtsfragen an der Schwelle zwischen Leben und Tod nicht aus dem einfachen Recht heraus gelöst werden sollten.[1333] Vor diesem Hintergrund soll die Möglichkeit einer verfassungsrechtlichen Begründung für ein Leichenschausystem geprüft werden, das geringstenfalls den Mindestanforderungen dessen genügt, wozu es ursprünglich geschaffen wurde, zumal davon essentielle staatliche Aufgaben abhängen.

I. Sicherheit im Verfassungsstaat

Das Wesen moderner Staatsgefüge ist nach Ansicht *Krieles* maßgeblich anhand des Begriffspaars Legitimität und Souveränität, im Sinne von Rechtfertigung und Durchsetzungsmacht des Staates, zu verstehen.[1334] Die Durchsetzungsmacht könne langfristig nur bestehen, wenn sie insgesamt als gerechtfertigt gelte; andernfalls reiche die Reaktion vom passiven Widerstand bis zum Bürgerkrieg. „Die Souveränität des Staates hängt von seiner Legitimität ab, und die Legitimität begründet seine Souveränität.“[1335] Sinn und Berechtigung eines modernen verfassten Staates wiederum beruhen in einem wesentlichen Punkt auf der Gewährleistung von Sicherheit und damit auf einem Schutzauftrag.[1336]

1332 *Schilder*, FAZ – Frankfurter Allgemeine Zeitung vom 26.06.2007, S. 9.

1333 *Klinge*, Todesbegriff, Totenschutz und Verfassung, S. 113.

1334 *Kriele*, Einführung in die Staatslehre, S. 8.

1335 *Kriele*, Einführung in die Staatslehre, S. 8.

1336 *Isensee*, JZ – Juristen Zeitung 1999, S. 271, dabei geht der Autor erkennbar von einem modernen europäischen Staat aus; umfassend ausgearbeitet in *Isensee*, Das Grundrecht auf Sicherheit. Zum Wesen des Rechtsstaates, der zudem Sicherheit gewährleisten sollte, im europäisch-atlantischen Rechtskreis, siehe auch *Stern*, DÖV – Die Öffentliche Verwaltung 2010, S. 242. Die staatstheoretische Begründung des Schutzauftrags ist ebenfalls bei *Dietlein*, Die Lehre von den grundrechtlichen Schutzpflichten, S. 21–25 dargestellt; über Sicherheit im Verfassungsstaat ebenfalls *Möstl*, Die staatliche Garantie für die öffentliche Sicherheit

Ähnlich sieht es auch die höchstrichterliche Rechtsprechung in Deutschland: „Die Sicherheit des Staates als verfaßter [sic!] Friedens- und Ordnungsmacht und die von ihm zu gewährleistende Sicherheit seiner Bevölkerung sind Verfassungswerte, die mit anderen im gleichen Rang stehen und unverzichtbar sind, weil die Institution Staat von ihnen die eigentliche und letzte Rechtfertigung herleitet."[1337]

Viele sehen die Ursprünge in diesem Punkt bei *Thomas Hobbes*, davon ausgehend, am Beginn der Staatslegitimation stünde das Bedürfnis des Einzelnen nach physischer Sicherheit.[1338] Im Kontext staatlicher Legitimation bedeutet Sicherheit, dass der Staat seinen Bürgern Schutz vor Gefahren für die ihnen eigenen Rechtsgüter bietet. Physische Sicherheit manifestiert sich in ihrer grundlegendsten Form im Fehlen von Gefahren für das menschliche Leben als höchstes Gut.[1339] Folglich hat der Staat zuvörderst für dessen Schutz zu sorgen. Gefahren für das Leben können den Bürgern von außerhalb des Staats ebenso drohen wie durch innere Vorgänge; demnach kann man grob zwischen äußerer und innerer Sicherheit unterscheiden. *Hobbes* nimmt diese Unterscheidung vor, indem er das menschliche Verhalten zum einen in der Beziehung der Staaten untereinander, zum anderen der Bürger untereinander, betrachtet; sein Urteil lautet: „Homo homini Deus & Homo homini Lupus. Illud si concives inter se; Hoc, si civitates comparemus."[1340] Das bedeutet, dass im Umgang der Bürger untereinander durch alle Tugenden des Friedens ihre Gottähnlichkeit

---

und Ordnung, S. 14–33; zur Historie *Stern*, in: ders., Das Staatsrecht der Bundesrepublik Deutschland, § 69, S. 932–934.

1337 BVerfGE 49, 24 (24); BVerwGE 49, 202 (209).

1338 Vgl. etwa *Papier*, in: Hilgendorf, Subsidiarität – Sicherheit – Solidarität, S. 477; *Götz*, in: Isensee/Kirchhof, Handbuch des Staatsrechts der Bundesrepublik Deutschland, § 85, Rn. 19 f.; *Isensee*, JZ – Juristen Zeitung 1999, S. 271; dieser verweist auf Hobbes' Elementarum Philosophiae Sectio Tertia, De Cive (Endfassung), 1647, Caput I, 7, und zitiert: „… iuris naturalis fundamentum primum est, ut quisque vitam et membra sua, quantum potest, tueatur." Nachvollzogen in *Hobbes*, Elementa philosophica de cive, Caput I, VII. „… ist die erste Grundlage des natürlichen Rechts, daß [sic!] jeder sein Leben und seine Glieder nach Möglichkeit zu schützen suche." Übersetzung aus *Hobbes*, Vom Menschen – Vom Bürger, S. 81.

1339 Vgl. *Isensee*, JZ – Juristen Zeitung 1999, S. 271.

1340 *Hobbes*, Elementa philosophica de cive, S. *2, Epistola. „Der Mensch ist ein Gott für den Menschen, und: der Mensch ist ein Wolf für den Menschen; jener, wenn man die Bürger untereinander, dieser, wenn man die Staaten untereinander vergleicht." Übersetzung aus *Hobbes*, Vom Menschen – Vom Bürger, S. 59.

sichtbar wird, wohingegen die Staaten als Ganze sich bekriegen, also außerhalb des staatlichen Schutzes auch die an sich Guten zum Überleben ihre wölfischen Instinkte zu Hilfe nehmen müssten. Nur der Staat vermag also das gegenseitige Töten – „bellum omnium in omnes“ –[1341] zu verhindern und zieht daraus seine Legitimation; Verzicht auf Gewalt im Tausch gegen Sicherheit.[1342] Der Mensch ist im Sinne *Hobbes* „ein Wolf, der rechnen kann und daher die Vor- und Nachteile unsicherer Freiheit im Naturzustand und unfreier Sicherheit im staatlichen Zustand kalkuliert und, um sich mit seinesgleichen zu verständigen, jedenfalls die eine Grundnorm anerkennt: pacta sunt servanda.“[1343] Die Individuen erkennen, dass sie die eigene physische Sicherheit allein nicht ausreichend gewähren können und daher den Staat brauchen; der Anerkennung jener Grundnorm entsprechend führt dies zu einem Staatsvertrag, wie *Hobbes* ihn im Sinn hatte.[1344] Die Legitimation des Staates basiert überwiegend auf seiner Fähigkeit, im Staatsvertrag vorgesehene Leistungen effektiv zu erbringen. Denn für den Bürger bringt dieser zunächst einmal Einschränkungen der persönlichen Freiheit mit sich; nur im Tausch gegen persönliche Sicherheit ist er bereit, diese einzuschränken.[1345] Attraktiv ist dieser Handel nur, wenn eines das andere aufwiegt; wenn also dem Grad der Einschränkungen ein entsprechendes Maß an Sicherheit gegenübersteht. Angesichts der enormen Zahl an Regelungen, die für den Staatsangehörigen in Deutschland gelten, wird mit Recht ein entsprechend hohes Sicherheitsniveau erwartet. Wo *Hobbes* es bei der Eindämmung von Anarchie belässt, beschäftigen *Locke* die möglichen negativen Folgen einer unbegrenzten staatlichen Gewaltbefugnis. Die Staatsmacht dürfe niemals dazu bestimmt sein, sich weiter zu erstrecken als auf das Gemeinwohl. Wer immer die höchste Macht besitze, müsse zwingend nach feststehenden,

---

1341 *Hobbes*, Elementa philosophica de cive, Caput I, XII. „Der Krieg aller gegen alle.“ Übersetzung aus *Hobbes*, Vom Menschen – Vom Bürger, S. 83.

1342 Vgl. *Stern*, DÖV – Die Öffentliche Verwaltung 2010, S. 242.

1343 *Isensee*, JZ – Juristen Zeitung 1999, S. 270.

1344 Zu den klassischen Staatstheorien im Allgemeinen siehe *Kersting*, Die politische Philosophie des Gesellschaftsvertrags, S. 59–103 (*Thomas Hobbes*) sowie S. 109–139 (*John Locke*); knapper bei *Dietlein*, Die Lehre von den grundrechtlichen Schutzpflichten, S. 21–25 oder *Jaeckel*, Schutzpflichten im deutschen und europäischen Recht, S. 20–22. Speziell die Vertragstheorie hat in den 70er und 80er Jahren des vergangenen Jahrhunderts neue Impulse bekommen, beispielsweise durch *Rawls*, Eine Theorie der Gerechtigkeit und *Nozick*, Anarchie, Staat, Utopia.

1345 Vgl. *Isensee*, JZ – Juristen Zeitung 1999, S. 270.

bekannt gemachten und von den Bürgern anerkannten Regeln regieren, nicht durch improvisierte bzw. willkürliche Verordnungen.[1346] In Europa fand eine entsprechende Entwicklung hin zum demokratisch verfassten Rechtsstaat statt, bei dem die Ausübung hoheitlicher Gewalt im Rahmen der Gesetze bleiben muss.[1347] Entsprechende Mechanismen sind heute im Grundgesetz durch die Grundrechte in ihrer hauptsächlichen Funktion als Abwehrrechte gegen den Staat kodifiziert;[1348] insbesondere auch das Neminem-laedere-Gebot.[1349] Zur Verdeutlichung der Entwicklung moderner Staaten entwirft *Isensee* eine Drei-Stufen-Teleologie des Verfassungsstaates:[1350] Um den Zustand des Bürgerkriegs zu beenden, bildet sich in der ersten Stufe ein (etwa durch Polizeieinsatz) inneren Frieden gewährender Staat. Damit die den Ordnungsbehörden übertragene Gewaltausübung im Rahmen bleibt und die innere Sicherheit nicht gerade durch die Mittel ihrer Gewährleistung aufgelöst wird, bietet in der zweiten Stufe die Verfassung Schutz gegen den Staat. Und um die schließlich entstandene gewaltlose Gesellschaftsform aufrecht zu erhalten, werden in der dritten Stufe demokratische Strukturen und soziale Sicherungssysteme eingerichtet, die den Rahmen für das Bestreiten einer Existenz in sicheren Verhältnissen bilden, für deren Bestand auf persönliche Freiheiten verzichtet wird. Die Sicherungssysteme der drei Stufen korrespondieren mit den jeweiligen Bedrohungen, die der jeweils vorausgehende Zustand mit sich bringt; Musterbeispiele sind hier Mord, willkürliche Staatsgewalt und Erwerbslosigkeit.[1351] Hat man einen Staat der Europäischen Union vor Augen, erscheint eine Bedrohung durch andere Staaten glücklicherweise im Moment weniger relevant;[1352] Gleiches gilt für das Verhältnis des Staates zu seinen Bürgern und für die sozialen

---

1346 *Locke*, Two treatises of government, S. 349, Chap. IX, Rn. 131.

1347 Vgl. *Calliess*, in: Merten/Papier, Handbuch der Grundrechte in Deutschland und Europa, § 44, Rn. 2.

1348 Vgl. anstatt vieler etwa *Klein*, NJW – Neue Juristische Wochenschrift 1989, S. 1633; *Erichsen*, Jura – Juristische Ausbildung 1997, S. 85.

1349 *Isensee*, JZ – Juristen Zeitung 1999, S. 272; zum Neminem-laedere-Grundsatz siehe etwa auch *Isensee*, in: Isensee/Kirchhof, Handbuch des Staatsrechts der Bundesrepublik Deutschland, § 191, Rn. 232 f.; umfassend *Stemmler*, Das „Neminem-laedere-Gebot".

1350 *Isensee*, JZ – Juristen Zeitung 1999, S. 271 f.

1351 Vgl. auch *Isensee*, JZ – Juristen Zeitung 1999, S. 271.

1352 Der sogenannte und selbst*er*nannte „Islamische Staat", verantwortlich für die Terroranschläge von Paris am 13.11.2015, wird international von keinem anderen Staat als solcher anerkannt. Der bekannte Völkerrechtler *Marrti Koskenniemi* erläutert in diesem Zusammenhang die Kriterien des internationalen Rechts in

Sicherungssysteme.[1353] Als hauptsächliche Gefahrenquelle verbleiben somit die Mitbürger.

Die Verfassung ist in Deutschland das Gesetz mit dem höchsten Rang, mithin der Teil des positiven Rechts, der nicht von anderem Recht aufgehoben oder verdrängt werden kann, sondern – mit den Worten des Bundesverfassungsgerichts – eine „Ausstrahlungswirkung" auf das gesamte übrige Recht hat.[1354] Fragt man nach der Bedeutung von Sicherheit in der deutschen Verfassung, so ist es sinnvoll, zunächst das Recht als Gesamtheit in den Blick zu nehmen. So schreibt etwa *Hilgendorf*, bezogen auf das Recht als solches: „In modernen Rechtsordnungen soll das Recht best. demokrat. legitimierte Zwecke verwirklichen, v.a. Sicherheit, Ordnung und Gerechtigkeit."[1355] Die Verfassung selbst gewährleistet Sicherheit vor allem durch den Schutz verschiedener Rechtsgüter; den Schwerpunkt legten die Väter des Grundgesetzes aufgrund der Erfahrungen während des Dritten Reichs zunächst auf die Schaffung von Abwehrrechten der Bürger gegen den Staat; dieser Schutz wirkt sich auch auf das System der ärztlichen Leichenschau aus. Dessen Rolle innerhalb des Verfassungsstaates betrifft die erste und damit grundlegende Stufe, die Verhinderung körperlicher Übergriffe der Bürger untereinander. Ein bedeutender Zweck der ärztlichen Leichenschau ist die Aufklärung von Tötungsdelikten,[1356] denn ohne die Feststellung eines nicht natürlichen Todes bleibt im entsprechenden Fall der Rückschritt in den Hobbes'schen Kampf eines jeden gegen jeden unbemerkt und ohne Konsequenzen; der Staat hat hier auf der ersten Stufe versagt. In

---

einem Interview in der ZEIT und hält es für „eine absurde Vorstellung", den IS einen Staat zu nennen; *Assheuer*, Die ZEIT vom 26.11.2015, S. 50.

1353 Der Blick auf die Zukunft lässt annehmen, dass die aktuellen und künftigen Herausforderungen durch die Einwanderungswelle den Staat und die Gesellschaft sicherlich auf allen drei Zweckebenen auf die Probe stellen werden. Es ist vorstellbar, dass die Ereignisse möglicherweise sogar eine neue Entwicklungsstufe des Verfassungsstaates bedingen werden; etwa in Gestalt einer multikulturellen Gesellschaft, in der erhebliche Migration und damit die Eingliederung sehr vieler Individuen aus anderen Kulturkreisen in den sich entsprechend wandelnden Staatsvertrag zur Normalität werden.

Zugleich lassen die jüngsten Terroranschläge in Frankreich 07.–09.01.2015 und 13.11.2015 in Paris den Aspekt des Staates als Garant der Sicherheit seiner Bürger wieder in den Fokus rücken, zumal die Anschläge gerade den rechtstreuen Bürgern und der rechtstaatlich demokratischen Gesellschaft an sich galten.

1354 BVerfGE 7, 198 (207).

1355 *Hilgendorf*, dtv-Atlas Recht, S. 11.

1356 Vgl. oben Teil 1, Kapitel 2, I., 2. S. 31–33.

gewissem, wenn auch nicht grundlegendem Maß, verliert er an Legitimation. Wie sehr, hängt sicherlich auch vom Grad der Einschränkungen ab, die die gefährdeten Bürger im Gegenzug für wirksamen Schutz hinzunehmen haben; in Deutschland sind es deren viele. Wie sehr die Behandlung von Toten in einer staatlichen Gemeinschaft mit der ersten und zweiten Zweckebene des Staates, will heißen dem inneren Frieden und der Einhegung staatlicher Gewalt, zusammenhängt, bringt der Direktor des Rechtsmedizinischen Institutes des Universitätsklinikums Hamburg-Eppendorf, *Klaus Püschel*, in seiner Rede zur Einweihung des Instituts im Jahr 1999 prägnant auf den Punkt: „Sagt mir, wie ihr eure toten, verletzen Opfer untersucht und behandelt. Sagt mir, wie ihr die Täter identifiziert und verfolgt – und ich sage euch, wie diese Gesellschaft die Menschenwürde und die Menschenrechte achtet."[1357]

Entschließt man sich, der Aufforderung von *Püschel* bezogen auf die deutsche Gesellschaft, nachzukommen, so fällt der Blick zwangsläufig auch auf die ärztliche Leichenschau. In den vorherigen Ausführungen wurde herausgearbeitet, dass die Untersuchung der Toten oder auch lediglich schwer verletzen Scheintoten in Form der ärztlichen Leichenschau aus vielen verschiedenen Gründen oftmals fehlerbehaftet ist, mit erheblichen Konsequenzen. Das Leichen- und Bestattungswesen ist in Deutschland Aufgabe des Staates, genauer der Länder.[1358] Demnach ist der Staat in der Verantwortung, zumindest dessen Existenz mit den ihm zur Verfügung stehenden Mitteln zu gewährleisten. Aus staatstheoretischer Sicht fordert der Bürger auf der ersten Stufe die Gewährleistung von Sicherheit, auf der dritten die Gewährleistung allgemeiner Gesundheit und die Durchsetzung – etwa zivilrechtlicher – Ansprüche. Auf beiden Zweckebenen bestehen Zusammenhänge mit den einzelnen Bereichen, in denen die ärztliche Leichenschau eine entscheidende Rolle spielt; beispielsweise bei Tötungsdelikten, der Todesursachenstatistik oder der für die Erbschaft relevanten Feststellung des Todeszeitpunktes. Aus juristischer Sicht ergibt sich die Frage, ob ein bestimmtes Qualitätsniveau sichergestellt werden muss. Entsprechend der geltenden Gesetzgebungskompetenz (Art. 70 Abs. 1 GG) haben die Landesgesetzgeber Grundsätze des Bestattungs- und Leichenwesens ausformuliert. Diese Grundgedanken dienen als Leitlinien bei der Interpretation der auf sie folgenden Vorschriften und als Hinweise im Umgang mit Ausnahmevorschriften.[1359] Im Rahmen dessen haben alle Bundesländer übereinstimmend

---

1357 Zitiert nach *Helbing*, ZRP – Zeitschrift für Rechtspolitik 2009, S. 24.

1358 Siehe oben Teil 1, Kapitel 4, 55; zur Ausgestaltung siehe dort S. 58–65.

1359 *Horn*, Niedersächsisches Bestattungsgesetz, § 1, S. 23.

die ärztliche Leichenschau als erste Untersuchung eines Verstorbenen festgelegt. Wenn also das Grundgesetz unmittelbar kein Anforderungsprofil für das Totenwesen enthält, müssen die Verfassungsnormen auf – möglicherweise auch indirekte – Hinweise zu Qualitätsniveau, Mindeststandards oder unabdingbaren Aufgaben des von den Landesgesetzgebern geschaffenen Systems untersucht werden. Zwar postulieren die Grundrechte in ihrer Form als subjektive Rechte zum Schutz vor staatlichen Eingriffen in den von ihnen geschaffenen Freiheitsraum[1360] keine Erfordernisse, nach denen der Staat Standards für ein von ihm zu schaffendes System überwachen und halten muss.

Die verschiedenen Problempunkte bei der ärztlichen Leichenschau beruhen indes nicht in erster Linie auf exekutiven Eingriffen durch den Staat selbst. Vielmehr ist der überwiegende Teil der einzelnen Probleme auf unzweckmäßige oder mangelnde gesetzliche Regelungen oder gar Nichtregelung zurückzuführen.[1361] Hinzu kommen menschliche Defizite und naturgemäß schwierige Gegebenheiten, die das derzeitige System nicht oder nicht ausreichend berücksichtigt. In der Konsequenz besteht die Gefahr der Schädigung grundrechtlich relevanter Rechtsgüter. Inzwischen hat sich als ein wichtiger Ausfluss der objektiv-rechtlichen Funktion der Grundrechte die Ansicht etabliert, dem Staat oblägen gewisse Schutzpflichten hinsichtlich der grundrechtlich geschützten Rechtsgüter. Die Grundlagen des modernen Staates stehen in engem Zusammenhang mit dieser Idee verfassungsrechtlich fundierter staatlicher Schutzpflichten. Entsprechend beginnt *Klein* seinen Beitrag zur Justiziabilität grundrechtlicher Schutzpflichterfüllung mit den Worten: „Der Mensch bedarf auch und gerade im freiheitlichen Verfassungsstaat des 21. Jahrhunderts des Schutzes. Gefahren drohen ihm von allen Seiten."[1362] Vor dem Hintergrund unterschiedlicher Begründungsformen und Ausgestaltungen findet der generelle Gedanke von staatlichen Verpflichtungen zum Schutz der Bürger in der Rechtswissenschaft breite Zustimmung.[1363] Bezogen auf den staatstheoretischen Ansatz der Legitimation durch Schaffung von Sicherheit, korrespondieren den Abwehrrechten auch grundrechtliche Schutzpflichten, die es dem Staat zur Aufgabe machen, mit Hilfe seiner rechtlichen Befugnisse Beeinträchtigungen grundrechtliche geschützter Güter wie Leben, Gesundheit und Eigentum durch

1360 Vgl. *Klein*, DVBl – Deutsches Verwaltungsblatt 1994, S. 489.

1361 Vgl. dazu auch *Zimmermann*, in: Bernsmann/Fischer, Festschrift für Ruth Rissing-van Saan zum 65. Geburtstag am 25. Januar 2011, S. 810.

1362 *Klein*, JUS – Juristische Schulung 2006, S. 960.

1363 Näheres im folgenden Abschnitt unten Teil 2, Kapitel 4, II., 1., S. 218–222.

Übergriffe Privater zu unterbinden.[1364] Mit den Worten *Calliess*': „Als Folge des Gewaltmonopols wird den Bürgern eine allgemeine Friedenspflicht in Form eines privaten Gewaltverbots auferlegt, die durch eine dem Staatszweck Sicherheit korrespondierende Pflicht des Staates zum Schutz der Bürger kompensiert wird. Verfassungsrechtlich findet diese Schutzpflicht ihren Ausdruck in den grundrechtlichen Schutzpflichten."[1365] Denn „zu den Grundrechtsvoraussetzungen gehört der Gesamtzustand der Sicherheit, ohne den die Unbefangenheit in der Ausübung der grundrechtlichen Freiheit, die ‚Freiheit von Furcht', nicht aufkommen kann. Dieser Gesamtzustand der Sicherheit wird durch die rechtsstaatlichen Schutzpflichten gewährleistet, die auf ihre Weise das staatliche Gewaltmonopol und die bürgerliche Friedenspflicht sanktionieren. Insofern unterfangen sie eine Voraussetzung für die Wirksamkeit und Ausübbarkeit der Abwehrrechte."[1366] Die enge Verbindung der Schutzpflichten mit dem Gedanken der Sicherheit im Staatsgefüge bringt *Stern* zum Abschluss eines Vortrags über Schutzpflichtenfunktion der Grundrechte auf den Punkt: „Freiheit braucht Sicherheit; Sicherheit braucht aber auch Freiheit!"[1367]

II. Schutzpflichten

1. Entstehung und Charakterisierung

Die Schutzpflichtfunktion der Grundrechte dient der Gewährleistung rechtlich gebotenen staatlichen Verhaltens in Fällen der Gefährdung oder Verletzung grundrechtlich geschützter Güter durch Eingriffe, die nicht staatlichen Ursprungs sind.[1368] Dem jeweiligen Einzelfall entsprechend, betrifft die Handlungspflicht den Gesetzgeber, die ausführende Gewalt, oder die Rechtsprechung, denn Adressaten der Schutzpflichten sind gemäß dem Prinzip des gewaltenteilenden Verfassungsstaates aus Art. 1 Abs. 3 GG alle drei

---

1364 *Isensee*, JZ – Juristen Zeitung 1999, S. 272.

1365 *Calliess*, in: Merten/Papier, Handbuch der Grundrechte in Deutschland und Europa, § 44, Rn. 20.

1366 *Isensee*, in: Isensee/Kirchhof, Handbuch des Staatsrechts der Bundesrepublik Deutschland, § 191, Rn. 204; ausführlich in *Isensee*, Das Grundrecht auf Sicherheit, S. 21–26, in ihrer Gesamtheit sieht *Isensee* die Schutzpflichten in ein „Grundrecht auf Sicherheit" münden, S. 33 f.

1367 *Stern*, DÖV – Die Öffentliche Verwaltung 2010, S. 249.

1368 Vgl. schon *Klein*, NJW – Neue Juristische Wochenschrift 1989, S. 1633, aber auch *Klein*, DVBl – Deutsches Verwaltungsblatt 1994, S. 490 m.w.N.

Gewalten.[1369] Schutzpflicht und Abwehrrecht teilen sich so gesehen dasselbe grundrechtliche Schutzgut und richten sich an denselben Adressaten – den Staat –, können dabei aber gegenläufige Dimensionen eines Freiheitsgrundrechts verkörpern; Beeinträchtigungen drohen beim Abwehrrecht vom Staat, bei der Schutzpflicht von anderer Seite.[1370] Das Bundesverfassungsgericht attestiert der Schutzpflicht als solche einen weiten Wirkungskreis. Dieser reicht vom Schutz – auch vor rechtswidrigen Eingriffen anderer – über Förderung des entsprechenden Rechtsguts bis hin zur, ihren besonderen Aufgaben entsprechenden, Ausrichtung aller Bereiche der Rechtsordnung an diesem Gebot.[1371] So war es denn auch maßgeblich das Bundesverfassungsgericht, das die Idee der Schutzpflichten[1372] in die Deutsche Rechtsordnung einführte.[1373] Als Ausgangspunkt wird heute vielfach das „epochemachende" *Lüth-Urteil*[1374] betrachtet.[1375]

1369 *Isensee*, in: Isensee/Kirchhof, Handbuch des Staatsrechts der Bundesrepublik Deutschland, § 191, Rn. 277 spricht von der Staatsorganisation: „Sie wird in allen ihren Gliederungen und Funktionen in die Pflicht genommen." *Calliess*, in: Merten/Papier, Handbuch der Grundrechte in Deutschland und Europa, § 44, Rn. 6; *Klein*, DVBl – Deutsches Verwaltungsblatt 1994, S. 494.

1370 *Calliess*, in: Merten/Papier, Handbuch der Grundrechte in Deutschland und Europa, § 44, Rn. 18.

1371 BVerfGE 39, 1 (42); vgl. auch *Enders*, AöR – Archiv des öffentlichen Rechts 1990, S. 628 m.w.N.

1372 Verwendung finden sowohl die Bezeichnung *staatliche* Schutzpflichten, wobei auf den Adressaten abgestellt wird, als auch die Wendung *grundrechtliche* Schutzpflichten, wenn auf das zu schützende Rechtsgut abgestellt wird; Siehe *Schliesky* et al., Schutzpflichten und Drittwirkung im Internet, S. 48 m.w.N.

1373 Zu dieser Einschätzung gelangen etwa *Krings*, Grund und Grenzen grundrechtlicher Schutzansprüche, S. 60; *Ruffert*, Vorrang der Verfassung und Eigenständigkeit des Privatrechts, S. 141 m.w.N.; sinngemäß ebenfalls *Isensee*, in: Isensee/Kirchhof, Handbuch des Staatsrechts der Bundesrepublik Deutschland, § 191, Rn. 146; *Dreier*, Dimensionen der Grundrechte, S. 50. Allerdings sah schon *Dürig*, bezogen auf Art. 1 Abs. 1 S. 2 GG, „in dem gegen den Staat gerichteten Abwehranspruch auch einen gegen den Staat gerichteten Anspruch auf das positive Tun des Abwehrens" enthalten, *Dürig*, AöR – Archiv des öffentlichen Rechts 1956, S. 118.

1374 BVerfGE 46, 160.

1375 *Schulze-Fielitz*, Jura – Juristische Ausbildung 2008, S. 52–57, der hier – unter weiteren Nachweisen – *Böckenförde*, Staat, Verfassung, Demokratie, S. 87 zitiert; ähnlich *Hesse*, in: Häberle, Jahrbuch des öffentlichen Rechts, S. 9. Zum Urteil ebenfalls (schon) *Klein*, DVBl – Deutsches Verwaltungsblatt 1994, S. 489; *Jarass*, in: Badura/Dreier, Festschrift 50 Jahre Bundesverfassungsgericht, S. 35;

Darin geht das Gericht über die klassische Funktion der Grundrechte hinaus und erklärt, dass das Grundgesetz „in seinem Grundrechtsabschnitt auch eine objektive Wertordnung aufgerichtet hat.“[1376] Der nächste „juristische Paukenschlag“[1377] kam mit der Erkenntnis einer grundrechtlichen Schutzpflicht für das werdende Leben.[1378] Dieses Urteil zum Schwangerschaftsabbruch war das erste von sechs Entscheidungen, in denen die Karlsruher Richter die Pflicht des Staates, Leben und Gesundheit auch gegenüber Gefahren von Seiten Dritter zu sichern, konstant aus Art. 2 Abs. 2 S. 1 GG ableiteten,[1379] wobei in den ersten drei Entscheidungen das Menschenwürdegebot mit einbezogen wurde.[1380] Auch ob der zeitlich kompakten Reihenfolge kann man diese Entscheidungen als Gruppe ansehen.[1381] Ursprünglich wurde die Lehre von den Schutzpflichten also zum Schutz von Leben und körperlicher Unversehrtheit entwickelt.[1382] In einem folgenden Urteil stellt das Gericht fest, dass „die Grundrechte nicht nur die Ausgestaltung des materiellen Rechts beeinflussen, sondern zugleich Maßstäbe für eine den Grundrechtsschutz effektuierende Organisations- und Verfahrensgestaltung sowie für eine grundrechtsfreundliche Anwendung vorhandener Verfahrensvorschriften setzen.“[1383] Die Literatur folgte mit zunehmendem Interesse und Engagement;[1384] *Dreier* spricht gar von einem

---

von Münch/Kunig, in: von Münch/Kunig – GG Bd. 1, Vorbemerkung zu den Art. 1–19, 21.

1376 BVerfGE 7, 198 (205).

1377 *Stern*, DÖV – Die Öffentliche Verwaltung 2010, S. 243.

1378 BVerfGE 39, 1.

1379 Zur Herleitung aus Art. 2 Abs. 2 S. 1 GG etwa *Stern*, DÖV – Die Öffentliche Verwaltung 2010, S. 25–30.

1380 Zunächst in Form eines Nebeneinander beider Normen, im Schleyer-Urteil spricht das Gericht dann von „Art. 2 Abs. 2 S. 1 in Verbindung mit Art. 1 Abs. 1 S. 2 GG,“ BVerfGE 46, 160 (164); ausführlich zu diesem Komplex *Hermes*, Das Grundrecht auf Schutz von Leben und Gesundheit, S. 44 f.

1381 Vgl. *Hermes*, Das Grundrecht auf Schutz von Leben und Gesundheit, S. 43. In dieser Reihenfolge gehören dazu noch folgende Entscheidungen: BVerfGE 46, 160; BVerfGE 49, 24; BVerfGE 49, 89; BVerfGE 53, 30; und BVerfGE 56, 54.

1382 Vgl. etwa *Papier*, in: Hilgendorf, Subsidiarität – Sicherheit – Solidarität, S. 478; *Ruffert*, Vorrang der Verfassung und Eigenständigkeit des Privatrechts, S. 141 f.

1383 BVerfGE 69, 315 (355), mit Verweisen auf vorangehende Rechtsprechung.

1384 Zu dieser Einschätzung kommt *Jaeckel*, Schutzpflichten im deutschen und europäischen Recht, S. 29; ähnlich *Stern*, DÖV – Die Öffentliche Verwaltung 2010, S. 243. Unter den anfänglichen Analysen der Schutzpflichten an sich in der Literatur seien genannt: *Klein*, DÖV – Die Öffentliche Verwaltung 1977, S. 704–710; *Ossenbühl*, DÖV – Die Öffentliche Verwaltung 1981, S. 1–11; *Goerlich*,

Siegeszug.[1385] Im Zuge der Diskussion fand das Bestehen objektiv-rechtlicher Gehalte parallel zu den subjektiv-rechtlichen Abwehrrechten zunehmend Akzeptanz;[1386] ausführlich rekurrieren zuerst die Zivilrechtler auf diese erweiterte Funktion der Grundrechte, etwa *Canaris*.[1387] Die anderen folgen und *Böckenförde* bezeichnet diesen Doppelcharakter der Grundrechtsbestimmungen – man spricht auch von Multifunktionalität –, den das Bundesverfassungsgericht als Ausfluss des objektiv-rechtlichen Gehalts der Grundrechte betrachtet,[1388] später als „Grundbestand des Grundrechtswissens".[1389] Obgleich die Wertetheorie des Bundesverfassungsgerichts und die Schutzpflichtenlehre im Schrifttum ein überwiegend positives Echo fanden[1390] und das Bundesverfassungsgericht deren Herleitung und Begründung als ausreichend geklärt ansieht,[1391] wurden und werden diese intensiv diskutiert.[1392] Ausdrückliche Regelungen zur Schutzpflichtenfunktion werden in Art. 1 Abs. 1 S. 2 GG sowie in Art. 6 Abs. 1, Abs. 2 und Abs. 6 GG gesehen.[1393] Absatz 4 beinhaltet insofern einen subjektiven Anspruch auf die Erfüllung einer Schutzpflicht durch den

---

NJW – Neue Juristische Wochenschrift 1981, S. 2616 f.; *Isensee*, Das Grundrecht auf Sicherheit. Interessant außerdem *Unruh*, Zur Dogmatik der grundrechtlichen Schutzpflichten. Aus der jüngeren Vergangenheit etwa *Jaeckel*, Schutzpflichten im deutschen und europäischen Recht; *Szczekalla*, Die sogenannten grundrechtlichen Schutzpflichten im deutschen und europäischen Recht; *Krings*, Grund und Grenzen grundrechtlicher Schutzansprüche; *Streuer*, Die positiven Verpflichtungen des Staates; in zweiter Auflage *Dietlein*, Die Lehre von den grundrechtlichen Schutzpflichten.

1385 *Dreier*, Dimensionen der Grundrechte, S. 50.

1386 So gab etwa *Klein* seine eigene, den Schutzpflichten gegenüber zunächst ablehnende Position, später ausdrücklich auf; *Klein*, DVBl – Deutsches Verwaltungsblatt 1994, S. 489.

1387 *Canaris*, AcP – Archiv für die civilistische Praxis 1984, S. 225–245.

1388 Vgl. dazu beispielsweise BVerfGE 53, 30 (57).

1389 *Böckenförde*, Staat, Verfassung, Demokratie, S. 159.

1390 Dazu etwa *Dietlein*, Die Lehre von den grundrechtlichen Schutzpflichten, S. 17, *Erichsen*, Jura – Juristische Ausbildung 1997, S. 85 m.w.N.; *Jaeckel*, Schutzpflichten im deutschen und europäischen Recht, S. 49 m.w.N.

1391 BVerfG, NJW – Neue Juristische Wochenschrift 1996, 651 (651).

1392 Siehe schon *Klein*, NJW – Neue Juristische Wochenschrift 1989, S. 1635; *Hain*, DVBl – Deutsches Verwaltungsblatt 1993, S. 982; *Streuer*, Die positiven Verpflichtungen des Staates, S. 83 f.; zur Debatte auch *Calliess*, JZ – Juristen Zeitung 2006, S. 322–325; ausführlicher *Calliess*, in: Merten/Papier, Handbuch der Grundrechte in Deutschland und Europa, § 44, Rn. 8–14.

1393 Vgl. etwa *Scherzberg/Mayer*, JA – Juristische Arbeitsblätter 2004, S. 52; *Erichsen*, Jura – Juristische Ausbildung 1997, S. 86.

Staat, als der Mutter der Schutz und die Fürsorge der Gemeinschaft zustehen. Die Pflege und Erziehung des Nachwuchses betreffend, bleiben die Gemeinschaft nach Absatz 2 gleichsam als Wächter im Hintergrund, der Staat soll jedoch ein gewisses Maß dessen sicherstellen.[1394] Die Entwicklung der Rechtsprechung, und in der Folge des Schrifttums, blieb nicht bei Art. 2 Abs. 2 S. 1 GG stehen. Inzwischen gelten die Schutzpflichten als Bestandteil der objektiv-rechtlichen Dimension der Grundrechte und der Schutzpflichtgedanke dieser Herleitung entsprechend als allen grundrechtlichen Bestimmungen immanent.[1395]

Auch aus dem Grundrecht der Wissenschaftsfreiheit – Art. 5 Abs. 3 GG – hat das Bundesverfassungsgericht bereits eine Schutzpflicht abgeleitet. Konkret verpflichtete es den Staat, mittels entsprechender Organisation dafür zu sorgen, dass im Rahmen des mit öffentlichen Mitteln laufenden Wissenschaftsbetriebs die freie wissenschaftliche Betätigung unbeeinflusst bleibt, soweit sich dies mit den Funktionen der Institutionen und den Grundrechten der Betroffenen vereinbaren ließe. In dem berühmten Passus, die staatliche Verpflichtung betreffend, fordern die Verfassungsrichter, der Staat müsse sich „schützend und fördernd" der Erosion der Freiheitsgarantie entgegenstellen.[1396] Dies gelte auch im Privatrecht, denn „der Staat hat auch insoweit die Grundrechte des Einzelnen zu schützen und vor Verletzung durch andere zu bewahren."[1397] So hat das Bundesverfassungsgericht eine Schutzpflicht beispielsweise auch in Bezug auf die Koalitionsfreiheit und die Gewährleistung der Berufsfreiheit aus Art. 12 GG anerkannt.[1398] In diesem Zusammenhang hat es darauf hingewiesen, dass in Fällen erheblicher wirtschaftlicher Machtunterschiede zwischen Vertragsparteien der Staat dafür sorgen muss, dass die stärkere Partei nicht die Bedingungen bis zur Aufhebung der Selbstbestimmung des Vertragspartners diktieren kann.[1399] Festzuhalten bleibt, dass der Schutzpflichtengedanke[1400] heute eine feste Größe

---

1394 Dazu BVerfGE 24, 119 (138).

1395 *Stern*, DÖV – Die Öffentliche Verwaltung 2010, S. 246 m.w.N.; ebenso schon *Erichsen*, Jura – Juristische Ausbildung 1997, S. 86 m.w.N.

1396 BVerfGE 35, 79 (114); ähnliches gilt für die Kunstfreiheit, BVerfGE 36, 321; in neuerer Zeit auch BVerfGE 115, 118 (152).

1397 BVerfGE 103, 89 (100).

1398 BVerfGE 92, 26 (38 u. 46).

1399 BVerfGE 81, 242 (255 f.).

1400 Nachweise für weitere Grundrechte, mit denen das Bundesverfassungsgericht konkrete Schutzpflichten assoziiert, finden sich beispielsweise bei *Jarass*, in: Badura/Dreier, Festschrift 50 Jahre Bundesverfassungsgericht, S. 37–39; Zu den neueren Entscheidungen, in denen sich das Bundesverfassungsgericht auf die

in der verfassungsrechtlichen Rechtsprechung und Literatur ist[1401] mit der entsprechenden Ausstrahlungswirkung in andere Rechtsgebiete,[1402] deutsche wie europäische.[1403] Ein erster Bezug zwischen dem Schutzpflichtgedanken und der ärztlichen Leichenschau lässt sich vor dem Hintergrund herstellen, dass deren System durch das Bestattungsrecht geregelt wird, das als Teil des besonderen Ordnungsrechts zum besonderen Verwaltungsrecht gehört. *Badura* zufolge äußert sich die grundrechtliche Schutzpflicht nämlich hauptsächlich darin, dass der Gesetzgebers die Pflicht hat, die Rechte und Freiheiten des Einzelnen durch hinreichende Rechtsvorschriften des Verwaltungsrechts (Genehmigungsvorbehalte und Eingriffsbefugnisse bei lästigen Anlagen und störendem Handeln Privater) und auch durch Gebote und Verbote des Strafrechts angemessen zu sichern.[1404] Entsprechend sieht *Calliess* „das Verwaltungsrecht letztlich als konkretisiertes Verfassungsrecht, in dem sich die verfassungsrechtlich geschützten Rechtsgüter konkret verwirklichen".[1405]

2. Skizzierung von Dogmatik und Prüfungsstruktur

Seit der Einführung des Schutzpflichtgedankens in die Grundrechtsdogmatik ist eine Anzahl sich verschieden stark unterscheidender Begründungen bzw. Herleitungen entstanden.[1406] Beispielhaft sei die kompakte Darstellung von

---

Schutzpflichten bezieht, zählen etwa BVerfG, NJW – Neue Juristische Wochenschrift 1998, 2961; BVerfGE 115, 118; BVerfGK 16, 68; BVerfGE 128, 326; BVerfGE 132, 134.

1401 Siehe beispielhaft die Beiträge von *Pietrzak*, JUS – Juristische Schulung 1994, S. 748–753; *Streuer*, Die positiven Verpflichtungen des Staates, der gleichen Einschätzung, S. 26; *Krings*, Grund und Grenzen grundrechtlicher Schutzansprüche, erkennt eine ständige Zunahme an Bedeutung, S. 18; *Stern*, in: ders., Das Staatsrecht der Bundesrepublik Deutschland, § 69; kritisch *Enders*, Der Staat 1996, S. 351–387.

1402 Vgl. etwa *Hesse*, in: Häberle, Jahrbuch des öffentlichen Rechts, S. 9.

1403 *Dietlein*, Die Lehre von den grundrechtlichen Schutzpflichten, Vorbemerkungen zur 2. Auflage S. XII; *Klein*, JUS – Juristische Schulung 2006, S. 960; insbesondere hat der EGMR ihn für die Europäische Menschenrechtskonvention übernommen; *Stern*, DÖV – Die Öffentliche Verwaltung 2010, S. 243.

1404 *Badura*, in: Bauer, Wirtschaft im offenen Verfassungsstaat, S. 334 m.w.N.

1405 *Calliess*, Rechtsstaat und Umweltstaat, S. 371.

1406 Weiterführend hier etwa *Klein*, NJW – Neue Juristische Wochenschrift 1989, S. 1635 f. m.w.N.; mit einer Übersicht verschiedener Ansätze *Pietrzak*, JUS – Juristische Schulung 1994, S. 748 f.; *Klein*, DVBl – Deutsches Verwaltungsblatt 1994, S. 491–494 m.w.N.; *Krings*, Grund und Grenzen grundrechtlicher

Epping erwähnt, der ausdrücklich auf den Gedanken staatlicher Sicherheitsgewährleistung zurückgreift: „Zur effektiven Sicherung persönlicher Freiheit ist die Funktion der Grundrechte als Eingriffsverbote … nicht ausreichend. Denn Bedrohungen persönlicher Freiheit können nicht bloß vom Staat selbst ausgehen, sondern auch von anderen Menschen oder von der Natur."[1407] Ohne ein staatliches, den Rechten des Einzelnen dienendes Handeln seien diese Rechte daher in Gefahr. Als dogmatische Basis sieht *Epping* etwa die Ansicht des Bundesverfassungsgerichts, dass die Grundrechte eine „objektive Wertordnung" errichten und vom Staat in Folge dessen verlangen, für eine tatsächliche Verwirklichung dieser Wertordnung in allen Lebensbereichen einzutreten.[1408] Dem staatlichen Gewaltmonopol folge somit die staatliche Pflicht, Gewalt zu Gunsten der Rechte des Einzelnen im Einzelfall auch tatsächlich anzuwenden. Zudem zeige Art. 1 Abs. 1 GG, der die staatliche Gewalt ausdrücklich zum Schutz der Menschenwürde verpflichtet, dass dem Grundgesetz Schutzpflichten nicht fremd seien. Der Staat sei damit nicht bloß Gegner, sondern auch Garant der Grundrechte.[1409] Dogmatischer Hintergrund des Schutzpflichtgedankens ist die Anerkennung eines mehrpoligen Verfassungsverhältnisses, das sich auf den der *Jellinek*'schen Statuslehre entspringenden status positivus gründet.[1410] Es folgt daraus eine dreipolige Struktur der Rechtsbeziehungen, die häufig als „Schutzpflichtendreieck" bezeichnet wird. In der engeren begrifflichen Fassung besteht dieses aus Staat, privatem Störer und beeinträchtigtem Bürger.[1411]

Allerdings ist es unmöglich, sämtliche Konstellationen potentiell schutzpflichtauslösender[1412] Verletzungen grundrechtlicher Schutzgüter konkret

Schutzansprüche, S. 82–170 m.w.N.; *Streuer*, Die positiven Verpflichtungen des Staates, S. 75–98 m.w.N.; *Moritz*, Staatliche Schutzpflichten gegenüber pflegebedürftigen Menschen, S. 97–99 m.w.N.

1407 *Epping*, Grundrechte, S. 64, Rn. 123.

1408 BVerfGE 39, 1 (141 f.).

1409 *Epping*, Grundrechte, S. 64 f., Rn. 123 f. m.w.N.

1410 *Calliess*, in: Merten/Papier, Handbuch der Grundrechte in Deutschland und Europa, § 44, Rn. 18.

1411 Vgl. etwa *Müller-Franken*, in: Schmidt-Bleibtreu – GG, Vorbemerkung vor Art. 1 Allgemeine Grundrechtslehren, Rn. 23; diese mehrpolige Konstellation erläutert auch *Sauer*, in: Brosius-Gersdorf – Dreier GG Bd. I, Vorbemerkung vor Artikel 1 GG, Rn. 115 m.w.N.

1412 Die Wendungen Schutzpflicht „*auslösen*" bzw. Schutzpflicht „*aktivieren*" werden im Folgenden synonym verwendet.

zu antizipieren. Insbesondere nicht in der Hinsicht, dass die Kausalkette in jedem Fall eindeutig auf einen konkreten privaten Störer wird zurückgeführt werden können. Dem ursprünglichen Leitgedanken bei der Entwicklung der Schutzpflichtenlehre nach, hat der Staat sich schützend und fördernd vor die Grundrechte des Einzelnen zu stellen.[1413] Dem kann nur gerecht werden, wer das Auslösen der Schutzpflicht von der ursprünglichen Quelle der Gefahr oder der konkreten Verletzung des grundrechtlichen Schutzgutes weitgehend losgelöst betrachtet. Denn das Motiv, das das Gericht immer wieder zur Veranschaulichung des staatlichen Auftrags herangezogen hat, ergibt in seiner Allgemeinheit nur Sinn, wenn der Schwerpunkt auf dem Schutz des Rechtsgutes überhaupt liegt und nicht darin, eine bestimmte Gefahr abzuwehren. Wäre es in diesem Sinne gemeint, dass neben der grundsätzlichen Funktion der Grundrechte als Abwehrrechte gegen den Staat lediglich weitere Kategorien bestimmter Gefahren hätten eingeführt werden sollen, denen vorzubeugen staatliche Aufgabe wäre – etwa die Verletzung durch einen privaten Dritten – so hätten die Karlsruher Richter dies entsprechend deutlich formulieren können. Dagegen haben sie die Formulierung offensichtlich mit Absicht allgemein gehalten. Dies zeigt sich auch daran, dass im Laufe der Zeit in der Rechtsprechung zu den Schutzpflichten nach und nach weitere Arten von Auslösern für eine Schutzpflicht anerkannt wurden. Hinzu kommt, dass ein *effektiver* Schutz, wie ihn das Verfassungsgericht ebenfalls fordert,[1414] nur gewährleistet werden kann, wenn die Pflicht des Staates nicht von einer speziellen Art Auslöser abhängig gemacht wird. Andernfalls hinge die Unversehrtheit des Rechtsguts in nicht unerheblichem Maße vom Zufall ab, insofern als es im Falle des „falschen" Ereignisses schutzlos bliebe. Dies widerspricht auch nicht der einhelligen Meinung, dass selbst der ideale Rechtsstaat als Inhaber eines absoluten Gewaltmonopols keine absolute Sicherheit bieten kann und es folglich von Verfassungs wegen im Sinne der Schutzpflichten auch nicht muss.[1415] Denn diese Überlegung bezieht sich auf Maß und Umfang des Schutzes, nicht auf die Anzahl der möglichen Gefahrenquellen für das entsprechende Rechtsgut. Erkennbar wird dies auch

---

1413 *Sauer*, in: Brosius-Gersdorf – Dreier GG Bd. I, Vorbemerkung vor Artikel 1 GG, Rn. 115 m.w.N.; *Fink*, in: Merten/Papier, Handbuch der Grundrechte in Deutschland und Europa, § 88, Rn. 38, spricht von der Pflicht des Staates zum effektiven Schutz der Grundrechte.

1414 BVerfGE 39, 1 (36).

1415 Vgl. anstatt vieler *Isensee*, Das Grundrecht auf Sicherheit, S. 41 f.; ähnlich das Bundesverfassungsgericht auch in der jüngeren Vergangenheit BVerfGK 14, 402 (407).

am Wortlaut des vom Bundesverfassungsgericht angewandten Maßstabs für das Schutzniveau, des Untermaßverbotes. So gebraucht das Gericht den Begriff der Schutzpflichten auch unabhängig von Störungen durch private Dritte, beispielsweise bei Grundrechtsgefährdung durch ausländische Staaten.[1416] Und schließlich auch gänzlich losgelöst von einem Handeln Dritter, in Situationen etwa, in denen eine von Verfassungs wegen bestehende gesellschaftliche Einrichtung situationsbedingt in ihrem Bestand bedroht ist,[1417] oder bei der Beurteilung des Umfangs von Gesundheitsleistungen.[1418]

Auch der Schutz vor Umweltgefahren ist ein wichtiger Teil der bisherigen Rechtsprechung, bei der sowohl einzelne Störer als auch situative Auslöser zu erkennen sind.[1419] Überzeugend argumentiert in diesem Zusammenhang auch *Streuer*, dass es bei der Ursache von Grundrechtsverletzungen Kausalzusammenhänge gebe, bei denen das Zusammentreffen auch menschlicher Einflüsse so zahlreich und komplex sei, dass ein einzelner Verursacher nicht lokalisiert werden könne. Entsprechend trete in solchen Situationen der einzelne Beitrag zurück, es bliebe das Ergebnis mit grundrechtsverletzender Wirkung. Die Autorin spricht bei der Folge des Zusammenwirkens der Einzelbeiträge, die zu einem grundrechtsbeeinträchtigenden Zustand führen, von einer solchen Situation; der negative Einfluss auf das Grundrecht sei dann situativ bedingt.[1420] *Dietlein* argumentiert, dass das Ziel der Schutzpflichten ein umfassender

1416 *Sachs*, in: ders. – GG, Vorbemerkungen zu Abschnitt I, Rn. 38, m.w.N., zur Rechtsprechung BVerfG 66, 39.

1417 *Müller-Franken*, in: Schmidt-Bleibtreu – GG, Vorbemerkung vor Art. 1 Allgemeine Grundrechtslehren, Rn. 24, verweist auf das erste Privatschulurteil, BVerfGE 75, 40 (62 f.).

1418 BVerfGE 125, 39.

1419 Einzeln feststellbare Verursacher finden sich etwa in BVerfGE 49, 89; BVerfGE 53, 30; BVerfGE 56, 54. Zu nicht notwendig durch Dritte herbeigeführten Gefahren im Zusammenhang mit der Schutzpflicht verweist *Stern*, in: ders., Das Staatsrecht der Bundesrepublik Deutschland, § 67, S. 735 auf BVerfG, NJW – Neue Juristische Wochenschrift 1987, 2287. Eine staatliche Pflicht zum Schutz der Gesundheit in einer Klimasituation mit gefährlich hohen Ozonwerten ist erwähnt in BVerfG, NJW – Neue Juristische Wochenschrift 1996, 651; dabei wird ein situationsbedingter Auslöser jedenfalls nicht ausgeschlossen. Mit Blick auf Art. 2 Abs. 1, Abs. 2 S. 1 und 14 Abs. 1 S. 1 GG käme demnach eine Schutzpflichtverletzung im Falle eines Unterlassens jeglicher Maßnahmen in Betracht, die dem Schutz vor Gesundheitsschädigungen und Eigentumsbeeinträchtigungen durch Luftverschmutzung dienen.

1420 *Streuer*, Die positiven Verpflichtungen des Staates, S. 104.

Schutz der grundrechtlichen Gewährleistungen sei, um die dem Grundrechtsträger garantierten Güter und Freiheiten auch gegen nichtstaatliche Störung abzusichern. Damit sei „eine Differenzierung nach dem Ursprung der konkreten Gefahr nicht vereinbar".[1421] Im Ergebnis entspricht es damit dem Schutzpflichtgedanken im Sinne des Bundesverfassungsgerichts, dass das Auslösen einer Schutzpflicht in der Regel nicht von einer bestimmen Art der Gefahrenquelle oder Ursache der Verletzung abhängig ist.[1422] Im Übrigen weist *Streuer* in diesem Zusammenhang zutreffend darauf hin, dass auch bei dieser Sichtweise der Quelle von Störungen diese in keinem Fall vom Staat ausginge, sich die Konstellation also vom zweipoligen Verhältnis im Rahmen der abwehrrechtlichen Funktion unterscheide, nach wie vor also ein Dreiecksverhältnis

---

1421 *Dietlein*, Die Lehre von den grundrechtlichen Schutzpflichten, S. 103.

1422 So etwa auch schon *Stern*, in: ders., Das Staatsrecht der Bundesrepublik Deutschland, § 67, S. 734 f. m.w.N., unter anderem auf *Streuer*, Die positiven Verpflichtungen des Staates, S. 104–106; *Moritz*, Staatliche Schutzpflichten gegenüber pflegebedürftigen Menschen, S. 110, unter Verweis auf *Dietlein*, *Robbers* und *Stern*; *Sachs*, in: ders. – GG, Vorbemerkungen zu Abschnitt I, Rn. 38, bezeichnet den Schutz in diesem Zusammenhang als „umfassend"; *Epping*, Grundrechte, S. 64, Rn. 123. Bei der so genannten Konvergenztheorie entfällt bereits die Unterscheidung zwischen Schutzpflicht und Abwehrrecht, vgl. die hauptsächlichen Vertreter *Schwabe*, Die sogenannte Drittwirkung der Grundrechte, S. 23–28, 62–64 und *Murswiek*, Die staatliche Verantwortung für die Risiken der Technik, S. 88 f., 276 f.; eine allgemeine Darstellung dieser Theorie bietet *Isensee*, in: Isensee/Kirchhof, Handbuch des Staatsrechts der Bundesrepublik Deutschland, § 191, Rn. 256–262. Kritisch teils auch Müller-Franken, in: Schmidt-Bleibtreu – GG, Vorbemerkung vor Art. 1 Allgemeine Grundrechtslehren, Rn. 23 f. Ob als Auslöser auch reine Naturgewalt gelten kann, ist besonders umstritten: Dafür etwa *Epping*, Grundrechte, S. 64 f., Rn. 123 f.; *Szczekalla*, Die sogenannten grundrechtlichen Schutzpflichten im deutschen und europäischen Recht, S. 98; *Jaeckel*, Schutzpflichten im deutschen und europäischen Recht, S. 100 f.; *Klein*, DVBl – Deutsches Verwaltungsblatt 1994, S. 490 m.w.N.; außerdem *Sachs*, in: ders. – GG, Vorbemerkungen zu Abschnitt I, Rn. 38 mit zahlreichen weiteren Nachweisen, unter anderem über *Robbers*, Sicherheit als Menschenrecht, S. 124, 127 und *Dietlein*, Die Lehre von den grundrechtlichen Schutzpflichten, S. 130 und *Lorenz*, in: Pitschas, Wege gelebter Verfassung in Recht und Politik, S. 331 sowie die Gegenmeinung etwa von *Isensee*, in: Isensee/Kirchhof, Handbuch des Staatsrechts der Bundesrepublik Deutschland, § 191, Rn. 243; i.E. wohl auch *Sauer*, in: Brosius-Gersdorf – Dreier GG Bd. I, Vorbemerkung vor Artikel 1 GG, Rn. 115 m.w.N.; *Krings*, Grund und Grenzen grundrechtlicher Schutzansprüche, S. 217–220.

bestünde.[1423] So gesehen kann der Begriff des Schutzpflichtendreiecks durchaus in dem Sinne beibehalten werden, dass er das Verhältnis zwischen Grundrechtsträger, Staat und einer dritten Seite beschreibt, auf deren Eigenschaft es insofern nicht ankommt.

Entsprechend den obigen Ausführungen unterscheidet sich die Konstellation von der üblichen Bürger-Staat-Beziehung im Sinne der abwehrrechtlichen Funktion der Grundrechte, sodass die daher bekannten Schemata bei der konkreten Prüfung des Vorliegens einer Schutzpflicht nicht verwendet werden können.[1424] Dementsprechend wurden in der Literatur Versuche unternommen, für die Feststellung, ob eine Schutzpflicht im konkreten Fall aktiviert wird, eine eigenständige Prüfungsstruktur zu entwickeln.[1425] Da im Gegensatz zur Untersuchung staatlicher Eingriffe in die Freiheit nicht mithilfe von Schutzbereich, Schranken, Eingriff und Rechtfertigung differenziert werden muss, beschränkt sich die Prüfung in der Regel darauf, zu ermitteln, ob eine Schutzpflicht besteht,[1426] ob sie bedroht wird bzw. verletzt wurde und wie weit sie im konkreten Fall reicht. Die Frage nach der für das Auslösen einer Schutzpflicht erforderlichen, das Rechtsgut betreffenden Einwirkungsintensität wird in der Literatur – auch hinsichtlich der Terminologie – nicht einheitlich beantwortet.[1427] Unter den Autoren, die eine Gefährdung des Rechtsguts als ausreichend betrachten, sprechen einige von abzuwehrenden Gefahren,[1428] andere sehen den Staat in der Pflicht, durch geeignete Maßnahmen die Verletzung grundrechtlich geschützter Güter zu vermeiden.[1429] Teilweise heißt es ausdrücklich, die Schutzpflicht lebe sowohl dann auf, wenn ein grundrechtliches Schutzgut verletzt wird, als auch dann, wenn die Gefahr einer solchen Verletzung drohe.[1430] Andere Differenzierungen betreffen den konkret drohenden Eingriff und

---

1423 *Streuer*, Die positiven Verpflichtungen des Staates, S. 104.

1424 *Brüning*, JUS – Juristische Schulung 2000, S. 956 m.w.N.

1425 *Möstl*, DÖV – Die Öffentliche Verwaltung 1998, S. 1035.

1426 *Brüning*, JUS – Juristische Schulung 2000, S. 955–959, verwendet an dieser Stelle den Ausdruck „Schutzgrund".

1427 Siehe zu dieser Fragestellung auch *Möstl*, DÖV – Die Öffentliche Verwaltung 1998, S. 1035 m.w.N.

1428 *Sachs*, in: ders. – GG, Vorbemerkungen zu Abschnitt I, Rn. 37; *Müller-Franken*, in: Schmidt-Bleibtreu – GG, Vorbemerkung vor Art. 1 Allgemeine Grundrechtslehren, Rn. 23; ähnlich *Brüning*, JUS – Juristische Schulung 2000, S. 956.

1429 *Dreier*, in: ders. – GG Bd. I, Vorbemerkung vor Artikel 1 GG, Rn. 104.

1430 *Isensee*, in: Isensee/Kirchhof, Handbuch des Staatsrechts der Bundesrepublik Deutschland, § 191, Rn. 225.

drohende Schädigungen bei „Grundrechts*gefährdungen*".[1431] Das Bundesverfassungsgericht erachtet ebenfalls die Gefährdung grundrechtlich geschützter Güter für regelmäßig ausreichend, um die entsprechende Schutzpflicht auszulösen, wobei es keine klaren Abstufungen des zur Schutzpflichtaktivierung erforderlichen Gefahrenniveaus herausgearbeitet hat.[1432] Besonders deutlich wird die Linie des Gerichts in der Entscheidung Kalkar I zu den Gefahren der Kernenergie, wo es darlegt, dass bei entsprechender Art und Schwere negativer Folgen schon „eine entfernte Wahrscheinlichkeit ihres Eintritts" genügt, um die Schutzpflicht auszulösen.[1433] In der Gesamtschau ergibt sich die eindeutige Feststellung, dass zur Aktivierung einer Schutzpflicht bereits die Gefährdung eines grundrechtlichen Schutzgutes genügt; möglicher Maßstab für das nötige Ausmaß der Gefahr kann die Schwere der drohenden Verletzungsfolgen sein.[1434] Bei der Klärung des Umfangs der Schutzpflicht kommt häufig das umstrittene Untermaßverbot zur Anwendung;[1435] andere sprechen von

---

1431 Sehen die Schutzpflicht in beiden Fällen greifen, *Scherzberg/Mayer*, JA – Juristische Arbeitsblätter 2004, S. 52; für einen hinsichtlich der Eintrittsschwelle sehr umfassenden Schutz, der schon vor der im Polizeirecht zur Aktivierung staatlichen Handelns geltenden Eintrittswahrscheinlichkeit einer Rechtsgutsverletzung greift, *Gerbig*, Grundrecht auf staatlichen Schutz, S. 63.

1432 Bereits die Formulierungen in frühen Entscheidungen deuten darauf hin, wenn es heißt, (in diesem Fall das Grundrechtsgut Leben) sei „vor rechtswidrigen Eingriffen von seiten anderer zu bewahren", BVerfGE 39, 1 (42); BVerfGE 46, 160 (164).

1433 BVerfGE 49, 89 (142); gefestigt in BVerfGE 53, 30 (57) und BVerfGE 56, 54 (78).

1434 So auch *Calliess*, Rechtsstaat und Umweltstaat, S. 318 f. Uneinig ist sich die Literatur darüber hinaus bei den Fragen, ob bloße Belästigungen zur Aktivierung einer Schutzpflicht genügen sollen und ob dies im Rahmen des erforderlichen Gefahrenniveaus oder des Umfangs der Verpflichtung geprüft werden sollte. Deutlich für eine Einbeziehung von Belästigungen etwa wie oben genannt *Calliess*; vgl. zu verschiedenen Ansichten und deren Darstellung *Pietrzak*, JUS – Juristische Schulung 1994, S. 750 f. m.w.N.; *Erichsen*, Jura – Juristische Ausbildung 1997, S. 87 m.w.N.; *Brüning*, JUS – Juristische Schulung 2000, S. 956; *Krings*, Grund und Grenzen grundrechtlicher Schutzansprüche, S. 227–233 m.w.N.; Zu der teilweise gebräuchlichen Unterscheidung von Risiko und Restrisiko: *Gerbig*, Grundrecht auf staatlichen Schutz, S. 62–64 m.w.N.

1435 Vgl. etwa *Hain*, DVBl – Deutsches Verwaltungsblatt 1993, S. 982–984; *Dietlein*, Zeitschrift für Gesetzgebung 1995, S. 131–141; *Hain*, ZG – Zeitschrift für Gesetzgebung 1996, S. 75–84; *Möstl*, DÖV – Die Öffentliche Verwaltung 1998, S. 1037–1039; *Cremer*, DÖV – Die Öffentliche Verwaltung 2008, S. 102; *Voßkuhle/Kaiser*, JUS – Juristische Schulung 2011, S. 412, bezeichnen dessen Inhalt als nicht klar umrissen.

Verhältnismäßigkeitsgrundsatz[1436] oder fassen die zweite Prüfungsstufe als „Maß und Umfang der Schutzpflicht" zusammen.[1437] Grundsätzlich ist mit einer Schutzpflicht des Staates zugleich auch die entsprechende Legitimation verbunden, zu deren Erfüllung gegebenenfalls auch in die Grundrechte anderer einzugreifen; der Schutzauftrag enthält somit auch eine Schutzermächtigung.[1438] Dies kann selbstverständlich nicht willkürlich oder unbegrenzt geschehen und erfordert einen Kontrollmaßstab. Entsprechend fordert das Bundesverfassungsgericht eine Abwägung, falls von der für das gefährdete Rechtsgut erforderlichen Schutzmaßnahme des Staates die Rechtsgüter Dritter oder der Allgemeinheit betroffen sind.[1439] Trotz vielfältiger Diskussionen in der Literatur existiert auch für diese Verhältnismäßigkeitsprüfung bisher „kein auch nur ansatzweise konsistentes Prüfungsschema," was den Gegenstand der Prüfung und das vom Staat erwartete Verhalten schwer fassbar macht.[1440] Angesichts dieser Meinungsvielfalt bezüglich des gesamten Bereichs der Schutzpflichtenprüfung erscheint es für den praxis- und lösungsorientierten Anwender sinnvoll, sich jeweils an einer Prüfungsstruktur zu orientieren, die für den konkreten Fall gut zu handhabenden ist und sich nicht weit von der für die Praxis im Endeffekt maßgeblichen Auffassung des Bundesverfassungsgerichts entfernt. Diesbezüglich haben (auch) die Verfassungsrichter bisher noch kein mit dem bekannten ausdifferenzierten Vorgehen im Rahmen der Prüfung von Abwehrrechten vergleichbares Modell entwickelt. Das Bundesverfassungsgericht stellt zunächst fest, dass mit dem im entsprechenden Fall einschlägigen Abwehrrecht auch eine gleichartige Schutzpflicht korrespondiert. Damit sich diese zu einer Handlungspflicht verdichtet, müsse das Rechtsgut zumindest gefährdet sein, also seine Verletzung drohen;[1441] entsprechend wird dies oder

1436 So das Schema bei *Weschpfennig*, JUS – Juristische Schulung 2011, S. 61–66; in etwas anderer Form der Aufbau bei *Moritz*, Staatliche Schutzpflichten gegenüber pflegebedürftigen Menschen, S. 104–119. *Isensee*, in: Isensee/Kirchhof, Handbuch des Staatsrechts der Bundesrepublik Deutschland, § 191, Rn. 222–255 geht unter dem Titel „Tatbestand der Grundrechtsgefährdung" (Rn. 222) einen anderen Weg, entlang der Punkte „Objekt der Gefährdung", „Art der Gefahr", „Urheber der Gefahr" sowie „Freiheit von Angst".

1437 *Scherzberg/Mayer*, JA – Juristische Arbeitsblätter 2004, S. 51–53.

1438 *Jarass*, in: Badura/Dreier, Festschrift 50 Jahre Bundesverfassungsgericht, S. 40.

1439 BVerfGE 88, 203 (254, 261).

1440 So sehr treffend *Cremer*, DÖV – Die Öffentliche Verwaltung 2008, S. 102, der auf den folgenden Seiten 103 f. auch einen kompakten Überblick der Argumentationsstrukturen bietet.

1441 Vgl. dazu oben Teil 2, Kapitel 4, II., 1., S. 222 f.

eine schon erfolgte Verletzung eruiert. Den eigentlichen Prüfungsmaßstab bilden eine Darstellung seiner bisherigen Rechtsprechung zu den Schutzpflichten unter Hinweis auf den gestalterischen Spielraum des Gesetzgebers bei deren Umsetzung sowie das diesen begrenzende Untermaßverbot,[1442] wonach der Staat zur Erfüllung seiner Schutzpflicht ausreichende Maßnahmen zu ergreifen hat, mittels derer ein – bezogen auf andere eventuell betroffene Rechtsgüter – angemessener und wirksamer Schutz sichergestellt werden kann.[1443] Im Rahmen der Umsetzung der Schutz- bzw. Handlungspflichten unter Beachtung des Untermaßverbots spielen folgende Erwägungen eine Rolle: Ob bereits ein verfassungskonformes Konzept existiert und ob es grundsätzlich – im Sinne eines Mindeststandards – funktioniert; es muss effektiven Schutz gewährleisten.[1444] Verfassungskonform bedeutet dabei in erster Linie, dass die staatlichen Eingriffe in Erfüllung der Schutzpflicht gegebenenfalls die Grundrechte anderer, auch der Allgemeinheit, in Abwägung mit dem geschützten Gut nicht

---

1442 So die Zusammenfassung der Darstellung bei *Möstl*, DÖV – Die Öffentliche Verwaltung 1998, S. 1035 unter Hinweis auf BVerfG, NJW – Neue Juristische Wochenschrift 1995, 2343; BVerfG, NJW – Neue Juristische Wochenschrift 1996, 651; BVerfG, NJW – Neue Juristische Wochenschrift 1997, 2509. Vgl. darüber hinaus BVerfG, NJW – Neue Juristische Wochenschrift 1998, 2961 (2962); ähnlich auch BVerfGE 115, 118 (152–157); wobei in diesem Fall das Untermaßverbot im Sinne von Mindestanforderungen an gesetzgeberisches Handeln nicht relevant wird, da es um die Verfassungswidrigkeit des Luftsicherheitsgesetzes geht, dem die Schutzpflicht aus Art. 1 Abs. 1 S. 2 GG gerade entgegensteht.

1443 BVerfGE 88, 203 (254); mit dieser Entscheidung erlangte die Rechtsfigur ihren verfassungsrechtlichen Status – vgl. *Hain*, DVBl – Deutsches Verwaltungsblatt 1993, S. 982; *Denninger*, in: Däubler-Gmelin, Gegenrede, S. 566 f. – und löste die sogenannte „Evidenzkontrolle“ zumindest vorübergehend ab, *Dietlein*, Zeitschrift für Gesetzgebung 1995, S. 132, anders später *Calliess*, Rechtsstaat und Umweltstaat, S. 321 f. Ausführlich und teilweise kritisch zum Untermaßverbot etwa *Hain*, DVBl – Deutsches Verwaltungsblatt 1993, S. 982–984; *Jeand'Heur*, RdjB – Recht der Jugend und des Bildungswesens 1994, S. 91–99; *Denninger*, in: Däubler-Gmelin, Gegenrede, S. 565–569; *Calliess*, in: Grote et al., Die Ordnung der Freiheit; *Störring*, Das Untermaßverbot in der Diskussion; eine gut strukturierte Untersuchung der hauptsächlich geäußerten Kritikpunkte nimmt *Klein* vor, *Klein*, JUS – Juristische Schulung 2006, S. 961–964. Zu den Ursprüngen von Begriff und Idee des Untermaßverbots kompakt *Klein*, JUS – Juristische Schulung 2006, S. 961 mit zahlreichen weiteren Nachweisen; er schreibt den Terminus *Schuppert* zu, den Ausbau zum Prüfungsmaßstab *Canaris* und *Isensee*.

1444 *Isensee*, in: Isensee/Kirchhof, Handbuch des Staatsrechts der Bundesrepublik Deutschland, § 191, Rn. 219.

unverhältnismäßig beeinträchtigen dürfen.[1445] Einige Autoren sprechen an dieser Stelle vom sogenannten Übermaßverbot, andere halten Über- und Untermaßverbot im Bereich der Schutzpflichtenjudikatur für deckungsgleich.[1446]

Die Kernfrage wird in der Regel dort zu stellen sein, wo es um die konkrete Bewertung der staatlichen Konzepte und Maßnahmen – bestehende wie theoretische – geht. Die Beurteilung wird sich regelmäßig in einem Rahmen aus einem Mindeststandard an Schutz und der faktischen Unmöglichkeit absoluter Sicherheit bewegen. Denn weder der potentielle Beschwerdeführer noch die Gerichte können dem verantwortlichen staatlichen Organ detaillierte Vorgaben zur Art der schutzpflichterfüllenden Maßnahmen machen. Vielmehr kommen hier die erwähnten Abwägungsmechanismen ins Spiel. Im Rückblick diente jedenfalls den Verfassungsrichtern oft das Untermaßverbot als Richtmaß.[1447] Die Kontrolldichte des Gerichts skizzieren die Richter selbst in verschiedenen Entscheidungen dahingehend, dass dem Gesetzgeber hinsichtlich der Gefährdung der Rechtsgüter und den zu ergreifenden Schutzmaßnahmen sowie deren Ausgestaltung ein „weiter Einschätzungs-, Wertungs- und Gestaltungsraum"[1448] bleibe. Dieser Einschätzungsspielraum (neben den anderen Staatsorganen) auch des Gesetzgebers richtet sich dabei „je nach Eigenart des in Rede stehenden Sachbereichs, den Möglichkeiten, sich ein hinreichend sicheres Urteil zu bilden, und der Bedeutung der auf dem Spiele stehenden Rechtsgüter."[1449] Entgegen dem Eindruck, den diese Darstellungen des Kontrollmaßstabs vermitteln, hat das Gericht jedoch in einigen Fällen sehr genaue Vorgaben zur Umsetzung der Maßnahmen zur Erfüllung der jeweiligen staatlichen Schutzpflicht gemacht;[1450] deutlich wird dies etwa im zweiten Urteil zum Schwangerschaftsabbruch, wo absatzweise beinahe schematisch zwischen der Betonung

1445 Siehe dazu etwa *Brüning*, JUS – Juristische Schulung 2000, S. 958.

1446 Siehe *Dietlein*, Zeitschrift für Gesetzgebung 1995, S. 131–141; weiter *Hain*, DVBl – Deutsches Verwaltungsblatt 1993, S. 982–984 als Vertreter der sogenannten Kongruenzthese; eine detaillierte Darstellung des Spannungsfeldes gelingt *Klein*, JUS – Juristische Schulung 2006, S. 962 f.

1447 Zum Für und Wieder dieser Rechtsfigur *Sauer*, in: Brosius-Gersdorf – Dreier GG Bd. I, Vorbemerkung vor Artikel 1 GG, Rn. 116.

1448 BVerfGE 125, 39 (78).

1449 BVerfGE 77, 170 (215); mit diesem Hinweis auch *Klein*, DVBl – Deutsches Verwaltungsblatt 1994, S. 495; ähnlich *Möstl*, DÖV – Die Öffentliche Verwaltung 1998, S. 1037, unter Verweis auf BVerfGE 88, 203 (262 f.).

1450 So auch *Sauer*, in: Brosius-Gersdorf – Dreier GG Bd. I, Vorbemerkung vor Artikel 1 GG, Rn. 118; ähnlich *Scherzberg/Mayer*, JA – Juristische Arbeitsblätter 2004, S. 53.

des gesetzgeberischen Spielraums und der detaillierten Darlegung von Mindeststandards gewechselt wird.[1451]

Man kann den Eindruck gewinnen, dass sich das Bundesverfassungsgericht auf diese Weise an einen Kompromiss aus zurückhaltender Judikatur und den aus seiner Sicht aufgrund ihrer Unerlässlichkeit doch vorzugebenden Maßnahmen heranzutasten versucht. Dies hätte aus Sicht der Richter zudem den Vorteil, dass die Beurteilung von Existenz und Inhalt der Schutzpflichten sowie die Maßnahmen zu deren Erfüllung im jeweiligen Einzelfall den konkreten Umständen sowie den Schutzgütern und deren Bedeutung entsprechend gestaltet werden kann. Das Gericht begründet die Einschränkungen des Auswahlermessens des Gesetzgebers und damit seine Vorgehensweise mit Hinweisen darauf, dass die Grundrechte zu einer umfassenden, wirksamen Sicherung der durch sie geschützten Rechtsgüter verpflichteten,[1452] die entsprechenden Maßnahmen sachgerecht, geeignet und zumutbar sein müssten[1453] und – hier schließt sich der Kreis – ein Untermaß nicht unterschreiten dürften. Anzumerken bleibt, dass es auch von dieser Regel Ausnahmen gibt: „Nur unter ganz besonderen Umständen kann sich diese Gestaltungsfreiheit in der Weise verengen, daß [sic!] allein durch eine bestimmte Maßnahme der Schutzpflicht Genüge getan werden kann."[1454] Dementsprechend lassen sich die Kriterien der Schutzpflichten und die daraus erwachsenden Pflichten für den Staat auch auf bis dato noch nicht dahingehend untersuchte Bereiche übertragen, insbesondere kommen prinzipiell alle Freiheitsgrundrechte infrage.[1455] Dass im Rahmen der Schutzpflichten noch Neuland zur Verfügung steht, legt auch die Analyse *Cremers* nahe: „Ungeachtet einer mittlerweile weitgehenden Anerkennung der Existenz grundrechtlicher Schutzpflichten sind deren dogmatische Feinstrukturen nach wie vor nur sehr unzureichend ausgebildet."[1456]

1451 BVerfGE 88, 203 (254–261).

1452 BVerfGE 46, 160 (164), sinngemäß in Bezug auf den Schutz des Lebens gem. Art. 2 Abs. 2 S. 1 i.V.m. Art. 1 Abs. 1 S. 2 GG.

1453 BVerfGE 69, 1 (50).

1454 BVerfGE 77, 170 (215).

1455 *Müller-Franken*, in: Schmidt-Bleibtreu – GG, Vorbemerkung vor Art. 1 Allgemeine Grundrechtslehren, Rn. 23 m.w.N.; *Dreier*, in: ders. – GG Bd. I, Vorbemerkung vor Artikel 1 GG, Rn. 104; *Calliess*, Rechtsstaat und Umweltstaat, S. 443; *Erichsen*, Jura – Juristische Ausbildung 1997, S. 86 m.w.N.

1456 *Cremer*, DÖV – Die Öffentliche Verwaltung 2008, S. 102.

III. Problemfall ärztliche Leichenschau

Angesicht der Vielzahl von Problempunkten könnte man zu dem Schluss kommen, dass die ärztliche Leichenschau als solche einen untauglichen Baustein im System des Leichenwesens bildet. Jedoch richtet sich die vielfältige Kritik gerade nicht gegen die ärztliche Untersuchung selbst. Problembehaftet sind die gesetzliche Ausgestaltung, die praktische Umsetzung sowie – in der Folge – die Ergebnisse. Die Ursachen für die Vielzahl falscher Untersuchungsergebnisse sind vielfältig, überwiegend systembedingt und haben mittelbare wie unmittelbare Auswirkungen auf die Praxis der ärztlichen Leichenschau. Die diversen Ansätze von Seiten einzelner Fachleute oder auch Fachverbände, der Politik und in einigen Fällen sogar des Gesetzgebers zeigen,[1457] dass es durchaus den Willen gab und gibt, etwas zum Positiven zu wenden. Allerdings von sehr unterschiedlicher Seite, zu verschiedenen Zeitpunkten und nie konsequent durch- und umgesetzt, jedenfalls nicht von den Entscheidern bzw. den entscheidenden Stellen. Woran liegt das? Um die obigen Überlegungen noch einmal auf den Punkt zu bringen: Die Toten haben keine Lobby. Der Versuch, eine solche zu schaffen, scheint – auch wenn die vorliegende Arbeit in dieser Hinsicht sensibilisieren möchte – ebenfalls wenig Erfolg versprechend. Für die Mitglieder der Gesellschaft, denen es unmöglich ist ihre Interessen selbst zu vertreten, hat aus heutiger Sicht der Staat Partei zu ergreifen. An dieser Stelle kommt die dritte Stufe des Verfassungsstaates zum Tragen, die in Deutschland wesentlich vom Sozialstaatsprinzip nach. Art. 20 Abs. 1, 28 Abs. 1 S. 1 GG geprägt ist.[1458] Danach ist Ziel des staatlichen Handlungsauftrags unter anderem die Schaffung erträglicher Lebensbedingungen für alle, sozialer Gerechtigkeit und sozialer Sicherheit. Die Schöpfer des Grundgesetzes und später das Bundesverfassungsgericht hatten dabei sicherlich nicht die Toten vor Augen. Da jedoch jeder Lebende zwangsläufig früher oder später zu dieser speziellen Gruppe gehören wird, die sich nicht mehr selbst Gehör verschaffen kann, ist die Idee staatlicher Schutzbedürftigkeit nicht von der Hand zu weisen und wird anhand verschiedener Grundrechte tatsächlich bereits praktiziert. Etwa im Zusammenhang mit dem Menschenwürdeprinzip aus Art. 1 GG,[1459] dessen

---

1457 Vgl. beginnend schon vor dem ersten Weltkrieg, oben Teil 1, Kapitel 2, S. 50–54; in der Politik oben Teil 2, Kapitel 3, II., S. 203–209; außerdem unten, überwiegend aus der Wissenschaft, Teil 3, Kapitel 2, S. 287–294.

1458 „Schutz des Schwächeren;" *Sachs*, in: ders. – GG, Art. 20, Rn. 46.

1459 Vgl. unten Teil 2, Kapitel 4, V., 1. S. 242–245.

Auslegung wiederum in manchen Fällen auch vom Sozialstaatsprinzip beeinflusst wird."[1460]

Prinzipiell hat der Staat dafür Sorge zu tragen, hier sei an *Kant* erinnert, dass – dem grundlegenden Zweck des Rechts entsprechend – die Willkür des einen mit der Willkür des anderen nach einem allgemeinen Gesetz der Freiheit vereinigt werden kann.[1461] Wie oben festgestellt,[1462] geschieht dies im modernen deutschen Verfassungsstaat auf der Grundlage und im Auftrag des Verfassungsrechts, das nach Ansicht *Sterns* auf bestem Wege ist, das gesamte Recht zu durchdringen.[1463] Mit Blick auf die Stellung der Toten in der Gesellschaft fragt sich, ob nicht die Verfassung unter dem Aspekt objektiv-rechtlicher Geltung der Grundrechte Schutzpflichten enthält, die dem Staat aufgeben dafür zu sorgen, dass das Schicksal Verstorbener nicht aufgrund mangelnden Interesses, Nutzens oder Geldes unbeachtet bleibt. Ein entsprechender verfassungsrechtlicher Auftrag kann sinnvollerweise nur im Zeitpunkt des Todes, folglich mit der Feststellung des Todes und daher mit der Gewährleistung einer ordnungsgemäßen, einwandfreien Leichenschau, beginnen. Zu erörtern wird sein, inwieweit das Grundgesetz derartige Interessen Verstorbener kennt und entsprechenden Schutz bietet. Erhebliche Auswirkungen hat die ärztliche Leichenschau jedoch auch auf die Interessen und Rechtsgüter lebender Grundrechtsträger; Stichworte hier sind unter anderem erneut die Todesfeststellung, aber auch die Aufklärung von Tötungsdelikten, Erbschaft- und Versicherungsangelegenheiten, Seuchenprävention und die staatliche Gesundheitsvorsorge.[1464] In diesen Fällen liegt der grundrechtliche Bezug von vornherein näher. Die Qualität des Systems der ärztlichen Leichenschau als eine von den Schutzpflichten der Grundrechte umfasste Materie, passt nicht ohne weiteres in das übliche Dreiecksverhältnis vom Staat und zwei Grundrechtsträgern, namentlich Störer und Opfer.[1465] Vor der *Lüth*-Entscheidung des Bundesverfassungsgerichts war es sicherlich ebenfalls nur schwer vorstellbar, dass die Rechtsfigur der

---

1460 Vgl. *Sachs*, in: ders. – GG, Art. 20, Rn. 54, mit Verweis auf *Höfling*, in: Sachs – GG, Art. 1, Rn. 31 ff.

1461 *Kant*, Die Metaphysik der Sitten, Einleitung in die Rechtslehre § B, S. XXXIII; zu dessen Überlegungen zum Staatsvertrag etwa *Kersting*, Die politische Philosophie des Gesellschaftsvertrags, S. 180–216.

1462 Vgl. oben Teil 2, Kapitel 4, I., S. 215 f.

1463 *Stern*, DÖV – Die Öffentliche Verwaltung 2010, S. 241.

1464 Vgl. ausführlich oben Teil 1, Kapitel 2, I., S. 26–41.

1465 Vgl. zur typischen Konstellation etwa *Erichsen*, Jura – Juristische Ausbildung 1997, S. 85 m.w.N.

Schutzpflichten sich einmal so etablieren, weiterentwickeln und einen solchen Einfluss innerhalb der deutschen Rechtsordnung haben würde, wie es heute der Fall ist. „Recht ist Wille zur Gerechtigkeit", lehrt uns *Radbruch*,[1466] und so sollte sich das Recht auch in ungewöhnlicher Weise weiter entwickeln können, um bestehender Ungerechtigkeit Abhilfe zu leisten. Die Fortentwicklung auch des Verfassungsrechts in Reaktion auf gesellschaftliche Veränderungen ist bei weitem keine Neuerung in der Historie des Grundgesetzes.[1467] Immer wieder wird der Schutzpflichtgedanke zur Lösung neu entstehender oder sich zunehmend entwickelnder Problembereiche herangezogen.[1468]

Die Problematik der ärztlichen Leichenschau zeichnet sich im Gegensatz dazu dadurch aus, dass sie weitestgehend nicht auf einer bestimmten lang- oder kurzfristigen gesellschaftlichen Entwicklung beruht. Man kann in Erwägung ziehen, dass sich die Möglichkeiten der Täter, Tötungsdelikte zu verschleiern, im Laufe der Zeit verbessern.[1469] Doch der Wirkung einer möglichen Verschleierung auf das Risiko, einen nicht natürlichen Tod zu übersehen, spielt bei den Kritikern des derzeitigen Systems keine entscheidende Rolle.[1470] An der Betrachtung der Leichenschau-Problematik aus dieser Perspektive ist jedoch interessant, dass sich der Schutzpflichtgedanke offenbar auf neu entstehende Problembereiche – mindestens nach Auffassung der Autoren entsprechender Untersuchungen – anwenden lässt.[1471] Dies wird auch an der gesamten Entwicklung

---

1466 *Kaufmann*, Gesamtausgabe Gustav Radbruch, S. 78.

1467 Vgl. etwa *Stern*, DÖV – Die Öffentliche Verwaltung 2010, S. 242 f.

1468 In jüngster Zeit etwa im Bereich der Missstände im Pflegebereich oder die Sicherheit der Bürger im Internet, *Moritz*, Staatliche Schutzpflichten gegenüber pflegebedürftigen Menschen und *Schliesky* et al., Schutzpflichten und Drittwirkung im Internet.

1469 Zu den von Tätern bis dato angewendeten Methoden *Scheib*, Die Dunkelziffer bei Tötungsdelikten aus kriminologischer und rechtsmedizinischer Sicht, S. 192–228. Die parallele Verbesserung der kriminalistischen Ermittlungsmethoden und vor allem der Technik, ist dabei insofern nicht relevant, als sie nur dann zum Einsatz kommen, wenn der Leichenschauer die Tötung nicht übersieht und einen unklaren oder nicht natürlichen Tod feststellt.

1470 Solange der Arzt im Zweifel die Möglichkeit hat, die Ursache als unklar anzugeben und tatsächlich davon Gebrauch macht, dürften sich negative Auswirkungen in Grenzen halten. Hinzu kommt, dass einer solchen Entwicklung entgegengewirkt werden könnte, indem die Aus- und Weiterbildung der Leichenschauer – beispielsweise um neue kriminalistische Erkenntnisse – ergänzt würde.

1471 Siehe dazu beispielhaft *Brüning/Helios*, Jura – Juristische Ausbildung 2001, S. 155–162; allgemein in diesem Sinne *Pietrzak*, JUS – Juristische Schulung 1994, S. 753; *Stern*, DÖV – Die Öffentliche Verwaltung 2010, S. 249.

der Schutzpflichtenlehre durch das Bundesverfassungsgericht deutlich.[1472] In der Folge erscheint es nur selbstverständlich, dass der Schutzpflichtengedanke auch für seit Langem bestehende, bekannte und durchgehend kritisierte Missstände fruchtbar gemacht werden kann. Dies vor Augen bekommt man gegenwärtig den Eindruck, es fehle mehr am Bewusstsein der Dringlichkeit oder andernfalls am Willen, das System der ärztlichen Leichenschau unter diesem Aspekt in den Blick zu nehmen. Denn während sich beispielsweise neben der Gesellschaft und der Politik explizit auch die Verfassungsgerichtsbarkeit – mit Recht und uneingeschränkt zustimmungswürdig – intensiv mit dem Schutz *noch* nicht Lebender beschäftigen,[1473] scheinen nicht *mehr* lebende Personen einen vergleichsweise geringen Stellenwert zu haben. Mit der Debatte um die Sterbehilfe ist in neuerer Zeit der Übergang vom Leben in den Tod in den Vordergrund gerückt.[1474] Untersucht werden soll in dieser Hinsicht auch, ob die Verfassung den Todesumständen, den Verstorbenen selbst und deren Angehörigen möglicherweise einen höheren Stellenwert einräumt, als es zunächst den Anschein haben mag. Eine grundlegende Verbesserung des Leichenschausystems kann effektiv nur der Gesetzgeber gewährleisten, doch die bisherigen Handlungsimpulse waren offensichtlich nicht ausreichend. Da die Legislative letztlich nur der verfassungsmäßigen Ordnung verpflichtet ist, allem voran dem Grundgesetz, sollte dieses Grundlage für einen verbindlichen Appell sein. Sucht man vor diesem Hintergrund nach einem verfassungsrechtlichen Anknüpfungspunkt für Aktivitäten, die nicht vom Staat ausgehen,[1475] bieten die grundrechtlichen Schutzpflichten einen guten Ansatzpunkt. Sie zeichnen

---

1472 Vgl. dazu oben Teil 2, Kapitel 4, II., 1., S. 218–222.

1473 Vgl. beispielhaft BVerfGE 39, 1; BVerfGE 88, 203; *Hilgendorf*, in: Gethmann/Huster, Recht und Ethik in der Präimplantationsdiagnostik.

1474 Siehe dazu oben Teil 2, Kapitel 3, I., S. 203 f.

1475 Im derzeitigen System bei der Leichenschau ist der Arzt in aller Regel privatrechtlich tätig, jedenfalls in der überwiegenden Zahl der hier kritisch untersuchten Problemfälle. Eine Ausnahme bildet prinzipiell die Tätigkeit von Amtsärzten, wo im Falle einer Grundrechtsverletzung die abwehrrechtliche Dimension berührt wäre. Die Ergebnisse der vorliegenden Arbeit in diesem Zusammenhang zeigen jedoch, dass die Zahl der Fälle aller Wahrscheinlichkeit nach sehr gering ist; hauptsächlich aufgrund der besseren Qualifikation der entsprechenden Ärzte sowie der Seltenheit ihrer Leichenschautätigkeit. Entscheidend für das hier verfolgte Ziel der Verpflichtung des Staates zur Verbesserung der Leichenschau, ist die Mehrheit der auf privatrechtlichem Vertrag basierenden Leichenschauuntersuchungen. Siehe zur Rechtsnatur der Tätigkeit bei der Leichenschau oben Teil 1, Kapitel 4, S. 56–58.

sich auch dadurch aus, dass es nur sehr bedingt auf die konkrete Art des Auslösers ankommt. Maßgeblich ist die Pflicht des Staates bei einer akuten Grundrechtsverletzung aktiv zu werden. Im Fall der Leichenschau ist die Kausalkette vom ursprünglichen Auslöser bis zur potentiell verletzenden Berührung der Grundrechte oftmals sehr komplex und kaum an einem bestimmten Störer festzumachen. Es ließe sich argumentieren, dass der Arzt, der die Leichenschau durchführt, im Falle einer Grundrechtsverletzung automatisch immer der Störer sei. Dies gilt zwar für die Fälle, in denen ein Arzt aus Lustlosigkeit, Ekel, weil er die Leichenschau für unwichtig erachtet, oder ähnlichen Gründen die Untersuchung nicht korrekt durchführt. Fälle also, in denen er sich seines nicht korrekten Handelns bewusst ist, er es aber in Kauf nimmt und die Ursache allein in seiner persönlichen Sphäre und Verantwortung liegt. Jedoch haben die Ausführungen zur Gesamtproblematik des Systems gezeigt, dass in der überwiegenden Zahl falscher Leichenschaudiagnosen die Kausalkette nicht beim Arzt beginnt und seine Fehler unbewusst geschehen, sei es aufgrund mangelnder Kompetenz, situationsbedingter Erschwernisse, oder weil eine richtige Diagnose durch diese Art der Untersuchung nicht möglich ist. Noch erschwert wird die Zuordnung einer entsprechenden Störung, wenn man den präventiven Charakter der Schutzpflichten in Betracht zieht. Demnach reicht es zumindest in Fällen besonders schwerwiegender potentieller Folgen von Rechtsgutsverletzungen zur Aktivierung der Schutzpflicht aus, dass die Gefahr einer Rechtsgutsverletzung lediglich von sehr geringer Wahrscheinlichkeit ist.[1476] Ursprung der Gefahr für eine fehlerhafte Leichenschau wäre der Arzt selbst jedoch nur in dem sehr abstrakten Fall, dass er eine besonders geringe eigene Qualifikation aufwiese, besonders widrige Umstände oder ähnliches für die Leichenschauuntersuchung gezielt herbeiführen würde, möglicherweise auch durch Verweigerung vorgeschriebener Weiterbildungsmaßnahmen. Würde man in solchen Situationen weiter nach einzelnen Personen als Störer suchen (beispielsweise Angehörige, die den Arzt unter Druck setzen), geriete man in Gefahr, sich auf dem Boden bloßer Annahmen zu bewegen und im Theoretisieren zu verlieren.

Tritt man stattdessen von der detaillierten Unterscheidung verschiedener Störer einen Schritt zurück, zeigt sich, dass diese im Gesamtzusammenhang kaum Bedeutung hat. Entscheidend ist nämlich nicht, ob man in den verschiedenen Fällen fehlerhafter Leichenschauen den einzelnen Arzt als Störer ausmacht oder von einem situativen Auslöser ausgeht. Denn wie oben erörtert, zeichnet sich ein wirkungsvolles Schutzpflichtenkonzept, zumal eines im

1476 Vgl. oben Teil 2, Kapitel 4, II., 2., S. 226–228.

Sinne des Bundesverfassungsgerichts, dadurch aus, dass der tatsächliche Auslöser eine nur untergeordnete Rolle spielt.[1477] Bedeutend sind in erster Linie die Verletzung des Rechtsguts sowie die Möglichkeiten des Staates, für dessen Schutz zu sorgen. Im Falle der Leichenschau würde sich die Unterscheidung der Gefahrenquellen auf die Art der Maßnahmen des Staates zur Erfüllung seiner Schutzpflichten auswirken, wäre aber nicht der Pflichtauslöser. Sie beträfe das Vorgehen, das eine tatsächliche Steigerung der Qualität der Leichenschau bewirken sollte. So könnten entweder das System oder der einzelne Arzt (als privater[1478] Störer) in den Blick genommen werden. Sinnvolle und effektive Maßnahmen werden jedoch immer zumindest auch bei dem Personenkreis ansetzen müssen, der die Untersuchung durchführt; gänzlich unabhängig vom Auslöser dieser Verpflichtung.

Im Ergebnis erscheint es sinnvoll, zur Herleitung konkreter staatlicher Handlungspflichten im Grundgesetz in erster Linie den Schutzpflichtgedanken heranzuziehen.

IV. Ergebnisse ähnlicher Untersuchungen

Die vorliegende Arbeit verknüpft anhand der äußeren ärztlichen Leichenschau zwei verschiedene Disziplinen: Verfassungsrecht und Klinische Medizin. Die Auswahl vergleichbarer Arbeiten ist klein. Aus den vorhandenen Werken jedoch lassen sich interessante Übereinstimmungen und Unterschiede zu den hier behandelten Aspekten feststellen; vor allem eint sie die Überzeugung, an systembedingten Missständen etwas ändern zu müssen und auch zu können.

1. Reinhard Dettmeyer: „Die verfassungsrechtlichen Grenzen für die gesetzliche Einführung einer Verwaltungssektion bei medizinisch unklaren Todesfällen.“

Gegenstand der Untersuchung ist das Leichenschausystem in Deutschland als Ganzes. *Dettmeyer* kommt wie auch die vorliegende Arbeit zu dem Schluss, dass die Situation auch der äußeren Leichenschau nicht erst in neuerer Zeit erhebliche Missstände aufweist.[1479] Der absolute Schwerpunkt der Ausführungen liegt jedoch in der Untersuchung und Analyse der inneren Leichenschau.

1477 Siehe dazu oben Teil 2, Kapitel 4, II., 2., S. 222–225.

1478 Zur Rechtsnatur der Leichenschautätigkeit siehe oben Teil 1, Kapitel 4, S. 56–58.

1479 *Dettmeyer*, Die verfassungsrechtlichen Grenzen für die gesetzliche Einführung einer Verwaltungssektion bei medizinisch unklaren Todesfällen, S. 57–60.

Vor dem Hintergrund kontinuierlicher Forderungen nach der Einführung einer Verwaltungssektion als womöglich wichtigstes Mittel zur Behebung der vielen Pannen bei der Leichenschau widmet sich der Autor im Lösungsteil seiner Dissertation ausschließlich der verfassungsrechtlichen Grundlage für die *innere* Leichenschau.[1480] Dabei wird unter anderem ausführlich erörtert, inwiefern ein „Obduktionsgesetz" im Rahmen der verfassungsrechtlichen Vorgaben denkbar sei und welche postmortalen Wirkungen den Grundrechten entnommen werden können.[1481] Erarbeitet werden im Anschluss „Lösungsmodelle zur gesetzlichen Einführung einer Verwaltungssektion bei medizinisch unklaren Todesfällen unter Berücksichtigung der verfassungsrechtlichen Vorgaben."[1482]

Titelübergreifend bleibt vor allem die Erkenntnis, dass wirklich nachhaltige Veränderungen im Leichenschausystem rechtlich wie organisatorisch grundlegend sein müssten. Dabei stellen sich verfassungsrechtliche Fragen, insbesondere werden Grundrechte tangiert – sei es, um ein Obduktionsgesetz zu ermöglichen oder den Staat zu tatsächlichem Handeln in dieser Sache zu verpflichten. Jedenfalls scheint eine grundrechtliche Deckung notwendige Grundlage einer nachhaltigen Reform des Leichenschausystems zu sein.

2. Klaus Scheib: „Die Dunkelziffer bei Tötungsdelikten aus kriminologischer und rechtsmedizinischer Sicht"

Die Untersuchung gilt dem Dunkelfeld der Tötungsdelikte in Deutschland, insbesondere den Ursachen und Umständen, die dazu führen, dass viele dieser Delikte dem System der Todesermittlung entgehen; im Anschluss sucht der Autor nach Möglichkeiten, die latente Tötungskriminalität einzudämmen. Übereinstimmend kommen sowohl *Scheib* als auch der Autor der vorliegenden Arbeit zu dem Schluss, dass die überwiegende Zahl der Mängel im Todesermittlungssystem bei der ärztlichen Leichenschau liegt und bei jedem Schritt innerhalb des Ablaufs der Untersuchung mehr oder weniger gravierende Fehler mit unterschiedlicher Häufigkeit auftreten.[1483] Obwohl der Verfasser die

---

1480 *Dettmeyer*, Die verfassungsrechtlichen Grenzen für die gesetzliche Einführung einer Verwaltungssektion bei medizinisch unklaren Todesfällen, S. 85, 195–209; auf S. 46 zum Begriff der „Verwaltungssektion."

1481 *Dettmeyer*, Die verfassungsrechtlichen Grenzen für die gesetzliche Einführung einer Verwaltungssektion bei medizinisch unklaren Todesfällen, S. 85–191.

1482 *Dettmeyer*, Die verfassungsrechtlichen Grenzen für die gesetzliche Einführung einer Verwaltungssektion bei medizinisch unklaren Todesfällen, S. 201.

1483 *Scheib*, Die Dunkelziffer bei Tötungsdelikten aus kriminologischer und rechtsmedizinischer Sicht, S. 2.

äußere Leichenschau als Schwachpunkt im Todesermittlungssystem ansieht, erscheint die Erforschung insbesondere der Hintergründe der Fehler und Qualitätsmängel im Detail,[1484] zumal auf politischer Ebene,[1485] vergleichsweise kurz. Vielmehr werden schwierig zu erkennende Tötungsdelikte beschrieben und deren ordnungsgemäße Untersuchung in der Theorie ausführlich erläutert.[1486] Im Laufe der Ausführungen erfolgen, auch bezogen auf die ärztliche Leichenschau, an verschiedenen Stellen Verbesserungsvorschläge, die sich hier auf die praktische Ausführung, dort auf bestimmte Änderungen im System beziehen. Insgesamt gilt der Blick des Verfassers jedoch dem gesamten Todesermittlungssystem, der Schwerpunkt liegt in der Untersuchung des Dunkelfeldes, also jener Tötungsdelikte, deren Übersehen auch im Nachhinein nicht direkt nachgewiesen werden kann. Im eigentlichen Lösungsteil wird eine Änderung der gesetzlichen Regelungen des gesamten Leichenschauwesens angestrebt; beginnend mit dem Entwurf einer Erweiterung des Art. 74 GG.[1487] Dadurch sollen jedoch keine grundrechtlichen Schutzpflichten aktiviert werden, vielmehr wird die Grundgesetzänderung notwendig, um die folgend vorgeschlagenen Änderungen einfachgesetzlicher Regelungen des Todesermittlungssystems auch auf Bundesebene zu legitimieren. Auf eine verfassungsrechtliche Herleitung für die Notwendigkeit eines qualitativ höherwertigen Leichenschausystems wird verzichtet; anscheinend wird der politische Wille zu einer Verfassungsänderung und bundeseinheitlichen gesetzlichen Kodifikation vorausgesetzt. Entsprechend sind dem Text der Arbeit den verfassungsändernden Gesetzgeber und den Bundesgesetzgeber betreffende, nach den Vorstellungen des Verfassers ausformulierte gesetzliche Regelungen zum Leichenwesen angehängt.[1488] Dass *Scheib* so vorgeht, unterstreicht allerdings zugleich auch die Dringlichkeit der Situation. Aus seiner Sicht sind Änderungen ausgemacht, offen bleibt nur, wie weit sie reichen. Dabei sei es „unumgänglich, die gesetzlichen Vorschriften über das gesamte Leichenschauwesen zu verbessern", darüber hinaus „ist

1484 In diesem Sinne *Scheib*, Die Dunkelziffer bei Tötungsdelikten aus kriminologischer und rechtsmedizinischer Sicht, S. 51–58, 61–65, 86–96, 107–117.

1485 Ansatzweise *Scheib*, Die Dunkelziffer bei Tötungsdelikten aus kriminologischer und rechtsmedizinischer Sicht, S. 288 f.

1486 *Scheib*, Die Dunkelziffer bei Tötungsdelikten aus kriminologischer und rechtsmedizinischer Sicht, S. 192–228.

1487 *Scheib*, Die Dunkelziffer bei Tötungsdelikten aus kriminologischer und rechtsmedizinischer Sicht, S. 267.

1488 *Scheib*, Die Dunkelziffer bei Tötungsdelikten aus kriminologischer und rechtsmedizinischer Sicht, S. 267–284.

es jedoch nicht … ausreichend, die bestehenden gesetzlichen Regelungen zu ändern, sondern es ist auch erforderlich, rein organisatorische Maßnahmen zu treffen".[1489] Insgesamt zeigt auch diese Analyse, dass insbesondere die ärztliche Leichenschau – und in nicht ganz so gravierender Form wohl das gesamte Todesermittlungssystem – in Deutschland durchweg von theoretischen wie praktischen Mängeln gekennzeichnet ist, es schon seit Langem umfassende Kritik gibt, bisher nichts wesentlich verbessert wurde und der Zustand im Grunde unhaltbar ist.[1490]

3. Susanne Moritz: „Staatliche Schutzpflichten gegenüber pflegebedürftigen Menschen"

Vor einem anderen Hintergrund, jedoch in der Struktur und Zielsetzung erheblich passender, stellt sich die Arbeit von *Moritz* zu staatlichen Schutzpflichten gegenüber pflegebedürftigen Menschen dar.[1491] Die Autorin untersucht, auf Deutschland bezogen, die Ursachen für die teilweise äußert schlechten Bedingungen für Menschen in stationären Pflegeeinrichtungen, die bis zur Gewaltanwendung führen. Vor diesem Hintergrund werden Grundrechtsverletzungen bei den Betroffenen festgestellt und es erfolgt die Zurechnung dieser systemisch bedingten Missstände an den Staat über die Figur der Schutzpflichten. Die Verfasserin kommt zu dem Ergebnis, dass gegen das andauernde gesetzgeberische Unterlassen ein Vorgehen mittels Verfassungsbeschwerde vor dem Bundesverfassungsgericht sowohl für bereits heute als auch künftig Betroffene aussichtsreich sei.[1492]

Die Arbeit ist insofern mit der vorliegenden vergleichbar, als, bezogen auf ein komplexes System zur Sicherung wichtiger Rechtsgüter – bei dem staatliches wie privates Handeln ineinander greifen –, die Probleme und ihre Ursachen für bekannte gravierende Fehler in der Praxis ebenso wie Rechtsgutsverletzungen ausführlich untersucht werden. Das Ziel ist jeweils, praktikable Lösungsvorschläge zu unterbreiten, deren Schwerpunkt auf der grundrechtlichen Verpflichtung des Staates zur aktiven Abhilfe und der Gewährleistung dauerhaften Schutzes für die potentiell betroffenen Rechtsgüter liegt. Dabei

---

1489 *Scheib*, Die Dunkelziffer bei Tötungsdelikten aus kriminologischer und rechtsmedizinischer Sicht, S. 266 (erstes Zitat) und 263 (zweites Zitat).

1490 Zu den von *Scheib* genannten Zahlen für das Dunkelfeld nicht erkannter Tötungsdelikte siehe oben Teil 2, Kapitel 1, I., S. 104 f.

1491 *Moritz*, Staatliche Schutzpflichten gegenüber pflegebedürftigen Menschen.

1492 *Moritz*, Staatliche Schutzpflichten gegenüber pflegebedürftigen Menschen, S. 15 f.

werden Grundrechte herangezogen, die auch bei der vorliegenden Ausarbeitung in Frage kommen. So sieht *Moritz* die Schutzpflichten aus Art. 1 Abs. 1 und Art. 2 Abs. 2 S. 1 GG durch die menschenunwürdigen Lebensbedingungen sowie bereits die Gefahr für die körperliche Unversehrtheit oder das Leben der wehrlosen Menschen aktiviert.[1493] Darüber hinaus seien die Beeinträchtigungen der selbstbestimmten Lebensführung zu der die Betroffenen noch in der Lage wären, sowie der Privatsphäre durch die systembedingt übermäßig engen Strukturen so groß, dass die Schwelle zur staatlichen Schutzpflicht aus Art. 2 Abs. 1 GG ebenfalls überschritten sei. Als hauptverantwortlich identifiziert *Moritz* „systemische Ursachen mit ihren unmittelbaren sowie mittelbaren Auswirkungen auf die Pflegepraxis".[1494] Die Analyse von *Moritz* stimmt mit der vorliegenden Arbeit auch insofern überein, als eine dauerhafte Unterfinanzierung oder von vornherein verweigerte Finanzierung bestimmter Verbesserungsmaßnahmen als entscheidend für den mangelbehafteten Zustand des jeweiligen Systems angesehen wird. Hinzu kommen Fehlanreize, die bestehende Probleme zusätzlich fördern.[1495] Das Ergebnis der Analyse von *Moritz* zeigt, dass für den Staat durchaus grundrechtliche Handlungspflichten zur Reformierung eines Systems bestehen, bei dem aktuell wichtige verfassungsrechtliche Rechtsgüter gefährdet und verletzt werden, auch wenn die schädlichen Handlungen und die sie ermöglichenden Zustände nicht oder nicht nur vom Staat selbst getätigt bzw. herbeigeführt werden.

Den hauptsächlichen Unterschied zur vorliegenden Untersuchung bilden zum einen der zugrunde liegende Lebenssachverhalt, zum anderen die Träger der betroffenen Rechtsgüter. Aktuell oder künftig pflegebedürftige Menschen sind im Falle der Betroffenheit, wenn auch unter schlechten Bedingungen, so doch jedenfalls am Leben. Im Fall der Leichenschau gilt dies lediglich für die Angehörigen. Ersichtlich wird jedoch die Möglichkeit der Fortentwicklung des Schutzpflichtgedankens im Zusammenhang mit aktuellen und akuten Missständen innerhalb der Gesellschaft. Eine die rechtliche Geltendmachung des unbefriedigenden Zustandes zunächst erschwerende Besonderheit, die sich

---

1493 Eine Besprechung der übereinstimmend relevanten Grundrechte erfolgt bei *Moritz*, Staatliche Schutzpflichten gegenüber pflegebedürftigen Menschen, S. 124–136.

1494 *Moritz*, Staatliche Schutzpflichten gegenüber pflegebedürftigen Menschen, S. 93.

1495 Unzweckmäßige Finanzförderung verschiedener Pflegestufen, *Moritz*, Staatliche Schutzpflichten gegenüber pflegebedürftigen Menschen, S. 93; Formulierungen in der Todesbescheinigung, die beschleunigen sollen, stattdessen aber das Übersehen nicht natürlicher Todesfälle fördern, vgl. oben Teil 2, Kapitel 3, II., S. 208 f.

auch im Falle der ärztlichen Leichenschau stellt, ist der Umstand, dass sich in beiden Fallkonstellationen nicht nahtlos an bestehende verfassungsgerichtliche Rechtsprechung anknüpfen lässt. Die Feststellungen der Verfasserin zeigen jedoch, dass dem Bundesverfassungsgericht zum einen von seiner Legitimation gedeckte Handlungsmöglichkeiten offenstehen[1496] und diese zum anderen auch in der neuen Konstellation zum Tragen kommen könnten, ohne die Rolle des Gerichts als eines von mehreren Verfassungsorganen zu sprengen.[1497] Darüber hinaus stärkt die Klagemöglichkeit mit nicht geringen Erfolgsaussichten die rechtliche Position betroffener Bürger, die sich einem System gegenüber sehen, bei dem sie sich auf den ersten Blick nicht an einen bestimmten Verursacher oder Verantwortlichen wenden können. Schließlich haben beide Problemfelder für die Gesellschaft insofern ganz erhebliche Bedeutung, als beide Situationen potentiell jeden Menschen treffen können, im Falle der Pflegebedürftigkeit mit nicht geringer und zunehmender,[1498] im Falle des Todes mit absoluter Wahrscheinlichkeit.

V. Grundrechtliche Fundierung

Der Prüfungskontext besteht vorliegend aus drei Ebenen mit mehreren Aspekten. Auf erster Ebene soll die verfassungsbedingte Notwendigkeit aufgezeigt werden, das derzeitige Leichenschausystem so umzugestalten, dass es als funktionstüchtig zu bezeichnen ist. Auf der zweiten Ebene stellt sich die Frage, wie verfassungsrechtliche Normen den Staat verpflichten können, entsprechend tätig zu werden. Eine so komplexe, alle Bürger betreffende sowie emotional schwierige Materie sollte sinnvollerweise auch weiterhin von staatlicher Seite geregelt werden. Dabei kommen die oben erläuterten Schutzpflichten ins Spiel.[1499] Auf der dritten Ebene, innerhalb der Schutzpflichtenprüfung, liegt die Besonderheit dieser speziellen Konstellation mit teilweise postmortalem Bezug der Thematik.

1496 *Moritz*, Staatliche Schutzpflichten gegenüber pflegebedürftigen Menschen, S. 163–175.

1497 *Moritz*, Staatliche Schutzpflichten gegenüber pflegebedürftigen Menschen, S. 175–189.

1498 Vgl. oben Teil 2, Kapitel 1, II., 2., S. 129 f.

1499 Teil 2, Kapitel 4, II., S. 218–230.

1. Postmortaler Schutzgehalt

Mit Blick auf die Herleitung einer positiven Verpflichtung des Staates zur Gewährleistung eines bestimmten Qualitätsniveaus bei der ärztlichen Leichenschau stellt sich zunächst die Frage nach dem postmortalen Schutzgehalt der Grundrechte überhaupt. Die Ansicht, dass es einen rechtlichen postmortalen Schutz geben müsse, in diesem Fall in Bezug auf den guten Namen des Verstorbenen, vertrat bereits *Kant*: „Daß [sic!] durch ein tadelloses Leben und einen dasselbe beschließenden Tod der Mensch einen (negativ-) guten Namen als das Seine, welches ihm übrig bleibt, erwerbe, wenn er als homo phaenomenon nicht mehr existiert, und daß die Überlebenden (angehörige, oder fremde) ihn auch vor Recht zu verteidigen befugt sind (weil unerwiesene Anklage sie insgesamt wegen ähnlicher Begegnung auf ihren Sterbefall in Gefahr bringt), daß er, sage ich, ein solches Recht erwerben könne, ist eine sonderbare, nichtsdestoweniger unleugbare Erscheinung der a priori gesetzgebenden Vernunft, die ihr Gebot und Verbot auch über die Grenze des Lebens hinaus erstreckt."[1500] Nimmt man das gesamte aktuelle Recht in den Blick, so erkennt man jedoch, dass bis heute kein eindeutiges Konzept zum Schutz menschlicher Belange nach dem Tode existiert; „den postmortalen Rechtsschutz" als solchen gibt es im deutschen Recht nicht.[1501] Was man vage darunter verstehen kann, zeichnet sich durch schwerpunktmäßige Herleitungen in einzelnen Rechtsgebieten und punktuelle Untersuchungen aus; *Müller* gelangt zu der Einschätzung, dass die Signalwirkung der Cosima-Wagner-Entscheidung[1502] des BGH zwar das Straf-, Zivil- und Verfassungsrecht erreicht habe, jedoch nicht legislatorisch umgesetzt worden sei. „Es lässt sich aber anhand neuerer Entscheidungen und Literatur beobachten, daß [sic!] sich die Rechtswissenschaft fachübergreifend einig ist, daß [sic!] es eine schützenswerte postmortale Rechtspersönlichkeit gibt."[1503] Der Grund für die Uneinheitlichkeit liegt sicherlich auch in den im postmortalen Bereich naturgemäß gegebenen Schwierigkeiten hinsichtlich Trägerschaft, respektive Inhaberschaft von Rechtsgütern oder Ansprüchen sowie der Bestimmung möglicher Fortwirkungen von Rechten und deren Reichweite. Das Recht wurde

---

1500 *Kant*, Die Metaphysik der Sitten, Zweytes Hauptbuch, Episodischer Abschnitt III, § 35, S. 137. Ähnlich, jedoch aus einer späteren Auflage, zitiert auch von *Klinge*, Todesbegriff, Totenschutz und Verfassung, S. 202.

1501 Vgl. zu dieser Beurteilung auch *Müller*, Postmortaler Rechtsschutz, S. 52.

1502 BGHZ 15, 249.

1503 Beide Einschätzungen bei *Müller*, Postmortaler Rechtsschutz, S. 52.

nun einmal prinzipiell für die Lebenden entwickelt, nicht für die Toten.[1504] Aktuell werden in unterschiedlichen Formen sowohl die Verstorbenen selbst als auch deren Angehörige als Bezugspunkt möglicher Schutzinteressen herangezogen; dies gilt insbesondere für den postmortalen Persönlichkeitsschutz im Zivilrecht, zu dem bisher die umfassendste Diskussion stattfindet.[1505] Das Meinungsspektrum kann grundsätzlich in drei Theorien unterteilt werden, die alle vor dem Hintergrund eines postmortalen Persönlichkeitsrechts[1506] entstanden sind: Die eines genuinen postmortalen (Persönlichkeits-) Rechts des Verstorbenen sowie dem entgegen stehend die Ansicht, dass nur die Angehörigen Träger solcher Rechte sein könnten, und schließlich die Rechtsprechung des BGH, nach der eine allgemeine Pflicht zur Achtung der Persönlichkeit eines Verstorbenen gilt.[1507] Drei weitere Ansätze werden, je nach Sichtweise, den genannten angefügt[1508] oder als Varianten des genuinen Rechts angesehen:[1509] Die einer subjektlosen Zuordnung eines Rechts,[1510] die postmortale Teilrechtsfähigkeit;[1511] einen speziellen Ansatz bildet der Gedanke der so genannten

---

1504 Bezogen auf die Grundrechte spricht *Stern* von deren „anthropozentrische[r] Ausrichtung;" *Stern*, in: ders., Das Staatsrecht der Bundesrepublik Deutschland, § 70, S. 1045.

1505 Ähnlich die Einschätzung von *Klinge*, Todesbegriff, Totenschutz und Verfassung, S. 201.

1506 Speziell dazu, mit eigener Einteilung der Ansichten *Jung*, AfP – Zeitschrift für Medien- und Kommunikationsrecht 2005, S. 317–323.

1507 Grundlegend BGHZ 50, 133; das Bundesverfassungsgericht hat die Entscheidung des BGH gebilligt, jedoch klargestellt, dass sich der entsprechende postmortale Schutz ausschließlich aus Art. 1 Abs. 1 GG ableite, da Art. 2 Abs. 1 GG nur für Lebende gelte, BVerfGE 30, 173. Kompakt dazu *Hillgruber*, JZ – Juristen Zeitung 1997, S. 977 f.; eine Darstellung der weiteren Rechtsprechung bietet etwa *Brändel*, in: Götting et al., Handbuch des Persönlichkeitsrechts, § 37, Rn. 7-23.

1508 So etwa bei *Schönberger*, Postmortaler Persönlichkeitsschutz, S. 8–17 sowie 45–61.

1509 Entsprechend gliedert *Luther*, Postmortaler Schutz nichtvermögenswerter Persönlichkeitsrechte, S. 63–88. Einen Überblick zu den verschiedenen Ansätzen dogmatischer Herleitung bieten auch *Müller*, Postmortaler Rechtsschutz, S. 227–249, sowie in Teilen *Klinge*, Todesbegriff, Totenschutz und Verfassung, S. 221–223.

1510 Etwa *Bender*, VersR – Versicherungsrecht 2001, S. 820–822; beschrieben auch bei *Schenk*, Die Totensorge – ein Persönlichkeitsrecht, S. 84 f.

1511 In diesem Sinne *Beuthien*, in: ders., Persönlichkeitsgüterschutz vor und nach dem Tode, S. 84.; auch dargestellt von *Schenk*, Die Totensorge – ein Persönlichkeitsrecht, S. 86.

allgemeinen Rechtssubjektivität.[1512] Zusammengefasst kann auch ein unmittelbares Konzept (die Verstorbenen) von einem mittelbaren Konzept (die Angehörigen) unterschieden werden.[1513] Folgt man dem, so steht für den mittelbaren Schutz allein die Angehörigentheorie.[1514]

Eben diese Problematik stellt sich prinzipiell auch in Bezug auf den postmortalen Gehalt der Grundrechte. Möchte man feststellen, welche Grundrechte für den rechtlichen Schutz Verstorbener von Bedeutung sind, so erscheint es sinnvoll zunächst – und dies ist der Unterschied zur zivilrechtlichen Konstruktion anhand der Rechtsfähigkeit –,[1515] nach der Grundrechtsberechtigung und deren Ende zu fragen;[1516] denn die Frage der Grundrechtsberechtigung muss im Zweifel für jedes Grundrecht einzeln mittels Auslegung bestimmt werden.[1517] Es gilt, dass nur der lebende Mensch Träger von Grundrechten sein kann;[1518] jedoch kann die Wirkung einzelner Grundrechte über den Tod hinaus reichen und den Verstorbenen erfassen.[1519] So gesehen wurde dies bisher zumeist beim Würdeprinzip (Art. 1 Abs. 1 GG)[1520] und beim allgemeinen

---

1512 Die allgemeine Rechtssubjektivität, die nach *Buschmann*, NJW – Neue Juristische Wochenschrift 1970, S. 2081–2088, die mit dem mittelbaren Konzept gemeinsam hat, dass dem Verstorbenen kein allgemeines postmortales Persönlichkeitsrecht zuerkannt wird (S. 2088), jedoch im Gegensatz zur Angehörigentheorie den Verstorbenen weiterhin als Rechtssubjekt fortwirkender Persönlichkeitsrechte sieht, wenn auch ohne Rechtsfähigkeit (S. 2087).

1513 So beispielsweise *Bender*, VersR – Versicherungsrecht 2001, S. 816; *Trachternach*, Erinnerungsschutz, S. 77; *Schenk*, Die Totensorge – ein Persönlichkeitsrecht, S. 80 u. 87.

1514 Vgl. *Trachternach*, Erinnerungsschutz, S. 149–163, 185.

1515 Zur Unterscheidung Siehe *von Münch/Kunig*, in: von Münch/Kunig – GG Bd. 1, Vorbemerkung zu den Art. 1–19, Rn. 28.

1516 In diesem Sinne auch *Müller*, Postmortaler Rechtsschutz, S. 165 m.w.N.; ähnlich *Dettmeyer*, Die verfassungsrechtlichen Grenzen für die gesetzliche Einführung einer Verwaltungssektion bei medizinisch unklaren Todesfällen, S. 87 m.w.N.

1517 *Hillgruber*, JZ – Juristen Zeitung 1997, S. 976.

1518 Vgl. anstatt vieler *Rüfner*, in: Isensee/Kirchhof, Handbuch des Staatsrechts der Bundesrepublik Deutschland, § 196, Rn. 33.

1519 *Müller-Franken*, in: Schmidt-Bleibtreu – GG, Vorbemerkung vor Art. 1 Allgemeine Grundrechtslehren, Rn. 31.

1520 Vgl. etwa Wapler, in: Brosius-Gersdorf – Dreier GG Bd. I, Art. 1 I, Rn. 76 m.w.N.; *Klinge*, Todesbegriff, Totenschutz und Verfassung, S. 207 m.w.N.; *Zippelius*, in: Bonner Kommentar – GG, Art. 1 Abs. 1 u. 2, Rn. 53; *Podlech*, in: Denninger – GG Bd. 2, Art. 1 I, Rn. 59.

Persönlichkeitsrecht (Art. 2 Abs. 1 GG)[1521]; es kann jedoch auch bei anderen Grundrechten in Betracht kommen. Daher kann man von einer differenzierenden und konkreten Betrachtungsweise sprechen.[1522] Diese ist auch dadurch bedingt, dass nicht alle Grundrechte denselben Lebensbereich betreffen und daher nicht nur ein Grundrecht für die Gewähr postmortalen Schutzes in Frage kommt;[1523] im vorliegenden Fall unter der Voraussetzung eines entsprechenden Bezugs zum System der ärztlichen Leichenschau. Zur Geltendmachung sind dann die Angehörigen oder Erben befugt.[1524] Zur konkreten Frage, ob ein Toter Träger von Grundrechten sein kann, können lediglich unterschiedliche Auffassungen zum postmortalen Grundrechtsschutz wiedergegeben werden, deren Gemeinsamkeit darin besteht, dass sie dies entweder verneinen oder keine ausdrückliche Antwort geben.[1525] Der bekannteste Passus des Bundesverfassungsgerichts bezieht sich auf den postmortalen Würdeschutz aus Art. 1 Abs. 1 GG: „Es würde mit dem verfassungsverbürgten Gebot der Unverletzlichkeit der Menschenwürde, das allen Grundrechten zugrunde liegt, unvereinbar sein, wenn der Mensch, dem Würde kraft seines Personseins zukommt, in diesem allgemeinen Achtungsanspruch auch nach seinem Tode herabgewürdigt oder erniedrigt werden dürfte.[1526] Dementsprechend endet die in Art. 1 Abs. 1 GG aller staatlichen Gewalt auferlegte Verpflichtung, dem Einzelnen Schutz gegen Angriffe auf seine Menschenwürde zu gewähren, nicht mit dem Tode."[1527] So entspann sich die Diskussion um die Fragen nach

---

1521 *Wapler*, in: Brosius-Gersdorf – Dreier GG Bd. I, Art. 1 I, Rn. 77–79 m.w.N.; *Brändel*, in: Götting et al., Handbuch des Persönlichkeitsrechts, § 37, Rn. 3–23; *Stern*, in: ders., Das Staatsrecht der Bundesrepublik Deutschland, § 70, Rn. 1053; wobei das BverfG und die überwiegende Lehre den postmortalen Achtungsanspruch inzwischen allein auf Art. 1 Abs. 1 GG gründen, vgl. Rixen, in: Sachs – GG, Art. 2 Freie Entfaltung der Persönlichkeit, Recht auf Leben, körperliche Unversehrtheit, Freiheit der Person, Rn. 78.

1522 *Stern*, in: ders., Das Staatsrecht der Bundesrepublik Deutschland, § 70, 1045 m.w.N.

1523 Vgl. *Müller*, Postmortaler Rechtsschutz, S. 163 m.w.N.

1524 Vgl. *Müller-Franken*, in: Schmidt-Bleibtreu – GG, Vorbemerkung vor Art. 1 Allgemeine Grundrechtslehren, Rn. 31; *Stern*, in: ders., Das Staatsrecht der Bundesrepublik Deutschland, § 70, S. 1053.

1525 So etwa auch *Enders*, in: Merten/Papier, Handbuch der Grundrechte in Deutschland und Europa, § 89, Rn. 42.

1526 Kritisch zum Terminus *Menschen*würde im Zusammenhang mit postmortalem Schutz der Beitrag von *Groß/Tag/Thier*, in: Joerden/Hilgendorf/Thiele, Menschenwürde und Medizin.

1527 BVerfGE 30, 173 (194).

einem postmortalen Rechtsschutz im Verfassungsrecht nahezu ausschließlich im Zusammenhang mit einzelnen Grundrechten. Begründer des bejahenden Gedankens ist *Dürig*, der die postmortale Grundrechtsberechtigung überhaupt erstmals ausführlicher zur Sprache brachte mit dem Argument, dass der allgemein menschliche Eigenwert der Würde unabhängig von der Realisierung beim konkret existierenden Menschen sei und daher ein Angriff die Menschenwürde als solche auch verletzen könne, wenn der konkrete Mensch noch nicht geboren oder bereits tot sei.[1528]

Die Befürworter eines über den Tod hinaus reichenden Schutzes[1529] stützen sich beispielsweise auf die Auslegung des Art. 1 GG nach dem Wortlaut, da sich aus der Formulierung „Würde des Menschen"[1530] keine Beschränkung auf Lebende ergebe; darüber hinaus lege die herrschende Sozialmoral eine in gewissen Hinsichten weiter anhaltende Achtung der Würde nahe.[1531] Andere sehen „die Nachwirkung der Würde weiterhin durch das grundrechtliche Persönlichkeitsrecht mediatisiert."[1532] Für eine Ableitung des grundrechtlichen postmortalen Schutzes über das allgemeine Persönlichkeitsrecht und damit dessen Fortwirken über den Tod hinaus spricht sich *Wapler* aus, die im Übrigen die Ansicht, die Würde des Menschen wirke über das Ende des Lebens hinaus, als herrschend ansieht.[1533] Diesen Auffassungen wird vor allem von der früheren Literatur entgegen gehalten, dass der menschliche Leichnam eine Sache sei, die keinesfalls vom Schutz eines Grundrechts umfasst werden könne.[1534] Bezogen auf ein Fortwirken der Würde wird argumentiert, dass dieser Aspekt während der Verhandlungen bei der Entstehung des Grundgesetzes keine Rolle spielte;

1528 *Dürig*, AöR – Archiv des öffentlichen Rechts 1956, S. 126.

1529 Siehe beispielsweise *Müller-Franken*, in: Schmidt-Bleibtreu – GG, Vorbemerkung vor Art. 1 Allgemeine Grundrechtslehren, Rn. 31; *Brändel*, in: Götting et al., Handbuch des Persönlichkeitsrechts, § 37, Rn. 27; *Müller*, Postmortaler Rechtsschutz, S. 176; *Stern*, in: ders., Das Staatsrecht der Bundesrepublik Deutschland, § 70, S. 1052; *Küchenhoff*, in: Leibholz, Menschenwürde und freiheitliche Rechtsordnung, S. 50 f.

1530 Art. 1 Abs. 1 S. 1 GG.

1531 *Zippelius*, in: Bonner Kommentar – GG, Art. 1 Abs. 1 u. 2, Rn. 53; ähnlich argumentiert auch schon *Buschmann*, NJW – Neue Juristische Wochenschrift 1970, S. 2083.

1532 *Isensee*, in: Merten/Papier, Handbuch der Grundrechte in Deutschland und Europa, § 87, Rn. 217.

1533 *Wapler*, in: Brosius-Gersdorf – Dreier GG Bd. I, Art. 1 I, Rn. 76. m.w.N.

1534 Stellvertretend *Nipperdey*, in: Neumann/Nipperdey/Scheuner, Die Grundrechte: Handbuch der Theorie und Praxis der Grundrechte, S. 4.

man könne davon ausgehen, derartiges sei für Art. 1 Abs. 1 GG so selbstverständlich nicht vorgesehen gewesen, dass man Entsprechendes zu erwähnen für überflüssig hielt.[1535] Weiter wird angeführt, dass die menschliche Entwicklung mit dem Tode abgeschlossen und somit weitergehend auch nicht durch Art. 1 Abs. 1 GG oder das allgemeine Persönlichkeitsrecht schützenswert sei; es fehle dem postmortalen Würdeschutz also bereits an einem Rechtsgut.[1536]

Die vorausgehend dargestellten Ansichten und Argumente bilden nicht das gesamte Meinungsspektrum zum postmortalen Grundrechtsschutz ab, denn die Favorisierung eines bestimmten Konzepts kann für die folgenden Ausarbeitungen insofern dahinstehen, als es für die bloße Existenz einer Schutzpflicht nicht darauf ankommt, welchem von mehreren denkbaren Rechtssubjekten sie zugeordnet wird oder ob sie gar aus einem subjektlosen Recht hervorgeht. Ob also der Verstorbene selbst Träger des Grundrechts sein kann, das möglicherweise eine Schutzpflicht enthält die zur Verbesserung des Leichenschausystems verpflichtet, ob dies seine Angehörigen, eine dritte Person sind oder ob lediglich die Wirkung bestimmter Grundrechte auch den Toten erfasst, ist für das Ziel der Untersuchung nicht ausschlaggebend. Eruiert werden sollen verschiedene *mögliche* Herleitungen einschlägiger Schutzpflichten, ohne dabei auf dem argumentativen Weg dorthin bestimmte Ansichten und damit denkbare Schutzpflichten auszuschließen. Für die Praxis und damit die tatsächliche Wirkung einer potentiellen Schutzpflicht für die ärztliche Leichenschau ist im Endeffekt die Ansicht des jeweiligen Gerichts entscheidend. Dementsprechend werden bei der folgenden Untersuchung verschiedene denkbare, die ärztliche Leichenschau betreffende Schutzpflichten, unabhängig vom Meinungsstand zu verschiedenen Formen der dogmatischen Herleitung von postmortalem Rechtsschutz, erörtert. Mit der herrschenden Meinung davon ausgehend, dass es jedenfalls postmortalen grundrechtlichen Schutz geben kann, soll in der vorliegenden Arbeit auf einer ersten Stufe der rechtlichen Untersuchung des Verhältnisses von Grundgesetz und ärztlicher Leichenschau erst einmal die mögliche Existenz von Schutzpflichten aufgezeigt werden. Dementsprechend ist ein tatsächlicher postmortaler Schutzgehalt – sofern zweckdienlich – für jedes in Frage kommende Grundrecht einzeln zu eruieren.

Die Verbindung von Schutzpflicht und postmortaler Wirkung an lässt sich schon der Argumentation des Bundesverfassungsgerichts zur Wirkung von Grundrechten über den Tod hinaus entnehmen. Demnach endet die

1535 So *Weck*, Vom Mensch zur Sache?, S. 210.

1536 Dargelegt von *Trachternach*, Erinnerungsschutz, S. 147 f.

Schutzpflicht aus Art. 1 Abs. 1 GG nicht mit dem Tod, der Schutz des allgemeinen Persönlichkeitsrechts gem. Art. 2 Abs. 1 GG hingegen schon, da Grundrechtsträger „nur die lebende Person“ sein könne.[1537] Nach Ansicht *Gröschners* lasse sich daraus schließen, dass die Verfassungsrichter die Menschenwürde jedenfalls nicht im Sinne eines Grundrechts anwendeten und bei der Feststellung, die Verpflichtung aus Art. 1 Abs. 1 GG bestünde über den Tod hinaus, auf die staatliche Schutzpflicht abstellten und nicht auf das eventuell damit in Beziehung stehende Grundrecht.[1538] Auch diese Lesart hebt die bedeutende Rolle der Schutzpflichten innerhalb der Grundrechtsordnung hervor ebenso wie ihre Rolle im Rahmen der Wirkung über den Tod hinaus. Das gilt insbesondere auch, wenn im Rahmen der ärztlichen Leichenschau in ihrer derzeitigen Form und praktischen Handhabung mit den zahlreichen Mängeln die Grundrechte noch lebender Personen verletzt werden. Denn neben den weniger komplexen Sachverhalten, in denen sich die Person des betroffenen Grundrechtsträgers von der des Verstorbenen unterscheidet (etwa ein Angehöriger), sind auch spezielle Konstellationen zu untersuchen, in denen die Verletzung eines Grundrechts eine Lebenden einen Umstand betrifft, der zeitlich nach dem Ableben der Person liegen wird bzw. würde. Die zugehörige Frage lautet: In welchem Grundrecht könnte eine lebende Person heute verletzt sein, wenn die Chance entsprechend groß ist, dass im Falle ihres tatsächlichen Todes[1539] bei ihrer (somit zukünftigen) eigenen ärztlichen Leichenschau einer der bekannten Fehler mit den bekannten Konsequenzen begangen wird? Antworten lassen sich am besten durch eine individuelle Betrachtung einzelner Grundrechte finden.

2. Einzelne Grundrechte und Schutzpflichten

Es stellt sich nun die Frage, welche Grundrechte einen Schutzbereich aufweisen, der die ärztliche Leichenschau oder von ihr beeinflusste Lebensbereiche umfasst. Dem schließt sich jeweils die Überlegung nach dem Grundrechtsträger

---

1537 BVerfGE 30, 173 (194).

1538 So der Gedankengang von *Gröschner*, Menschenwürde und Sepulkralkultur in der grundgesetzlichen Ordnung, S. 17 unter Hinweis auf BVerfGE 30, 173. Im Übrigen vertritt er im Folgenden (S. 45 f.) selbst die Ansicht, dass Art. 1 Abs. 1 S. 1 GG kein Grundrecht verleiht.

1539 Gemeint sind an dieser Stelle ausdrücklich nicht die Scheintodfälle, da der Grundrechtsträger dann noch am Leben wäre und kein Fall fraglicher postmortaler Wirkung der Grundrechte vorläge.

oder einer postmortalen Wirkung an. Im Ergebnis sollten staatliche Pflichten begründet werden, die ein hohes Qualitätsniveaus der ärztlichen Leichenschau gewährleisten. Innerhalb des untersuchten rechtlichen Themengebietes werden zahlreiche Diskussionen geführt. Herausgearbeitet werden sollen Ansichten, die zu einer grundrechtlichen Relevanz der ärztlichen Leichenschau führen.

Die wohl meisten Berührungspunkte mit der ärztlichen Leichenschau hat das allgemeine Persönlichkeitsrecht aus Art. 2 Abs. 1 i.V.m. Art. 1 Abs. 1 GG; dabei sind einige Aspekte umstritten. Es sind verschiedene Konstellationen zu durchdenken, in denen das allgemeine Persönlichkeitsrecht für die vorliegende Arbeit Relevanz entfalten könnte. Dem Thema entsprechend wird eine Differenzierung des allgemeinen Persönlichkeitsrechts des von der Leichenschau Betroffenen sowohl zu Lebzeiten als auch post mortem angesprochen. Hinsichtlich des Gedankens eines über den Tod hinaus fortwirkenden allgemeinen Persönlichkeitsrechts besteht zwar Uneinigkeit über den personellen Anknüpfungspunkt, jedoch eröffnet dies verschiedene Möglichkeiten für die angestrebte verfassungsrechtliche Begründung eines funktionsfähigen Leichenschausystems. Dabei spielt die Totensorge eine Rolle, entweder als Teil des fortwirkenden Persönlichkeitsrechts des Verstorbenen,[1540] oder des allgemeinen Persönlichkeitsrechts der Angehörigen.[1541] Daran geknüpft sind etwa das Recht am toten Körper, dessen Obduktion sowie der Wille des Verstorbenen. Diesbezügliche Überlegungen führen zu der Frage, ob der Staat die Totensorge im Kontext des Willens des Verstorbenen zu übernehmen hat, wenn keine Angehörigen vorhanden sind. Das Bedürfnis Vergeltung zu üben spielt eine Rolle, wenn durch eine schlechte Leichenschau ein Tötungsdelikt, speziell wenn Mord mit Merkmalen der 1. und 2. Fallgruppe, übersehen wird.[1542] Schließlich bietet das Konzept des Erinnerungsschutzes[1543] als allgemeines Persönlichkeitsrecht der Angehörigen interessante Anregungen.

1540 Dieser Ansicht *Groß/Tag/Thier*, in: Joerden/Hilgendorf/Thiele, Menschenwürde und Medizin, S. 710 f. m.w.N.; *Beyerle*, Rechtsfragen medizinischer Qualitätskontrolle, S. 146 m.w.N.; i.E. ebenso *Heun*, JZ – Juristen Zeitung 1996, S. 218; zu dieser Ansicht auch *Klinge*, Todesbegriff, Totenschutz und Verfassung, S. 66 m.w.N.

1541 So etwa *Deutsch*, NJW – Neue Juristische Wochenschrift 1998, S. 778 im Zusammenhang mit der Zustimmung der Angehörigen zu einer Organspende; *Eichholz*, NJW – Neue Juristische Wochenschrift 1968, S. 2274.

1542 In der 1. Fallgruppe sind dies Mordlust, Befriedigung des Geschlechtstriebs, Habgier und sonstige niedrige Beweggründe; Fallgruppe 2 umfasst Heimtücke, Grausamkeit und gemeingefährliche Mittel; § 211 Abs. 2 StGB.

1543 Siehe zur Ausgestaltung dieses Konzepts die Arbeit von *Trachternach*, Erinnerungsschutz. An Überzeugungskraft gewinnt dieses Konzept durch die

Auch eine Betroffenheit des Grundrechts auf Leben und körperliche Unversehrtheit aus Art. 2 Abs. 2 S. 1 GG durch eine fehlerhafte ärztliche Leichenschau ist denkbar, etwa wenn ein Fall des Scheintodes übersehen wird und lebensnotwendige Hilfsmaßnahmen unterbleiben. Relevanz für die allgemeine Gefahrenabwehr entsteht, wenn ein Unfalltod übersehen wird, und in der Folge eine tödliche Gefahrenquelle unerkannt bleibt. Im Seuchenfall kann die Frühwarnung unterbleiben und zusätzliche Leben kosten. Dies gilt auf lange Sicht auch für die allgemeine Gesundheitsvorsorge, deren Grundlage die durch falsche Leichenschaudiagnosen stark verfälschte Todesursachenstatistik bildet. Schließlich erfordert eine funktionierende Kriminalprävention die Kenntnis begangener Tötungsdelikte, um etwa im Fall von Serientätern weitere Opfer zu verhindern.

Für die Konstellationen der ärztlichen Leichenschau und ihrer Konsequenzen, in denen kein sonstiges Freiheitsgrundrecht betroffen ist, kann schließlich noch die allgemeine Handlungsfreiheit gem. Art. 2 Abs. 1 GG herangezogen werden.[1544] Im Rahmen der Leichenschau könnte dies die Angehörigen bezüglich der Vertragsparität gegenüber dem Arzt betreffen. Die Handlungsfreiheit der Ärzte könnte durch Bedrängen von Ermittlungsbeamten oder Angehörigen tangiert sein.

Grundlage von Schutzpflichten und ebenso postmortalem Schutz ist auch die Menschenwürdegarantie des Art. 1 Abs. 1 GG. Dabei besteht eine enge Verflechtung mit dem allgemeinen Persönlichkeitsrecht. Zu überlegen wäre vor diesem Hintergrund, ob es sich auf ein Leben oder auch das Sterben in Würde negativ auswirken könnte, wenn der Betroffenen zugleich fürchten muss seinen letzten Weg unter dauerhaft ungeklärten Umständen zu gehen. Diese fielen der Vergessenheit anheim in dem Sinne, dass nie jemand vom tatsächlichen Hergang Kenntnis erlangen würde.[1545] Dies vorausgesetzt, käme einerseits der

---

Vorstellung von der Person eines Menschen als eine Präsenz hinter dem Leib im körperlichen Sinn; *Esser*, in: Groß et al., Tod und toter Körper, S. 19. Diese „Person" könne nur „in den Ausdrucksmöglichkeiten des Leibes ‚angeschaut' werden." Und auch nach dem Tod könne uns dieser Mensch in der Vorstellung und Erinnerung solcher Ausdruckszeichen präsent bleiben.

1544 Grundsätzlich besitzt Art. 2 Abs. 1 GG den Charakter eines Auffanggrundrechts und ist gegenüber allen speziellen Freiheitsgrundrechten lediglich subsidiär zu bemühen; vgl. anstatt vieler *Rixen*, in: Sachs – GG, Art. 2 Freie Entfaltung der Persönlichkeit, Recht auf Leben, körperliche Unversehrtheit, Freiheit der Person, Rn. 137.

1545 Im Falle eines Tötungsdelikts ist die Würde nach wohl h.M. bereits durch den Akt des Tötens durch Fremdeinwirkung zumindest betroffen, die Frage bezieht sich

lebende Mensch als Grundrechtsträger in Frage, dessen Würde zu Lebzeiten durch die Ungewissheit beeinträchtigt würde. Andererseits ist eine postmortale Würdeverletzung denkbar, indem durch eine ungenügende Leichenschau die tatsächlichen Todesumstände im Dunkeln bleiben und somit die Wahrung des Andenkens des Verstorbenen in diesem Sinne unmöglich gemacht wird. Beiden Situationen wohnt eine gewisse Objektivierung der Person des Toten inne, der durch die Unkenntnis der wahren Todesumstände nur einer unter jährlich einigen Hunderttausend in Deutschland wird. Neben den genannten Bezugspunkten zur Leichenschau kämen noch solche dazu, die bereits im Zusammenhang mit dem allgemeinen Persönlichkeitsrecht angesprochen wurden, sich also überschneiden. Das Pietätsempfinden der Gesellschaft wie der Angehörigen und die Bedeutung der tatsächlichen Todesumstände für die Trauerarbeit der Hinterbliebenen sowie die verfassungsrechtliche Verankerung der Kulturstaatlichkeit im Blick, zeigt sich möglicherweise der Weg zu einer grundrechtlich geschützten Trauerkultur, die auch die ärztliche Leichenschau umfasst und deren Stellung im Normgefüge der Bundesrepublik stärkt.

Diesen grundlegenden Gedanken folgend, ist für jedes Grundrecht einzeln zu prüfen, ob daraus grundsätzlich Schutzpflichten entspringen können, inwieweit der Schutzbereich den jeweils zugrunde gelegten Sachverhalt umfasst und ob gegebenenfalls eine entsprechende staatliche Schutzpflicht greift.

a) Art. 2 Abs. 1 i.V.m. Art. 1 Abs. 1 GG – Allgemeines Persönlichkeitsrecht

aa) Schutzpflichtdimension

„Die Schutzdimension steht für … das allgemeine Persönlichkeitsrecht außer Frage," notiert *Dreier* in seinem Standardwerk zum Grundgesetz.[1546] Die vom Bundesverfassungsgericht anhand des Schutzes von Leben und Gesundheit

---

auf eine zusätzliche eigenständige Beeinträchtigung. Zur obigen Annahme: „Wo menschliches Leben existiert, kommt ihm Würde zu" BVerfGE 39, 1 (41), dem schließen sich etwa *Höfling*, in: Sachs – GG, Art. 1, Rn. 56 und *Isensee*, in: Merten/Papier, Handbuch der Grundrechte in Deutschland und Europa, § 87, Rn. 200 an. Dies bedeutet für das Verhältnis zu Art. 2 Abs. 2 GG jedoch nicht, dass stets beide Grundrechtsnormen zu prüfen seien – vielmehr sind entsprechende Eingriffe zuvörderst an Art. 2 Abs. 2 zu messen, *Höfling*, in: Sachs – GG, Art. 1, Rn. 69, i.E. wohl auch Wapler, in: Brosius-Gersdorf – Dreier GG Bd. I, Art. 1 I, Rn. 163, die von einem „Fundierungsverhältnis" spricht.

1546 *Dreier*, in: ders. – GG Bd. I, Art. 2 I, Rn. 64.

entworfene Dogmatik zu den Schutzpflichten[1547] lässt sich auf sämtliche anderen Freiheitsrechte übertragen[1548] und entsprechend ist der Staat auch zum Schutz der Schutzgüter des Art. 2 Abs. 1 und des Art. 2 Abs. 2 S. 2 GG verpflichtet; vor allem in Bezug auf Güter, die gemeinhin unter dem allgemeinen Persönlichkeitsrecht zusammengefasst werden.[1549] Die Benachteiligung bestimmter Personen durch gesetzliche Regelungen lässt sich auch im derzeitigen System der ärztlichen Leichenschau erkennen und es ist demnach nicht ausgeschlossen, dass die entsprechenden Sachverhalte von einer Schutzpflicht des allgemeinen Persönlichkeitsrechts erfasst werden. Auch im Bereich der verfahrensrechtlichen und organisatorischen Vorkehrungen durch den Staat sind Schutzpflichten in Verbindung mit dem allgemeinen Persönlichkeitsrecht nicht unbekannt.[1550] In der Literatur finden sich Stimmen sowohl für die Schaffung verfassungsrechtlicher Regelungen zum Schutz des allgemeinen Persönlichkeitsrechts auch gegen Beeinträchtigungen von nicht staatlicher Seite aufgrund eines Schutzauftrags des Staates als auch für den postmortalen Schutz etwa der körperlichen Integrität durch das allgemeine Persönlichkeitsrecht.[1551]

ba) Schutzpflichtverletzung

Entsprechend den theoretischen Grundlagen stellt sich auch in der konkreten Anwendung zunächst die Frage nach der personellen Anbindung der Schutzpflicht. Gemäß den obigen Überlegungen[1552] soll hier jedoch nicht über die vermeintlich richtige Ansicht entschieden, sondern für die verschiedenen Konstellationen die grundrechtliche Relevanz des Leichenschausystems aufgezeigt werden. Ähnlich urteilt *Lardeur* zum verfassungsrechtlichen Schutz des postmortalen Persönlichkeitsrechts: „Ob dies mit [sic!] Pietätsgefühl der

---

1547 Vgl. oben Teil 2, Kapitel 4, II., S. 226–230.

1548 *Müller-Franken*, in: Schmidt-Bleibtreu – GG, Vorbemerkung vor Art. 1 Allgemeine Grundrechtslehren, Rn. 23 m.w.N.; *Dreier*, in: ders. – GG Bd. I, Vorbemerkung vor Artikel 1 GG, Rn. 104; *Erichsen*, Jura – Juristische Ausbildung 1997, S. 86 m.w.N.

1549 So der Gedankengang von *Rixen*, in: Sachs – GG, Art. 2 Freie Entfaltung der Persönlichkeit, Recht auf Leben, körperliche Unversehrtheit, Freiheit der Person, Rn. 25.

1550 *Barczak*, in: Brosius-Gersdorf – Dreier GG Bd. I, Art. 2 I, Rn. 110.

1551 Zu ersterem *Jarass*, in: Erichsen/Kollhosser/Welp, Recht der Persönlichkeit, S. 98; zum zweiten Punkt *Gallwas*, JZ – Juristen Zeitung 1996, S. 852.

1552 Teil 2, Kapitel 4, V., 1., S. 240–245.

Überlebenden oder den Nachwirkungen des Lebens des Toten geschuldet ist, kann dahingestellt bleiben."[1553]

Am offensichtlichsten wäre ein Eingriff in das allgemeine Persönlichkeitsrecht direkt durch die ärztliche Leichenschau als Vorgang. Betroffen sein könnten davon die Angehörigen, wenn die Untersuchung unsachgemäß erfolgte und ihren Interessen zuwider liefe. Eine solche direkte Beeinträchtigung läge etwa dann vor, wenn in einem Fall eines ärztlichen Behandlungsfehlers mit Todesfolge der verantwortliche Arzt selbst die Leichenschau vornimmt.[1554] Sofern die Angehörigen davon Kenntnis erlangen, werden die wenigsten dem neutral gegenüberstehen. Dahinter kann ebenso die Sorge um Missbrauch der Entscheidungsstellung des Leichenschauers stehen wie persönliche Aversionen gegen den Arzt als (teils auch nur vermeintlich) für den Tod des nahestehenden Menschen Verantwortlichen. Dass viele Angehörige einer solchen Gesamtsituation sehr emotional gegenüberstehen, lässt sich unter anderem an der Zunahme von Arzthaftungsprozessen erkennen, die auch von Angehörigen Verstorbener angestrengt werden. Nicht selten wird der Arzt im Endeffekt entlastet, was zeigt, dass auch ein schwacher Verdacht Hinterbliebene in einer solchen Situation nicht vom Gang vor das Gericht abhält. In Betracht gezogen werden sollte darüber hinaus die Möglichkeit, dass die Leichenschauuntersuchung das Totensorgerecht tangiert, das nach Ansicht von Teilen der Literatur dem allgemeinen Persönlichkeitsrecht der Angehörigen zuzurechnen ist.[1555] So gehen Rechtsprechung und ein Teil der Literatur davon aus, dass vom Totensorgerecht etwa auch – in Form eines Rechts am toten Körper – die Entscheidung der Angehörigen über die Vornahme einer Sektion erfasst werde.[1556] Ein Argument dafür ist zugleich ein Bindeglied zur ärztlichen Leichenschau, denn der Sinn solcher Privatsektionen ist es, die Todesursache möglichst spezifisch zu ermitteln. Ziel ist es, Erkenntnisse für die vormals behandelnden Ärzte sowie Klarheit für die Angehörigen zu gewinnen. Nicht zuletzt kann dies für die Hinterbliebenen ganz handfeste Bedeutung bei der Geltendmachung etwaiger Entschädigungsansprüche und möglicher Rentenzahlungen haben,[1557] wenn beispielsweise ein Arbeitsunfall zu einem (folglich) nicht natürlichen Tod führte. Sofern keine

1553 *Lardeur*, in: Götting et al., Handbuch des Persönlichkeitsrechts, § 9, Rn. 67.

1554 Siehe dazu oben Teil 2, Kapitel 2, I., 7., a), S. 168–173.

1555 Siehe oben Teil 2, Kapitel 4, V., 2., S. 246.

1556 *Schenk*, Die Totensorge – ein Persönlichkeitsrecht, S. 100–104, m.w.N.; i.E. auch *Schönberger*, Postmortaler Persönlichkeitsschutz, S. 92 f.

1557 So argumentiert überzeugend *Schenk*, Die Totensorge – ein Persönlichkeitsrecht, S. 103 f.

eindeutige diesbezügliche Bestimmung des Verstorbenen selbst vorliegt, müssen die Hinterbliebenen die Verantwortung für diese Entscheidung über eine Obduktion allein tragen, die thema- und situationsbedingt kaum jemandem leicht fallen wird. Je schwieriger eine Entscheidung, desto größer die Bedeutung der Entscheidungsgrundlage. Diese kann im Falle der Privatsektion nur das Ergebnis der ärztlichen Leichenschau sein, denn die Frage nach einer Obduktion stellt sich für die Hinterbliebenen wenn ein natürlicher Tod oder eine unklare Todesursache diagnostiziert werden. Je genauer der Arzt Ursache und Umstände in der Todesbescheinigung dargelegt hat, respektive darlegen konnte, desto mehr Anhaltspunkte haben die Angehörigen für ihre Entscheidung. Und wird der Tod fälschlich als unzweifelhaft natürlich angegeben, so haben die Angehörigen wenig Grund, doch noch auf einen arbeitsbedingten Unfalltod hin obduzieren zu lassen; eine mögliche Hinterbliebenenrente entfällt. Ein weiterer Teil des Totensorgerechts der Angehörigen besteht darin, den Willen des Verstorbenen bezüglich postmortaler Angelegenheiten umzusetzen.[1558] Zwei Gedankengänge führen in diesem Fall zu einer Relevanz für die ärztliche Leichenschau. Wenn man erstens davon ausginge, dass der Wille des Verstorbenen auch die Aufklärung der eigenen Todesumstände umfasst,[1559] so verstärkt dies die Bedeutung des Leichenschauergebnisses für die Umsetzung dieses Willens, der vom allgemeinen Persönlichkeitsrecht gedeckt ist. Denn wie im Verlauf der Untersuchung deutlich geworden ist, stellt die ärztliche Leichenschau die Weiche für alle weiteren Untersuchungen oder deren Ausbleiben. Im Falle eines falschen Ergebnisses blieben alle vom Aufklärungswillen des Verstorbenen erfassten Umstände im Dunkeln. Belässt man es beim derzeit nicht geringen Risiko, dass dieser Fall eintritt, wird der Wille des Verstorbenen in dieser Hinsicht übergangen. Zumindest anzudenken sind zweitens auch etwaige Konsequenzen aus dem Modell des Erinnerungsschutzes im Rahmen des postmortalen Persönlichkeitsrechts der Angehörigen, demzufolge hauptsächlich die autobiographischen Erinnerungen der Angehörigen an den Verstorbenen geschützt sind.[1560] Entsprechend könnten mögliche Unklarheiten über die Todesumstände Relevanz entfalten. Für die Angehörigen ist die Kenntnis der genauen Todesumstände häufig ein wichtiger Teil der eigenen Erinnerung an

1558 In diesem Sinne *Schönberger*, Postmortaler Persönlichkeitsschutz, S. 88; *Beyerle*, Rechtsfragen medizinischer Qualitätskontrolle, S. 145; *Klinge*, Todesbegriff, Totenschutz und Verfassung, S. 64.

1559 So auch *Spann*, Kriminalistik 1987, S. 586, ähnlich *Eisenmenger/Betz*, MMW – Organ für amtliche und praktische Ärzte 1994, S. 79.

1560 *Trachternach*, Erinnerungsschutz, S. 183–187.

den Betrauerten. Die Entscheidung über eine mögliche Obduktion zur vollständigen Aufklärung des Sachverhaltes kann daher von großer Bedeutung sein, insbesondere wenn auf Seiten der Entscheider diesbezüglich Ungewissheiten oder Zweifel bestehen. Entscheidungsgrundlage kann dabei in sachlicher Hinsicht einzig das Ergebnis der Leichenschau sein, insofern sind die Angehörigen auch in dieser Hinsicht auf ein korrektes Ergebnis angewiesen.

Im Zuge der Überlegungen zur Ausübung der Totensorge tritt auch die Situation vor Augen, dass der Verstorbene keine Angehörigen mehr hatte und folglich diese Pflicht ins Leere zu laufen scheint und mit ihr eine etwaige Entscheidung über eine Sektion. Es wäre jedoch ein unbefriedigendes Ergebnis, wenn dem Verstorbenen durch diese Umstände Nachteile entstünden. Helfen mag ein Blick auf die Regelungen, nach denen in einer solchen Situation eine Bestattung erfolgt; beispielhaft dafür die Rechtslage in Bayern: Grundsätzlich sind nach §§ 15 S. 1, 1 Abs. 1 S. 2 Nr. 1 BestV Bayern i.V.m. Art. 15 Abs. 1 S. 1 BestG Bayern zunächst die Angehörigen dazu verpflichtet, für die Bestattung zu sorgen. Der Fall, dass tatsächlich keine Angehörigen mehr vorhanden sind, ist im bayrischen Regelwerk nicht ausdrücklich angesprochen, jedoch verweisen einige Vorschriften aufeinander, sodass im Endeffekt nach Art. 14 Abs. 2 S. 1 BestG Bayern die Gemeinde, in dringenden Fällen sogar die Polizei für die Bestattung verantwortlich ist.[1561] Sinnvollerweise könnte Ähnliches für die Entscheidung über eine Obduktion gelten, zumal beide Aspekte – Bestattung wie Privatsektion[1562] – von der Totensorge umfasst sind. Da es im Falle der Sektion keine rechtliche Grundlage in den Normen zum Bestattungswesen gibt, muss eine andere Rechtsgrundlage gefunden werden. Erneut ist an eine staatliche Schutzpflicht zur Ausübung der Pflichten der Angehörigen für den Fall zu denken, dass der Verstorbene keine hinterließ. Sinnvollerweise würde eine solche Schutzpflicht die Totensorge als Ganzes umfassen, nicht lediglich die Entscheidung über eine mögliche Privatsektion, auch wenn für die Übernahme der Bestattung dann zwei rechtliche Grundlagen existierten. Ihre Wurzeln könnte eine solche Schutzpflicht entweder in der Menschenwürde oder im postmortalen allgemeinen Persönlichkeitsrecht haben. An dieser Stelle gabelt sich der

---

1561 In Nordrhein-Westfalen gilt äquivalent dazu § 8 Abs. 1 S. 2 BestG NRW: „Soweit diese [die Hinterbliebenen] ihrer Verpflichtung nicht oder nicht rechtzeitig nachkommen, hat die örtliche Ordnungsbehörde der Gemeinde, auf deren Gebiet der Tod eingetreten oder die oder der Tote gefunden worden ist, die Bestattung zu veranlassen."

1562 Die Bezeichnung ist zunächst irreführend, jedoch handelt der Saat hier als Wahrnehmender der Totensorge anstelle der Angehörigen.

Weg einmal mehr hinsichtlich der Herleitung eines postmortalen Achtungsanspruchs. Leitete man diesen mit dem Bundesverfassungsgericht ausschließlich aus Art. 1 Abs. 1 GG ab,[1563] wäre Grundlage der staatlichen Schutzpflicht zur Ausübung der Totensorge im Bedarfsfall stets Art. 1 Abs. 1 GG. Dafür spräche auch, dass der lebzeitige Wille des Verstorbenen, der im Rahmen der Totensorge zum Tragen kommen soll, dessen Menschenwürde näher steht als dem Persönlichkeitsrecht der Angehörigen. Eine Ableitung aus deren allgemeinem Persönlichkeitsrecht erscheint mit Blick auf den bisherigen Gang der Überlegungen zwar zunächst kohärenter, denn diese basieren auf der hypothetischen Annahme, dass die Totensorge vom allgemeinen Persönlichkeitsrecht der Angehörigen erfasst sei,[1564] an deren Stelle der Staat treten würde. Diese Überlegung scheitert allerdings daran, dass das allgemeine Persönlichkeitsrecht der Angehörigen in einer solchen Konstellation schon deshalb bedeutungslos ist, da deren Besonderheit darin liegt, dass die Hinterbliebenen als Grundrechtsträger gerade nicht existieren. Ginge man noch einen Schritt weiter, gelangte man zu der möglichen Wirkung eines postmortalen Persönlichkeitsrechts der bereits vor dem aktuell Verstorbenen dahingeschiedenen Angehörigen, deren hypothetisches Totensorgerecht auszuüben der Staat verpflichtet würde. Es erscheint jedoch überaus fraglich, ob eine solch lose Verbindung zweier Verstorbener die postmortale Wirkung des allgemeinen Persönlichkeitsrechts eines der Toten tragen kann. Zwar müssen zumindest die Eltern als Angehörige vor – und werden in aller Regel auch zu Lebzeiten – des aktuell Verstorbenen gelebt haben. Der zeitliche Abstand zwischen den Todesfällen kann mit Blick auf die nachlassende Wirkung postmortaler Rechte erheblich sein und das tatsächliche Verhältnis der Personen im Sinne eines Erinnerungsschutzes zu lose. Vor allem aber würde der Zweck einer postmortalen Wirkung von Grundrechten an dieser Stelle verfehlt. Denn die lebzeitige mögliche Ungewissheit, ob man selbst und auch sonst niemand die Totensorge für einen eventuell nachversterbenden Angehörigen nicht mehr wird übernehmen können, hat auf das allgemeine Persönlichkeitsrecht dieser Person jedenfalls keinen grundrechtsaktivierenden Einfluss. Schutzbereich und Schutzpflichtgedanke des Art. 2 Abs. 1 i.V.m. 1 Abs. 1 GG würden auf einer solchen, allenfalls hypothetischen, Grundlage überdehnt. Es bleibt zur Herleitung der Schutzpflicht über das allgemeine Persönlichkeitsrecht der Gedanke, dass der Staat mit der Übernahme der Totensorge in diesem Zusammenhang, wenn er nicht das Empfinden der

1563 Siehe BVerfGE 30, 173 (194).
1564 Vgl. oben Teil 2, Kapitel 4, V., 2., S. 246.

Angehörigen schützt, so doch dem Pietätsgefühl der Allgemeinheit entspricht und nicht in erster Linie der Würde des Verstorbenen.[1565] Verbindend wäre der Ansatz, die Würde des Verstorbenen nicht gänzlich außer Acht zu lassen, jedoch seinem allgemeinen Persönlichkeitsrecht Gewicht einzuräumen. Zudem wäre dann der Aspekt der Umsetzung des Willens des Verstorbenen im Rahmen der Totensorge am besten verankert, wenn man dessen allgemeines Persönlichkeitsrecht gem. Art. 2 Abs. 1 i.V.m. Art. 1 Abs. 1 GG als Grundlage heranzöge, welches sich entsprechend aus beiden Möglichkeiten postmortalen Schutzes speist. Dafür spräche außerdem, dass ein Teil der Literatur das Totensorgerecht ebenfalls vom allgemeinen Persönlichkeitsrecht des Verstorbenen ableitet.[1566]

Welches Konzept dogmatisch überzeugender ist, kann hier dahinstehen; von Bedeutung ist, dass es für jeden der aufgezeigten Wege Argumente gibt und dadurch jedenfalls die These einer staatlichen Schutzpflicht zur Ausübung der Totensorge im Falle fehlender Angehörigen deutlich gestärkt wird. Auch *Schenk* kommt zu der Conclusio, dass eine staatliche Schutzpflicht zur Wahrnehmung der Totensorge besteht.[1567] Wenngleich er davon ausgeht, dass sich dies aus Art. 1 Abs. 1 GG ergibt und sich die Menschenwürde auch auf die sterblichen Überreste bezieht. Für die Totensorgeberechtigten bestehe eine rechtsverbindliche Pflicht zur Achtung des Willens des Verstorbenen, dessen Nichtbeachtung einen Verstoß gegen die Menschenwürde darstelle. So geht er gleichzeitig von einer dem allgemeinen Persönlichkeitsrecht entspringenden verfassungsrechtlichen Selbstverpflichtung aus, die dem Träger öffentlicher Gewalt auferlege, auch dem Leichnam das Maß an Schutz zu gewähren, das den Pietätsvorstellungen der Gesellschaft entspricht.[1568] Unabhängig vom grundrechtlichen Anknüpfungspunkt hat diese Überlegung in ähnlicher Form auch schon auf Landesebene Eingang in das Gesetz gefunden, denn in den

---

1565 So auch *Dreier*, in: ders. – GG Bd. I, Art. 1 I, Rn. 75 m.w.N., der der Literaturansicht zustimmt, dass „sich bestimmte Anforderungen an den Umgang mit dem Leichnam nicht primär aus dessen Würde herleiten, sondern in den zu achtenden Gefühlen der Hinterbliebenen sowie dem sittlichen Pietätsempfinden der Gesamtgesellschaft wurzeln."

1566 Siehe oben Teil 2, Kapitel 4, V., 2., S. 246.

1567 *Schenk*, Die Totensorge – ein Persönlichkeitsrecht, S. 138.

1568 *Schenk*, Die Totensorge – ein Persönlichkeitsrecht, S. 138; aus der Verbindung von Art. 2 mit Art. 1 GG, d.h. dem Menschenwürdebezug des allgemeinen Persönlichkeitsrechts, entnimmt er die Möglichkeit der postmortalen Wirkung des Persönlichkeitsrechts und verweist hinsichtlich der Schutzpflicht entsprechend auf die Ausführungen zur Herleitung aus Art. 1 Abs. 1 GG.

Bestattungsgesetzen der Länder werden als Schutzgüter beispielsweise die Körper oder Aschen Verstorbener sowie das sittliche, religiöse und weltanschauliche Empfinden der Allgemeinheit festgeschrieben.[1569] Bezogen auf die oben beschriebenen Rolle der Angehörigen bei der Ausübung der für die Leichenschau relevanten Teile des Totensorgerechts kommt für den Staat als Akteur anstelle der Angehörigen allerdings nur eine Konstellation in Frage. Er ist dann für die Umsetzung des Willens des Verstorbenen im Hinblick auf die Aufklärung der Todesumstände verantwortlich. Denn ein Schutz der Erinnerungen der Hinterbliebenen ist nicht mehr relevant. Die Existenz dieser Form von Schutzpflicht verstärkt die Bedeutung der ärztlichen Leichenschau, da quasi eine doppelte Verpflichtung gilt. Zum einen ganz direkt als Pflicht zur Ausübung der Totensorge mit ihren für die Leichenschau relevanten Teilen. Zum anderen die Schutzpflicht des Staates aus dem entsprechenden Grundrecht – je nachdem über welches man die Übernahme der Totensorge ableitet. Der Staat muss in seiner Rolle als Garant des Grundrechts gewissermaßen sich selbst gegenüber die Bedingungen für Aufklärung der Todesumstände gemäß dem Willen des Verstorbenen schaffen, den er in der Rolle als Wahrnehmender der Totensorge umzusetzen hat. Es gilt somit eine doppelte Verantwortung für ein vernünftiges Leichenschausystem – als Vertreter der Hinterbliebenen und als Verpflichteter aus der Norm, die als Grundlage für den Schutz des Totensorgerechts dient.

Wählt man als Bezugspunkt des Schutzes denjenigen, an dessen totem Körper die betreffende Leichenschau letztlich stattfindet oder stattfinden wird, kommt zunächst die Frage auf, ob das allgemeine Persönlichkeitsrecht des Lebenden oder des Toten betroffen sein könnte. Für den *Lebenden* müsste die Schutzpflicht entweder durch Probleme während der Leichenschau bei einer anderen Person oder durch die Möglichkeit, dass solches in Zukunft bei der eigenen Leichenschau der Fall sein könnte, ausgelöst werden. Einleuchtend erscheint, dass die Gedanken eines Menschen, die zu Lebzeiten getroffene Entscheidungen über sein postmortales Schicksal tangieren, Einfluss auf sein heutiges Verhalten, Handeln und Fühlen haben. Angesichts solcher „Vor"-Wirkungen von postmortalen Ereignissen auf die lebende Person könnten diese auch Bezugspunkte eines Rechts des Lebenden sein.[1570] Man kann den Vertrauensgedanken

1569 Siehe etwa § 1 BestattG Niedersachsen; § 1 BestG Thüringen; § 7 Abs. 1 u. 2 BestG NRW.

1570 In diesem Sinne die Argumentation bei *Klinge*, Todesbegriff, Totenschutz und Verfassung, S. 203.

weiterspinnen mit der Frage, ob dieses Vertrauen erschüttert werden könnte, wenn sich ein lebender Mensch der Gefahr bewusst würde, möglicherweise unter Umständen zu versterben, die für immer unaufgeklärt bleiben und folglich Dritte von einem eventuellen Tötungsdelikt nie etwas erfahren würden.

Wie oben dargelegt,[1571] bereitet die Unausweichlichkeit des Todes und viele damit verbundene Aspekte den Menschen gerade in Deutschland erhebliche Probleme. Das Thema wird verdrängt und die Auseinandersetzung mit diesbezüglichen negativen Gedanken erfolgt überwiegend im privaten Rahmen und häufig wohl auch gänzlich ohne Austausch mit anderen. Angesichts dessen kann man davon ausgehen, dass sich der Einzelne in der Tat Gedanken um die eigenen Todesumstände macht, jedenfalls aber machen würde, sofern er aufgrund entsprechenden Wissens um die Situation der ärztlichen Leichenschau annehmen müsste, dass diese im Dunkeln blieben. Dies gilt sicherlich insbesondere für den Fall eines Tötungsdelikts. Bei der Mehrheit der Menschen ist anzunehmen, dass sie zudem auch um der Angehörigen Willen mit der Gewissheit sterben möchten, dass ihr Umfeld die jeweiligen Umstände wahrnimmt bzw. kennt. Ein solches Interesse wird in der Literatur teilweise auch dem *Verstorbenen* zugedacht im Sinne eines Anrechts darauf, dass später nicht mehr nachvollziehbare Befunde in Bezug auf die Todesumstände zeitnah erfasst werden;[1572] als Grundlage käme hier ein allgemeines Persönlichkeitsrecht des Toten in Betracht. Dass dieses Thema für Menschen von Bedeutung ist oder jedenfalls für viele sein kann, zeigt sich auch heute noch am Bedürfnis nach Rache. Wenn auch in aller Regel waffen- und gewaltlos betrieben, deutet schon die hohe Zahl hartnäckig und emotional betriebener zivilrechtlicher Streitigkeiten darauf hin.[1573]

In strafrechtlicher Hinsicht findet sich der Gedanke etwa in *Franz von Liszts* Überlegungen zur „Strafe als Triebhandlung", die ursprünglich als „blinde, instinktmäßige, triebartige, durch Zweckvorstellung nicht bestimmte Reaktion der Gesellschaft gegen äußere Störungen der Lebensbedingungen des einzelnen wie der vorhandenen Gruppen von Einzelindividuen" entstand.[1574] Erst

1571 Teil 2, Kapitel 3, I., S. 200–203.

1572 In diesem Sinne *Groß*, Die Entwicklung der inneren und äußeren Leichenschau in historischer und ethischer Sicht, S. 68, unter Verweis auf *Spann*, Kriminalistik 1987, S. 586; ähnlich *Eisenmenger/Betz*, MMW – Organ für amtliche und praktische Ärzte 1994, S. 79.

1573 *Heiderich*, Genese und Funktion der Rache, S. 128; eine interessante Perspektive auf das Thema bietet *Dornseiff*, Recht und Rache: der Rechtsanspruch auf Wiederverletzung.

1574 *Liszt*, Der Zweckgedanke im Strafrecht, S. 6.

die zunehmende Bedeutung des Zweckgedankens und die Objektivierung der Strafe durch Übertragung der Reaktion auf unbeteiligte Organe ermöglichten eine neutrale Betrachtung und gäben ihr Maß und Ziel sowie Beschränkung durch die Staatsgewalt.[1575] Im Zusammenhang mit Tötungen führt der Drang sich zu rächen bis hin zu Blutrache und ähnlicher Selbstjustiz, die im modernen verfassten Staat zwar nur noch in Randgruppen eine Rolle spielt, früher jedoch in verschiedenen Formen verbreitet war.[1576] Der Rachegedanke ist ein Motivationsgrund, das Gewaltmonopol des Staates zu durchbrechen, das den Kreislauf der Selbstjustiz im Tötungsfall unterbinden soll. An dieser Stelle kommt erneut die Schutzgarantie als Legitimation des Staates ins Spiel. Um diese wirkungsvoll ausüben zu können, muss er Delikte – in diesem Fall Tötungsdelikte – überhaupt wahrnehmen; er muss Fälle des nicht natürlichen Todes erkennen. Andernfalls bleibt dieser Teil des staatlichen Gewaltmonopols unausgefüllt. Er verliert an Legitimation und es besteht die Gefahr, dass die gesetzliche Notwehr als eigentliche Ausnahme vom staatlichen Gewaltmonopol zur Regel wird.[1577] Was hier mit Absicht überspitzt dargestellt wird, ist in seiner zivilisierten, bürgerlichen Form im Andenkenschutz und der Pietät der Gesellschaft wiederzuerkennen: Die Umstände eines Todes durch fremde Gewalt sollen nicht im Dunkeln bleiben, in Vergessenheit geraten und keine Rolle spielen. Anderes zeugte von Gleichgültigkeit gegenüber dem Toten, die zu demonstrieren sich der Staat nicht leisten kann. Vielmehr ist er in der Pflicht dem einzelnen Bürger die Gewissheit zu geben, die Aufklärung der Todesumstände bewältigen zu können und gegebenenfalls entsprechend dem Gedanken der Straftheorien für „Satisfaktion" im Sinne des Rechtsstaates zu sorgen.[1578] Tatsächlich sollte ein Staatsbürger keinerlei Anlass zu dieser Art Gedanken haben und die Achtung eines entsprechenden Anrechts des Verstorbenen nicht dem Zufall überlassen bleiben. Vielmehr ist es Aufgabe im Rahmen der Schutzpflichten, durch Gefahrenprävention die Friedenspflicht im Bewusstsein der Bürger zu stärken.[1579] Denn je weniger Sorgen sich der Mensch um seine Sicherheit machen

1575 *Liszt*, Der Zweckgedanke im Strafrecht, S. 16–18.

1576 Ausführlich zu diesem Thema *Heiderich*, Genese und Funktion der Rache; ebenfalls behandelt bei *Liszt*, Der Zweckgedanke im Strafrecht, S. 11 f.

1577 Vgl. *Isensee*, Das Grundrecht auf Sicherheit, S. 56 m.w.N., zu den weiteren Folgen, S. 59 f.

1578 Zum Sinn von Strafe aus heutiger Sicht sowie den Straftheorien Siehe *Schmidhäuser*, Vom Sinn der Strafe.

1579 So *Isensee*, in: Isensee/Kirchhof, Handbuch des Staatsrechts der Bundesrepublik Deutschland, § 191, Rn. 168.

muss, desto geringer ist die Motivation zum Bruch des staatlichen Gewaltmonopols.[1580] Entsprechend erkennt das Bundesverfassungsgericht inzwischen unter bestimmten Voraussetzungen einen Strafverfolgungsanspruch der Opfer von Grundrechtsverletzungen und deren Angehörigen an. Einen entsprechenden Anlass sehen die Richter in Konstellationen, in denen die Gefahr besteht, dass ein Verzicht auf effektive Untersuchung verdächtiger Todesfälle zu einer Erschütterung des Vertrauens in das Gewaltmonopol des Staates einem generellen Klima der Rechtsunsicherheit und Gewalt führen würde.[1581]

Nun könnte man einwenden, es fehle im Fall des Lebenden möglicherweise der Eingriff in das Persönlichkeitsrecht, weil es nicht reicht, dass unbeteiligte Dritte sich mit Blick auf die Behandlung eines beliebigen Toten um ihren eigenen postmortalen Status sorgten.[1582] Vor dem Hintergrund des oben erwähnten Anrechts des Toten auf Sicherung der Befunde für seinen Tod würde dies jedoch bedeuteten, dass man ein grundrechtsrelevantes Gewicht bezüglich des Willens um die Aufklärung der eigenen Todesumstände lediglich dem bereits Verstorbenen zubilligt, nicht aber dem lebenden Menschen. Dies überzeugt nicht; allenfalls die umgekehrte Situation wäre nachvollziehbar. Bevor man an dieser Stelle den Versuch einer Abwägung unternimmt, ob das Anrecht des Lebenden oder des Toten hinsichtlich der Grundrechtsrelevanz stärker wiegt, liegt es näher zu überlegen, welche Rolle es im Endeffekt tatsächlich spielt, ob der Träger des allgemeinen Persönlichkeitsrechts noch lebt oder nicht. Gefragt ist nach der Schwelle zum Auslösen einer Schutzpflicht, die einen Eingriff von nicht staatlicher Seite erfordert und durchaus präventiven Charakter haben kann. Wie oben dargelegt ist es ein Aspekt des Schutzpflichtgedankens, dass ein drohender Eingriff zur Aktivierung genügt.[1583]

Dem Staat ist auferlegt, alle Anstrengungen zu unternehmen, um mögliche Gefahren für das betreffende Rechtsgut zu erkennen und mit den erforderlichen, verfassungsmäßigen Mitteln zu bekämpfen.[1584] Die Differenzierung

---

1580 *Isensee*, Das Grundrecht auf Sicherheit, S. 56.

1581 BVerfG, NStZ-RR – Neue Zeitschrift für Strafrecht – Rechtsprechungsreport 2015, 117 (117); allerdings stützt das Verfassungsgericht seine Ansicht auf das Schutzgebot aus Art. 2 Abs. 2 S. 1 in Verbindung mit Art. 1 Abs. 1 S. 2 GG. Siehe daher auch die ausführlichere Darstellung des Themas unten Teil 2, Kapitel 4, V., 2., b), ba), S. 261 f.

1582 Ähnlich *Klinge*, Todesbegriff, Totenschutz und Verfassung, jedoch in Bezug auf das Auslösen der abwehrrechtlichen Funktion des allgemeinen Persönlichkeitsrechts auf einen Eingriff von staatlicher Seite hin.

1583 Vgl. oben Teil 2, Kapitel 4, II., 2., S. 226.

1584 BVerfGE 49, 89 (132).

zwischen der Rechtsträgerschaft eines Lebenden oder eines Toten könnte deshalb unerheblich sein, weil der Staat seiner Schutzpflicht entspringende Maßnahmen ohnehin bereits zu Lebzeiten einer Person vornehmen muss, da sie sonst wirkungslos sind. In dem hier angedachten Szenario erfolgt der Eingriff durch einen Dritten in Form des Unterlassens der zur Klärung der Todesumstände erforderlichen Maßnahmen erst nach dem Tode des Betroffenen. Zu diesem Zeitpunkt wären schutzpflichtbedingte staatliche Maßnahmen zur Verhinderung der hier in Rede stehenden leichenschaurechtlichen Problemfälle nicht mehr möglich. Denn wenn der Arzt fälschlich einen natürlichen Tod bestätigt, liegt es in der Natur des Problems, dass der Staat von diesem Moment an völlig machtlos ist, gerade weil die wahren Umstände nicht bekannt werden und folglich nichts unternommen wird. Der Staat kann keine konkreten Maßnahmen gegen eine Grundrechtsverletzung ergreifen, deren Existenz nicht bekannt ist.[1585] Darüber hinaus könnte es vorkommen, dass die zur endgültigen Aufklärung erforderlichen Hin- und Beweise zum Zeitpunkt der Gegenmaßnahmen bereits verloren sind. Im Falle des Lebenden wäre es in diesem Moment ohnehin zu spät, sein Wissen um die Möglichkeit, dass die tatsächlichen Umstände des eigenen Todes nie bekannt und die dafür sowie die für den Tod Verantwortlichen nie zur Rechenschaft gezogen werden, kann nicht mehr korrigiert, eine nachträglich erfolgte Aufklärung ihm nicht mehr bekannt gemacht werden.

Bei näherer Betrachtung spielt die Differenzierung bei der Rechtsträgerschaft somit keine entscheidende Rolle. Auch in der Judikatur bleibt diese offen. Dem BGH zufolge sei es zur Gewährleistung der freien Entfaltung der Persönlichkeit erforderlich das Vertrauen des Menschen darauf zu erhalten, dass er auch postmortal mindestens vor erheblichen Ehrverletzungen oder entsprechenden Entstellungen seines Lebensbildes geschützt werde.[1586] Die Richter am Bundesgerichtshof schwiegen sich in dieser grundlegenden Entscheidung jedoch darüber aus, wer Träger des fortwirkenden Persönlichkeitsrechts sein könnte.[1587]

1585 Die einzig wirksame – jedoch nicht konkrete – Maßnahme des Staates zu diesem Zeitpunkt wäre, die Obduktion ausnahmslos jedes Verstorbenen gesetzlich festzulegen, um so die einzelnen Fälle der Grundrechtsverletzung durch eine falsche Leichenschaudiagnose zu verhindern. Da dies jedoch den Aufwand der Verbesserung der äußeren Leichenschau bei Weitem übersteigen und in gewisser Weise auch eine Verbesserung des Leichenschausystems insgesamt darstellen würde, entfällt es als ernsthaftes Gegenargument.

1586 BGHZ 50, 133 (138 f.)

1587 *Brändel*, in: Götting et al., Handbuch des Persönlichkeitsrechts, § 37, Rn. 10 f., nach dessen Ansicht der BGH – nachdem er die Vererbbarkeit der ideellen Bestandteile

Ebenso das Bundesverfassungsgericht, das in gleicher Sache zu entscheiden hatte und ebenfalls offen ließ, ob die Angehörigen nun das Grundrecht des Verstorbenen im eigenen Namen geltend machen oder ob ihr eigenes – dann wohl mit dem des Toten inhaltsgleiche – Recht in Frage steht.[1588]

b) Art. 2 Abs. 2 S. 1 GG – Recht auf Leben und körperliche Unversehrtheit

aa) Schutzpflichtdimension

Die Schutzpflicht hat gerade beim Lebensgrundrecht herausragende Bedeutung, ähnliches gilt für das Recht auf körperliche Unversehrtheit.[1589] Wie oben bereits dargelegt,[1590] besteht das Gewaltmonopol des modernen Verfassungsstaates im Gegenzug zur Gewährleistung von Sicherheit, in der grundlegendsten Form für das Lebens und die körperliche Unversehrtheit. Dieser Umstand steht in engem Zusammenhang mit den staatlichen Schutzpflichten. „Der Sache nach werden mit den grundrechtlichen Schutzpflichten Staatsaufgaben statuiert, die als solche (etwa als Staatsaufgabe ‚Sicherheit') auf eine lange Tradition zurückblicken können."[1591] Konkret bedeutet dies am Beispiel des Rechtsguts Leben, dass es nicht nur staatlichen Eingriffen ausgesetzt ist. „Auch ein Mörder oder eine Naturkatastrophe können das Leben bedrohen, ohne dass sich der Einzelne selbst effektiv dagegen wehren kann. Weiter noch hat der Staat durch das grundsätzliche Verbot der Gewaltanwendung und die Etablierung des staatlichen Gewaltmonopols dem Einzelnen viele Möglichkeiten genommen, seine Rechte effektiv zu verteidigen und durchzusetzen."[1592] Würde der Staat daher nicht anstelle des Einzelnen handeln, so *Epping* weiter, blieben diese Rechte schutzlos. Diesen Gedanken fortführend blieben auch Leben und körperliche Unversehrtheit schutzlos. Da es sich im ersten Fall um das höchste, im zweiten um ein sehr bedeutendes Rechtsgut handelt, wird dem staatlichen Handlungsauftrag besonderer Nachdruck verliehen. Es verwundert daher nicht, dass das Bundesverfassungsgericht die Schutzpflichtlehre ursprünglich gerade mit

---

des Persönlichkeitsrechts verneint hat – es im Raum stehen lasse, ob das Recht nun subjektlos sei, also eines Rechtsträgers gar nicht bedürfe.

1588 So *Enders*, in: Merten/Papier, Handbuch der Grundrechte in Deutschland und Europa, § 89, Rn. 42.

1589 *Sachs*, in: Stern, Das Staatsrecht der Bundesrepublik Deutschland, § 98, S. 162, 175.

1590 Teil 2, Kapitel 4, I., S. 213–215.

1591 *Dreier*, in: ders. – GG Bd. I, Vorbemerkung vor Artikel 1 GG, Rn. 102.

1592 *Epping*, Grundrechte, S. 64, Rn. 123.

Blick auf das Schutzgut des Art. 2 Abs. 2 S. 1 GG entwickelt hat;[1593] auch in der Literatur ist die Schutzpflicht aus dem Grundrecht auf Leben und körperliche Unversehrtheit anerkannt.[1594]

ba) Schutzpflichtverletzung

Naturgemäß entfällt bei diesem Grundrecht die Unterscheidung zwischen prä- und postmortalem Schutz. Die Tragweite möglicher Verletzungen des höchsten aller Rechtsgüter[1595] durch Problemkonstellationen im Leichenschausystem wird insbesondere daran erkennbar, dass potentiell jeder Mensch als Sterblicher betroffen sein kann. Die Besonderheit des Rechtsguts Leben birgt auch Folgen für die Art der staatlichen Verpflichtungen zum Schutz des Lebens durch positive Maßnahmen. Dabei spielt neben der Gefahrenabwehr auch die Risikovorsorge eine bedeutende Rolle.[1596] Es handelt sich um Maßnahmen, die nicht erst der Abwehr einer erkannten Gefahr dienen, sondern erhöhte Sicherheit bereits unterhalb der Gefahrenschwelle ermöglichen sollen.[1597] Andere Stimmen sprechen in diesem Zusammenhang von Gesundheit und Leben betreffender Gefahrenvorsorge, zu der auch die Nachbesserung von Vorschriften zähle, die sich aufgrund neuerer Erkenntnisse als unzureichend erwiesen.[1598] Das gesamte System sowohl der medizinischen Ausbildung als auch der Regelungen über die Verpflichtung zur Leichenschau bis hin zu den Einzelheiten der Untersuchung

---

1593 *Erichsen*, Jura – Juristische Ausbildung 1997, S. 86.

1594 Vgl. anstatt vieler *Starck*, in: Mangoldt – GG Bd. 1, Art. 2 Abs. 2, Rn. 211.

1595 BVerfGE 49, 24 (53); entsprechend *Calliess*, Rechtsstaat und Umweltstaat, m.w.N.

1596 *Schulze-Fielitz*, in: Dreier – GG Bd. I, Art. 2 II, Rn. 80 m.w.N.; *Isensee*, in: Isensee/Kirchhof, Handbuch des Staatsrechts der Bundesrepublik Deutschland, § 191, Rn. 263; *Müller-Terpitz*, in: Isensee/Kirchhof, Handbuch des Staatsrechts der Bundesrepublik Deutschland, § 147, Rn. 73; bezogen auf den Gesundheitsschutz *Papier*, in: Hilgendorf, Subsidiarität – Sicherheit – Solidarität, S. 486; für weit greifende Risikovorsorge auch *Gerbig*, Grundrecht auf staatlichen Schutz, S. 62 f. Allgemein zur Risikovorsorge im Rahmen der Schutzpflichten *Dietlein*, Die Lehre von den grundrechtlichen Schutzpflichten, S. 105–116.

1597 *Streuer*, Die positiven Verpflichtungen des Staates, S. 114 m.w.N.; weiter differenzierend *Isensee*, in: Isensee/Kirchhof, Handbuch des Staatsrechts der Bundesrepublik Deutschland, § 191, Rn. 235 und 268; hält zunächst die Risikovorsorge bei Schutzpflichten allgemein für nicht obligatorisch, spricht allerdings im Zusammenhang mit dem Schutz des Lebens auch von gebotener „Gefahrenabwehr im Vorfeld".

1598 *Rixen*, in: Sachs – GG, Art. 2 Freie Entfaltung der Persönlichkeit, Recht auf Leben, körperliche Unversehrtheit, Freiheit der Person, Rn. 198.

und deren Umständen gehen auf staatliche gesetzliche Vorgaben zurück. Für das Erscheinen eines bestimmten Arztes, die Umstände vor Ort sowie dessen Fähigkeiten und Handlungen ist immer auch der Staat in unterschiedlicher Form mitverantwortlich – beispielsweise als Gesetzgeber, in Form von Körperschaften des öffentlichen Rechts (Hochschulen, Ärztekammern), durch das Verhalten der Ermittlungsbeamten oder durch die zuständigen Verwaltungsbehörden.[1599] Angesichts der zahlreichen Probleme und deren in Gefahren für Gesundheit und Leben mündende Konsequenzen, liegt der Schluss nahe, dass sich die gesetzlichen Vorschriften für die Leichenschau als unzureichend erwiesen haben und entsprechender Änderungen bedürfen. So sehen etwa auch *Kölbel* und *Geerds* den grundsätzlichen Reformbedarf im Falle der ärztlichen Leichenschau bei den Landesgesetzen.[1600] Die grundsätzlich fakultative staatliche Pflicht zur Risikovorsorge wandelt sich in eine obligatorische, wenn der Schutz des gefährdeten Rechtsguts im Falle des tatsächlichen Eingriffs faktisch nicht mehr zu gewährleisten ist.[1601] So muss etwa das Rechtsgut Leben vorsorglich geschützt werden, wenn der fragliche Eingriff unweigerlich den Tod zur Folge hätte, also Gegenmaßnahmen zum Zeitpunkt des Eingriffs zwingend wirkungslos wären. Präventive und konkrete Schutzmaßnahmen verschmelzen in diesem Fall hinsichtlich des Zeitpunktes zu einer einzig wirksamen und damit verpflichtenden Maßnahme; der Gestaltungsspielraum der adressierten staatlichen Gewalt ist auf null reduziert.[1602]

1599 Angemerkt sei an dieser Stelle, dass das Bundesverwaltungsgericht, bezogen auf die Medizinerausbildung im Allgemeinen fordert sicherzustellen, dass den Studenten ausreichend Gelegenheit geboten wird, praktische medizinische Kenntnisse zu erlangen, BVerwG, NJW – Neue Juristische Wochenschrift 1982, 2617; darauf bezogen fasst *Starck*, in: Mangoldt – GG Bd. 1, Art. 2 Abs. 2, Rn. 217 die Ausbildung der Mediziner in den weiteren Bereich der Schutzpflichten aus Art. 2 Abs. 2 S. 1 GG insofern, als die entsprechenden Regelungen sich an diesem Grundrecht zu orientieren hätten.

1600 *Kölbel/Ibold*, in: Münchener Kommentar – StPO, § 159, Rn. 9 m.w.N.; *Geerds*, ArchKrim – Archiv für Kriminologie 1997, S. 47 f. m.w.N.

1601 Ähnlich *Isensee*, in: Isensee/Kirchhof, Handbuch des Staatsrechts der Bundesrepublik Deutschland, § 191, Rn. 219; zur Reduzierung des Ermessens auf eine bestimmte Maßnahme auch *Starck*, in: Mangoldt – GG Bd. 1, Art. 2 Abs. 2, Rn. 193, mit Verweis auf BVerfGE 46, 160 (164 f.).

1602 BVerfGE 77, 170 (215); zur diesbezüglichen Rechtsprechung des Bundesverfassungsgerichts siehe auch oben Teil 2, Kapitel 4, II., 2., S. 227 f.

Die offensichtlichste und zugleich meist finale Gefahr im Bereich der Leichenschau-Problematik ist der übersehene Scheintod.[1603] Der Scheintod – in der Medizin auch als vita minima oder vita reducta bekannt – beschreibt einen Zustand, in dem der Mensch zwar lebt, sich jedoch an der Schwelle zum Tod befindet. Hält der Arzt eine solche Person fälschlich für tot, unterbleiben entsprechende Reanimations- und Rettungsmaßnahmen; dies führt in jedem Fall zu einer fortdauernden Schädigung der körperlichen Unversehrtheit. In aller Regel kommt die betroffene Person von allein nicht wieder zu Bewusstsein und ohne Hilfe Dritter tritt nach einer gewissen Zeit der Tod ein. Der Grundrechtsträger befindet sich während dieser Zeitspanne in einer vollkommen hilflosen Lage und ist außer Stande, die Achtung seines Rechtsguts selbst durchzusetzen. Gerade in diesem rechtlichen Randbereich zwischen Leben und Tod ist die Schutzpflicht für das menschliche Leben sehr relevant.[1604]

In den Zusammenhang von staatlicher Pflicht zum effektiven Schutz des Grundrechts aus Art. 2 Abs. 2 S. 1 GG und ärztlicher Leichenschau fallen Fehler bei der Unterscheidung von natürlichem und nicht natürlichem Tod. Im Falle tödlicher Unfälle bleibt die Gefahrenquelle nach dem Ereignis oft bestehen und potentiell gefährlich bzw. letal für andere Personen. Zu denken ist in erster Linie an Arbeits- und Haushaltsunfälle; entsprechende Gefahrenquellen in letzterer Kategorie sind unter anderem Geräte oder Anlagen, die den CO-Gehalt in der Luft steigern. Als Beispiel sei der oben geschilderte Fall noch einmal kurz erwähnt.[1605] Die durch einen mangelhaften Dauerbrandofen ausgelöste tödliche Vergiftung einer älteren Dame wurde bei der Leichenschau nicht festgestellt und der Tod als natürlich eingetragen. Daher blieb auch die Gefahrenquelle unerkannt und in der Folge kam die Tochter des ersten Opfers in derselben Wohnung unter den gleichen Umständen ebenfalls zu Tode. Gravierende Auswirkungen hat die Fehldiagnose eines natürlichen Todes auch für das Todesermittlungssystem insofern, als keine Ermittlungen stattfinden und Tötungsdelikte vollkommen unerkannt bleiben.[1606] Dies steht in deutlichem Gegensatz dazu, dass die Bekämpfung der Gewaltkriminalität ebenso eine fundamentale Staatsaufgabe darstellt, wie sie durch Art. 2 Abs. 2 GG als

---

1603 Vgl. zur praktischen Problematik ausführlich oben Teil 2, Kapitel 2, I., 1., a), S. 135–140.

1604 So überzeugend *Klinge*, Todesbegriff, Totenschutz und Verfassung, S. 185.

1605 Teil 1, Kapitel 2, I., 2., S. 33.

1606 Siehe anstatt vieler, unter Hinweis auf entsprechende Beeinträchtigung des Sicherheitsbedürfnisses der Bürger *Birkholz*, Kriminalistik 2006, S. 222.

grundrechtliche Schutzpflicht geboten ist.[1607] Auch das Bundesverfassungsgericht misst diesem Auftrag entsprechend hohe Bedeutung zu, wenn es im Zusammenhang mit der Leichenöffnung das öffentliche Interesse an der Aufdeckung und Verfolgung von Straftaten über den postmortalen Achtungsanspruch des Verstorbenen und das Totenfürsorgerecht der Hinterbliebenen stellt.[1608] Auf einfachgesetzlicher Ebene stellt der Gesetzgeber teilweise einen direkten Zusammenhang zwischen der Leichenschau und Kriminalitätsbekämpfung her. Laut *Horn* dient das niedersächsische Bestattungsrecht auch dem Wohl der Bevölkerung in Bezug auf Strafrechtspflege und insbesondere die reibungslose Aufklärung von Straftaten; auf eine Erwähnung im Gesetzestext wurde allein aus der Überlegung heraus verzichtet, dass dies eine bloße Doppelung der Regelungen des Polizei- und Ordnungsrechts sowie des Strafrechts bedeutet hätte.[1609] Mit ähnlicher Regelungsabsicht ordnet Art. 5 S. 1 BestG Bayern an, dass mit einem Leichnam nur so verfahren werden dürfe, dass dabei für die öffentliche Sicherheit und Ordnung, insbesondere auch für die Belange der Strafrechtspflege, keine Gefahren entstehen. Hinter der Gefahrenabwehr im Vorfeld steht auch der Gedanke, die Friedenspflicht und das Neminem-laedere-Prinzip im Bewusstsein aller Bürger zu festigen, um keine Veranlassung für Übergriffe auf die Rechtsgüter anderer zu schaffen.[1610] Es sind in diesem Zusammenhang grundlegende Elemente des verfassten Staates betroffen, denn dem Gewaltmonopol des Staates folgt die grundsätzliche Verantwortung zur Wahrung der Sicherheit des Einzelnen, tatsächlich und demonstrativ.[1611] Auch wenn der Staat faktisch keinen absoluten Schutz bieten kann und daher auch nicht muss,[1612] und trotz des weiten Entscheidungsspielraums bei

1607 *Rixen*, in: Sachs – GG, Art. 2 Freie Entfaltung der Persönlichkeit, Recht auf Leben, körperliche Unversehrtheit, Freiheit der Person, Rn. 196; zur Schutzpflicht bei Tötungsdelikten siehe auch *Stern*, in: ders., Das Staatsrecht der Bundesrepublik Deutschland, § 69, S. 949.

1608 BVerfG, NJW – Neue Juristische Wochenschrift 1994, 783 (783).

1609 *Horn*, Niedersächsisches Bestattungsgesetz, § 1, S. 26 f.

1610 *Isensee*, in: Isensee/Kirchhof, Handbuch des Staatsrechts der Bundesrepublik Deutschland, § 191, Rn. 268; auch dieser Gedanke steht im Kontext der Legitimation des staatlichen Gewaltmonopols.

1611 Vgl. zur Sicherheit im Verfassungsstaat oben Teil 2, Kapitel 4, I., S. 212–217; bezogen auf das allgemeine Persönlichkeitsrecht Teil 2, Kapitel 4, V., 2., a), ba), S. 255 f.

1612 Vgl. anstatt vieler *Stern*, in: ders., Das Staatsrecht der Bundesrepublik Deutschland, § 69, S. 952 f.

Ausführung einer Schutzpflicht,[1613] erfordert das Austarieren von Gefordertem und Möglichem im Mindesten, dass sich der Sicherheitsgarant der unter seiner Aufsicht erfolgenden Rechtsgutsverletzungen überhaupt bewusst ist. Das gilt allemal für das Rechtsgut Leben, dessen nicht natürliches Ende bei der Leichenschau in Erfahrung gebracht werden muss. Die Folgen nicht erkannter Tötungsdelikte für das Leben anderer Menschen manifestieren sich beispielsweise in erheblichen Zahlen von Tötungen durch Serientäter.[1614] Verwiesen sei hier auf den bereits geschilderten Fall des Nils H.,[1615] dessen 2005 bekannt gewordene Tötungsserie zum Zeitpunkt der Anfertigung dieser Arbeit noch nicht vollständig aufgeklärt ist; die Sonderkommission ermittelt in 200 Fällen. In diesen Kontext passt auch die in jüngerer Zeit zu beobachtende Veränderung der Rechtsprechung des Bundesverfassungsgerichts zum Anspruch der Opfer von strafrechtlich relevanten Grundrechtsverletzungen auf Strafverfolgung der Täter.

Stand das Gericht derartigen Ansprüchen bisher überwiegend ablehnend gegenüber,[1616] gibt es inzwischen Urteile, die sie – vor dem Hintergrund der Konkretisierung der staatlichen Schutzpflicht aus Art. 2 Abs. 2 GG – nicht mehr ausschließen.[1617] Bei einem Sachverhalt, wie er soeben geschildert wurde, ist anzunehmen, dass das Bundesverfassungsgericht den mittlerweile in Betracht gezogenen Anspruch der Opfer auf Strafverfolgung anerkennen würde. Denn den Wandel der Rechtsprechung begründet die 3. Kammer des zweiten Senats folgendermaßen: „Nach der Rechtsprechung des Bundesverfassungsgerichts besteht im Allgemeinen auch bei Verletzung grundrechtlich geschützter Rechtsgüter durch Private kein grundrechtlicher Anspruch auf Strafverfolgung durch den Staat. Anderes kann allerdings gelten, wenn ernstlich zu besorgen ist, dass ein Verzicht auf effektive Untersuchung verdächtiger Todesfälle zu einem allgemeinen Klima der Rechtsunsicherheit und Gewalt oder im Einzelfall zu einer Gefahrenlage für Leben und Gesundheit führt. In solchen Fällen kann, gestützt auf einen grundrechtlichen Schutzanspruch aus Art. 2 Abs. 2 Satz 1 in Verbindung mit Art. 1 Abs. 1 Satz 2 GG, ein Einschreiten des Staates

---

1613 Dazu etwa *Sauer*, in: Brosius-Gersdorf – Dreier GG Bd. I, Vorbemerkung vor Artikel 1 GG, Rn. 118 m.w.N.

1614 *Madea* et al., in: Madea, Die ärztliche Leichenschau, S. 111 f.

1615 Teil 2, Kapitel 2, I., 1., b), S. 147 f.

1616 BVerfGE 51, 176 (187).

1617 Eine frühe Feststellung in diesem Zusammenhang findet sich etwa in BVerfGK 17, 1 (5 f.); kürzlich auch BVerfG, NJW – Neue Juristische Wochenschrift 2015, 3500 (3501).

und seiner Organe verlangt werden ..., wobei die wirksame Ahndung von Gewaltverbrechen Teil dieser Schutzpflicht ist."[1618] Dies dürfte gerade auch vor dem Hintergrund der Serienmorde an alten und pflegebedürftigen Menschen gelten, denn aus Sicht der Verfassungsrichter „besteht ein Anspruch auf eine effektive Strafverfolgung dort, wo der Einzelne nicht in der Lage ist, erhebliche Straftaten gegen seine höchstpersönlichen Rechtsgüter – Leben, körperliche Unversehrtheit ... – abzuwehren".[1619] Hinzu tritt die Erwägung der Karlsruher Richter hinsichtlich der potentiellen Rechtsunsicherheit bei Nichtaufklärung von schweren Verbrechen, wie etwa einer Tötung. Jedenfalls vor dem Hintergrund von Tötungsserien an hilflosen Menschen sollte in vergleichbaren Fällen ein allgemeines Klima der Rechtsunsicherheit und Gewalt anzunehmen sein.

Es bleibt die Frage, an welcher Stelle das Bundesverfassungsgericht den Beginn einer effektiven Strafverfolgung sehen würde. Im Fall des Vorwurfs der fahrlässigen Tötung gegen den Schiffsarztes hinsichtlich der Offiziersanwärterin auf der Gorch Fock hatte es, den Umständen entsprechend, hauptsächlich die Ermittlungspflicht bei Anfangsverdacht der Staatsanwaltschaft gem. § 152 Abs. 2 StPO im Blick.[1620] Allerdings erhält die Staatsanwaltschaft unter Umständen niemals die Möglichkeit, einen Anfangsverdacht i.S.d. § 152 Abs. 2 StPO festzustellen, wenn der leichenschauende Arzt ein Tötungsdelikt übersieht. Insofern gibt es gute Gründe, von der wirksamen „Ahndung von Gewaltverbrechen"[1621] im Sinne der Schutzpflicht aus Art. 2 Abs. 2 S. 1 in Verbindung mit Art. 1 Abs. 1 S. 2 GG auch eine effektive ärztliche Leichenschau umfasst zu sehen. Basierend auf diesen Annahmen kann man wohl davon auszugehen, dass in den im Zusammenhang mit Tötungen in ähnlichem Kontext wie denen im Fall des Nils H., die häufig unerkannt blieben, entsprechende Ansprüche auf effektive Strafverfolgung bestanden haben; diese wurden lediglich nicht

---

1618 BVerfGK 17, 1 (6); bezüglich des Anspruchs auf Tätigwerden staatlicher Organe auch BVerfG, NJW – Neue Juristische Wochenschrift 2015, 3500.

1619 BVerfG, NJW – Neue Juristische Wochenschrift 2015, 150 (150), unter Hinweis etwa auf BVerfGE 39, 1 (36 ff.); BVerfGE 49, 89 (141 f.); BVerfGE 53, 30 (57 f.); BVerfGE 77, 170 (214); BVerfGE 88, 203 (251); erwähnt werden in dieser Aufzählung auch Fälle, in denen der Täter ein Amtsträger ist oder der Staat dem seinen Amtsträgern anvertrauten Opfer gegenüber eine besondere Führsorge- und Obhutspflicht innehat, BVerfG, NJW – Neue Juristische Wochenschrift 2015, 150 (151); ähnlich BVerfG, NStZ-RR – Neue Zeitschrift für Strafrecht – Rechtsprechungsreport 2015, 117 (117).

1620 BVerfG, NJW – Neue Juristische Wochenschrift 2015, 150 (150)

1621 BVerfGK 17, 1 (6).

geltend gemacht. An dieser Stelle offenbart sich ein weiteres Problem des derzeitigen Leichenschausystems: Kommt bei der ärztlichen Leichenschau nicht der geringste Verdacht hinsichtlich eines nicht natürlichen Todes auf, wird kein Angehöriger seinen theoretisch bestehenden Anspruch auf Strafverfolgung geltend machen (können). Hat der Arzt Zweifel und erlangen die Angehörigen davon Kenntnis, könnten sie ggf. auf eine effektive Aufklärung hinwirken. Zumal die Verpflichtung zur effektiven Strafverfolgung für alle Strafverfolgungsorgane gilt. Sie sind verpflichtet die zum Schutz unter anderem des Lebens und der körperlichen Integrität erlassenen Strafvorschriften wirksam anzuwenden; denn Straftäter sollen sich für die von ihnen verschuldeten Verletzungen dieser Rechtsgüter auch tatsächlich verantworten müssen.[1622]

Im vorliegenden Kontext besteht die zusätzliche Problematik, dass die Betroffenen einen etwaigen solchen Anspruch nicht mehr geltend machen können. Doch das Verfassungsgericht hat in diesem Rahmen auch darauf hingewiesen, dass solche Ansprüche, im Falle von Kapitaldelikten – zu denen Tötungsdelikte gehören – auf der Grundlage von Art. 6 Abs. 1 GG in Verbindung mit Art. 2 Abs. 2 S. 1 und Art. 1 Abs. 1 GG auch nahen Angehörigen des Opfers zustehen können.[1623] Zwar machen die Verfassungsrichter deutlich, dass es zur Erfüllung besagten Anspruchs nicht zwingend zur Anklageerhebung kommen muss und in der Regel wohl die Klärung des Sachverhalts unter Sicherung der Beweismittel genüge.[1624] Allerdings setzt gerade dieses (Ermittlungs-) Verfahren bei einem Tötungsdelikt eine entsprechend qualifizierte ärztliche Leichenschau zur Erkennung etwaiger Anhaltspunkte für einen nicht natürlichen Tod voraus. Denn der Staat kann besagtem Anspruch überhaupt nur nachkommen, wenn ihm die entsprechenden Delikte bzw. Grundrechtsverletzungen bekannt werden. Dies zuverlässig zu gewährleisten, erfordert ein System, das eine entsprechende Leichenschau sicherstellt. Besonders häufig unbemerkt geschehen Verletzungen von Leben und körperlicher Unversehrtheit bei einer Gruppe von Menschen, die – gleich pflegebedürftigen alten Menschen – solche Übergriffe keinesfalls selbst abwehren können – an Kleinkindern. Das Bundesverfassungsgericht sieht die Figur der Schutzpflichten gerade in Bezug auf besonders hilflose Personen gefordert.[1625] Die hohen

1622 BVerfG, NJW – Neue Juristische Wochenschrift 2015, 150 (151).

1623 BVerfG, NStZ-RR – Neue Zeitschrift für Strafrecht – Rechtsprechungsreport 2015, 117 (117).

1624 BVerfG, NJW – Neue Juristische Wochenschrift 2015, 150 (151).

1625 *Gerbig*, Grundrecht auf staatlichen Schutz, S. 38.

Zahlen bekannter wie nicht bekannter Kindestötungen und die Schwierigkeiten bei der Erkennung von Kindesmissbrauch sowie die im derzeitigen System regelmäßigen Fehleinschätzungen der Todesart wurden oben erläutert.[1626] Wiederholungstaten von Eltern oder anderen für die Pflege der Kinder verantwortlichen Personen bei Geschwisterkindern oder nachfolgend Geborenen können ungehindert geschehen, wenn die Taten bei der ärztlichen Leichenschau des vorangegangenen Opfers nicht erkannt werden.[1627] Vor dem Hintergrund, dass Kindesmissbrauch häufig durch die Eltern geschieht,[1628] steht die derzeitige Situation in Kontrast zur Rechtsprechung des Bundesverfassungsgerichts, in der eine besondere staatliche Verantwortung für die Entwicklung des Kindes erkennbar wird. Sie verpflichtet ihn zum Eingreifen, wenn die Eltern bei Pflege und Erziehung des Kindes versagen.[1629] Auch in der Literatur wird die Verhinderung von elterlichen Misshandlungen teilweise ausdrücklich der staatlichen Schutzpflicht aus Art. 2 Abs. 2 S. 1 GG zugerechnet.[1630] Werden die Rechtspositionen des Kindes durch die Eltern verletzt, kann dies außerdem zur Aktivierung der Schutzpflicht aus Art. 6 Abs. 2 S. 2, Abs. 3 GG führen; sie knüpft an eine Gefährdung des Kindeswohls an.[1631] Gefahren für Leben und körperliche Unversehrtheit des Kindes wirken insofern direkt schutzpflichtauslösend, als ihre Inhalte, und damit in diesem Kontext auch das Kindeswohl, objektiv bestimmbar sind; Letzteres unterliegt daher nicht vorrangig der Einschätzung der Eltern.[1632] Dem Staat können somit Schutzpflichten zu Gunsten von Leben und Unversehrtheit des Kindes sowohl aus Art. 2 Abs. 2 S. 1 als auch Art. 6 Abs. 2 S. 2, Abs. 3 GG obliegen.

Nicht immer führen Fehldiagnosen zu unerkannten Fällen eines Scheintodes oder nicht natürlichen Todes. Häufiger bezieht sich die Fehldiagnose auf die genaue Einordnung der natürlichen Todesursache. Auch an dieser Stelle werden sowohl die körperliche Unversehrtheit als auch das Leben insofern

---

1626 Oben Teil 2, Kapitel 2, I., 1., b), S. 148–150.

1627 So im Ergebnis auch *Tsokos/Guddat*, Deutschland misshandelt seine Kinder, S. 168–171; 243.

1628 *Tsokos/Guddat*, Deutschland misshandelt seine Kinder, S. 11.

1629 BVerfGE 24, 119 (143 f); BVerfGE 60, 79 (94).

1630 *Rixen*, in: Sachs – GG, Art. 2 Freie Entfaltung der Persönlichkeit, Recht auf Leben, körperliche Unversehrtheit, Freiheit der Person, Rn. 208 m.w.N.

1631 Entsprechend *Coelln*, in: Sachs – GG, Art. 6, Rn. 69 mit zahlreichen weiteren Nachweisen; erwähnt sei zur Schutzpflicht bezüglich des Kindeswohls BVerfGE 107, 104 (117).

1632 *Coelln*, in: Sachs – GG, Art. 6, Rn. 71 m.w.N.; ähnlich in BVerfGE 99, 145 (164).

tangiert, als erhebliche negative Auswirkungen auf die Gesundheitsvorsorge entstehen. Akute Gefahr kann im Zusammenhang mit der Rolle der ärztlichen Leichenschau bei der Seuchenbekämpfung entstehen. Die Pflicht zur Meldung und die zwingenden Maßnahmen der Gesundheitsträger sind im Infektionsschutzgesetz festgelegt.[1633] Das Bundesverfassungsgericht hat festgestellt, dass der Schutz der Person im Krankheitsfall in der sozialstaatlichen Ordnung des Grundgesetzes eine Grundaufgabe des Staates ist.[1634] Bereits im Apotheken-Urteil hat das Verfassungsgericht auch den Begriff der Volksgesundheit verwendet, die es als ein unbestritten „wichtiges Gemeinschaftsgut" bezeichnet,[1635] und sie vor allem in der Abwägung gegenüber grundrechtlichen Freiheiten anderer herangezogen.[1636] Zudem hat es die Schutzpflicht aus Art. 2 Abs. 2 S. 1 GG bereits explizit mit der Gesundheitsvorsorge in Verbindung gebracht; im Kontext des Leistungsrechts der gesetzlichen Krankenversicherungen.[1637] Auf einfachgesetzlicher Ebene ist teilweise der Zusammenhang von ärztlicher Leichenschau und Gesundheitsvorsorge ausdrücklich erwähnt. In den Bestattungsgesetzen der Länder Bayern und Nordrhein-Westfalen beispielsweise ist die Verhütung von Gesundheitsgefahren als Leitgedanke gerade auch im Hinblick auf die ärztliche Leichenschau explizit genannt.[1638] Ebenso zählt zu den von *Horn* erwähnten Zielen des niedersächsischen Bestattungsgesetzes bei der Regelung von Bestattung und Leichenschau auch der Schutz der Bevölkerung vor gesundheitlichen Gefahren.[1639] Ein wesentlicher Teil staatlicher Gesundheitsvorsorge ist die Pflege der Todesursachenstatistik, die nach Ansicht der Fachliteratur die Grundlage oder zumindest einen fundamentalen Teil des Gesundheitssystems bildet und dabei zum überwiegenden Teil auf den Daten der ärztlichen Leichenschau basiert.[1640] Die verfassungsmäßige Verpflichtung des Staates, für ein funktionierendes Gesundheitssystem zu sorgen, gründet gerade auch in der Schutzwirkung des Art. 2 Abs. 2 S. 1 GG.[1641] Auch *Papier*

1633 Siehe zu diesem Themenkomplex die Ausführungen oben Teil 1, Kapitel 2, I., 5., S. 40 f.

1634 BVerfGE 115, 25 (43).

1635 BVerfGE 7, 377 (414).

1636 In neuerer Zeit etwa BVerfG, NJW – Neue Juristische Wochenschrift 2000, 1779.

1637 BVerfGE 115, 25 (44 f).

1638 Art. 5 BestG Bayern; § 7 Abs. 3 BestG NRW.

1639 *Horn*, Niedersächsisches Bestattungsgesetz, § 1, S. 26 f.

1640 Siehe dazu oben Teil 1, Kapitel 2, I., 4., S. 36–40.

1641 *Axer*, in: Isensee/Kirchhof, Handbuch des Staatsrechts der Bundesrepublik Deutschland, § 95, Rn. 45 m.w.N.

attestiert den Schutzpflichten „ein erhebliches Potential ..., um weitergehende Maßnahmen zum Schutz vor ... Gesundheitsrisiken zu erreichen".[1642] Dies macht deutlich, dass die grundrechtlichen Schutzpflichten in diesem Bereich durchaus auch auf solche Bereiche ausgedehnt werden könnten, die bisher von der Judikatur nicht ausdrücklich genannt wurden.

Die Bedeutung der Todesursachenstatistik bei zugleich geringer Validität prädestiniert diesen Teil der Gesundheitsvorsorge für die Aktivierung einer staatlichen Schutzpflicht zur Verstärkung des Fundaments des Gesundheitswesens.

c) Art. 2 Abs. 1 GG – Allgemeine Handlungsfreiheit

aa) Schutzpflichtdimension

Im Zuge der Übertragbarkeit des Schutzpflichtengedankens auf die Freiheitsgrundrechte ist Art. 2 als solcher bereits umfasst, die allgemeine Handlungsfreiheit fungiert indes auch explizit als Grundlage für Schutzpflichten.[1643] Diese bestehen anerkanntermaßen bezüglich der Privatautonomie[1644] und der Vertragsfreiheit als einer besonderen Ausprägung der allgemeinen Handlungsfreiheit.[1645] Zu beachten bleibt die Subsidiarität der allgemeinen Handlungsfreiheit im Gefüge der Grundrechte,[1646] sodass hier Aspekte grundrechtlicher Schutzpflichten in Frage kommen, die noch nicht anderweitig tangiert wurden.

ba) Schutzpflichtverletzung

Ein für die allgemeine Handlungsfreiheit relevanter Aspekt der ärztlichen Leichenschau ist die Stellung der Angehörigen des Verstorbenen als Vertragspartner[1647] des leichenschauenden Arztes.[1648] Die damit verbundenen Tätigkeiten der

---

1642 *Papier*, in: Hilgendorf, Subsidiarität – Sicherheit – Solidarität, S. 486.

1643 *Rixen*, in: Sachs – GG, Art. 2 Freie Entfaltung der Persönlichkeit, Recht auf Leben, körperliche Unversehrtheit, Freiheit der Person, Rn. 25 m.w.N.

1644 *Stern*, in: ders., Das Staatsrecht der Bundesrepublik Deutschland, § 104, S. 930.

1645 Zur Vertragsfreiheit siehe etwa *Epping*, Grundrechte, S. 304 ff., Rn. 564 ff.

1646 *Hofmann*, in: Schmidt-Bleibtreu – GG, Art. 2, Rn. 79 f.; *Barczak*, in: Brosius-Gersdorf – Dreier GG Bd. I, Art. 2 I, Rn. 112.

1647 Im Blick sind hier privatrechtliche Verträge; zur Rechtsnatur der Tätigkeit bei der Leichenschau siehe oben Teil 1, Kapitel 4, S. 56–58.

1648 Grundsätzlich haben die Angehörigen die Leichenschau zu veranlassen und werden in diesem Zusammenhang Vertragspartner des Arztes, siehe dazu oben Teil 1, Kapitel 5, I., 1., S. 70–72. Im Krankenhaus wird die Leichenschau im Rahmen des Behandlungsvertrages veranlasst, sodass die Erben – und damit in der Regel erneut die Angehörigen – durch die Gesamtrechtsnachfolge (§ 1922

Hinterbliebenen sind vom Schutzbereich der allgemeinen Handlungsfreiheit, den das Bundesverfassungsgericht weit gezogen hat,[1649] umfasst. Als Grundlage für eine Schutzpflicht, die den hier in Rede stehenden Aspekt der Totensorge durch die Hinterbliebenen – nämlich die Umsetzung des vermuteten Willens des Verstorbenen bezüglich der Aufklärung seiner Todesumstände –,[1650] kommen sowohl deren Persönlichkeitsrecht als auch Handlungsfreiheit in Betracht.[1651] Gleiches gilt, wenn man von einer Umsetzung des Willens des Verstorbenen hinsichtlich der Aufklärung der Todesumstände im Rahmen der Totensorge absieht und von dem Fall ausgeht, dass die Angehörigen diese im eigenen Interesse wahrheitsgemäß ergründet wissen möchten. Sei es aus persönlichen Gründen oder um sicherzustellen, dass die für mögliche Ansprüche im Zusammenhang mit versorgungsrechtlichen Leistungen und dem Erbe relevanten Daten korrekt ermittelt werden.[1652]

In jedem Fall wird die Stellung der Angehörigen im entsprechenden Vertragsverhältnis jedoch von der allgemeinen Handlungsfreiheit umfassender geschützt als im Rahmen des allgemeinen Persönlichkeitsrechts. Daher soll die Störung der Vertragsparität hier unter dem Gesichtspunkt der allgemeinen Handlungsfreiheit betrachtet werden. Denn die für Vertragsverhältnisse – und somit auch für den der Leichenschau zugrunde liegenden Vertrag – geltende Schutzpflicht aus Art. 2 Abs. 1 GG dient insbesondere der Herstellung von Vertragsparität.[1653] Der Staat hat dabei in erster Linie dafür zu sorgen, dass die Vertragsfreiheit tatsächlich ausgeübt werden kann; unter Umständen muss er korrigierend eingreifen.[1654] So hat das Bundesverfassungsgericht die Schutzpflicht aus Art. 2 Abs. 1 GG aktiviert, um die schwache Stellung eines Vertragspartners auszugleichen, die durch gesetzliche Regelungen entstanden

---

Abs. 1 BGB) Vertragspartner werden. Zur Abrechnung der Leichenschau siehe Teil 1, Kapitel 5, I., 5., S. 89 f.

1649 So bereits in BVerfGE 6, 32 (36).

1650 Nicht aber die ärztliche Leichenschau als solche.

1651 Allgemein zu den möglichen Grundlagen des Totensorgerechts *Beyerle*, Rechtsfragen medizinischer Qualitätskontrolle, S. 146 m.w.N.; BVerfG, NJW – Neue Juristische Wochenschrift 1994, 783 (783). Zur Umsetzung des Willens des Verstorbenen und der entsprechenden Rolle des Persönlichkeitsrechts der Angehörigen oben Teil 2, Kapitel 4, V., 2., a), ba), S. 250–253.

1652 Zu letzterem Aspekt siehe oben, Teil 1, Kapitel 4, I., 3., S. 51–54.

1653 Dazu *Dreier*, in: ders. – GG Bd. I, Art. 2 I, Rn. 63 m.w.N.

1654 *Gerbig*, Grundrecht auf staatlichen Schutz, S. 49 f. m.w.N.

war.[1655] Im Verhältnis des Arztes zu den Angehörigen besteht zu deren Lasten ein Ungleichgewicht. Zwar kann der Arzt keine Fremdbestimmung der anderen Partei bewirken, jedoch sind die Angehörigen von vornherein durch die äußeren Umstände nicht unerheblich benachteiligt. Dies beginnt mit dem durch die Bestattungsgesetze veranlassten Kontrahierungszwang,[1656] der der durch Art. 2 Abs. 1 GG garantierten Vertragsfreiheit zuwiderläuft. Neben dem Zwang, einen Vertrag abzuschließen, kommt im System der Leichenschau hinzu, dass auch die Wahl des Vertragspartners häufig insofern entfällt, als die Zuständigkeiten in vielen Fällen von dritter Seite geregelt werden.[1657] Dies vor dem Hintergrund häufig fehlender Qualifikation der Ärzte hinsichtlich der Leichenschau. Hinzu kommt, dass im Vertrag seitens der Hinterbliebenen kein Verhandlungsspielraum bezüglich Art, Umfang, Dauer oder ähnlicher Kriterien zur Sicherstellung eines korrekten Ergebnisses besteht. Schließlich haben die Leistungsempfänger auch keine Möglichkeit, die Leistung schnell auf mögliche Mängel hin zu überprüfen, um negativen Folgen entgegenzuwirken. Möglich wäre es, eine Privatsektion durchführen zu lassen. Die Entscheidung darüber fiele entsprechend schwer, da aufgrund mangelnder Wahlmöglichkeit des Vertragspartners – mit Ausnahme etwaiger Kenntnisse zu den Problemen des Systems der ärztlichen Leichenschau – keine Grundlage zur Einschätzung seiner Kompetenz bestünde.[1658] Unabhängig davon können in der Zwischenzeit wichtige Hinweise zu den Todesumständen verloren gehen, gegebenenfalls

---

1655 BVerfGE 114, 1 (34 f); BVerfGE 89, 214 (229 u. 232), Letzteres bezüglich einer Schutzpflicht aus Art. 2 Abs. 1 und dem Sozialstaatsprinzip (Art. 20 Abs. 1, Art. 28 Abs. 1 GG), wenn ein Vertragspartner so unterlegen ist, dass der andere den Inhalt faktisch bestimmen kann.

1656 Sowohl die zwingende Veranlassung der Leichenschau, als auch die dazu Verpflichteten sind gesetzlich festgeschrieben (oben Fn. 1649); so etwa in § 1 Abs. 1 S. 2 Nr. 1 BestV Bayern i.V.m. Art. 15 Abs. 2 S. 1 Nr. 1 BestG Bayern, näheres zu den Ausführungen der Bayrischen Bestattungsverordnung bei *Peschel/Priemer/Eisenmenger*, MMW – Organ für amtliche und praktische Ärzte 1997, S. 34. Für die Kosten müssen im Endeffekt die Erben aufkommen (§ 1922 Abs. 1 BGB); Vertragspartner des Arztes wird jedoch prinzipiell der Veranlasser der Leichenschau. Dieser hat dann einen zivilrechtlichen Anspruch gegen die Erben; siehe oben Teil 1, Kapitel 5, I., 5., S. 90.

1657 Siehe zur Verpflichtung der Ärzte zur Vornahme einer Leichenschau insgesamt oben Teil 1, Kapitel 5, I., 2., S. 72–77, zu den Regelungen der Bereitschaftsdienste in diesem Bereich insbesondere S. 75–77.

1658 Aufgrund der Nähe zum allgemeinen Persönlichkeitsrecht bestehen – wie an dieser Stelle – durchaus situationsbezogenen Parallelen, vgl. oben Teil 2, Kapitel 4, V., 2., a), ba), S. 249 f.

erforderliche polizeiliche Ermittlungen verzögern sich. Dies führt aus der Sicht der Angehörigen zu einer Situation, in der sie trotz potentiell fehlender Qualifikation des Gegenübers gezwungen sind, sowohl den Vertrag abzuschließen als auch diesen speziellen Vertragspartner zu akzeptieren. Sie müssen darüber hinaus hinnehmen, keinen Verhandlungsspielraum zu haben und das Ergebnis nur mit Verzögerung und den entsprechend negativen Folgen verifizieren zu können. Besonders problematisch stellt sich diese Situation dar, wenn nach einem Todesfall im Rahmen eines ärztlichen Eingriffs der behandelnde Arzt selbst die Leichenschau vornimmt.[1659] Die schwache Stellung der Angehörigen mündet in einem Verhältnis, wie es das Bundesverfassungsgericht in ähnlichem anderem Zusammenhang bereits als Auslöser von staatlichen Schutzpflichten gesehen hat. Dies gilt insbesondere dann, wenn „die Schwäche eines Vertragspartners durch gesetzliche Regelungen bedingt ist".[1660] Das ist im aktuellen auf landesgesetzlichen Regelungen basierenden Leichenschausystem aus den in dieser Arbeit untersuchten Gründen der Fall. Eine unter diesen Umständen begründete Pflicht des Staates zur Gleichstellung der Vertragsparteien könnte durch die Modifikation des Leichenschausystems erfüllt werden, die den dargestellten Nachteilen für die Angehörigen effektiv entgegenwirkt.

Auch die allgemeine Handlungsfreiheit des Arztes könnte im derzeitigen Leichenschausystem betroffen und in der Folge eine entsprechende Schutzpflicht aktiviert sein. Die gesetzlichen Regelungen führen in der Theorie wie in der Praxis dazu, dass auch Ärzte eine Leichenschauuntersuchung durchführen müssen, in deren Ausbildung die Thematik nur rudimentär behandelt wurde und in deren beruflicher Laufbahn dies eigentlich nicht vorgesehen war. Folglich fehlt diesen Medizinern unter Umständen jegliche praktische Erfahrung und sie sehen sich auch selbst zu einer Leichenschau lege artis nicht in der Lage. Der Schutzbereich der allgemeinen Handlungsfreiheit umfasst anerkanntermaßen auch die Freiheit etwas nicht zu tun.[1661] Anders liegt der Fall, wenn der Arzt bei einer Leichenschau-Untersuchung vor Ort von Polizeibeamten oder Angehörigen zum Unterlassen bestimmter notwendiger Schritte gedrängt wird. Dies kann dazu führen, dass dem Arzt die korrekte Ausführung seiner Pflichten nicht möglich ist, und würde auch seinen vorauszusetzenden Willen betreffen, die Untersuchung lege artis vorzunehmen. Für beide Beispiele gilt,

---

1659 Vgl. oben Teil 2, Kapitel 2, I., 7., a), S. 166–175.

1660 BVerfGE 114, 1 (34 f.).

1661 *Rixen*, in: Sachs – GG, Art. 2 Freie Entfaltung der Persönlichkeit, Recht auf Leben, körperliche Unversehrtheit, Freiheit der Person, Rn. 52.

dass im Rahmen der Schutzpflicht für die Rechtsgüter des Art. 2 GG für den Staat die Verpflichtung besteht, Eingriffsverbote effektiv durchzusetzen und nötigenfalls für zusätzliche Regelungen und Maßnahmen zu sorgen, um die Integrität der Schutzgüter zu wahren.[1662]

In ersterem Fall bestünde dies etwa darin, die aktuellen Regelungen so anzupassen, dass entweder nur grundsätzlich für die Leichenschau angemessen qualifizierte Ärzte zu selbiger verpflichtet würden, oder eine entsprechend hohe Leichenschau-Qualifikation aller approbierten Mediziner zu gewährleisten. Bezogen auf die Einflussnahme Dritter wären die notwendigen Rahmenbedingungen für die Erfüllung der dem Arzt auferlegten Pflicht zur sorgfältigen Untersuchung der Leiche zu schaffen. Fraglich wäre dabei noch die Rechtsnatur der Tätigkeit im Rahmen der Leichenschau. Wie oben erörtert, handelt der Arzt jedenfalls in aller Regel im privatrechtlichen Rahmen[1663] und unterliegt insofern dem grundrechtlichen Schutz. Eine mögliche Maßnahme des Staates wäre hier, dem Arzt – dann eventuell als Beliehener – hoheitliche Rechte in dem Umfang zu gewähren, der ihm ein störungsfreies Tätigwerden ohne Einmischung Dritter bei der Leichenschau ermöglicht.

d) Art. 1 Abs. 1 GG – Menschenwürde

aa) Schutzpflichtdimension

Der erste Artikel des Grundgesetztes stellt eine der wenigen Grundrechtsnormen dar, bei denen die Schutzpflichtendimension bereits aus dem Wortlaut eindeutig hervorgeht,[1664] und das einzige, das beide Dimensionen explizit nennt.[1665] Hier liegt außerdem der häufigste Anknüpfungspunkt für den Schutz Verstorbener.[1666]

Die Frage des Verhältnisses von Art. 1 Abs. 1 GG zu den anderen Grundrechten ist bis heute nicht endgültig geklärt; ob nun im Konkurrenzfall eine Spezialität des einen oder des anderen besteht oder man Art. 1 Abs. 1 GG

1662 *Rixen*, in: Sachs – GG, Art. 2 Freie Entfaltung der Persönlichkeit, Recht auf Leben, körperliche Unversehrtheit, Freiheit der Person, Rn. 30.

1663 Siehe dazu oben Teil 1, Kapitel 4, S. 55–58. So i.E. auch *Klingshirn*, Bestattungsrecht in Bayern, S. 5 f. (Erläuterungsteil II).

1664 So etwa auch *Stern*, in: ders., Das Staatsrecht der Bundesrepublik Deutschland, § 97, S. 96; *Dietlein*, Die Lehre von den grundrechtlichen Schutzpflichten, S. 28 f.; zu den anderen entsprechenden Grundrechten, S. 30 f.

1665 *Höfling*, in: Sachs – GG, Art. 1, Rn. 48, „zu achten und zu schützen".

1666 Ausführlich dazu *Klinge*, Todesbegriff, Totenschutz und Verfassung, S. 207–210.

parallel zum entsprechenden Grundrecht prüft, ist Ansichtssache.[1667] Das Bundesverfassungsgericht ist in dieser Sache zurückhaltend; wenn, dann äußerte es sich einzelfallbezogen etwa zu Art. 6 Abs. 5 und Art. 3 GG: „So scheidet die Prüfung am Maßstab der allgemeinen Gewährleistung des Art. 1 Abs. 1 und des Art. 2 Abs. 1 GG aus; diese reichen unter den hier in Frage stehenden Gesichtspunkten nicht weiter als jene Einzelgrundrechte."[1668] Vorliegend sollen Konstellationen, bei denen es möglicherweise zu einer Aktivierung von Schutzpflichten aus Art. 1 Abs. 1 GG kommt, jedenfalls erörtert werden.

ba) Schutzpflichtverletzung

Eine Besonderheit im Zusammenhang mit dem Grundrechtsschutz für Verstorbene ist die grundlegende Divergenz zwischen Teilen der Literatur und dem Bundesverfassungsgericht bei der Herleitung des postmortalen Persönlichkeitsschutzes. Während erstere mit Unterscheidungen im Detail Art. 2 Abs. 1 i.V.m. Art. 1 Abs. 1 GG heranziehen[1669] stellen die Verfassungsrichter ausschließlich auf Art. 1 Abs. 1 GG ab.[1670] Wie eng der postmortale Schutz von Würde und der von allgemeinem Persönlichkeitsrecht verflochten sind, zeigt sich auch daran, dass jenes Argument, das der BGH zur Begründung der Ableitung des Persönlichkeitsschutzes anführt, anderen als Erklärung für das Fortwirken der Menschenwürde dient: Der Mensch könne nur dann in Würde leben und sterben, wenn er nicht eine dem Zugriff der Öffentlichkeit unbegrenzte Preisgabe seines Andenkens und Lebenswerkes fürchten muss, sondern um dessen wirksamen postmortalen Schutz weiß.[1671] Einige der im Abschnitt zu den einzelnen Grundrechten angestellten Überlegungen könnten auch auf der Grundlage der Menschenwürdegarantie erfolgen.[1672] Im Rahmen des postmortalen allgemeinen Persönlichkeitsrecht über Art. 2 Abs. 1 i.V.m. 1 Abs. 1 GG – je nach Ansicht dem Verstorbenen oder den Angehörigen zugeordnet – wurde zum einen die schutzpflichtenrechtliche Relevanz von Gegebenheiten erörtert, in denen aufgrund einer fehlerhaften Leichenschau die tatsächlichen Todesumstände unaufgeklärt bleiben, zum anderen auch eine mögliche Verpflichtung

---

1667 *Epping*, Grundrechte, S. 332, Rn. 620 m.w.N.

1668 BVerfGE 56, 363 (393).

1669 Beispielsweise *Beyerle*, Rechtsfragen medizinischer Qualitätskontrolle, S. 146; siehe zum Meinungsspektrum oben Teil 2, Kapitel 4, V., 1., S. 240 f.

1670 *Wapler*, in: Brosius-Gersdorf – Dreier GG Bd. I, Art. 1 I, Rn. 76.

1671 *Beuthien*, in: ders., Persönlichkeitsgüterschutz vor und nach dem Tode, S. 84.

1672 Zum Zusammenhang von Würde und Gesundheitsversorgungsgarantien siehe etwa *Kliemt*, in: Joerden/Hilgendorf/Thiele, Menschenwürde und Medizin.

des Staates, die Totensorge wahrzunehmen.[1673] Entsprechende Überlegungen gelten alternativ auch an dieser Stelle vor dem Hintergrund des postmortalen Persönlichkeitsrechts des Verstorbenen, wie es das Bundesverfassungsgericht aus Art. 1 Abs. 1 GG herleitet,[1674] und an das auch ein Anrecht des Verstorbenen auf die vollständige Aufklärung der Umstände seines Todes geknüpft werden könnte.[1675] Bei den erwähnten Überlegungen wurde festgestellt, dass es im Endeffekt nicht darauf ankommt, ob man an die Rechte der Angehörigen, des lebenden potentiell Betroffenen oder des toten tatsächlich Betroffenen anknüpft; die ersten beiden Möglichkeiten wurden auf der Basis des allgemeinen Persönlichkeitsrechts erörtert.

Hier soll nun zunächst – mit Blick auf die Judikatur des Bundesverfassungsgerichts zur Herleitung postmortalen Grundrechtsschutzes über Art. 1 Abs. 1 GG – die Aktivierung einer Schutzpflicht bezüglich des Andenkens des Verstorbenen erörtert werden. In der Literatur gilt zum Teil der Verstorbene selbst als Träger des Menschenwürdegrundrechts.[1676] In seinem entsprechenden grundlegenden Urteil hat das Gericht deutlich gemacht, dass der Mensch aufgrund seiner Würde kraft seines Personseins auch post mortem nicht herabgewürdigt oder erniedrigt werden dürfe.[1677] Es stellt dabei gerade auf die mit Art. 1 Abs. 1 GG einhergehende Schutzpflicht ab, lässt dadurch aber zugleich offen, wer Träger des dahinterstehenden Grundrechts sein solle.[1678] Möglicherweise erfolgt eine solche Erniedrigung jedoch im derzeitigen System der ärztlichen Leichenschau, in dem so offensichtlich toleriert wird, dass die Untersuchung ihren eigentlichen Zweck häufig nicht erfüllt und Todesumstände, Tötungsdelikte, Unfälle und ärztliche Behandlungsfehler niemals bekannt werden. Unstreitig ist in diesem Zusammenhang, dass mit staatlicher

---

1673 Teil 2, Kapitel 4, V., 2., a), ba), S. 241–253.

1674 Auf dieser Grundalge erörtert *Schenk* eine staatliche (Schutz)Pflicht zur Totensorge, *Schenk*, Die Totensorge – ein Persönlichkeitsrecht, S. 138; vgl. auch oben Teil 2, Kapitel 4, V., 2., a), ba), S. 251.

1675 In diesem Sinne *Groß*, Die Entwicklung der inneren und äußeren Leichenschau in historischer und ethischer Sicht, S. 68, unter Verweis auf *Spann*, Kriminalistik 1987, S. 586; ähnlich *Eisenmenger/Betz*, MMW – Organ für amtliche und praktische Ärzte 1994, S. 79; die zum persönlichkeitsrechtlichen Ansatz oben Teil 2, Kapitel 4, V., 2., a), ba), S. 254–258.

1676 *Klinge*, Todesbegriff, Totenschutz und Verfassung, S. 217–228.

1677 BVerfGE 30, 173 (194).

1678 *Gröschner*, Menschenwürde und Sepulkralkultur in der grundgesetzlichen Ordnung, S. 17.

Tötung immer auch eine Würdeverletzung einhergeht.[1679] Wenn es, der systembedingt schlechten Qualität vieler Leichenschauuntersuchungen nach zu urteilen, vorrangig um die Feststellung des Todes geht und die weiteren Hintergründe – jedenfalls im Ergebnis – vernachlässigt werden, bleibt der Verstorbene als bloßes Objekt zurück. Interpretiert man das Ausbleiben effektiver Reformen des Leichenschausystems in dieser Weise, so verliert der Tote auf die Erkenntnis hin, dass die Person nicht mehr lebt, scheinbar seine Relevanz für den Staat. Das mangelnde Interesse des Staates,[1680] wenn ein Mensch sein wichtigstes Rechtsgut – sein Leben – durch die Handlung eines Privaten verliert, mündet somit in einer Herabwürdigung des Opfers auch von staatlicher Seite. Die so ausgelöste staatliche Schutzpflicht aus Art. 1 Abs. 1 GG gebietet, dies aktiv zu verhindern; insoweit bleibt es bei der Offenheit der Rechtsträgerfrage gleich dem Bundesverfassungsgericht. Den Toten dabei als Träger der Menschenwürde zu betrachten, ist nicht zwingend, denn nach Ansicht *Kunigs* nimmt Art. 1 Abs. 1 soziale Anschauungen auf und überhöht sie verfassungsrechtlich, woraus sich für den Verstorbenen in Ansehung dieser Norm ein verfassungsrechtlich verbürgter Anspruch darauf ergibt, vor Herabsetzung und Objektivierung geschützt zu werden.[1681]

Die soeben erwähnten Anschauungen zum Schutz vor Herabwürdigung der Person nach deren Ableben sind dem Kontext nach zu urteilen im Sinne von Pietätsempfinden zu verstehen.[1682] Damit deutet sich eine weitere mögliche Grundlage postmortalen Schutzes im Rahmen der Würdegarantie an. „Pietätsgefühl bedeutet als Gegenstand des Rechtsschutzes die gemütlich betonte Erinnerung an Verstorbene."[1683] Das „Gemüt ist im allgemeinen die innere (seelisch-geistige) Seite unseres Wesens überhaupt, im besonderen [sic!] die Fähigkeit zum Fühlen, im Gegensatz zum Geiste der Fähigkeit zum Denken, und zum Charakter, der Grundlage des Wollens."[1684] Einen engen Bezug zum Staatsvertrag stellt *Hofmann* her, für den die Würdegarantie ein gegenseitiges Versprechen der Bürger untereinander als Teile der verfassungsgebenden Gewalt

1679 *Höfling*, in: Sachs – GG, Art. 1, Rn. 20.

1680 Dazu deutlich und plakativ, wenn auch nur bedingt wissenschaftlich, im Überblick etwa *Helbing*, Kriminalistik 2004, S. 443–447.

1681 *Kunig*, in: von Münch/Kunig – GG Bd. 1, Art. 1 Die Würde des Menschen, Grundrechtsbindung, Rn. 15 m.w.N.

1682 *Kunig*, in: von Münch/Kunig – GG Bd. 1, Art. 1 Die Würde des Menschen, Grundrechtsbindung, Rn. 15.

1683 Meyers Großes Konversations-Lexikon, S. 869.

1684 Meyers Großes Konversations-Lexikon, S. 545.

darstellt und somit „die Ehrung des Andenkens derjenigen, die einmal unter uns oder vor uns waren, zur eigenen, wechselseitig anzuerkennenden Identität und Selbstachtung gehört".[1685] Pietät bildet nach der hier vertretenen Auffassung also auch einen – von der Ehrung des Andenkens umfassten – den Verstorbenen betreffenden Erinnerungsschatz und die damit verbundenen Gefühle, was zusammen mit der Pflege des Andenkens für die Angehörigen eine große Rolle spielt.[1686] Zu den jüngsten, dabei aber nicht weniger bedeutenden Erinnerungen an eine nahestehende Person gehört auch die Kenntnis der Umstände ihres Ablebens. Sofern es nicht schon aus eigener Erfahrung bekannt ist, kann man wohl davon ausgehen, dass dieses Wissen den meisten Trauernden sehr wichtig ist. Denn die Beschäftigung mit den Todesumständen stellt, je nach Art der individuellen Umstände, einen signifikanten Teil der Trauerarbeit und des Verarbeitungsprozesses dar.[1687] Hinzu kommt, dass das in diesem Zusammenhang vom Trauernden empfundene Gefühl der Regel bedeuten wird, dass er individuell für diesen Toten eine sorgfältige und im Ergebnis korrekte Leichenschau wünscht. Darüber hinaus wird der vollständige Trauerprozess für die meisten Menschen auch in der Hinsicht Relevanz besitzen, als sie ihn auch den eigenen Hinterbliebenen ermöglicht bzw. erleichtert wissen möchten. Gerade angesichts der weiter zunehmenden Verdrängung des Todes und der Auseinandersetzung mit selbigem aus der Öffentlichkeit ins rein Private,[1688] steigt die Bedeutung der individuellen Trauerarbeit weiter an. Dieser liegen nach der hier vertretenen Auffassung maßgeblich der den Verstorbenen betreffende Erinnerungskomplex sowie die Kenntnis der Todesumstände zugrunde. Als möglicher Oberbegriff für die heute verbreitete Form der Bewältigung eines Todesfalls und dem damit verbundenen Prozess der Trauerarbeit bietet sich der Terminus „Trauerkultur" an, der hier in diesem Sinne verwendet werden soll. Inzwischen findet auch eine Ansicht in der verfassungsrechtlichen Literatur vermehrt Anhänger, nach der die Regeln zum Umgang mit dem Leichnam sich aus dem Pietätsempfinden und bestimmten sozialethischen Vorstellungen der Gesellschaft

---

1685 *Hofmann*, AöR – Archiv des öffentlichen Rechts 1993, S. 375; eingebettet sind diese Überlegungen in die so genannte Kommunikationstheorie zur Begründung der Menschenwürde, dazu etwa *Dreier*, in: ders. – GG Bd. I, Art. 1 I, Rn. 59.

1686 Vgl. auch *Wapler*, in: Brosius-Gersdorf – Dreier GG Bd. I, Art. 1 I, Rn. 57; *Kunig*, in: von Münch/Kunig – GG Bd. 1, Art. 1 Die Würde des Menschen, Grundrechtsbindung, Rn. 15 m.w.N.

1687 Vgl. *Berk/Schönpflug*, Entwicklungspsychologie, S. 872 m.w.N.

1688 Vgl. die Analyse dessen oben Teil 2, Kapitel 3, I., S. 200–203.

ableiten lassen.[1689] In ähnlicher Form fand dies auch in die Bestattungsgesetze der Länder Eingang; so heißt es in § 7 Abs. 1 BestG NRW: „Jede Frau und jeder Mann haben die Ehrfurcht vor den Toten zu wahren und die Totenwürde zu achten."[1690] In Ansehung dessen liegt es nahe, auch den Umgang mit dem Toten im Kontext der Leichenschau dem Pietätsgefühl der Gesellschaft entsprechend zu regeln. Die Wendung „Umgang mit dem *Toten*" als einem gerade Verstorbenem, anstelle von „Leichnam" oder „toten Körper", ist in diesem Zusammenhang zu bevorzugen, da sich die Ausführungen nur insoweit auf den Leichnam selbst beziehen, als der Arzt ihn bei der Untersuchung körperlich beansprucht. Im Mittelpunkt steht die Klärung der Todesumstände und wie sie gehandhabt wird im Sinne des Umgangs mit dem Schicksal des Verstorbenen.[1691]

Überträgt man die voranstehenden Feststellungen zum Pietätsempfinden des Einzelnen auf das sozialethische Empfinden der Gesellschaft, gebietet dies für den Staat, ein System zu schaffen bzw. das bestehende so zu reformieren, dass grundsätzlich jedem einzelnen Toten eine sorgfältige Untersuchung der Todesumstände und damit zwingend einhergehend eine Leichenschau nach allen Regeln der Kunst zuteilwird. Dem ist auch noch nicht damit Genüge getan, dass prinzipiell die Möglichkeit einer Privatsektion besteht. Zum einen kommen die Erben und damit in aller Regel die Angehörigen bereits anlässlich der ärztlichen Leichenschau dafür auf, dass die Hintergründe des Todes geklärt werden. Zum anderen, was deutlich schwerer wiegt, müssten die Hinterbliebenen unter den aktuellen Verhältnissen grundsätzlich immer eine Sektion zusätzlich zur Leichenschau durchführen lassen, um ein akzeptables Maß an Sicherheit hinsichtlich der tatsächlichen Todesumstände zu erlangen. Abgesehen von der dann entstehenden Kostenfrage für die Angehörigen, ist eine zwingende Verwaltungssektion – wie in der ehemaligen DDR teilweise

---

1689 *Dreier*, in: ders. – GG Bd. I, Art. 1 I, Rn. 75, unter Hinweis auf: *Groß/Tag/Thier*, in: Joerden/Hilgendorf/Thiele, Menschenwürde und Medizin, S. 697 ff., 713 ff. So i.E. auch *Kunig*, in: von Münch/Kunig – GG Bd. 1, Art. 1 Die Würde des Menschen, Grundrechtsbindung, Rn. 15 m.w.N. Anders dagegen beispielsweise *Klinge*, Todesbegriff, Totenschutz und Verfassung, S. 228–230 m.w.N.

1690 *Groß/Tag/Thier*, in: Joerden/Hilgendorf/Thiele, Menschenwürde und Medizin, S. 701 f., mit einer Untersuchung des neuartigen Begriffs der „Totenwürde" als Beschreibung der Schutzwürdigkeit speziell des Leichnams.

1691 Zu den unterschiedlichen Bedeutungen der Begrifflichkeiten in diesem Zusammenhang siehe *Groß/Tag/Thier*, in: Joerden/Hilgendorf/Thiele, Menschenwürde und Medizin, S. 700.

praktiziert –[1692] in der Bundesrepublik politisch offensichtlich nicht gewollt. Folglich muss der Staat die ärztliche Leichenschau umso effizienter gestalten.

Zur Bestattungskultur, deren Gebräuche zu einem nicht unwesentlichen Teil der Bewältigung des Todesfalls durch die Betroffenen dienen, gehört dementsprechend auch die Trauerkultur. Dem schließt sich die Überlegung an, ob die Bestattungskultur als Ganzes, und als ein Teil davon die Trauerkultur, über die Würdegarantie grundrechtlich geschützt ist. Dies steht nicht zwangsläufig im Widerspruch zu der bereits erwähnten Literaturmeinung, als Grundlage für den Umgang mit dem toten Körper das Pietätsempfinden der Gesellschaft heranzuziehen. Vielmehr zeigen die voranstehenden Ausführungen die Bedeutung der Pietät auch für die Gesamtheit der Erinnerungen an den Verstorbenen und machen zugleich die Relevanz der Leichenschau für die Trauerkultur deutlich. Auch *Schenk* und *Podlech* verbinden, allerdings bezogen auf den Leichnam als solchen, beide Elemente und gehen von einer verfassungsrechtlichen Selbstverpflichtung durch Art. 1 Abs. 1 GG aus, die dem Träger öffentlicher Gewalt auferlege, auch dem toten Körper das Maß an Schutz zu gewähren, das den Pietätsvorstellungen der Gesellschaft entspricht.[1693] Die denkbare Reichweite des kulturell begründeten Schutzes von Strategien zur individuellen Bewältigung des gesamten Themenkomplexes „Tod“ wird bei *Gröschner* ersichtlich. Demnach gehört auch die museale Bewahrung früheren Bestattungsbrauchtums zur kulturbezogenen Schutzpflicht des Staates aus Art. 1 Abs. 1 S. 2 GG, denn dies gebe den Lebenden Gelegenheit, sich damit zu befassen und bei Bedarf Anregungen für den eigenen Umgang mit dem Tod zu bekommen.[1694] Für den grundrechtlichen Schutz der Trauerkultur ist es nicht erheblich, ob man Regeln zum Umgang mit der Leiche von der Bestattungskultur ausklammert und ausschließlich vom sozialethischen Empfinden der Allgemeinheit ableitet, oder die Bestattungskultur als Gesamtheit – einschließlich des Umgangs mit dem Toten und des Umgangs mit dessen Leichnam – von der Würdegarantie erfasst sieht.[1695] Denn wie *Kunig* treffend darlegt, nimmt Art. 1 Abs. 1 die sozialen

---

1692 *Oehmichen*, Kriminalistik 1993, S. 137 f. mit Hinweis auf *Modelmog* et al., Der Pathologe 1991, S. 191–195.

1693 *Podlech*, in: Denninger – GG Bd. 2, Art. 1 I, Rn. 59, darauf bezogen auch *Schenk*, Die Totensorge – ein Persönlichkeitsrecht, S. 137.

1694 *Gröschner*, Menschenwürde und Sepulkralkultur in der grundgesetzlichen Ordnung, S. 51 f.; in diesem Zusammenhang bevorzugt auch *Gröschner* für die Achtung der Toten wie der Trauernden den Begriff der Pietät anstelle von Würde, S. 52.

1695 Eine Ausstrahlung der Würde auf das Bestattungsrecht sieht auch *Spranger*, Bestattungsgesetz Schleswig-Holstein, § 2, S. 40.

Anschauungen zur Pietät auf,[1696] die jedenfalls von ihrem Anspruch her „zum gemeinsamen Mindeststandard wohl vieler Kulturen gehören".[1697] Verdeutlicht man sich die gemeinsame Wirkung von abwehrrechtlicher und Schutzpflichtendimension, zeigt sich, dass der Staat eine Ordnung aufrecht zu erhalten hat, die die grundrechtlich geschützten Güter sichert. In diesem Sinne hat das Bundesverfassungsgericht ausgeführt, dass es in Ansehung von Art. 1 Abs. 1 S. 2 GG „Verpflichtungen [sic!] aller staatlichen Gewalt ist, die Würde des Menschen zu achten und zu schützen. Daraus können sich verfassungsrechtliche Schutzpflichten ergeben, die es gebieten, rechtliche Regelungen so auszugestalten, daß auch die Gefahr von Grundrechtsverletzungen eingedämmt bleibt."[1698] Die Kultur in ihren verschiedenen Ausprägungen ist mit dieser Ordnung in doppelter Weise verwoben.[1699] Sie dient einerseits dem Schutz der Güter, andererseits sind einzelne ihrer Elemente ebenfalls grundrechtlich zu schützen, Art. 5 Abs. 3 GG. So hat das Bundesverfassungsgericht die Kulturstaatlichkeit bereits als Staatszielbestimmung festgelegt.[1700] Mit diesen Gedanken geht auch die Auffassung *Gröschners* von der Kulturstaatlichkeit konform. Ihr zufolge setzt sich die Kultur aus der Vielzahl unterschiedlicher [Lebens]Entwürfe zusammen, die an einem Ort zu einer bestimmten Zeit existieren.[1701] Art. 2 Abs. 1 S. 2 GG als staatliches Optimierungsgebot verstanden, folgt die Pflicht

1696 Ausdrücklich werden genannt: Begräbnis, Totenruhe und Schutz vor Herabsetzung und Verobjektivierung, *Kunig*, in: von Münch/Kunig – GG Bd. 1, Art. 1 Die Würde des Menschen, Grundrechtsbindung, Rn. 15.

1697 *Kunig*, in: von Münch/Kunig – GG Bd. 1, Art. 1 Die Würde des Menschen, Grundrechtsbindung, Rn. 15.

1698 BVerfGE 49, 89 (142).

1699 Zur Kulturstaatlichkeit „unter" dem Grundgesetz und in Favorisierung eines Kulturverfassungsrechts schon *Häberle* (Hrsg.), Kulturstaatlichkeit und Kulturverfassungsrecht. Insbesondere *Häberle*, in: ders., Kulturstaatlichkeit und Kulturverfassungsrecht, S. 1–59; *Huber*, in: Häberle, Kulturstaatlichkeit und Kulturverfassungsrecht, S. 12–145; bereits im Zusammenhang mit einer Drittwirkung der Grundrechte auch *Maunz*, in: Häberle, Kulturstaatlichkeit und Kulturverfassungsrecht, S. 150–153.

1700 Konkret lauten die Ausführungen: „Als objektive Grundsatzentscheidung für die Freiheit von Kunst und Wissenschaft stellt sie aber zugleich dem Staat, der sich – im Sinne einer Staatszielbestimmung – auch als Kulturstaat versteht, die Aufgabe, ein freiheitliches Kunst- und Wissenschaftsleben zu erhalten und zu fördern.", BVerfGE 81, 108 (116).

1701 *Gröschner*, Menschenwürde und Sepulkralkultur in der grundgesetzlichen Ordnung, S. 48.

des Staates, Erhalt und Wachstum dieser Multikulturalität zu gewährleisten.[1702] Dazu zählt auch die Bestattungskultur in der heutigen Form, deren Historie in unterschiedlichen Ausprägungen weit zurück reicht.[1703] Schon *Perikles* war der Ansicht: „Die Kultur eines Volkes erkennt man daran, wie es mit seinen Toten umgeht."[1704] Der Schutz der Bestattungskultur bezieht sich auch – im Sinne einer Weiterführung – auf eine denkbare vierte Stufe der Gewährleistungen nach der Teleologie des verfassten Rechtsstaats von *Isensee.*[1705] Wenn Sicherheit vor Dritten, dem Staat und der Wettbewerbsgesellschaft[1706] in gewissem Maße gewährleistet ist, kann sich auf der Basis des friedlichen Miteinanders die Kultur entwickeln. Sie dient ihrerseits wiederum dem Erhalt des Friedens,[1707] indem sich beispielsweise die Wissenschaft mit den verschiedenen Zuständen auseinandersetzt und das Wissen um die Vorteile eines gewaltfreien Miteinanders schafft und im Bewusstsein der Menschen verankert.[1708] Der Staat sollte die Kultur in ihrer Gesamtheit also auch um des Friedens willen erhalten.[1709] Dazu zählen, wie zuvor erörtert, die Bestattungskultur und als deren Bestandteil die Trauerkultur. Zu den Grundlagen des darin ausgestalteten Trauerprozesses zählt die Kenntnis der Todesumstände im Einzelfall, als eine Voraussetzung für wirksame Trauerarbeit, die den Schutz des Art. 1 Abs. 1 GG genießt. Erster

---

1702 *Gröschner*, Menschenwürde und Sepulkralkultur in der grundgesetzlichen Ordnung, S. 48.

1703 Siehe dazu umfassend *Zentralinstitut für Sepulkralkultur Kassel* (Hrsg.), Großes Lexikon der Bestattungs- und Friedhofskultur: Volkskundlich-kulturgeschichtlicher Teil X; *dass.*, Großes Lexikon der Bestattungs- und Friedhofskultur: Praktisch-aktueller Teil; in anthropologischer Ausrichtung *Eiden* et al. (Hrsg.), Totenkulte; bezogen auf die Religion zuletzt etwa auch *Dyma* (Hrsg.), „Der Herr des Himmels möge lang machen seine Tage und seine Jahre".

1704 Zitiert nach *Schäfer*, ZfME 2014, S. 377.

1705 Oben Teil 2, Kapitel 4, I., S. 214 f.; ebenfalls in *Isensee*, Das Grundrecht auf Sicherheit, S. 17 f.

1706 Zu den Details siehe *Isensee*, JZ – Juristen Zeitung 1999, S. 272.

1707 Dazu beispielsweise *Häßler/Hensinger* (Hrsg.), Kultur gegen Krieg Wissenschaft für den Frieden; *Althaus* et al. (Hrsg.), Der Krieg in den Köpfen.

1708 Beispielhaft *Garber* et al. (Hrsg.), Erfahrung und Deutung von Krieg und Frieden, mit dem Schwerpunkt Friedensforschung; *Stammler*, Erziehung zu internationaler Verständigung und Frieden.

1709 Für den besonderen verfassungsrechtlichen Schutz der Kultur etwa auch *Pieroth*, HFR-Humboldt Forum Recht 2006, S. 1–3; *Hufen*, HFR-Humboldt Forum Recht 2006, S. 35–39; *Nida-Rümelin*, HFR-Humboldt Forum Recht 2006, S. 80–83; i.E. wohl auch *Küster*, HFR-Humboldt Forum Recht 2006, S. 84–89.

und wichtigster Schritt dabei ist eine umfassende, sorgfältige und im Ergebnis richtige ärztliche Leichenschau in jedem Einzelfall, deren Gewährleistung somit zum Ansatzpunkt staatlicher Schutzpflichterfüllung wird.

3. Subjektive Aspekte der Schutzpflichten

Im Zuge der Auseinandersetzung mit der Grundrechtsfunktion der Schutzpflichten wurden auch Überlegungen dahingehend angestellt, „ob den objektiven grundrechtlichen Schutzpflichten auch subjektive grundrechtliche Schutzansprüche auf Erfüllung der Schutzpflichten entsprechen".[1710] *Stern* unterscheidet dabei zwischen verschiedenen betroffenen Grundrechtsträgern.[1711] Weiter geht *Calliess*, der aus dem Verständnis der Grundrechte als Grundlagen für subjektive öffentliche Rechte ableitet, dass der staatlichen Schutzpflicht zwingend ein subjektiv-rechtlich verbürgter Anspruch des Grundrechtsträgers auf Schutz entspringt;[1712] dieser kann in Form einer Verfassungsbeschwerde geltend gemacht werden.[1713] Insgesamt kann man die grundsätzliche Akzeptanz dieser subjektiven, mit der entsprechenden Schutzpflicht einhergehenden Ansprüche heute wohl als herrschende Meinung betrachten.[1714]

1710 *Stern*, in: ders., Das Staatsrecht der Bundesrepublik Deutschland, § 67, S. 742.

1711 *Stern*, in: ders., Das Staatsrecht der Bundesrepublik Deutschland, § 67, S. 743–745. Deutlich etwa bezüglich Art. 1 Abs. 1 GG, *Stern*, in: ders., Das Staatsrecht der Bundesrepublik Deutschland, § 97, S. 103.

1712 *Calliess*, in: Merten/Papier, Handbuch der Grundrechte in Deutschland und Europa, § 44, Rn. 7, 24; knapper, aber i.E. wohl auch dieser Ansicht *Müller-Franken*, in: Schmidt-Bleibtreu – GG, Vorbemerkung vor Art. 1 Allgemeine Grundrechtslehren, Rn. 23; *Lorenz*, in: Pitschas, Wege gelebter Verfassung in Recht und Politik, S. 330.

1713 *Calliess*, Rechtsstaat und Umweltstaat, S. 316 m.w.N.

1714 Mit einem Überblick und zahlreichen weiteren Nachweisen zu den unterschiedlichen Ansichten, so auch die Einschätzung von *Streuer*, Die positiven Verpflichtungen des Staates, S. 180–182; *Stern*, in: ders., Das Staatsrecht der Bundesrepublik Deutschland, § 67, S. 743; dieser Meinung deutlich zustimmend *Calliess*, Rechtsstaat und Umweltstaat, S. 441 f. Im Detail und bei der Frage, ob auch die Reichweite von objektiver Pflicht und subjektivem Anspruch gleich laufen, bestehen Unterschiede, vgl. *Möstl*, DÖV – Die Öffentliche Verwaltung 1998, S. 1032 m.w.N.; für die Identität von Schutzpflicht und Recht auf Schutz demnach *Klein*, DVBl – Deutsches Verwaltungsblatt 1994, S. 495; [i.E. wohl auch] *Klein*, NJW – Neue Juristische Wochenschrift 1989, S. 1637 und *Murswiek*, Die staatliche Verantwortung für die Risiken der Technik, S. 216. Entsprechende individuelle subjektive Rechte bejahend und mit einem Überblick verschiedener

Zumal einige Autoren von der Annahme, dass mit der Schutzpflichtverletzung immer auch eine Verletzung des jeweiligen Grundrechts einhergeht, ebenfalls auf einen klagbaren Anspruch schließen.[1715] Das Bundesverfassungsgericht hat die Frage im Rahmen seiner Rechtsprechung zu den Schutzpflichten zunächst offen gelassen. Ausdrücklich bejaht wurde die Möglichkeit dann in Bezug auf Art. 2 Abs. 2 S. 1 GG:[1716] „Werden diese Schutzpflichten verletzt, so liegt darin zugleich eine Verletzung des Grundrechts aus Art. 2 Abs. 2 Satz 1 GG, gegen die sich der Betroffene mit Hilfe der Verfassungsbeschwerde zur Wehr setzen kann;“[1717] bestätigt hat es diese Ansicht beispielsweise auch im Zusammenhang mit der Rundfunkfreiheit.[1718] Damit geht die Rechtsprechung des Gerichts mit der zuvor genannten herrschenden Meinung konform.

Im Umfeld der zuvor wiedergegebenen Ansichten zu subjektiven Rechten haben sich inzwischen auch solche derivativen grundrechtlichen Leistungsrechte entwickelt, die nicht im Kontext der sozialen Teilhabe stehen; auch diese Thematik ist allerdings nicht unumstritten.[1719] Mit der Lehre von den Schutzpflichten sind die unterschiedlichen Ansätze mal mehr, mal weniger verbunden;

Begründungsansätze *Moritz*, Staatliche Schutzpflichten gegenüber pflegebedürftigen Menschen, S. 120 f.

1715 Vgl. etwa *Erichsen*, Jura – Juristische Ausbildung 1997, S. 89 m.w.N.

1716 *Klein*, DVBl – Deutsches Verwaltungsblatt 1994, S. 493, der sich dem anschließt.

1717 BVerfGE 77, 170 (214 f.), gleichsam beispielsweise BVerfGE 81, 242 (223); BVerfGE 85, 191 (212); BVerfGE 99, 145 (162).

1718 BVerfGE 97, 298 (313).

1719 So werden schon für die Leistungsrechte an sich verschiedene Kategorisierungen vorgenommen, *Borowski*, in: Häberle, Jahrbuch des öffentlichen Rechts, S. 305, unter Hinweis auf unter anderem auf *Stern*, in: ders., Das Staatsrecht der Bundesrepublik Deutschland, § 67, S. 728 und *Breuer*, in: Bachof/Heigl/Redeker, Verwaltungsrecht zwischen Freiheit, Teilhabe und Bindung, S. 95–119. *Sachs* etwa umreißt einen Leistungsbegriff der – basierend auf einer Ableitung aus objektiv-rechtlichen Grundrechtsgehalten – Ansprüche auf die Gewährleistung staatlichen Schutzes vor Beeinträchtigungen auch durch Dritte beinhaltet; diese Leistungsrechte könnten den grundrechtlichen Schutzpflichten entsprechen, *Sachs*, in: ders. – GG, Vorbemerkungen zu Abschnitt I, Rn. 48 f. *Müller-Franken*, in: Schmidt-Bleibtreu – GG, Vorbemerkung vor Art. 1 Allgemeine Grundrechtslehren, Rn. 18, fasst den Begriff enger und sieht nur bei wenigen Grundrechten Leistungsrechte allein durch Auslegung. Gegen solche Leistungsrechte etwa *Dreier*, in: ders. – GG Bd. I, Vorbemerkung vor Artikel 1 GG, Rn. 101; unter Verwendung einer generell anderen Terminologie i.E. wohl auch *Murswiek*, in: Isensee/Kirchhof, Handbuch des Staatsrechts der Bundesrepublik Deutschland, § 192, Rn. 22 f.

dogmatisch wie terminologisch.[1720] Erfreulich klar unterteilen *Voßkuhle/Kaiser* in einen engen und einen weiten Begriff grundrechtlicher Leistungsrechte. Letzterer umfasst auch „verselbstständigte Grundrechtswirkungen wie die Schutzpflicht".[1721] *Borowski* sieht in der Unterscheidung von grundrechtlichen Schutzrechten (dieser Begriff wird dabei synonym zu Schutzpflichten verwendet), sozialen Grundrechten und grundrechtlichen Rechten auf Organisation und Verfahren die größte gemeinsame Basis der verschiedenen Ansichten.[1722] In dieser Gemengelage können auch die so oder ähnlich genannten Organisations- und Verfahrenspflichten eine Rolle spielen.[1723] Je nach Ansicht bilden sie eine zusätzliche grundrechtliche Wirkdimension, die sich gegebenenfalls auch mit der Schutzpflichtendimension verbündet;[1724] wichtig ist dabei die Unterscheidung zwischen dem hier angesprochenen Schutz materieller Grundrechtsgehalte *durch* Organisation und Verfahren und dem Schutz von Grundrechten *in* Organisation und Verfahren.[1725] Das Bundesverfassungsgericht macht die organisations- und verfahrensrechtliche Gestaltung der Grundrechte seit den 1970er Jahren immer wieder deutlich.[1726] Die Unterscheidung von Reglementierungs-, Leistungs-, Ausgestaltungs- und Organisationselementen ist dabei

---

1720 *Sachs*, in: ders. – GG, Vorbemerkungen zu Abschnitt I, Rn. 48; a.A. *Müller-Franken*, in: Schmidt-Bleibtreu – GG, Vorbemerkung vor Art. 1 Allgemeine Grundrechtslehren, Rn. 18.

1721 *Voßkuhle/Kaiser*, JUS – Juristische Schulung 2011, S. 411.

1722 *Borowski*, in: Häberle, Jahrbuch des öffentlichen Rechts, S. 306.

1723 Zur indifferenten Terminologie *Denninger*, in: Isensee/Kirchhof, Handbuch des Staatsrechts der Bundesrepublik Deutschland, § 193, Rn. 22 f., im Rahmen einer ausführlichen Auseinandersetzung mit der Thematik der staatlichen Hilfe der Grundrechtsausübung durch Organisation und Verfahren, Rn. 1–81. Zur ursprünglichen Entwicklung auch *Gostomzyk*, JUS – Juristische Schulung 2004, S. 951.

1724 *Sauer*, in: Brosius-Gersdorf – Dreier GG Bd. I, Vorbemerkung vor Artikel 1 GG, Rn. 120 ff., der die Organisations- und Verfahrenspflichten ausdrücklich von den Leistungspflichten abgrenzt; anders beispielsweise *Voßkuhle/Kaiser*, JUS – Juristische Schulung 2011, S. 411 f.; wohl auch *Stern*, in: ders., Das Staatsrecht der Bundesrepublik Deutschland, § 67, S. 728.

1725 *Müller-Franken*, in: Schmidt-Bleibtreu – GG, Vorbemerkung vor Art. 1 Allgemeine Grundrechtslehren, Rn. 25.

1726 Beispielhaft seien genannt BVerfGE 35, 79 (120–123); BVerfGE 53, 30 (59 f.); BVerfGE 84, 34.

jedoch nicht immer klar erkennbar.[1727] In anderen Entscheidungen zeigen sich hingegen Verbindungen mit dem Schutzpflichtgedanken, insofern, als die Richter zur Erfüllung bestehender Schutzpflichten vom Gesetzgeber erwarten, dass er präventive Regelungen schafft, die sich zur Bewahrung des entsprechenden Grundrechts eignen.[1728] Die Organisations- und Verfahrensregelungen können also dem Gesetzgeber dazu dienen, grundrechtliche Schutzpflichten in der Weise zu erfüllen, dass bereits Gefahren für das entsprechende Rechtsgut vorgebeugt wird und es nicht zu Verboten oder der Behebung von bereits erfolgten Grundrechtsverletzungen kommen muss. *Streuer* sieht in solchen Ableitungen prozeduraler Elemente eine Stärkung der Rechtsposition des Grundrechtsträgers sowie Möglichkeiten des präventiven Schutzes dieser materiellen Positionen durch Beteiligungen und Gestaltungsmöglichkeiten im Rahmen behördlicher Verfahren.[1729] Die dargestellten verfassungsrechtlichen Aspekte und Ansichten bedeuten eine erhebliche Stärkung der Position der Opfer von Grundrechtsverletzungen als Folge von Schutzpflichtverletzungen auch im

---

1727 *Sauer*, in: Brosius-Gersdorf – Dreier GG Bd. I, Vorbemerkung vor Artikel 1 GG, Rn. 122, unter Hinweis auf die Urteile des Bundesverfassungsgerichts zum öffentlich-rechtlichen Rundfunk.

1728 BVerfGE 53, 30 (57–59); hier sahen die Richter die Schutzpflicht aus Art. 2 Abs. 2 S. 1 GG zur Vorbeugung von Gesundheitsschädigungen durch die Nutzung von Atomenergie mittels der vom Gesetzgeber geforderten Genehmigung einschließlich entsprechender materiell-rechtlicher und verfahrensrechtlicher Voraussetzungen als erfüllt, vgl. *Klein*, NJW – Neue Juristische Wochenschrift 1989, S. 1636. Ähnlich auch das Hochschulurteil BVerfGE 35, 79: Darin heißt es zum einen (114): „Sie [die Wertentscheidung des Verfassungsgebers, einem bestimmten Lebensbereich oder Lebensverhältnis seinen besonderen Schutz angedeihen zu lassen] schließt … das Einstehen des Staates, der sich als Kulturstaat versteht, für die Idee einer freien Wissenschaft und seine Mitwirkung an ihrer Verwirklichung ein und verpflichtet ihn, sein Handeln positiv danach einzurichten, d.h. schützend und fördernd einer Aushöhlung dieser Freiheitsgarantie vorzubeugen." Zum anderen führen die Verfassungsrichter aus (115): „Im Bereich des mit öffentlichen Mitteln eingerichteten und unterhaltenen Wissenschaftsbetriebs, d.h. in einem Bereich der Leistungsverwaltung, hat der Staat durch geeignete organisatorische Maßnahmen dafür zu sorgen, daß [sic!] das Grundrecht der freien wissenschaftlichen Betätigung … unangetastet bleibt". Auch in diesem Urteil zeigt sich die von *Sauer*, in: Brosius-Gersdorf – Dreier GG Bd. I, Vorbemerkung vor Artikel 1 GG, Rn. 122, angesprochene Vermengung verschiedener, den Staat verpflichtender, Elemente des Grundrechtsschutzes.

1729 *Streuer*, Die positiven Verpflichtungen des Staates, S. 171, mit Verweis auf BVerfGE 99, 145 (145 ff.).

Problemkreis der ärztlichen Leichenschau. Im Einzelfall muss das Bundesverfassungsgericht entscheiden, ob die staatlichen Regelungen oder Vorkehrungen den entsprechenden Schutzpflichten genügen oder ob eine Schutzpflichtverletzung und damit korrespondierende Grundrechtsverletzung vorliegt.

VI. Fazit

Die kritische Auseinandersetzung hat gezeigt, dass im Problemkomplex der ärztlichen Leichenschau einige Konstellationen bestehen, in denen die Schwelle zur Aktivierung der entsprechenden Schutzpflichten überschritten wird. Im Einzelnen unterscheiden sie sich durch spezielle rechtsdogmatische Ansichten. Es wird insgesamt deutlich, dass die Regelung des Leichenschausystems in der derzeitigen Form mit den Werten und Normen des Grundgesetzes nicht vereinbar ist. Auch bei Beurteilungen, die in einzelnen Fällen von den hier gezogenen Schlüssen abweichen, besteht zumindest ein nicht unerhebliches grundrechtliches Gefährdungspotential. Dies kann für sich genommen bereits verfassungsrechtliche Auswirkungen haben, denn „auch Regelungen, die im Laufe ihrer Vollziehung zu einer nicht unerheblichen Grundrechts*gefährdung* führen, können selbst schon mit dem Grundgesetz in Widerspruch geraten. Nach ständiger Rechtsprechung des Bundesverfassungsgerichts enthalten die grundrechtlichen Verbürgungen nicht lediglich subjektive Abwehrrechte des Einzelnen gegen die öffentliche Gewalt, sondern stellen zugleich objektivrechtliche Wertentscheidungen der Verfassung dar, die für alle Bereiche der Rechtsordnung gelten und Richtlinien für Gesetzgebung, Verwaltung und Rechtsprechung geben“.[1730]

1730 BVerfGE 49, 89 (142).

Teil 3: Ergebnis und Vorschläge zur Korrektur des Leichenschausystems

Kapitel 1: Anregungen zur gerichtlichen Geltendmachung

Sofern man den Staat vor dem Hintergrund der voranstehenden Untersuchung nicht bereits aus seiner Bindung an die Verfassung heraus zur Verbesserung des Systems der ärztlichen Leichenschau verpflichtet sieht, stellt sich die Frage nach den Möglichkeiten des Einzelnen, die aufgezeigten Missstände vor dem Bundesverfassungsgericht geltend zu machen. Für die prozessuale Durchsetzung der sich aus den Schutzpflichtverletzungen ergebenden subjektiven Ansprüche kommen das abstrakte und das konkrete Normenkontrollverfahren bezüglich der bestehenden rechtlichen Regelungen zur ärztlichen Leichenschau sowie die Verfassungsbeschwerde Betroffener in Frage.[1731] Der einzelne Bürger kann lediglich auf Letztere zurückgreifen und muss grundsätzlich zuvor dem fachgerichtlichen Instanzenzug folgen.[1732] Verglichen mit der Vielfalt an Beiträgen zum materiell-rechtlichen Teil der Schutzpflichtenfunktion der Grundrechte, wurde die prozessuale Seite deutlich seltener untersucht. Mit der Möglichkeit der Wahrnehmung des prozessualen Vorgehens im Falle einer Ansicht, die die verletzte Schutzpflicht tatsächlich dem Toten zuordnet, hat sich *Klinge* befasst.[1733] Da der Gesetzgeber bei der gesetzlichen Ausgestaltung des Leichenschausystems nicht gänzlich untätig geblieben ist, würden vornehmlich bestehende Regelungen angegriffen werden, die im praktischen Ergebnis tatsächlich keine ausreichende Schutzwirkung entfalten; die Rüge würde somit einem unechten Unterlassen gelten.[1734] Die Bezugnahme auf ein echtes Unterlassen wäre nur insofern denkbar, als im heutigen deutschen Rechtssystem alle Lebensbereiche nahezu vollständig reguliert sind und der Beschwerdeführer daher eine von der bestehenden ungenügenden gänzlich unabhängige, aber umfassend schutzpflichtkonforme Regelung erwirken möchte.[1735] In jüngerer

1731 *Calliess*, in: Merten/Papier, Handbuch der Grundrechte in Deutschland und Europa, § 44, Rn. 7 m.w.N.; *Streuer*, Die positiven Verpflichtungen des Staates, S. 184; *Möstl*, DÖV – Die Öffentliche Verwaltung 1998, S. 1030 f.

1732 Art. 93 Abs. 1 Nr. 4a GG; *Epping*, Grundrechte, S. 80, Rn. 145; sehr ausführlich zu den Einzelheiten von Verfassungsbeschwerden im Zusammenhang mit Schutzpflichtverletzungen *Möstl*, DÖV – Die Öffentliche Verwaltung 1998, S. 1029–1039, mit zahlreichen weiteren Nachweisen.

1733 *Klinge*, Todesbegriff, Totenschutz und Verfassung, S. 225–228 m.w.N.

1734 Vgl. *Möstl*, DÖV – Die Öffentliche Verwaltung 1998, S. 1039.

1735 *Brüning/Helios*, Jura – Juristische Ausbildung 2001, S. 157.

Zeit hat *Moritz* verfassungsprozessuale Mittel[1736] und Entscheidungsmöglichkeiten des Bundesverfassungsgerichts[1737] im Falle von Schutzpflichtverletzungen umfassend herausgearbeitet; dort bezogen auf staatliche Schutzpflichten gegenüber pflegebedürftigen Menschen, lassen sich Teile auf die hier untersuchten Fälle zur ärztlichen Leichenschau übertragen.

Eine Verfassungsbeschwerde[1738] wäre bezogen auf die ärztliche Leichenschau wie folgt vorstellbar. Dem Grundsatz der Rechtswegerschöpfung gem. § 90 Abs. 2 S. 1 BVerfGG sowie der Subsidiarität der Verfassungsbeschwerde folgend, käme zunächst der Anfechtung eines Vollzugsaktes vor den Fachgerichten in Betracht. Dabei könnte es sich um einen Verwaltungsakt handeln, aufgrund dessen die Polizei ihrer Pflicht enthoben wurde, in unklaren Todesfällen zu ermitteln. Streitgegenstand könnte auch ein Verwaltungsakt sein, durch den die Kategorie des unklaren Todes von der Todesbescheinigung für das betreffende Bundesland entfernt wurde; in beiden Fällen mit negativen Auswirkungen auf die Aufdeckung von Tötungsdelikten durch die Leichenschauuntersuchung.[1739] In Schleswig-Holstein beispielsweise erfolgte die Entfernung der Formulierung „nicht aufgeklärt ob…" hinsichtlich der Todesart aus dem verbindlichen amtlichen Muster für die Todesbescheinigung mit Bekanntmachung eines neuen Formulars für die Todesbescheinigung in Schleswig-Holstein (ohne die entsprechende Rubrik) durch das Ministerium für Arbeit, Gesundheit und Soziales vom 2. März 1999.[1740] Darin wird verfügt: „Nach diesem Muster ist ab 1. April 1999 die Todesbescheinigung … auszustellen."[1741]

1736 *Moritz*, Staatliche Schutzpflichten gegenüber pflegebedürftigen Menschen, S. 190–213.

1737 *Moritz*, Staatliche Schutzpflichten gegenüber pflegebedürftigen Menschen, S. 163–175.

1738 Art. 93 Abs. 1 Nr. 4a GG, § 13 Nr. 8a BVerfGG.

1739 Sowohl eine Entpflichtung der Polizei als auch die Streichung der Rubrik für unklare Todesfälle auf der Todesbescheinigung sind in Schleswig-Holstein bereits erfolgt; siehe dazu und zu der Thematik in anderem Zusammenhang sowie den sich ergebenden Schwierigkeiten und entsprechender Kritik oben Teil 2, Kapitel 3, II., S. 207–211 außerdem *Oehmichen*, Kriminalistik 1993, S. 139 f.; *Birkholz*, Notfall-Medizin in der täglichen Praxis 2003, S. 211 f.

1740 Bekanntmachung des Ministeriums für Arbeit, Gesundheit und Soziales des Landes Schleswig-Holstein: Ausstellung der Todesbescheinigung nach der Landesverordnung über das Leichenwesen; hier: Neues Todesbescheinigungsformular vom 2. März 1999.

1741 Punkt 1 der Bekanntmachung des Ministeriums für Arbeit, Gesundheit und Soziales des Landes Schleswig-Holstein: Ausstellung der Todesbescheinigung

Damit wurde den Ärzten die Möglichkeit genommen, ggf. eine tatsächlich bestehende Unmöglichkeit der genauen Feststellung der Todesart zu dokumentieren; seit diesem Zeitpunkt müssen sie sich entweder für einen natürlichen oder einen nicht natürlichen Tod entscheiden. Diese Allgemeinverfügung i.S.d. § 35 VwVfG wäre im Vorausgang einer Verfassungsbeschwerde vor den Fachgerichten anzugreifen. Wurde dieser Rechtsweg erfolglos beschritten, so muss im Rahmen der Verfassungsbeschwerde eine schlüssige Darlegung der Schutzpflichtverletzung erfolgen.[1742] Indem den Ärzten die Möglichkeit genommen wurde in unsicheren Fällen die Todesart als unklar offen zu lassen, erhöht sich das Risiko ein Tötungsdelikt zu übersehen erheblich. In der Folge läuft der Staat Gefahr das Delikt überhaupt nicht aufzudecken, da nach einer Klassifikation des Todes als natürlich keine polizeilichen Ermittlungen erfolgen. Serientötungen wie die des Nils H. würden folglich im betroffenen Bundesland mit noch größerer Wahrscheinlichkeit und damit über einen noch längeren Zeitraum übersehen, als in Niedersachsen geschehen, wo sich die Taten ereigneten. Denn der Fall des im beruflichen Umfeld tötenden Krankenpflegers Nils H. und andere haben gezeigt, dass die Kollegen des Täters fast ausschließlich unkritisch waren oder aus unterschiedlichen Motiven über Auffälligkeiten geschwiegen haben. Folglich spielt die ärztliche Leichenschau hier eine entscheidende Rolle, wie bei der Darstellung des Falls oben aufgezeigt wurde.[1743] Unterbleibt in der Folge der wirksame Schutz des Lebens und der körperlichen Unversehrtheit, so wird die Schutzpflicht aus Art. 2 Abs. 2 S. 1 GG verletzt. Als Beschwerdeführer könnte davon eine pflegebedürftige Person in einem Krankenhaus oder Pflegeheim unmittelbar betroffen sein. An dieser Stelle ergäbe sich voraussichtlich die größte Hürde gerichtlicher Geltendmachung durch eine einzelne Person. Dabei sei auf die weiterführenden Überlegungen von *Moritz* verwiesen.[1744] Anlässlich einer Verfassungsbeschwerde gegen den Pflegenotstand äußerte sich zu diesem Punkt kürzlich auch das Bundesverfassungsgericht.[1745] Die Richter

---

nach der Landesverordnung über das Leichenwesen; hier: Neues Todesbescheinigungsformular vom 2. März 1999.

1742 Entsprechend den Ausführungen von *Moritz*, Staatliche Schutzpflichten gegenüber pflegebedürftigen Menschen, S. 205–208; dazu auch *Calliess*, in: Merten/Papier, Handbuch der Grundrechte in Deutschland und Europa, § 44, Rn. 7 m.w.N.

1743 Oben Teil 2, Kapitel 2, I., 1. b), S. 148.

1744 *Moritz*, Staatliche Schutzpflichten gegenüber pflegebedürftigen Menschen, S. 208–213.

1745 BVerfG, NJW – Neue Juristische Wochenschrift 2016, 1716.

sahen eine eigene und gegenwärtige Betroffenheit auch deshalb nicht hinreichend dargelegt, da „die Notwendigkeit von stationärer Pflege in der Person der Beschwerdeführer nicht mit der gebotenen Wahrscheinlichkeit gegeben" sei.[1746] In anderen Zusammenhängen wird die Problematik etwa bei *Möstl*[1747] und *Helios/Brüning*[1748] angesprochen. Insgesamt liegen zu diesem Problemkreis bisher nur wenige konkrete Auseinandersetzungen vor, und auch in Bezug auf die Schutzpflichten im Rahmen der ärztlichen Leichenschau bedarf die Thematik weiterer Forschung. Dies würde jedoch den Rahmen der vorliegenden Arbeit sprengen, weshalb sich die weiteren Ausführungen auf ein Gedankenspiel beschränken. Ginge man davon aus, dass eine konkrete Betroffenheit bereits bei Überschreitung der schutzpflichtenrechtlichen Relevanz im entsprechenden Fall vorläge, so wäre jeder gegenwärtig betroffen, dessen Grundrechtsgut aktuell gefährdet würde.[1749] Vor dem Hintergrund der Serienmorde an Menschen in vergleichbarer Lage[1750] könnte der Beschwerdeführer, in Ansehung der Bedeutung der ärztlichen Leichenschau für den Schutz vor Serientötungen, Angst vor ähnlichen Tätern im eigenen Umfeld haben. Denn die Taten fielen über Jahre hinweg maßgeblich deshalb nicht auf, weil die leichenschauenden Ärzte regelmäßig übersahen, dass es sich um nicht natürliche Todesfälle handelte.[1751] In der Situation des Beschwerdeführers ist er potentiellen Tätern dieser Art hilflos ausgeliefert. Gelangte das Bundesverfassungsgericht angesichts dessen zu der Auffassung, dass die Schutzpflicht des Staates in diesem Fall verletzt wurde, würde die Richter den Beschwerdegegner voraussichtlich auffordern, die Wiedereinführung von Formularen für die Todesbescheinigung mit der herkömmlichen Dreiteilung der Todesart in natürlich, nicht natürlich oder unklar zu veranlassen. Darüber hinaus könnten die Richter den Landesgesetzgeber möglicherweise dazu anhalten, dass System der ärztlichen Leichenschau insgesamt entsprechend schutzpflichtenkonform zu gestalten.

1746 BVerfG, NJW – Neue Juristische Wochenschrift 2016, 1716 (1717).

1747 *Möstl*, DÖV – Die Öffentliche Verwaltung 1998, S. 1032 f.

1748 *Brüning/Helios*, Jura – Juristische Ausbildung 2001, S. 160 f.

1749 Vgl. *Möstl*, DÖV – Die Öffentliche Verwaltung 1998, S. 1033.

1750 Zu denken ist hier beispielsweise an die Taten des Krankenpflegers Nils H., der bisher wegen drei Tötungen verurteilt wurde – in insgesamt 200 Fällen wird ermittelt –, oder Donald H., der 50 Menschen getötet hat, *Müller*, Die ZEIT vom 19.02.2015, S. 15 (16); vgl. oben Teil 2, Kapitel 4, V., 2., b), ba), S. 262–265.

1751 Vgl. oben Teil 2, Kapitel 2., I., 1., b), S. 148 f.

Als weiteres Beispiel wäre prinzipiell eine abstrakte Normenkontrolle denkbar,[1752] die unter Umständen in eine Appellentscheidung des Bundesverfassungsgerichts münden würde.[1753] Ob ein Unterlassen des Gesetzgebers in diesem Zusammenhang Verfahrensgegenstand sein kann, ist noch nicht abschließend geklärt, jedenfalls aber nicht ausgeschlossen.[1754] Es hat in der Vergangenheit bereits Vorstöße einzelner Landesregierungen zur Reform der ärztlichen Leichenschau gegeben.[1755] Einige Bundesländer wurden und werden hinsichtlich der Problematik aktiv,[1756] während sich andere dazu nicht in der Lage sehen; es besteht also eine grundsätzliche Uneinigkeit. Daher ist ein Vorgehen gegen die Schutzpflichtverletzungen durch die ärztliche Leichenschau von Seiten einer Landesregierung mittels eines Antrags gem. Art. 76 Abs. 1 Nr. 1 BVerfGG im Sinne einer Aufforderung an den Bund vorstellbar. Oder ein Zusammenschluss von Bundestagsabgeordneten wendet sich gegen die derzeitigen defizitären Regelungen zur ärztlichen Leichenschau in den Bestattungsgesetzen der Länder. In letzterem Fall könnte es unter Umständen auch zu einer Appellentscheidung des Bundesverfassungsgerichts kommen, sofern die angegriffene Norm zum Zeitpunkt der Entscheidung zwar noch nicht verfassungswidrig ist, jedoch diesbezügliche Bedenken bestehen oder sich eine zukünftige Verfassungswidrigkeit anbahnt.[1757] Entsprechende Veränderungen der verfassungsrechtlichen Prüfungsmaßstäbe und ihrer Rechtsfolgen sind im Bereich der Schutzpflichten durchaus möglich, etwa bei neuen Erkenntnissen hinsichtlich der Effektivität staatlicher Schutzmaßnahmen.[1758] Zu denken ist hier an die

---

1752 Art. 100 Abs. 1, 93 Abs. 1 Nr. 2 GG, §§ 13 Nr. 6, 76 ff. BVerfGG.

1753 Zur Appellentscheidung *Moritz*, Staatliche Schutzpflichten gegenüber pflegebedürftigen Menschen, S. 172 f. m.w.N., insbesondere auf das entsprechende Vorgehen des Bundesverfassungsgerichts im Zusammenhang mit Schutzpflichten in BVerfGE 39, 1. Dazu mehr bei *Hillgruber/Goos*, Verfassungsprozessrecht, S. 218 f.

1754 Vgl. *Moritz*, Staatliche Schutzpflichten gegenüber pflegebedürftigen Menschen, S. 200 m.w.N.

1755 Siehe dazu oben Teil 2, Kapitel 3, II., S. 205–209 oder auch *Schilder*, FAZ – Frankfurter Allgemeine Zeitung vom 26.06.2007, S. 9.

1756 So wurde etwa in Nordrhein-Westfalen die Grundlage für die Evaluation der ärztlichen Leichenschau in das Bestattungsgesetz aufgenommen: § 9 Abs. 3a–3c BestG NRW, siehe dazu auch unten Teil 3, Kapitel 1, S. 286.

1757 *Hillgruber/Goos*, Verfassungsprozessrecht, S. 218.

1758 *Hillgruber/Goos*, Verfassungsprozessrecht, S. 218.

Ergebnisse eines möglichen Evaluationsprozesses des Leichenschausystems in Nordrhein-Westfalen.[1759]

Ein mögliches Befassen der Karlsruher Richter ist nicht auf die voranstehenden Überlegungen beschränkt. Diese stellen lediglich gedankliche Ansätze dar, die weiterer Ausarbeitung an anderer Stelle offen stehen.

1759 Siehe dazu unten Teil 3, Kapitel 1, S. 290; die rechtliche Grundlage bildet § 9 Abs. 3a–3c BestG NRW.

Kapitel 2: Mögliche Maßnahmen des Staates zur Verbesserung der ärztlichen Leichenschau

Die vorangegangenen Ausführungen haben deutlich gemacht, dass durch die Situationen, die das derzeitige Leichenschausystem zulässt, Schutzpflichten aus verschiedenen Grundrechten aktiviert werden. Der Staat ist damit von Verfassungs wegen gefordert entsprechende Änderungen vorzunehmen. Sollten ein oder mehrere Staatsorgane konkrete Maßnahmen zur Verbesserung der ärztlichen Leichenschau vornehmen wollen, gäbe es zahlreiche Ansatzpunkte aus der einschlägigen Fachliteratur oder auch der Politik, die im Rahmen des staatlichen Gestaltungsspielraums genutzt werden könnten. Angesichts der potentiell jederzeit eintretenden Folgen des systembedingten Versagens der ärztlichen Leichenschau bei der Erfüllung ihres Zwecks, sind auch Vorgaben für konkrete Maßnahmen an den Staat seitens des Bundesverfassungsgerichts vorstellbar. Nachfolgend soll in knapper Form eine Auswahl der verschiedenen Lösungsvorschläge oder umfassenderen Konzepte dargestellt werden, die als Grundlage konkreter staatlicher Maßnahmen dienen sollten.

I. Verschiedene Verbesserungsvorschläge aus beteiligten Kreisen

Über viele Jahrzehnte hinweg gab es regelmäßig Kritik an der ärztliche Leichenschau, aber auch Verbesserungsvorschläge. Die relevantesten Punkte werden im Folgenden zusammengefasst. Die genannten Belege stehen jeweils stellvertretend für andere, die so oder in ähnlicher Form häufig thematisiert werden.

Die meisten Ansatzpunkte gelten einzelnen Bereichen des Leichenschausystems, einige davon betreffen die verantwortlichen Ärzte. So wird gefordert, die Ärzte wirksam dazu zu veranlassen, die Leichenschau tatsächlich vollumfänglich vorschriftsmäßig und mit großer Sorgfalt durchzuführen.[1760] Neben den Appellen an die Ärzte werden auch Möglichkeiten zur Verbesserung der

1760 *Vennemann/Du Chesne/Brinkmann*, Deutsche Medizinische Wochenschrift 2001, S. 712, 716; *Brinkmann/Du Chesne*, Medizinische Welt 1993, S. 701; kompakt zu den häufigen Fehlern *Fieseler/Zinka/Peschel*, MMW Fortschritte der Medizin 2009, S. 27–30.

Rahmenbedingungen für die Ärzte genannt. Dazu gehört etwa, durch entsprechende Organisation für mehr Erfahrung in diesem Bereich der ärztlichen Tätigkeit und für eine bessere Aus- und Fortbildung zu sorgen.[1761] Konkret schlägt die Deutsche Gesellschaft für Rechtsmedizin eine verpflichtende postgraduale Fortbildung zur Leichenschau für alle Ärzte vor, unter Festlegung einer obligatorischen Stunden- und CME Punktezahl.[1762] Als Basis systembedingter Fortschritte wird immer wieder eine höhere Vergütung der Leichenschau ins Spiel gebracht.[1763] Häufig wird auch die Kommunikation zwischen den Beteiligten während und nach der eigentlichen Untersuchung angesprochen. Etwa die Verbesserung der Kommunikation zwischen Ärzten und Ermittlungsbeamten,[1764] oder eine regelmäßige Rückmeldung des Obduktionsergebnisses an die leichenschauenden Ärzte.[1765] Zur reibungsloseren Zusammenarbeit wird auch eine einheitliche, gut ausformulierte Legaldefinition des nicht natürlichen Todes[1766] und anderer wichtiger Schlüsselbegriffe angeraten.[1767] Für mehr Klarheit in diesem Bereich, wie auch für weniger übersehene nicht natürliche Todesfällen soll die Festschreibung der Kategorien „natürlicher", „nicht natürlicher" und „unklarer" Tod in allen Todesbescheinigungen sorgen;[1768] in diese Richtung zielt auch die Idee, alle nicht klaren Sterbefälle

---

1761 *Schenk*, Deutsche Medizinische Wochenschrift 2012, S. 1235; zur Ausbildung etwa *Bahner*, Recht im Bereitschaftsdienst, S. 212; *Anders/Schwenn/Püschel*, Rechtsmedizin: Organ der Deutschen Gesellschaft für Rechtsmedizin 2007, S. 153–158; *Anders* et al., Rechtsmedizin: Organ der Deutschen Gesellschaft für Rechtsmedizin 2005, S. 167–172; *Püschel*, Rechtsmedizin: Organ der Deutschen Gesellschaft für Rechtsmedizin 2009, S. 389; *Brinkmann* et al., ArchKrim – Archiv für Kriminologie 1997, S. 70.

1762 *Rothschild*, Rechtsmedizin: Organ der Deutschen Gesellschaft für Rechtsmedizin 2009, S. 412.

1763 *Schenk*, Deutsche Medizinische Wochenschrift 2012, S. 1235; *Eisenmenger/Betz*, MMW – Organ für amtliche und praktische Ärzte 1994, S. 78 f.

1764 *Rothschild*, Rechtsmedizin: Organ der Deutschen Gesellschaft für Rechtsmedizin 2009, S. 411 f.

1765 *Rothschild*, Rechtsmedizin: Organ der Deutschen Gesellschaft für Rechtsmedizin 2009, S. 408–410.

1766 *Rothschild*, Rechtsmedizin: Organ der Deutschen Gesellschaft für Rechtsmedizin 2009, S. 407.

1767 *Bundesärztekammer* (Hrsg.), Entwurf einer Gesetzgebung zur ärztlichen Leichenschau- und Todesbescheinigung.

1768 *Bahner*, Recht im Bereitschaftsdienst, S. 212; *Brinkmann* et al., ArchKrim – Archiv für Kriminologie 1997, S. 70 f.; *Eisenmenger/Betz*, MMW – Organ für amtliche und praktische Ärzte 1994, S. 79; *Oehmichen*, Kriminalistik 1993, S. 137.

einer Sektion zuzuführen.[1769] Geworben wird in diesem Zusammenhang auch für den Einsatz moderner technischer Mitteln, wie etwa dem MRT.[1770] Zumal ein ähnlicher Aufwand regelmäßig bei Diagnosen von vergleichsweise geringerer Bedeutung betrieben werde. Es müsse ein erweitertes Verständnis der ärztlichen Leichenschau entstehen, als Untersuchung mit der regelmäßig einschneidendsten, gravierendsten Diagnose von allen: Dem Tod. Zur Evaluation der Qualität der Leichenschau und gleichzeitiger Aufklärung falscher Todesarten wird regelmäßig eine höhere Rate insbesondere gerichtlich angeordneter Sektionen gefordert, etwa in allen Fällen unklarer Todesart.[1771] Aber auch eine Steigerung klinischer Obduktionen als verdachtsunabhängige Qualitätskontrolle bei Todesfällen in engem zeitlichem Zusammenhang mit ärztlichen Maßnahmen kommt zur Sprache.[1772] Zu Änderungen von größerer Tragweite würde auch eine immer wieder geforderte Reform des Leichenschausystems mit der Einführung spezialisierter Leichenschauärzte führen;[1773] je nach Ansicht würden die Leichenschauer auf amtlicher Basis – oder auch nur bei Todesfällen von Kindern tätig.[1774] Große Veränderungen, im Vorfeld wie in der Folge, brächte

1769 *Madea*, Deutsches Ärzteblatt 2006, S. A 914–A 918; *Pollak*, in: Schlüchter, Kriminalistik und Strafrecht, S. 465; ein ähnliches Vorgehen wurde kürzlich für die Stadt Frankfurt beschlossen. Demnach soll ein Rechtsmediziner eingeschaltet werden, wenn kein Hausarzt erreichbar ist oder die Polizei zu der Leiche gerufen wird; der Rechtsmediziner soll dann grundsätzlich auch ein Obduktion durchführen, *o.V.*, FAZ – Frankfurter Allgemeine Zeitung vom 13.01.2018, S. 7.

1770 *Püschel*, Rechtsmedizin: Organ der Deutschen Gesellschaft für Rechtsmedizin 2009, S. 390; dazu auch *Eisenberg*, Beweisrecht der StPO, S. 960, Rn. 1946.

1771 *Jütte/Dietel/Rothschild*, Deutsches Ärzteblatt 2016, S. 814–817; *Schmeling*, in: *Raute*, Die Problematik der ärztlichen Leichenschau – Interview mit Prof. Dr. med. Andreas Schmeling, stellvertretender Direktor des Instituts für Rechtsmedizin der Universität Münster – Mitglied im Vorstand der Deutschen Gesellschaft für Rechtsmedizin.

1772 *Rothschild*, Rechtsmedizin: Organ der Deutschen Gesellschaft für Rechtsmedizin 2009, S. 412.

1773 *Bahner*, Recht im Bereitschaftsdienst, S. 212; *Gerg/Baier*, Kriminalistik 2009, S. 476; *Vennemann/Du Chesne/Brinkmann*, Deutsche Medizinische Wochenschrift 2001, S. 712; *Püschel/Kappus/Janssen*, Arzt und Krankenhaus 1987, S. 104 f.; *Brinkmann* et al., ArchKrim – Archiv für Kriminologie 1997, S. 70 m.w.N.; *Brinkmann/Du Chesne*, Medizinische Welt 1993, S. 701 m.w.N.; *Schneider*, Kriminalistik 1981, S. 287 f.; kritisiert bei *Schenk*, Deutsche Medizinische Wochenschrift 2012, S. 1235.

1774 Der Rechtsmediziner Michael Tsokos im Interview, *Brost/Struller*, Die ZEIT vom 25.09.2014, S. 10.

ein bundeseinheitliches Bestattungsgesetz, das mit einer Änderung der Kompetenzverteilung zwischen Bund und Ländern verbunden wäre. Dafür plädiert etwa der ehemalige Generalbundesanwalt *Nehm*, mit Blick auf eine dauerhafte Qualitätssicherung der Leichenschau: „Für das im Rechtsstaatsprinzip verankerte Postulat der materiellen Gerechtigkeit und damit für die Gesellschaft als Ganzes wäre dies von unschätzbarem Gewinn."[1775] Auf dieser Basis käme auch eine gesetzliche Regelung über eine bundeseinheitliche Todesbescheinigung in Betracht.[1776] Die überwiegende Zahl der genannten Änderungs- und Reformvorschläge betrifft direkt den, respektive die (Landes-) Gesetzgeber;[1777] als einer der Adressaten staatlicher Schutzpflichten läge ein entsprechendes Tätigwerden hier nahe.

Zur Bewertung der aktuellen Leistungsfähigkeit des Leichenschausystems bieten sich Modellversuche an, wie sie in Nordrhein-Westfalen gem. § 9 Abs. 3a–3c BestG NRW bereits vorgesehen sind. Dazu soll eine regionale Trennung von Todesfeststellung und Leichenschau erfolgen, zu deren Zweck die untere Gesundheitsbehörde geeignete Dritte mit der Leichenschau beauftragen kann. Für die Überprüfung der konkreten Leichenschauergebnisse sind Stichproben vorgesehen, in deren Rahmen vom zuständigen Ministerium beauftragte Stellen die Todesbescheinigungen und entsprechenden Krankenakten einsehen und weitere Informationen im Rahmen der Regelung einholen sowie weitere Leichenschauen veranlassen dürfen. Außerdem werden die Ärztekammern in das Vorhaben mit einbezogen.

II. Projektgruppe zur Verbesserung der Qualität der äußeren Leichenschau und Arbeitsgemeinschaft der obersten Landesgesundheitsbehörden

Die von Seiten der Politik bisher umfangreichsten Bemühungen zur Verbesserung des Leichenschausystems erfolgten auf eine Initiative der Justizministerkonferenz hin. Der Strafrechtsausschuss der Justizministerkonferenz richtete im Anschluss an die 78. JuMiKo[1778] am 28./29.06.2007 in Berlin die so genannte

1775 *Nehm*, in: Brinkmann, Leichenschau, S. 9.

1776 *Schenk*, Deutsche Medizinische Wochenschrift 2012, S. 1235; *Eisenmenger/Betz*, MMW – Organ für amtliche und praktische Ärzte 1994, S. 77 f.

1777 So sehen etwa *Kölbel/Ibold*, in: Münchener Kommentar – StPO, § 159, Rn. 9 sowie *Geerds*, ArchKrim – Archiv für Kriminologie 1997, S. 47 f. den Reformbedarf ebenfalls bei den entsprechenden Landesgesetzen.

1778 Justizministerkonferenz.

„Projektgruppe zur Verbesserung der Qualität der äußeren Leichenschau“ ein; das Land Nordrhein-Westfalen übernahm die Leitung. Der Abschlussbericht der Projektgruppe vom 09.09.2009 lag der der Herbstkonferenz der Justizminister am 05.11.2009 vor;[1779] eine Analyse des Berichts bietet *Zimmermann*.[1780] Mit der Entscheidung, besagten Abschlussbericht zur Ressortabstimmung der Gesundheits-, Innen- und Kultusministerkonferenz weiterzuleiten, fanden die Probleme des Systems der ärztlichen Leichenschau in Deutschland die bisher wohl größte Aufmerksamkeit auf zugleich bis heute höchster Ebene in der Politik seit dem zweiten Weltkrieg (die Behandlung auf der Gesundheitsministerkonferenz 1989 hatte weniger weit reichende Folgen). Es gab danach wohl kein ähnlich großes interdisziplinäres Gremium auf vergleichbarer Ebene mehr, das sich speziell und ausschließlich mit den bekannten Problemen der ärztlichen Leichenschau beschäftigte und Reformvorschläge in diesem Umfang gemacht hat. Zugleich gab der Bericht wahrscheinlich den Anstoß für die weitere Verfolgung des Themas. Die 83. Gesundheitsministerkonferenz 2010 hat die Arbeitsgemeinschaft der obersten Landesgesundheitsbehörden beauftragt eine länderoffene Arbeitsgruppe zur Prüfung der Reformvorschläge der oben genannten JuMiKo-Projektgruppe für eine Verbesserung der ärztlichen Leichenschau einzusetzen. Unter dem Vorsitz Berlins beteiligten sich Bayern, Brandenburg, Bremen, Hamburg, Mecklenburg-Vorpommern, Niedersachsen, Nordrhein-Westfalen und Rheinlad-Pfalz. Anlässlich der 84. Gesundheitsministerkonferenz vom 30.06.2011 wurde die Evaluation der einzelnen Reformvorschläge durch die länderoffene Arbeitsgruppe vorgestellt.[1781] Die JuMiKo-Projektgruppe hatte acht Reformvorschläge erarbeitet: 1. Entkoppelung von Todesfeststellung und äußerer Leichenschau, 2. Fort- und Weiterbildung zu Leichenschauärzten, 3. Änderung der Organisationsstruktur, 4. Detaillierte Meldepflichten der Ärzte, 5. Qualitätssichernde Maßnahmen, 6. Höhere Vergütung der äußeren Leichenschau, 7. Entfall der Feuerbestattungsleichenschau bei signifikanter Erhöhung der Qualität durch Umsetzung der Reformvorschläge

---

1779 Das Dokument des Berichts ist nicht öffentlich – auch nicht für wissenschaftliche Zwecke – zugänglich, eine entsprechende Anfrage beim Justizministerium des Landes Nordrhein-Westfalen blieb unter diesem Hinweis ergebnislos.

1780 *Zimmermann*, in: Bernsmann/Fischer, Festschrift für Ruth Rissing-van Saan zum 65. Geburtstag am 25. Januar 2011, S. 811–820.

1781 *Arbeitsgemeinschaft der obersten Landesgesundheitsbehörden*, Verbesserung der Qualität der äußeren Leichenschau; die folgende Darstellung orientiert sich an diesem Dokument.

sowie abschließend 8. Mehrjährige Übergangsfristen zu deren Umsetzung.[1782] Nach ausführlicher Evaluation gelangte die Arbeitsgruppe zu einer Reihe eigener Vorschläge, durch die ihrer Ansicht nach die Punkte 2, 3, 4 und 5 der Projektgruppe weitestgehend umgesetzt würden.[1783] Eine Anhebung der Gebühren wurde als richtig erachtet, allerdings unter der Voraussetzung einer erneuten Erörterung des Betrages. Der Entfall der Feuerbestattung könne erst nach Evaluierung der gegebenenfalls im Endeffekt umgesetzten Maßnahmen erfolgen. Die eigenen Vorschläge der Arbeitsgruppe lauten:[1784] 1. Verbesserung der ärztlichen Aus-, Weiter- und Fortbildung, 2. Adäquate Qualitätskontrolle der Dokumentation, 3. Einführung von Meldepflichten bei bestimmten Auffindesituationen,[1785] 4. Einführung einer Leichenschau durch die rechtsmedizinischen Institute in noch zu definierenden Fällen. Übergangsfristen für die Umsetzung der Reformpunkte hielt man nicht für erforderlich.[1786] Infolge dieser beiden Maßnahmenkataloge sind für die norddeutschen Bundesländer inzwischen „Eckpunkte für eine Rahmengesetzgebung der Länder zur Leichenschau" entstanden.[1787]

III. Gesetzentwurf der Bundesärztekammer

Der Entwurf einer Gesetzgebung zur ärztlichen Leichenschau- und Todesbescheinigung durch die Bundesärztekammer[1788] bildet in gewisser Hinsicht

1782 *Arbeitsgemeinschaft der obersten Landesgesundheitsbehörden*, Verbesserung der Qualität der äußeren Leichenschau, S. 5–10.

1783 „Eine generelle Entkoppelung der Todesfeststellung von der Leichenschau sowie die Einführung spezieller Leichenschaudienste mit entsprechender Qualifikation und deren flächendeckender Sicherstellung durch die unteren Gesundheitsbehörden wird für nicht umsetzbar gehalten.", *Arbeitsgemeinschaft der obersten Landesgesundheitsbehörden*, Verbesserung der Qualität der äußeren Leichenschau, S. 14. In der Fachöffentlichkeit wird dies allerdings bezweifelt, *Madea*, in: ders., Die ärztliche Leichenschau, S. 8.

1784 *Arbeitsgemeinschaft der obersten Landesgesundheitsbehörden*, Verbesserung der Qualität der äußeren Leichenschau, S. 14.

1785 Etwa bezüglich rechtsmedizinischer, epidemiologischer oder auch kriminalistischer Erkenntnisse.

1786 *Arbeitsgemeinschaft der obersten Landesgesundheitsbehörden*, Verbesserung der Qualität der äußeren Leichenschau, S. 10.

1787 *Madea*, in: ders., Die ärztliche Leichenschau, S. 8.

1788 *Bundesärztekammer* (Hrsg.), Entwurf einer Gesetzgebung zur ärztlichen Leichenschau- und Todesbescheinigung.

eine ausführliche Zusammenfassung der verschiedenen Bestattungsgesetze der Länder. Der Unterschied besteht hauptsächlich darin, dass in den Landesgesetzen, von denen sich augenscheinlich einige am Entwurf der Ärztekammer orientieren, nur vereinzelte Passagen gleich lauten und oft nicht so ausführlich sind. So sind beispielsweise im Entwurf, anders als in den meisten Landesbestimmungen, die sicheren Todeszeichen ausdrücklich aufgeführt; eine nahezu übereinstimmende Passage findet sich in der Bestattungsverordnung des Saarlandes.[1789] Aus den Anmerkungen zu einigen der Formulierungsvorschläge für entsprechende Normen lässt sich schließen, dass der Schwerpunkt darin lag, die besonders fehleranfälligen Teile der Leichenschau im Text ausführlich darzustellen und neben der bloßen Kodifizierung dem leichenschauenden Arzt auch eine Art Handlungsanleitung zu geben. Darüber hinaus finden sich deutlich mehr Legaldefinitionen. Auch hier geben die Anmerkungen Aufschluss, dass die Definitionen hauptsächlich dazu dienen sollen, eine einheitliche Ausgangsbasis für die Zusammenarbeit der beteiligten Personen zu schaffen und so Konflikte zu vermeiden. Eine wesentliche Neuerung bildet die von der Bundesärztekammer propagierte vierte Option der Todesart: „unerwarteter Tod im Rahmen medizinischer Maßnahmen“.[1790] Der in einer solchen Konstellation leichenschauende Arzt hätte den Vorteil, nicht selbst und nicht schon abschließend im Rahmen einer äußeren Leichenschau entscheiden zu müssen, ob ein nicht natürlicher und damit durch den tätig gewordenen Kollegen verursachter Tod vorliegt. Denn unabhängig davon, ob beispielsweise der Operateur den Tod tatsächlich durch einen Fehler herbeigeführt hat, legt die Diagnose nicht natürlicher Tod dies zumindest nahe. Ist das Ergebnis für den Arzt nach der äußeren Leichenschau völlig offen, kann er dies durch die vierte Kategorie deutlich neutraler ausdrücken als bislang.

1789 § 4 Abs. 3 S. 3 f. *Bundesärztekammer* (Hrsg.), Entwurf einer Gesetzgebung zur ärztlichen Leichenschau- und Todesbescheinigung; § 3 Abs. 4 BestattVO Saarland.

1790 § 7 S. 2 *Bundesärztekammer* (Hrsg.), Entwurf einer Gesetzgebung zur ärztlichen Leichenschau- und Todesbescheinigung.

IV. Gesonderter Leichenschaudienst: „Berliner Modell", „Stuttgarter Modell" und „Bremer Modell"

Die Kassenärztliche Vereinigung Berlin organisiert seit 2004 einen separaten Leichenschaudienst, der als „Berliner Modell" bezeichnet wird.[1791] Bei diesem Bereitschaftsdienst stehen in 12-Stunden-Schichten jeweils zwei Ärzte unter einer einheitlichen Rufnummer für die Leichenschau rund um die Uhr zur Verfügung, sodass keinerlei Verzögerungen durch anderweitige Tätigkeiten entstehen. Jeder approbierte Arzt kann unter der Voraussetzung daran teilnehmen, die speziellen Fortbildungsveranstaltungen besucht zu haben. Die Diensthabenden kommen mit dem eigenen Fahrzeug zum Einsatzort und es wird versucht, die individuellen Dienstzeiten den Wünschen der Ärzte entsprechend zu organisieren. Bereits im ersten Jahr wurden im Rahmen des Dienstes von den damals 50 Medizinern über 5.000 Leichenschauen vorgenommen; der Großteil der Einsätze erfolgte auf Meldung der Polizei hin, die seit dem Start des Berliner Modells ausschließlich die daran beteiligten Ärzte anfordert. Sowohl hinsichtlich der durch verringerten Zeitdruck bei der Untersuchung und mehr Routine geförderten Qualität der Leichenschau als auch der Entlastung insbesondere der Not- und Rettungsärzte außerhalb des Dienstes wurde eine positive Bilanz gezogen.[1792]

Ähnlich dem System in Berlin wurde auch in Stuttgart ein gesonderter Leichenschaudienst eingeführt,[1793] bei dem sich 20 niedergelassene Ärzte rund um die Uhr für die Leichenschau zur Verfügung stellen. Auch hier konnte durch entsprechende Fortbildungsangebote die Qualität der Leichenschau erhöht werden. Zudem stellte sich heraus, dass durch organisatorische Bündelung Konfliktpunkte in der Zusammenarbeit mit der Polizei vermindert werden konnten.[1794]

In Bremen wurde ebenfalls ein solches System installiert, allerdings in größerem Umfang und mit höherer Spezialisierung der zuständigen Ärzte.[1795] Die

---

1791 Die folgende Darstellung des Modells ist dem Beitrag von *Hoppe*, ÄP – Ärztliche Praxis 2005, S. 22, entnommen.

1792 *Hoppe*, ÄP – Ärztliche Praxis 2005, S. 22.

1793 Die Informationen zum Stuttgarter Model entstammen dem Beitrag von *Gerg/Baier*, Kriminalistik 2009, S. 475–479.

1794 *Gerg/Baier*, Kriminalistik 2009, S. 476. Nähere Beispiele werden nicht genannt; denkbar sind beispielsweise kürzere Wartezeiten der Beamten bis zum Eintreffen des leichenschauenden Arztes am Auffindungsort der Leiche.

1795 Die Darstellung beruht auf dem Beitrag von *Birkholz*, Kriminalistik 2006, S. 222–225.

Basis dieses Modells ist das 1994 gegründete Institut für Rechtsmedizin, das zwar über ein öffentliches Dienstrecht verfügt, jedoch privatwirtschaftlich geführt wird.[1796] Die Rechtsmediziner stehen – entgegen der sonstigen Handhabung in Deutschland – in Form eines Beweissicherungsdienstes auch für die ärztliche Leichenschau zur Verfügung. Nach zehn Jahren wurden folgende Zahlen erhoben: 35 % aller ärztlichen Leichenschauen in Bremen werden von den Rechtsmedizinern selbst ausgeführt oder sie stehen dem Kollegen helfend zur Seite, häufig auf Anfrage der Polizei. Hinzu kommen 550 Todesfälle im Zusammenhang mit ärztlicher Betreuung. Das Institut kann diesen besonderen Dienst der am besten für die Leichenschau qualifizierten Ärzte anbieten, obwohl durch die Leichenschautätigkeit allein in Bremen auch ein einzelner Rechtsmediziner kein Auskommen hätte. Das System funktioniert, da das Institut zusätzlich die Krematoriumsleichenschauen, Opfer- und Täterbegutachtungen, Begutachtungen der Arrest-, Haft-, Transport- und Vernehmungsfähigkeit sowie Blutuntersuchungen, zudem die Verkehrsmedizin übernimmt; das ergab 4.000 ambulante Aufträge im Jahr allein durch die Polizei. Bei Abschluss der vorliegenden Arbeit ist ein neues Modellprojekt für 2017 in Planung, bei dem im Bundesland Bremen in jedem einzelnen Todesfall eine qualifizierte Leichenschau durchgeführt wird, die vom Institut für Rechts- und Verkehrsmedizin rund um die Uhr gewährleistet werden soll.[1797] Dabei handelt es sich um eine äußere rechtsmedizinische Untersuchung, die auf die herkömmliche Leichenschau folgt; Letztere wird jedoch auf die Feststellung des Todes beschränkt. Eine solche Form der ärztlichen Leichenschau wird vom ärztlichen Beweissicherungsdienst Bremen in Zusammenarbeit mit dem Rechtsmedizinischen Institut der Universität Hannover bereits für die Umlandkrankenhäuser in Delmenhorst, Achim und Verden praktiziert.[1798]

V. Fazit

Wie die Reformvorschläge von Justizminister- und Gesundheitsministerkonferenz, das Modellprojekt in Bremen – das in Zukunft ausgebaut werden soll – oder das im Bestattungsgesetz des Landes Nordrhein-Westfalen angelegte

---

1796 Da die Universität Bremen nicht über eine medizinische Fakultät verfügt, ist das Institut nicht an die Hochschule angegliedert.

1797 Dazu *Stengel*, Frankfurter Rundschau vom 12.05.2017, S. 44. Zur politischen Diskussion, Bremische Bürgerschaft, BB-Drs. 19/369 und Bremische Bürgerschaft, BB-Drs. 19/435 zu 19/369.

1798 Bremische Bürgerschaft, BB-Drs. 19/369.

Evaluationsprojekt zeigen, gibt es erstens für den Staat durchaus zahlreiche Maßnahmen zur Qualitätsverbesserung und von Seiten der Politik zeitweise positive Ansätze bzw. kleinere Änderungen der Praxis. Flächendeckenden und nachhaltigen Änderungen dieser Art scheinen hauptsächlich fehlende zentrale Organisation, Wechsel in den verantwortlichen politischen Ämtern und konkurrierende Interessen entgegen zu stehen. Selbiges mag auch ein Grund sein, warum regionale Bemühungen wie das Berliner oder das Stuttgarter Modell keine größere Verbreitung finden.[1799]

1799 In diesem Sinne *Birkholz*, Kriminalistik 2006, S. 225: „Wen wundert es da, dass kaum einem Entscheidungsträger in der Republik das Bremer Modell bekannt ist."

Abschließende Beurteilung

Will man die Gründe und Ursachen für die ambivalente Haltung der Politik, die Interessen der anderen Beteiligten und die Komplexität der Debatte verstehen, so muss man sich der Hintergründe bewusst werden. Dazu gehört, sich die einzelnen Hauptakteure des Ringens um die ärztliche Leichenschau vor Augen zu führen. Am nächsten an der Untersuchung an sich ist das Gros der Ärzteschaft, das in der Praxis von der Leichenschau betroffen sein kann. Vertreten durch den Deutschen Ärztetag und die Deutsche Ärztekammer fordern sie vor allem eine bessere Vergütung der Tätigkeit.[1800] Viele Ärzte würden sicherlich auf diese spezielle Tätigkeit gern auch ganz verzichten.[1801] Das Interesse der Polizeibehörden und Staatsanwaltschaften liegt in einer möglichst reibungslosen Zusammenarbeit mit den Ärzten, was vor allem die Vermeidung von Wartezeiten am Leichenfundort, unbegründeter Leichensachen und Sektionen bedeutet.[1802] Eine wesentliche Rolle im Rahmen des Prozesses, der nach einem Todesfall abläuft, spielen die rechtsmedizinischen Institute. Diese sind heute fast ausschließlich an die Universitäten angegliedert und mit der Aufgabe betraut, im Rahmen der rechtsmedizinischen Ausbildung der Mediziner das Grundlagenwissen zur ärztlichen Leichenschau zu vermitteln. Darüber hinaus werden die Rechtsmediziner dann zur Aufklärung eines Todesfalls hinzugezogen, wenn der leichenschauende Arzt und die Kriminalpolizei Zweifel an der Todesart haben oder die genaue Todesursache ermittelt werden soll. Die Arbeit der Institute kann sowohl bloße Begutachtungen als auch Sektionen sowie weitere Untersuchungen beinhalten. Die überwiegende Zahl der Kritiker der ärztlichen Leichenschau stammt aus diesem Umfeld, was nicht verwundert, da sie die letzte Instanz bei der Aufdeckung von nicht natürlichen Todesfällen sind und damit oft diejenigen, denen die Fehler bei der ärztlichen Leichenschau auffallen und denen somit das Ausmaß der Problematik unmittelbar vor Augen steht. Eine kritische Sicht auf die Rolle der Institute klingt bei *Birkholz* durch.[1803] Dieser kommt zu dem Schluss, dass die Universitäten und mit Ihnen die angeschlossenen rechtsmedizinischen Institute finanziell erheblich vom

1800 *o.V.*, Deutsches Ärzteblatt 2013, S. A 1172.

1801 Siehe oben Teil 2, Kapitel 2, I., 6., S. 163–166.

1802 Vgl. etwa die in der Studie von *Gerg/Baier* formulierten Ziele der Polizei, *Gerg/Baier*, Kriminalistik 2009, S. 475 f.

1803 *Birkholz*, Kriminalistik 2006, S. 222–225.

derzeitigen (schlechten) Zustand profitieren. Deren Rechtsmediziner wären für Außensektionen und Gerichtstermine in ganz Deutschland unterwegs, was Millionen Euro an Einnahmen zur Folge hätte, die nicht selten in Private Hand gelangen würden; durch spezielle Leichenschauer vor Ort würde sich dieses System weitgehend erübrigen.[1804]

Aufgrund der Entscheidungsmacht über das gesamte System der ärztlichen Leichenschau kommt es letztendlich auf das Handeln der Politik an. Deren Interesse an diesem Thema hält sich aus verschiedenen Gründen in Grenzen. *Scheib* stellt die Vermutung an, dass der Hauptgrund staatlicher Zurückhaltung im finanziellen Aspekt zu suchen sei.[1805] Jede Verfolgung eines Tötungsdelikts sowie das weitere Verfahren mit dem Täter nach der potentiellen Festnahme koste den Staat Geld. Er sieht eine Diskrepanz zwischen teils sehr medienwirksamer Verfolgung von Einzeltätern bei gleichzeitigem Ignorieren so vieler unentdeckter Tötungsdelikte. Es läge nahe, dass den Bürgern suggeriert werden solle, der Staat erfülle seine Verpflichtung unter Einsatz aller Mittel, während tatsächlich kein Interesse an der Aufklärung und dem entsprechenden finanziellen Aufwand bestehe; die dennoch erkannten Tötungsdelikte würden eher „zwangsweise" verfolgt. Mit dem Thema ließen sich wahrscheinlich nur wenige Wählerstimmen gewinnen. *Zimmermann* sieht hier einen Zusammenhang dahingehend, dass der finanzielle Aspekt eine so große Rolle spiele, gerade weil aus dem Thema voraussichtlich nur wenig politisches Kapital geschlagen werden könnte.[1806] Im Gegenteil liegt aus Sicht der Politiker die Sorge nahe, dass die Problematik durch größere Aktivitäten in den Vordergrund gerückt würde. Die derzeit in der Gesellschaft – und wohl auch in Teilen der Politik –[1807] weitgehend unbekannten Probleme (etwa die hohe Zahl übersehener Tötungsdelikte) kämen in Folge einer öffentlichen politischen Kampagne ans Licht und würden höchstwahrscheinlich zunächst für große Unsicherheit in

1804 *Birkholz*, Kriminalistik 2006, S. 225.

1805 Siehe *Scheib*, Die Dunkelziffer bei Tötungsdelikten aus kriminologischer und rechtsmedizinischer Sicht, S. 288 f.

1806 *Zimmermann*, in: *Raute*, Fragen zu den Problemen der ärztlichen Leichenschau – Interview mit Dr. jur. Georg Zimmermann, Vorsitzender Richter am Landgericht Bielefeld.

1807 So die Einschätzung von *Zimmermann*, in: *Raute*, Fragen zu den Problemen der ärztlichen Leichenschau – Interview mit Dr. jur. Georg Zimmermann, Vorsitzender Richter am Landgericht Bielefeld.

der Bevölkerung sorgen, da der Einzelne sein Leben verstärkt bedroht sehen könnte.[1808] Die stellvertretende Chefredakteurin der ZEIT, *Sabine Rückert* geht in diesem Zusammenhang davon aus, dass die durchaus Aufsehen erregenden Fälle der Leichenschauproblematik, die der Öffentlichkeit bisher bekannt wurden, nicht die kritische Masse erreichten, um die Bevölkerung in dem Maße aufzurütteln und die Politik zum Handeln zu zwingen.[1809] Der Staat selbst sehe sich nur von politischen Tötungsdelikten bedroht und sei vielmehr daran interessiert in anderen Vorkommnissen nur Einzelfälle zu sehen, als dem Missstand öffentlich mehr Relevanz einzuräumen und mit den Kosten zur Behebung des unvollkommenen Ermittlungssystems umgehen zu müssen.[1810] Die Autorin findet deutliche Worte, wenn sie feststellt, dass übersehene nicht natürliche Tode überwiegend Randgruppen der Gesellschaft wie Alte, Kranke, Arme, Abhängige, Babys und Multiproblemfälle beträfen und es dem Staat offenbar genüge den Missstand gerade soweit einzugrenzen, dass [öffentliche] Kritik ausbleibe.[1811] Es sind sicherlich erfolgversprechendere Projekte zur Gewinnung von Wählerstimmen denkbar, als Investitionen, Änderungen und Verbesserungen im System der ärztlichen Leichenschau. Denn solange die Probleme der ärztlichen Leichenschau in der Öffentlichkeit nicht in ihrer tatsächlichen Tragweite wahrgenommen werden, rechnet man Verbesserungen der Politik nicht als Verdienst an. Hinzu kommt, dass die dafür erforderlichen Maßnahmen, wie etwa der Einsatz von Finanzmitteln, den Wählern nicht leicht zu vermitteln sind. Salopp zusammengefasst stellt sich der Interessenkonflikt der Politiker wie folgt dar: Es handelt sich um ein Problem, das kaum ein Wähler tatsächlich als solches wahrnimmt. Wenige Laien nur werden von sich aus die Ergebnisse der Leichenschau in Zweifel ziehen und in der Folge sei der Leidensdruck nicht groß genug, dass die Politik Änderungsbedarf sehe.[1812] Möchte man aufwendige Änderungen daran bei späteren Wahlen fruchtbar machen, müsste man die

---

1808 Ähnlich auch der Kriminalwissenschaftler *Arthur Kreuzer* im Interview in *Rückert*, Tote haben keine Lobby, S. 228; *Rückert* selbst äußert sich in diesem Sinne, unter Berufung auf *Heinrich Popitz*, auf den Seiten 232–234.

1809 *Rückert*, Tote haben keine Lobby, S. 230.

1810 *Rückert*, Tote haben keine Lobby, S. 231.

1811 *Rückert*, Tote haben keine Lobby, S. 231 f. Die Autorin weist in diesem Zusammenhang auch auf den Beitrag des Soziologen Heinrich Popitz hin, *Popitz*, Über die Präventivwirkung des Nichtwissens.

1812 So *Groß*, Die Entwicklung der inneren und äußeren Leichenschau in historischer und ethischer Sicht, S. 67, mit Blick auf *Leithoff/Endris/Klaiber*, Beiträge zur gerichtlichen Medizin 1985, S. 50.

Öffentlichkeit zunächst auf das Problem aufmerksam machen, dann Lösungen präsentieren und den Einsatz der dafür notwendigen Mittel erklären, die Maßnahmen gegen den Widerstand etwa der Opposition umsetzen, und auf – insgesamt erst über einen längeren Zeitraum sichtbare – positive Wirkungen hoffen. Sehr wahrscheinlich wäre den Wählern noch einmal ins Gedächtnis zu rufen, dass es da dieses Problem gegeben habe, das man nun, von der Breite der Masse weitestgehend unbemerkt, gelöst habe – selbstverständlich ohne dass das Geld an anderer Stelle fehle; der Wahlerfolg bliebe abzuwarten.

Einer solchen Logik folgend, würde eine stillschweigende Reform des Systems das Risiko bergen, auf Umwegen bekannt zu werden und könnte der Politik den Vorwurf einbringen, sie habe etwas verbergen wollen und brächte Erklärungsnot ob der Mehrkosten zur Beseitigung der Probleme. Für eine so oder ähnlich denkende Mehrheit in der Politik spricht auch der merkliche Kontrast in Bezug auf andere Gebiete der Medizin, den *Eisenmenger/Betz* treffend feststellen: „Geht es um die gesetzliche Reglementierung neuer Forschungsrichtungen wie In-vitro-Fertilisation, Forschung an Embryonen oder Gentechnik, überschlägt sich die Gesetzgebung in kürzester Zeit geradezu; geht es dagegen um Probleme im Zusammenhang mit Sterben und Tod des Menschen, wie gesetzliche Regelung der Leichenschau, der Sektionen und der Transplantation, so registriert man verwundert eine kaum mehr nachvollziehbare Ruhe und Bedächtigkeit.“[1813]

Doch der Status quo ist definitiv keine Option. Denn in Kenntnis der einschlägigen Literatur und in Kenntnis der belegbaren Praxis der ärztlichen Leichenschau lässt sich sagen: Das derzeitige System führt nahezu zwangsläufig zu einer hohen Zahl unklarer oder falscher Beurteilungen. Die einzelnen Probleme und ihre Ursachen wurden analysiert; es ist ein ärztliches und ein juristisches Dilemma! Die Suche nach den Gründen, warum bis heute keine entscheidenden Schritte unternommen wurden, führte in die Bereiche Gesellschaft und Politik und zu erwartungsgemäß ebenso vielfältigen wie wenig eindeutigen Ergebnissen. Jedenfalls aber war der Handlungsdruck bisher nicht hoch genug. Dem Wissen um die Wirkmächtigkeit des im Grundgesetz verankerten und vom Bundesverfassungsgericht interpretierten staatlichen Schutzauftrags folgte die Erörterung des Zusammenhangs von ärztlicher Leichenschau und staatlichen Schutzpflichten. Der hier vertretenen Ansicht nach werden die Schutzpflichten

1813 *Eisenmenger/Betz*, MMW – Organ für amtliche und praktische Ärzte 1994, S. 77; Zitat ähnlich bei *Groß*, Die Entwicklung der inneren und äußeren Leichenschau in historischer und ethischer Sicht, S. 71.

verschiedener Grundrechte durch die Folgen des mangelhaften Leichenschausystems ausgelöst, sodass eine staatliche Handlungspflicht besteht. Konkrete staatliche Maßnahmen sollten sich an den dargestellten Vorschlägen aus berufenen Kreisen orientieren. Langfristiges Ziel sollte ein Verfahren sein, in dem föderalistisches Beharrungsvermögen und bundesgesetzliche Aufgaben verbindlich so in Einklang gebracht werden, dass es einerseits dem Gesetzgeber und andererseits der Ärzteschaft sinnvoll und erstrebenswert scheint, diesem Verfahren zu folgen. Ein entscheidender Aspekt, der eine breite Debatte verhindert, ist dabei zweifelsohne die Tabuisierung des Todes in unserer Gesellschaft.[1814] Solange wir unsere Einstellung zum Tod nicht ändern, werden der Druck von Seiten der Gesellschaft unzureichend, der aktive Wille der Politik zur Veränderung und die Reformansätze des Gesetzgebers nur halbherzig bleiben. *Hilgendorf* fordert: „Statt den Tod zu fürchten und zu verdrängen, sollten wir ihn als natürliches Ende unserer Existenz akzeptieren lernen."[1815] Würden wir diesen Gedanken folgen können, so könnten wir frei diskutieren und klären, welchen Schutz wir vom Staat für dieses unser natürliches Ende erwarten.

Es bleibt zu hoffen, dass die Verantwortlichen dieser Schlussfolgerung entsprechend aktiv werden; auch um dem leider nicht wahrheitsfernen Spruch aus den Kreisen von Rechtsmedizinern und Dunkelfeldforschern effektiv entgegenzuwirken: „Wenn auf jedem Grab, in dem ein Verstorbener ruht, dessen Tötung nicht erkannt wurde, eine Kerze brennen würde, wären Deutschlands Friedhöfe nachts hell erleuchtet."[1816]

1814 Siehe dazu auch oben Teil 2, Kapitel 3, I., S. 200–203.

1815 *Hilgendorf*, Lebendige Seelsorge 2005, S. 263.

1816 So zitiert in *Tsokos/Guddat*, Deutschland misshandelt seine Kinder, S. 1 oder *Scheib*, Die Dunkelziffer bei Tötungsdelikten aus kriminologischer und rechtsmedizinischer Sicht, S. 1.

Quellenverzeichnis

Anordnung über die ärztliche Leichenschau in Thüringen vom 4. Dezember 1978 (GBl. I 1979 Nr. 1 S. 4) (außer Kraft)

Bambergische peinliche Halsgerichtsordnung/Constitutio criminalis Bambergensis (CCB) von 1507

Bekanntmachung des Ministeriums für Arbeit, Gesundheit und Soziales des Landes Schleswig-Holstein: Ausstellung der Todesbescheinigung nach der Landesverordnung über das Leichenwesen; hier: Neues Todesbescheinigungsformular vom 2. März 1999 (Amtsbl. Schl.-H. Nr. 13 S. 127)

Berufsordnung der Ärztekammer Westfalen-Lippe (BOÄ Westfalen-Lippe) vom 26. November 2011 (MBl. 2012 S. 150), zuletzt geändert durch Beschluss vom 26. November 2011 (MBl. 2012 S. 150)

Berufsordnung für die Ärzte Bayerns (BOÄ Bayern) vom 9. Januar 2012 (Bayerisches Ärzteblatt Spezial 1/2012, S. 5), zuletzt geändert durch Beschluss vom 25. Oktober 2015 (Bayerisches Ärzteblatt 12/2017, S. 664)

Berufsordnung für die nordrheinischen Ärztinnen und Ärzte (BOÄ Nordrhein) vom 14. November 1998 (MBl. 1999 S. 350), zuletzt geändert durch Beschluss vom 21. November 2015 (MBl. NRW 2016 S. 148)

Bestattungsgesetz Bayern (BestG Bayern) vom 1. Januar 1971 (GVBl. S. 417), zuletzt geändert durch § 1 des Gesetzes zur Bekämpfung ausbeuterischer Kinderarbeit bei der Grabsteinherstellung vom 2. August 2016 (GVBl. S. 246)

Bestattungsgesetz des Landes Sachsen-Anhalt (BestattG LSA) vom 5. Februar 2002 (GVBl. S. 46), zuletzt § 4 geändert durch § 37 Abs. 1 des Gesetzes vom 17. Februar 2011 (GVBl. S. 136, 148)

Bestattungsverordnung Sachsen-Anhalt (BestattV ST) vom 26. Januar 2005 (GVBl. S. 35), zuletzt geändert durch Verordnung vom 14. Dezember 2007 (GVBl. S. 455)

Bremische Bürgerschaft – Landesparlament der Freien Hansestadt Bremen, Drucksache 19/369 vom 12. April 2016 (zit.: BB-Drs. 19/369)

Bremische Bürgerschaft – Landesparlament der Freien Hansestadt Bremen, Drucksache 19/435 zu Drucksache 19/369 vom 17. Mai 2016 (zit.: BB-Drs. 19/435 zu 19/369)

Bundesärzteordnung (BÄO) vom 16. April 1987 (n.F.) (BGBl. I S. 1218), zuletzt geändert durch Artikel 5 des Gesetzes vom 23. Dezember 2016 (BGBl. I S. 3191)

Bundesbesoldungsgesetz (BBesG) vom 19. Juni 2009 (n.F.) (BGBl. I S. 1434), zuletzt geändert durch Artikel 12 des Gesetzes vom 23. Juni 2017 (BGBl. I S. 1822)

Bürgerliches Gesetzbuch (BGB) vom 2. Januar 2002 (n.F.) (BGBl. I 2002 S. 42, 2909; BGBl. I 2003 S. 738), zuletzt geändert durch Artikel 1 des Gesetzes vom 20. Juli 2017 (BGBl. I S. 2787)

Correctorium zur Bambergischen peinlichen Halsgerichtsordnung von 1508

Denkmalschutzgesetz des Landes Sachsen-Anhalt (DSchG ST) vom 21. Oktober 1991 (GVBl. LSA S. 368), zuletzt geändert durch Aufhebung des § 10 Abs. 7 durch Artikel 2 des Gesetzes vom 20. Dezember 2005 (GVBl. LSA S. 769, 801)

Deutscher Bundesrat, Drucksache 544/15 vom 6. November 2015 (zit.: BT-Drs. 544/15)

Die peinliche Halsgerichtsordnung des Heiligen Römischen Reiches (CCC) von 1532

Erste Durchführungsbestimmung zur Verordnung über das Bestattungs- und Friedhofswesen für Thüringen vom 17. April 1980 (GBl. I Nr. 18 S. 162) (außer Kraft)

Friedhofs- und Bestattungsgesetz Hessen (FBG Hessen) vom 5. Juli 2007 (GVBl. I S. 338), zuletzt geändert durch Gesetz vom 2. Februar 2013 (GVBl. I S. 42)

Gebührenordnung für Ärzte (GOÄ) vom 9. Februar 1996 (n.F.) (BGBl. I S. 210), zuletzt geändert durch Artikel 7 des Gesetzes vom 27. Juni 2017 (BGBl. I S. 1966)

Gemeinsamer Runderlass des Thüringer Ministeriums für Soziales und Gesundheit und des Thüringer Innenministeriums zur Verwendung, Auskunftserteilung und Aufbewahrung von Totenscheinen vom 14. Juni 1994 (StAnz. Nr. 26 S. 1839) (außer Kraft)

Gesetz über Aufbau und Befugnisse der Ordnungsbehörden – Ordnungsbehördengesetz Nordrhein-Westfalen (OBG NRW) vom 28. Oktober 1969 (GVBl. S. 732), zuletzt geändert durch Artikel 9 des Gesetzes vom 8. Dezember 2009 (GVBl. S. 765)

Gesetz über das bevölkerungsbezogene Krebsregister Bayern (BayKRG) vom 25. Juli 2000 (GVBl. S. 474), zuletzt mehrfach geändert durch § 2 des Gesetzes vom 13. Dezember 2016 (GVBl. S. 362)

Gesetz über das Bundesverfassungsgericht (BVerfGG) vom 11. August 1993 (n.F.) (BGBl. I S. 1473), zuletzt durch Artikel 2 des Gesetzes vom 8. Oktober 2017 (BGBl. I S. 3546)

Gesetz über das Friedhofs-, Bestattungs- und Leichenwesen des Saarlandes (BestattG Saarland) vom 5. November 2003 (Amtsbl. S. 2920), zuletzt geändert durch das Gesetz vom 15. März 2017 (Amtsbl. I S. 476)

Gesetz über das Friedhofs- und Bestattungswesen in der Freien Hansestadt Bremen (BestattG Bremen) vom 16. Oktober 1990 (Brem. GBl. S. 303), zuletzt geändert durch § 4 des Gesetzes vom 15. Dezember 2015 (Brem. GBl. S. 607)

Gesetz über das Friedhofs- und Leichenwesen Baden-Württemberg (BestattG BW) vom 21. Juli 1970 (GBl. S. 395), zuletzt mehrfach geändert durch Gesetz vom 1. April 2014 (GBl. S. 93)

Gesetz über das Leichen- und Bestattungswesen Berlin (BestG Berlin) vom 2. November 1973 (GVBl. S. 1830), zuletzt geändert durch Artikel X des Gesetzes zur Regelung von Partizipation und Integration in Berlin vom 15. Dezember 2010 (GVBl. S. 560)

Gesetz über das Leichen-, Bestattungs- und Friedhofswesen des Landes Schleswig-Holstein (BestattG Schleswig-Holstein) vom 4. Februar 2005 (GVOBl. S. 70), zuletzt mehrfach geändert durch Gesetz vom 16. Februar 2009 (GVOBl. S. 56)

Gesetz über das Leichen-, Bestattungs- und Friedhofswesen Hamburg (BestG Hamburg) vom 14. September 1988 (HmbGVBl. S. 167), zuletzt § 20 geändert durch Artikel 3 des Gesetzes vom 15. Dezember 2009 (HmbGVBl. S. 444, 445)

Gesetz über das Leichen-, Bestattungs- und Friedhofswesen im Land Brandenburg (BbgBestG) vom 7. November 2001 (GVBl. I Nr. 16, S. 226), zuletzt geändert durch Artikel 17 des Gesetzes vom 13. März 2012 (GVBl. I Nr. 16)

Gesetz über das Leichen-, Bestattungs- und Friedhofswesen im Land Mecklenburg-Vorpommern (BestattG M-V) vom 3. Juli 1998 (GVOBl. M-V S. 617), zuletzt § 11 geändert durch Artikel 2 Abs. 2 des Gesetzes vom 1. Dezember 2008 (GVOBl. M-V S. 461)

Gesetz über das Leichen-, Bestattungs- und Friedhofswesen Niedersachsen (BestattG Niedersachsen) vom 8. Dezember 2005 (Nds. GVBl. S. 381), vom 8. Dezember 2005 (Nds. GVBl. S. 381)

Gesetz über den öffentlichen Gesundheitsdienst Berlin (Gesundheitsdienst-Gesetz) (GDG BLN) vom 25. Mai 2006 (GVBl. S. 450), zuletzt geändert durch Artikel 2 Abs. 1 des Gesetzes vom 17. Mai 2016 (GVBl. S. 336)

Gesetz über den Öffentlichen Gesundheitsdienst im Land Mecklenburg-Vorpommern (ÖGDG M-V) vom 19. Juli 1994 (GVOBl. M-V S. 747), zuletzt § 9 geändert durch Artikel 3 des Gesetzes vom 27. Mai 2016 (GVOBl. M-V S. 431)

Gesetz über den Öffentlichen Gesundheitsdienst und die Berufsausübung im Gesundheitswesen im Land Sachsen-Anhalt (Gesundheitsdienstgesetz) (GDG LSA) vom 21. November 1997 (GVBl. LSA S. 1023), zuletzt geändert durch Artikel 3 des Gesetzes vom 26. Oktober 2017 (GVBl. LSA S. 190)

Gesetz über die Berufsausübung, die Berufsvertretungen und die Berufsgerichtsbarkeit der Ärzte, Zahnärzte, Tierärzte, Apotheker sowie der Psychologischen Psychotherapeuten und der Kinder- und Jugendlichenpsychotherapeuten Bayern (Heilberufe-Kammergesetz – HKaG Bayern) vom 6. Februar 2002 (GVBl. S. 42), zuletzt geändert durch Art. 7a des Gesetzes vom 24. April 2017 (GVBl. S. 78)

Gesetz über die Spende, Entnahme und Übertragung von Organen und Geweben (Transplantationsgesetz – TPG) vom 4. September 2007 (n.F.) (BGBl. I S. 2206), zuletzt geändert durch Artikel 2 des Gesetzes vom 18. Juli 2017 (BGBl. I S. 2757)

Gesetz über die Statistik der Bevölkerungsbewegung und die Fortschreibung des Bevölkerungsstandes (BevStatG) vom 20. April 2013 (BGBl. 2013 I S. 826), zuletzt geändert durch Artikel 13 des Gesetzes vom 20. November 2015 (BGBl. 2015 I S. 2010)

Gesetz über die Versorgung der Beamten und Richter des Bundes (BeamtVG) vom 24. Februar 2010 (n.F.) (BGBl. I S. 150), zuletzt geändert durch Artikel 11 des Gesetzes vom 8. Juni 2017 (BGBl. I S. 1570)

Gesetz über Ordnungswidrigkeiten (OWiG) vom 19. Februar 1987 (n.F.) (BGBl. I S. 602), zuletzt geändert durch Artikel 5 des Gesetzes vom 27. August 2017 (BGBl. I S. 3295)

Gesetz zum Schutz vor gefährlichen Stoffen – Chemikaliengesetz (ChemG) vom 28. August 2013 (n.F.) (BGBl S. 3498, 3991), zuletzt geändert durch Artikel 2 des Gesetzes vom 18. Juli 2017 (BGBl. I S. 2774)

Gesetz zum Staatsvertrag über das Gemeinsame Krebsregister der Länder Berlin, Brandenburg, Mecklenburg Vorpommern, Sachsen-Anhalt und der Freistaaten Sachsen und Thüringen (GKrRStVG) vom 5. Juli 1998 (GVBl. S. 174), in der ursprünglichen Fassung

Gesetz zur Einrichtung eines flächendeckenden bevölkerungsbezogenen Krebsregisters in Nordrhein-Westfalen (EKR-NRW) vom 5. April 2005 (GV. NRW S. 414), zuletzt geändert durch Gesetz vom 5. April 2011 (GV. NRW S. 204)

Gesetz zur Verhütung und Bekämpfung von Infektionskrankheiten beim Menschen (Infektionsschutzgesetz) (IfSG) vom 2. Juli 2000 (BGBl. I S. 1045), zuletzt geändert durch Artikel 1 des Gesetzes vom 17. Juli 2017 (BGBl. I S. 2615)

Gesetz zur Verhütung und Bekämpfung von Infektionskrankheiten beim Menschen (Infektionsschutzgesetz) (IfSG) vom 2. Juli 2000 (BGBl. I S. 1045), zuletzt geändert durch Artikel 8v des Gesetzes vom 12. Dezember 2023 (BGBl. I Nr. 359)

Grundgesetz für die Bundesrepublik Deutschland (GG) vom 23. Mai 1949 (BGBl. III Nr. 100-1), zuletzt geändert durch Artikel 1 des Gesetzes vom 13. Juli 2017 (BGBl. I S. 2347)

Heilberufsgesetz Nordrhein-Westfalen (HeilBerG NRW) vom 9. Mai 2000 (GV. NRW S. 403), zuletzt geändert durch Artikel 6 des Gesetzes vom 26. April 2016 (GV. NRW. S. 230)

Landesverordnung über die Durchführung der Leichenschau und die Ausstellung einer Todesbescheinigung Schleswig-Holstein (BestattVO Schleswig-Holstein) vom 28. Oktober 2010 (GVOBl. S. 700), zuletzt geändert durch Landesverordnung vom 4. Juni 2015 (GVOBl. S. 149)

Landesverordnung zur Durchführung des Bestattungsgesetzes Rheinland-Pfalz (BestattGDV Rheinland-Pfalz) vom 20. Juni 1983 (GVBl. S. 133), zuletzt geändert durch Artikel 6 des Gesetzes vom 8. Mai 2002 (GVBl. S. 177)

Leichenwesengesetz Bremen (LeichenG Bremen) vom 1. August 2017 (Brem. GBl. S. 210), in der Fassung vom 1. August 2017

Muster im Vollzug der Bestattungsverordnung Bayern vom 11. November 2002 (AllMBl. S. 1171), Az.: 3.9/8072-12/108/02

Personenstandsgesetz (PStG) vom 19. Februar 2007 (BGBl. I S. 122), zuletzt geändert durch Artikel 2 Abs. 2 des Gesetzes vom 20. Juli 2017 (BGBl. I S. 2787)

Richtlinien für das Strafverfahren und das Bußgeldverfahren (RiStBV) vom 1. Januar 1977, zuletzt geändert durch Bekanntmachung vom 15. August 2016 (BAnz AT 24.08.2016 B1)

Runderlass Personenstandsrecht; Ergänzende Bestimmungen Niedersachsen (RdErl. 43.31-120 201/14-02/9 (Niedersachsen)) (Nds. MBl. S. 340), in der Fassung vom 1. Mai 2011

Runderlass zur Todesbescheinigung NRW vom 25. Juli 2003 (RdErl. III 7-0261.1), mit Stand vom 27. März 2013 (MBl. S. 997)

Sächsisches Gesetz über das Friedhofs-, Leichen-und Bestattungswesen (SächsBestG) vom 8. Juli 1994 (SächsGVBl. S. 1321), zuletzt geändert durch Artikel 8 des Gesetzes vom 13. Dezember 2012 (SächsGVBl. S. 725, 731)

Sozialgesetzbuch Viertes Buch – Gemeinsame Vorschriften für die Sozialversicherung (SGB IV) vom 12. November 2009 (BGBl. 2009 I S. 3710, 3973;

BGBl. 2011 I S. 363), zuletzt geändert durch Artikel 7a des Gesetzes vom 18. Juli 2017 (BGBl. I S. 2757)

Sozialgesetzbuch Fünftes Buch – Gesetzliche Krankenversicherung (SGB V) vom 20. Dezember 1988 (BGBl. I S. 2477), zuletzt durch Artikel 4 des Gesetzes vom 17. August 2017 (BGBl. I S. 3214)

Sozialgesetzbuch Sechstes Buch – Gesetzliche Rentenversicherung (SGB VI) vom 19. Februar 2002 (BGBl. I S. 754, 1404, 3384), zuletzt geändert durch Artikel 1 des Gesetzes vom 17. Juli 2017 (BGBl. I S. 2575)

Sozialgesetzbuch Siebtes Buch – Gesetzliche Unfallversicherung (SGB VII) vom 7. August 1996 (BGBl. I S. 1254), zuletzt durch Artikel 4 des Gesetzes vom 17. Juli 2017 (BGBl. I S. 2575)

Strafgesetzbuch (StGB) vom 13. November 1998 (n.F.) (BGBl. I S. 3322), zuletzt durch Artikel 1 des Gesetzes vom 30. Oktober 2017 (BGBl. I S. 3618)

Strafprozessordnung (StPO) vom 7. April 1987 (n.F.) (BGBl. I S. 1074, 1319), zuletzt durch Artikel 2 des Gesetzes vom 30. Oktober 2017 (BGBl. I S. 3618)

Thüringer Bestattungsgesetz (ThürBestG) vom 19. Mai 2004 (GVBl. S. 505), durch Artikel 1 des Gesetzes vom 22. November 2016 (GVBl. S. 518)

Todesbescheinigung NRW – Anlage 2 zum Runderlass des Ministeriums für Gesundheit, Soziales, Frauen und Familie vom 25. Juli 2003 (MBl. NRW S. 1002) mit Stand vom 27. März 2013

Verordnung des Sozialministeriums zur Durchführung des Bestattungsgesetzes Baden-Württemberg (BestattVO BW) vom 13. Mai 2015 (GBl. S. 348), in der ursprünglichen Fassung

Verordnung über das Bestattungs- und Friedhofswesen Thüringen (GBl. I Nr. 18 S. 159) vom 17. April 1980 (außer Kraft)

Verordnung über das Errichten, Betreiben und Anwenden von Medizinprodukten – Medizinprodukte-Betreiberverordnung (MPBetreibV), neugefasst durch Bekanntmachung vom 21. August 2002 (BGBl. I S. 3396), zuletzt geändert durch Art. 4 des Gesetzes vom 29. Juli 2009 (BGBl. I S. 2326)

Verordnung über die Erfassung, Bewertung und Abwehr von Risiken bei Medizinprodukten – Medizinprodukte-Sicherheitsplanverordnung (MPSV) vom 24. Juni 2002 (BGBl. I S. 2131), zuletzt geändert durch Artikel 5 der Verordnung vom 7. Juli 2017 (BGBl. I S. 2842)

Verordnung über die Todesbescheinigung Niedersachsen (TbVO NS) vom 5. Juni 2009 (Nds. GVBl. 2009 S. 230)

Verordnung zur Ausführung des Personenstandsgesetzes (PStV) vom 22. November 2008 (BGBl. I S. 2263), zuletzt geändert durch Artikel 2 des Gesetzes vom 17. Juli 2017 (BGBl. I S. 2522)

Verordnung zur Durchführung des Bestattungsgesetzes Bayern (BestV Bayern) vom 1. März 2001 (GVBl. S. 92, ber. S. 190), zuletzt geändert durch § 1 Nr. 168 V zur Anpassung des Landesrechts an die geltende Geschäftsverteilung vom 22. Juli 2014 (GVBl. S. 286)

Verordnung zur Durchführung des Bestattungsgesetzes Berlin (BestattGDV Berlin) vom 22. Oktober 1980 (GVBl. S. 2403), zuletzt geändert durch § 5 der Anlagen 1 und 2 neu gefasst durch Verordnung vom 12. Januar 2016 (GVBl. S. 12)

Verordnung zur Durchführung des Bestattungsgesetzes Hamburg (BestattGDV Hamburg) vom 20. Dezember 1988 (HmbGVBl. S. 303), zuletzt geändert durch §§ 2, 7, 8, 9, 10, 11 der Verordnung vom 12. Oktober 2004 (HmbGVBl. S. 379)

Verordnung zur Durchführung des Gesetzes über das Friedhofs-, Bestattungs- und Leichenwesen Saarland (BestattVO Saarland) vom 20. April 2004 (Amtsbl. S. 902), zuletzt geändert durch die Verordnung vom 13. Juni 2016 (Amtsbl. I S. 418)

Verschollenheitsgesetz (VerschG) vom 4. Juli 1939; bereinigte Fassung gültig ab 1. Januar 1975 (BGBl. III Nr. 401-6), zuletzt geändert durch Artikel 182 der Verordnung vom 31. August 2015 (BGBl. I S. 1474)

Zweite Durchführungsbestimmung zur Verordnung über das Bestattungs- und Friedhofswesen – Hygiene bei der Überführung, der Bestattung und der Exhumierung menschlicher Leichen für Thüringen vom 2. Juni 1980 (GBl. I Nr. 18 S. 164) (außer Kraft)

Literaturverzeichnis

Alpmann-Pieper, Annegerd et al. (Hrsg.) Alpmann Brockhaus – Studienlexikon Recht, 3. Aufl., München 2010.

Althaus, Hans-Joachim et al. (Hrsg.) Der Krieg in den Köpfen – Beiträge zum Tübinger Friedenskongress „Krieg – Kultur – Wissenschaft", Tübingen 1988.

Anders, Sven et al. Das Fach Rechtsmedizin und die neue Approbationsordnung für Ärzte, Das Hamburger Konzept, Rechtsmedizin: Organ der Deutschen Gesellschaft für Rechtsmedizin 2005, S. 167–172.

Anders, Sven/Schwenn, A./Püschel, Klaus Studentische Ausbildung im Fach Rechtsmedizin in Deutschland, Umsetzung der Approbationsordnung für Ärzte, Rechtsmedizin: Organ der Deutschen Gesellschaft für Rechtsmedizin 2007, S. 153–158.

Arbab-Zadeh, Amir/Prokop, Otto/Reimann, Wolfgang Rechtsmedizin – für Kriminologen, Ärzte, Juristen und Studierende, Stuttgart, New York 1977.

Arbeitsgemeinschaft der obersten Landesgesundheitsbehörden Verbesserung der Qualität der äußeren Leichenschau – Bericht der Arbeitsgruppe der AOLG, Berlin 19.04.2011.

Artkämper, Heiko Ermittlungen diesseits und jenseits des Lebens, Fetozid(e) und Organtransplantation(sleichen), Kriminalistik 2012, S. 30–33.

Artkämper, Heiko et al. Praxiswissen Strafverfahren bei Tötungsdelikten, StRR-Schriften für die Strafrechtspraxis, Münster 2012.

Ärztekammer Berlin (Hrsg.) Die ärztliche Leichenschau, Berlin September 2012.

Assheuer, Thomas „Eine absurde Vorstellung", Die ZEIT vom 26.11.2015, S. 50.

Axer, Peter § 95 Gesundheitswesen, in: Isensee, Josef/Kirchhof, Paul (Hrsg.), Handbuch des Staatsrechts der Bundesrepublik Deutschland – Band IV Aufgaben des Staates, Heidelberg 2006.

Bachof, Otto A./Heigl, Ludwig/Redeker, Konrad (Hrsg.) Verwaltungsrecht zwischen Freiheit, Teilhabe und Bindung – Festgabe aus Anlaß des 25-jährigen Bestehens des Bundesverwaltungsgerichts, München 1978.

Badura, Peter § 160, in: Isensee, Josef/Kirchhof, Paul (Hrsg.), Handbuch des Staatsrechts der Bundesrepublik Deutschland – Band VII Normativität und Schutz der Verfassung – Internationale Beziehungen, Heidelberg 1992, S. 57–77.

— Privatautonome Selbstbestimmung im Schatten grundrechtlicher Schutzpflichten des Staates, in: Bauer, Hartmut (Hrsg.), Wirtschaft im offenen Verfassungsstaat – Festschrift für Reiner Schmidt zum 70. Geburtstag, München 2006, S. 333–345.

Badura, Peter/Dreier, Horst (Hrsg.) Festschrift 50 Jahre Bundesverfassungsgericht – Band 2: Klärung und Fortbildung des Verfassungsrechts, Tübingen 2001.

Bahner, Beate Recht im Bereitschaftsdienst – Handbuch für Ärzte und Kliniken, Heidelberg u.a. 2013.

Baldarelli, Marcello Vorermittlungen im Strafverfahren – Zugleich ein Beitrag zum Todesermittlungsverfahren gem. § 159 StPO, Kriminalistik 2013, S. 356–360.

Barczak, Tristan Art. 2 I, in: Brosius-Gersdorf, Dreier Grundgesetz Kommentar – Band I Präambel, Artikel 1–19, 4. Aufl., Tübingen 2023.

Barthe, Christoph/Gierke, Jan (Hrsg.) Karlsruher Kommentar zur Strafprozessordnung – mit GVG, EGGVG und EMRK, 9. Aufl., München 2023 (zit.: *Bearbeiter*, in: Karlsruher Kommentar – StPO).

Barthel, Torsten F. Gesetz über das Leichen-, Bestattungs- und Friedhofswesen des Landes Sachsen-Anhalt (Bestattungsgesetz des Landes Sachsen-Anhalt – BestattG LSA) – Kommentar, Wiesbaden 2006.

Bartsch, Andreas/Fischer, Matthias/Zollinger, Ulrich Gebühren der Leichenschau, in: Madea, Burkhard (Hrsg.), Die ärztliche Leichenschau – Rechtsgrundlagen – Praktische Durchführung – Problemlösungen, Berlin/Heidelberg 2014, S. 161–164.

Bartsch, Ursula Ärztliche Schweigepflicht und Zeugnisverweigerungsrecht im Strafprozess – Eine Darstellung der Verhältnisses der materiellen zu den prozessualen Vorschriften, Diss. jur., Universität München 1971.

Barz, Jürgen et al. (Hrsg.) Fortschritte der Rechtsmedizin – Festschrift für Georg Schmidt, Berlin/Heidelberg/New York 1983.

Bauer, Hartmut (Hrsg.) Wirtschaft im offenen Verfassungsstaat – Festschrift für Reiner Schmidt zum 70. Geburtstag, München 2006.

Behrends, M. Der Schein trügt, die Obduktion kaum, Experten fordern mehr Chancen für die Autopsie, Ärztliche Praxis 1976, S. 1412.

Beine, Karl-Heinz Krankentötungen in Kliniken und Heimen – Aufdecken und verhindern, 2. Aufl., Freiburg 2011.

Bender, Albrecht Das postmortale Persönlichkeitsrecht, Dogmatik und Schutzbereich, VersR – Versicherungsrecht 2001, S. 815–825.

Beneker, Christian Wird die Rechtsmedizin kaltgestellt? – Ärzte Zeitung vom 05.08.2014, abrufbar unter http://www.aerztezeitung.de/politik_gesellschaft/article/866186/bremen-rechtsmedizin-kaltgestellt.html (geprüft am 28.01.2018).

Benjamin, Walter Illuminationen – Ausgewählte Schriften, herausgegeben von Siegfried Unseld, Frankfurt a.M. 1969.

Berg, Steffen/Ditt, Jutta Problem der ärztlichen Leichenschau im Krankenhausbereich, Niedersächsisches Ärzteblatt 1984, S. 332–336.

Berk, Laura E./Schönpflug, Ute Entwicklungspsychologie, 5. Aufl., München 2011.

Bernert, Günther Allgemeines Landrecht für die preußischen Staaten – von 1794, Textausgabe, herausgegeben von Hans Hattenhauer, Frankfurt a.M./ Berlin 1970.

Bernsmann, Klaus/Fischer, Thomas (Hrsg.) Festschrift für Ruth Rissing-van Saan zum 65. Geburtstag am 25. Januar 2011, Berlin/New York 2011.

Berster, Daniel Andreas Beurteilung von Auswirkungen der Gesetzesänderung des Nordrhein-Westfälischen Bestattungsgesetzes vom 17.06.2003 auf die Effektivität des Leichenschauwesens durch kritische Überprüfung von Todesbescheinigungen in einem ländlichen Gebiet (Kreis Steinfurt), Diss. med., Westfälischen Wilhelms-Universität Münster 2006.

Betz, Peter/Eisenmenger, Wolfgang Der Tod am Arbeitsplatz, Versicherungsmedizin 1996, S. 2–4.

Beuthien, Volker (Hrsg.) Persönlichkeitsgüterschutz vor und nach dem Tode, Baden-Baden 2002.

— Zum postmortalen Persönlichkeitsschutz, in: ders. (Hrsg.), Persönlichkeitsgüterschutz vor und nach dem Tode, Baden-Baden 2002, S. 83–89.

Beyerle, Beatrix Rechtsfragen medizinischer Qualitätskontrolle, (Zugl. Diss. jur. Universität Freiburg 2003), Heidelberg 2004.

Birikholz, Michael Die Leichenschau in der hausärztlichen Tätigkeit, Problem Todesursache, Notfall-Medizin in der täglichen Praxis 2003, S. 208–212.

— Leichenschausystem in Deutschland nicht reformfähig?, Plädoyer für eine rechtsmedizinische Grundversorgung, Kriminalistik 2006, S. 222–225.

Bischoff, Angelika Leichenschau, Die letzte Diagnose – ein Fall für die Polizei?, MMW Fortschritte der Medizin 2011, S. 16–17.

Böckenförde, Ernst-Wolfgang Staat, Verfassung, Demokratie – Studien zur Verfassungstheorie und zum Verfassungsrecht, 2. Aufl., Frankfurt a.M. 1992.

Boehlke, Hans-Kurt Die Feuerbestattung in kulturhistorischer Perspektive, Reinigende, heilige Flamme oder ökonomische Leichenverbrennung, Friedhof und Denkmal – Zeitschrift für Sepulkralkultur 1988, S. 83–105.

Boetzkes, Claus-Erich Scheintot begraben, Percha am Starnberger See/Kempfenhausen am Starnberger See 1984.

Bogensberger, Sieglinde et al. Lexikon Medizin – Das Nachschlagewerk für Ärzte, Apotheker, Patienten, 4. Aufl., Köln 2005.

Bogs, Harald Eine medizinalpolitische Grundrechtsthese (Art. 2 Abs. 2 S. 1, 3 GG), ZfS – Zeitschrift für das Recht der sozialen Sicherheit 1983, S. 99–102.

Bondeson, Jan Lebendig begraben – Geschichte einer Urangst, Hamburg 2002.

Borowski, Martin Grundrechtliche Leistungsrechte, in: Häberle, Peter (Hrsg.), Jahrbuch des öffentlichen Rechts – Band 50, Tübingen 2002, S. 301–329.

Bosch, Kyrill Kritische Betrachtungen zur ärztlichen Leichenschau, Deutsche Zeitschrift für die gesamte gerichtliche Medizin 1967, S. 200–205.

Bosch, Nikolaus § 242, in: Schönke/Schröder, Strafgesetzbuch – Kommentar, 30. Aufl., München 2019.

Brändel, Oliver § 37 Das Persönlichkeitsrecht des Verstorbenen, in: Götting/Horst-Peter u.a. (Hrsg.), Handbuch des Persönlichkeitsrechts, München 2008, S. 603–624.

Brandenburg, Erik Validität der klinischen Diagnostik von Grundleiden und Todesursachen – Retrospektive Analyse von 1.088 Todesfällen zweier Hamburger Krankenhäuser aus den Jahren 1985 bis 1995, Diss. med., Universität Hamburg 1998.

Brauer, Jürgen § 87, in: Gerke et al., Strafprozessordnung – Heidelberger Kommentar, 5. Aufl., Heidelberg u.a. 2012.

Bredahl, Juliane Vergleich von Ergebnissen der ärztlichen Leichenschau mit Ergebnissen der Obduktion – Retrospektive Untersuchung am Obduktionsmaterial des Institutes für Pathologie Bad Saarow, Diss. med., Charité – Universitätsmedizin Berlin 2006.

Bremische Bürgerschaft – Landesparlament der Freien Hansestadt Bremen Drucksache 19/369 12. April 2016.

— Drucksache 19/435 zu Drucksache 19/369 17. Mai 2016.

Brettel, Hans-Friedrich/Lüpke, Hildegard von „Wißt ihr nicht, wie weh das tut…?“ Die Angst vor dem Scheintod, Aus dem Zentrum für Rechtsmedizin der Universität Frankfurt/Main, Beiträge zur gerichtlichen Medizin 1984, S. 359–362.

Breuer, Rüdiger Grundrechte als Anspruchsnormen, in: Bachof, Otto A./Heigl, Ludwig/Redeker, Konrad (Hrsg.), Verwaltungsrecht zwischen Freiheit, Teilhabe und Bindung – Festgabe aus Anlaß des 25-jährigen Bestehens des Bundesverwaltungsgerichts, München 1978, S. 89–119.

Brinkmann, Bernd et al. Fehlleistungen bei der Leichenschau in der Bundesrepublik Deutschland. Ergebnisse einer multizentrischen Studie (II), ArchKrim – Archiv für Kriminologie 1997, S. 65–74.

— Fehlleistungen bei der Leichenschau in der Bundesrepublik Deutschland: Ergebnisse einer multizentrischen Studie (I), ArchKrim – Archiv für Kriminologie 1997, S. 1–12.

Brinkmann, Bernd Die ärztliche Leichenschau, Der Internist 1999, S. 442–443.

— (Hrsg.) Leichenschau – Leitlinien zur Qualitätssicherung, Düsseldorf 2007.

Brinkmann, Bernd/Du Chesne, Alfred Die Misere der ärztlichen Leichenschau in der Bundesrepublik Deutschland, Medizinische Welt 1993, S. 697–701.

Brinkmann, Bernd/Du Chesne, Alfred /Vennemann, Benedikt Aktuelle Daten zur Obduktionsfrequenz in Deutschland, Deutsche Medizinische Wochenschrift 2002, S. 791–795.

Brinkmann, Bernd/Kleiber, Manfred /Janssen, Werner Der unklare Tod, Negative Trends in Rechtspflege und Gesundheitswesen?, Der Pathologe 1981, S. 201–207.

Brinkmann, Bernd/Pfeiffer, Heidi Die ärztliche Leichenschau, in: Brinkmann, Bernd (Hrsg.), Leichenschau – Leitlinien zur Qualitätssicherung, Düsseldorf 2007, S. 39–109.

Brinkmann, Bernd/Püschel, Klaus Definition natürlicher, unnatürlicher, unklarer Tod, Todesursachenklärung. Derzeitige Praxis, MedR – Medizinrecht 1991, S. 233–238.

Brosius-Gersdorf, Frauke (Hrsg.) Dreier Grundgesetz Kommentar – Band I Präambel, Artikel 1–19, 4. Aufl., Tübingen 2023 (zit.: *Bearbeiter*, in: Brosius-Gersdorf – Dreier GG Bd. I).

Brost, Marc/Struller, Jakob „…und Zoé wäre noch am Leben“, Die ZEIT vom 25.09.2014, S. 10.

Brugger, Claudia Maria/Kühn, Hermann (Hrsg.) Sektion der menschlichen Leiche – Zur Entwicklung des Obduktionswesens aus medizinischer und rechtlicher Sicht, Stuttgart 1979.

Brune, Anja Kritische Überprüfung von Todesbescheinigungen in einem städtischen Gebiet (Münster), Diss. med., Westfälischen Wilhelms-Universität Münster 2000.

Brüning, Christoph Voraussetzungen und Inhalt eines grundrechtlichen Schutzanspruchs – BVerfG, NVwZ 1999, 1234, JUS – Juristische Schulung 2000, S. 955–959.

Brüning, Christoph/Helios, Marcus Die verfassungsprozessuale Durchsetzung grundrechtlicher Schutzpflichten am Beispiel des Internets, Jura – Juristische Ausbildung 2001, S. 155–162.

Brunner, Joihannes Theorie und Praxis im Leichenrecht, NJW – Neue Juristische Wochenschrift 1953, S. 1173–1174.

Bundesärztekammer Reanimation – Empfehlungen für die Wiederbelebung – Herausgegeben von der Bundesärztekammer, Mit 45 Abbildungen und 14 Tabellen, 5. Aufl., Köln 2011.

— Beschluss der Bundesärztekammer über die Richtlinie gemäß § 16 Abs. 1 S. 1 Nr. 1 TPG für die Regeln zur Feststellung des Todes nach § 3 Abs. 1 S. 1 Nr. 2 TPG, Und die Verfahrensregeln zur Feststellung des endgültigen, nicht behebbaren Ausfalls der Gesamtfunktion des Großhirns, des Kleinhirns und des Hirnstamms nach § 3 Abs. 2 Nr. 2 TPG, Vierte Fortschreibung 2015, Deutsches Ärzteblatt 2015, A 1256.

Bundesärztekammer (Hrsg.) Entwurf einer Gesetzgebung zur ärztlichen Leichenschau- und Todesbescheinigung vom 13.12.2002, abrufbar unter www.bundesaerztekammer.de/bericht2002-2003/pdf/130209.pdf (geprüft am 24.02.2018).

— Stellungnahme zur „Autopsie" – Langfassung, Berlin 26.08.2005.

— (Muster-) Richtlinien über den Inhalt der Weiterbildung – (MWBO 2003), in der Fassung vom 18.02.2011, Berlin 2011.

Bundeskriminalamt (Hrsg.) Bundeskriminalamt – Kriminalistisches Institut – Fachbereich KI 12, Polizeiliche Kriminalstatistik 1993 – Bundesrepublik Deutschland, Wiesbaden 1993.

— Bundeskriminalamt – Kriminalistisches Institut – Fachbereich KI 12, Polizeiliche Kriminalstatistik 1994 – Bundesrepublik Deutschland, Wiesbaden 1994.

— Bundeskriminalamt – Kriminalistisches Institut – Fachbereich KI 12, Polizeiliche Kriminalstatistik 1995 – Bundesrepublik Deutschland, Wiesbaden 1995.

— Bundeskriminalamt – Kriminalistisches Institut – Fachbereich KI 12, Polizeiliche Kriminalstatistik 1997 – Bundesrepublik Deutschland, Wiesbaden 1998.

— Polizeiliche Kriminalstatistik 2015 – Bundesrepublik Deutschland Jahrbuch 2015, 63. Aufl., Wiesbaden 2015.

Bungeroth, Ulrike Bedeutung und Grenzen der ärztlichen Schweigepflicht – ausgewählte Problemfelder, Diss. med., TU München 2007.

Buschmann, Arno Zur Fortentwicklung des Persönlichkeitsrechts nach dem Tode, NJW – Neue Juristische Wochenschrift 1970, S. 2081–2088.

Bux, Ulrich Das Todesermittlungsverfahren aus Sicht der Polizei, in: Brinkmann, Bernd (Hrsg.), Leichenschau – Leitlinien zur Qualitätssicherung, Düsseldorf 2007, S. 111–115.

Calliess, Christian Rechtsstaat und Umweltstaat – Zugleich ein Beitrag zur Grundrechtsdogmatik im Rahmen mehrpoliger Verfassungsrechtsverhältnisse, Tübingen 2001.

— § 44 Schutzpflichten, in: Merten, Detlef/Papier, Hans-Jürgen (Hrsg.), Handbuch der Grundrechte in Deutschland und Europa – Band II Grundrechte in Deutschland: Allgemeine Lehren I, Heidelberg u.a. 2006, S. 963–991.

— Die grundrechtliche Schutzpflicht im mehrpoligen Verfassungsverhältnis, JZ – Juristen Zeitung 2006, S. 321–330.

— Die Leistungsfähigkeit des Untermaßverbots als Kontrollmaßstab grundrechtlicher Schutzpflichten, in: Grote, Rainer/x u.a. (Hrsg.), Die Ordnung der Freiheit – Festschrift für Christian Starck zum siebzigsten Geburtstag, Tübingen 2007, S. 201–218.

Canaris, Claus-Wilhelm Grundrechte und Privatrecht, AcP – Archiv für die civilistische Praxis 1984, S. 201.

Carstens, Peter Gegen das spurenarme Töten, Justizminister sprechen sich für Reform der äußeren Leichenschau aus, FAZ – Frankfurter Allgemeine Zeitung vom 30.06.2007, S. 8.

Carstensen, G. Über ärztliche Kunstfehler aus der Sicht der Gerichtlichen Medizin, Lebensversicherungsmedizin: Zeitschr. für Diagnose u. Prognose 1986, S. 123.

Chiari, Hans Leichenerscheinungen, Leichenbeschau, von Hans Chiari, in: Dittrich, Paul (Hrsg.), Handbuch der ärztlichen Sachverständigentätigkeit, Bd. 2, 1, Wien/Leipzig 1913, S. 1–344.

Cierniak, Jürgen/Niehaus, Holger § 203, in: Sader, Münchener Kommentar zum Strafgesetzbuch – Bd. 4, §§ 185–262 StGB, 4. Aufl., München 2021.

Ciper, Dirk Christoph/Feiertag, Kim Roger/Kiwitt, Tobias (Hrsg.) Medizinrecht – Eine Einführung für Ärzte und Patienten, Sankt Augustin 2012.

Cirener, Gabriele et al. (Hrsg.) Strafgesetzbuch – Leipziger Kommentar, Zehnter Band §§ 174 bis 210, 13. Aufl., Berlin 2023 (zit.: *Bearbeiter*, in: Leipziger Kommentar – StGB Bd. 10).

Cirener, Gabriele et al. (Hrsg.) Strafgesetzbuch – Leipziger Kommentar, Dreizehnter Band §§ 242 bis 262, 13. Aufl., Berlin 2022 (zit.: *Bearbeiter*, in: Leipziger Kommentar – StGB Bd. 13).

Coelln, Christian von Art. 6, in: Sachs, Grundgesetz – Kommentar, 9. Aufl., München 2021.

Cremer, Wolfram Die Verhältnismäßigkeitsprüfung bei der grundrechtlichen Schutzpflicht, Abwägung von Grund und Gegenstand statt Gewährleistung eines angemessenen Schutzniveaus, DÖV – Die Öffentliche Verwaltung 2008, S. 102–108.

Dahl, Ole Tobias Untersuchungen zur Validität ärztlicher Todesursachenangaben, Diss. med., Universität Heidelberg 1983.

Däubler-Gmelin, Herta (Hrsg.) Gegenrede – Aufklärung – Kritik – Öffentlichkeit; Festschrift für Ernst Gottfried Mahrenholz, Baden-Baden 1994.

Deininger, Roman Totgeglaubte lebte noch – Drama beim Bestatter, Süddeutsche Zeitung vom 24.03.2015, abrufbar unter http://www.sueddeutsche.de/panorama/drama-beim-bestatter-totgeglaubte-lebte-noch-1.2407757 (geprüft am 28.01.2018).

Denninger, Erhard (Hrsg.) Kommentar zum Grundgesetz für die Bundesrepublik Deutschland – Band 2 Art. 1–37, 2. Aufl., Neuwied 1989 (zit.: *Bearbeiter*, in: Denninger – GG Bd. 2).

— Vom Elend des Gesetzgebers zwischen Übermaßverbot und Untermaßverbot, in: Däubler-Gmelin, Herta (Hrsg.), Gegenrede – Aufklärung – Kritik – Öffentlichkeit; Festschrift für Ernst Gottfried Mahrenholz, Baden-Baden 1994, S. 561–572.

— § 193 Staatliche Hilfe zur Grundrechtsausübung, in: Isensee, Josef/Kirchhof, Paul (Hrsg.), Handbuch des Staatsrechts der Bundesrepublik Deutschland – Band IX Allgemeine Grundrechtslehren, 3. Aufl., Heidelberg 2011, S. 621–663.

Dettmeyer, Reinhard Die verfassungsrechtlichen Grenzen für die gesetzliche Einführung einer Verwaltungssektion bei medizinisch unklaren Todesfällen, (Zugl. Diss. jur. Universität Bochum 1998), Frankfurt a.M. u.a. 1999.

— Rechtliche Rahmenbedingungen beim natürlichen Tod und beim Verdacht auf einen nichtnatürlichen Tod, in: Brinkmann, Bernd (Hrsg.), Leichenschau – Leitlinien zur Qualitätssicherung, Düsseldorf 2007, S. 21–38.

Dettmeyer, Reinhard/Madea, Burkhard Ärztliches Schweigerecht bezüglich Daten der Leichenschau, Anmerkungen zum Beschluss des LG Berlin NStZ 1999, 86, NStZ – Neue Zeitschrift für Strafrecht 1999, S. 605–607.

— Obduktionen, Unsichere und uneinheitliche Rechtslage, Deutsches Ärzteblatt 2002, S. A 2311–A 2317.

— Regelungsdefizite im Leichenschau- und Obduktionsrecht der Bundesrepublik Deutschland, Kritische Vierteljahresschrift für Gesetzgebung und Rechtswissenschaft 2004, S. 349–370.

Dettmeyer, Reinhard/Verhoff, Marcel Ärztliche Leichenschau in Deutschland, Rechtsgrundlagen, 2009, S. 391–398.

— Rechtsmedizin – Mit 111 Tabellen, Heidelberg 2011.

Deutsch, Erwin Das Transplantationsgesetz vom 5.11.1997, NJW – Neue Juristische Wochenschrift 1998, S. 777–782.

Deutsche Gesellschaft für Rechtsmedizin Regeln zur Durchführung der ärztlichen Leichenschau – AWMF-Leitlinien-Register: 054/002, Arbeitsgemeinschaft der wissenschaftlichen medizinischen Fachgesellschaften vom Gültig bis 31.12.2017 (Januar 2018 in Überarbeitung), abrufbar unter http://www.awmf.org/leitlinien/detail/ll/054-002.html (geprüft am 28.01.2018).

Deutscher Bundesrat Drucksache 544/15 6. November 2015.

Dietel, Manfred Geleitwort, in: Brinkmann, Bernd (Hrsg.), Leichenschau – Leitlinien zur Qualitätssicherung, Düsseldorf 2007, S. 17.

— Tod und toter Körper – Die Rolle der Sektion aus Sicht des Pathologen, in: Groß, Dominik/x u.a. (Hrsg.), Tod und toter Körper – Der Umgang mit dem Tod und der menschlichen Leiche am Beispiel der klinischen Obduktion, Kassel 2007, S. 137–146.

Dietlein, Johannes Das Untermaßverbot, Bestandsaufnahme und Entwicklungschancen einer neuen Rechtsfigur, Zeitschrift für Gesetzgebung 1995, S. 131–141.

— Die Lehre von den grundrechtlichen Schutzpflichten, (Zugl. Diss. jur. Universität Münster 1991), 2. Aufl., Berlin/Münster 2005.

Dirnhofer, Richard Vergiftung und Totenbeschau, Therapeutische Umschau 1986, S. 321–325.

Dittrich, Paul (Hrsg.) Handbuch der ärztlichen Sachverständigentätigkeit, Wien/Leipzig 1913.

Doerr, Wilhelm Geleitwort, in: Brugger, Claudia Maria/Kühn, Hermann (Hrsg.), Sektion der menschlichen Leiche – Zur Entwicklung des Obduktionswesens aus medizinischer und rechtlicher Sicht, Stuttgart 1979, S. VII–VIII.

Dölling, Dieter et al. (Hrsg.) Gesamtes Strafrecht – StGB – StPO – Nebengesetze, 5. Aufl., Baden-Baden 2022 (zit.: *Bearbeiter*, in: Dölling/Duttge – Gesamtes Strafrecht).

Dornseiff, Johannes Recht und Rache: der Rechtsanspruch auf Wiederverletzung, Berlin 2003.

Dreier, Horst Dimensionen der Grundrechte, Hannover 1993.

Dreier, Horst (Hrsg.) Grundgesetz Kommentar – Band III, Artikel 83–146, 3. Aufl., München 2018 (zit.: *Bearbeiter*, in: Dreier – GG Bd. III).

Dreier, Horst Art. 1 I, in: ders., Grundgesetz Kommentar – Band I Präambel, Artikel 1–19, 3. Aufl., Tübingen 2013.

Dreier, Horst Art. 2 I, in: ders., Grundgesetz Kommentar – Band I Präambel, Artikel 1–19, 3. Aufl., Tübingen 2013.

Dreier, Horst (Hrsg.) Grundgesetz Kommentar – Band I Präambel, Artikel 1–19, 3. Aufl., Tübingen 2013 (zit.: *Bearbeiter*, in: Dreier – GG Bd. I).

Dreier, Horst Vorbemerkung vor Artikel 1 GG, in: ders., Grundgesetz Kommentar – Band I Präambel, Artikel 1–19, 3. Aufl., Tübingen 2013.

Drews, Michael „Ich bin oft ratlos", Über die Schwierigkeiten eines Arztes für Allgemeinmedizin beim Ausstellen eines Leichenschau-Scheins, Kriminalistik 1987, S. 585.

Dürig, Günter Der Grundrechtssatz von der Menschenwürde, Entwurf eines praktikablen Wertsystems der Grundrechte aus Art. 1 Abs. I in Verbindung mit Art. 19 Abs. II des Grundgesetzes, AöR – Archiv des öffentlichen Rechts 1956, S. 117–157.

Duttge, Gunnar Autopsie: Ist der Individualismus unausweichlich? – (Straf-) Rechtsphilosophische Bemerkungen, in: Groß, Dominik/x u.a. (Hrsg.), Tod und toter Körper – Der Umgang mit dem Tod und der menschlichen Leiche am Beispiel der klinischen Obduktion, Kassel 2007, S. 117–125.

Dyma, Oliver (Hrsg.) „Der Herr des Himmels möge lang machen seine Tage und seine Jahre" – Religiongeschichtliche Beiträge – Festschrift für Herbert Niehr zum 60. Geburtstag, Münster 2015.

Edler, Carolin et al. Todesfeststellung und Leichenschau, Keine Angst vor der Leichenschau!, Lege artis: Das Magazin zur ärztlichen Weiterbildung 2012, S. 100–105.

Ehmann, Richard Die strafrechtliche Bewertung der Sterbehilfe im deutsch-ungarischen Vergleich, Zugl. Diss. jur. Universität Konstanz 2013, Berlin/Konstanz

Eichelbrönner, Nicolas Die Grenzen der Schweigepflicht des Arztes und seiner berufsmäßig tätigen Gehilfen nach § 203 StGB im Hinblick auf Verhütung und Aufklärung von Straftaten – Anzeigepflichten, Auskunftspflichten und Offenbarungsbefugnisse gegenüber den Strafverfolgungsbehörden, Frankfurt a.M. u.a. 2001.

Eicher, Marco Approbationsverfahren, in: Heberer, Jörg (Hrsg.), Arzt und Recht, Berlin 2013, S. 239–242.

Eichholz, Jürgen Die Transplantation von Leichenteilen aus zivilrechtlicher Sicht, NJW – Neue Juristische Wochenschrift 1968, S. 2272–2276.

Eiden, Patrick et al. (Hrsg.) Totenkulte – Kulturelle und literarische Grenzgänge zwischen Leben und Tod, Frankfurt a.M. u.a. 2006.

Eisele, Jörg § 203, in: Schönke/Schröder, Strafgesetzbuch – Kommentar, 30. Aufl., München 2019.

— § 205, in: Schönke/Schröder, Strafgesetzbuch – Kommentar, 30. Aufl., München 2019.

Eisenberg, Ulrich Beweisrecht der StPO – Spezialkommentar, 10. Aufl., München 2017.

Eisenmenger, Wolfgang Leichenschau bei Notfallpatienten, Der Notarzt 1995, S. 181–186.

Eisenmenger, Wolfgang/Betz, Peter Die unendliche Geschichte, Zur Neuregelung der Leichenschau in Deutschland, MMW – Organ für amtliche und praktische Ärzte 1994, S. 77–79.

Eisenmenger, Wolfgang/Spann, Wolfgang/Liebhardt, Erich Bestattungsgesetze und Praxis der Leichenschau, Eine kritische Bestandsaufnahme, Beiträge zur gerichtlichen Medizin 1982, S. 49–53.

Ellinger, Klaus/Osswald, Peter/Stange, K. (Hrsg.) Fachkundenachweis Rettungsdienst – Begleitbuch zum Bundeseinheitlichen Kursus, 2. Aufl., Berlin u.a. 1998.

Enders, Christoph Neubegründung des öffentlich-rechtlichen Nachbarschutzes aus der grundrechtlichen Schutzpflicht?, Konsequenzen aus dem Gentechnikbeschluss des VGH Kassel vom 6.11.1989, AöR – Archiv des öffentlichen Rechts 1990, S. 610–636.

— Die Privatisierung des Öffentlichen durch die grundrechtliche Schutzpflicht – und seine Rekonstruktion aus der Lehre von den Staatszwecken, Der Staat 1996, S. 351–387.

— § 89 Schutz der Persönlichkeit und der Privatsphäre, in: Merten, Detlef/Papier, Hans-Jürgen (Hrsg.), Handbuch der Grundrechte in Deutschland und Europa – Band IV Grundrechte in Deutschland: Einzelgrundrechte I, Heidelberg 2011, S. 159–231.

Epping, Volker Grundrechte, 9. Aufl., Berlin u.a. 2021.

Erb, Volker (Hrsg.) Löwe-Rosenberg – Strafprozessordnung und das Gerichtsverfassungsgesetz – §§ 48–93, 27. Aufl., Berlin 2017 (zit.: *Bearbeiter*, in: Löwe-Rosenberg – StPO).

Erdle, Helmut Infektionsschutzgesetz Kommentar, 8. Aufl., Landsberg a. Lech 2021.

Erichsen, Hans-Uwe Grundrechtliche Schutzpflichten in der Rechtsprechung des Bundesverfassungsgerichts, Jura – Juristische Ausbildung 1997, S. 85–89.

Erichsen, Hans-Uwe/Kollhosser, Helmut/Welp, Jürgen (Hrsg.) Recht der Persönlichkeit, Berlin 1996.

Erlinger, Rainer Ausstellung von Leichenschauscheinen, Exitus in tabula – „natürlicher Tod"?, Der Internist 1999, S. M315.

Esser, Andrea Leib und Leichnam als Gegenstand von Achtung und Würde, in: Groß, Dominik/x u.a. (Hrsg.), Tod und toter Körper – Der Umgang mit dem Tod und der menschlichen Leiche am Beispiel der klinischen Obduktion, Kassel 2007, S. 11–24.

Faerber, Regina Der verdrängte Tod – Über die Unkultur im Umgang mit unseren Toten, Geistige und praktische Hilfe, Genf/München 1995.

Feuerbach, Paul Johann Anselm von Lehrbuch des gemeinen in Deutschland geltenden peinlichen Rechts, Giessen 1801.

Fieseler, Sybille/Zinka, Bettina/Peschel, Oliver Häufige Fehler bei der Leichenschau, Mehr als 1.000 Tötungsdelikte pro Jahr übersehen, MMW Fortschritte der Medizin 2009, S. 27–30.

Finger, Jürgen/Keller, Sven/Wirsching, Andreas Dr. Oetker und der Nationalsozialismus – Geschichte eines Familienunternehmens 1933–1945, München 2013.

Fink, Udo Selbstbestimmung und Selbsttötung – Verfassungsrechtliche Fragestellungen im Zusammenhang mit Selbsttötungen, (Zugl. Diss. jur. Universität Saarbrücken 1991), Köln u.a. 1992.

— § 88 Recht auf Leben und körperliche Unversehrtheit, in: Merten, Detlef/Papier, Hans-Jürgen (Hrsg.), Handbuch der Grundrechte in Deutschland und Europa – Band IV Grundrechte in Deutschland: Einzelgrundrechte I, Heidelberg 2011, S. 137–157.

Fischer, Thomas Strafgesetzbuch – und Nebengesetze, 70. Aufl., München 2023.

Fisser, Dirk Experte fordert: Mehr Leichen obduzieren, Innere Verletzungen leicht zu übersehen – Ärztekammer warnt vor „Qualitätsproblemen“, Neue Osnabrücker Zeitung vom 03.08.2013, S. 5.

— Hunderte Morde im Jahr unentdeckt?, Kriminalbeamte fordern bessere Leichenschau – Messerklinge im Körper übersehen, Neue Osnabrücker Zeitung vom 03.08.2013, S. 1.

Fleschutz, Eva Schweigepflicht und Schweigerecht, in: Heberer, Jörg (Hrsg.), Arzt und Recht, Berlin 2013, S. 247–256.

Freislederer, Andreas/Stenzel, Georg/Weirich, Michael Todesermittlungen, hrsg. von Clages, Horst; Neidhardt, Klaus, Hilden 2011.

Fröhlich, Alexander Ärztin übersah tödliche Stichverletzungen, Panne an Tatort in Prenzlau, Der Tagesspiegel vom 11.03.2014, abrufbar unter http://www.tagesspiegel.de/berlin/panne-an-tatort-in-prenzlau-aerztin-uebersah-toedliche-stichverletzungen/9599714.html (geprüft am 28.01.2018).

Gabriel, Friedhelm/Huckenbeck, Wolfgang Grundlagen des Arztrechts – Ein praxisorientierter Leitfaden unter besonderer Berücksichtigung der ärztlichen Leichenschau, Berlin 1998.

Gallwas, Hans-Ullrich Der andere Standpunkt: Anmerkungen zu den verfassungsrechtlichen Vorgaben für ein Transplantationsgesetz, JZ – Juristen Zeitung 1996, S. 851.

Garber, Klaus et al. (Hrsg.) Erfahrung und Deutung von Krieg und Frieden – Religion-Geschlechter-Natur und Kultur, München 2001.

Garton Ash, Timothy The Stasi on Our Minds, The New York Review of Books 2007, S. 4–8.

Geerds, Friedrich Leichensachen und Leichenschau aus juristischer Sicht, MedR – Medizinrecht 1984, S. 172–177.

— Über rechtliche und tatsächliche Probleme von Leichenschau und Leichenöffnung I, (§ 87 StPO), ArchKrim – Archiv für Kriminologie 1997, S. 41–52.

— Über rechtliche und tatsächliche Probleme von Leichenschau und Leichenöffnung II, (§ 87 StPO), ArchKrim – Archiv für Kriminologie 1997, S. 75–87.

Gerbig, Mara Grundrecht auf staatlichen Schutz – Ein Vergleich von Grundgesetz für die Bundesrepublik Deutschland und Verfassung der Vereinigten Staaten von Amerika, Berlin 2014.

Gerg, Michael/Baier, Klaus Das Leichenschauwesen, Ergebnis einer Befragung von Ärzten und Polizeibeamten, Kriminalistik 2009, S. 475–479.

Gerke, Björn § 48, in: Gerke et al., Strafprozessordnung – Heidelberger Kommentar, 5. Aufl., Heidelberg u.a. 2012.

Gerke, Björn et al. (Hrsg.) Strafprozessordnung – Heidelberger Kommentar, 5. Aufl., Heidelberg u.a. 2012 (zit.: *Bearbeiter*, in: Gerke – StPO).

Gerling, Wigbert Bremer Politiker ringen um Leichenschau – Damit kein Tötungsdelikt unerkannt bleibt, Weser-Kurier vom 17.04.2015, abrufbar unter http://www.weser-kurier.de/bremen/bremen-politik-wirtschaft_artikel,-Bremer-Politiker-ringen-um-Leichenschau-_arid,1103410.html (geprüft am 28.01.2018).

Germerott, Tanja et al. Todesfälle im Altenheim, Qualität der Leichenschau bei multimorbiden Pflegebedürftigen, Rechtsmedizin: Organ der Deutschen Gesellschaft für Rechtsmedizin 2014, S. 387–392.

Gerst, Thomas/Hibbeler, Birgit Wenn Ärzte ihre Pflicht verletzen, Deutsches Ärzteblatt 2011, S. C 407–C 410.

Gethmann, Carl Friedrich/Huster, Stefan (Hrsg.) Recht und Ethik in der Präimplantationsdiagnostik, München 2010.

Giebe, Wolfgang Ärztliche Leichenschau und Obduktion, Probleme durch neue rechtliche Regelungen, Ärzteblatt Thüringen 1992, S. 96–99.

Glaeser, Jürgen Das Leichenschauwesen in der Bundesrepublik, Ärztliche Mitteilungen: deutsches Ärzteblatt 1959, S. 731.

Glüsing, Jens Untot, Eine Meldung und ihre Geschichte: Wie eine Mutter ihrem Baby ein zweites Leben schenkt, Der Spiegel 2012, S. 55.

Goerlich, Helmut Schutzpflicht – Grundrechte – Verfahrensschutz, NJW – Neue Juristische Wochenschrift 1981, 2616f.

Gostomzyk, Tobias Grundrechte als objektiv-rechtliche Ordnungsidee, JUS – Juristische Schulung 2004, S. 949–954.

Götting et al. (Hrsg.) Handbuch des Persönlichkeitsrechts, München 2008.

Götz, Volkmar § 85 Innere Sicherheit, in: Isensee, Josef/Kirchhof, Paul (Hrsg.), Handbuch des Staatsrechts der Bundesrepublik Deutschland – Band IV Aufgaben des Staates, IV, Heidelberg 2006, S. 671–700.

Graber-Dünow, Michael Pflegeheime am Pranger – Wie schaffen wir eine bessere Altenhilfe?, Frankfurt a.M. 2015.

Grede, Jürgen „Plötzlich und unerwartet…", Kriminalistik 1987, S. 580–584.

Grolik, Ulrich Leichenschau und Leicheneröffnung in rechtsvergleichender Sicht im deutschen Sprachraum, (Zugl. Diss. jur. Universität zu Köln 1995), Aachen/Köln 1996.

Gröschner, Rolf Menschenwürde und Sepulkralkultur in der grundgesetzlichen Ordnung – Die kulturstaatlichen Grenzen der Privatisierung im Bestattungsrecht, Stuttgart u.a. 1995.

Groß, Dominik Die Entwicklung der inneren und äußeren Leichenschau in historischer und ethischer Sicht, Mit einem Geleitwort von Dieter Patzelt, Würzburg 2002.

Groß, Dominik et al. (Hrsg.) Tod und toter Körper – Der Umgang mit dem Tod und der menschlichen Leiche am Beispiel der klinischen Obduktion, Kassel 2007.

Groß, Dominik/Glahn, Julia/Tag, Brigitte (Hrsg.) Die Leiche als Memento mori – Interdisziplinäre Perspektiven auf das Verhältnis von Tod und totem Körper, Frankfurt/New York 2010.

Groß, Dominik/Tag, Brigitte/Thier, Markus „Menschenwürde" und normative Grundfragen im Hinblick auf den Verstorbenen, in: Joerden, Jan C./Hilgendorf, Eric/Thiele, Felix (Hrsg.), Menschenwürde und Medizin – Ein interdisziplinäres Handbuch, Berlin 2013, S. 697–730.

Grote, Rainer et al. (Hrsg.) Die Ordnung der Freiheit – Festschrift für Christian Starck zum siebzigsten Geburtstag, Tübingen 2007.

Gründling, Jasmin Nicole „Die Dokumentationspflicht und das Einsichtsrecht des Patienten in die Krankengeschichte" – Die Entwicklung in der österreichischen Gesetzgebung und Rechtsprechung seit dem 19. Jahrhundert anhand ausgewählter Gesundheitsberufe, Diss. jur., Universität Wien 2011.

Häberle, Peter (Hrsg.) Kulturstaatlichkeit und Kulturverfassungsrecht, Darmstadt 1982.

— Vom Kulturstaat zum Kulturverfassungsrecht, in: ders. (Hrsg.), Kulturstaatlichkeit und Kulturverfassungsrecht, Darmstadt 1982, S. 1–59.

— (Hrsg.) Jahrbuch des öffentlichen Rechts - Band 46, Tübingen 1998.

— (Hrsg.) Jahrbuch des öffentlichen Rechts - Band 50, Tübingen 2002.

Hadamitzky, Anke § 87, in: Barthe/Gierke, Karlsruher Kommentar zur Strafprozessordnung - mit GVG, EGGVG und EMRK, 9. Aufl., München 2023.

Hain, Karl-Eberhard Der Gesetzgeber in der Klemme zwischen Übermaß- und Untermaßverbot?, DVBl - Deutsches Verwaltungsblatt 1993, S. 982–984.

— Das Übermaßverbot in der Kontroverse, Eine Antwort auf Dietlein, ZG - Zeitschrift für Gesetzgebung 1996, S. 75–84.

Hansen, Gerhard Aufgaben und Verantwortung des Arztes bei der Leichenschau, Zeitschrift für ärztliche Fortbildung 1958, S. 787–793.

Hartmann, Franz/Equiamicus, Nicolaus Lebendig begraben - eine Untersuchung der Natur und Ursachen des Scheintodes und der Mittel zur Verhütung des Lebendigbegrabenwerdens, den Freunden der Feuerbestattung gewidmet von Franz Hartmann, Diedorf 2010.

Häßler, Hans-Jürgen/Hensinger, Christian (Hrsg.) Kultur gegen Krieg Wissenschaft für den Frieden - Der internationale Kongreß „Kultur gegen Krieg - Wissenschaft für den Frieden“, 27.–29. November in Hannover, Würzburg 1989.

Haunerland, Luzia Totenscheinanalyse bei Plötzlichem Kindstod: Vergleich der offiziellen Statistik mit den Totenscheinen, Diss. med., Westfälischen Wilhelms-Universität Münster 2011.

Heberer, Jörg (Hrsg.) Arzt und Recht, Berlin 2013.

— Die Leichenschau, in: ders. (Hrsg.), Arzt und Recht, Berlin 2013, S. 421–424.

Hefer, Brigitte/Wenning, Markus Liquidation der Leichenschau nach GOÄ, Die ärztliche Vergütung für die Leichenschau ist derzeit völlig unangemessen - Folge 3 und Schluss der dreiteiligen RhÄ-Reihe „Ärztliche Leichenschau und Todesbescheinigung“, Rheinisches Ärzteblatt 2006, S. 15–17.

Heiderich, Barnim Genese und Funktion der Rache - Gleichzeitig ein Beitrag zum Problem der Universalrechtsinstitute, Diss. jur., Universität zu Köln 1972.

Heier, Magnus Der Schein kann trügen, FAS - Frankfurter Allgemeine Sonntagszeitung vom 04.03.2012, S. 55.

Heigenmooser, Stefan Totenschein, FAS - Frankfurter Allgemeine Sonntagszeitung vom 11.03.2012, S. 24.

Heine, Günter/Schuster, Frank § 277, in: Schönke/Schröder, Strafgesetzbuch – Kommentar, 30. Aufl., München 2019.

Helbing, Britta Kriminalpolitik, Die Würde des Menschen nach dem Tod – Abhandlung über die praktizierte Leichenschau und Todesermittlung in Deutschland, die Würde des Menschen und die Rolle des Staates, Kriminalistik 2004, S. 443–447.

— Die Klärung der Todesursache – Das letzte Grundrecht des Menschen?, ZRP – Zeitschrift für Rechtspolitik 2009, S. 23–24.

Hell, Walter Alles Wissenswerte über Staat, Bürger, Recht – Eine Staatsbürger- und Gesetzeskunde für Fachberufe im Gesundheitswesen, 5. Aufl., Stuttgart/New York 2007.

Hermes, Georg Das Grundrecht auf Schutz von Leben und Gesundheit – Schutzpflicht u. Schutzanspruch aus Art. 2 Abs. 2 S. 1 GG, (Zugl. Diss. jur. Universität Freiburg 1985/1986), Heidelberg 1987.

Hesse, Konrad Grundzüge des Verfassungsrechts der Bundesrepublik Deutschland, 20. Aufl., Heidelberg 1995.

— Stufen der Entwicklung der deutschen Verfassungsgerichtsbarkeit, in: Häberle, Peter (Hrsg.), Jahrbuch des öffentlichen Rechts – Band 46, Tübingen 1998, S. 1–23.

Heun, Werner Der Hirntod als Kriterium des Todes des Menschen – Verfassungsrechtliche Grundlage und Konsequenzen, JZ – Juristen Zeitung 1996, S. 213–219.

Hilgendorf, Eric dtv-Atlas Recht – Band 1 – Grundlagen Staatsrecht Strafrecht, Mit 121 Abbildungen in Farbe, München 2003.

— § 203, in: Cirener et al., Strafgesetzbuch – Leipziger Kommentar, 13. Aufl., Berlin 2023.

— Selbstbestimmt sterben. Offene Fragen zwischen Recht und Religion, Lebendige Seelsorge 2005, S. 253–257.

— Wider die Tabuisierung des Todes, Lebendige Seelsorge 2005, S. 261–263.

— Sterbehilfe und individuelle Autonomie – Erkundungen und Klärungsversuche auf vermintem Gelände, Aufklärung und Kritik 2006, S. 31–39.

— Sterbehilfe in Europa: Vom Schutz des Lebens zur Pflicht zum Leiden?, Skeptische Anmerkungen zum Fall Diane Pretty, in: Joerden, Jan C./Szwarc, Andrzej J. (Hrsg.), Europäisierung des Strafrechts in Polen und Deutschland – rechtsstaatliche Grundlagen, Berlin 2007, S. 173–189.

— Stufungen des vorgeburtlichen Lebens- und Würdeschutzes, in: Gethmann, Carl Friedrich/Huster, Stefan (Hrsg.), Recht und Ethik in der Präimplantationsdiagnostik, München 2010, S. 175–188.

— (Hrsg.) Festschrift für Wolfgang Heinz – Zum 70. Geburtstag, Baden-Baden 2012.

— (Hrsg.) Subsidiarität – Sicherheit – Solidarität – Festgabe für Franz-Ludwig Knemeyer zum 75. Geburtstag, Würzburg 2012.

Hillgruber, Christian Das Vor- und Nachleben von Rechtssubjekten, Über den Anfang und das Ende der Rechtsfähigkeit im öffentlichen Recht, JZ – Juristen Zeitung 1997, S. 975–981.

Hillgruber, Christian/Goos, Christoph Verfassungsprozessrecht, 5. Aufl., Heidelberg 2020.

Hobbes, Thomas Elementa philosophica de cive, Originalausgabe aus der Sterling Memorial Library, Yale University; abrufbar unter: http://find.galegroup.com/mome/retrieve.do?sort=DateAscend&inPS=true&prodId=MOME&userGroupName=biele&tabID=T001&bookId=19010008301700&resultListType=RESULT_LIST&searchId=R1&searchType=AdvancedSearchForm&currentPosition=1&contentSet=MOMEArticles&showLOI=&docId=U3604059325&docLevel=FASCIMILE&workId=U104059325&relevancePageBatch=U104059325&retrieveFormat=MULTIPAGE_DOCUMENT&callistoContentSet=ECLL&docPage=article&hilite=y (zuletzt geprüft: 17.04.2016), Amsterodami/Amsterdam 1647.

— Vom Menschen – Vom Bürger – (Elemente der Philosophie II/III), Eingeleitet und herausgegeben von Günter Gawlick, Hamburg 1977.

Hof, Marie-Luise Die neue ärztliche Leichenschau in Bayern, Teil II, Bayerisches Ärzteblatt 2001, S. 327–330.

Höfling, Wolfram Art. 1, in: Sachs, Grundgesetz – Kommentar, 9. Aufl., München 2021.

Hofmann, Hans Art. 1, in: Schmidt-Bleibtreu/Hofmann/Henneke, GG, Kommentar zum Grundgesetz, 14. Aufl., Köln 2018.

— Art. 2, in: Schmidt-Bleibtreu/Hofmann/Henneke, GG, Kommentar zum Grundgesetz, 14. Aufl., Köln 2018.

Hofmann, Hasso Die versprochene Menschenwürde, AöR – Archiv des öffentlichen Rechts 1993, S. 353–377.

Honnigfort, Bernhard Die Schuld der anderen, etliche Morde des Krankenpflegers Nils H. hätten verhindert werden können – nun sollen schärfere Kontrollen her, Frankfurter Rundschau vom 24.06.2016, S. 11.

Höpker, Wilhelm-Wolfgang/Burkhardt, H. U. Unsinn – und Sinn? – der Todesursachenstatistik, Deutsche Medizinische Wochenschrift 1984, S. 1269.

Hoppe, Antje Leichenschaudienst entlastet Bereitschaftsärzte, Berliner Modell bewährt sich – erste Nachahmer in anderen KVen, ÄP – Ärztliche Praxis 2005, S. 22.

Hoppe, Jörg-Dietrich Geleitwort, in: Brinkmann, Bernd (Hrsg.), Leichenschau – Leitlinien zur Qualitätssicherung, Düsseldorf 2007, S. 11.

Horn, Thomas Niedersächsisches Bestattungsgesetz – Gesetz über das Leichen-, Bestattungs- und Friedhofswesen (BestattG), mit Verordnung über die Todesbescheinigung (TbVO) – Kommentar, 2. Aufl., Stuttgart/Kiel 2009.

Huber, Rudolf Zur Problematik des Kulturstaates (1958), in: Häberle, Peter (Hrsg.), Kulturstaatlichkeit und Kulturverfassungsrecht, Darmstadt 1982, S. 122–145.

Hufen, Friedhelm Kulturklausel in das Grundgesetz?, Stellungnahme zur öffentlichen Anhörung der Enquête-Kommission „Kultur in Deutschland", HFR-Humboldt Forum Recht 2006, S. 35–39.

Hunger, Horst/Dürwald, Wolfgang/Tröger, Hans Dieter (Hrsg.) Lexikon der Rechtsmedizin – Mit 43 Tabellen, Leipzig/Berlin/Heidelberg 1993.

Husvogt, Frank Bestattungsgesetz Schleswig-Holstein – Kommentar, 3. Aufl., Wiesbaden 2017.

Igl, Gerhard/Naegele, Gerhard/Hamdorf, Silke (Hrsg.) Reform der Pflegeversicherung – Auswirkungen auf die Pflegebedürftigen und die Pflegepersonen, Hamburg u.a. 2007.

Ingelheim genannt Echter von und zu Mespelbrunn, Franz-Anselm von Zur geschichtlichen Entwicklung der ärztlichen Leichenschaubestimmungen in Deutschland, Diss. med., Universität Marburg 1981.

Isensee, Josef Das Grundrecht auf Sicherheit – Zu den Schutzpflichten des freiheitlichen Verfassungsstaates, Vortrag gehalten vor der Berliner Juristischen Gesellschaft am 24. November 1982 – Erweiterte Fassung –, Berlin/New York 1983.

— § 162, in: Isensee, Josef/Kirchhof, Paul (Hrsg.), Handbuch des Staatsrechts der Bundesrepublik Deutschland – Band VII Normativität und Schutz der Verfassung – Internationale Beziehungen, Heidelberg 1992, S. 103–163.

— Die alte Frage nach der Rechtfertigung des Staates, Stationen in einem laufenden Prozess, JZ – Juristen Zeitung 1999, S. 265–278.

— § 191 Das Grundrecht als Abwehrrecht und als staatliche Schutzpflicht, in: Isensee, Josef/Kirchhof, Paul (Hrsg.), Handbuch des Staatsrechts der Bundesrepublik Deutschland – Band IX Allgemeine Grundrechtslehren, IX, 3. Aufl., Heidelberg 2011, S. 413–567.

— § 87 Würde des Menschen, in: Merten, Detlef/Papier, Hans-Jürgen (Hrsg.), Handbuch der Grundrechte in Deutschland und Europa – Band IV Grundrechte in Deutschland: Einzelgrundrechte I, Heidelberg 2011, S. 3–135.

Isensee, Josef/Kirchhof, Paul (Hrsg.) Handbuch des Staatsrechts der Bundesrepublik Deutschland - Band VII Normativität und Schutz der Verfassung - Internationale Beziehungen, Heidelberg 1992.

— (Hrsg.) Handbuch des Staatsrechts der Bundesrepublik Deutschland - Band IV Aufgaben des Staates, Heidelberg 2006.

— (Hrsg.) Handbuch des Staatsrechts der Bundesrepublik Deutschland - Band IX Allgemeine Grundrechtslehren, 3. Aufl., Heidelberg 2011.

Jaeckel, Liv Schutzpflichten im deutschen und europäischen Recht - Eine Untersuchung der deutschen Grundrechte, der Menschenrechte und Grundfreiheiten der EMRK sowie der Grundrechte und Grundfreiheiten der Europäischen Gemeinschaft, (Zugl. Diss. jur. Universität Leipzig 2000), Baden-Baden 2001.

Jahn, Ingeborg Studie zur Verbesserung der Validität und Reliabilität der amtlichen Todesursachenstatistik, Baden-Baden 1995.

Jäkel, Christian Einsatzstichwort „leblose Person" - Vorläufige Feststellung des Todes oder Leichenschau durch den Notarzt, Journal für Anästhesie und Intensivbehandlung 2000, S. 68–75.

Jansen, H. Wozu noch Obduktionen?, Deutsche Medizinische Wochenschrift 1986, S. 1507–1510.

Janssen, Werner Praktische und rechtliche Probleme bei der Feststellung des Todes und der Todesart, Hamburger Ärzteblatt 1979, S. 286–290.

— Praxis und Gesetz der Leichenschau in der bisherigen Bundesrepublik Deutschland, in: Oehmichen, Manfred/Klose, Wolfgang/Wegener, Rudolf (Hrsg.), Rechtsmedizin in Deutschland - Ost und West, Lübeck 1991, S. 57–62.

Janssen, Werner/Naeve, Werner Der plötzliche Tod aus natürlicher Ursache, in: Müller, Berthold (Hrsg.), Gerichtliche Medizin, 2. Aufl., Berlin u.a. 1975, S. 248–304.

Jarass, Hans Dieter Die Entwicklung des allgemeinen Persönlichkeitsrechts, in: Erichsen, Hans-Uwe/Kollhosser, Helmut/Welp, Jürgen (Hrsg.), Recht der Persönlichkeit, Berlin 1996, S. 89–103.

— Die Grundrechte: Abwehrrechte und objektive Grundsatznormen, Objektive Grundrechtsgehalte, insbes. Schutzpflichten und privatrechtsgestaltende Wirkung, in: Badura, Peter/Dreier, Horst (Hrsg.), Festschrift 50 Jahre Bundesverfassungsgericht - Band 2: Klärung und Fortbildung des Verfassungsrechts, Tübingen 2001, S. 35–53.

Jeand'Heur, Bernd Grundrechte, staatliche Schutzpflichten und Untermaßverbot, RdjB - Recht der Jugend und des Bildungswesens 1994, S. 91–99.

Joerden, Jan C. (Hrsg.) Der Mensch und seine Behandlung in der Medizin – Bloß ein Mittel zum Zweck?, Berlin u.a. 1999.

Joerden, Jan C./Hilgendorf, Eric/Thiele, Felix (Hrsg.) Menschenwürde und Medizin – Ein interdisziplinäres Handbuch, Berlin 2013.

Joerden, Jan C./Szwarc, Andrzej J. (Hrsg.) Europäisierung des Strafrechts in Polen und Deutschland – rechtsstaatliche Grundlagen, Berlin 2007.

Jung, Alexander Persönlichkeitsrechtliche Befugnisse nach dem Tode des Rechtsträgers, AfP – Zeitschrift für Medien- und Kommunikationsrecht 2005, S. 317–323.

Jungholt, Thorsten Die Angaben auf dem Totenschein gleichen einer Lotterie – Hamburger Abendblatt vom 06.11.2014, abrufbar unter http://www.abendblatt.de/ratgeber/wissen/article134046982/Die-Angaben-auf-dem-Totenschein-gleichen-einer-Lotterie.html (geprüft am 28.01.2018).

Just, Manfred (Hrsg.) Recht und Rechtsbesinnung – Gedächtnisschr. für Günther Küchenhoff (1907–1983), Berlin 1987.

Jütte, Robert/Dietel, Manfred/Rothschild, Markus A. Lässt sich der Trend sinkender Sektionsraten umkehren?, Deutsches Ärzteblatt 2016, S. 814–817.

Kahl, Wolfgang et al. (Hrsg.) Bonner Kommentar zum Grundgesetz, Heidelberg 1957 (zit.: *Bearbeiter*, in: Bonner Kommentar – GG).

Kahlo, Michael Zur strafrechtlichen Verantwortlichkeit des Arztes im Zusammenhang mit der Ausstellung einer Todesbescheinigung, NJW – Neue Juristische Wochenschrift 1990, S. 1521–1523.

Kanne, Gerd-Ulrich Untersuchungen und Gedanken zum Leichenschauwesen in der BRD, Diss. med., Westfälischen Wilhelms-Universität Münster 1975.

Kant, Immanuel Die Metaphysik der Sitten – Erster Theil – Metaphysische Anfangsgründe der Rechtslehre, Zweyte mit einem Anhange erläuternder Bemerkungen und Zusätzte vermehrte Auflage, 2. Aufl., Königsberg 1798.

Karger, B. et al. Analysis of 155 consecutive forensic exhumations with emphasis on undetected homicides, International Journal of Legal Medicine 2004, S. 90–94.

Kaufmann, Arthur Gesamtausgabe Gustav Radbruch – Rechtsphilosophie III, Heidelberg 1990.

Kaulen, Hildegard Jeder zehnte Todesfall ist nicht natürlich, FAZ – Frankfurter Allgemeine Zeitung vom 15.10.2014, S. 11.

Kernbach-Wighton, Gerhard et al. Klinische Rechtsmedizin und forensisch-klinische Untersuchungen, in: Madea, Burkhard (Hrsg.), Rechtsmedizin – Befunderhebung Rekonstruktion Begutachtung, 3. Aufl., Berlin/Heidelberg 2015, S. 477–567.

Kersting, Wolfgang Die politische Philosophie des Gesellschaftsvertrags, Darmstadt 1994.

Kindhäuser, Urs/Hoven, Elisa § 242, in: Kindhäuser/Neumann/Paeffgen/Saliger, Strafgesetzbuch – Band 3, 6. Aufl., Baden-Baden 2023.

Kindhäuser, Urs/Neumann, Ulfrid/Paeffgen, Hans-Ullrich/Saliger, Frank (Hrsg.) Strafgesetzbuch – Band 2, 6. Aufl., Baden-Baden 2023 (zit.: *Bearbeiter*, in: Kindhäuser – StGB Bd. 2).

— (Hrsg.) Strafgesetzbuch – Band 3, 6. Aufl., Baden-Baden 2023 (zit.: *Bearbeiter*, in: Kindhäuser – StGB Bd. 3).

Klein, Eckart Diplomatischer Schutz und grundrechtliche Schutzpflicht, DÖV – Die Öffentliche Verwaltung 1977, S. 704–710.

— Grundrechtliche Schutzpflicht des Staates, NJW – Neue Juristische Wochenschrift 1989, S. 1633–1696.

Klein, Hans H. Die grundrechtliche Schutzpflicht, DVBl – Deutsches Verwaltungsblatt 1994, S. 489–497.

Klein, Oliver Das Untermaßverbot – Über die Justiziabilität grundrechtlicher Schutzpflichterfüllung, JUS – Juristische Schulung 2006, S. 960–964.

Kliemt, Hartmut Menschenwürde und Gesundheitsversorgungsgarantien, in: Joerden, Jan C./Hilgendorf, Eric/Thiele, Felix (Hrsg.), Menschenwürde und Medizin – Ein interdisziplinäres Handbuch, Berlin 2013, S. 605–615.

Klinge, Ines Todesbegriff, Totenschutz und Verfassung – Der Tod in der Rechtsordnung unter besonderer Berücksichtigung der verfassungsrechtlichen Dimension, (Zugl. Diss. jur. Universität Göttingen 1996), Baden-Baden 1996.

Klingshirn, Heinrich Bestattungsrecht in Bayern – Systematischer Kommentar, Loseblattsammlung, München (Stand:) 1979.

— Notarzt und Leichenschau, Der Notarzt 2006, S. 61–64.

Schneider, Hartmut (Hrsg.) Münchener Kommentar zur Strafprozessordnung – Band 2: §§ 151–332 StPO, 2. Aufl., München 2024 (zit.: *Bearbeiter*, in: Münchener Kommentar – StPO).

Knoblauch, Hubert Der Tod der Moderne, die neue „Kultur des Todes" und die Sektion, in: Groß, Dominik/x u.a. (Hrsg.), Tod und toter Körper – Der Umgang mit dem Tod und der menschlichen Leiche am Beispiel der klinischen Obduktion, Kassel 2007, S. 189–200.

Knoblauch, Hubert/Zingerle, Arnold (Hrsg.) Thanatosoziologie – Tod, Hospiz und die Institutionalisierung des Sterbens, Berlin 2005.

Koch, Alexander § 267 StGB, in: Dölling et al., Gesamtes Strafrecht – StGB – StPO – Nebengesetze, 5. Aufl., Baden-Baden 2022

— § 277 StGB, in: Dölling et al., Gesamtes Strafrecht – StGB – StPO – Nebengesetze, 5. Aufl., Baden-Baden 2022.

Koch, Gudrun Persönlichkeitsrechtsschutz bei der postmortalen Organentnahme zu Transplantationszwecken in Deutschland und Frankreich, (Zugl. Diss. jur. Universität München 2004), München 2004.

Koch, Tankred Lebendig begraben, Wien 2002.

Kölbel, Ralf Selbstbelastungsfreiheiten – Der nemo-tenetur-Satz im materiellen Strafrecht, Berlin 2011.

Kölbel, Ralf/Ibold, Victoria § 159, in: Schneider, Münchener Kommentar zur Strafprozessordnung – Band 2: §§ 151–332 StPO, 2. Aufl., München 2024.

— § 160, in: Schneider, Münchener Kommentar zur Strafprozessordnung – Band 2: §§ 151–332 StPO, 2. Aufl., München 2024.

— § 161, in: Schneider, Münchener Kommentar zur Strafprozessordnung – Band 2: §§ 151–332 StPO, 2. Aufl., München 2024.

— § 163, in: Schneider, Münchener Kommentar zur Strafprozessordnung – Band 2: §§ 151–332 StPO, 2. Aufl., München 2024.

Koller, Siegfried/Leutner, R. Dokumentation für die amtliche Statistik, in: Koller, Siegfried/Wagner, G. (Hrsg.), Handbuch der medizinischen Dokumentation und Datenverarbeitung, Stuttgart/New York 1975, S. 1107–1126.

Koller, Siegfried/Wagner, G. (Hrsg.) Handbuch der medizinischen Dokumentation und Datenverarbeitung, Stuttgart/New York 1975.

König, Bettina Todesbegriff, Todesdiagnostik und Strafrecht – Zur Strafbarkeit todesdiagnostischer Maßnahmen, dargestellt am Beispiel der Zerebralangiographie, (Zugl. Diss. med. Universität Kiel 1987), Frankfurt a.M. 1989.

Köpf, Gerhard Schneewittchen und die Folgen, Kleines Feuilleton über den Scheintod und die möglichen Vorsichtsmaßnahmen, um diesen „Tod mitten im Leben“ zu verhindern, Süddeutsche Zeitung vom 06/07.05.2000, S. 111.

Körtner, Ulrich H. J. Menschenwürde am Lebensende, in: Joerden, Jan C./Hilgendorf, Eric/Thiele, Felix (Hrsg.), Menschenwürde und Medizin – Ein interdisziplinäres Handbuch, Berlin 2013, S. 669–685.

Korzilius, Heike „Mit Leichen gewinnen Sie keine Wahlen“, Die Rechtsmediziner Bajanowski und Rothschild über chronische Finanznot, Vorurteile gegenüber ihrem Fach und den Wert rechtsmedizinischen Denkens, Deutsches Ärzteblatt 2014, S. 730.

Kotze, Otto Reichsseuchengesetz – Gesetz betreffend die Bekämpfung gemeingefährlicher Krankheiten vom 30. Juni 1900, Nebst den vom Reichskanzler zur Einführung empfohlenen Massregeln gegen die Cholera; Nach amtlichen Materialien, Berlin 1900.

Krause, Daniel § 87, in: Erb, Löwe-Rosenberg – Strafprozessordnung und das Gerichtsverfassungsgesetz – §§ 48–93, 27. Aufl., Berlin 2017.

Kretschmer, Joachim § 159, in: Radtke/Hohmann, Strafprozessordnung – Kommentar, München 2011.

Kriele, Martin Einführung in die Staatslehre – Die geschichtlichen Legitimitätsgrundlagen des demokratischen Verfassungsstaates, 6. Aufl., Stuttgart 2003.

Krings, Günter Grund und Grenzen grundrechtlicher Schutzansprüche – Die subjektiv-rechtliche Rekonstruktion der grundrechtlichen Schutzpflichten und ihre Auswirkung auf die verfassungsrechtliche Fundierung des Verbrauchervertragsrechts, (Zugl. Diss. jur. Universität zu Köln, 2002), Berlin 2003.

Kruse, Andreas Pflege als eine gesellschaftliche und ethische Herausforderung der Seniorenpolitik im Blick auf Menschen mit Pflegebedarf und pflegenden Personen, in: Igl, Gerhard/Naegele, Gerhard/Hamdorf, Silke (Hrsg.), Reform der Pflegeversicherung – Auswirkungen auf die Pflegebedürftigen und die Pflegepersonen, Hamburg u.a. 2007, S. 6–17.

Küchenhoff, Günther Persönlichkeitsschutz kraft Menschenwürde, in: Leibholz, Gerhard (Hrsg.), Menschenwürde und freiheitliche Rechtsordnung – Festschrift für Willi Geiger zum 65. Geburtstag, Tübingen 1974, S. 45–59.

Kuchinke, Kurt Ärztliche Schweigepflicht, Zeugniszwang und Verpflichtung zur Auskunft nach dem Tod des Patienten, in: Just, Manfred (Hrsg.), Recht und Rechtsbesinnung –Gedächtnisschr. für Günther Küchenhoff (1907–1983), Berlin 1987, S. 371–388.

Kühn, Sven-Holger Zur medizinischen und rechtlichen Problematik im Umgang mit Todesbescheinigungen in Schleswig-Holstein, Diss. med., Universität Kiel 1987.

Küng, Hans Worte zum Geleit, in: Wehrli, Hans/Sutter, Bernhard/Kaufmann, Peter (Hrsg.), Der organisierte Tod – Sterbehilfe und Selbstbestimmung am Lebensende – Pro und Pontra, 2. Aufl., Zürich 2015, S. 9–11.

Kunig, Philip Art. 1 Die Würde des Menschen, Grundrechtsbindung, in: von Münch/Kunig, Grundgesetz Kommentar – Band 1 Präambel Art. 1–69, 6. Aufl., München 2012.

Kunze, Inken/Mönkenbüscher, Martin Das Gutachten im Arzthaftungsprozess: Die Pflichten der ärztlichen Gutachter, Deutsches Ärzteblatt PP 2005, S. 411.

Küster, Bernd Staatsziel Kultur – Bedarf es einer Verfassungsänderung?, HFR-Humboldt Forum Recht 2006, S. 84–89.

Lakotta, Beate „Nur auf dem Schein tot“, Der Gerichtsmediziner Alfred Du Chesne über das Risiko, fälschlich für tot erklärt zu werden, den Nutzen von Klingeln im Sarg und Schlamperei beim letzten Dienst des Arztes am Patienten, Der Spiegel 2002, S. 230–232.

Lardeur, Karl-Heinz § 9 Schutzpflicht gegenüber privaten Gefährdungen, in: Götting/Horst-Peter u.a. (Hrsg.), Handbuch des Persönlichkeitsrechts, München 2008, S. 165–194.

Laufs, Adolf/Kern, Bernd-Rüdiger/Rehborn, Martin (Hrsg.) Handbuch des Arztrechts, 5. Aufl., München 2019.

Leibholz, Gerhard (Hrsg.) Menschenwürde und freiheitliche Rechtsordnung – Festschrift für Willi Geiger zum 65. Geburtstag, Tübingen 1974.

Leithoff, Horst/Endris, Rolf/Klaiber, Jürgen Die Verwertung von Leichenschauscheinen in der Lebensversicherungsmedizin, Lebensversicherungsmedizin: Zeitschrift für Diagnose u. Prognose 1984, S. 202–205.

— Und noch einmal – Leichenschau und Todesursachen, Beiträge zur gerichtlichen Medizin 1985, S. 49–53.

Leopold, Dieter/Hunger, Horst (Hrsg.) Die ärztliche Leichenschau – Praktische Hinweise und Analysen, 3. Aufl., Leipzig 1987.

Lesky, Erna Österreichisches Gesundheitswesen im Zeitalter des aufgeklärten Absolutismus, Heft 1, Wien 1959.

Lilie, Hans/Radke, Joachim Lexikon Medizin und Recht – Juristische Fachbegriffe für Mediziner, Stuttgart/New York 2005.

Liszt, Franz von Der Zweckgedanke im Strafrecht, 3. Aufl., Frankfurt a.M. 1968.

Locke, John Two treatises of government, London 1690.

Lorenz, Dieter Grundrechtsschutz gegen Gefahren und Risiken, in: Pitschas, Rainer (Hrsg.), Wege gelebter Verfassung in Recht und Politik – Festschrift für Rupert Scholz zum 70. Geburtstag, Berlin 2007, S. 325–336.

Lücking-Michel, Claudia (Hrsg.) Sterben dürfen? Sterben helfen? – In Gottes und der Menschen Hand, Leipzig/Paderborn 2015.

Lukaschewski, Manfred Kompendium der Kriminalistik, Halle (Saale) 2012.

Luther, Christoph Postmortaler Schutz nichtvermögenswerter Persönlichkeitsrechte, (Zugl. Diss. jur. Universität Potsdam 2008), Göttingen 2009.

Mäckler, Marcus Darum gibt es so viele unentdeckte Morde – Münchner Merkur/Münchener Zeitungs-Verlag GmbH & Co. KG vom 23.09.2015, abrufbar unter http://www.merkur.de/bayern/rechtsmediziner-klaert-auf-darum-gibt-viele-unentdeckte-morde-5557586.html (geprüft am 28.01.2018).

Madea, Burkhard Aufgaben und Bedeutung der Leichenschau, Todesart und Todesursache – Teil 2 einer vierteiligen Serie, Fortschritte der Medizin 1995, S. 227–229.

— Durchführung der Leichenschau, Folge 2 (Schluß): Praktisches Vorgehen, Todesursache und Todesart, Meldepflicht, Fortschritte der Medizin 1995, S. 231–234.

Madea, Burkhard et al. Fälschliche Todesfeststellung bei einer Lebenden mit Paroxetinintoxikation, Notfall + Rettungsmedizin 2005, S. 548–551.

Madea, Burkhard (Hrsg.) Die ärztliche Leichenschau – Rechtsgrundlagen – Praktische Durchführung – Problemlösung, 3. Aufl., Heidelberg 2006.

— Herkunft, Aufgaben und Bedeutung der Leichenschau, in: ders. (Hrsg.), Die ärztliche Leichenschau – Rechtsgrundlagen – Praktische Durchführung – Problemlösung, 3. Aufl., Heidelberg 2006, S. 1–16.

— (Hrsg.) Praxis Rechtsmedizin – Befunderhebung, Rekonstruktion, Begutachtung, 2. Aufl., Heidelberg 2007.

— Strukturelle Probleme bei der Leichenschau, Rechtsmedizin: Organ der Deutschen Gesellschaft für Rechtsmedizin 2009, S. 399–406.

— (Hrsg.) Die ärztliche Leichenschau – Rechtsgrundlagen – Praktische Durchführung – Problemlösungen, Berlin/Heidelberg 2014.

— Herkunft, Aufgaben und Bedeutung der Leichenschau, in: ders. (Hrsg.), Die ärztliche Leichenschau – Rechtsgrundlagen – Praktische Durchführung – Problemlösungen, Berlin/Heidelberg 2014, S. 1–20.

Madea, Burkhard et al. Obduktionen, in: Madea, Burkhard (Hrsg.), Die ärztliche Leichenschau – Rechtsgrundlagen – Praktische Durchführung – Problemlösungen, Berlin/Heidelberg 2014, S. 177–206.

— Praktische Durchführung der ärztlichen Leichenschau – Aufgabenkomplexe, in: Madea, Burkhard (Hrsg.), Die ärztliche Leichenschau – Rechtsgrundlagen – Praktische Durchführung – Problemlösungen, Berlin/Heidelberg 2014, S. 67–142.

— Rechtsgrundlagen der Leichenschau, in: Madea, Burkhard (Hrsg.), Die ärztliche Leichenschau – Rechtsgrundlagen – Praktische Durchführung – Problemlösungen, Berlin/Heidelberg 2014, S. 21–58.

Madea, Burkhard Vorwort zur 3. Auflage, in: ders. (Hrsg.), Die ärztliche Leichenschau – Rechtsgrundlagen – Praktische Durchführung – Problemlösungen, Berlin/Heidelberg 2014, V.

— Zur Person des Leichenschauers, in: ders. (Hrsg.), Die ärztliche Leichenschau – Rechtsgrundlagen – Praktische Durchführung – Problemlösungen, Berlin/Heidelberg 2014, S. 59–66.

— (Hrsg.) Rechtsmedizin – Befunderhebung Rekonstruktion Begutachtung, 3. Aufl., Berlin/Heidelberg 2015.

Madea, Burkhard et al. Thanatologie, in: Madea, Burkhard (Hrsg.), Rechtsmedizin – Befunderhebung Rekonstruktion Begutachtung, 3. Aufl., Berlin/Heidelberg 2015, S. 33–170.

Madea, Burkhard/Dettmeyer, Reinhard Ärztliche Leichenschau und Todesbescheinigung, Kompetente Durchführung trotz unterschiedlicher Gesetzgebung der Länder, Deutsches Ärzteblatt 2003, S. 3161–3179.

— Rechtsgrundlagen der Leichenschau, in: Madea, Burkhard (Hrsg.), Die ärztliche Leichenschau – Rechtsgrundlagen – Praktische Durchführung – Problemlösung, 3. Aufl., Heidelberg 2006, S. 17–64.

Madea, Burkhard/Dettmeyer, Reinhard/Schmidt, Peter Thanatologie, in: Madea, Burkhard (Hrsg.), Praxis Rechtsmedizin – Befunderhebung, Rekonstruktion, Begutachtung, 2. Aufl., Heidelberg 2007, S. 7–82.

Madea, Burkhard/Grellner, Wolfgang Feuerbestattungsleichenschau (Krematoriumsleichenschau) und Versorgung des Leichnams, in: Madea, Burkhard (Hrsg.), Die ärztliche Leichenschau – Rechtsgrundlagen – Praktische Durchführung – Problemlösungen, Berlin/Heidelberg 2014, S. 165–176.

Madea, Burkhard/Rothgang, Heinz Ärztliche Leichenschau, Feststellung der Todesursache und Qualifikation der Todesart, Deutsches Ärzteblatt 2010, S. 575–588.

Madea, Burkhard et al. Verwaltungssektionen: Dringende Notwendigkeit, Deutsches Ärzteblatt 2006, S. A 914–A 918.

Madler, Christian et al. (Hrsg.) Das NAW-Buch – Akutmedizin der ersten 24 Stunden, 3. Aufl., München 2005.

Maiwald, Manfred Zur Ermittlungspflicht des Staatsanwaltes in Todesfällen, NJW – Neue Juristische Wochenschrift 1978, S. 561–566.

Mallach, Hans-Joachim Werden die Leichenschaubestimmungen novelliert?, Deutsches Ärzteblatt 1981, S. 893–898.

Hinweis: Eine Kopie dieses Beitrags (ausgenommen die Werbeseiten 895 u. 897) ist der Arbeit als Anlage 2 angefügt.

Mallach, Hans-Joachim Schlusswort, Lebensversicherungsmedizin: Zeitschrift für Diagnose u. Prognose 1986, S. 123.

Mangoldt, Hermann von (Hrsg.) Kommentar zum Grundgesetz, Band 1 – Präambel, Artikel 1 bis 19, 6. Aufl., München 2010 (zit.: *Bearbeiter*, in: Mangoldt – GG Bd. 1).

Mattern, Rainer/Pedal, Ingo Im Fokus: Die ärztliche Leichenschau, Der letzte Dienst am Patienten, Via Medici 2004, S. 52–55.

Matitig, Wolfgang Die ärztliche Leichenschau in Recht und Ethik, in: Joerden, Jan C. (Hrsg.), Der Mensch und seine Behandlung in der Medizin – Bloß ein Mittel zum Zweck?, Berlin u.a. 1999, S. 317–326.

Mätzler, Armin Ärztliche Todesbescheinigungen für Lebende, Kriminalistik 1978, S. 157–159.

Mätzler, Armin Todesermittlung – Polizeiliche Aufklärungsarbeit – Grundlagen und Fälle, 4. Aufl., Heidelberg u.a. 2009.

Maunz, Theodor Die kulturelle Sicherheit des Bürgers, in: Häberle, Peter (Hrsg.), Kulturstaatlichkeit und Kulturverfassungsrecht, Darmstadt 1982, S. 146–153.

Meixner, Kurt Friedhofs- und Bestattungsgesetz Hessen – Kommentar, 2. Aufl., Wiesbaden 2011.

Menzel, Matthias/Hamacher, Claus Gesetz über das Friedhofs- und Bestattungswesen (Bestattungsgesetz BestG NRW) – Kommentar, Loseblattsammlung, Wiesbaden (Stand:) August 2016.

Merten, Detlef/Papier, Hans-Jürgen (Hrsg.) Handbuch der Grundrechte in Deutschland und Europa – Band II Grundrechte in Deutschland: Allgemeine Lehren I, Heidelberg u.a. 2006.

Merten, Detlef/Papier, Hans-Jürgen (Hrsg.) Handbuch der Grundrechte in Deutschland und Europa – Band IV Grundrechte in Deutschland: Einzelgrundrechte I, Heidelberg 2011.

Messal, Ehrenfried Bestattungsgesetz des Landes Sachsen-Anhalt (BestattG LSA) – Textausgabe mit Einführung, erläuternden Hinweisen und Stichwortverzeichnis, Stuttgart u.a. 2005.

Metter, Dierk Ärztliche Leichenschau und Dunkelziffer bei unnatürlichen Todesfällen, Kriminalistik 1978, S. 155–157.

Meyer-Goßner, Lutz/Schmitt, Bertram Strafprozessordnung – Gerichtsverfassungsgesetz Nebengesetze und ergänzende Bestimmungen, 66. Aufl., München 2023.

Meyers Großes Konversations-Lexikon – Bd. 15, Öhmichen bis Plakatschriften – Neuer Abdruck, Leipzig/Wien 1909.

Meyers Großes Konversations-Lexikon – Bd. 7, Franzensbad bis Glashaus – Neuer Abdruck, Leipzig/Wien 1909.

Mittermaier, Carl Joseph Anton Die Lehre vom Beweise im deutschen Strafprozesse – Nach Fortbildung durch Gerichtsgebrauch und deutsche Gesetzbücher in Vergleichung mit den Ansichten des englischen und französischen Strafverfahrens, Darmstadt 1834.

Mittler, Ernst Siegfried &. Sohn (Hrsg.) Einführung der Obligatorischen Leichenschau im Deutschen Reiche – Petition des Vereins Deutscher Lebensversicherungs-Gesellschaften an Se. Durchlaucht den Reichskanzler Fürsten Bismarck, Berlin 1880.

Modelmog, Dieter et al. Vergleich der Mortalitätsstatistik einer Stadt bei unterschiedlicher Obduktionsquote (Görlitzer Studie), Der Pathologe 1991, S. 191–195.

Modelmog, Dieter/Goertchen, Roland Der Stellenwert von Obduktionsergebnissen, in Beziehung zu Sektionsfrequenz und amtlicher Todesursachenstatistik (Görlitzer Studie), Deutsches Ärzteblatt 1992, S. 1922–1925.

Moritz, Susanne Staatliche Schutzpflichten gegenüber pflegebedürftigen Menschen, (Zugl. Diss. jur. Universität Regensburg 2013), Baden-Baden 2013.

Mößbauer-Wagner, Annette Die Berufsordnung, in: Heberer, Jörg (Hrsg.), Arzt und Recht, Berlin 2013, S. 231–234.

Möstl, Markus Probleme der verfassungsprozessualen Geltendmachung gesetzgeberischer Schutzpflichten, Die Verfassungsbeschwerde gegen legislatives Unterlassen, DÖV – Die Öffentliche Verwaltung 1998, S. 1029–1039.

Möstl, Markus Die staatliche Garantie für die öffentliche Sicherheit und Ordnung – Sicherheitsgewährleistung im Verfassungsstaat im Bundesstaat und in der Europäischen Union, Tübingen 2002.

Mueller, Berthold Aktuelle Fragen der Leichenschau und Leichenöffnung, Deutsche Zeitschrift für die gesamte gerichtliche Medizin 1968, S. 65–73.

Müller, Berthold (Hrsg.) Gerichtliche Medizin, 2. Aufl., Berlin u.a. 1975.

Müller, Daniel Der Berufskiller, Die ZEIT vom 19.02.2015, S. 15–17.

Müller, Daniel/Wiedmann-Schmidt, Wolf Not in der Notaufnahme, Die ZEIT vom 17.07.2014, S. 29.

Müller, Knut Postmortaler Rechtsschutz – Überlegungen zur Rechtssubjektivität Verstorbener, Frankfurt a.M. 1996.

Müller, Wolfgang/Bocter, Nikolaus Beitrag zur Verbesserung der Todesursachenstatistik, Ergebnis der Auswertung aller ärztlichen Aufgaben aus der Todesbescheinigung, Das Öffentliche Gesundheitswesen 1987, S. 345–351.

Müller, Wolfgang/Bocter, Nikolaus Beitrag zur Abschätzung der Aussagekraft der amtlichen Todesursachenstatistik – Eine empirische Untersuchung zur Verbesserung der Validität, Stuttgart/Berlin/Köln 1990.

Müller-Franken, Sebastian Vorbemerkung vor Art. 1 Allgemeine Grundrechtslehren, in: Schmidt-Bleibtreu/Hofmann/Henneke, GG, Kommentar zum Grundgesetz, 14. Aufl., Köln 2018.

Müller-Terpitz § 147 Recht auf Leben und körperliche Unversehrtheit, in: Isensee, Josef/Kirchhof, Paul (Hrsg.), Handbuch des Staatsrechts der Bundesrepublik Deutschland – Band VII Normativität und Schutz der Verfassung – Internationale Beziehungen, Heidelberg 1992, S. 3–77.

Murswiek, Dietrich Die staatliche Verantwortung für die Risiken der Technik – Verfassungsrechtliche Grundlagen und immissionsschutzrechtliche Ausformung, Berlin 1985.

Murswiek, Dietrich § 192 Grundrechte als Teilhaberechte, in: Isensee, Josef/Kirchhof, Paul (Hrsg.), Handbuch des Staatsrechts der Bundesrepublik Deutschland – Band IX Allgemeine Grundrechtslehren, 3. Aufl., Heidelberg 2011, S. 569–620.

Mußhoff, Frank/Madea, Burkhard/Heß, Cornelius Toxikologie, in: Madea, Burkhard (Hrsg.), Rechtsmedizin – Befunderhebung Rekonstruktion Begutachtung, 3. Aufl., Berlin/Heidelberg 2015, S. 599–691.

Nehm, Kay Geleitwort, in: Brinkmann, Bernd (Hrsg.), Leichenschau – Leitlinien zur Qualitätssicherung, Düsseldorf 2007, S. 9.

Neuhaus, Ralf § 87 StGB, in: Dölling et al., Gesamtes Strafrecht – StGB – StPO – Nebengesetze, 5. Aufl., Baden-Baden 2022.

Neumann, Franz L./Nipperdey, Hans Carl/Scheuner, Ulrich (Hrsg.) Die Grundrechte: Handbuch der Theorie und Praxis der Grundrechte – Zweiter Band – Freiheitsrechte in Deutschland, Berlin 1954.

Neumann, Ulfrid vor § 211, in: Kindhäuser/Neumann/Paeffgen/Saliger, Strafgesetzbuch – Band 2, 6. Aufl., Baden-Baden 2023.

Nida-Rümelin, Julian Kultur als Staatsziel?, HFR-Humboldt Forum Recht 2006, S. 80–83.

Niederlag, Wolfgang et al. (Hrsg.) Der virtuelle Patient, 2. Aufl., Berlin/Boston 2014.

Nipperdey, Hans Carl Die Würde des Menschen, in: Neumann, Franz L./Nipperdey, Hans Carl/Scheuner, Ulrich (Hrsg.), Die Grundrechte: Handbuch der Theorie und Praxis der Grundrechte – Zweiter Band – Freiheitsrechte in Deutschland, Berlin 1954, S. 1–50.

Nozick, Robert Anarchie, Staat, Utopia, München 1976.

o.V. Tiefer Seufzer, Allein in Baden-Württemberg wurden innerhalb eines Jahres viermal Totenscheine für noch Lebende ausgestellt. Rechtsmediziner fordern spezielle Leichenschau-Ärzte, Der Spiegel 1977, S. 110–111.

o.V. Angeblich Toter gibt plötzlich Lebenszeichen von sich, Der Tagesspiegel – Unabhängige Berliner Morgenzeitung vom 22.12.1978, S. 13.

o.V. Scheintote, Augen auf, Der Spiegel 1981, S. 103–106.

o.V. Sterbefälle 1981 nach ausgewählten Todesursachen, Deutsche Medizinische Wochenschrift 1982, S. 1655.

o.V. Messer im Rücken, Leichenschauscheine grob fahrlässig ausgestellt, Kriminalistik 1986, S. 296.

o.V. Entschließungen zum Tagesordnungspunkt II – Qualitätssicherung der ärztlichen Berufsausübung, Ländereinheitlicher Leichenschauschein, Dokumentation 96. Deutscher Ärztetag, Deutsches Ärzteblatt 1993, S. A 1–A 1524 (72).

o.V. 72-Jährige stirbt zweimal vom 12.03.2002 (geprüft am 03.12.2012).

o.V. „Immer mehr Morde bleiben unentdeckt", Ein Drittel aller rechtsmedizinischen Institute sollen in den nächsten Jahren geschlossen werden, FAZ – Frankfurter Allgemeine Zeitung vom 24.09.2004, S. 10.

o.V. Leichenschau und Todesbescheinigung, Die KV-Abrechnung 2006, S. 10–11.

o.V. Achtzig Tote in sechs Stunden begutachtet, Der Wiesbadener Mordprozess gegen den 20 Jahre alten Mark S. wirft ein Licht auf die Praxis der Leichenschau, FAZ – Frankfurter Allgemeine Zeitung vom 28.10.2008, S. 53.

o.V. Gesundheits-, Sozial- und ärztliche Berufspolitik, Entschließungen zum Tagesordnungspunkt I, Dokumentation zum 116. Deutschen Ärztetag, Deutsches Ärzteblatt 2013, S. A 1170–A 1177.

o.V. Knappe Kassen behindern die Entdeckung von Morden – Die Welt vom 06.02.2013, abrufbar unter http://www.welt.de/113415926 (geprüft am 28.01.2018).

o.V. Vermeintlich Tote erwacht in Gerichtsmedizin – Süddeutsche Zeitung vom 03.08.2013, abrufbar unter http://www.sueddeutsche.de/panorama/verkehrsunfall-die-tote-schnappte-nach-luft-1.1761067 (geprüft am 28.01.2018).

o.V. Todesbescheinigungen sind oft fehlerhaft, Süddeutsche Zeitung vom 10.06.2014, S. 10.

o.V. Nach Skandal um Pfleger – Klinikum zieht Konsequenzen, Ärztezeitung 2015, S. 8.

o.V. Mit weit aufgerissenen Augen im Leichensack, Eine totgeglaubte Frau erwacht im Kühlraum eines Gelsenkirchener Bestatters, Frankfurter Rundschau vom 25.03.2015, S. 40.

o.V. Ärzte dringen auf bessere Leichenschau, FAZ – Frankfurter Allgemeine Zeitung vom 26.03.2015, S. 7.

o.V. Zehn weitere Opfer von Krankenhausmordserie entdeckt – Süddeutsche Zeitung vom 15.07.2015, abrufbar unter http://www.sueddeutsche.de/panorama/oldenburg-zehn-weitere-opfer-von-krankenhausmordserie-entdeckt-1.2566868 (geprüft am 28.01.2018).

o.V. Tausende neue Stellen – öffentlicher Dienst rüstet auf, FAZ – Frankfurter Allgemeine Zeitung vom 12.01.2016, S. 17.

o.V. Mehr Leichen sollen obduziert werden, FAZ – Frankfurter Allgemeine Zeitung vom 13.01.2018.

Oehmichen, Manfred Todesbescheinigungen, „Nicht aufgeklärte Todesart" wird in Lübeck tatsächlich nicht aufgeklärt, Kriminalistik 1993, S. 137–140.

Oehmichen, Manfred/Klose, Wolfgang/Wegener, Rudolf (Hrsg.) Rechtsmedizin in Deutschland – Ost und West, Lübeck 1991.

Oehmichen, Manfred/Saternus, Klaus-Steffen Leichenschau und Todesbescheinigung, Köln: Bei ungeklärter Todesart entscheidet die Schutzpolizei (!) über das weitere Vorgehen, Kriminalistik 1985, S. 2–5.

Opderbecke, Hans Wolfgang/Weißauer, Walther (Hrsg.) Forensische Probleme in der Anästhesiologie, 2. Aufl., Erlangen 1982.

Ossenbühl, Fritz Kernenergie im Spiegel des Verfassungsrechts, DÖV – Die Öffentliche Verwaltung 1981, S. 1–11.

Palandt, Otto (Hrsg.) Palandt – Bürgerliches Gesetzbuch, 77. Aufl., München 2018 (zit.: *Bearbeiter*, in: Palandt – BGB).

Papier, Hans-Jürgen Recht auf Gesundheit, in: Hilgendorf, Eric (Hrsg.), Subsidiarität – Sicherheit – Solidarität – Festgabe für Franz-Ludwig Knemeyer zum 75. Geburtstag, Würzburg 2012, S. 475–486.

Parzeller, Markus Die sofortige Anzeige nach § 159 StPO bei tödlichem ärztlichen Behandlungsfehler, Sports Orthopaedics and Traumatology Sport-Orthopädie – Sport-Traumatologie 2003, S. 53.

Parzeller, Markus/Wenk, Maren/Rothschild, Markus A. Die ärztliche Schweigepflicht, Zertifizierte Medizinische Fortbildung, Deutsches Ärzteblatt 2005, S. A 289–A 297.

Pasch, Heiner Leichenschau, BÄK beharrt auf Mindervergütung – Diese Honorierung ist ein Hohn, MMW Fortschritte der Medizin 2011, S. 17.

Patscheider, Hubert Zur Leichenschau bei außergewöhnlichen Todesfällen, in: Barz, Jürgen/x u.a. (Hrsg.), Fortschritte der Rechtsmedizin – Festschrift für Georg Schmidt, Berlin/Heidelberg/New York 1983, S. 102–108.

Patschek, Martha Die Entwicklung der Leichenschau in Deutschland, Diss. med., Universität Marburg 1938.

Penners, Bernd-Michael Zur Feststellung der Todesart auf dem ärztlichen Leichenschauschein, Diss. med., Universität Kiel 1981.

Peschel, Oliver/Eisenmenger, Wolfgang Notfälle in der Praxis: Die ärztliche Leichenschau, Werden Sie nicht zum Mordgehilfen!, MMW Fortschritte der Medizin 2001, S. 45–47.

— Die wichtigsten Regeln für die Leichenschau, MMW Fortschritte der Medizin 2007, S. 38–42.

Peschel, Oliver/Fieseler, Sybille/Zinka, Bettina Ärztliche Leichenschau und Notarztdienst, Der Notarzt 2009, S. 213–224.

Peschel, Oliver/Grupp, Ulrich/Graw, Matthias Leichenschau Teil 2, Wann ist ein Tod (nicht) natürlich?, MMW Fortschritte der Medizin 2012, S. 64–67.

Peschel, Oliver/Penning, Randolph Todesfeststellung und Leichenschau, in: Madler, Christian/x u.a. (Hrsg.), Das NAW-Buch – Akutmedizin der ersten 24 Stunden, 3. Aufl., München 2005, S. 378–388.

Peschel, Oliver/Priemer, Fritz/Eisenmenger, Wolfgang Letzter Dienst am Menschen – Folge 10 und letzte Folge, Tabellarische Übersicht der Gesetzgebung zur Leichenschau in Deutschland – Formblatt zur Dokumentation bei der Leichenschau, MMW Seminar, MMW – Organ für amtliche und praktische Ärzte 1997, S. 203–206.

— Letzter Dienst am Menschen – Folge 5, Todesfeststellung unter Reanimationsbedingungen und Ausstellen der Todesbescheinigung, MMW Seminar, MMW – Organ für amtliche und praktische Ärzte 1997, S. 122–124.

— Letzter Dienst am Menschen, Folge 1 – Rechtliche Voraussetzungen der ärztlichen Leichenschau, Veranlassung und Schweigepflicht, MMW Seminar, MMW – Organ für amtliche und praktische Ärzte 1997, S. 33–34.

Peschel, Oliver/Priemer, Fritz/Penning, Randolph Letzter Dienst am Menschen – Folge 2, Berechtigung und Verpflichtung zur Leichenschau, MMW Seminar, MMW – Organ für amtliche und praktische Ärzte 1997, S. 55–56.

Peschel, Oliver/Rupp, P./Eisenmenger, Wolfgang Rechtliche Grundlagen der ärztlichen Leichenschau im Notarztdienst, Rettungsdienst 2001, S. 58–62.

Peter, Alex/Tilch, Stefan Bestattungsgesetz Thüringen – Kommentar, Stuttgart/Greiz 2005.

Peterßen, Werner Die Reform des Leichenschau- und Sektionsrechts, Bonn 1935.

Pfeiffer, Gerd Strafprozessordnung – Kommentar, 5. Aufl., München 2005.

Pieritz, Anja Abrechnung der Leichenschau im Krankenhaus von einem im Krankenhaus angestellten Arzt, Ärzteblatt Mecklenburg-Vorpommern 2005, S. 350.

Pieroth, Bodo Kultur – weniger wichtig als Tierschutz?, Zur Einfügung eines neuen Art. 20 b in das GG, HFR-Humboldt Forum Recht 2006, S. 1–3.

Pietrzak, Alexandra Die Schutzpflicht im verfassungsrechtlichen Kontext – Überblick und neue Aspekte, JUS – Juristische Schulung 1994, S. 748–753.

Pitschas, Rainer (Hrsg.) Wege gelebter Verfassung in Recht und Politik – Festschrift für Rupert Scholz zum 70. Geburtstag, Berlin 2007.

Podlech, Adalbert Art. 1 I, in: Denninger, Kommentar zum Grundgesetz für die Bundesrepublik Deutschland – Band 2 Art. 1–37, 2. Aufl., Neuwied 1989.

Poe, Edgar Allan Horrorgeschichten – das Beste vom Meister des Unheimlichen / Edgar Allan Poe. Aus dem Amerikan. von Arno Schmidt und Hans Wollschläger, Berlin 2012.

Polizeidirektion Oldenburg (Hrsg.) Soko „Kardio“ – Polizeidirektion Oldenburg Presseportal vom 28.08.2017, abrufbar unter https://www.presseportal.de/blaulicht/pm/62353/3719870 (geprüft am 28.01.2018).

Pollak, Stefan Zur Verkennung des Erhängungstodes bei der ärztlichen Leichenschau, in: Schlüchter, Ellen (Hrsg.), Kriminalistik und Strafrecht – Festschrift für Friedrich Geerds zum 70. Geburtstag, Lübeck 1995, S. 455–469.

— Die Rechtsmedizin als Anwalt einer humanen Gesellschaft, in: Villinger, Ingeborg/Riescher, Gisela/Rüland, Jürgen (Hrsg.), Politik & Verantwortung – Festgabe für Wolfgang Jäger zum 60. Geburtstag, Freiburg 2000, S. 391–396.

Popitz, Heinrich Über die Präventivwirkung des Nichtwissens – Dunkelziffer, Norm u. Strafe, Tübingen 1968.

Pötzsch, Olga/Rößge, Felix Bevölkerung Deutschlands bis 2060 – 13. koordinierte Bevölkerungsvorausberechnung, Statistisches Bundesamt (Hrsg.), Wiesbaden 2015.

Priemer, Fritz/Peschel, Oliver/Eisenmenger, Wolfgang Letzter Dienst am Menschen – Folge 4, Die Feststellung des Todes, MMW Seminar, MMW – Organ für amtliche und praktische Ärzte 1997, S. 106–108.

Pschyrembel, Willibald Pschyrembel Klinisches Wörterbuch, 267. Aufl., Berlin/Boston 2017.

Puppe, Georg Der Scheintod und seine Diagnose, Deutsche Medizinische Wochenschrift 1920, S. 383–385.

Püschel, Klaus Fehler und Probleme bei der ärztlichen Leichenschau und bei der Ausstellung der Todesbescheinigung, Materia Medica Nordmark 1980, S. 30–37.

— Allgemeine und spezielle Probleme bei der ärztlichen Leichenschau, Journal für Anästhesie und Intensivbehandlung 2003, S. 209–211.

— Quo vadis „ärztliche Leichenschau"?, Rechtsmedizin: Organ der Deutschen Gesellschaft für Rechtsmedizin 2009, S. 389–390.

Püschel, Klaus/Kappus, Stefan/Janssen, Werner Ärztliche Leichenschau im Krankenhaus, Fehler und Probleme, Arzt und Krankenhaus 1987, S. 101–105.

Radtke, Henning/Hohmann, Olaf (Hrsg.) Strafprozessordnung - Kommentar, München 2011 (zit.: *Bearbeiter*, in: Radtke/Hohmann - StPO).

Raem, Arnolds Maria Vorwort, in: Brinkmann, Bernd (Hrsg.), Leichenschau - Leitlinien zur Qualitätssicherung, Düsseldorf 2007, S. 19.

Raske-Al-Hammoud, Kristina Die strafgesetzliche Regelung der Sterbehilfe - Eine vergleichende Analyse der Alternativentwürfe zur Sterbehilfe (AE-Sterbebegleitung) aus den Jahren 1986 und 2005 im Lichte der klinischen Praxis, (Zugl. Diss. jur. Universität Gießen 2014), Hamburg/Gießen 2014.

Raute, Michael Jude - venia entzogen 1934 - Schicksale deutsch-jüdischer Chirurgen nach 1933, Mit einem Vorwort von Michael Trede, Leipzig 2014.

Raute, Patrick Benjamin Erfahrungsberichte und Einschätzungen zur ärztlichen Leichenschau, Interview mit Dr. med. Veit Harold Bauer, Mannheim am 05.01.2015.

— Fragen zu den Problemen der ärztlichen Leichenschau, Interview mit Dr. jur. Georg Zimmermann, Vorsitzender Richter am Landgericht Bielefeld, Bielefeld am 19.01.2015.

— Die ärztliche Leichenschau aus der Sicht des Pathologen, Interview mit Prof. Dr. med. Ute Raute-Kreinsen, ehem. Chefärztin des Instituts für Pathologie des Klinikums Bielefeld-Mitte und Ärztliche Direktorin, Bielefeld am 21.01.2015.

— Die Problematik der ärztlichen Leichenschau, Interview mit Prof. Dr. med. Andreas Schmeling, stellvertretender Direktor des Instituts für Rechtsmedizin der Universität Münster - Mitglied im Vorstand der Deutschen Gesellschaft für Rechtsmedizin, Münster am 23.04.2015.

— Leichenschau durch den zuvor behandelnden Arzt im Klinikum, Interview mit Dr. Theodor Windhorst, Präsident der Ärztekammer Westfalen-Lippe, Bielefeld am 25.02.2016.

Rawls, John Eine Theorie der Gerechtigkeit, Frankfurt a.M. 1975.

Rendenbach, Ulrich Leichenschau, Wer zahlt: die Erben oder die GKV?, MMW Fortschritte der Medizin 2007, S. 8.

Renzelmann, Claus Die Schweigepflicht bei verstorbenen Patienten, Versuch einer Kasuistik, Der Pathologe 2013, S. 20–21.

Repgow, Eike von Des Sachsenspiegels erster Theil oder das Sächsische Landrecht, nach der Berliner Handschrift v. J. 1369, hrsg. von C.G. Homeyer, 3. Aufl., Berlin 1861.

Ries, Hans Peter et al. Arztrecht – Praxishandbuch für Mediziner, 4. Aufl., Berlin/Heidelberg/New York 2017.

Rixen, Stephan Art. 2 Freie Entfaltung der Persönlichkeit, Recht auf Leben, körperliche Unversehrtheit, Freiheit der Person, in: Sachs, Grundgesetz – Kommentar, 9. Aufl., München 2021.

Robbers, Gerhard Sicherheit als Menschenrecht – Aspekte der Geschichte Begründung und Wirkung einer Grundrechtsfunktion, Baden-Baden 1987.

Rosenberg, Martina Anklage: Sterbehilfe – Machen unsere Gesetze Angehörige zu Straftätern?, München 2015.

Rosenstiel, K. Die Kripo bedrängt mich, Medical Tribune 1984, S. 18.

Rothgang, Heinz et al. GEK-Pflegereport 2008 – Schwerpunktthema: Medizinische Versorgung in Pflegeheimen, Schwäbisch Gmünd 2008.

Rothschild, Markus A. Probleme bei der ärztlichen Leichenschau, Sicht der niedergelassenen Ärzte, der Klinikärzte, der Notärzte und der Polizei, Rechtsmedizin: Organ der Deutschen Gesellschaft für Rechtsmedizin 2009, S. 407–412.

Rückert, Sabine Tote haben keine Lobby – Die Dunkelziffer der vertuschten Morde, Augsburg 2002.

Ruffert, Matthias Vorrang der Verfassung und Eigenständigkeit des Privatrechts – Eine verfassungsrechtliche Untersuchung zur Privatrechtswirkung des Grundgesetzes, Tübingen 2001.

Rüfner, Wolfgang § 196 Grundrechtsträger, in: Isensee, Josef/Kirchhof, Paul (Hrsg.), Handbuch des Staatsrechts der Bundesrepublik Deutschland – Band IX Allgemeine Grundrechtslehren, 3. Aufl., Heidelberg 2011, S. 731–791.

Sachs, Michael § 98 Der Schutz der physischen Existenz, in: Stern, Klaus (Hrsg.), Das Staatsrecht der Bundesrepublik Deutschland – Band IV/1, Die einzelnen Grundrechte, München 2006, S. 119–176.

— Art. 20, in: Sachs, Grundgesetz – Kommentar, 9. Aufl., München 2021.

Sachs, Michael (Hrsg.) Grundgesetz – Kommentar, 9. Aufl., München 2021 (zit.: *Bearbeiter*, in: Sachs – GG).

Sachs, Michael Vorbemerkungen zu Abschnitt I, in: Sachs, Grundgesetz – Kommentar, 9. Aufl., München 2021.

Sachse, Michael Personenstands- und verwaltungsrechtliche Überlegungen zur Leichenschau, StAZ – Das Standesamt 1989, S. 217–224.

Sander, Günther M. (Hrsg.) Münchener Kommentar zum Strafgesetzbuch Bd. 4, §§ 185–262 StGB, 4. Aufl., München 2021 (zit.: *Bearbeiter*, in: Münchener Kommentar – StGB).

Sauer, Heiko Vorbemerkung vor Artikel 1 GG, in: Brosius-Gersdorf, Dreier Grundgesetz Kommentar – Band I Präambel, Artikel 1–19, 4. Aufl., Tübingen 2023.

Schaaf, Julia Die Toten haben's hinter sich, FAS – Frankfurter Allgemeine Sonntagszeitung vom 04.06.2017, S. 13.

Schäfer, Klaus »Die Kultur eines Volkes erkennt man daran, wie es mit seinen Toten umgeht« (Perikles, 493–429 v. Chr.) – Bestattung fehlgeborener Kinder, ZfME 2014, S. 377–385.

Scheib, Klaus Die Dunkelziffer bei Tötungsdelikten aus kriminologischer und rechtsmedizinischer Sicht, (Zugl. Diss. jur. Humboldt-Universität Berlin 2001), Berlin 2002.

Scheiper, Brigitte/Untze, Petra (Hrsg.) Brandenburgisches Bestattungsgesetz – Kommentar, Wiesbaden 2008 (zit.: *Bearbeiter*, in: Scheiper – BbgBestG).

Schelhase, Torsten Die Todesursachenstatistik der Statistischen Ämter des Bundes und der Länder, in: Madea, Burkhard (Hrsg.), Die ärztliche Leichenschau – Rechtsgrundlagen – Praktische Durchführung – Problemlösungen, Berlin/Heidelberg 2014, S. 217–226.

Schenk, Maren Die Leichenschau, Wie kann man die Qualität verbessern?, Deutsche Medizinische Wochenschrift 2012, S. 1234.

Schenk, Stephan Die Totensorge – ein Persönlichkeitsrecht – Zivilrechtliche Untersuchung der Verfügungsbefugnis am toten menschlichen Körper, (Zugl. Diss. jur. Universität Bremen, 2006), Hamburg 2007.

Scherzberg, Arno/Mayer, Matthias Die Prüfung staatlicher Schutzpflichten in der Verfassungsbeschwerde, JA – Juristische Arbeitsblätter 2004, S. 51–53.

Schilder, Peter Jedes Jahr Tausende fehlerhafte Totenscheine, Die nordrhein-westfälische Justizministerin Roswitha Müller-Piepenkötter will die Leichenschau professionalisieren, FAZ – Frankfurter Allgemeine Zeitung vom 26.06.2007, S. 9.

Schirrmeister, Benno Leichenschau wieder abgeschafft – Projekt scheitert an Rechtslage, taz. die tageszeitung vom 24.02.2016, abrufbar unter http://www.taz.de/Projekt-scheitert-an-Rechtslage/!5281544/ (geprüft am 28.01.2018).

Schleyer, Franz Aktuelle Fragen der Leichenschau und Leichenöffnung, Deutsche Zeitschrift für die gesamte gerichtliche Medizin 1968, S. 55–65.

Schliephorst, Ingo Rechtsgrundlagen einer klinischen Sektion in den Landesgesetzen und Krankenhausaufnahmeverträgen, Zustimmungslösung vs. Widerspruchslösung, in: Wienke, Albrecht/x u.a. (Hrsg.), Rechtsfragen der Obduktion und postmortalen Gewebespende, Berlin 2012, S. 23–32.

Schliesky, Utz et al. Schutzpflichten und Drittwirkung im Internet – Das Grundgesetz im digitalen Zeitalter, Baden-Baden 2014.

Schlüchter, Ellen (Hrsg.) Kriminalistik und Strafrecht – Festschrift für Friedrich Geerds zum 70. Geburtstag, Lübeck 1995.

Schmeling, Andreas et al. Die virtuelle Leichenschau mit dem INMEDEA-Simulator, in: Niederlag, Wolfgang/x u.a. (Hrsg.), Der virtuelle Patient, 2. Aufl., Berlin/Boston 2014, S. 226–235.

Schmidhäuser, Eberhard Vom Sinn der Strafe – Herausgegeben und mit einer Einleitung versehen von Eric Hilgendorf, Hilgendorf, Eric (Hrsg.), 2. Aufl., Berlin 2004.

Schmidt, G. Bekanntgabe von Eintragungen im Leichenschauschein, Deutsche Medizinische Wochenschrift 1974, S. 312.

Schmidt-Bleibtreu, Bruno/Hofmann, Hans/Henneke, Hans-Günter (Hrsg.) GG, Kommentar zum Grundgesetz, 14. Aufl., Köln 2018 (zit.: *Bearbeiter*, in: Schmidt-Bleibtreu – GG).

Schmitz, Roland § 242, in: Sader, Münchener Kommentar zum Strafgesetzbuch – Bd. 4, §§ 185–262 StGB, 4. Aufl., München 2021.

Schneider, Andreas/Lang, Gerd Wörterbuch der Kriminalwissenschaften – Ein Nachschlagewerk zur Kriminalitätskontrolle für Studierende und Praktiker aus Polizei, Justiz und Gerichtsmedizin, Stuttgart u.a. 2001.

Schneider, Volkmar Leichenschau und Meldepflicht nicht natürlicher Todesfälle, Kriminalistik 1981, S. 282–289.

— Die Leichenschau – Ein Leitfaden für Ärzte, Mit 124 zum Teil farbigen Abbildungen, Stuttgart/New York 1987.

Schneller, Fritz Inwieweit kann und muss den infolge Fehlens einer gesetzlichen Regelung der Leichenschau auf hygienischem und medizinisch-statistischem Gebiet bestehenden Mißständen abgeholfen werden?, Veröffentlichungen auf dem Gebiete der Medizinalverwaltung 1927, S. 746–762.

Schockenhoff, Eberhard/Joh, Alois/Volkenandt, Matthias (Hrsg.) Bestattungskultur im Wandel, Zeitschrift für medizinische Ethik, 60. Jahrgang 2014, Heft 4, S. 295–385.

Schönberger, Simone Postmortaler Persönlichkeitsschutz, (Zugl. Diss. jur. Universität Göttingen 2010), Bielefeld 2011.

Schönke, Adolf/Schröder, Horst (Hrsg.) Strafgesetzbuch Kommentar, 30. Aufl., München 2019 (zit.: *Bearbeiter*, in: Schönke/Schröder – StGB).

Schriewersmann, Wolf Siegfried Folgen der Feststellung „Todesart nicht geklärt“ durch den Arzt des NAW (Notarztwagen) – Analytische Studie über den Weg der Entscheidungsfindung und die weiteren Konsequenzen für das Vorgehen in Leichensachen, Diss. med., Freie Universität Berlin 1984.

Schröder, Ann-Sophie/Püschel, Klaus/Anders, Sven Stichbeibringung an den Beinen?, Fallstricke bei der äußeren Leichenschau nach notärztlicher Behandlung, Rechtsmedizin: Organ der Deutschen Gesellschaft für Rechtsmedizin 2010, S. 515–518.

Schubert-Fritschle, Gabriele et al. Qualität der Angaben von Todesbescheinigungen, Ist die Todesursachenstatistik zu Krebserkrankungen besser als ihr Ruf?, Deutsches Ärzteblatt 2002, S. A 50–A 55.

Schulte von Drach, Markus C. Von der Angst, lebendig begraben zu werden – Süddeutsche Zeitung vom 27.05.2013, abrufbar unter http://www.sueddeutsche.de/wissen/phaenomen-scheintod-von-der-angst-lebendig-begraben-zu-werden-1.1679893 (geprüft am 28.01.2018).

Schulz, Ernst Problemsituationen bei der Leichenschau, Notarzt und Todesbescheinigung, Rechtsmedizin: Vorträge über aktuelle Themen 1998, S. 66–86.

Schulze-Fielitz, Helmut Das Lüth-Urteil – nach 50 Jahren, Jura – Juristische Ausbildung 2008, S. 52–57.

Schulze-Fielitz, Helmut Art. 2 II, in: Dreier, Grundgesetz Kommentar – Band I Präambel, Artikel 1–19, 3. Aufl., Tübingen 2013.

Schwabe, Jürgen Die sogenannte Drittwirkung der Grundrechte – Zur Einwirkung d. Grundrechte auf d. Privatrechtsverkehr, München 1971.

Schwalbe, J. Der jetzige Stand der obligatorischen Leichenschau in Deutschland, Deutsche Medizinische Wochenschrift 1909, S. 1154–1156.

Schweitzer, H. Die letzte Diagnose, Rheinisches Ärzteblatt 1982, S. 155–165.

Schweitzer, Irene Zu Problemen von Leichenschau und Totenbescheinigung unter besonderer Berücksichtigung des Strafrechts, Diss. jur., Eberhard-Karls-Universität Tübingen 1986.

Schwenn, Anja Studentische Ausbildung im Fach Rechtsmedizin in Deutschland, Diss. med., Universität Hamburg 2009.

Schwerd, Wolfgang Definition und Abgrenzung der Begriffe natürlicher und nichtnatürlicher Tod, in: Opderbecke, Hans Wolfgang/Weißauer, Walther (Hrsg.), Forensische Probleme in der Anästhesiologie, 2. Aufl., Erlangen 1982, S. 123–127.

Siegmund-Schultze, Nicola Die Scheu bei der Leichenschau, Warum so viele Todesfälle falsch beurteilt werden, Süddeutsche Zeitung vom 22.05.1997, S. 25.

Sodan, Helge § 40, in: Sodan/Ziekow, Verwaltungsgerichtsordnung – Großkommentar, 5. Aufl., Baden-Baden 2018.

Sodan, Helge/Ziekow, Jan (Hrsg.) Verwaltungsgerichtsordnung – Großkommentar, 5. Aufl., Baden-Baden 2018 (zit.: *Bearbeiter*, in: Sodan/Ziekow – VwGO).

Spann, Wolfgang Überlegungen zur Leichenschau, insbesondere zum Problem der Anhaltspunkte für einen nicht natürlichen Tod, Der Pathologe 1982, S. 241–246.

Spann, Wolfgang Der Ermittler als Anwalt des Verstorbenen, Leichenschau und polizeiliche Nachforschungen, Kriminalistik 1987, S. 586–588.

Spann, Wolfgang/Maidl, Karoline Die Frequenz gerichtlicher Leichenöffnungen in der Bundesrepublik Deutschland, MedR – Medizinrecht 1985, S. 59–62.

Spengler, Brigitte Juliane Über die ärztliche Leichenschau: – Gedanken zur Vermeidung fehlerhafter Feststellung des Todes, Diss. med., Universität Tübingen 1978.

Spickhoff, Andreas Postmortaler Persönlichkeitsschutz und ärztliche Schweigepflicht, NJW – Neue Juristische Wochenschrift 2005, S. 1982–1984.

Spranger, Tade Matthias Bestattungsgesetz Nordrhein-Westfalen, 2. Aufl., Stuttgart u.a. 2006.

Spranger, Tade Matthias Bestattungsgesetz Schleswig-Holstein – Textausgabe mit Einführung, erläuternden Hinweisen und Stichwortverzeichnis, Stuttgart u.a. 2006.

Staak, Michael/Ramme, H. Die Obduktion als Instrument der Qualitätskontrolle bei der ärztlichen Feststellung von Todesursachen, Lebensversicherungsmedizin: Zeitschr. für Diagnose u. Prognose 1984, S. 205–208.

Stammler, Dieter Erziehung zu internationaler Verständigung und Frieden – Auszug aus dem Bericht einer Experten-Tagung der UNESCO in Paris, 17.–28.8.1970, Bundesministerium für Wirtschaftliche Zusammenarbeit, Referat Öffentlichkeitsarbeit, Bonn 1972.

Starck, Christian Art. 2 Abs. 2, in: Mangoldt, Kommentar zum Grundgesetz, Band 1 – Präambel, Artikel 1 bis 19, 6. Aufl., München 2010.

Statistisches Bundesamt Statistisches Jahrbuch 2012 – Deutschland und Internationales, Wiesbaden 2012.

Statistisches Bundesamt (Hrsg.) Pflegestatistik 2011 – Pflege im Rahmen der Pflegeversicherung – Deutschlandergebnisse, Wiesbaden 2013.

Steinberg, Thomas Luschige Leichenschau vertuscht Totschlag – Prozess am Landgericht Dessau, Mitteldeutsche Zeitung vom 10.06.2015, abrufbar unter http://www.mz-web.de/koethen/prozess-am-landgericht-dessau-luschige-leichenschau-vertuscht-totschlag,20641024,30913528.html (geprüft am 28.01.2018).

Steiner, Udo Der Schutz des Lebens durch das Grundgesetz – Erweiterte Fassung eines Vortrags gehalten vor der Juristischen Gesellschaft zu Berlin am 26. Juni 1991, Berlin u.a. 1992.

Steinhilper, Gernot Honorarabrechnung für ärztliche Leichenschau und Todesbescheinigung, Rechtsgrundlagen und besondere Fallgestaltungen, in: Brinkmann, Bernd (Hrsg.), Leichenschau - Leitlinien zur Qualitätssicherung, Düsseldorf 2007, S. 135–148.

Stemmler, Thomas Das „Neminem-laedere-Gebot" - Zur Frage des Begriffs und der Existenz schutzbereichsimmanenter Grenzen der Freiheitsgrundrechte im Unterschied zu den so genannten verfassungsimmanenten Schranken - zugleich eine Abhandlung über die Weite des Grundrechtstatbestandes, (Zugl. Diss. jur. Universität Köln 2004), Frankfurt a.M. 2005.

Stengel, Eckhard Keine Chance für heimliche Morde, Bremen lässt künftig alle Leichen genau untersuchen, um Tötungsdelikte zu entdecken, Frankfurter Rundschau vom 12.05.2017, S. 44.

Stern, Klaus Das Staatsrecht der Bundesrepublik Deutschland - Band I, Grundbegriffe und Grundlagen des Staatsrechts, Strukturprinzipien der Verfassung, 2. Aufl., München 1984.

Stern, Klaus § 67, in: ders. (Hrsg.), Das Staatsrecht der Bundesrepublik Deutschland - Band III/1, Allgemeine Lehren der Grundrechte, München 1988, S. 690–750.

Stern, Klaus § 69, in: ders. (Hrsg.), Das Staatsrecht der Bundesrepublik Deutschland - Band III/1, Allgemeine Lehren der Grundrechte, München 1988, S. 888–994.

Stern, Klaus § 70, in: ders. (Hrsg.), Das Staatsrecht der Bundesrepublik Deutschland - Band III/1, Allgemeine Lehren der Grundrechte, München 1988, S. 997–1074.

Stern, Klaus (Hrsg.) Das Staatsrecht der Bundesrepublik Deutschland - Band III/1, Allgemeine Lehren der Grundrechte, München 1988.

Stern, Klaus § 104 Die allgemeine Handlungsfreiheit, in: ders. (Hrsg.), Das Staatsrecht der Bundesrepublik Deutschland - Band IV/1, Die einzelnen Grundrechte, München 2006, S. 871–993.

Stern, Klaus § 97 Die Würde des Menschen, in: ders. (Hrsg.), Das Staatsrecht der Bundesrepublik Deutschland - Band IV/1, Die einzelnen Grundrechte, München 2006, S. 8–119.

Stern, Klaus (Hrsg.) Das Staatsrecht der Bundesrepublik Deutschland - Band IV/1, Die einzelnen Grundrechte, München 2006.

Stern, Klaus Die Schutzpflichtenfunktion der Grundrechte: Eine juristische Entdeckung, DÖV - Die Öffentliche Verwaltung 2010, S. 241–249.

Stock, Jürgen Stand und Perspektiven der Dunkelfeldforschung in Deutschland und international, in: Hilgendorf, Eric (Hrsg.), Festschrift für Wolfgang Heinz - Zum 70. Geburtstag, Baden-Baden 2012, S. 317–331.

Störring, Lars Peter Das Untermaßverbot in der Diskussion – Untersuchung einer umstrittenen Rechtsfigur, Berlin 2009.

Streuer, Wibke Die positiven Verpflichtungen des Staates – Eine Untersuchung der positiven Verpflichtungen des Staates aus den Grund- und Menschenrechten des Grundgesetzes und der Europäischen Menschenrechtskonvention, (Zugl. Diss. jur. Universität des Saarlandes 2002), Baden-Baden 2003.

Stürzbecher, M. Über die Entwicklung der Leichenschau in Berlin, Beiträge zur gerichtlichen Medizin 1970, S. 256–262.

Szczekalla, Peter Die sogenannten grundrechtlichen Schutzpflichten im deutschen und europäischen Recht – Inhalt und Reichweite einer „gemeineuropäischen Grundrechtsfunktion", (Zugl. Diss. jur. Universität Osnabrück 2000), Berlin 2002.

Tag, Brigitte Rechtliche Aspekte im Umgang mit dem toten Körper. Eine thematische Einführung., in: Groß, Dominik/x u.a. (Hrsg.), Tod und toter Körper – Der Umgang mit dem Tod und der menschlichen Leiche am Beispiel der klinischen Obduktion, Kassel 2007, S. 101–116.

Tag, Brigitte Wem gehört mein Körper?, Der blaue Reiter 2008, S. 38–42.

Tag, Brigitte § 203 StGB, in: Dölling et al., Gesamtes Strafrecht – StGB – StPO – Nebengesetze, 5. Aufl., Baden-Baden 2022.

Teichert-Bartehl, Ute/Wilhelms, Eberhard Der öffentliche Gesundheitsdienst, in: Madea, Burkhard (Hrsg.), Die ärztliche Leichenschau – Rechtsgrundlagen – Praktische Durchführung – Problemlösungen, Berlin/Heidelberg 2014, S. 207–216.

Tempel, Florian Tötung blieb zunächst unentdeckt, Süddeutsche Zeitung vom 07.11.2014, R7 (Erding).

Theuner, Kirsten Die ärztliche Schweigepflicht im Strafrecht – Eine Untersuchung der Interdependenzen zwischen materiellem und formellem Geheimnisschutzstrafrecht unter besonderer Berücksichtigung seiner Bezüge zu Standesethik und Standesrecht, (Zugl. Diss. jur. Universität Frankfurt a.M. 2009), Tönning/Lübeck/Marburg 2009.

Thier, Markus/Tag, Brigitte Rechtsfragen im Umgang mit der Leiche, in: Groß, Dominik/Glahn, Julia/Tag, Brigitte (Hrsg.), Die Leiche als Memento mori – Interdisziplinäre Perspektiven auf das Verhältnis von Tod und totem Körper, Frankfurt/New York 2010, S. 103–124.

Thierbach, Rainer Die Erschließung der Informationen im pathologisch-anatomischen Sektionsgut – Studie zur Dokumentation medizinischer Daten unter Verwendung konventioneller Lochkartenmaschinen und der Internationalen Krankheitsklassifikation der Weltgesundheitsorganisation, Habil. med. Universität Halle/Saale 1967.

Thomsen, Holger/Schewe, Günter Ärztliche Leichenschau, Probleme im ärztlichen Bereich, bei Ermittlungsbehörden und bei landesrechtlichen Regelungen, ArchKrim – Archiv für Kriminologie 1994, S. 79–89.

Thürnau, Detlef „Der Scheintod", Diss. med., Rheinische Friedrich-Wilhelms-Universität Bonn 1971.

Todt, Melanie Die Leichenschau vor Kremation – Überflüssig oder wichtiges Instrument zur Aufdeckung nicht-natürlicher Todesfälle?, Diss. med., Medizinische Hochschule Hannover 2011.

Trachternach, Charlotte Erinnerungsschutz – Zum Persönlichkeitsschutz nach einem Todesfall, (Zugl. Diss. jur. Universität Bielefeld 2004), Herdecke 2004.

Tracinski, H. Zur Einführung der allgemeinen Pflichtleichenschau im Deutschen Reiche, Deutsche Vierteljahrsschrift für öffentliche Gesundheitspflege 1893, S. 1–17.

Tsokos, Michael Populäre Rechtsmedizin – Was macht den Tod so attraktiv?, Humboldt-Universität zu Berlin.

Tsokos, Michael/Guddat, Saskia Deutschland misshandelt seine Kinder, München 2014.

Ulm, Kirstin 371 Exhumierungen – eine Untersuchung aus morphologischer, versicherungsmedizinischer und rechtsmedizinischer Sicht, Diss. med., Justus-Liebig-Universität Gießen 2008.

Ulsenheimer, Klaus § 134 Die Leichenschau, in: Laufs, Adolf/Kern, Bernd-Rüdiger/Rehborn, Martin (Hrsg.), Handbuch des Arztrechts, 5. Aufl., München 2019, S. 1741–1757.

Ulsenheimer, Klaus § 141 Offenbarungspflichten und -befugnisse, Rechtfertigungsgründe, in: Laufs, Adolf/Kern, Bernd-Rüdiger/Rehborn, Martin (Hrsg.), Handbuch des Arztrechts, 5. Aufl., München 2019, S. 1809–1817.

Ulsenheimer, Klaus/Gaede, Karsten Arztstrafrecht in der Praxis, 6. Aufl., Heidelberg u.a. 2021.

Ulsenheimer, Klaus/Bock, Rolf-Werner Der juristische Notfallkoffer, Verhalten nach einem Zwischenfall, Anästhesiologie & Intensivmedizin – Offizielles Organ der Deutschen Gesellschaft für Anästhesiologie und Intensivmedizin e.V. 2013, S. 585–598.

Unruh, Peter Zur Dogmatik der grundrechtlichen Schutzpflichten – von Peter Unruh, Berlin 1996.

Untze, Petra § 4, in: Scheiper/Untze, Brandenburgisches Bestattungsgesetz – Kommentar, Wiesbaden 2008.

Untze, Petra § 5, in: Scheiper/Untze, Brandenburgisches Bestattungsgesetz – Kommentar, Wiesbaden 2008.

Vennemann, Benedikt/Du Chesne, Alfred/Brinkmann, Bernd Die Praxis der ärztlichen Leichenschau, Deutsche Medizinische Wochenschrift 2001, S. 712–716.

Verhoff, Marcel et al. Notärztliche Leichenschau, Spezielle rechtsmedizinische, kriminalistische und medizinrechtliche Aspekte, Notfall + Rettungsmedizin 2009, S. 293–298.

Verrel, Torsten Strafbarkeit gewerbsmäßiger Suizidförderung – mehr als nur symbolisches Strafrecht?, JA – Juristische Arbeitsblätter 2012, Editorial.

Villinger, Ingeborg/Riescher, Gisela/Rüland, Jürgen (Hrsg.) Politik & Verantwortung – Festgabe für Wolfgang Jäger zum 60. Geburtstag, Freiburg 2000.

Vock, Reinhard/Schwerd, Wolfgang Was muss der Arzt bei der Leichenschau beachten?, Medizinische Klinik 1985, S. 170–172.

Voeltz, Peter Probleme der Leichenschau im Notarzteinsatz, Intensivmedizin und Notfallmedizin 1986, S. 714–722.

Vogel, Joachim/Brodowski, Dominik § 242, in: Cirener et al., Strafgesetzbuch – Leipziger Kommentar, 13. Aufl., Berlin 2022.

Volmer, Walter Dunkelfeld bisher immer überbewertet, Eine kriminalistisch-kriminologische Untersuchung der Tötungsdelikte in Köln, Kriminalistik 1988, S. 477–480.

von Münch, Ingo/Kunig, Philip (Hrsg.) Grundgesetz Kommentar – Band 1 Präambel Art. 1–69, 6. Aufl., München 2012 (zit.: *Bearbeiter*, in: von Münch/Kunig – GG Bd. 1).

von Münch, Ingo/Kunig, Philip Vorbemerkung zu den Art. 1–19, in: dies., Grundgesetz Kommentar – Band 1 Präambel Art. 1–69, 6. Aufl., München 2012.

Vorstand der Bundesärztekammer Richtlinie gemäß § 16 Abs. 1 S. 1 Nr. 1 TPG für die Regeln zur Feststellung des Todes nach § 3 Abs. 1 S. 1 Nr. 2 TPG – Und die Verfahrensregeln zur Feststellung des endgültigen, nicht behebbaren Ausfalls der Gesamtfunktion des Großhirns, des Kleinhirns und des Hirnstamms nach § 3 Abs. 2 Nr. 2 TPG, Vierte Fortschreibung vom 31.03.2015, abrufbar unter http://www.baek.de/downloads/irrev.Hirnfunktionsausfall.pdf (geprüft am 28.01.2018).

Voß, Tobias Vergleich der Todesursache auf dem Leichenschauschein mit dem Ergebnis der gerichtlichen Obduktion, Diss. med., Johannes Gutenberg-Universität Mainz 2008.

Voßkuhle, Andreas/Kaiser, Anna-Bettina Grundwissen – Öffentliches Recht: Funktionen der Grundrechte, JUS – Juristische Schulung 2011, S. 411–413.

Wagner, Hans-Joachim Ärztliche Leichenschau, Deutsches Ärzteblatt 1990, S. 3428–3430.

Wagner, Wolfgang Monströse Einzeltat, Frankfurter Rundschau vom 30.08.2017, S. 10.

Walbert, Helmut Analogziffer hilft, Dauer ärger Hausbesuche bei Leichenschau, MMW Fortschritte der Medizin 2012, S. 14.

Wapler, Friederike Art. 1 I, in: Brosius-Gersdorf, Dreier Grundgesetz Kommentar – Band I Präambel, Artikel 1–19, 4. Aufl., Tübingen 2023.

Walter, Roland Die Leichenschau und das Sektionswesen – Grundzüge der Entwicklung von ihren Anfängen bis zu den Bemühungen um eine einheitliche Gesetzgebung, Diss. med., Universität Düsseldorf 1971.

Walter, Tony Modern Death: Taboo or not Taboo?, Sociology 1991, S. 293–310.

Weck, Monika Christine Vom Mensch zur Sache? – Der Schutz des Lebens an seinen Grenzen, (Zugl. Diss. jur. Universität zu Köln 2003), Aachen 2003.

Wegener, Rudolf et al. Traumatologie und gewaltsamer Tod, in: Madea, Burkhard (Hrsg.), Rechtsmedizin – Befunderhebung Rekonstruktion Begutachtung, 3. Aufl., Berlin/Heidelberg 2015, S. 171–418.

Wehrli, Hans/Sutter, Bernhard/Kaufmann, Peter (Hrsg.) Der organisierte Tod – Sterbehilfe und Selbstbestimmung am Lebensende – Pro und Pontra, 2. Aufl., Zürich 2015.

Weidlich, Dietmar § 1922, in: Palandt, Palandt – Bürgerliches Gesetzbuch, 77. Aufl., München 2018.

Weingarten, Jochen § 159, in: Barthe/Gierke, Karlsruher Kommentar zur Strafprozessordnung – mit GVG, EGGVG und EMRK, 9. Aufl., München 2023.

Wellmer, Hans-Konrat/Bockenheimer-Lucius, Gisela (Hrsg.) Zum Umgang mit der Leiche in der Medizin – Handling of the human corpse in medicine, Lübeck 2000.

Weschpfennig, Armin von Referendarexamensklausur – Öffentliches Recht: Grundrechtliche Schutzpflichten – Apokalypse und Schwarze Löcher, JUS – Juristische Schulung 2011, S. 61–66.

Westphal, Norbert Qualitätssicherung der Leichenschau, in: Brinkmann, Bernd (Hrsg.), Leichenschau – Leitlinien zur Qualitätssicherung, Düsseldorf 2007, S. 117–133.

Wienke, Albrecht et al. (Hrsg.) Rechtsfragen der Obduktion und postmortalen Gewebespende, Berlin 2012.

Wild, Alexander Abrechnungsprobleme bei der Leichenschau, Da stimmt was nicht in der GOÄ, das sieht doch jeder, MMW Fortschritte der Medizin 2007, S. 8.

Winter, Bernadette Wenn die Leichenschau schiefläuft – Süddeutsche Zeitung vom 10.10.2016, abrufbar unter http://www.sz-online.de/nachrichten/wenn-die-leichenschau-schieflaeuft-3512653.html (geprüft am 28.01.2018).

Wirth, Ingo (Hrsg.) Kriminalistik-Lexikon, 4. Aufl., Heidelberg u.a. 2011.

Wittreck, Fabian Art. 123, in: Dreier, Grundgesetz Kommentar – Band III, Artikel 83–146, 3. Aufl., München 2018.

Wolcke, Benno Notarzt im Rettungsdiensteinsatz: Leichenschau oder „vorläufige Todesbescheinigung"?, Notfall + Rettungsmedizin 2005, S. 525–527.

Wolffsohn, Michael Erst kommt die Macht, dann die Moral, FAZ – Frankfurter Allgemeine Zeitung vom 04.11.2013, S. 7.

World Health Organization (Hrsg.) History of the development of the ICD – World Health Organization, abrufbar unter http://www.who.int/classifications/icd/en/HistoryOfICD.pdf (geprüft am 08.10.2016).

World Health Organization (Hrsg.) International Classification of Diseases (ICD) Information Sheet, ICD Information Sheet, World Health Organization, abrufbar unter http://www.who.int/classifications/icd/factsheet/en/ (geprüft am 01.10.2016).

World Health Organization (Hrsg.) Medical Certification of Cause of Death – Instructions for Physicians on Use of International Form of Medical Certificate of Cause of Death, 4. Aufl., Genf 1979.

World Health Organization International Statistical Classification of Diseases and Related Health Problems – Tenth Revision – Volume 2 – Second Edition, 2004.

Zack, Fred et al. Fehler bei der Ausstellung der Todesbescheinigung, Eine Analyse von 10.000 Sterbefällen aus Mecklenburg, Rechtsmedizin: Organ der Deutschen Gesellschaft für Rechtsmedizin 2017, S. 516–527.

Zentralinstitut für Sepulkralkultur Kassel (Hrsg.) Großes Lexikon der Bestattungs- und Friedhofskultur: Volkskundlich-kulturgeschichtlicher Teil X, Frankfurt a.M. 2005.

Zentralinstitut für Sepulkralkultur Kassel (Hrsg.) Großes Lexikon der Bestattungs- und Friedhofskultur: Praktisch-aktueller Teil, Frankfurt a.M. 2010.

Zimmermann, G. W. Leichenschau – aber richtig!, MMW Fortschritte der Medizin 2008, S. 8.

Zimmermann, *Georg* Zur Verbesserung der Qualität der äußeren Leichenschau, in: Bernsmann, Klaus/Fischer, Thomas (Hrsg.), Festschrift für Ruth Rissing-van Saan zum 65. Geburtstag am 25. Januar 2011, Berlin/New York 2011, S. 807–821.

Zink, P. Der niedergelassene Arzt als „Gerichtsmediziner" bei der Leichenschau, Schweizerische Rundschau für Medizin Praxis 1984, S. 1002–1006.

Zinka, Bettina/Fieseler, Sybille /Peschel, Oliver Grundlagen der ärztliche Leichenschau, Was alles in die Todesbescheinigung gehört – und was nicht, Der Hausarzt 2010, S. 38–41.

Zippelius, Reinhold Art. 1 Abs. 1 u. 2 Stand: Dezember 1989, in: Kahl et al., Bonner Kommentar zum Grundgesetz, Heidelberg 1957.

Zips, Martin Leben, zweiter Teil, Die dramatische Geschichte einer für tot erklärten Frau, die plötzlich wieder zu atmen beginnt, gibt der menschlichen Urangst vor dem Scheintod neue Nahrung, Süddeutsche Zeitung vom 04.09.2013, S. 9.

Zoepfl, Heinrich (Hrsg.) Die Peinliche Gerichtsordnung Kaiser Karl's V – Nebst der Bamberger und der Brandenburger Halsgerichtsordnung sämtlich nach den ältesten Drucken, 3. Aufl., Leipzig/Heidelberg 1883.

Zollinger, Ulrich/Wyler, Daniel Ärztliche Funktion beim Todesfall, ein letzter Dienst am Patienten und eine Schlüsselstellung für die Rechtssicherheit, Therapeutische Umschau 1997, S. 218–224.

Zoske, Sascha Jeder zweite Mord bleibt unentdeckt, Ein Sektionsregister für Deutschland soll Medizinern und Kriminalisten die Arbeit erleichtern, FAZ – Frankfurter Allgemeine Zeitung vom 11.05.2004, S. 44.

Anlage 1

Berufsgericht für die Heilberufe am LG Nürnberg-Fürth, Beschluss vom 10.11.2011, Az BG – Ä 2311

Landgericht Nürnberg-Fürth
Berufsgericht für die Heilberufe

Az: BG – Ä 23/11

In dem berufsgerichtlichen Verfahren

gegen

Dr. med. , Arzt,

Antragsteller:
Ärztlicher Bezirksverband Oberpfalz KdöR, Yorckstraße 15, 93049 Regensburg

wegen Verletzung der Berufspflichten

erlässt das Berufsgericht für die Heilberufe beim Landgericht Nürnberg-Fürth durch den Vorsitzenden Richter am Landgericht am 10.11.11 folgenden

- 2 -

Beschluss:

(im abgekürzten Verfahren gem. Art. 84 Abs. 3 S. 1 HKaG)

I. Der Arzt hat sich eines Verstoßes gegen die Berufsordnung für die Ärzte Bayerns schuldig gemacht.

II. Er wird deshalb zu einer Geldbuße von 3.500,00 Euro verurteilt.

III. Der Beschuldigte hat die Kosten des Verfahrens einschließlich der notwendigen Auslagen der Berufsvertretung und seiner eigenen Auslagen zu tragen.

IV. Die Gebühr für das Verfahren wird auf 250,00 Euro festgesetzt.

Gründe:

I.

Der Beschuldigte ist am in geboren.

Ihm wurde am die Approbation in erteilt. Er hat am zum Dr. med. promoviert.

Er ist seit als niedergelassener Arzt tätig.

II.

Der Ärztliche Bezirksverband Oberpfalz KdöR hat mit Datum vom eingegangen am eine Antragsschrift im berufsgerichtlichen Verfahren gegen den Arzt , bei dem Landgericht Nürnberg-Fürth als dem Berufsgericht für die Heilberufe eingereicht.

Nach der Antragsschrift liegen dem Beschuldigten folgende Sachverhalte zur Last:

- 3 -

1.

Mit Schreiben vom hatte sich Herr an den ärztlichen Kreisverband mit der Bitte um Überprüfung der Liquidation einer von dem Beschuldigten am in vorgenommenen Leichenschau gewandt. Die Leichenschau betraf die Großmutter der Herrn , nämlich die am selben Tag zwischen 19 und 20 Uhr im Marienheim in verstorben war.

Nach dem Vorbringen des Herrn habe der zur Leichenschau gerufene Beschuldigte im Schwesternzimmer des Heims die Akte der kurz überflogen, die Todesbescheinigung ausgestellt und sich sodann in das Zimmer begeben, in dem die Leiche gelegen sei. Diesen Raum habe er nach kurzer Zeit wieder verlassen, ohne dass er zuvor die Leiche überhaupt nur angefasst habe.

Die Todesbescheinigung habe der Beschuldigte nicht im Heim zurückgelassen. Vielmehr habe der Bestatter die Todesbescheinigung in der Praxis des Beschuldigten abholen müssen. Der Bestatter habe über die Bezahlung von 217,00 Euro an den Beschuldigten nur eine Quittung ohne jegliche Aufschlüsselung erhalten.

Nachdem Herr vom Ärztlichen Kreisverband erfahren habe, dass eine Rechnung nach GOÄ erstellt werden müsse, habe er mehrere Male in der Praxis des Beschuldigten angerufen und um die Rechnung gebeten, sei aber immer wieder vertröstet worden. Am habe er eine auf (rück)datierte Rechnung erhalten. Es handelt sich um folgende Abrechnung:

- 5 -

Am wurde der Vorgang an die Abteilung Gebührenordnung der Bayerischen Landesärztekammer KdöR mit der Bitte um Unterstützung in dieser Angelegenheit weitergeleitet.

Mit Schreiben vom teilte die Bayerische Landesärztekammer KdöR dem Beschuldigten das Ergebnis der Überprüfung seiner am datierten Rechnung mit. Dies geschah mit dem Hinweis, dass die Rechnung für eine Leichenschau an die Hinterbliebenen zu richten sei, also nicht an den Bestatter.

Außerdem wurde dem Beschuldigten im Einzelnen dargelegt, dass seine am datierte Liquidation nicht den Vorgaben der GOÄ entspreche. Dies geschah unter Beilage einer im Deutschen Ärzteblatt am erschienenen Veröffentlichung über die Abrechnung von Leichenschauen. Auch wurden einschlägige Gerichtsurteile beigefügt.

So wurde dargelegt, dass die Berechnung der Nr. 50 neben der Nr. 100 in dem Fall, dass der Arzt zu einer von vorneherein als verstorben eingestuften Person gerufen wird, ausdrücklich ausgeschlossen sei. Infolgedessen entfallen auch die entsprechenden Zuschläge. Ein besonderer Aufwand, wie z.B. Leistung bei Nacht, an Sonn- und Feiertagen könne (nur) dadurch geltend gemacht werden, dass beim Gebührensatz Nr. 100 eine Überschreitung des Regelsatzes bis zum 3,5 fachen abgerechnet werde. Weiter könnten Nr. 1 der GOÄ und darauf berechnete Zuschläge nicht in Ansatz gebracht werden. Nr. 4 GOÄ sei im dargestellten Fall, dass keine Gespräche mit der Polizei etc. durchgeführt werden mussten, ebenfalls nicht in Ansatz zu bringen. Nr. 56 GOÄ, also die Berechnung einer Verweildauer könne nur berechnet werden, wenn ein zur Leichenschau gerufener Arzt untätig verweilen musste, z.B. weil die Leiche noch geborgen werden musste, wofür sich im vorliegenden Fall keine Hinweise ergäben.

Der Beschuldigte wurde im Schreiben der Bayerischen Landesärztekammer KdöR vom um baldmöglichste Antwort gebeten.

Als eine solche bis dahin nicht erfolgt war, erging am ein Erinnerungsschreiben an den Beschuldigten, ebenso am und zwar dieses Mal mit Fristsetzung bis Mit Schreiben vom musste der Antragsteller Herrn mitteilen, dass eine Stellungnahme seinerseits nicht möglich sei, da der Beschuldigte ihm immer noch nicht geantwortet habe. Mit Schreiben vom forderte der Antragsteller unter Hinweis auf Verstöße gegen die Berufsordnung den Beschuldigten „letztmalig“ zur Stellungnahme bis auf.

Erst daraufhin äußerte sich der Beschuldigte wobei er anführte, dass sich die Beantwortung urlaubsbedingt und aufgrund kommunal- und berufspolitischen Aktivitäten verzögert habe.

Hinsichtlich seiner beanstandeten Liquidation stellte er nunmehr (!!!) in Aussicht, dass er mit seinem Berufsverband und mit seinem Anwalt Kontakt aufnehmen werde (!!!), da er der erteilten Auskunft nicht zustimme. Wann er nun inhaltlich zu seiner Liquidation Stellung nehmen wolle, ließ dieses Schreiben des Beschuldigten nicht erkennen.

Nachdem von dem Beschuldigten kein weiterer Eingang zu verzeichnen war und seit dem ersten Anschreiben des Antragstellers an ihn zwischenzeitlich über 8 Monate vergangen waren, forderte der Antragsteller den Beschuldigten mit Schreiben vom auf, seine am datierte Liquidation auf der Grundlage des Schreibens der Bayerischen Landesärztekammer KdöR vom) zu überarbeiten und der Bayerischen Landesärztekammer KdöR/Abteilung Gebührenordnung bis zum zur Überprüfung vorzulegen.

Mit an den Antragsteller gerichteten Schreiben vom) stellte der Beschuldigte nunmehr in Aussicht „den irrtümlich zu viel berechneten Betrag den Angehörigen zurückzuerstatten." Er werde sich deswegen kurzfristig mit diesen in Verbindung setzen.

Nachdem der Antragsteller in Erfahrung gebracht hatte, dass dies bis dahin noch immer nicht geschehen war, forderte der Antragsteller den Beschuldigten mit Schreiben vom auf, ihm nunmehr (endlich) eine überarbeitete Liquidation hinsichtlich der Leichenschau bei Frau bis spätestens und bis einen Nachweis über Rückerstattung des zu viel berechneten Betrages an Herrn vorzulegen.

Selbst bis zur Erhebung der Antragsschrift am hatte der Beschuldigte dem Antragsteller noch immer keine überarbeitete Liquidation übermittelt. Auch hat er sich mit - wie eine telefonische Anfrage des Antragstellers ergab – mit diesem jedenfalls bis nicht in Verbindung gesetzt, insbesondere auch nicht den zu viel eingeforderten Betrag an diesen zurückerstattet.

2.
Mit Schreiben vom hatte sich Frau , an die Bayerische Landesärztekammer KdöR mit der Bitte gewandt, die Berechnung von von dem Beschuldigten am und in vorgenommenen Leichenschauen zu überprü-

- 7 -

fen. Die Leichenschauen betrafen die Eltern der nämlich .... . bzw. t, die an den genannten Tagen verstorben waren.

Die Bayerische Landesärztekammer KdöR hat den Vorgang am an den Antragsteller weitergeleitet.

Die Petentin hat ihrem Schreiben Rechnungen des Bestatters beigefügt, wonach er für die Leichenschau durch den Beschuldigten bei 172,18 Euro und bei .. 184,00 Euro als verauslagt ansetzt.

Die Petentin führt an, dass die Scheine über die Leichenschauen jeweils in der Praxis des Beschuldigten abgeholt und bar bezahlt werden mussten.

Auf Nachfrage übersandte die Petentin dem Antragsteller eingehend am die Liquidation des Beschuldigten vom betreffend und eine Quittung über 184,00 Euro betreffend , die sie vom Bestatter auf Anforderung erhalten hatte. Es handelt sich um folgende Abrechnungen bzw. Quittung:

- 10 -

Am wurde der Vorgang an die Abteilung Gebührenordnung der Bayerischen Landesärztekammer KdöR mit der Bitte um Überprüfung weitergeleitet.

Mit Schreiben vom teilte der Antragsteller dem Beschuldigten das Ergebnis der Überprüfung seiner Liquidation bzw. der Quittung mit.

Danach ist es unzulässig, für eine Leichenschau lediglich eine Quittung für eine erhaltene Zahlung auszustellen, da es sich bei der Leichenschau um eine berufliche Leistung eines Arztes handelt, für die eine Rechnung auf Basis der GOÄ zu erstellen ist.

Dabei können nur die oben hinsichtlich dargestellten Ansätze gemacht werden.

Dies gilt auch hinsichtlich der Liquidation für die Leichenschau der , bei der auch insoweit die bei der Liquidation betreffend beanstandete Beträge nicht geltend gemacht werden können.

In dem Schreiben, mit welchem der Antragsteller dem Beschuldigten das Ergebnis der Rechnungsüberprüfung mitteilte, wurde dieser darum gebeten, umgehend eine Liquidation für die Leichenschau bei Herrn und bis eine überarbeitete Liquidation für die Leichenschau bei Frau zu übersenden.

Mit an den Antragsteller gerichteten Schreiben vom stellte der Beschuldigte auch insoweit in Aussicht „den irrtümlich zu viel berechneten Betrag" den Angehörigen zurückzuerstatten. Er werde sich deswegen kurzfristig mit diesen in Verbindung setzen.

Die erbetenen Liquidationen übersandte er nicht.

Nachdem der Antragsteller in Erfahrung gebracht hatte, dass dies auch in dem Fall bis dahin noch immer nicht geschehen ist, forderte der Antragsteller den Beschuldigten mit Schreiben vom 1 auf, Frau , überarbeitete Liquidationen der Leichenschauen von und und Kopien hiervon dem Antragsteller zu übersenden. Weiterhin forderte er den Beschuldigten auf, dem Antragsteller bis inen Nachweis über die Rückerstattung der insoweit zu viel berechneten Beträge zuzusenden.

Bis zur Erhebung der Antragsschrift am hatte der Beschuldigte dem Antragsteller die angeforderten Liquidationen noch immer nicht übermittelt. Auch hat er sich mit – wie eine telefonische Anfrage des Antragstellers bei dieser ergab – jedenfalls bis

- 11 -

zum nicht in Verbindung gesetzt, insbesondere auch nicht den zu viel eingeforderten Betrag an diese zurückbezahlt.

III.

1.
Dem Beschuldigten wurde vor Erhebung der Antragsschrift von dem Antragsteller Gelegenheit zur Aufklärung der Sachverhalte gegeben. Er hat darauf nicht reagiert.

Nach Zustellung der Antragsschrift hat der Beschuldigte mit Schreiben vom , eingegangen am , dem Berufsgericht mitgeteilt, dass er die beanstandeten Liquidationen für die infrage stehenden Todesbescheinigungen zwischenzeitlich geändert und die zu viel bezahlten Beträge zurückerstattet habe. Allerdings gab er an, dass er die Leichenschau bei ordnungsgemäß durchgeführt habe, ohne dies im Einzelnen darzulegen.

Als Nachweis für die an Herrn und an Frau gerichteten korrigierte Liquidationen legte er Abschriften hiervon bei, die am datieren. In beiden wird ein Betrag von 51,00 Euro für jede Leichenschau in Rechnung gestellt. Außerdem fügte er Durchschriften von Verrechnungsschecks datierend ebenfalls am bei, aus denen sich eine Rückzahlung der zu viel bezahlten Beträge ergibt.

Telefonische Rückfragen des Berufsgerichts bei und bei am ergaben, dass diese die Schecks erhalten und eingelöst haben.

Als Gründe für die Verzögerungen führte der Beschuldigte an, dass er durch zahlreiche politische und gesellschaftliche Ehrenämter sowie berufspolitische Ämter und Aktivitäten in den letzten Monaten „völlig überlastet“ gewesen sei.

Er beantragte den Antrag auf ein berufsgerichtliches Verfahren gegen ihn wegen Verletzung der Berufspflichten abzuweisen.

2.
Die angehörte Regierung der Oberpfalz hat mit Schreiben vom Stellung genommen und abschließend erklärt, dass sie eine Pflichtenmahnung für erforderlich hält, Herrn zur Einhaltung seiner Berufspflichten anzuhalten. Dies sei auch notwendig, um das Ansehen seines Berufsstandes zu wahren.

- 12 -

IV.

Nach alledem bestehen hinreichende Anhaltspunkte dafür, dass der Beschuldigte gegen eine Vielzahl von Vorschriften der Berufsordnung für die Ärzte Bayerns (BO) verstoßen hat.

1.

Nach dem Vorbringen des Herrn , das der Beschuldigte nur allgemein und nicht substantiiert bestreitet, hat er die Leichenschau bei l nicht entsprechend der Regelung des § 3 Absatz 1 der Bestattungsverordnung (BestV) durchgeführt, wonach die Leichenschau an der vollständig entkleideten Leiche unter Einbeziehung aller Körperregionen einschließlich aller Körperöffnungen, des Rückens und der behaarten Kopfhaut zu erfolgen hat. Dies ist nicht in der Weise möglich, dass eine Berührung der Leiche unterbleibt.

Ein solches Zuwiderhandeln gegen § 3 Absatz 1 BestV stellt sogleich einen Verstoß gegen § 2 Absatz 2 BO dar, wonach der Arzt seinen Beruf gewissenhaft auszuüben hat.

2.

Nach § 3 Absatz 5 BestV ist es dem Arzt untersagt, die Todesbescheinigung in seine Praxis mitzunehmen, wenn mögliche berechtigte Empfänger anwesend sind. Vielmehr hat er sie unverzüglich an denjenigen auszuhändigen, der die Leichenschau veranlasst hat, was nach § 1 Absatz 1 Nr. 1 BestV nahe Angehörige oder nach § 1 Absatz 1 Nr. 4 c BestV auch das Heim bzw. dessen Leiter sein können.

Soweit der Beschuldigte in den Fällen sowie t und die Todesbescheinigungen gegen Barzahlung in seiner Praxis abholen ließ, hat er zugleich gegen § 2 Absatz 2 BO verstoßen, wonach der Arzt sein eigenes Interesse nicht über das Wohl des Patienten stellen darf, was auch für einen verstorbenen Patienten gilt, insbesondere hinsichtlich der Beachtung der Grundsätze für eine reibungslose Bestattung.

3.

Einen Verstoß des Beschuldigten gegen geltendes Recht stellt dar, dass er die angeführten Todesbescheinigungen nur gegen Barzahlung an den Bestatter herausgab, ohne seinerseits vorher eine den Anforderungen der GOÄ entsprechende Rechnung erteilt zu haben. Fällig sind Vergütungen für Leichenschauen erst, wenn dem Zahlungspflichtigen, also dem Angehörigen des Verstorbenen, eine der Gebührenordnung entsprechende Rechnung erteilt worden ist (§ 12 Absatz 1 GOÄ).

- 13 -

Ein Verstoß hiergegen stellt auch einen solchen gegen § 12 Absatz 1 BO dar, wonach sich die Vergütung des Arztes regelmäßig nach der GOÄ zu richten hat.

4.
Durch die bei allen drei hier verfahrensgegenständlichen überhöhten Liquidationen hat der Beschuldigte sich weiterer Verstöße gegen § 12 Absatz 1 BO schuldig gemacht, wonach sich die Vergütung des Arztes regelmäßig nach der GOÄ zu richten hat.

Auf Unkenntnis über die Auslegung von deren Regelungen für Leichenschauen kann er sich nicht berufen, da er nach § 2 Absatz 5 BO verpflichtet ist, sich über die für seine Berufsausübung geltenden Vorschriften unterrichtet zu halten.

5.
In ganz gravierender und in dieser Art sicherlich selten praktizierter Weise hat der Beschuldigte gegen § 2 Absatz 6 BO verstoßen, wonach der Arzt auf Anfragen der ärztlichen Berufsvertretungskörperschaften, welche diese zur Erfüllung ihrer gesetzlichen Aufgaben bei der Berufsaufsicht an den Arzt richten, in angemessener Frist zu beantworten hat.

In nahezu beispielloser Weise hat der Beschuldigte die von dem Antragsteller an ihn gerichteten Anfragen schlichtweg ignoriert. Dies tat er selbst noch nach Fristsetzung und dem Hinweis, dass er durch die Nichtbeantwortung gegen seine Pflichten aus der Berufsordnung verstößt.

Hinsichtlich des von dem Beschuldigten praktizierten Verhaltens wird insoweit auf die obige Darstellung der Abläufe verwiesen.

V.

Es war auf jeden Fall eine Ahndung der Verstöße des Beschuldigten mit einer Geldbuße gemäß Art. 67 Absatz 1 Nr. 2 HKaG (Heilberufe-Kammergesetz) erforderlich, die bis zur Höhe von 50.000,00 Euro verhängt werden kann.

Für den Beschuldigten spricht, dass er schließlich Einsicht in sein Fehlverhalten gezeigt hat.

Mildernd fiel auch ins Gewicht, dass er letztlich doch noch ordnungsgemäß Liquidationen erstellt und die zu viel eingeforderten Beträge zurückerstattet hat.

Schärfend war die Vielzahl der Verstöße des Beschuldigten gegen berufsrechtliche Regelungen heranzuziehen.

Zu seinen Lasten war auch die große Beharrlichkeit seines Fehlverhaltens zu sehen, wobei ihm nur in geringem Maße zu Gute kommen kann, dass er durch Ehrenämter „völlig überlastet war". Wenn er durch anderweitige Engagements eine Tätigkeit als Arzt nicht mehr sorgfältig und so, wie es von ihm billiger Weise zu erwarten ist, verrichten kann, muss er seine Berufsausübung anders organisieren, z.B. durch ein Zurückfahren des Patientenstamms oder durch die Einstellung zusätzlichen Personals. Keinesfalls dürfen derartige Engagements dazu führen, dass der Arzt seine beruflichen Pflichten nicht mehr wahrnimmt.

Nach alledem war die Verhängung einer Geldbuße in Höhe von 3.500,00 Euro als auf jeden Fall erforderlich, aber auch als ausreichend anzusehen.

Das Gericht ist sich dessen bewusst, dass bei einer hier vorgenommenen Verurteilung im (schriftlichen) abgekürzten Verfahren nach dem Gesetz keine Beweisaufnahme, z.B. durch Vernehmung von Zeugen vorgesehen ist. Auch kann in diesem Verfahren nach Art. 84 Absatz 3 Satz 1 HKaG der zuständigen Landeskammer, also der Bayerischen Landesärztekammer KdöR, nicht die in Art. 67 Absatz 4 HKaG angeführte Befugnis eingeräumt werden, die Verurteilung auf Kosten des Beschuldigten zu veröffentlichen. Dies ist nur bei einem aufgrund mündlicher Verhandlung ergangenen Urteil möglich. Die Einräumung einer Veröffentlichungsbefugnis – wofür zum Beispiel die im Raum _ verbreitete Tageszeitung in Betracht käme – könnte sich aufgrund der von dem Beschuldigten selbst angeführten Stellung seiner Person im öffentlichen Leben anbieten. Dies wäre dann der Fall, wenn durch Erörterung des Fehlverhaltens des Beschuldigten in der Öffentlichkeit es für die Ärzteschaft angezeigt erschiene, dort erkennen zu geben, dass sie solches Verhalten eines ihrer Angehörigen nicht hinnimmt. Allerdings sieht das Gericht jedenfalls derzeit die Vorteile eines „friedensstiftenden" schriftlichen Verfahrens auch unter Berücksichtigung dieses Umstandes gegenüber einer öffentlichen Hauptverhandlung mit eventueller Beweisaufnahme und der Möglichkeit auf eine Veröffentlichungsbefugnis zu erkennen als noch überwiegend an.

VI.

Die Entscheidung über die Kosten, Auslagen und die Festsetzung der Verfahrensgebühr ergibt sich aus Art. 95, 96 HKaG.

Gemäß Art. 95 Absatz 1 Satz 3 HKaG ist die Verfahrensgebühr mit mindestens 150,00 Euro und höchstens 2.500,00 Euro zu bemessen. Da das Verfahren bisher keinen allzu großen Aufwand erforderte, konnte es bei einer Verfahrensgebühr im unteren Bereich bleiben.

Der Vorsitzende des Berufsgerichts für die Heilberufe
bei dem Landgericht Nürnberg-Fürth

Vorsitzender Richter am Landgericht

Anlage 2

Mallach, Hans-Joachim Werden die Leichenschaubestimmungen novelliert?, Deutsches Ärzteblatt 1981, S. 893–898.

DEUTSCHES ÄRZTEBLATT

Spektrum der Woche
Aufsätze · Notizen

Heft 18 vom 30. April 1981

Werden die Leichenschaubestimmungen novelliert?

Hans-Joachim Mallach

In den vergangenen Jahren wurde wiederholt über Fälle des Scheintodes berichtet. Obwohl darüber ausführlich berichtet worden ist, war seitens der zuständigen Ministerien kaum ein Echo zu vernehmen. Der nebenstehende Diskussionsbeitrag aus dem Institut für Gerichtliche Medizin der Universität Tübingen bezeichnet es als ein ernsthaftes Gebot der Gegenwart, die die Leichenschau betreffenden Gesetze und Verordnungen der Bundesländer zu aktualisieren, damit dem Anstieg der Zahl von Scheintoten Einhalt geboten werden kann.

1. Einleitung

Vor fast drei Jahren hatten wir über vier Fälle des Scheintodes berichtet, die im Verlaufe nur eines Jahres (20. 5. 1976 bis 15. 5. 1977) die Gerichtliche sive Rechtsmedizin allein in Baden-Württemberg beschäftigt hatten (Mallach, Barz und Mattern, 1977). Eine der Scheintoten wurde dank der Beobachtungsgabe eines jungen Kriminalbeamten der Intensivtherapie zugeführt und nach sechs Tagen wieder zum Leben erweckt.

Etwa im gleichen Zeitraum (12. 3. 1975 und 19. 5. 1977) wurden für zwei weitere mutmaßliche Leichen sowohl in Berlin als auch in Stuttgart von den hinzugerufenen Ärzten Leichenschauscheine ausgestellt, die „Leichname" aber, nachdem in dem einen Fall Bestatter, in dem anderen Kriminalbeamte Lebensäußerungen entdeckt hatten, der Intensivbehandlung zugeführt und gerettet (Spengler, 1977; Spengler, 1978, Petersmann, 1980).

Die Häufung von Fällen des Scheintodes in einer kurzen Zeitspanne im Zeitalter einer technisch hoch entwickelten Medizin war nach dem Studium der einschlägigen Leichenschaubestimmungen der Bundesländer einschließlich West-Berlin – die Synopse findet sich in der Dissertationsschrift von B. Spengler, 1978[1]) – der Anlaß, „Vorschläge zur Novellierung der Leichenschaubestimmungen" zu unterbreiten (Mallach, Spengler und Spengler, 1978). Zwei Jahre sind seitdem vergangen, ohne daß seitens der zuständigen Ministerien ein hörbares Echo zu vernehmen gewesen wäre; dies um so weniger, als diese Mitteilungen auch durch die Massenmedien eine ubiquitäre Verbreitung gefunden hatten.

Nun steht der nächste Fall des Scheintodes ins Haus: Das Schicksal einer 45 Jahre alten Münchnerin, die nach einem Kollaps auf offener Straße von einem Arzt für tot erklärt und zur Obduktion in das Institut für Rechtsmedizin verbracht wurde, indes nur scheintot war, dank der Beobachtung des diensthabenden Arztes der Intensivbehandlung zugeführt wurde. So muß es verwundern, daß die zuständigen Stellen, in erster Linie die Medizinalabteilungen der Ministerien, also *Ärzte*, keine Maßnahmen ergreifen, um hier Abhilfe zu schaffen.

2. Echo der Öffentlichkeit

Den zahlreichen Zuschriften aus der Bevölkerung der Bundesrepublik Deutschland war immer wieder die Frage zu entnehmen, wie man sich gegen eine fehlerhafte Feststellung des Todes schützen könne. Zahlreiche Bundesbürger hatten sich an

[1]) C. Boetzkes, Autor des Buches „Scheintot begraben", hatte diese Synopse ohne Hinweis auf den Urheber in sein Buch übernommen.

Behörden des Bundes und der Länder gewandt; die Bemühungen eines Bundesbürgers seien hier als Pars pro toto der Öffentlichkeit übergeben. Er hatte „die Gefahr, daß Personen lebendig begraben werden", zur Erörterung gestellt und darauf hingewiesen, daß „Ursachen hierfür der unkontrollierte Verbrauch von Schlaf- und Beruhigungsmitteln, Alkohol und Drogen" sein könnten. Um „diesen Gefahren zu entgehen, müßten die Untersuchungsmethoden zur Feststellung des Todes verfeinert und verbessert werden".

3. Stellungnahmen

3.1 Auf Bundesebene

3.1.1 Der Bundesminister der Justiz am 22. 1. 1979:

„... teile ich Ihnen zunächst mit, daß der Bund auf dem Gebiet des Leichenbestattungs- und Friedhofwesens keine Gesetzgebungskompetenz hat, die Regelung dieser Materie vielmehr den Bundesländern zusteht ... Soweit in Ihrem Schreiben medizinische, mit der Feststellung des Todeszeitpunktes zusammenhängende Fragen angeschnitten werden, ist innerhalb der Bundesregierung der Bundesminister für Jugend, Familie und Gesundheit zuständig ..."

3.1.2 Der Bundesminister für Jugend, Familie und Gesundheit am 22. 1. und 14. 2. 1979:

„... Mit Interesse habe ich von der Problematik Kenntnis genommen. Ich bedauere jedoch, in dieser Sache nicht unmittelbar tätig werden zu können, da die von Ihnen geschilderten Probleme Angelegenheiten der Länder betreffen ... Ich stelle anheim, daß Sie die Angelegenheit der örtlich zuständigen obersten Landesbehörde vortragen ..."

3.1.3 Der Petitionsausschuß des Deutschen Bundestages am 22. 1. 1979:

„... Ich danke Ihnen für das Vertrauen, das Sie mit Ihrem Schreiben zum Ausdruck gebracht haben. Die Erwartungen, die Sie damit verbunden haben, muß ich jedoch leider enttäuschen.

Aufgabe des Petitionsausschusses als parlamentarisches Kontrollorgan ist es, auf eine Petition (Beschwerde) hin, Handlungen (Entscheidungen und sonstige Maßnahmen) sowie Unterlassungen von *Bundes*behörden und anderen Verwaltungsstellen zu überprüfen, die der Weisung oder Aufsicht einer obersten *Bundes*behörde unterliegen ...

In Ihrer Eingabe zweifeln Sie die derzeit übliche ärztliche Feststellung des Todes eines Menschen an und schlagen u. a. Verbesserungen der Untersuchungsmethoden vor. Bei Ihrer ausführlichen Darstellung handelt es sich aber um eine Meinungsäußerung, deren parlamentarische Erörterung innerhalb eines Petitionsverfahrens nicht möglich ist, weil sie nicht als Petition im Sinne von Artikel 17 Grundgesetz ... angesehen wird.

Beim Deutschen Bundestag liegt zur Zeit auch kein Gesetzentwurf vor, bei dem Ihre Vorschläge berücksichtigt werden könnten. Da ich nicht übersehen kann, ob bei der Bundesregierung ein solches Gesetzvorhaben in Vorbereitung ist, habe ich Ihre Eingabe an den Bundesminister für Jugend, Familie und Gesundheit zur weiteren Veranlassung übersandt ..."

3.1.4 Die CDU/CSU-Fraktion des Deutschen Bundestages am 22. 6. 1979:

„... Ich möchte Ihnen empfehlen, Ihre Anregungen den Landesgesetzgebern zur Kenntnis zu bringen, da die einschlägige Gesetzgebungsmaterie zur Todesfeststellung bundesgesetzlich nicht geregelt ist ..."

3.1.5 Die Fraktion der SPD im Deutschen Bundestag am 10. 5. 1979:

„... Die SPD-Bundestagsfraktion prüft zur Zeit eine generelle Überarbeitung des Arztrechtes. Die Frage der bindenden Feststellung des Todeszeitpunktes wird dabei eine wichtige Rolle spielen. Auch aus anderen als den von Ihnen angegebenen Gründen ist dies erforderlich, besonders dann, wenn man den zur Beratung anstehenden Gesetzentwurf über die rechtlichen Bestimmungen der Zulässigkeit von Organentnahmen zu Transplantationszwecken berücksichtigt. Im Rahmen dieser Arbeiten werden wir auch Ihre Anregungen prüfen ..."

3.1.6 Der Generalbundesanwalt am 16. 1. 1979:

„... Ihre ... Ausführungen habe ich mit Interesse gelesen. Mir ist es jedoch aufgrund gesetzlicher Zuständigkeitsregelung versagt, auf Erlaß oder Änderungen von Verordnungen, die sich auf den von Ihnen geschilderten Sachverhalt beziehen, Einfluß zu nehmen. Ich kann daher in dieser Angelegenheit nicht tätig werden ...

3.2 Auf Landesebene

3.2.1 Das Ministerium für Arbeit, Gesundheit und Sozialordnung Baden-Württemberg am 19. 7. 1979

„... Die von Ihnen zitierten Ausführungen des Gerichtsmediziners Professor Mallach sind hier gleichfalls bekannt. Sie rechtfertigen jedoch eine Änderung des geltenden Rechtes nicht.

Das geltende Recht (§ 9 Abs. 3 Bestattungsverordnung) gebietet dem die Leichenschau vornehmenden Arzt zwingend, sich *Gewißheit* über den Eintritt des Todes zu verschaffen. Diese Diagnose kann er nicht anders als anhand der sogenannten sicheren und unsicheren Todeszeichen treffen. Ihre Kenntnis stellt medizinisches Grundwissen dar. Auf die für die Todesbestimmung geltenden anerkannten Regeln der medizinischen Wissenschaft und Praxis kann und muß jeder die Leichenschau vornehmende Arzt zurückgreifen. Die ausdrückliche Aufnahme solcher Regeln in eine Rechtsnorm brächte somit keinerlei sachliche Änderungen gegenüber dem geltenden Recht. ▷

Leichenschau

Nach den bekanntgewordenen Fällen fehlerhafter Todesfeststellungen ist *leider nicht auszuschließen, daß gelegentlich eine Leichenschau nicht nach den anerkannten Regeln der Medizin vorgenommen wird*[2]). Bei jährlich zirka 95 000 Todesfällen in Baden-Württemberg ist es aber nicht möglich, die Leichenschau ausschließlich den Ärzten des öffentlichen Gesundheitsdienstes sowie den Gerichtsmedizinern und Pathologen zu übertragen. Wegen der Vielzahl der Fälle kann auf die Mitwirkung der niedergelassenen Ärzte nicht verzichtet werden. Möglich und erfolgversprechend dürften aber Bemühungen der ärztlichen Berufsvertretung um eine Fortbildung der niedergelassenen Ärzte in Fragen der Durchführung der Leichenschau sein . . . "

3.2.2 Das Bayerische Staatsministerium des Innern am 8. 5. 1979:

„. . . Wir sind mit Ihnen der Auffassung, daß eine verantwortungsbewußte und sorgfältige Leichenschau notwendig ist und sich die damit Befaßten stets auf dem aktuellen Erkenntnisstand zu halten haben, was durch gezielte Fortbildung erreicht werden kann . . . "

3.2.3 Der Senator für Gesundheit und Umweltschutz Berlin am 21. 5. 1979:

„. . . Ich habe Ihre ausführliche Erläuterung zu der Problematik des Scheintodes zur Kenntnis genommen und übersende Ihnen zu Ihrer Information eine Kopie des . . . Bestattungsgesetzes im Land Berlin . . . Ergänzende Informationen können Sie auch der „Dissertation über den Scheintod", herausgegeben von Brigitte Spengler, entnehmen . . . "

3.2.4 Die Gesundheitsbehörde der Freien Hansestadt Hamburg am 7. 5. 1979:

„. . . Mit der o. a. Problematik hat sich die Arbeitsgemeinschaft der Leitenden Medizinalbeamten (AGLMB) auf ihrer 104. Sitzung am 14. 6. 1978 befaßt. Es ist vorgesehen, darüber demnächst erneut zu diskutieren. Die Gesundheitsbehörde Hamburg wird sich bei dieser Gelegenheit Ihres Schreibens erinnern. Eine weitere Veranlassung wird darüber hinaus zur Zeit nicht für erforderlich gehalten . . . "

3.2.5 Der Hessische Sozialminister am 27. 4. 1979:

„. . . Die von Ihnen zitierten Publikationen sind bundesweit bekannt. Die Arbeitsgemeinschaft der *Leitenden Medizinalbeamten* hat sich bereits Ende vergangenen Jahres (das heißt 1978) den aufgeworfenen Fragen angenommen und prüft, in welcher Weise gegebenenfalls Abhilfe geschaffen und größere Sicherheit erreicht werden kann. Über das Ergebnis und die sich daraus ergebenden Vorschläge der Arbeitsgemeinschaft wird die Gesundheitsministerkonferenz dann entscheiden . . . "

3.2.6 Der Niedersächsische Sozialminister am 30. 4. 1979:

„. . . Das Problem des Scheintodes beschäftigt in letzter Zeit viele Menschen. In Presseveröffentlichungen werden leider die *Gefahren mangelhafter Todesfeststellungen dramatisiert.* In Niedersachsen besteht nach meinen Ermittlungen kein Anlaß zur Besorgnis. Das schließt aber nicht aus, daß die Ärzte immer wieder auf ihre besonderen Pflichten im Zusammenhang mit der Leichenschau hingewiesen und daß die zuständigen amtlichen Stellen zu besonderer Aufmerksamkeit angehalten werden. Kommen die Ärzte ihrer Verpflichtung nach, so kann eine Fehlbeurteilung mit an Sicherheit grenzender Wahrscheinlichkeit ausgeschlossen werden."

3.2.7 Der Minister für Arbeit, Gesundheit und Soziales des Landes Nordrhein-Westfalen am 16. 5. 1979:

„. . . Ich bestätige den Eingang Ihres Schreibens und versichere, daß Ihre Ausführungen bei den Beratungen für eine etwaige Änderung der Bestimmungen Berücksichtigung finden werden . . . "

3.2.8 Der Innenminister des Landes Schleswig-Holstein am 12. 7. 1979:

„. . . Nach der mir nunmehr vorliegenden Stellungnahme der Gesundheitsabteilung . . . muß der Arzt als Leichenschauer stets das Auftreten eines sicheren Todeszeichens abwarten, bevor er seine diesbezüglichen schriftlichen Feststellungen (Todesbescheinigung) trifft. Dies bedeutet in der Praxis, daß erst bei Vorliegen von Leichenerscheinungen wie Todesflecken, Todesstarre oder Fäulniserscheinungen die irreversible Funktionseinstellung von Atmung und Kreislauf als sicher erwiesen anzusehen ist. Die Feststellung des Todes ist sonach nur dann zulässig, wenn mindestens eines der drei genannten sicheren Todeszeichen nachgewiesen wurde. Am frühesten gelingt dies mit der Beurteilung der Todesflecken, die schon nach 30 bis 45 Minuten, beiderseits des Halses zum Nacken ziehend, beobachtet werden können . . . "

3.3 Ärztekammern

3.3.1 Ärztekammer Niedersachsen am 25. 4. 1979:

„. . . Selbstverständlich hält es auch die Ärztekammer Niedersachsen für notwendig auszuschließen, daß Totenscheine ausgestellt werden können, wenn der Tod nicht tatsächlich eingetreten ist. Die von Ihnen zitierten Veröffentlichungen haben aber unseres Erachtens dazu beigetragen, die Ärzteschaft darauf hinzuweisen, daß äußerste Sorgfalt bei der Feststellung des Todes zu walten hat . . . "

3.3.2 Ärztekammer Schleswig-Holstein am 24. 4. 1979:

„. . . wir haben Ihren Brief mit Interesse gelesen . . . "

3.3.3 Ärztekammer Westfalen-Lippe am 26. 4. 1979:

„. . . Inhalt mit Interesse zur Kenntnis genommen. Leider sieht sich die

[2]) Im Originaltext nicht kursiv hervorgehoben.

Ärztekammer Westfalen-Lippe außerstande, hierauf näher einzugehen, da dieses den gesetzlichen Rahmen, der ihr durch das Heilberufgesetz des Landes Nordrhein-Westfalen vorgegeben ist, sprengen würde. Mit der von Ihnen vorgetragenen Problematik müßten Sie sich an den Bundesgesetzgeber wenden, der das Bestattungsgesetz vom 24. 9. 1970 zusammen mit der Verordnung zur Durchführung des Bestattungsgesetzes vom 9. 12. 1970 – beide am 1. Januar 1971 in Kraft getreten – erlassen hat . . . "

4. Diskussion

Wenn man diese Stellungnahmen liest – und es geht doch in der Tat um ein ernsthaftes Problem –, bleibt kaum ein anderer Ausweg als der der Resignation. Wie soll man im gegebenen Fall die Gefahr von einem Scheintoten abwenden, wenn zum Beispiel der Leiter der Medizinalabteilung des Landes Baden-Württemberg (vergleiche 3.2.1) die Meinung äußert, bei den jährlich 95 000 Todesfällen im Lande Baden-Württemberg wäre es „leider nicht auszuschließen, daß eine Leichenschau nicht nach den anerkannten Regeln der Medizin vorgenommen wird". *Fünf* Scheintote in einem Jahr allein in Baden-Württemberg auf 95 000 Sterbefälle, also rund 0,005 Prozent, sind freilich eine verschwindend geringe Zahl, aber jeder Fall birgt eine menschliche Tragik in sich.

Wenn man die Gesetze und Verordnungen, die Leichenschau betreffend, der Bundesländer einschließlich West-Berlin durchmustert, dann sind sie allesamt nicht optimal. Wären sie es, so würden die Ärzte – entgegen der ministeriellen Meinungsäußerung Baden-Württembergs – allein kraft Vorschrift in jedem Fall die Leichen*schau* zur Leichen*untersuchung* gestalten. Es wäre zu diesem Zweck notwendig, daß der Gesetzgeber in seinen Vorschriften eine Sprache findet, die nicht nur der Jurist, sondern auch der Arzt als ausführendes Organ eindeutig versteht. Dies gilt insbesondere auch für die Definition des nicht natürlichen sive gewaltsamen Todes.

Solange der Gesetzgeber sich nicht verpflichtet fühlt, dieses ernsthafte menschliche Problem zu entschärfen, sollte es das ärztliche Ethos gebieten, daß der zu einer Leichenschau gerufene Arzt keine kostbare Zeit verstreichen läßt, sondern sobald als möglich – in mancher Vorschrift als *unverzüglich* bezeichnet – den *vermeintlich Toten* so untersucht, als habe er einen tief komatösen Patienten vor sich. Nur so wird sich die größte Gefahr abwenden lassen.

5. Zusammenfassung

Es ist ein ernsthaftes Gebot der Gegenwart, die die Leichenschau betreffenden Gesetze und Verordnungen der Bundesländer einschließlich West-Berlin den aktuellen Gegebenheiten anzupassen, damit der steigenden Zahl von Scheintoten, die für tot erklärt werden, Einhalt geboten werden kann.

Literatur

Mallach, H. J., Barz, J., und R. Mattern: „Bemerkungen zum Bestattungsgesetz von Baden-Württemberg" Med. Welt **28**, 1905–1908 (1977) – Mallach, H. J., Spengler, B., und H. Spengler: „Vorschläge zur Novellierung der Leichenschaubestimmungen" Med. Welt **29**, 548–551 (1978) – Spengler, B.: „Über die ärztliche Leichenschau. Gedanken zur Vermeidung fehlerhafter Feststellung des Todes. Inaug. Diss., Tübingen 1978 – Spengler, H.: „Ärztliche Fehlbeurteilungen bei der Leichenschau". Vortrag auf der 9. Tagung des Arbeitskreises Norddeutscher Rechtsmediziner am 13. 5. 1977 in Berlin – Petersmann, W.: „Zur Casuistik des Scheintodes im 20. Jahrhundert". Inaug. Diss., Tübingen 1980.

Anschrift des Verfassers:
Prof. Dr. med. Hans Joachim Mallach
Institut für Gerichtliche Medizin
der Universität Tübingen
Nägelestraße 5
7400 Tübingen

ZITAT

Die Praxis kennenlernen

Frage: Gibt es bereits konkrete Vorstellungen, wie die praktische Ausbildung in Zukunft aussehen soll?

Vilmar: Konkret ist noch nichts festgelegt. Wir sind aber für die „5 + 1 + 1-Lösung". Das bedeutet: fünf Jahre Hörsaal-Studium, ein praktisches Ausbildungsjahr im Krankenhaus und ein weiteres praktisches Jahr, in dem auch die Ausbildung beim niedergelassenen Arzt stattfinden sollte. Wie lange diese dauern sollte, darüber gibt es noch keine genauen Vorstellungen. Gewiß aber sollten es nicht nur vierzehn Tage sein.

Frage: Was sagen die niedergelassenen Ärzte zu diesem Vorhaben?

Vilmar: Es gibt viele Beschlüsse der Ärztegremien, so des Deutschen Ärztetags, in denen sich die Ärzte dafür ausgesprochen haben, den jungen, angehenden Kollegen zu ermöglichen, die Praxis kennenzulernen. Wie so oft, steckt natürlich auch hier der „Teufel im Detail". Dennoch: Bei der Famulatur junger Medizinstudenten in den Praxen wurden ermutigende Erfahrungen gemacht.

Frage: Gäbe es Probleme mit den Kosten?

Vilmar: Auch darüber gibt es noch keine eindeutigen Vorstellungen. Wahrscheinlich müßte man eine gemischte Finanzierung durch die öffentliche Hand und durch die Kostenträger für die Behandlung der Patienten anstreben, weil einerseits ausgebildet, andererseits aber auch Arbeit geleistet wird.

Bundesärztekammer-Präsident Dr. Karsten Vilmar in einem Interview mit dem „Bonner General-Anzeiger"

www.ingramcontent.com/pod-product-compliance
Ingram Content Group UK Ltd.
Pitfield, Milton Keynes, MK11 3LW, UK
UKHW021130041026
8980IPUK00034B/1440

9 783631 904237